# 少年司法通论

（第三版）

张鸿巍　著

法律出版社
LAW PRESS · CHINA
北京

**图书在版编目(CIP)数据**

少年司法通论 / 张鸿巍著. -- 3 版. -- 北京 : 法律出版社, 2022

ISBN 978 - 7 - 5197 - 6891 - 1

Ⅰ. ①少… Ⅱ. ①张… Ⅲ. ①青少年犯罪 - 司法制度 - 研究 - 中国 Ⅳ. ①D926.8

中国版本图书馆 CIP 数据核字(2022)第 120701 号

**少年司法通论(第三版)**
**SHAONIAN SIFA TONGLUN(DI-SAN BAN)**

张鸿巍 著

责任编辑 冯雨春 李 军
装帧设计 李 瞻

**出版发行** 法律出版社
**编辑统筹** 法律应用出版分社
**责任校对** 王 丰
**责任印制** 刘晓伟
**经　　销** 新华书店

**开本** 710 毫米×1000 毫米 1/16
**印张** 33 **字数** 570 千
**版本** 2022 年 8 月第 3 版
**印次** 2022 年 8 月第 1 次印刷
**印刷** 唐山玺诚印务有限公司

---

地址:北京市丰台区莲花池西里 7 号(100073)
网址:www.lawpress.com.cn
投稿邮箱:info@lawpress.com.cn
举报盗版邮箱:jbwq@lawpress.com.cn

销售电话:010 - 83938349
客服电话:010 - 83938350
咨询电话:010 - 63939796


---

**书号**:ISBN 978 - 7 - 5197 - 6891 - 1
**定价**:138.00 元

凡购买本社图书,如有印装错误,我社负责退换。电话:010 - 83938349

# 目录

## 第一编　导　　论

**第一章　绪论：未成年人司法概述** / 003
　第一节　研究缘起 / 003
　第二节　域内外未成年人偏差现状 / 013
　第三节　未成年人司法与刑事司法 / 017

**第二章　衍进：未成年人司法起源与变革** / 032
　第一节　西方未成年人司法起源与变革 / 032
　第二节　我国未成年人司法起源与变革 / 057

**第三章　界定："未成年人"与"偏差"概念** / 071
　第一节　"未成年人"与年幼抗辩 / 071
　第二节　未成年人"偏差"界定 / 091
　第三节　身份过错 / 100
　第四节　未成年人帮派 / 119

**第四章　模式：未成年人司法模式运作** / 130
　第一节　未成年人权利概说 / 130
　第二节　未成年人司法模式 / 138

## 第二编　未成年人司法理论与法则

**第五章　解析:未成年人偏差原因及控制** / 149
第一节　犯罪学理论解读 / 149
第二节　“破窗理论”与犯罪预防 / 185

**第六章　法理:未成年人保护之缘由** / 191
第一节　“儿童最佳利益”原则 / 191
第二节　“国家亲权”法则的衍变 / 199
第三节　“国家亲权”法则的解读 / 210
第四节　衡平及恢复性未成年人司法 / 222

## 第三编　未成年人司法体系与程序

**第七章　审前:未成年人案件调查与审前程序** / 235
第一节　未成年人警务概说 / 235
第二节　未成年人案件调查 / 238
第三节　未成年人审前拘留 / 250
第四节　未成年人案件分流 / 267

**第八章　检察:未成年人检察** / 280
第一节　未成年人检察概说 / 280
第二节　未成年人刑事检察 / 294
第三节　“少年 + 家事”检察 / 302

**第九章　审判:未成年人审判** / 315
第一节　少年法庭概说 / 315
第二节　少年法庭结构论 / 327
第三节　少年法庭运行论 / 336
第四节　偏差少年之刑事(成人)审判 / 353

**第十章　惩教:未成年人矫治** / 363
第一节　未成年人惩教 / 363
第二节　未成年人缓刑 / 387
第三节　未成年人假释 / 403
第四节　中间制裁(惩处) / 409

## 第四编　未成年人被害防治

**第十一章　干预:儿童虐待与国家介入** / 421
第一节　儿童被害与家庭暴力概说 / 421
第二节　儿童照管不良干预程序 / 430
第三节　性虐待的强制报告义务 / 441

## 第五编　支持与评估

**第十二章　衔接:儿童福利与未成年人司法社会支持** / 455
第一节　儿童福利与未成年人司法 / 455
第二节　服务集成与社会支持 / 459

**第十三章　评估:风险/需求评估适用** / 471
第一节　再犯罪预防中的风险/需求评估 / 471
第二节　风险因子和未成年人偏差关系 / 487

## 第六编　希冀与展望

**第十四章　展望:未成年人司法未来方向** / 507

**第三版后记** / 520

# 第一编

# 导　论

# 第一章　绪论：未成年人司法概述

## 第一节　研究缘起

作为未来社会中流砥柱,未成年人茁壮成长兹事体大,攸关国家、民族生存与发展,亦为父母与家庭希望所在。只有这些未来主人翁身心得到健康发展,社会才得以稳步向前。面对民族复兴伟业的使命,他们能否堪当大任?家庭、学校、社会与国家是否已然准备好应对未成年人问题与保护之种种挑战?

现代未成年人司法制度缘起19世纪社会改革者之创立,其在应对被照管不良和偏差少年探索中,窥见了国家道义。而此时清末时局动荡,民不聊生,列强窥伺,领土分割。面临数千年来未有之囧困,梁启超在其流世名篇《少年中国说》指明:"少年智则国智,少年富则国富,少年强则国强,少年独立则国独立,少年自由则国自由,少年进步则国进步,少年胜于欧洲则国胜于欧洲,少年雄于地球则国雄于地球。"在其看来,"制出将来之少年中国者,则中国少年之责任也",继而又指出"今日之责任,不在他人,而全在我少年",[1]更是将未成年人健康成长视为改变国家命运、挽救民族存亡之根本。先哲谆谆教诲字字珠玑,历久弥新,提醒吾人时刻关注未成年人事业。

国际社会对未成年人问题相当重视,莫不对未成年人健康成长倾注心血。早在1924年9月26日,国际联盟(League of Nations)第五届大会通过《日内瓦儿童权利宣言》(Geneva Declaration of the Rights of the Child of 1924),明确"所有国家的男女都应承认人类负有提供儿童最好东西的义务"。1948年12月10日,第三届联合国大会(General Assembly of the United Nations)通过《世界人权宣言》(Universal Declaration of Human Rights),其中第25条第2款特别规定,"母亲和儿童有权享受特别照顾和协助。一切儿童,无论婚生或非婚生,都应享受同样的社会保护"。1954年12月14日,联合国教育科学文化组织(United

---

〔1〕(清)梁启超:《少年中国说》。

Nations Educational Scientific and Cultural Organization,UNESCO)将每年11月20日定为“世界儿童节”(Universal Children's Day)[1],彰显出国际社会对未成年人问题的高度重视。1959年11月20日,第十四届联合国大会通过《儿童权利宣言》(Declaration of the Rights of the Child),敦请各法域“有责任给儿童以须给予的最好待遇”。1989年11月20日,第四十四届联合国大会通过《联合国儿童权利公约》(United Nations Convention on the Rights of the Child,以下简称《儿童权利公约》)更是事无巨细地将国际社会对未成年人的殷切希望与保护诉诸国际条约,并推而广之为各法域未成年人法律及政策的范本与通例。1990年9月30日,各法域首脑汇聚纽约,召开“世界儿童问题首脑峰会”(World Summit for Children)。会后通过的《儿童生存、保护和发展世界宣言》(World Declaration on the Survival,Protection and Development of Children)指出:儿童纯洁、脆弱、需要依靠;同时,他们还充满好奇,充满生气,充满希望。因而,儿童时代应该是“欢乐、和平、游戏、学习和生长的时代”,“他们的未来应该在和谐和合作之中形成”,“他们应该在开拓视野、增长新的经验的过程中长大成人”。该宣言同时告诫世人,“对许多儿童来说,童年的现实却与此完全不同”,故该宣言提出建构“一个适合儿童的世界”总体行动目标,呼吁各法域携手“让每个儿童有更好的未来”。

2000年9月,在联合国“千年首脑峰会”(United Nations Millennium Summit)上,各国领导人济济一堂,就消除贫穷饥饿、普及初等教育、促进两性平等、降低儿童死亡等目标达成一致。这些目标和指标被置于全球议程的核心,统称为“千年发展目标”(Millennium Development Goals)。联合国大会于2002年5月8日至10日在纽约召开“儿童问题特别会议”,为联合国大会有史以来首次专门讨论世界儿童和青少年问题的会议。会议通过的宣言主张应实现如下目标:“儿童第一、消灭贫穷、对所有儿童一视同仁、让所有儿童受教育、保护儿童不受伤害和剥削、保护儿童免受战争影响、防治艾滋病毒/艾滋病、倾听儿童的意见和确保他们参与及为儿童保护地球。”2003年5月,联合国于印度尼西亚巴厘举行第六届关于儿童问题的部长级协商会议。会后通过了《巴

[1] 除“世界儿童节”(Universal Children's Day)外,较有世界性影响的专门儿童节日还有“国际儿童节”(World Children's Day)及“世界儿童日”(International Children's Day)。1949年11月,国际民主妇女联合会在苏联莫斯科召开执委会,决定将每年6月1日定为“国际儿童节”(1949年12月23日,我国中央人民政府政务院颁令照行此例);1986年4月27日被确定为“世界儿童日”,此后每年4月的第四个星期日亦被定为儿童日。各法域对儿童节设置并不完全一致,如10月31日万圣节前夜为美国儿童节,而日本则将每年3月3日及5月5日被分别定为“女孩节”及“男孩节”。

厘共识——关于在东亚及太平洋地区与儿童并为儿童建立伙伴关系》(Bali Consensus on Partnerships with and for Children in the East Asia and Pacific Region,以下简称《巴厘共识》),要求各缔约国“在全国和地方的发展计划中要‘儿童优先’,即将最高优先给予儿童和青少年的健康、发展和福利”。2004 年 12 月 19 日,联合国儿童基金会(United Nations Children's Fund,UNICEF)在《2005 年世界儿童状况报告——面临威胁的童年期》(State of the World's Children 2005: Childhood Under Threat)亦强调,“只有儿童状况得以改善,国家才能发展”,[1]未成年人与国家发展联系之深可见一斑。假以时日,正确教养与引导,未成年人便可成长为国家栋梁,成为主导社会发展与变革的主力军。

古往今来,吾人对未成年人问题历来相当重视。《易经》曰,“蒙以养正,圣功也”,[2]指出从童年开始就要施以正确教育。《礼记》云,“壮有所用,幼有所长”,[3]强调国家对未成年人的保育期待。孔子曰,“弟子入则孝,出则弟,谨而信,泛爱众,而亲仁,行有余力,则以学文”。[4] 在孔子看来,未成年人在家要孝顺父母,出门在外要敬重师长,言行举止要谨慎可信,要普遍关爱众人并亲近那些有仁德的人;躬行实践之后若尚有余力的话,再去学习书本知识。孟子亦道,“老吾老,及人之老;幼吾幼,及人之幼”。[5] 由对父母、子女的爱延伸至尊老爱幼,隐约显露圣贤对未成年人保护与关爱的恻隐之心。

1982 年《宪法》第 46 条第 2 款明文规定,“国家培养青年、少年、儿童在品德、智力、体质等方面全面发展”;同时,第 49 条又特别申明儿童受国家的保护及禁止虐待儿童,为未成年人保护提供了宪法保障。2020 年修订之《未成年人保护法》第 1 条明确,“保护未成年人身心健康,保障未成年人合法权益,促进未成年人德智体美劳全面发展,培养有理想、有道德、有文化、有纪律的社会主义建设者和接班人,培养担当民族复兴大任的时代新人”,这既是国家对未成年人的殷切期望,亦为未成年人事业发展提出了总体目标与行动纲领。

岁月无情催人老,诗圣杜甫曾发出“少壮能几时,鬓发各已苍”[6]之感慨;唐代诗人李颀亦告诫“莫见长安行乐处,空令岁月易蹉跎”。[7] 古今中外仁人

---

〔1〕 United Nations Children's Fund, *State of The World's Children* 2005: *Childhood Under Threat*, New York, NY: United Nations Children's Fund, 2004.

〔2〕 《易·蒙》。

〔3〕 《礼记·礼运篇·大同章》。

〔4〕 《论语·学而篇》。

〔5〕 《孟子·梁惠王上》。

〔6〕 (唐)杜甫:《赠卫八处士》。

〔7〕 (唐)李颀:《送魏万之京》。

志士大都在未成年人时期立下雄心壮志,刻苦学习。这一时期的体质增进、心理成熟与知识积累,特别是人格养成对其成年后的进一步健康发展奠定了坚实基础。毋庸赘言,一些未成年人集万千宠爱于一身,却对身负责任视而不见,时常游戏人生。未成年人涉足偏差行为,给社会、家庭及自身均带来不可忽视的负面影响。尤其未成年人偏差问题日渐复杂,成为各法域所面临最感棘手的社会问题,涉及家庭、学校、心理卫生、社会及生长环境等方方面面。1985 年 11 月 29 日,联合国第 40/33 号决议通过《联合国少年司法最低限度标准规则》[United Nations Standard Minimum Rules for the Administration of Juvenile Justice,又称《北京规则》(Beijing Rules)],[1]敦请各会员方"应尽力创造条件确保少年能在社会上过有意义的生活,并在其一生中最易沾染不良行为的时期使其成长和受教育的过程尽可能不受犯罪和不法行为的影响"。该规则所确定的一系列观念与政策已经或正逐步影响着各主要法域未成年人保护与偏差少年惩教事业。

未成年人问题牵涉层面甚广,起因、本质与特征复杂,评估、构建与运作应对策略亦相当棘手,牵一发而动全身。各法域是然,我国亦难例外。未成年人徘徊于偏差与越轨行为之间,继而滑向犯罪,非一朝一夕使然。原因固然很多,但总无外乎自身、家庭、学校及社会等因素交叉影响。对其防治应溯本究源,多管齐下,才能标本兼治,实现综合治理。在强化未成年人个体身心健康,促其自发向上、远离犯罪的同时,更应建立未成年人偏差预防、控制和惩教的全方位防火墙。时下,构架防卫未成年人犯罪与越轨、矫正其不良行为以重返社会的制度日显重要,构建适当宽容不纵容的未成年人司法体系更是迫在眉睫。《儿童权利公约》、《北京规则》及《联合国预防少年犯罪准则》[United Nations Guidelines for the Prevention of Juvenile Delinquency,又称《利雅得准则》(Riyadh Guidelines)]等国际公约均要求成员方制定一套专门适用于未成年人的法律、规则和规定,并建立授权实施未成年人司法的机构,颁布和实施一些特定的法律和程序,以促进和保护所有未成年人的权利与福祉。虽然在现行司法体制下,不少地方设有少年法庭、未成年人检察、未成年犯管教所及专门学校等机构,但与国际惯例与标准尚仍存一定距离:对未成年人问题多以

---

〔1〕"United Nations Standard Minimum Rules for the Administration of Juvenile Justice"被译为"联合国少年司法最低限度标准规则",但英文文本中"Administration of Juvenile Justice"之"Administration"并未完整被译出。考察该词含"管理"、"行政"及"实施"等意,该公约似译为《联合国少年司法实施最低限度标准规则》为宜。

刑罚处之,缺乏足量福利保障与人文关怀;而对更应引发政策制定者注意与重视的旷课逃学、离家出走、吸烟酗酒等屡见不鲜的未成年人问题缺少较全面解决方案,其实际效果亦大打折扣。

## 案 例 一

2019 年 10 月 20 日 3 时许,10 岁的淇淇上完绘画课准备回家。13 岁的邻居蔡某某将淇淇骗到家中,并意图强行发生性关系。犯罪行为未遂后,蔡某某将其杀害并将尸体扔在了小区绿化带中,淇淇身中 7 刀,颈部有掐痕。事发后,"蔡某某还像个没事人一样围观,拍视频发给同学"。

案发时行凶者蔡某某未满 14 岁,辽宁省大连市公安局于 2019 年 10 月 24 日认定被告蔡某某实施故意杀人行为,致淇淇死亡,但未满 14 岁未达到法定刑事责任年龄依法不予追究刑事责任,决定对被告蔡某某收容教养 3 年。

随后淇淇家人以生命权纠纷为由,对蔡某某等人提起民事诉讼。大连市沙河口区人民法院判处被告方蔡某某的父母在辽宁省级平面媒体上向原告淇淇母亲及家人公开赔礼道歉。民事赔偿部分,判处赔偿原告合计 1,286,024 元。[1]

扼腕叹息之余,如何防患于未然、有效减少未成年人偏差,不枉不纵,对偏差少年进行惩教、救助和辅导,以及提供力所能及的社会及医疗救助日益成为摆在政府和司法部门、非政府组织及学者面前亟待解决的难题。随着自媒体的扩张及吸收模仿能力的增强,14 岁以下未成年人屡屡身触红线的案例时有耳闻。放任蔡某某自流,不啻对不当行为之肯定,不但不能劝阻其悬崖勒马、改邪归正,亦可能向社会释放错误信号,从而催发出更多类似的偏差行为甚至恶性刑事案件。社会中部分别有用心的成年犯罪人利用现有法律上的漏洞,借机唆使、招募、诱骗或胁迫处于这一年龄段的未成年人从事非法活动或替人顶罪,以规避法律制裁,造成了相当恶劣的社会影响。[2] 这些尚且年幼、是非善恶难分的未成年人又是无助的弱势群体,因种种原因不得已偏差,故迫切需要特殊帮助和呵护。涉世不深的儿童,朦朦胧胧间可能"物以类

---

〔1〕《大连 13 岁男孩杀害 10 岁女孩案宣判!》,载新浪网 2020 年 8 月 10 日,http://k.sina.com.cn/article_2345597047_8bcef87702000xoov.html。

〔2〕各法域对利用未成年人实施犯罪或逃避法律制裁均以严刑处之。如依《美国法典》(United States Code,U.S.C.)第 18 编第 1 章第 25 条规定,任何 18 岁及以上之成年人意欲利用未成年人实施暴力犯罪且该罪行可在美国任一法院被起诉,或意欲利用未成年人逃避因该罪行之侦查或逮捕时,若系初犯,应被判处 2 倍于该罪行原始刑罚之监禁或罚金;但对随后每次获罪,应被判处 3 倍于该罪行原始刑罚之监禁或罚金。

聚、人以群分"[1]地形成未成年人帮派,徒增其社会危害性。与简单言语谴责及责罚相比,如何锁定未成年人越轨动机尤为重要。因此,设身处地,从偏差少年与被害人入手,对后续处理亦可有的放矢、对症下药。

除犯故意杀人、故意伤害致人重伤或者死亡、强奸、抢劫、贩卖毒品、放火、爆炸、投放危险物质罪等8种明文规定可对14~16岁未成年人追究刑事责任的罪行外,2020年12月修正之《刑法》明确规定,"已满十二周岁不满十四周岁的人,犯故意杀人、故意伤害罪,致人死亡或者以特别残忍手段致人重伤造成严重残疾,情节恶劣,经最高人民检察院核准追诉的,应当负刑事责任"。

究竟采用何种措施才能合理处理这些实际造成巨大社会危害而又无须承担刑事责任的未成年人呢? 责任形式多种多样,刑事责任仅是其中之一。即便被告人可因"年幼抗辩"(infancy defense)主张刑事责任豁免,但其他责任并不会随刑事责任消减而自动消亡。我国《民法典》第17条规定:"十八周岁以上的自然人为成年人。不满十八周岁的自然人为未成年人。"第18条又规定:"成年人为完全民事行为能力人,可以独立实施民事法律行为。十六周岁以上的未成年人,以自己的劳动收入为主要生活来源的,视为完全民事行为能力人。"第19条继而规定:"八周岁以上未成年人为限制民事行为能力人,实施民事法律行为由其法定代理人代理或者经其法定代理人同意、追认;但是可以独立实施纯获利益的民事法律行为或者与其年龄、智力相适应的民事法律行为。"时年13岁的蔡某某系限制民事行为能力人,但这并不意味着未成年人父母或其他监护人可以置身其外。《民法典》第1068条规定:"父母有教育、保护未成年子女的权利和义务。未成年子女造成他人损害的,父母应当依法承担民事责任。"

为确保民事责任落实到实处,《民法典》第179条又规定,承担民事责任的方式主要有:停止侵害,排除妨碍,消除危险,返还财产,恢复原状,修理、重作、更换,继续履行,赔偿损失,支付违约金,消除影响、恢复名誉,赔礼道歉。法院亦可以予以训诫、责令具结悔过、收缴进行非法活动的财物和非法所得,并可以依照法律规定处以罚款、拘留。

对借鉴域外先进理念与司法实践来充实我国相关未成年人司法理论及实务缺失确有探讨之必要。近年来风头正盛的恢复性司法(restorative justice)[2]

---

[1] 《战国策·齐策三》。

[2] 近年来,"刑事和解"等概念在国内学术界及实务界影响日渐,但从严格意义上来说,其并不等同于"恢复性司法"。作为恢复性司法之常见表现形式,中文语境下的"刑事和解"实际上包括"加害人与被害人调解"(victim offender mediation,VOM)及"被害人与加害人和解"(victim offender reconciliation,VCR)等情形。在后续有关章节中,本书将详细阐述之。

为解决上述难题提供了可供借鉴的备选项。该理念要求加害人、被害人与社区及政府各方在有关司法机关参与、调停并认证的情况下,以加害人认错为契机,责令其以各种不同方式向被害人赔礼道歉、赔偿损失来尽可能恢复遭其破坏的社会关系。这一理念与相关司法实务已屡有介绍,尽管非正式社会控制手段中已不乏"人民调解"等日渐式微的传统刑事和解痕迹,不加选择地援用却不一定是符合中国国情的不二法门。居高不下的未成年人犯罪率、政法机关及民众普遍的重刑思想及对某些司法机关的不信任感都告诫吾人,域外某些司法理念与其产生、发展的历史背景,与其民众法治心理、司法构建及司法工作人员职业道德均有千丝万缕的联系,加之我国幅员广阔,社会经济发展不均衡,简单的法律移植并不一定适合国情。这些主客观因素交织在一起,决定了在法律移植时须慎之又慎。同时,我国未成年人保护的某些传统理念与做法即使放置于未成年人司法体系进行比较亦不显落后,仍不乏参酌之价值。所有这些都无疑大大增加了构建我国未成年人司法体系的难度,符合我国国情又反映国际惯例的未成年人司法仍任重而道远。

## 案 例 二

1993年2月12日,年仅2岁的英国利物浦男童詹姆斯·布尔格(James Bulger),在被两位10岁少年乔·维纳布尔斯(Jon Venables)和罗伯特·汤姆逊(Robert Thompson)绑架后惨遭折磨、杀害。案发前,后者正逃学于百货商场闲逛,百无聊赖,思索找个乐子。在试图诱迫其他儿童未果后,他们将目光放在了正与母亲购物的布尔格身上。两人设法将其诱出商场,并携其四处晃荡。其间,维纳布尔斯和汤姆逊不顾布尔格百般哀求与挣扎,对其拳脚相加。在折磨布尔格近2小时后,三人行进至铁路交叉口处。便是在该处,将被害人尸首两端。而后维纳布尔斯和汤姆逊两人若无其事离去,继续沿街晃悠,甚至看到电视寻人启事仍无动于衷。从布尔格残存肢体上,法医最后鉴定出外伤竟达42处之多,大部分集中在脸部与头部。更令人不寒而栗的是,在犯罪人离开现场之前被害人一息尚存。两名少年故意将奄奄一息的布尔格拖至铁轨上,造成过往火车不经意将其轧死的假象,以毁灭罪证。

该案于英伦三岛掀起轩然大波,舆论瞬时鼎沸。因案情严重性和犯罪人主观恶性,尽管作案人均为10岁未成年人,本案依然作为成年人案件予以审理。初审中,普雷斯顿王座法院(Preston Crown Court)判决犯罪人终身监禁,并至少服刑8年才能考虑假释与否,除非内政大臣认为其已然戒治且对社会无危害;法官亦允许媒体公开两人姓名。他们于1993年11月24日被判有罪,成为现代英国历史上最年轻的定罪凶手。不久,高等法院首席法官判定这两人至少服刑 10 年后方可予以假释。但民众认为如此处罚仍明显过于怜悯,一些媒体甚至收集民众签名交付给内政大臣,要求增加刑期。两年后,这两名未成年人犯罪人的最低刑期增至 15 年。

维纳布尔斯与汤姆逊两人对此判决均不服,不断上诉。该案一直上诉至欧洲人权委员会(European Commission of Human Rights)。1999 年 12 月,欧洲人权法院(European Court of Human Rights)认为 1993 年初审时不应将二人作为成人受审,且部分审理程序出现瑕疵,继而认定英国司法部门分别向汤姆逊与维纳布尔斯各赔偿 15,000 英镑和 29,000 英镑。这样迫使英国司法须对此判决作出回应。到 2001 年 6 月,也就是服刑 8 年后,汤姆逊与维纳布尔斯因遵守监规而双双获释:假释委员会认为提前释放他们并不会给社会带来危险遂将二人予以假释。随后,有关禁止公开报道二人相貌与行踪的法令出台,以防止可能出现的社会报复。2010 年,维纳布尔斯因违反释放许可条款而被判入狱,并于 2013 年再次假释。2017 年 11 月,维纳布尔斯因在计算机上藏有虐待儿童图像而再次被判入狱。2018 年 2 月 7 日,他承认藏有超过一千张儿童色情图片,被判处三年零四个月徒刑。2020 年 9 月,他被再予假释。[1]

传统未成年人司法对某些主观恶性特别大、手段极其恶劣、后果极其严重且无悔改表现的未成年人仍无能为力,加上特定时期保守主义抬头都可能将部分未成年人重新交由刑事(成人)法庭审理。与刑事(成人)司法相比,未成年人司法对犯罪嫌疑人程序保障相对缺乏,使本案一审中本可避免的瑕疵,给被告人辩护律师留有可乘之机,从而出现欧洲人权法院之逆转。

本案特殊之处亦远不止未成年人惩教。两位犯罪人隐私权得到较大尊重,甚至似乎明显过分的尊重。出于对未成年人保护的考虑,法院和监狱当局拒绝透露两位少年的具体服刑地点、狱中表现及释放信息。2019 年 6 月下旬,英国曾考虑在加拿大、澳大利亚或新西兰安置维纳布尔斯,原因是保护两名加害人背后的高昂费用。据报道,英国当局花费了 65,000 英镑来对维纳布尔斯的身份保密。[2] 倘若不予以公开犯罪人悔改表现,民众特别是被害人家属如何判断他们是否已浪子回头?因未成年人不同于成年人的心理特征及国家对

---

〔1〕 Wikipedia(2021), *Murder of James Bulger*, Retrieved January 26, 2021, https://en.wikipedia.org/wiki/Murder_of_James_Bulger.

〔2〕 See Wikipedia(2021), *Murder of James Bulge*, Retrieved January 26, 2021, https://en.wikipedia.org/wiki/Murder_of_James_Bulger.

其可矫正的期待性,各法域对未成年人隐私权的保护较成年人为甚。不同于刑事司法,传统上未成年人司法对未成年人程序上的保护力度并不突出。隐私权却为这不多的程序保护之一。对未成年人权利保护以保障其健康成长与有效矫正为前提,但这种保护并非没有限制。若对未成年人保护超出寻常所需,这无异于放纵犯罪人与漠视被害人权利,未成年人司法所依仗之"国家亲权"法则(parens patriae)亦会受到质疑,此类行为与父母溺爱越轨子女相似,无异于芒刺在背。

上述血腥案例触目惊心,案情引人深思。构建预防、监控与惩教未成年人犯罪与预防的机制迫在眉睫。但这并非未成年人司法研究的全部内容,然冰山之一角,对未成年人的监护、救助与保育等未成年人福利制度也是亟待探讨的热门话题。特别是惨遭遗弃、照管不良、虐待儿童的命运同样揪人心肺,牵动社会各界之热切关注。

影片《刮痧》深刻反映了中美两国在对待与处理未成年人保护上的巨大文化差异:男主人公许大同因为其父给孙子刮痧被美国儿童福利机构怀疑有虐待儿童的行为被立案调查,而刮痧在中国则被广泛视为中医治疗的国术精粹。若说该剧尚不过为虚构情节的戏剧化处理,那么,1999年起发生在太平洋彼岸一起看似普通却旷日持久的案件牵动了双方当事人的神经,更在中美两国掀起不小的波澜:贺某某夫妇与贝克夫妇就贺某抚养权的经年争执及田纳西州法院的有关裁决引起了华人社会及中美媒体的热切关注和广泛争议。研读此案可以帮助了解到民众对未成年人保护的深刻认识和感悟,这对未成年人司法又一关键领域——儿童福利与未成年人监护的深入把握不无裨益。

## 案 例 三

对案件的主人公贺某来讲,生身父母的概念似乎亦很遥远,毕竟自其出生起的7年里她日夜与美国养父母在一起。但生父母与养父母对贺某监护权的争夺日益白热化。案情复杂、曲折,案中套案。1998年10月,正在美国某大学攻读经济学博士学位的贺某某因涉嫌性骚扰与强奸罪,被学校取消奖学金和助教职位,经济上顿陷绝境。在其长女贺某出生仅4周后的1999年2月24日,贺某某夫妇万般无奈下前往当地少年法庭,表示无力抚养贺某,希望以"家庭寄养"(foster care)方式将其暂时安置。在少年法庭的斡旋下,贺家与先前联系过的中南基督教会(Mid-South Christian Services)再次接触,后者同意提供为期3个月的寄养服务。同日,贺家与教会签订有关协议,协议中两人之父母权并未中止。贝克因家底殷实、古道热肠而被选中而成为贺某短期监护人。其间贺某某曾欲支付300美元以示谢意,遭贝克婉拒。1999年4月,贺某某因涉嫌强奸正式被捕。虽然次日即获释,但失去兼差工作,仅靠妻子每月打工的400美元勉强度日。贺家决定将贺某送回国内亲戚处寄养,贝克闻讯反对。在随后达成的口头收养协议中,两家约定由贝克家抚养贺某至18岁,同时贺家保留对其监护权。1999年6月4日,双方前往少年法庭办理抚养权移转手续,而当签署监护权协议时,双方均漏掉了为后来琐碎诉讼和关系破裂埋下种子的条款,即未约定生活资助与探视义务。

起初双方相安无事,贝克一家尽职尽责,全心抚养贺某饮食起居与教育;贺家亦定期探访,维系亲情。自1999年6月5日起,贝克太太开始就探视时间、次数、亲子教育及贺氏夫妇情绪等细节事无巨细加以记录。9月20日,贺某某就读之大学要求其暂缓就学,并接受性侵害心理辅导。因无法正常注册,贺某某失去学生身份而面临遣返回国。而10月3日对于双方显然都不是个好日子,原先隐藏的问题一朝暴露。是日,贺家要求下周日带贺某外出,遭贝克拒绝。11月,贺家首次提出归还监护权。2000年5月3日,贺家诉至少年法庭,要求归还贺某监护权;双方会面后无果而终。而2001年1月28日贺某两岁生日前夕,双方就贺某抚养权的争执剑拔弩张,贝克家以贺某生病为由再次拒绝贺家与贺某合影留念的请求,并在双方争吵时报警。自此之后,贺家再无探视。

长时间的抚养与照顾,已让贝克家对贺某产生浓厚感情而不愿放弃,并倾全家之力聘请律师争夺抚养权。双方均不约而同诉诸法庭。2001年6月20日,贝克向田纳西州衡平法庭(equity court)[1]起诉要求中止贺某父母对贺某的监护权。在此期间,贺家也诉诸少年法庭,要求归还女儿。少年法庭于是将案件移交衡平法庭审理。贝克以贺家过去未支付抚养费、探访不及时及其家庭状况更有利于贺某成长为由要求法院将抚养权判付于己。延宕近三年后,案件重新得以审理。而此时,贝克家债台高筑,已因此欠债37万多美元,银行账户更一度仅剩下1000美元,而贝克本人也因此失去工作。法院一审判决认定与贺家略有改善的条件相比,贝克家仍更适合贺某健康成长,故判决贝克拥有对贺某的监护权。贺家当即表示不服,认为法院人为拆散骨肉,于情于法均说不过去,遂提起上诉。谁也没有料到,这个案子竟一直打了7年之久。2007年1月23日,田纳西州最高法院推翻原审法院所有判决,将贺某监护权改判其

[1] “equity court”、“court of equity”或“chancery court”均系“衡平法庭”,亦有学者译为“良心法院”。衡平法庭与普通法院相对,是对适用衡平原则(principles of equity)之法院组织的总称。

亲生父母。[1] 判决书长达114页之厚,足可见本案影响之大。及至2007年2月12日,联邦最高法院大法官约翰·斯蒂文(John Steven)驳回贝克夫妇容留贺某的动议,给这个旷日持久的案子暂时画上了并不十分完美的句号,而这距贝克家寄养贺某已近八年之遥。

若本案发生在吾国,其结果是否相同呢?答案可能有所不同。深受儒家文化熏陶的国人更注重家庭理念,强调血亲在维系家庭和睦、社会稳定中之不可替代作用。父母,特别是有一定抚养能力与意愿的父母,对子女潜移默化的熏陶与言传身教对子女顺利、健康成长至关重要。若吾国法官判理此案,可能多半会将贺某判给生身父母,除非贺家明显无抚养能力或明示放弃抚养权。本案又一复杂之处在于,贝克一家并未从贺某处获得任何现实而直接之利益或好处,相反心血尽费、劳心劳力,为相关诉讼破费钱财,更被无中生有妄称有"绑架"贺某之嫌。

域外未成年人福利制度所赖以存系的维护"儿童最佳利益"原则(best interests of the child)理念,与"国家亲权"法则相接,乃解决未成年人教养、保育及监护的根本立足点。其未成年人福利无不系从这一理念出发,并以此为回归处。这便提出了新的课题:若将未成年人监护作为未成年人司法组成部分,如何结合具体国情,特别是民众心理与历史传统处理好监护权确立、移转、变更与剥夺及收养等问题。其中,民众好脸面,耻于谈论家庭内部事务,特别是家庭暴力、虐待和照管不良等问题,如何立足现实,借鉴各法域先进经验以实现儿童利益最大化,将是考验政策制定者智慧的又一研究难题。

## 第二节 域内外未成年人偏差现状

### 一、我国未成年人偏差状况总览

因未成年人属犯罪高发人群,即便未成年人偏差率保持相对较低的比例,其绝对数量不可忽视。2020年起席卷全球之新型冠状病毒,对我国经济发展及社会稳定造成冲击,为构建未成年人司法制度平添了诸多变数与不利因素。

未成年人偏差之严重不单单体现在绝对数量与犯罪率的急剧攀升,更在于未成年人特殊生理、心理特征与其偏差和犯罪间的互动与作用。因手机、互

[1] In Re Adoption of A. M. H. No. W2004-01225-SC-R11-PT. (2007).

联网等非平面媒体的推广,新的诱惑层出不穷,未成年人活动范围早已不再局限于三尺之地,而是延伸至社会各个角落。与成人犯罪相比,未成年人偏差表现出较独特特征,而这大都又与其身心发育密不可分。综合有关文献资料,特别是统计资料,当前我国未成年人犯罪呈高发化、低龄化、团伙化、规模化、智能化及涉案种类多元化等特点。

首先,未成年人犯罪案件数量连续下降趋于平稳后又有所回升。未成年服刑人在全部服刑人中的比例从新中国成立初期的1%,上升至20世纪70年代的4%,继而到20世纪90年代的7%。[1] 2000~2003年,未成年人犯罪的人数呈上升趋势,占整个犯罪嫌疑人的比例依次为11.8%、12.0%、13.4%和18.9%。[2] 1999~2005年,全国各级法院少年法庭共判处未成年被告人39.35万名,其中,判决有罪的39.31万名,判决无罪的不过400多名。[3] 即便我国未成年人犯罪的官方数据自2008年起稳步下降,但仍是社会所关注的热点问题,特别是某些近来未成年人恶性案件频频曝光引起大众瞩目。据最高人民检察院新近发布的《未成年人检察工作白皮书(2020)》,未成年人犯罪数量连续下降趋于平稳。[4] 随着对未成年人犯罪特别是暴力犯罪的隐忧及持续性关注,普通公众、被害人、司法机关及学校等社会组织越发要求获悉未成年涉案人更多信息。[5]

庞大的人口基数造成与环境、经济、社会发展相关的一系列尖锐问题,亦可能对已凸显脆弱的未成年人犯罪防控机制造成巨大冲击,其负面效应不可等闲视之。与发达国家相比,因治安管理处罚等之存在,我国刑法起罚点显著较高。如依照域外追究刑事责任的标准,未成年人犯罪的绝对数量可能亦会呈爆炸式增长。若一旦再加上“身份过错”(status offense)这一常见未成年人偏差形式,未成年人偏差之人数总量将是天文数字。

其次,未成年人共同犯罪与团伙化犯罪趋向明显,组织日渐团伙化、规模化、职能化,特别是有成年犯参与其中的共同犯罪。2008年10月至2009年3月,张远煌等犯罪学者对北京、湖北、贵州三地未成年犯管教所进行抽样问卷

---

[1] 参见郭浩善主编:《中国少年刑事司法制度与审判实务》,人民法院出版社1996年版,第28页。

[2] 参见李俊丽等:《未成年犯的人格特点与心理健康状况和应对方式的相关研究》,载《中国学校卫生》2006年第1期。

[3] 参见朱大强:《最高法院:推进中国特色少年司法制度的建设和完善》,载中国法院网,http://www.chinacourt.org/public/detail.php? id=194917。

[4] 参见最高人民检察院:《未成年人检察工作白皮书(2020)》,载正义网2021年6月1日,http://news.jcrb.com/jsxw/2021/202106/t20210601_2284640.html。

[5] 参见张鸿巍:《美国未成年人案件保密性原则及其松动》,载《当代青年研究》2014年第5期。

调查,发现966名未成年服刑人中有近85.7%与他人结伙犯罪。[1] 一些不法成年人利用法律漏洞与欠缺,以未成年人作为减轻和逃脱刑事责任之手段。以上海为例,近年来该市未成年人共同犯罪案件占未成年人案件总数的六成,其中,未成年人与成年人结伙作案占近七成。[2]

尽管未成年人团伙化犯罪规模、组织结构、犯罪形式尚不足以与成人帮派相提并论,但其危害性不断显露、趋势不断增强,已成为影响社会长治久安之重大隐患。且未成年人模仿能力较强,而相关配套法律与应急预案又远未完善,在可预见的数年内,未成年人帮派的持续发展仍可视为未成年人犯罪的重要表现形式,不可掉以轻心。

最后,涉案犯罪类型日益增多,涉及盗窃、抢夺、抢劫等传统犯罪,且渗透至某些恶性犯罪,如杀人、强奸、贩毒、涉黑及高科技犯罪等犯罪类型中。现在已很难发现在传统犯罪形态中无关未成年人的案例,即便是在某些新型犯罪中,如网络犯罪、传销犯罪及新型毒品犯罪,也常常可以看见未成年人身影。虽然绝对数量与比例不高,但近年来呈逐年增加态势,其潜在危险及程度亦不能等闲视之。2016~2020年,全国检察机关受理审查起诉未成年人涉嫌故意杀人、故意伤害致人重伤或死亡、强奸、抢劫、贩卖毒品、放火、爆炸、投毒(投放危险物质)等八种严重暴力犯罪分别为22,028人、19,954人、17,936人、18,172人、15,736人,占全部犯罪人数的比例分别为37.29%、33.48%、30.76%、29.65%和28.63%。[3]

## 二、美国未成年人偏差状况

域外未成年人偏差状况依国情而有所差异。多数发展中国家,随着工业化及城市化之巨变与社会转型之阵痛,未成年人偏差日显严重,成为威胁社会稳定与国家长治久安的不稳定因素。就发达国家而言,尽管个别国家未成年人偏差某些特定时期此消彼长,但总体趋向缓和,这与经济增长、社会稳定及未成年人犯罪防控措施得当不无关系。在未成年人偏差总体趋缓的大前提下,一些恶性犯罪有所抬头,无论是犯罪手段、主观恶意,还是社会危害程度均

---

〔1〕 参见张远煌、姚兵:《中国现阶段未成年人犯罪的新趋势——以三省市未成年犯问卷调查为基础》,载《法学论坛》2010年第1期。

〔2〕 参见毛懿:《沪未成年人犯罪状况公布专家建议制订少年刑法》,载新华网,http://news.xinhuanet.com/newscenter/2006-06/24/content_4741841.htm。

〔3〕 参见最高人民检察院:《未成年人检察工作白皮书(2020)》,载正义网2021年6月1日,http://news.jcrb.com/jsxw/2021/202106/t20210601_2284640.html。

有过之而无不及,呈现与先前有所不同的特点,其严重性仍不容等闲视之。各法域无不忧心忡忡、殚精竭虑,以期未成年人偏差得以有效缓解。

全美犯罪调查(national crime survey)显示,未成年人严重暴力犯罪在1973～1989年保持相对稳定。[1] 未成年人偏差,特别是未成年人暴力犯罪的拘捕数量之后开始显著攀升,至1994年前后达至顶峰。其后稳步减少,到2004年时未成年人的拘捕数比1994年相比下降了近五成(49%)。[2] 截至2018年10月24日,在1510个拘留安置场所(residential placement facility)中关押了37,529名未成年人。[3] 基于来自管辖权涵盖超过全美87%未成年人人口2500多个法院的数据,2018年,美国少年法庭处理了744,500宗涉及违法犯罪的未成年人犯罪案件。从2005年至2018年,未成年人偏差案件减少了55%;而在财产犯罪(下降63%)、公共秩序犯罪(下降57%)、人身犯罪(下降46%)及毒品犯罪(下降45%),偏差率皆有所下降,[4]美国未成年人偏差大体处于近30年来最低点。

尽管美国未成年人偏差情形总体趋缓,但在某些犯罪领域特定未成年人犯罪仍呈高发态势,尤其是不绝于耳的校园枪击案件更成为减缓未成年人偏差状况的冥顽固石。2018年,移交法院时未满16岁少年占所有审理偏差案件的53%。此年龄组分别占人身犯罪案件的60%,财产罪案件的54%,公共秩序罪案件的51%和毒品法案件的38%。[5] 未成年人偏差所带来的不仅是对未成年人健康成长和社会治安的隐忧,亦包括其直接造成的经济损失及政府和民间组织在救助与矫正其偏差所花费的巨额开支。美国儿童安全网络经济与保险信息中心(Children's Safety Network Economics and Insurance Resource Center)估计,由未成年人暴力犯罪所引发的医疗费用高达近60亿美元。[6]

---

〔1〕 See Barry Krisberg, *Rediscovering the Juvenile Justice Ideal in the United States*, In John Muncie and Barry Goldson, Comparative Youth Justice (edited), London, UK: Sage Publications, 2006, p. 11.

〔2〕 See Howard N. Snyder, *Juvenile Arrests* 2004, Washington, DC: Office of Juvenile Justice and Delinquency Prevention, U. S. Department of Justice, 2006.

〔3〕 See Sarah Hockenberry & Anthony Sladky, *Juvenile Residential Facility Census* 2018: *Selected Findings*, Washington, DC: Juvenile Justice Statistics: National Report Series Bulletin, 2020, p. 1.

〔4〕 See Sarah Hockenberry, *Juvenile Justice Statistics: Delinquency Cases in Juvenile Court*, 2018, Washington, DC: U. S. Department of Justice, Office of Justice Programs, 2020, p. 1.

〔5〕 See Sarah Hockenberry, *Juvenile Justice Statistics: Delinquency Cases in Juvenile Court*, 2018, Washington, DC: U. S. Department of Justice, Office of Justice Programs, 2020, p. 2.

〔6〕 See The Boy Scouts of America, *Juvenile Diversion Programs: Successful Local Council Implementation Through Scoutreach*, Boy Scouts of America, Accessed November 16, 2007, http://www.scoutreachbsa.org/resources/11-308/index.html.

## 第三节 未成年人司法与刑事司法

### 一、法理辨析

"价值",原意为价格,最早语出"香皂以江南六合县出者为第一,但价值稍昂"。[1] 后随语义辗转,逐步衍生出积极作用之意。英文中与"价值"相对应的是"value"。据《布莱克法律词典》(*Black's Law Dictionary*)解释,"value"大体上有两种含义:一系指某事物的重要性(significance)、合意性(desirability)及实用性(utility);二系指某事物的货币价值或价格,货物、服务或商品交换的价值。[2] 在第一种含义之下,该词典继而提出了"社会价值"(social value)的概念,即某事物对于民众的重要性、合意性及实用性。[3]

未成年人司法(juvenile justice, youth justice)或称"少年司法",系由英文"juvenile/youth"与"justice"两部分组成,前者通常意指未成年人,后者指司法制度或体系,日本、韩国大都将其直译为未成年人司法。因未成年人身心未臻成熟,不能期望其与成年人具有完全一样的价值判断。较之成年人,未成年人需要获得更多机会以戒治,故而未成年人司法重要价值在于实现对偏差少年矫正、惩教及自新,此为未成年人司法得以产生及存续的法理基石。[4] 在犯罪学家维克特·史特莱博(Victor Streib)看来,未成年人司法体现了这样几个价值:国家拥有对未成年人至高无上之权力;对未成年人实现司法个别化处分(individualized justice);偏差少年身份有异于成年人,对其处分应轻于成年人;其在处理程序上应以非正式非刑事程序取代正式的刑事程序;最后,对未成年人处分应符合挽救、防控及矫正目的而非惩罚。[5] 未成年人司法之目的在于增进未成年人幸福,注重个别处分的措施,从而避免对未成年人只采用惩罚性的处分,以有效区别于刑事(成人)司法制度,使偏差少年得到更多的关心和爱护,促其顺利复归社区。

---

〔1〕 (清)李渔:《闲情偶寄·声容·薰陶》。

〔2〕 See Bryan A. Garner, *Black's Law Dictionary* (*10th edition for iPhone and iPad*), Thomson Reuters, 1.4 Version, 2014.

〔3〕 See Bryan A. Garner, *Black's Law Dictionary* (*10th edition for iPhone and iPad*), Thomson Reuters, 1.4 Version, 2014.

〔4〕 参见张鸿巍:《未成年人刑事检察的价值取向》,载《法制日报》2013年7月24日,第10版。

〔5〕 See Victor L. Streib, *Juvenile Justice in America*, Port Washington, NY: National University Publications, 1978, p. 8.

与未成年人司法相对应,“刑事司法”(criminal justice)在英美法系法域中常以“成人司法”(adult justice)作为同义词,通常系指以追究刑事责任为导向,涵盖犯罪预防、控制与矫正的司法体系与过程的总称,其目的在于震慑犯罪和惩治犯罪人。通过“社会公益”(social good)最大化标准和功利主义的适用,意大利犯罪学家切萨雷 · 贝卡里亚(Cesare Beccaria)详细分析了刑事司法之既定价值:首先,刑事司法应在获得犯罪补偿之私行为上起到协助作用;其次,由刑事司法所触发的刑罚目的主要在于吓阻犯罪人、令其支付对社会所造成的损失及吓阻其他与该犯罪人类似的潜在犯罪人实施犯罪行为,刑罚不应该被用来解决私人损失。[1] 一旦社会遭受犯罪侵扰,刑事司法就应该起到减少或避免犯罪所造成社会危害的作用,而被害人不能被允许来掌控诉讼及刑罚。在他看来,通过刑罚威慑犯罪、通过监禁犯罪人保障社会安定与和谐为刑事司法最重要目的。

对偏差少年采取的刑事政策是否体现出未成年人司法所孜孜以求的正义目标,亦是各法域热点难题。具体到未成年人刑事司法,其所体现出来的正义可以被简单地划分为程序正义与实体正义,前者关乎未成年犯罪嫌疑人或被告人在诉讼或非诉讼各阶段依法所享有的特殊程序保障权利,而后者则关联着司法机关特别是审判机关依据实体刑法对教育、感化和挽救等教育刑理念及罪当其罪、罚当其罚的刑事正义伸张。[2] 无论是未成年人司法还是刑事(成人)司法,其所要追求和实现的终极目标都不应该是单一的,而是复合的,且在不同社会整体犯罪控制态势中有一定调整度的弹性。未成年人司法固然以教育、感化和挽救偏差少年为主,但并不排斥一定的惩教和打击,只不过后者仅作为前者之补充,在处理个别严重案件时所采用的阶段性措施,亦有教育、感化和挽救的理念穿插其中。这些复合价值体系折射出对被害人的关切、同情与怜悯,对犯罪人特别是暴力犯罪人的愤恨与惋惜,以及对防卫社区的向往与期待。

未成年人司法价值取向并非一成不变,而是与未成年人犯罪率及形态、刑事司法机关特别是未成年人刑事司法机构应对未成年人犯罪的能力建设、民众对未成年人犯罪的容忍度及对刑事司法机关应对未成年人犯罪的期待值等因素的变动密不可分。如美国检察官研究所认为,民众期待未成年人司

---

〔1〕 See William F. McDonald, *Towards A Bicentennial Revolution in Criminal Justice*: *The Return of the Victim*, American Criminal Law Review, 13, 1976, p. 649.

〔2〕 参见张鸿巍:《未成年人刑事司法中的正义》,载《检察日报》2012 年 9 月 20 日,第 3 版。

法体系应完成三项基本职能:防卫社区、追究犯罪人对被害人及社区应承担的责任、培养犯罪人以“对社会有建设作用及贡献”之身份重返社区的能力。[1]

据其在新泽西州纽瓦克未成年人拘留所(juvenile detention center)的工作经历,犯罪学家刘易斯·亚伯朗斯基(Lewis Yablonsky)生动描述了未成年人司法与刑事司法的显著区别。

## 案 例 四

某日,马特(Matt)和乔伊(Joe)因涉嫌偷窃汽车被警方抓捕。因驾车逃逸、暴力拒捕及吸食毒品,少年法庭在“预先传讯”(preliminary arraignment)中裁定二人交付未成年人拘留所而不得释放回家。此时二人皆报称17岁;但随后调查发现马特已年满18岁,马特随即被移送至刑事(成人)看守所。次日,马特出庭受审。在其律师协助下,他迅速与控方达成辩诉交易,伏法认罪。最后刑事(成人)法庭认定其汽车盗窃罪成立,被判缓刑并当庭释放。在审理过程中,刑事(成人)法庭对马特既往犯罪史、情绪诊断及家族史一概既往不咎。

少年乔伊的审理程序与结果则截然不同。在未成年人拘留所,他每日需就其拘禁状况面陈社会工作者。在少年法庭非正式出庭后,法官据其社会与心理背景而非犯行,对其作出心理治疗与辅导的裁决,并责令缓刑官就有关问题提供详细报告。3个月后,乔伊再次出庭。这次缓刑官呈交一份内容翔实的社会报告,涉及乔伊的情绪状况、既往偏差史、学业不佳及家庭功能不彰等问题。以家庭功能不彰为例,其父酗酒,经常虐待妻子,并有性骚扰其女和殴打乔伊等恶劣行为,而这些被视为造成乔伊性格暴烈及曾几次卷入打架斗殴的重要原因。报告亦指出,乔伊学业不佳与经常性逃学源自其学习障碍。据这份报告,法官判定乔伊患有“品行疾患”(conduct disorder),要求其接受更为细致而深入的诊断。随后,乔伊在该州诊断中心待了9天以接受社会及精神病学方面的评估。6个月后,其再次出庭。此时乔伊已年满18岁,欲从军当兵。法官接受乔伊的此项动议,该案至此告一段落。[2]

亚伯朗斯基进一步将未成年人司法与刑事司法的主要区别分类如下。首

---

〔1〕 See American Prosecutors Research Institute, *Guiding to Developing and Implementing Performance Measures for the Juvenile Justice System*, Alexandria, VA: American Prosecutors Research Institute, 2006, p. 1, 4.

〔2〕 Lewis Yablonsky, *Juvenile Delinquency into the 21st Century*, Belmont, CA: Wadsworth/Thomas Learning, 2000, p. 8–9.

先,几乎所有法域均将未成年人偏差和成年人犯罪以年龄相区分,通常为18岁。其次,偏差少年被认为对其行为过失承担较少的责任。再次,未成年人司法运作时,考虑重点在于未成年人人格和偏差行为动机而非行为本身,而刑事司法则正好反其道而行之。刑事司法通常以犯行依证据并以对抗式诉讼来判定成年人犯罪与否。复次,在对偏差少年的处分上,未成年人司法强调治疗性质的矫正效果而非刑罚。最后,未成年人司法在正当程序保护力度方面较刑事司法为小,法官的主导作用极为明显,但正当程序的引入已是未成年人司法改革的大势所趋。[1]

随着未成年人犯罪与偏差危害后果、社会容忍度及矫正效果的反思与重构,各法域未成年人司法与刑事司法已非昔日那样泾渭分明,将未成年人司法与刑事司法完全分开是不现实的,二者存在千丝万缕的联系。如据澳大利亚新南威尔士州之官方概念,未成年人司法通常系指国家对那些被指控犯或被判定有过失/犯罪(offense)未成年人的刑事司法回应。[2] 尽管"分流"(diversion)与"除监禁化"(decarceration)等儿童福利举措在德国成效日渐显著,但刑罚并未被福利及教育刑理念而取代,只是严厉程度较前有所削弱。在德国刑法学家汉斯·约格·阿尔布莱希特(Hans-Joerg Albrecht)看来,德国未成年人司法一直为"大刑事司法"(general criminal justice)之次系统(subsystem)。[3] 在特定情形下,刑事司法也接受从未成年人司法移送而来的未成年严重暴力犯及惯犯,继而以成人司法处置之。在保持和发挥各自不同作用的同时,近年来,未成年人司法与刑事司法之间的交融与互通呈现加快趋势,特别是未成年人司法刑事化或未成年人司法成人化(adulteration)趋势更明显。对于极少数主观恶性极大、作案手段极其恶劣、社会危害后果极其严重的特定触法未成年人,越来越多的法域倾向于将其从少年法庭"移送"(transfer)至刑事(成人)法庭,接受刑事司法之裁判,体现出相当大的灵活度。在现代未成年人司法体系中,除对未成年身份过错犯进行必要管教与矫正外,对应承担刑事责任之未成年人适用特殊刑事处分亦是应有之义,但

---

〔1〕 See Lewis Yablonsky, *Juvenile Delinquency into the 21st Century*, Belmont, CA: Wadsworth/Thomas Learning, 2000, p. 4-5.

〔2〕 See NSW Department of Juvenile Justice, *Department of Juvenile Justice Annual Report* 2004/2005, Sydney, Australia: NSW Department of Juvenile Justice, 2006, p. 5.

〔3〕 See Hans-Joerg Albrecht, *Youth Justice in Germany*, Crime and Justice, In Michael Tonry and Anthony N. Doob, Youth Crime and Youth Justice: Comparative and Cross-National Perspectives (edited), Chicago, IL: University of Chicago Press, 2004, p. 451.

此类处分与刑事(成人)司法体系内的普通刑事处分在程序、范围、主体、对象、救济措施及社会帮教等方面仍存在诸多差异性，以体现出对未成年犯的挽救及福利导向。[1]

在程序司法得以较快升级的同时，未成年人司法在追求实体正义上仍面临一些理念上的纠结。新刑事诉讼法与时俱进，在突出位置凸显了对未成年犯罪嫌疑人及被告人的特殊保护。而在切实关注未成年犯罪嫌疑人及被告人特殊利益及需求的同时，宜应重视保护社会安全及被害人合法权益，体现对被害人分配正义的一定倾斜。[2] 对未成年人违法犯罪不能妖魔化，但也不宜刻意强调其犯罪动机及个人境遇的独特性而忽视因犯罪后果而来的社会防卫及被害人权利保障之隐忧。在强调"儿童最佳利益"原则的同时，对基于社会防卫而来的"社会最佳利益"原则同样不可偏颇。无论是非刑事化的未成年人司法，还是刑事化的刑事(成人)司法，对未成年人触法而来的处分都应当涵盖这些基本价值：防卫社会、追究其对被害人及社会应承担的责任、培养其改造自新及重返社会的能力。[3]

近年来，被害人角色在各法域中的法律地位水涨船高。过去，被害人在刑事司法中往往处于被边缘化的尴尬境地。时过境迁，被害人如今获得了广泛的法律保护，如获得平等和有尊严对待的权利(right to be treated fairly and with dignity)、因伤害而获得补偿的权利(right to restitution for their injuries)、免受被告人侵害的权利(right to be protected from the accused)、知悉法庭程序及出席庭审的权利(right to be notified of and to be present at court proceedings)及于诉讼关键阶段的申诉权(right to be heard at critical stages in the proceedings)。[4]

---

[1] 少年司法抑或是刑事司法，其存续、发展及改革莫不根植并服务于一定的价值导向。随着社会价值多元化的加深，少年司法与刑事司法所追求之目标亦非单一，而是多元的，都包括惩罚、保护、教育、挽救及福利等复合价值体系。然在这多元化之背后，少年司法与刑事司法所追求之终极目标或首要目标并非完全等同。就少年司法而言，挽救、保护、教育、救助及福利等同等价值观虽然并不必然排斥惩罚，但与后者相比，其意义更加突出。针对成年人的刑事司法则将确认归责性孜孜以求之，其重要性又较挽救为先。需要特别说明的是，即便如此，这并非意味着少年司法与或刑事司法所追求之价值导向会从一而终，会随变化着的社会现实特别是犯罪率、社会安全感(被害恐惧感)及刑事司法机构打击犯罪之实效而进退辗转，表现出一定的灵活度。换言之，少年司法政策在特定情形下可能对偏差少年采取"零容忍"(zero tolerance)，持严打态度。然这种临时调整并非常态，一旦社会现实发生良性变化，少年司法政策即可能恢复原状。

[2] 参见张鸿巍：《丈量司法与正义》，载《法制日报》2013年4月10日，第10版。

[3] 参见张鸿巍：《少年司法与刑事司法的桥接互动》，载《法制日报》2013年11月20日，第10版。

[4] See Bennett L. Gershman, *Prosecutorial Ethics and Victims' Rights: The Prosecutor's Duty of Neutrality*, Pace Law Faculty Publications, Law Journal Library, Accessed on August 17, 2013, http://digitalcommons.pace.edu/lawfaculty/122, p. 559.

以未成年人检察为例,詹姆斯·C. 巴克斯特罗姆(James C. Backstrom)认为,当履行检察职能时,检察官须成为司法公正、被害人及社区价值的积极倡导者。在他看来,未成年人司法固然视维护"儿童最佳利益"原则为其重要职责,但检察官仍肩负维护司法公正的重任。虽然检察官在处理未成年人案件时应当考量涉案未成年人的特殊利益及需求,但也不应忘记其首要职责在于伸张正义和保护公共安全及社会福利。[1] 科罗拉多州埃尔帕索郡及塔勒郡地区检察院认为,未成年人检察的使命在于保障民众免受未成年累犯的潜在侵害;起诉须为未成年犯罪人提供改造自新的机会。[2] 明尼苏达州圣路易斯郡检察院这样描述未成年人检察工作:除民众安全外,检察官须考量未成年人特殊需求;作为检控程序一部分,检察官亦须决定涉案未成年人是否可以作为成人来接受审判,而这些需要通盘考虑罪行恶性、年龄、既往犯罪及矫正史。[3] 在刑事保守主义的冲击下,爱尔兰检察院2007年发布的《检察官指南》(Guidelines for Prosecutors)第5.1条亦指出,"不应低估儿童因过早触犯刑法而遭遇的长期损害,检控须被视为关乎儿童未来成长的严厉措施"。尽管如此,该条继而强调,"虽然各种情况都应考虑在内,包括经常适用的警告等非诉方式;但另一方面,所指控犯罪的恶劣程度、给被害人所造成的伤害及涉案儿童的品行都是检控与否所须考虑的"。[4]

## 二、主要术语甄别

除理念不同外,如表1-1所示,未成年人司法与刑事司法在术语运用上也迥然不同。[5] 下文仅就其中几组较重要术语简述之。

---

[1] See James C. Backstrom, *Advocacy in the Courtroom and Leadership in the Community*, Accessed November 16, 2007, http://www.co.dakota.mn.us/government/attorney/workexperience/documents/roleprosecutoradvocacyctrmleadershipcommunity.pdf.

[2] See *District Attorney for El Paso and Teller Counties Colorado*, Accessed December 13, 2013, http://www.4thjudicialda.com/prosecutionunits5.aspx.

[3] See St. Louis County, Minnesota, Retrieved on December 10, 2013, http://www.stlouiscountymn.gov/LAWPUBLICSAFETY/CriminalProsecution/JuvenileProsecution.aspx.

[4] See Guidelines for Prosecutors, § 5.1.

[5] 近年来,随着少年司法刑事化或成人化及犯罪控制政策之影响,原先存续在少年司法与刑事司法之间并将两者截然分开的术语已大不如往昔,其差异性逐渐减小,传统刑事司法中的概念与术语又重新侵蚀于少年司法之中,使少年司法原有术语与刑事司法术语交相辉映、相得益彰。术语上的变化及博弈体现出少年司法政策的新保守主义倾向。

表1－1　未成年人司法与刑事司法之主要术语甄别

| 未成年人司法 juvenile justice | 刑事司法 criminal justice |
|---|---|
| 偏差 delinquent | 犯罪 crime |
| 拘捕 take into custody | 逮捕 arrest |
| 传票 summon | 令状 warrant |
| 呈请 petition | 起诉 complaint/indictment/prosecution |
| 应诉人 respondent | 被告人 defendant |
| 裁判聆讯 adjudication hearing | 审判 trial |
| 偏差确认 found delinquent/involved | 有罪 convicted/found guilty |
| 安置 disposition | 量刑 sentencing |
| 承诺 commitment | 监禁 incarceration |
| 习艺所 training school | 监狱 prison |
| 善后辅导 aftercare | 假释 parole |
| 入住人 resident | 服刑人 inmate |

(一)拘捕与逮捕

"take into custody"与"arrest"皆可用来指警方将嫌疑人予以拘留的强制措施,所不同的是前者对象通常囿于未成年人,而后者一般为成年人。"take into custody"意为拘捕,也可译为"暂时拘留"。在未成年人司法发展的早期阶段,为强调其与刑事司法的差异,立法者与法官比较刻意强调避免使用"逮捕"这一可能带有污名化的术语而采用较中性的"拘捕"一词。

然这种划分更多的是理念上的认识,实务中许多工作人员尤其是第一线的警察并不一定会完全使用这一术语。近年来,随着新保守主义在未成年人司法与刑事司法领域之抬头,"逮捕"一词在英美未成年人司法中的使用也逐渐司空见惯了。

(二)呈请与起诉

一旦遭到警方拘捕后,无论是成年人还是未成年人都有可能面临来自检察官的控诉。就未成年人偏差而言,检察官将依未成年人法"呈请"(petition)[1]法

〔1〕 有学者曾将"petition"翻译成"起诉",但可能并不准确,因为未成年被带到少年法庭常常并不是其真正犯有某些罪行,而是家庭、学校、检察官、警察等认为其需要特殊关爱而提请法院给予适当处分。故译为"呈请"为妥。与此相对应,有关"呈请"的司法令状可译为"呈请状"。

官审理偏差未成年人案件;而在成年人案件中,犯罪嫌疑人将被依刑法起诉(complaint/indictment/prosecution)。

近年来,“起诉”一词在英美未成年人司法中的使用频率亦越来越多。

(三)裁判聆讯与审判

与成年人面临审判(trial)不同,未成年人将面对裁判聆讯(adjudication hearing)。通常情况下,裁判聆讯采用准民事或准行政程序进行。少年法庭法官角色类似于家庭中的父母,担负起“事实发现者”(fact finder)与“睿智父母”(wise parents)的重任,对偏差少年多采取非刑事化处分。而刑事(成人)案件的审理则是通过刑事诉讼来运作的,法官的角色局限于不偏不倚,居间中立审判。

裁判聆讯与审判结束时,两者可能皆产生一些司法结果以表明司法机关对偏差少年及成人犯罪嫌疑人偏差行为的否定态度。其中前者会导致“偏差确认”(found delinquent/involved),而后者则为“有罪”(convicted/found guilty)。

## 三、解读未成年人/少年法

(一)“未成年人/少年法”与“未成年人/少年刑法”之辨

行文至此,不免要对未成年人司法制度所依赖的法律体系进行定性分析。2004年9月19日,国际刑法学会第17届大会在北京通过了《国内法与国际法原则下的未成年人刑事责任决议》。该决议建议,“对年轻人需要使用特别法律规则”。尽管各法域在设计与运作未成年人司法制度时采取不同形式,未成年人司法因各法域国情差异而呈现繁复的作用与特点,但大体上皆作为相对独立的法律制度而存续世间。英美法系法域通常以“未成年人/少年法”(juvenile law)或“儿童法”(children’s law)来笼统概括未成年人司法诸法律,尤以前者常见。德日等大陆法系法域有时以“未成年人/少年刑法”(juvenile criminal law)及“儿童福利法”(juvenile welfare law)分称之。

因未成年人司法管辖范围有时会涵盖未成年人与“年轻的成年人”,除“未成年人刑法”外,“青少年刑法”术语在德日等法域也时有出现。从断字上看,“未成年人/少年刑法”乃系“未成年人/少年”与“刑法”合成。从字面上看,“未成年人/少年刑法”应视为专适用于未成年人/少年的“刑法”,也就是对未成年人犯行追究刑事责任之刑法。刑法大体上有广义刑法与狭义刑法之分,其中,后者为各法域制定的刑法典,前者含义则各法域理解与规定有所不同。日本刑法学家曾根威彦认为,广义刑法系指所有规定犯罪和刑罚及二者之间的实体关系的刑罚法规。[1] 可见,他将刑法定义的落脚点放在了"刑罚法规"上。曾根威彦继而又指出,刑法的机能在于其社会控制机能、法益保护机能及人权保障机能。此种对刑法的认识可视为理解传统刑法的两个基本要素,即犯罪与刑罚。在刑法学家马克昌看来,刑法学的核心是刑法解释学,系"根据解释现行刑法的规范的意义以体系的认识为内容的学问领域,其对象是现行的刑法规范"。[2] 以未成年人保护为核心内容的未成年人法显然已超出刑罚法规与刑法解释学的传统范畴。

刑罚作用为何,历代统治者无不将其发挥得淋漓尽致。在秦以前,诸子百家较多倡导人知礼让、慎刑,也就是《尚书》中所说的"明德慎罚"与"惟刑恤哉"。[3] 东汉梁统在其奏报皇帝的折子《刑罚务重疏》中说道,"刑罚在衰,无取于轻",[4]主张刑罚力求公平,而不在于轻缓,主张实行严刑峻法。《尚书》中又说"与其杀不辜,宁失不经",[5]与其滥杀无辜,不如通融一些不经常发生的罪过,已然暗含轻刑的思想于内了。《北史》中说"淫刑酷罚,非致安之弘规",又说"若刑无定刑,则天下皆惧"。[6] 受制于传统刑罚理念及刑事古典主义束缚,我国现行未成年人司法仍较多拘泥于"未成年人刑事司法",以刑法、刑事诉讼法及监狱法等刑事(成人)法应对未成年人犯罪。与倡导儿童福利的国际公约及惯例相差较远,成为近年来制约我国未成年人司法制度构建之"瓶颈"。

在德国、日本等大陆法系法域中,未成年人法常被视为特殊法,且为刑法之特例。日本学者亦将未成年人法视为刑法与社会福利保障法的结合。我国台湾地区受日本影响较深,特别是在未成年人司法体系构建及术语沿用方面都烙上了日本法的痕迹。

一方面,为与"成人刑法"相区分,我国不少台湾地区学者主张"少年刑法"这一术语,认为其具有刑事法、行政法、强行法、混合法及特别法特征。[7] "少年刑法"之中文术语现已难考证其最早出处,但沈银河在其1988年出版的《中德少年刑法比较研究》一书的书名中即采用"少年刑法"一词,颇具影响。林山

---

[1] 参见[日]曾根威彦:《刑法学基础》,黎宏译,法律出版社2005年版,第3页。

[2] 马克昌:《比较刑法原理:外国刑法学总论》,武汉大学出版社2002年版,第15页。

[3] 《尚书》。

[4] (汉)梁统:《刑罚务重疏》。

[5] 《尚书》。

[6] 《北史·乐运传》。

[7] 与"少年刑法"相并行,"儿童福利法"概念在我国台湾地区亦大行其道。

田、林东茂与林灿璋亦认为,“法治国家在普通刑法之外,大多有少年刑法的规定,形成独立的刑法领域,用以处理犯罪少年”。[1] 三人皆主张刑法外延除传统刑法之外,应设有独立少年刑法单独处理少年问题。

另一方面,林山田、林东茂与林灿璋又承认某些法域已对犯罪少年完全取消刑罚,而只采用养护与教育处分。[2] 沈银河亦指出,“少年法”制度“导源于英美过去普通法之监护观念,经社会法学之影响,遂掺合新兴刑事实证理论,以适用于少年犯罪之预防,而脱去以往镇压报复之观念,转向于改善矫正之目的”。[3] 在其看来,带有浓烈英美亲属法特征的“少年法”在社会法学与刑事实证研究的共同作用下,已然成为各法域未成年人犯罪预防的必胜法宝。他继而将“少年刑法”基本思想解释为教育思想,即排斥传统刑罚思想,突破罪责主义、赎罪目的及非难目的,扬弃刑法上的“应报思想”。[4] 我国台湾地区处理未成年人问题的主要法律却并不直接称为“少年法”或“少年刑法”,而是“少年事件处理法”。[5] 《少年事件处理法》集程序法与实体法于一体,我国台湾地区学者多认为其可视同为刑法及刑事诉讼法的特别法。[6]

林山田认为,刑法功能在于规范人际关系,确保社会共同生活的基本价值,以建立社会共同生活所不可或缺的和平秩序。他将刑法功能细化为五个部分:保护法益、压制与预防犯罪、保护人权、矫治行为人和行为人赎罪机会。[7] 在他看来,刑法压制功能带有较强的痛苦性。当刑法执行或者刑罚时,无论是剥夺或限制人身自由,亦是科处罚金,都不免造成对犯罪人生理、心理及经济上的压力、不安与痛苦。以日本刑法为例,其刑法目的与理念在于实现刑法正义、共同幸福与法之安定性;其中,“刑法正义”通常被理解为平均的正义与分配的正义,“共同幸福”乃系指所有社会成员共同追求的基本利益,而

---

〔1〕 林山田、林东茂、林灿章:《犯罪学》(增订3版),台北,三民书局2002年版,第309页。

〔2〕 参见林山田、林东茂、林灿章:《犯罪学》(增订3版),台北,三民书局2002年版,第309页。

〔3〕 沈银河:《中德少年刑法比较研究》,台北,五南图书出版股份有限公司1988年版,第21页。

〔4〕 沈银河:《中德少年刑法比较研究》,台北,五南图书出版股份有限公司1988年版,第48页。

〔5〕 1954年7月,我国台湾地区当局委托台湾大学林纪东教授为首的“少年法项目组”研拟《少年法》。翌年12月,该项目组向“行政院”提交“少年法草案”。1962年,“立法院”将“少年法”更名为“少年事件法”颁行至今(参见李茂生:《台湾地区新少年司法与矫治制度实施十年的经验与展望》,载《青少年犯罪问题》2010年第2期)。

〔6〕 就“少年事件处理法”之性质,尽管多数学者主张其兼实体法与程序法于一体,陈慈幸等学者认为法条之中阐述程序的多于实体的,故而其主张少年事件处理法较偏向程序法(参见陈慈幸、蔡孟凌编著:《少年事件处理法学理与实务》,台北,元照出版有限公司2009年版,第3页)。

〔7〕 参见林山田:《刑法通论》(上册),台北,元照出版有限公司2000年版,第47~49页。

"法之安定性"系指罪刑法定原则。[1] 两相比较，其实，刑法与未成年人法在追求共同幸福与法之安定性方面具有一定的趋同性，然两者在追求司法程序公正的道路上却渐行渐远。因刑法的严厉性，其在法律条文、体系结构及刑罚执行等方面皆表现出若干与其他部门法不同的特征，如公法性、强行法性。除实体刑法外，在德语语境下的刑法尚包括刑事程序法、刑事量刑法、刑事执行法、青少年刑法及犯罪学等学科。[2] 德国"青少年刑法"可能是本书目前所接触到的最复杂和艰深晦涩的部门法。在对"青少年刑法"的解释中，德国刑法学家克劳斯·罗克辛(Claus Roxin)指出其研究对象为"青少年(14～18 岁)的犯行及其(仅有部分是刑法)法律后果"，且亦包括适用于 18～21 岁成年人犯行及其法律处理。[3] 这已然超出所惯常理解的未成年人法范畴。然《国内法与国际法原则下的未成年人刑事责任决议》指出，"人的青年状态可以延续到年轻的成年时期(25 岁)"，故而"立法也可以以适用于未成年人的某种类似方式适用于年轻的成人"。这样看来，德国上述做法与之并不矛盾。

论及"未成年人法"概念时，许多德国刑法学家在其英文论文中除使用"juvenile criminal law"(未成年人刑法)及"criminal juvenile law"(未成年人刑事法)外，亦使用"juvenile law"(未成年人/少年法)及"juvenile welfare law"(未成年人福利法)。在德国，涉及未成年人偏差的法律包括《少年法庭法》(Jugendgerichtsgesetz)[4] 及《少年福利法》(Jugendwohlfahrtsgesetz)。犯罪学者徐久生认为，《少年法庭法》集刑事实体法、程序法和刑罚执行法于一体，据此将之称为"未成年人刑法"似有不妥。[5] 德国刑法学家弗里德·邓科(Frieder Dünkel)亦明确指出，《少年法庭法》并未创设出"未成年人刑法"这一概念。[6]

20 世纪六七十年代，德国曾出现过是否完全废止"未成年人刑法"而以"少年法"取而代之的争论。德国"青少年、家庭及健康部"甚至出台了《少年法

---

〔1〕 参见黎宏：《日本刑法精义》，中国检察出版社 2004 年版，第 5～8 页。

〔2〕 参见[德]克劳斯·罗克辛：《德国刑法学总论——犯罪原理的基础构造》(第 1 卷)(第 3 版)，王世州译，法律出版社 2005 年版，第 5 页。

〔3〕 参见[德]克劳斯·罗克辛：《德国刑法学总论——犯罪原理的基础构造》(第 1 卷)(第 3 版)，王世州译，法律出版社 2005 年版，第 5 页。

〔4〕 该部法律之英文版又常被译为"Juvenile Justice Act"(《未成年人司法法》)。

〔5〕 参见许久生：《德语国家的犯罪学研究》，中国法制出版社 1999 年版，第 216 页。

〔6〕 See Dünkel Frieder, *Juvenile Justice in Germany: The Compromise between Welfare and Justice*, In Erc Jensen and Jorg Jepsen, Juvenile Law Violators, Human Rights, and the Development of New Juvenile Justice System. Portland, OR: Hart Publishing, 2006, p. 116.

草案》。受当时司法实务界强烈抵制无果而终。在1990年《少年法庭法》修订中,尽管"未成年人刑法"概念仍得以存续,但德国立法者不再吝惜使用"分流"、"除监禁化"及"除刑罚化"等儿童福利概念,使其与成人刑法保持相对距离。[1]

在加拿大刑法学家丽莎·米库契(Lisa Micucci)看来,刑法旨在对违反刑法之犯罪人进行谴责与惩罚。作为对犯罪人否定最严厉的社会控制手段,刑法之作用亦在于向社会民众传递这样明晰的信息,一旦有人越过鸿沟,必将遭受最严厉惩教。刑法与民法之区别便在于前者可对犯罪人进行道德上的谴责,而民法则不必如此大动干戈。[2] 米库契同时提醒注意区分有关惩罚的两个重要概念,即"父母惩罚"(parental punishment)和"刑事惩罚"(criminal punishment)。就前者而言,绝大多数父母都经常会因子女所犯过错而对其训诫有加。而后者则是凭借国家力量来对行为人的行为进行根本性否定,并采取适当刑罚予以惩教,以达到吓阻目的。[3] 两相比较,前者"治病救人",虽然手法上可能严厉,但目的简单明了,只是促动子女戒治;而后者则"惩前毖后",仰仗国家机器强力推行之。那么这两者之间是否存在某种联系,抑或联系荡然无存呢?简单地说,"父母惩罚"是基于父母与子女间的血亲或者拟制上的法律血亲关系而由父母对子女严加管教。其目的单一,形式多样,轻重有别,至于子女是否成年在所不问。刑事惩罚手段相对较苛刻而严酷,实施对象直接指向具有刑事责任能力的犯罪人。

域外未成年人司法制度及其所依赖的少年法颠覆了对少年法治的传统认识。[4] 犯罪学家克利福德·敦恩(Clifford Dorne)指出,未成年人司法植根于民法,有异于基于刑事法学的刑事司法。[5] 正是从这个角度出发,为显示与成年人案件采用刑事程序有所不同,英美未成年人司法多适用"准民事程序"

---

〔1〕 See Hans-Joerg Albrecht, *Youth Justice in Germany*, *Crime and Justice*, In Michael Tonry and Anthony N. Doob. Youth Crime and Youth Justice: Comparative and Cross-National Perspectives (edited), Chicago, IL: University of Chicago Press, 2004, p. 447 – 448.

〔2〕 See Lisa Micucci, *Responsibility and the Young Person*, Canadian Journal of Law and Jurisdiction, 11, 1998, p. 277.

〔3〕 See Lisa Micucci, *Responsibility and the Young Person*, Canadian Journal of Law and Jurisdiction, 11, 1998, p. 277.

〔4〕 就"未成年人/少年刑法"一词,本书作者曾专门请教于美国权威学者家罗兰多·卡门(Rolando del Carmen)。他认为,无论是刑事司法还是少年司法,美国法均不存在"未成年人/少年刑法"概念,其与"未成年人/少年法"应是水火不容的。

〔5〕 See Clifford Dorne, *Restorative Justice in the United States*, Upper Saddle Rover, NJ: Pearson Prentice Hal, 2008, p. 118.

(quasi-civil),亦有学者称为“半刑事程序”(semi-criminal)或行政程序。[1] 未成年人司法之所以被认为具有民法特征,主要在于其运作理念系为“儿童最佳利益”原则谋福祉,而这正是社会福利法的立法宗旨。[2] 从这个角度出发,为显示与刑事(成人)案件采用刑事程序有所不同,英美未成年人司法多适用“准民事程序”或“半刑事程序”。刑事法庭更强调罪责刑相一致原则,法官的角色不偏不倚,居间中立审判。英美未成年人司法具有双重性,即理念与程序上的准民事性与处理对象和结果的刑事化特征。也正是这样的特性,给比较法研究及法律移植带来一些障碍。如我国《刑事诉讼法》专章规定的合适成年人到场、社会调查及前科封存于英美未成年人司法中较为常见,但在其刑事(成人)司法中运用则远未如未成年人司法那样频繁。[3]

除未成年人偏差外,未成年人身份过错及抚养、教养等问题远非单一刑法所能解决。幻想以刑法一劳永逸地解决不但对未成年人偏差性质了解不够,且亦无形中加大了对未成年人挽救之难度。更重要的是,若“未成年人刑法”仅作为惩教未成年人犯罪而出现的,那么“少年/儿童福利法”之存在显得十分必要。如是,又以何种部门法名称概括“未成年人刑法”及“少年/儿童福利法”呢?“未成年人/少年法”这一术语即已涵盖“未成年人刑法”及“少年/儿童福利法”。

虽然未成年人司法所依仗的部门法包括宪法、行政法与刑法等传统公法范畴,但民法中亲属法及民事诉讼等大量私法的援用逐步混淆了公法与私法两者间的绝对界限,并加快了这些公、私法在未成年人法这个部门法中的融会贯通,使未成年人法更具有社会法和福利法特征。即便目前一些法域出现少年法庭刑事化趋向,但这并非从根本上否定未成年人司法制度,亦非否定未成

---

[1] 诸多美国少年司法专著或权威论文在论及未成年人案件程序(juvenile proceedings)应属准民事程序,如卡门等法学家甚至直接将民事或准民事程序作为其与成年人案件程序(adult proceedings)14项不同区别之一[See del Carmen, Rolando v. Susan E. Ritter & Besty A. Witt, *Briefs of Leading Cases in Corrections* (*3rd edition*), Cincinnati, OH: Anderson Publishing, 2002, p. 210]。

[2] 无论是未成年人刑事审判组,还是刑事审判庭,抑或未成年人综合审判庭,目前国内少年法庭大多脱胎于刑事庭。这固然有国情之考量,但在很大程度上也折射出少年审判依赖刑事案件,特别是在构建理念及实体运作等方面深深打上了刑事之烙印。而刑事审判在注重保障人权、维护社会稳定之同时,更重视核查、判明及追究被告人之归责性,这与儿童福利理念下之少年审判所追求之保护、教育、感化救助及挽救等价值导向虽然并不存在根本的冲突,但其差异性是有目共睹的,而这也在实践中减缓了少年法庭之构建。根植于“国家亲权”法则及“儿童最佳利益”原则的少年审判,其审判理念应与普通刑事(成人)审判有一些根深蒂固的差异性。“准民事程序”“半刑事程序”或行政程序即体现出浓郁的儿童福利理念,但这并非排斥对极个别偏差少年仍可适用普通刑事(成人)程序。

[3] 参见张鸿巍:《少年司法与刑事司法的桥接互动》,载《法制日报》2013 年 11 月 20 日,第 10 版。

年人法的福利法性质。再提“未成年人刑法”与这一潮流相左,且尚需增加许多注脚方才能将“未成年人刑法”的定位勉强界定。

(二)未成年人法的定位

域内外学者在未成年人法性质上,其是否系刑事法抑或是福利法,还是两者兼具上意见不尽相同。在日本,未成年人法亦被称为“爱之法律”。从一些未成年人犯行已带有较多成年人犯罪特征角度考虑,似乎称其为刑事法并不为过,加之各法域从事未成年人偏差的法学家几乎都出身刑事法学,这也是某些法域未成年人法常被讥为“迷你刑法”的缘由。因存有移送刑事(成人)法庭这一制度,未成年人司法更不具有纯刑事法特征。但问题是,相对于未成年人犯罪,身份过错数量巨大,已显然不能以刑事法来规制。尤其在涉及未成年人遗弃、虐待及收养等问题上,未成年人法作为未成年人刑法注脚的解释过于苍白。以“国家亲权”法则所构建起来的现代未成年人司法体系以未成年人保护为出发点与落脚点,明显具有福利法特征。然若将未成年人法归类为福利法仍显偏颇,其涵盖范围较小,无法囊括未成年人犯罪这一情形。而在行政法、社会法较为发达的法域,未成年人法又带有较强的行政法及社会法特征。

刑法学者林纪东将少年法分为最广义、广义和狭义三种。最广义少年法,指所有有关少年的法律,包括教育、福利、保护、劳动等方面;广义少年法,指各种有关少年不良行为的保护法,如未成年人刑法、少年刑事诉讼法、少年法庭法、少年监狱法、少年救护院法等;而狭义少年法,则仅指少年刑法和少年刑事诉讼法。[1] 纵览各法域未成年人法立法例,可发现未成年人法的立法形式不外乎两种主要形式:单行未成年人法典与混合法典。数量不菲的案例法也是普通法系法域处理未成年人问题的依据。单行未成年人法典系指国家与有权地方制定的规制未成年人保护与未成年人偏差的法典,而混合法典则包括以章节形式出现、包含于刑法、刑事诉讼法或家事法之中的未成年人法。前者如日本《少年法》、英国《儿童法》、德国《少年福利法》与《少年法庭法》及加拿大《青少年刑事司法法》(Youth Criminal Justice Act);后者如越南《刑法典》,其第10章共10项条款直接规定未成年人犯罪刑罚适用、处理原则、司法措施、刑罚与罚金、数罪并罚、减刑及取消案籍等内容,被统称为《关于未成年人犯罪的规定》。

综合考察域内外学者相关论述,本书认为,“未成年人法”是以未成年人保护为导向,以培养未成年人人格健全为目的,促其改善自新、复归社会,涵盖未

---

〔1〕 参见刘娥:《论少年法的主要特征》,载《中国青年政治学院学报》2005年第5期。

成年人偏差预防惩教矫正及救助弱势未成年人等一系列相关法律的总称。未成年人法的立法宗旨是以践行“儿童最佳利益”原则为核心,以有责性为补充。未成年人法兼具实体法与程序法,介于福利法与刑事法之间,又具有公法、私法及社会法等特征。

# 第二章　衍进：未成年人司法起源与变革

## 第一节　西方未成年人司法起源与变革

未成年人司法肇始于北美，发展于欧日，至今已有百余年历史。拘于国情，各法域未成年人司法体系特点各异、效果不同，皆经长期历史演变与整合而逐渐成形。虽然因社会政策某些显微变化而不免时常进退辗转，未成年人司法整体仍彰显出较强的制度优越性。未成年人司法逐步扩张至各法域，成为推动当地未成年人保护及未成年人偏差矫正与预防的利器。故对域外，特别是对欧美未成年人司法与未成年人保护追根溯源实有必要，从法律文化的继承和交融中研究我国未成年人司法改革如何参考欧美经验和做法，并吸取其改革中的经验与教训，供构建我国未成年人司法制度反省、参酌和借鉴。

### 一、古代未成年人保护与偏差处理

追溯人类历史，未成年人保护与犯罪问题一直萦绕诸国。古埃及与古巴比伦同为文明古国，但对未成年人保护态度却有所不同。在古埃及，子女得享有较充分的独立权利，自由支配个人财产，子女可继承父母及母系亲属的财产。作为长子或长女，可拥有某些特权，如因承担分产事务可多获一份财产。倘若出现弑父这种大逆不道之事，古埃及人处理起来也毫不留情，痛下杀手，处以极刑，使不肖子“受尽剐肉和滚钉板之苦，最后将其烧死”。[1] 成文于3700多年前的《汉谟拉比法典》（Code of Hammurabi）规定有关未成年人离家出走、不服从父母管教及儿子诅咒其父的处理方法。该法典第168条规定，“父亲有权决定子女婚姻，有权剥夺儿子财产继承权”；第117条规定，“父亲可将子女送去抵债或出卖，而子女须服从，不得违抗”。法典对有恶行的子女作了

---

〔1〕 林榕年主编：《外国法制史》（第2版），中国人民大学出版社2006年版，第19页。

详细处罚规定。如其第195条规定，“儿子殴打父亲的，要断其手指”；而第192条规定，“养子不承认养父母的，要割舌”。[1]

在爱琴海，斯巴达为古希腊城邦国，国民骁勇好战。为保证充足而健壮的兵员，待新生儿出世后，对体格检查不合标准者随即抛弃荒野。母亲亦用酒精为婴幼儿沐浴，任由体质孱弱者死去，以挑选出体格最优者。这种方法简便易行，成为影响古斯巴达百余年征战不休的人力基础，但不免过于残忍与缺乏人道。生活在今天以色列与巴勒斯坦地区的古希伯来人将年轻人划分为婴幼儿期(infant)、前青春期(prepubescent)与青春期(adolescent)三类，对其刑罚随年龄递增而有所加重。

作为基督教经典教义的《圣经·旧约》(*Old Testament*)，对西方世界未成年人保护与亲子关系塑造有举足轻重的影响力。先知亚伯拉罕(Abraham)是上帝从众生中所挑选并赐福的人，《创世纪》(*Genesis*)中记载着这样一则故事：

## 案 例 五

亚伯拉罕蒙了神的恩典，在100岁的时候生有儿子艾萨克(Isaac)。上帝耶和华欲测试亚伯拉罕对其忠贞度，要后者到摩利亚地的山上献祭其独生子艾萨克，“你带着你的儿子，就是你独生的儿子，你所爱的艾萨克，往摩利亚地去，在我所要指示你的山上，把他献为燔祭”。路上，亚伯拉罕与艾萨克有一段惊心动魄的对白，艾萨克对他父亲亚伯拉罕说，“父亲在哪”。亚伯拉罕说，“我儿，我在这里”。艾萨克说，“请看，火与柴都有了，但燔祭的羊羔在哪里呢?”亚伯拉罕面不改色地回应：“我儿，神必自己预备作燔祭的羊羔。”直到这个时候，亚伯拉罕仍欺瞒艾萨克此行目的。但当二人赶至目的地后，亚伯拉罕终于横下心来，他们到了神所指示的地方，亚伯拉罕在那里筑坛，把柴摆好，捆绑他的儿子艾萨克，放在坛的柴上。亚伯拉罕就伸手拿刀，要杀他的儿子。在这千钧一发之际，耶和华的天使及时现身，并说“你不可在这童子身上下手，一点不可害他”。之所以阻止亚伯拉罕，是因为“现在我知道你是敬畏神的了。因为你没有将你的儿子，就是你独生的儿子，留下不给我”。事后，为褒奖亚伯拉罕，神说道：“你既行了这事，不留下你的儿子，就是你独生的儿子，我便指着自己起誓说，论福，我必赐大福给你。论子孙，我必叫你的子孙多起来，如同天上的

---

〔1〕 Steven M. Cox, John Conrad & Jennifer Allen, *Juvenile Justice: A Guide to Theory and Practice (5th edition)*, New York, NY: McGraw-Hill Higher Education, 2003, p. 3.

星,海边的沙。你子孙必得着仇敌的城门,并且地上万国都必因你的后裔得福,因为你听从了我的话。”[1]

欲将独生子祭祀给神的亚伯拉罕获得了意想不到的“大福”,多如“天上的星、海边的沙”的子嗣、“你子孙必得着仇敌的城门”及“地上万国都必因你的后裔得福”,但这一切的获得怎么都显得较不光彩。为了回报神的恩赐而牺牲人性,将其子燔祭,让人不寒而栗,即便后面出现戏剧性的天使阻拦。《圣经·旧约》的编纂是在“巴比伦之囚”(Babylonian Captivity)后开始的,大致成书于公元前400年左右,反映了当时的历史与社会变迁。上述牺牲子女的故事虽不能确切予以考证其真伪,但至少从侧面反映出这一时期对亲子关系的认识。在那个时代,未成年人不过是其父母的私有财产而已,任由其驱使。据后世解经家的分析,艾萨克的表现或者说其经历可以视为基督的预表,“父的爱子”、“承受父亲一切的产业”、“借着恩典而不是借着努力,甘愿牺牲、顺服至死”及“得着新妇”。[2]

据《出埃及记》(*Exodus*)大概公元前13世纪,犹太先知摩西(Moses)带领以色列人逃离埃及前往上帝所应许的流着奶和蜜之地—迦南地。途中,上帝下达了《摩西法典》(Mosaic Code)。它规定了10条基督徒恪守的法则,史称“摩西十戒”(Ten Commandments)。第五戒约定,“当孝敬父母,使你的日子在耶和华——你上帝所赐你的土地上得以长久”。[3] 依该法典,父母可送逆子赴法庭受审,可处逆子由本城民众以石击毙,亦可将子女任意婚配或抵押为奴。[4] “摩西”一词源自古埃及语,意为“儿子”或“儿童”,从中其与未成年人保护存在千丝万缕的联系。而据《圣经》记载,因嫉恨移居埃及的以色列人的富有与勤奋,以色列法老下令杀戮所有以色列新生婴儿。摩西的母亲“就取了一个蒲草箱,抹上石漆和石油,将孩子放在里头,把箱子搁在河边的芦荻中”。[5] 这便是为什么“摩西”在希伯来语中“从水中来”的缘由。

圣徒保罗(St. Paul)第三次旅行布道后,在罗马坐监时写有《以弗所书》(*Ephesians*)。该信云,“你们作儿女的,要在主里听从父母,这是理所当然的”

---

〔1〕《旧约·创世纪》。

〔2〕《以撒——百度百科》,载百度百科2007年8月3日,http://baike.baidu.com/view/357571.htm。

〔3〕《旧约·出埃及记》。

〔4〕参见林榕年主编:《外国法制史》(第2版),中国人民大学出版社2006年版,第50页。

〔5〕《旧约·出埃及记》。

“要孝敬父母,使你得福,在世长寿,这是第一条带应许的诫命”。[1] 英国历史学家阿诺德·汤因比(Amold Toynbee)曾指出,“自从我们的西方基督教社会在一千二百年以前从教会的母体里呱呱坠地以来,我们的祖先和我们自己都一直是受它的养育哺乳之恩”“基督教的病毒或是仙丹已经进入我们西方人的血液——说不定它就是不可缺少的血液的别名”。[2] 随着基督教的广为传播,这些教义也流传到世界各地,深刻影响着许多法域的司法理念与制度。

在罗马法(Roman law)下,父亲对其未成年子女享有几无限制的权力,包括生杀予夺(*just vitae necisque*)、售卖子嗣及包办婚姻等。这些皆为“父权”(*patriae potestas*)的范畴,也就是父亲对其子女、其男系中较远的后裔及对收养到家庭中来的人所行使的权力。罗马法中对后世法系影响最为深远的莫过于成文于公元前451 ~ 450 年的《十二表法》(Law of the Twelve Tables)。《十二表法》因其条文刻录在十二块铜牌而又被称为《十二铜表法》,第四表规定,“对畸形怪状的婴儿,应即杀之”“家属终身在家长权的支配下”“家长得监查之、殴打之、使作苦役,甚至出卖之或杀死之;纵使子孙担任了国家高级公职的亦同”。身为家长的父亲对包括其未成年人子女有诸如“监查”、“殴打”与“使作苦役”等权力,甚至“出卖之或杀死之”。且这些权力随着子女出生而由其父亲享有,即便子女日后成为达官贵人亦是如此。值得一提的是,《十二表法》亦对父权进行了限制,如同样是第四表,即规定,“若父亲三度出售己子,其子可脱离父子关系”。随着罗马帝国开疆拓土,其父权理念得以扩展至欧洲大陆及地中海沿岸的其他角落。

在被称为“黑暗时代”(dark age)的中世纪,在 500 ~ 1400 年的漫长时间中,对未成年人的保护与关心长期停滞不前。这在很大程度上要归咎于当时对未成年人权利的漠视、无知及不屑。法国启蒙思想家让·雅克·卢梭(Jean-Jacques Rousseau)曾一针见血地指出,“我们对儿童是一点也不理解的:对他们的观念错了,所以愈走就愈入歧途。最明智的人致力于研究成年人应该知道些什么,可是不考虑孩子们按其能力可以学到些什么,他们总是把小孩子当大人看待,而不想一想他还没有成人哩”。[3] 在考察中世纪未成年人发展后,法国历史学家菲利普·埃里斯(Philippe Aries)曾说明,一旦未成年人被认为不需

---

〔1〕《新约·以弗所书》。

〔2〕衣家奇:《基督教原罪论对现代刑法的启蒙》,载《法律科学(西北政法学院学报)》2006 年第 3 期。

〔3〕[法]卢梭:《爱弥儿》。

要母亲或奶妈相助而有活动能力后,即可被视同成人,而不论其是否年满7岁,[1]未成年人的孩提时代被人为地大大缩减。英国历史学者哈利·亨德里克斯(Harry Hendriks)曾不无辛辣地指出:“若说女性是被掩藏在历史里,那么儿童更是被排除在历史之外。”[2]该时期的艺术品甚至都不愿意再现孩提时代,相反将儿童视为“小男人”或“小女人”,[3]这抹杀了未成年人与成年人在生理上与心理上的差异。大量文献表明,这一时期父母常常对子女关心与爱护不够。对于那些家境殷实的小康之家,大多数母亲并不亲自喂养子女,而是交由奶妈喂养。新生儿从出生起一直到三四岁都不在父母身边,而是与奶妈共同生活。一项1780年所作的调查显示,“时尚之都”巴黎该年共有21,000余名新生儿,其中17,000人被送到乡下寄养,3000人送到育儿所(nursery home),700人由奶妈住家喂养,最后仅有700名婴儿由其母亲喂养。[4]因奶妈的不敬业与非专业化,中途夭折的婴幼儿不计其数;而由仆人与奶妈实施的性侵犯当时在欧洲大陆也是司空见惯。[5]

如同其他历史时期宗教在社会变革中的重要推动作用,天主教与基督教在其发展后期也对未成年人救护表现出浓厚兴趣的倾向。例如,1704年,教皇克莱蒙特十一世(Pope Clement XI)于罗马设立了圣麦克医院(Hospital of St. Michael)。这是西方有史以来第一所矫正偏差少年的专业机构,其目的在于将顽劣不化的偏差少年矫正为守法公民。受时代所限,这所机构在许多方面不完全尽如人意,特别是其以医院作为矫正机构之名颇有些匪夷所思,毕竟所收容的皆为言行举止亟须教化的偏差少年而非病患。但该机构在未成年人教护方面进行了若干重要创新,例如,分配给偏差少年不同工作以训练其成为熟练工人,提高职业技能,这对于其日后出院寻找工作不无帮助。

## 二、美国未成年人司法沿革及衍变

尽管通常将美国未成年人司法之创设定为1899年,但其对未成年人司法

---

[1] See Tim Newburn, *Young People, Crime and Youth Justic*, In Mike Maguire, Rod Morgan and Robert Reiner (eds.), The Oxford Handbook of Criminology (3rd edition), New York, NY: Oxford University Press, 2002, p. 532.

[2] 居敬:《在历史中发现儿童的身影》,载《新华航空》2011年第6期。

[3] Meda Chesney-Lind & Randall Shelden, *Girls, Delinquency and Juvenile Justice*, Belmont, CA: Wadsworth/Thomson Learning, 2004, p. 159.

[4] See Mary Clement, *The Juvenile Justice System: Law and System* (*2nd edition*), Woburn, MA: Butterworth-Heinemann, 2002, p. 3.

[5] See Clifford Dorne, *Child Maltreatment: A Primer in History, Public Policy and Research* (*2nd edition*), Guilderland, NY: Harrow and Heston, 1997, p. 16.

之探索可以追溯至19世纪初。在其所著《未成年人司法：系统、程序与法律》(*Juvenile Justice：The System，Process and Law*)中，刑事司法学家罗兰多·卡门(Rolando del Carmen)与其同事将该国未成年人司法百余年来的发展历史划分为四个主要阶段，分别是前少年法庭时期(pre-juvenile court era)、少年法庭时期(juvenile court ear)、未成年人权利时期(juvenile rights era)与犯罪控制时期(crime control era)。若以年代划分，卡门认为"前少年法庭时期"起止于1600年至1898年，即从北美殖民地时期到1899年芝加哥少年法庭的成立时为止；而"少年法庭时期"则横跨1899～1966年，也就是到民权运动高涨的前夜；"未成年人权利时期"则从1967年延续至1979年，以联邦最高法院系列案例之通过为契机来推动未成年人权利保障；从1980年起至今方兴未艾的则被标榜为"犯罪控制时期"，这一时期，新保守主义在刑事司法领域的重新抬头标志着未成年人司法政策的迂回。[1]

犯罪学家伦纳德·特瑞通(Leonard Territo)、詹姆斯·哈斯特德(James Halsted)与马克斯·布卢梅利(Max Bromley)则将1646年至今未成年人司法发展的历程分为四个阶段，即清教徒时期(puritan era)、庇护所时期(refuge era)、少年法庭时期(juvenile court era)与未成年人权利时期(juvenile rights era)。其中，"清教徒时期"起止于1646～1824年，"庇护所时期"起止于1824～1899年，"少年法庭时期"起止于1899～1960年，而"未成年人权利时期"从1960年延续至今。[2] 与卡门的分类相比，特瑞通等人更将少年法庭成立前的历史细分为"清教徒时期"与"庇护所时期"。而卡门则将特瑞通等人之"未成年人权利时期"再细分为"未成年人权利时期"与"犯罪控制时期"。这两种分法在年代认定方面亦有细微差别，即卡门认为美国未成年人司法可溯源至1600年，而特瑞通等人则认为该起算时间应退后至1646年；卡门亦将"未成年人权利时期"从1960年起算，而特瑞通等人则精确到1966年。

几相比较，犯罪学家玛丽·克莱门特(Mary Clement)站在更高的角度，将未成年人司法沿革放在国际未成年人保护史这个大环境之下进行考虑。在她看来，美国未成年人司法系溯源自四个历史时期发展的产物，即中世纪欧洲时期(biblical and medieval Europe)、英格兰时期(English history)、早期北美殖民

---

〔1〕 See Rolando del Carmen & Chad Trulson, *Juvenile Justice：The System，Process and Law*. Belmont，CA：Wadsworth/Thomson Learning，2006，p. 5－9.

〔2〕 See Territo Leonard，James Halsted，& Max Bromley，*Crime and Justice in America：A Human Perspective*，Upper Saddle River，NJ：Pearson Prentice Hall，2004，p. 544－548.

地时期(early colonial America)与19世纪改革运动时期($19^{th}$ Century Reform Movement),[1]这些都可被视为美国少年法庭正式成立之前未成年人事业的部分注脚。

本书以上述学者之时间划分为基础,结合其他文献资料对美国未成年人司法百年发展脉络重新作如下梳理:前少年法庭时期、少年法庭创设与探索期、未成年人权利时期及未成年人司法晚近变革期等四个主要阶段。具体年代划分,“前少年法庭时期”大致从北美殖民地拓殖至1899年少年法庭成立之前,“少年法庭创设与探索期”从1899年少年法庭成立延续至20世纪60年代中期,“未成年人权利时期”从60年代中期延续到70年代末,而“未成年人司法晚近变革期”则从80年代中期至今。这种四分法并不绝对排斥再于其中进行更为细致的划分。本书亦针对少年法庭所面临的机遇与挑战,就美国未成年人司法面临的困境与少年法庭存废之争分节专述之。

(一)前少年法庭时期

依普通法传统,英美法系法域常以年龄差异将犯罪人划分为两大类,即成年人(adult)与婴幼儿(infant)。依据这种划分,法院及相关机构对于年龄不同的犯罪人便有以下三种不同处理模式:7岁以下婴幼儿被推定为不具有犯罪意图而无须承担任何刑事责任;7~14岁偏差少年可因“年幼抗辩”置身其外,除非检控方有充足证据证明其明显具有犯罪能力;14岁以上未成年人被视已较成熟而可像成年被告人一样在法院接受审判。即便如此,对于未成年人而言,在少年法庭成立之前的绝大部分时间并非坦荡的。未成年人通常得接受与成年人一样的庭审程序及刑罚;未成年人一旦获罪亦有可能面临死刑。据称这段时间里,全美计有十余位14岁以下,包括两位刚年满10岁的未成年人被处以死刑。[2]

早期美国审理未成年人偏差的法院不外乎两种形式:一种为衡平法庭模式,另一种则以刑事法庭审理未成年人。以后者为例,法官和陪审团经常宣判偏差少年无罪,尤其是被指控犯有非暴力罪行时判决往往比较怜悯,因为法官们认为宣判无罪比把这些未成年人投进监狱更合适。其间,陪审团否弃权(jury nullification)[3]在对被起诉未成年人的无罪宣判中扮演重要角色。当

[1] See Mary Clement, *The Juvenile Justice System: Law and System* (*2nd edition*), Woburn, MA: Butterworth-Heinemann, 2002, p. 2.

[2] See Kresnak, Jack, *Covering Crime and Justice—Juvenile Justice*, Accessed November 26, 2007, http://www.justicejournalism.org/crimeguide/chapter02/chapter02.html#introduction.

[3] “陪审团否弃权”系指陪审团宣告表面有罪之人无罪,而不是施以不合比例的制裁措施。

时，纽约教友派信徒试图在那些担忧陪审团否弃权带来的影响和反对把未成年被告人监禁在成人矫正监所及使其有可能被处以死刑的对抗之间建立平衡。当陪审团认为某一案件与呈堂证供相抵触时，其会认定被告人无罪或者判决较轻刑罚。对于陪审团否弃权有时会导致未成年被告人游离于刑事处罚之外的后果，检察官们常常郁闷异常，却又无可奈何。[1] 但陪审团否弃权之行使对未成年人保护起了实质性的推动作用，加速了少年法庭的形成。

1806 年，“田纳西州诉玛丽 · 达赫蒂案”(*State v. Mary Doherty*)浓缩了 19 世纪美国审理未成年人案件惯常做法之侧影。

## 案　例　六

达赫蒂年约十二三岁，被指控谋杀亲父。在法庭之中，达赫蒂总是默不作声，一语不发，对所控罪名拒不答辩。面对这种情况，陪审团需要判定达赫蒂之所以沉默是出于其邪恶本质还是先天性哑巴，否则无法确定能否继续审理。为此目的，陪审团传唤数名证人出庭。这些证人大多系达赫蒂邻居，对其言行甚是了解。他们都认为，达赫蒂平素与常人无异，家庭中兄友弟恭，关系融洽。出乎意料的是，庭审中达赫蒂却一反常态，对这些昔日邻居的问候置之不理。而来自看守所的报告亦不容乐观，看守称达赫蒂对其提问心不在焉，且入监后至今仅自语三四次。更要命的是，连日来达赫蒂几乎滴水未进。即便是其兄弟探监，达赫蒂反应亦同样冷淡。由此，辩护方主张达赫蒂神志不清，缺乏最基本的表达与理解能力，对所控罪名一无所知。法官在随后对陪审团之指示(jury instructions)[2]中指出，除考虑达赫蒂是否具有语言交流能力外，亦要判断其是否知悉所控罪名轻重。最后，陪审团认定达赫蒂不过暂时失声而已。据此，法庭判定过一段时间后达赫蒂应会主张自己无罪。于是，法院正式审理达赫蒂案，最后认定其不具有刑事行为能力，故无须承担刑事责任。[3]

除审理外，早期对偏差少年之矫正也有异于目前的通常模式。未成年犯与成年犯关押在一起，两者较长时间共处一室，未成年犯可从成年犯处“学习”到形式多样的犯罪技能与逃生技巧。即使成年犯未主动传授，未成年犯仍可

---

〔1〕 See Robert Shepherd, *The Juvenile Court at* 100 *Years*: *A Look Back*, Juvenile Justice, Washington, DC: Office of Juvenile Justice and Delinquency Prevention, U. S. Department of Justice, 1999.

〔2〕 “法官对陪审团之指示”系指庭审结束后法官向陪审团提供全面而中立的法律条文及裁决的政策性含义，以供陪审团裁判参考之用的诉讼程序。

〔3〕 *State v. Mary Doherty*, 2 Overt. Tenn. Rep. 79, 1806.

耳濡目染,于潜移默化中沾染不良习气。囿于体能和智力,未成年犯亦可能遭受成年犯各种盘剥,甚至性侵犯。这些无疑加重了未成年犯之精神压力,增强了其社会报复心理,为其出狱后表现徒增了不安变数。

内战之前,在偏差少年矫正方面的变革长期裹足不前,直至废奴的实现为广大未成年人处分的改善方提供了契机。宗教力量在其间起到了不可或缺的推动作用,甚至左右未成年人惩教制度革新。1787 年,教友派在宾夕法尼亚州建立了由社会名流、贤达、宗教人士参与其中的费城减轻公立监狱惨境协会(Philadelphia Society for Alleviating the Miseries of the Public Prisons),对既存监狱体系表现出极大关注。首先一家名为"高街拘留所"(High Street Jail)的运作引起教友派的严重关切。通过定期探视与提供各种饮食义务及指定宗教信仰,教友派对监狱存在的各种问题了然于心。[1]

始建于 1776 年的核桃街拘留所(Walnut Street Jail)则是未成年人惩教制度发展的里程碑,以宗教感化来改造监狱硬件及通过强制劳动、差别关押等举措重塑犯罪人身心。具体来说,该拘留所在下述三个主要方面皆表现出不同以往监所运作的特点:一是倡导"单独监禁"(solitary confinement),16 间牢房被予以改造以便晚间将犯罪人分别关押;二是依据所犯罪刑轻重,各方面情况类似的犯罪人被集中关押;三是晚间时,对女犯、偏差少年与成年男犯分别关押。[2] 上述分类别关押首开犯罪人个别处分之先河。该拘留所亦革命性引入"戒治"(rehabilitations),倡导培训犯罪人多种谋生技能,包括缝纫、制鞋及木匠活。绝大多数犯罪人亦可因其工作获得一定报酬,尽管其中大多会被用作支付其监所内食宿开支。[3] 虽然有些具体制度设计亦显粗陋,但与现代矫正制度已有较多相似之处,对后来包括未成年人惩教制度的现代化建设提供了可供借鉴的范本。

由未成年人犯罪预防协会(Society of the Prevention of Juvenile Delinquency)倡导,纽约州于 1825 年率先成立了庇护所(House of Refuge),其他各州亦争先效仿。庇护所旨在将未成年人保护起来,免受周边不良影响,其任务是主要通过"道德教育"(moral education)来解决未成年人犯罪之根源:除

---

〔1〕 See Dean J. Champion, *The Juvenile Justice System: Delinquency, Processing, and Law* (*6th edition*), Upper Saddle River, NJ: Pearson Prentice Hall, 2010, p. 50.

〔2〕 See Dean J. Champion, *The Juvenile Justice System: Delinquency, Processing, and Law* (*6th edition*), Upper Saddle River, NJ: Pearson Prentice Hall, 2010, p. 50 – 51.

〔3〕 See Dean J. Champion, *The Juvenile Justice System: Delinquency, Processing, and Law* (*6th edition*), Upper Saddle River, NJ: Pearson Prentice Hall, 2010, p. 51.

每天 4 小时强制学习外,未成年人要工作 8 小时,做些诸如裁缝、制作黄铜家具和银漆品的工作。他们当中的许多人并非罪大恶极,只不过触犯身份过错而已。此类庇护目的是接纳将成为无业游民或已定为刑事犯罪之未成年人,故有其独到之处:一方面,将偏差少年安置于特殊监所中予以教化,使其不再逍遥法外;另一方面,它又有别于一般监狱,对偏差少年以挽救辅导为主要处分方式。它亦将那些穷困、身受虐待或遗弃的未成年人,特别是孤儿置于保护之下,为其提供必要居所、食品和衣物。[1] 庇护所为后来未成年人假释制度构建及运作提供了较多经验。到 19 世纪中叶,全美各地皆有庇护所设置。

庇护所之有限性也是有目共睹的,类似监狱化的运作对未成年人的救助与矫正作用仍相当有限。而其强调艰苦劳作、严格纪律及密集学习等手段来强化有关成果,又免不了强迫的内容。庇护所缺乏足量有经验的专业人员也为后世所诟病,例如,其主要由义工和社工所组成的员工队伍对个别咨询、团体治疗等心理学知识知之甚少,这无疑在很大程度上影响并制约庇护的实际效果,且关押对象主要局限于街头流浪少年及轻微偏差少年,大量触犯重罪(felony)[2] 的未成年人仍被羁押在成年人监狱,这也是庇护所不足之处。

以"未成年人拯救者"(child saver)名义出现的各类未成年人服务和保障机构如雨后春笋在纽约、费城、波士顿及芝加哥等地纷纷涌现。"未成年人拯救者"并非实际存在的独立机构,相反它是类似机构的总称。其成员多来自上流社会或中产阶级,力量分散、目的单纯,以解决社区内所存在的现实未成年人问题为己任。其所推动的"未成年人拯救运动"形式多样,内容丰富,如为偏差少年或街头虚掷人生的未成年人提供饮食和保护中心。而在后者中,许多富有教育意义的社会活动轮番上场,为这些少年带来许多慰藉、帮助和指导。

从 19 世纪中叶起,未成年人感化院(reform school)在各地建立起来。1846 年于马萨诸塞州成立了利曼男童感化院(Lyman School for Boys),这是全美第一所儿童感化院。到 19 世纪末,所有州都建立了形式不同的未成年人感化院,包括专门为未成年女性所开设的感化院。这些感化院常设在乡下或牧场之内,未成年人亦需完成一定体力劳动。感化院以"家庭结构"(family

---

〔1〕 See Gary Rabe & Dean J. Champion, *Criminal Courts: Structure, Process, and Issues*, Upper Saddle River, NJ: Pearson Prentice Hall, 2002, p. 341.

〔2〕 依美国刑法,重罪(felony)为可被判处 1 年以上监禁刑或死刑的犯行;与之相对应,轻罪(misdemeanor)则为可被判单处罚金或不超过 1 年拘留所(jail)拘禁的犯行。

system)方式以培养未成年人"健全之基督徒品格"(sound Christian character)。与以前未成年人机构相比,儿童感化院具有这样几个显著特点:将偏差少年和成年犯隔离开;助其脱离不利的家庭环境,"为其自身有益"(for their own good)而关押他们;诉讼程序最小化;提供过渡性判决直至未成年人被成功改造;若其他手段无效,可使用惩罚性安置;通过军事训练、体育锻炼和监督以帮助其改变懒散的生活习性;下放偏差少年到乡下村舍之中;注重教育,尤其是职业教育和宗教教育以教化未成年人及教导偏差少年谨慎、节俭和勤奋。[1]

因这些庇护所、感化院的设置,使很多偏差少年得以在一些与传统监所不同的处所来进行有效反思和矫正。其目的在于将那些犯有过失、对社区造成危害,但有改造向上倾向的偏差少年施以特殊处分,以便其尽快和有效的矫正。

1870年,伊利诺伊州最高法院判决,把未被定罪或未获合法正当程序保障之未成年人监禁在芝加哥感化院(Chicago Reform School)之做法不合时宜,因而违宪。该州最高法院认为此类学校徒有虚名,对偏差少年的矫正效果值得怀疑。两年以后,该院被迫关闭,宣告有罪之未成年人被移交到其他感化院,尽管此类机构大都大同小异。[2]

(二)少年法庭创设与探索期

历经独立战争及南北内战硝烟的洗礼后,美国也赶上了首次工业革命的末班车。移民不断涌入与人口剧增、民主共和制度的发展与废奴运动的感召、科技革命的推广及西进运动的拓殖都为这个新兴国家的发展注入源源不断的新鲜元素。到19世纪末,美国社会已经成功地从农业、乡村社会过渡到了工业、城市化社会,但传统的社会形态面临着诸多挑战,社会变迁并非牧歌式前行。许多贫困儿童流落街头,其中相当多的未成年人从事各种偏差。社会有识之士对此忧心忡忡,期待以某种全新方式来解决层出不穷的未成年人问题。

源于社会的、经济的和文化上的变迁,随着工业化和城市化的进程促发了"进步运动"(Progressive Movement,1890~1920年)。新兴中产阶级,利用政治参与的机制,推动政府承担起保障公民,特别是弱势社会群体基本权利的

---

〔1〕 See Robert Shepherd, *The Juvenile Court at 100 Years: A Look Back*, Juvenile Justice, Washington, DC: Office of Juvenile Justice and Delinquency Prevention, U. S. Department of Justice, 1999.

〔2〕 See Sanford Fox, *The Early History of the Court*, The Future of Children: The Juvenile Court, 6 (3), 1996, p. 31.

责任,以保证公民能较公平均等地分享工业经济“前进”所带来的成果。[1]“进步运动”扩大了联邦和各州政府的功能,改变了政府权力结构和运作模式。这次社会思潮影响巨大,给社会意识形态和实际问题分析都带来了全新认识。

受此影响,人们对刑事司法理念和实践进行了反思和重新构建。他们认为,应当对未成年人保护体系进行修正和完善,考虑如何从制度层面来构建更为有效的未成年人保护措施,提倡并主张“未成年人中心”主义要建构儿童劳工法(child labor law)、未成年人社会福利法、强制入学法(compulsory school attendance),亦须建立全新的未成年人司法保护体系。[2] 少年法庭先驱们亦为19世纪矫正和社会科学新领域的知识发展所鼓舞,接受了实证主义观点,而这些研究成果给予和不断增强了他们创设少年法庭的信念。这样,国家如何有效代表“儿童最佳利益”原则就摆在改革家们面前,而这种变化就直接导致了少年法庭的最后形成。

在教育和保护理念指导下,伊利诺伊州议会于1899年通过了《受抚养、照管不良和偏差少年处分与控制法》(Act to Regulate the Treatment and Control of Dependent, Neglected and Delinquent Children),即《伊利诺伊州少年法庭法》(Illinois Juvenile Court Act of 1899),允许各县设立一所以上的专门法庭处理16岁以下偏差少年案件。这通常被认为是少年法庭创设的标志,偏差少年从此逐渐被认为需要由政府出面来予以救助,而不是像成年犯那样接受刑罚与惩教。

## 案 例 七

当年仅11岁的亨利·坎布尔(Henry Campbell)出现在位于芝加哥市中心的库克县厅舍三楼的法庭时,可能尚无从知悉该案给其自身及家庭所带来的后果,更不知晓多少人幕后工作所付出的艰辛。这个案子是由坎布尔母亲提起,她指控其子犯有盗窃罪。立案后,主审法官与缓刑官们进行了多次非正式沟通以理清案情及分析适当处分措施。而在正式庭审时,被告人父母又反复澄清其子秉性良好,之所以作奸犯科完全系受其他坏孩子蛊惑所致。他们再三恳请法官手下留情,不要判处坎布尔有罪,而可送至纽约祖母处,由后者严

---

[1] See Barry Feld, *Readings in Juvenile Justice Administration*, New York, NY: Oxford University Press, 1999, p. 6.

[2] See Eric L. Jensen, *An Historical Overview of the American Juvenile Justice System*, In Eric Jensen and Jorg Jepsen, Juvenile Law Violators, Human Rights, and the Development of New Juvenile Justice System (edited), Portland, OR: Hart Publishing, 2006, p. 83.

加管教。最后,法官同意这一请求,并做出相应的非正式处理结果。[1]

本案对坎布尔本人产生较大影响。从消极方面看,作为不入监条件,他须远足千里之外。从积极方面看,他不用忍受久拖不决,也不用蹲监入狱;且因为案件处理的非正式性,法官的判决结果将对其未来生活不会产生重大影响。该案对催生美国未成年人司法制度的重要性之大,是坎布尔所始料未及的。这天是1899年7月3日,历史上首家少年法庭正式开庭审理的首例案件,意义自然非同一般。这一案件的处理过程并非无懈可击,相反有不少瑕疵,例如,庭审公开、案卷公开、无控告制度、缺乏公共资金支付缓刑官薪金及未成年人拘留所等。[2] 这所少年法庭并非一所完全独立,或者说是有独立司法管辖权的新设法院。它在场地、法官等人员配置上皆借助了原巡回法院的一些便利。

但除却这些表面性的东西外,该案所反映的深层次意义便在于其全新的运作理念及由此反映出的审判方式与处理方式变革。而这也被众多法学家与犯罪学家们欢呼为进入"社会法学"(social jurisprudence)时期的重要标志。[3] 该少年法庭的管辖范围亦包括未成年人照管不良、身份过错等案件。尽管具体运作方式已有所变化,但各地少年法庭仍或多或少烙下了芝加哥少年法庭的痕迹。

作为少年法庭先驱的朱利安·麦克法官(Julian Mack)曾就少年法庭的目标指出,"偏差少年应被送诸法院绳之以法,使其正面公权力之追究。但与此同时,应更强调,务必使其成为关怀和慰问的对象。在这样的聆讯之下,传统的听审方式显然已不合时宜。倘若法官威严在上,俯瞰偏差少年,可能很难触发对后者的同情之心。若法官与偏差少年促膝而坐,不时拍拍后者肩膀,法官不但不会失去其司法尊严,且更会获得工作之巨大成效"。[4] 少年法庭法官充作医生,试图诊断出威胁伤害未成年人或导致他们误入歧途的环境因素。在确定具体救助方案之前,法官会顾及孩子的成熟程度和家庭情况,其指导方针

---

〔1〕 David S. Tanenhaus, *Juvenile Justice in the Making*, New York, NY: Oxford University Press, 2004, p. 23－24.

〔2〕 参见戴维·S. 坦嫩豪斯:《20世纪初少年法庭的演化——超越完美建构的神话》,载玛格丽特·K. 罗森海姆、富兰克林·E. 齐姆林、戴维·S. 坦嫩豪斯、伯纳德·多恩编:《少年司法的一个世纪》,高维俭译,商务印书馆2008年版,第51页。

〔3〕 See Territo Leonard, James Halsted & Max Bromley, *Crime and Justice in America: A Human Perspective*, Upper Saddle River, NJ: Pearson Prentice Hall, 2004, p. 544－548.

〔4〕 Julian Mack, *The Juvenile Court*, Harvard Law Review, 23, 1909, p. 120.

以维护“儿童最佳利益”原则为中心。

伊利诺伊州通过的《少年法庭法》点燃了少年法庭运动的星星之火,审理偏差少年的全新途径与程序很快蔓延至其他州,少年法庭运动发展渐呈燎原之势。更重要的是,未成年人从此在司法体系中得以独立身份出现,具有完全法律人格。法学家罗斯科·庞德(Roscoe Pound)甚至认为,“少年法庭乃自《自由大宪章》(Magna Carta)之后英美法最为伟大的进展”,[1]赞叹之意溢于言表。就在芝加哥少年法庭成立后的5年内,11个州已建立了少年法庭。到1925年,已有46个州和哥伦比亚特区先后设立了少年法庭。而到1950年,每个州都加入了少年法庭运动,设立少年法庭,且案件审理数量开始有了显著增长。对于这些少年法庭而言,其肩负着双重职责:其一,庇护偏差少年使其免受成年犯的负面影响;其二,向偏差少年与身份过错犯提供适当辅导与处分,促其顺利度过青春期。[2] 历经长达50余年的改革和探索,少年法庭逐渐成熟起来。

在“全美少年与家事法庭法官理事会”(National Council of Juvenile and Family Court Judges)看来,少年法庭存续的中早期大都恪守如下原则:与普通刑事法庭由大陪审团或检察官提起公诉不同,少年法庭可独立收案(intake);[3]未成年人的案件处理采用非正式形式;采取比较不正式的聆讯程序;不公开审理原则;除非案情严重,否则不必延请律师辩护及对偏差少年之安置(disposition)采用个别处分原则。[4] 1905年“宾夕法尼亚州诉菲舍尔案”更明确提出,“少年法庭目的不是惩罚犯罪人,而是解放儿童,特别是当这成为国家责任时”。[5] 以维护未成年人权益最大化之名,少年法庭在处理未成年人案件时拥有几无限制的自由裁量权或酌处权。在法官看来,既然少年法庭化身为未成年人“替身父母”而被委以教化偏差少年的重任,那么赋予未成年人过多程序权利纯粹是多此一举。于此中,明智的法官几乎化身为父母进行

---

[1] Barry Krisberg, *Rediscovering the Juvenile Justice Idea in the United States*, In John Muncie and Barry Goldson, Comparative Youth Justice (edited), London, UK: Sage Publications, 2006, p. 7.

[2] See Donna Bishop & Scott Decker, *Punishment and Control: Juvenile Justice Reform in USA*, In Junger-Tas, Josine and Scott Decker. (eds.) International Handbook of Juvenile Justice. Dordrecht: Springer, 1996, p. 3.

[3] 此“收案”非彼“受案”。针对少年司法的独特特征,为避免标签化,本书主张应似以“收案”术语为妥。

[4] See National Council of Juvenile and Family Court Judges, *Juvenile Delinquency Guidelines: Improving Court Practice in Juvenile Delinquency Cases*, Reno, NV: National Council of Juvenile and Family Court Judges, 2005, p. 12.

[5] *Commonwealth v. Fisher*, 213 Pa. 48, 62 Atl. 198, 1905.

裁决。

不定期刑(indeterminate sentence)亦是这一时期少年法庭发展的另一令人瞩目之亮点。适用不定期刑可将偏差少年的矫正直接纳入少年法庭的视野之下,以判定该少年是否已然弃恶从善。不定期刑因而也被视为维护"儿童最佳利益"原则的利器。[1]

(三)未成年人权利时期

直到20世纪60年代,都是少年法庭大放异彩的时期。少年法庭构建与运作所依赖的哲学理念仍是"国家亲权"法则。但因缺乏较系统缜密的法律程序,少年法庭在处理偏差少年的非正式形式及对正当程序的忽视等方面逐渐遭致各方面广泛批评。少年法庭在处理偏差少年上似乎出力不讨好:有人抱怨少年法庭没有能力处理好偏差少年,相关措施过于软弱,威慑不足,居高不下的累犯率便是佐证;又有人针锋相对,认为少年法庭对问题未成年人保护力度不够,没有能够保障这些未成年人的宪法性权利,冲击和动摇了儿童福利体系。

未成年人诉讼程序非正式,其重点不在于未成年人做过或经历过的事情,而在于寻找对其更好的出路。这期间几个全国性案件的审理和重要法案的出台对后来四五十年来少年法庭和未成年人司法皆产生了重大影响,亦使"国家亲权"法则似有渐行渐远之嫌。

美国与内战正酣、海盗猖獗的索马里为仅有的尚未批准《儿童权利公约》的两个国家。基于宗教保守主义,前总统乔治·H.布什(George H. Bush)反对该公约,认为这会削弱亲权(parental rights)。[2] 在比尔·克林顿(Bill Clinton)主政时期,虽然美国于1995年2月16日正式签署了这一公约,但仍有待于参议院2/3多数票批准。前总统乔治·W.布什(George W. Bush)亦无所建树,前总统巴拉克·H.奥巴马(Barack H. Obama)允诺将在任期推动该条约之批准。[3] 但直至进入小约瑟夫·拜登(Joseph Biden Jr.)总统于2021年入主白宫,签署《儿童权利公约》似乎仍遥遥无期。

美国长期以来形成的"国内法高于国际法"的实际准则表明只有当对未成

---

[1] See Rolando del Carmen & Chad Trulson, *Juvenile Justice*: *The System*, *Process and Law*, Belmont, CA: Wadsworth/Thomson Learning, 2006, p. 6.

[2] See Barry Krisberg, *Rediscovering the Juvenile Justice Ideal in the United States*, In John Muncie and Barry Goldson. Comparative Youth Justice (edited), London, UK: Sage Publications, 2006, p. 16.

[3] See Child Rights Information Network, *United States*: *Is Obama's Win Also a Victory for Children's Rights*? Accessed August 15, 2010, http://www.crin.org/resources/infoDetail.asp?ID=18874&flag=news.

年人的司法保护上升到宪法保护的高度才可能真正获得社会的足够重视，特别是来自最高司法机关——联邦最高法院的重视。在此期间，少年法庭更多援用“责任”与“刑罚”这样的字眼，将注意力放在审查偏差少年的犯罪特征，并使用相应刑事（成人）法庭所采用的正当程序条款上。[1]

以辅导、矫正为中心导向的传统未成年人司法处分方式遭致广泛质疑。联邦政府在未成年人政策上出现若干重大变化，对未成年人司法处分的冲击不可谓不大。兴起于20世纪中叶的社区处分模式意在挽救未成年人，修补其与社区的关系，以帮助未成年人早日健康重返社会。但经过20世纪60～70年代的推行，此类模式远未达到预期目的，未成年人偏差并未从根本上得以遏制。通过社区矫正来实现对未成年人的个别化处分效果也不甚明显，未成年人累犯率一度攀升。尽管个别处分理念从整体上并没有被完全颠覆，社会对以矫正为名施加给未成年人的各种举措效果的看法却不尽相同。而这也为日后未成年人司法，特别是少年法庭的改革提供了可能与契机。

正是因为少年法庭的非刑事特征及“保护”的福利机构定位，在很大程度上可确保未成年人得到较充裕的照顾，有利于其身心健康成长。但在享受作为未成年人各种便利的同时，未成年人同样面临许多苛责与问题。无论是国际公约还是各法域宪法和刑事实体与程序法，起初大都是为保障成年人而设计的，自然对未成年人这一块内容言之甚少，甚至只字不提。许多针对成年人的程序性保护对不受刑法规制的少年法庭来讲，似乎仍是很遥远的事。而这对于未成年被告人却意义非凡，极为重要。早期少年法庭无论是在诉讼参与人资格、程序保障，还是庭审模式等方面都存在这样或那样的问题，这也是少年法庭在其发展过程中不断遭人诟病的原因。

从1966年开始，美国联邦最高法院先后在“肯特诉合众国案”（*Kent v. United States*）、“戈尔特案”（*In Re Gault*）及“温士普案”（*In Re Winship*）等逐步扩大了对偏差少年的权利保障。这些权利主要涉及最基本的联邦宪法性权利，包括获得律师帮助、证明标准等。通过这些判例，偏差少年不断扩展了其权利，这些对遏制未成年人司法中可能存在的各种不良现象有一定进步意义。

1966年，美国联邦最高法院在“肯特诉合众国案”中对未成年人诉讼程序申明了程序正义的重要性与“国家亲权”法则并无矛盾、冲突之处。

---

〔1〕 See National Council of Juvenile and Family Court Judges, *Juvenile Delinquency Guidelines: Improving Court Practice in Juvenile Delinquency Cases*, Reno, NV: National Council of Juvenile and Family Court Judges, 2005, p. 16.

## 案 例 八

1961 年 9 月,16 岁的小莫里斯 · A. 肯特(Morris A. Kent,Jr.)因涉嫌侵入私宅、抢劫与强奸罪而被拘捕。作为未成年人,他应受哥伦比亚特区少年法庭管辖;除非该院在进行完全调查后放弃管辖,方可将其移送至美国联邦地区法院之哥伦比亚特区法庭(刑事法庭)审理。因不同意少年法庭案件移送,肯特之律师向其提交书面动议,要求就案件移送和调阅肯特先前的缓刑资料进行聆讯。在拒绝该项动议后,少年法庭未与肯特律师谈及移送安排,更未提供有关文件,而是直接将案件移送至前述刑事(成人)法庭。随即,美国联邦地区法院对该案进行审理,并认定肯特 6 项侵入私宅和抢劫罪成立。联邦上诉法院哥伦比亚特区巡回法庭在二审中支持原判,其后该案上诉至联邦最高法院。

1966 年 3 月,美国联邦最高法院认为,少年法庭放弃管辖权而将肯特移送至联邦地区法院之裁定无效,并发回少年法庭重审以重新决定是否移送。最高法院主张,相关管辖权的放弃与移转须考虑“正当程序”(due process)与“公平对待”(fair treatment)。[1]

由“肯特诉合众国案”,美国联邦最高法院确定了少年法庭审理少年案件时应考虑 8 个因素。尽管每个州皆可决定直接遵循这 8 个因素,或者添加或替换,但建议少年法庭不仅要考虑所犯罪行严重程度,还应该考虑其他因素,如先前键入未成年人司法司法系统及其戒治程度。[2]

一年后,美国联邦最高法院在“戈尔特案”中对未成年人诉讼程序再次判定,涉案未成年人应享受《联邦宪法第十四修正案》的权利。[3] 具体来说,这些权利包括获悉被控罪名、通知偏差少年及其父母聘请律师权、质证和交叉质询权及不得自证其罪权等。

## 案 例 九

1964 年 6 月 8 日,时年 15 岁的杰拉尔德 · 戈尔特(Gerald Gault)因涉嫌向隔壁女邻居拨打猥亵、下流电话而与其玩伴一同被拘捕。警方在拘捕其时,未

---

〔1〕 *Kent v. United States*,383 U. S. 541(1966).

〔2〕 See Sarah Hockenberry,*Juvenile Justice Statistcis: Delinquency Cases Waived to Criminal Court*,2018,Washington,DC: U. S. Department of Justice,Office of Justice Programs,2021,p. 1.

〔3〕 在 1868 年美国通过的《联邦宪法第十四修正案》中,第 1 款即明文规定“不经正当法律程序,不得剥夺任何人的生命、自由或财产;对于在其管辖下的任何人,亦不得拒绝给予平等法律保护”等内容。

告知其父母。其兄长于玩伴家寻找时,父母方知戈尔特被警方带走。次日在审理中,该案关键当事人,即报警的女邻居并未出庭作证。在庭审中,无证人宣誓,亦无法庭记录。戈尔特坚称自己只不过拨通电话而已,是其朋辈(peers)通话中污言秽语。并无其他证据佐证戈尔特及玩伴是否确切拨打猥亵电话。然这些关键争议焦点因两次庭审中女邻居的缺席及程序上的瑕疵无疾而终。少年法庭认定,戈尔特系"习惯性不道德"(habitually immoral),最后判决戈尔特需赴州习艺所直至其成年为止。而该州法定成年年龄设定为21岁,这意味着戈尔特将与家人分离近6年之久。与此鲜明对比的是,触犯类似罪行的成年犯却仅需接受2个月监禁及50美元罚金而已。依《亚利桑那州少年法典》(Arizona Juvenile Code)中未成年人案件不得提起上诉的有关规定,该判决即为终审判决。其父母随后以其子名义向联邦法院提起"人身保护令之诉"(habeas corpus),认为《亚利桑那州少年法典》违宪,且该案中戈尔特数项程序权利被剥夺。

1967年5月15日,美国联邦最高法院推翻亚利桑那州法院对本案的判决,发回重审。美国联邦最高法院认为,尽管少年法庭因性质特殊而可实行与刑事(成人)法庭有所不同的程序,但一些最基本的正当程序还是应该贯穿诉讼始终。美国联邦最高法院亦详细列举了偏差少年应当享有的若干程序权利:一是偏差少年及其父母应获得适当书面通知,该通知应涵盖的具体内容包括前者因涉案将会遇到的各种问题且下发通知应当及时,并为偏差少年出庭预留充裕的准备时间;二是偏差少年及其父母应被通知有权获得律师帮助,如无力聘请,法院将为其指定律师;三是有免受自证其罪的权利;四是有对质证人及对他们交叉盘问的权利。[1]

"戈尔特案"系美国宪制史上划时代的重要案件,恍如吹皱一池春水,是缩小刑事(成人)法庭和少年法庭间差异的破冰之始,儿童福利理念益显动摇,对此后未成年人司法改革影响深远。美国联邦最高法院判定,在任何一可能会被判处监禁的诉讼中,未成年人都应享有《权利法案》(Bill of Rights)规定的某些正当程序保护。然美中不足的是,美国联邦最高法院对"上诉权"及"程序誊本"(transcript of the proceedings)等两个问题不置可否,并没有给出较圆满的解决方案。不过这并不妨碍各州法院自行了断,后者可据州情确定是否赋予

---

〔1〕 *In Re Gault*, 387 U. S. 1 (1967).

未成年人此项权利。[1]

1970 年,美国联邦最高法院在“温士普案”中判定《美国联邦宪法第十四修正案》中的正当程序条款要求对偏差少年的审理同样应采用“超越合理怀疑”(proof beyond a reasonable doubt)证据规则。“温士普案”进一步扩展了“戈尔特案”以来对偏差少年的宪法保护,少年法庭在一定程度上开始采纳刑事(成人)法庭的价值观和定位取向。

## 案　例　十

1967 年,时年 12 岁的塞缪尔·温士普(Samuel Winship)被指控因偷窃 112 美元而触犯《纽约家事法庭法》(New York Family Court Act)。随后,家事法庭依据该法所规定之“优势证据”(preponderance of the evidence),判决温士普至少需在未成年人矫正机构待上 18 月。温士普向纽约州最高法院[2]起诉,认为《纽约家事法庭法》违宪。在他看来,该法案要求家事法庭援用比“超越合理怀疑”之刑事证明标准要低许多的“优势证据”原则影响其正当程序方面的宪法性权利。在诉求被驳回后,温士普继而上诉至纽约州上诉法院,而后者支持下级法院的判决。

在否决纽约州上诉法院判决的同时,联邦最高法院着重强调两点:其一,“超越合理怀疑”根深蒂固,系正当程序所要保障基本自由之有机组成部分,对于无罪推定的落实意义不可低估;其二,“超越合理怀疑”并不一定仅囿于刑事案件之中,而可以被援用至任何可能会剥夺生命、自由及财产之诉讼中。家事法庭的判决将温士普拘禁于未成年人矫正机构的时间可能会长达 6 年之久,直至其年满 18 岁,而通常这样长时间的监禁与隔离只是被用来惩处那些成年犯。在美国联邦最高法院看来,这样做并非不可取,然一旦偏差少年可能被处以类似成人刑罚时,就须提供与成年犯相同的程序与机制保障,包括以“超越合理怀疑”的较高证明标准来实施无罪推定原则。[3]

但这些案件并没有解决未成年人案件中的所有问题。美国联邦最高法院

〔1〕 时至今日,美国未成年人仍未有陪审团审理权(right to a jury)、保释权(right to bail)、公开审理权(right to a public trial)及大陪审团指控权(right to a gran jury indictment)等联邦宪法性权利,但一些州法律赋予所在州未成年人有关权利[del Carmen, *Rolando v. Susan E. Ritter & Besty A. Witt*, *Briefs of Leading Cases in Corrections* (3rd edition), Cincinnati, OH: Anderson Publishing, 2002, p. 210]。

〔2〕 与美国大多数州有所不同的是,纽约最高法院名不副实,只相当于中级上诉法院。而后文提到的纽约上诉法院则为通常意义上的州最高一级法院。

〔3〕 *In re Winship*, 397 U.S. 358 (1970).

在扩展偏差少年权利上如履薄冰、谨小慎微。因为未成年人司法制度无论如何变革与改进,其与刑事(成人)司法体系总会有这样或那样的区别,法官们大都不愿意将未成年人司法过度“成人化”(adultified),以免过犹不及,损害未成年人司法存续的理念基石与操作。故美国联邦最高法院在处理这些问题上比较小心,尤其是考虑未成年人犯罪在犯罪总量中的比例及少年法庭处理的案件大多为非刑事的身份过错,实在没有太多的必要和余地来赋予少年法庭更多变化的空间。在 1971 年“麦克威尔诉宾夕法尼亚案”(*McKeiver v. Pennsylvania*)之判决便反映出这一趋势,在该案中法院对于未成年人要求由陪审团审理的要求予以否定。[1] 同样地,在 1984 年“夏尔诉马丁案”(*Schall v. Martin*)中,法院继续为维持未成年人预防性拘留(preventive detention)背书。[2]

在 20 世纪 70 年代早期,对未成年犯之“除机构化处分”(deinstitutionalization)亦逐步席卷全美,取而代之的是各类社区处分计划。1972 年马萨诸塞州关闭该州所有州立未成年人矫正机构更是将这场声势浩大的改革推向极致。[3] 一直到 20 世纪八九十年代,先后有犹他、密苏里、佛蒙特、科罗拉多、印第安纳、俄克拉何马、马里兰、路易斯安那、佛罗里达、佐治亚、罗德岛及新泽西等州先后加入其中。[4]

美国国会通过立法确认有关未成年人犯罪与未成年人司法的法案。经过这些具有划时代意义的案件与法案,少年法庭在许多方面越发呈现刑事(成人)化的特点,即少年法庭在审理方式、审理规则及安置方式多呈现刑事(成人)法庭惯有特征。1968 年,国会通过《未成年人偏差预防与控制法》(Juvenile Delinquency Prevention and Control Act of 1968)。6 年后,《未成年人司法与未成年人偏差预防法》(Juvenile Justice and Delinquency Prevention Act of 1974, JJDPA)之出台为处理未成年人问题提出联邦法上的核心要求。除要求联邦政府将身份过错犯从严格监禁中解脱及实现偏差少年与成年犯分别羁押之外,该法案亦要求通过“格式赠款”(formula grants)形式推动各州相关立法,及创立“未成年人司法与偏差预防署”(Office of Juvenile Justice and Delinquency

---

〔1〕 *McKeiver v. Pennsylvania*, 403 U. S. 528(1971).

〔2〕 *Schall v. Martin*, 467 U. S. 253(1984).

〔3〕 See Barry Krisberg, *Rediscovering the Juvenile Justice Ideal in the United States*, In John Muncie and Barry Goldson, Comparative Youth Justice (edited), London, UK: Sage Publications, 2006, p. 7.

〔4〕 See Barry Krisberg, *Rediscovering the Juvenile Justice Ideal in the United States*, In John Muncie and Barry Goldson, Comparative Youth Justice (edited), London, UK: Sage Publications, 2006, p. 10 – 11.

Prevention,OJJDP)与"全美未成年人司法与未成年人偏差预防研究院"(National Institute for Juvenile Justice and Delinquency Prevention)等机构。前者系美国联邦政府在未成年人司法与未成年人偏差预防方面的官方代表,而后者主要负责进行研究、提供培训与技术性援助。其后,这部法律分别又于1980年、1992年、1996年、1998年与2002年予以修正并沿用至今。

(四)未成年人司法晚近变革期

若20世纪六七十年代少年法庭和未成年人司法的改革着力于纠正先前对偏差少年权利,特别是宪法性权利某种程度漠视的话,那么缘起20世纪80年代中期以来的少年法庭变革则更有其深刻社会现实作为背景。20世纪80年代中期至1994年是美国犯罪率攀升最为严重的时期,而未成年人所参与的各类严重刑事案件层出不穷,严重威胁着美国社会的稳定。20世纪90年代,数项针对全美拥有100~500床位的习艺所调查皆发现,高达五成至七成(57%)的未成年犯在获释1~2年内被再次逮捕。[1] 继续采取较温和的未成年人犯罪与预防手段及宽松的未成年人司法政策似乎显得有些不合时宜。

美国未成年人司法政策面临转轨的沉重压力,即便是在未成年人犯罪达到近30年谷底仍是如此。"国家亲权"法则角色逐渐褪色,强调惩罚为主、矫正为辅,要求适用正当程序及未成年人辩护。犯罪学家约尔·萨马哈(Joel Samaha)认为美国未成年人司法亟待解决这样五个热点问题,即未成年人需求与权利和社会需求与权利间的平衡、未成年人司法机关范围界定、未成年人司法程序、未成年人计划效果、程序与矫正未成年人的改革等。[2] 这些内容看似简单,但都切中了未成年人司法存在问题的要害。

未成年人司法目标发生重大转变,以打击重大未成年人犯罪为主要目的。法官们不再吝啬适用诸如"刑罚""可责性"等术语,并强调应追究偏差少年偏差行为的犯罪本质。[3] 与不定期刑和戒治息息相关的矫正制度被认为在减少未成年人犯罪方面进展不佳,而要求"严打"(get-tough)的声浪却此起彼伏。在新古典主义复兴与实证主义的个别处分理念冲击下,少年法庭面对两难境

---

〔1〕 See James Austin, Kelly Dedel Johnson & Ronald Weitzer, *Alternatives to the Secure Detention and Confinement of Juvenile Offenders*, Washington, DC: Office of Juvenile Justice and Delinquency Prevention, U.S. Department of Justice, 2005, p. 2.

〔2〕 See Joel Samaha, *Criminal Justice* (*5th edition*), Belmont, CA: Wadsworth/Thomson Learning, 1999, p. 491.

〔3〕 See National Council of Juvenile and Family Court Judges, *Juvenile Delinquency Guidelines: Improving Court Practice in Juvenile Delinquency Cases*, Reno, NV: National Council of Juvenile and Family Court Judges, 2005, p. 12.

地:一方面,特定偏差少年被当作成年人来对待,适用与成年人一样的法律和法院,并受到与成年人一样的惩罚。如 1994 年,美国国会通过《打击犯罪综合法案》(Omnibus Anti-Crime Bill),允许对犯有谋杀、抢劫及强奸之 13 岁少年以成人视之。[1] 而另一方面,未成年人司法人员意识并接受了偏差少年在社会中不成熟的一面及其容易被操纵、情感容易冲动的天性,因此对其处分方式应与成人有所区别。把未成年人当作成年人来对待强调的是惩罚和可责性,把他们当作未成年强调的则是矫正更生,未成年人司法政策在这两者之间摇摆不定。

在许多保守主义者看来,建立在"国家亲权"法则之上的少年法庭对未成年人,特别是那些屡教不改的顽固少年作用些微,更有放纵之嫌。他们主张应当对现行未成年人司法改弦更张,将"公正处罚"(just desert)与"正义"(justice)理念重新奉回。即使某些支持保留少年法庭体制的人士也认为其基石应是惩罚和预防犯罪为主,主张据偏差少年实际罪行增加使用监禁刑等惩罚刑。甚而有人主张废止少年法庭,而将未成年人管辖权收归刑事司法系统,由刑事(成人)法庭审理少年案件。面对少年法庭种种争论,立法者、检察官和法官们左右为难,面临如何制定一些新的策略来解决少年偏差问题。而这些则取决于在何种程度上理解未成年人权利。推至极端,可以视所有未成年人都需要保护,故有必要保留传统"国家亲权"法则影响下的少年法庭。而另一个方面,也可以至少认为某些偏差少年应当就其犯罪承担完全刑事责任。很显然,这两种看法都过于极端化。

"国家亲权"法则是整个少年法庭制度的核心与基石,一旦少年法庭被废黜,则建立于其之上的未成年人司法制度"皮之不存,毛将安傅"?[2] 介于二者之间比较具有现实可操作性的是,不应该去讨论少年法庭的废止,而是应该在以上两种看法之间作出妥协,寻找到既可以安抚"维护说"和"废止说"争议的做法,以解决日益严重的少年偏差。在此种情形之下,重建少年法庭包含两方面的内容:一是重新审视百年前的经典模式;二是在坚持"国家亲权"法则与未成年人司法基本原则前提下对少年法庭进行改造。

20 世纪 80 年代,时任美国总统罗纳德·里根(Ronald Reagan)开展了对未成年人司法大刀阔斧的改革计划。在其力主下,美国联邦未成年人司法政策

---

〔1〕 See James Calvi and Susan Coleman, *American Law and Legal Systems* (4*th edition*), Upper Saddle River, NJ: Pearson Prentice Hall, 2000, p. 197(高等教育出版社 2002 年影印版).

〔2〕 参见《左传·僖公十四年》。

从偏差预防转移到对未成年严重暴力犯罪人的控制与拘禁上来。这些具体政策包括适用预防性拘留、将未成年犯罪人移送至刑事(成人)法庭、对未成年犯实施强制与定期刑、加大对未成年人的拘禁及对极端恶劣未成年人实行死刑等五个主要方面。[1] 这些政策被通常为“犯罪控制模式”,时至今日,美国现行未成年人司法政策仍受其左右。

各地少年法庭的改革动议亦包括重塑少年法庭以恢复其创设时救助未成年人目的、认可刑罚作为未成年人案件处理目的、加强刑事诉讼权利保障。[2] 一些州亦要求其少年法庭遵循刑事(成人)法庭的某些规则,包括有关陪审团审判、举证责任或正式的审判调查等内容。涉案未成年人除获得与成年被告人一般的正当程序保护外,亦可获得与其年龄和经历相符的特殊保护。有学者提出“青少年折扣”(youth discount)概念,用以说明年龄可作为法官定罪量刑中减缓对其刑罚的考虑标准。举例来说,在刑事(成人)法庭获罪的 16 岁少年所得刑期可相当于成人犯相应刑期的 66% 。[3]

除直接对少年法庭改革的尝试外,美国亦通过有关举措试图对以少年法庭为核心的未成年人司法制度改进施加影响力。考察美国近年来未成年人司法的变革,犯罪学家埃里克·费根诺(Eric Jensen)认为,该国未成年人司法出现了四大动向,即正当程序(due process)、分流(diversion)、除机构化(deinstitutionization)及除罪化(de-criminalization),[4] 亦即“4D 化”。1997 年 11 月,国会通过“未成年人责任资助计划”(Juvenile Accountability Block Grants,JABG),并拨款 2.5 亿美元。5 年后,“未成年人责任资助计划”更名为“未成年人责任激励资助计划”(Juvenile Accountability Incentive Block Grant,JAIBG)。该计划由美国联邦司法部未成年人司法与偏差预防署运作,旨在协助各州与地方继续或扩大促使偏差少年对其所犯过错责任认知的政策实施,及对单独犯行采取日益加大的处罚力度。为此,该计划提供资金与技术支持,

[1] See Eric Jensen, *An Historical Overview of the American Juvenile Justice System*, In Eric Jensen and Jorg Jepsen, Juvenile Law Violators, Human Rights, and the Development of New Juvenile Justice System, Portland, OR: Hart Publishing, 2006, p. 89.

[2] See Dean J. Champion, *The Juvenile Justice System: Delinquency, Processing, and Law* (*5th edition*), Upper Saddle River, NJ: Pearson Prentice Hall, 2007, p. 18.

[3] See Rolando del Carmen & Chad Trulson, *Juvenile Justice: The System, Process and La*, Belmont, CA: Wadsworth/Thomson Learning, 2006, p. 237.

[4] See Eric Jensen, *An Historical Overview of the American Juvenile Justice System*, In Eric Jensen and Jorg Jepsen, Juvenile Law Violators, Human Rights, and the Development of New Juvenile Justice System, Portland, OR: Hart Publishing, 2006, p. 86 – 88.

以便各州与地方改进各自未成年人司法系统。具体来说，“未成年人责任激励资助计划”资金可用于以下 12 个项目：运行、扩建、改造或建造临时或永久性未成年人拘留或惩教设施，包括培训管教人员；制定并管理以问责制为基础的未成年犯制裁方案；录用法官、缓刑官和公共辩护律师，提供预审服务经费以改善未成年人司法制度运作；录用检察官，以减少案件积压；为检察官主导之打击毒品、帮派、暴力犯罪活动提供经费支持；提供培训、技术和设备经费，以协助检察官查明并起诉未成年暴力犯罪人；为实施更有效的缓刑项目而提供经费支持；设立少年枪支法庭，以起诉和审理涉枪偏差少年；设立少年毒品法庭，以监督有药物滥用的未成年犯罪人；建立和加强“机构间信息共享计划”，以加强学校、执法机关和社会服务机构之间的合作；建立问责式执法，解决毒品、帮派和暴力问题以提高学校安全；建立针对未成年犯罪人的受控药物滥用测试（包括干预措施）。[1]

上述项目按照其不同目的又可分为 5 类：提高渐进制裁措施的使用、鼓励将触犯严重犯罪的偏差少年作为成人起诉、促进成人/未成年人刑事记录系统的可比化、建立适当药物检测及促进父母问责。其中，“提高渐进制裁措施的使用”即包含资本改善、可责性制裁、检察官录用、法院与缓刑处工作量增加经费资助、设立枪支法庭与毒品法庭、构建有执法成分的偏差少年问责机制等几个方面。“鼓励将触犯严重犯罪的偏差少年作为成人起诉”则包括录用法官、缓刑官、公共辩护律师；为检察官主导的打击毒品、帮派、暴力犯罪活动提供经费支持及为检察官提供培训、技术和设备经费。“促进成人/未成年人刑事记录系统实现可比化”系指建立和加强“机构间信息共享计划”。最重要的当属“提高渐进制裁措施的使用”，仅以 1998 财政年度为例，这部分联邦拨款就占“未成年人责任激励资助计划”总拨款的 71%，高达 1.4 亿美元。[2]

除司法与立法机关的努力外，包括白宫在内的行政部门及社会各界也积极行动起来，探索未成年人司法的新举措。因《未成年人犯罪预防与控制法》应声成立的未成年人司法与未成年人犯罪预防协调理事会（Coordinating Council on Juvenile Justice and Delinquency Prevention），以联邦总检察长/司法部长为主席，会同不同联邦机构，对所有涉及未成年人偏差预防的联邦项目进

〔1〕 See National Institute of Justice, *Juvenile Accountability Incentive Block Grants: Assessing Initial Implementation*, Washington, DC: Office of Justice Programs, U. S., Department of Justice, 2003, p. 5.

〔2〕 See National Institute of Justice, *Juvenile Accountability Incentive Block Grants: Assessing Initial Implementation*, Washington, DC: Office of Justice Programs, U. S., Department of Justice, 2003, p. 5.

行审查,作用突出。1992 年,该委员会得以改组,并于 1996 年发布《全美未成年人司法行动计划》(National Juvenile Justice Action Plan)。依据该计划,未成年人司法应确保下述 8 个主要目标:确保及时和适当的处罚与处分措施;透过刑事法庭起诉严重暴力偏差少年来增强公共安全;减少未成年人涉足犯罪活动,特别是帮派活动、非法枪支及毒品滥用;打破家庭暴力、被害化及虐待与照管不良的恶性链条;为未成年人创造各类正面机会;向民众提供诸如未成年人司法系统内问题与解决的信息;评估有关项目与实务以判断是否行之有效;促进民众对未成年人司法的一般认知。〔1〕

"恢复性司法"(restorative justice, RJ)或"衡平及恢复性司法"(balanced and restorative justice, BRJ/BARJ)亦在美国未成年人司法改革中崭露头角,将传统个别化之戒治(individual rehabilitation)与社区被害人参与机制有机结合起来。在联邦司法部未成年人司法与偏差预防署资助及推动下,这一新兴司法模式得到长足发展。〔2〕 其目的在于恢复加害人与被害人及社区的关系,通过有关活动使未成年加害人认识到其错误所在,并采取有效措施向被害人及社区道歉,恢复与社区及被害人之受损关系。

1999 年是少年法庭成立的第一百年,曾作为"全美少年与家事法庭法官理事会"主席的丁 · 刘易斯(Dean Lewis)法官,于该年发表了其对未成年人司法百年发展历程的看法,颇具参考价值。她逐一列举了这 100 年来少年法庭 7 方面的演变:因未成年人与成年人诸多差异性催发了少年法庭的成立;少年法庭向家事法庭逐步衍变;少年法庭视每位未成年人为独立个体;少年法庭引入"医疗"模式对未成年人问题对症下药;少年法庭在司法程序上取得长足进展;少年法庭越发注重家庭而非机构处分在未成年人中的所用,这是对自 19 世纪以来主导思想的大反动;少年法庭法官们较其前辈不但精通相关法律,且依业务需要更对儿童发展、酒精与药物滥用、心理健康与学习障碍、虐童、家庭暴力及矫正等多方面议题了解颇多。〔3〕

美国刑法学家马丁 · 嘉纳(Martin Gardner)就未来未成年人司法趋势指

---

〔1〕 See Sarah Ingersoll, *The National Juvenile Justice Action Plan: A Comprehensive Response to a Critical Challenge*, Washington, DC: Office of Juvenile Justice and Delinquency Prevention, U. S. Department of Justice, 1997.

〔2〕 See Barry Krisberg, *Rediscovering the Juvenile Justice Ideal in the United States*, In John Muncie and Barry Goldson, Comparative Youth Justice (edited), Thousand Oaks, CA: Sage Publications, 2006, p. 12 – 13.

〔3〕 See Dean Lewis, *An Evolving Juvenile Court: On the Front Lines*, Washington, DC: Office of Juvenile Justice and Delinquency Prevention, U. S. Department of Justice, 1999.

出,未成年人司法面临不可知的未来。在嘉纳看来,未成年人司法系统正处于一艰难境遇之中:一方面极力固守矫正思想;而另一方面又不免收到来自传统刑事司法理念的冲击,甚至有两者合二为一的压力。[1] 2007 年 8 月,联邦未成年人司法顾问委员会(Federal Advisory Committee on Juvenile Justice,FACJJ)发表年度报告,称美国未成年人司法正处于十字路口之关键时期,何去何从需总统与国会议员们仔细掂量。[2] 鉴于联邦未成年人司法顾问委员会系美国政府在未成年人司法政策的高级思想库,因《未成年人犯罪预防与控制法》而创立,并由来自 50 个州、哥伦比亚特区与 5 个海外领地的州长代表组成,上述意见也反映了联邦与各州在未成年人司法政策上的忧虑与思考。2010 年,联邦未成年人司法顾问委员会在其年度报告进一步强调,未成年人司法系统应当着力于对大多数未成年犯戒治,并保留对未成年严重暴力犯实施最严厉之制裁。[3]

即便是目前未成年人暴力犯罪增速已经大大减缓,但其影响仍侵蚀着未成年人司法。因枪支滥用、未成年人帮派和毒品问题所造成的暴力泛滥对适用独立体制来处理少年偏差犯罪现象这一既有做法的正当性也提出了挑战。但并非说未成年人司法原有宗旨被废弃,这恰恰表明其仍在社会生活中扮演不可或缺的重要角色,上述变化正是其努力适应社会变迁及社会需要的反应。

## 第二节　我国未成年人司法起源与变革

纵览我国历史,未成年人很长时间上处于无独立法律人格的状态,但这并不意味着其完全处于被漠视的地位。以历史上儿童生活与健康问题为重点,历史学者熊秉真指出"成人中心"或"长者为尚""功能论"或"目的至上"、"道德色彩"及以"严厉管教"传统幼教主流文化数个值得注意的特征。[4] 我国古代未成年人司法政策既包括对未成年人以"少者怀之"和"救助慈幼"为取向的保护政策,也包括以"父子一体"和"长幼有序"为基础的家庭伦理构建,亦包括以"准五服以制罪""亲亲得相首匿"与刑事责任减轻相得益彰的刑事政策。考

---

〔1〕 See Martin Gardner, *Understanding Juvenile Law*, Newark, NJ: LexisNexis Press, 2003, p. 325.

〔2〕 See Federal Advisory Committee on Juvenile Justice, *Federal Advisory Committee on Juvenile Justice Annual Report* 2007, Washington, DC: Federal Advisory Committee on Juvenile Justice, 2007, p. 10.

〔3〕 See Federal Advisory Committee on Juvenile Justice, *Federal Advisory Committee on Juvenile Justice Annual Report* 2010, Washington, DC: Federal Advisory Committee on Juvenile Justice, 2010, p. 1.

〔4〕 参见居敬:《在历史中发现儿童的身影》,载《新华航空》2011 年第 6 期。

察其间的基本理念、发展脉络与法条案例,可追古思今,反思现行未成年人司法构建之得失,特别是在未成年人保护机构设置与具体运作、未成年人犯罪刑事责任年龄减轻及现代化重构等方面不无裨益。

## 一、清末以前的未成年人保护

### (一)未成年人保护社会政策——以“少者怀之”“救助慈幼”为取向

我国历史上重视未成年人保护工作。早在《周礼》中即载古人“以保息六养万民:一曰慈幼,二曰养老,三曰振穷,四曰恤贫,五曰宽疾,六曰安富”,[1]这些慈幼养老等养民之政为后世儒家所继承、发扬。

《论语》中记载了孔子一桩逸事:“颜渊、季路侍。子曰:‘盍各言尔志?’子路曰:‘愿车马、衣轻裘与朋友共,敝之而无憾。’颜渊曰:‘愿无伐善,无施劳。’子路曰:‘愿闻子之志。’子曰:‘老者安之,朋友信之,少者怀之。’”[2]这里讲的是,颜渊、子路侍奉孔子左右,孔子问及二人之志向。子路回答说愿意将其车马、衣物与朋友共享,即便有所毁坏也不遗憾。颜渊则说,希望天下太平,没有战事,百姓尽享无劳役之乐。比起子路,颜渊的回答可能更为曼妙,理想高远,颇有悬壶济世之抱负。出人意料地是,听到两位高徒的宏图大志后,孔子并不以为然。随即,应弟子之请,孔子将自己的理想和盘托出,“老者安之,朋友信之,少者怀之”,亦即期许老者得到安养、朋友彼此互信、未成年人得到爱护。

《注疏》在评论此事时,认为子路志向不过“重义轻财之志也”而已。颜渊则系“仁人之志也”,显然高深一些。但即便如此,与孔子相比仍顿失颜色,“言已愿老者安,已事之以孝敬也。朋友信,已待之以不欺也。少者归,已施之以恩惠也”。[3] 在孔子看来,“少者怀之”作为国泰民安的重要指标项,对于国运昌盛、百姓安居乐业具有举足轻重的作用与意义。孔子亦强调,“不教而诛谓之虐”,[4]主张凡事教化为先,认为以教化缺位为代价所实行的刑罚便是虐政。孔子多年周游列国、讲授儒学,提倡有教无类。西汉大儒董仲舒在《天下三策》一文中进一步将其发扬,指出“刑罚甚轻而禁不犯者,教化行而习俗美也”。[5]“德主刑辅”“矜老恤幼”作为封建礼教的重要原则,对深刻理解并领会先哲对未成年人力倡广施教化有所裨益。

---

[1] 《周礼·地官·大司徒》。

[2] 《论语·公冶长》。

[3] 《论语注疏》。

[4] 《汉书·董仲舒传》。

[5] 《汉书·董仲舒传》。

《淮南子》曰:"法者,非天堕,非地生,发于人间,而反以自正。"[1]是说法之出现并非凭空而来,而是源于现实生活并反映现实生活。亦即,什么时空出现什么样的法律是以其深刻的社会现实为背景的。对未成年人保护的法律也与当时的社会发展状况密切相关。自有秦以来,各代在保护未成年人,特别是少年的"慈幼"与保护上不遗余力。例如,《睡虎地秦墓竹简》中记载,"善杀养子者法当弃市"。[2] 西汉景帝曾下诏,"强毋攘弱,众毋暴寡,老耆以寿终,幼孤得遂长"。[3] 然慈幼与救助贫病和养老常混在一起,如唐代所设的悲田养病坊便为我国古代首个较为完备的矜孤恤贫、敬老养病的慈善机构。唐玄宗开元二十二年(734 年),"断京城乞儿,悉令病坊收管,官以本钱收利给之"。[4] 北宋亦设有"居养院""安济坊"和"漏泽园"等福利设施,救助孤幼。元佑五年(1090 年),苏轼于杭州始建"病坊",又名"安乐"。崇宁元年(1102 年)八月辛未,"置安济坊,养民之贫病者,仍令诸郡县并置"。九月戊子,"京师置居养院,以处鳏寡孤独"。[5] 崇宁二年(1103 年),易名为"安济坊",其后各地皆设有安济坊。

专门的慈幼机构直到南宋中期以后才出现,主要为婴儿局、慈幼局和慈幼庄等。慈幼局作用除收养遗弃儿外,也可为无子女者收养之用。"宋京畿各郡门有慈幼局。盖以贫家子多,辄厌而不育,乃许其抱至局,书生年月日时,局设乳媪鞠育之。他人家或无子女,许来局中取去为后。故遇岁侵,贫家子女多入慈幼局。是以道无抛弃之子女。若冬遇积雨雪,亦有赐钱例。虽小惠,然无甚贫者。此宋之所以厚养于民,而惠泽之周也。"[6]可以发现,慈幼局设置已比较齐全,专门保姆"乳媪"负责具体养育。如"冬遇积雨雪",官府亦会另有赐钱。此类救济机构亦非宋代一家,各朝历代亦有设置。至清中期,"朝廷令直省各置育婴堂",使这一制度性救助常设化、普遍化。

虽然古代法律民刑不分,民事法律并不发达,但对未成年人保护的若干规定仍有章可循。以未成年人保护中较为重要的监护权为例,早在唐代已出现未成年人监护的实例。

---

〔1〕《淮南子·主术》。

〔2〕《睡虎地秦墓竹简》。

〔3〕《汉书·景帝纪第五》。

〔4〕《唐会要卷四十九》。

〔5〕《宋史·徽宗本纪》。

〔6〕《永乐大典·山樵杂录》。

## 案例十一

唐代宝应元年(762 年)六月某日,两名 8 岁儿童在张游鹤店门口闲坐时,不期突然为过路疾驶的车子所轧伤。因尚未成年,其父分别代理其利益而将肇事者康失芬告至高昌县。后者在调查取证后,判处康失芬保辜治疗。[1]

本案案发于高昌县,而该县在唐代时常处于局势并不稳定的边陲。但即便如此,对未成年人保护的程序仍落在了实处,不但允许未成年人父母可代理未成年人控告加害人,且判决结果“保辜治疗”切实可行。

在浩如烟海的古代法律典籍中,《唐律疏议》对未成年人的保护较具代表性。该法典完全按照礼教思想来编纂,为儒家化法典,又称“一准乎礼”,其中涉及刑事责任年龄和未成年人保护等内容。有学者认为,其颁布与实施“不仅代表着封建法律文化建设的高潮,且也因其对未成年人保护规定的进一步总结和完善,使其成为第一部系统规定有关未成年人犯罪和保护青少年问题的法典”。[2]

(二)未成年人在家庭的地位——以“父子一体”“长幼有序”为基础

论及古代未成年人保护,就须提及《颜氏家训》这部有重要历史影响力的儒家经典。该书由南北朝时期北齐颜之推所撰,问世以后,历代士大夫推崇备至,好评如潮。清代王钺在其《读书丛残》指出“北齐黄门颜之推《家训》二十篇,篇篇药石,言言龟鉴,凡为人子弟者,可家置一册,奉为明训,不独颜氏”,[3]其影响足可一叶知秋。《颜氏家训》全书共分七卷,其中,《教子》《治家》《勉学》等三篇皆谈及未成年人议题,但大多涉及未成年人保育与教养问题。其中《教子》道:

上智不教而成,下愚虽教无益,中庸之人,不教不知也。古者,圣王有胎教之法:怀子三月,出居别宫,目不邪视,耳不妄听,音声滋味,以礼节之。书之玉版,藏诸金匮。子生咳提,师保固明孝仁礼义,导习之矣。凡庶纵不能尔,当及婴稚,识人颜色,知人喜怒,便加教诲,使为则为,使止则止。比及数岁,可省笞罚。父母威严而有慈,则子女畏慎而生孝矣。吾见世间,无教而有爱,每不能然;饮食运为,恣其所欲,宜诫翻奖,应诃反笑,至有识知,谓法当尔。骄慢已习,

---

〔1〕 陈永胜:《〈宝应元年六月高昌县勘问康失芬行车伤人案〉若干法律问题探析》,载《敦煌研究》2003 年第 5 期。

〔2〕 彭程:《对未成年人实施监护古已有之》,载《检察日报》2004 年 4 月 2 日,第 7 版。

〔3〕 (清)王钺:《读书丛残》。

方复制之,捶挞至死而无威,忿怒日隆而增怨,逮于成长,终为败德。孔子云:“少成若天性,习惯如自然”是也。俗谚曰:“教妇初来,教儿婴孩。”诚哉斯语![1]

对智力中等的普通人,教化宜从小抓起,务必使其“识人颜色,知人喜怒”,而其父母应“威严而有慈”。在颜之推看来,唯有如此,方使“子女畏慎而生孝矣”,才可令子女心生畏惧而对父母唯命是从,孝道便坚不可摧。

就未成年人保育而言,各代统治者与思想家无不强调未成年人对其父母无条件地服从,甚至到了无以复加的地步。孔子曰:“今之孝者,是为能养。至于犬马,皆能有养。不敬,何以有别。”[2]在孔子看来,对父母尊敬有加乃是动物与人的区别。汉代明确出台奖励孝子的法律,主要以诏令形式复除孝子租役、赐予孝子钱帛爵位及褒奖赐爵令。[3] 与前述《圣经》中亚伯拉罕献祭其独生子艾萨克故事相仿,《二十四孝图》中有“郭巨埋儿”之逸闻:东汉时郭巨家境贫苦,因幼子常与母争食,欲将儿子活活埋掉,以确保能养活母亲。一面要养老尽孝,而另一面是慈幼,着实难倒了无数英雄好汉,所幸故事仍以黑色喜剧结尾——郭巨夫妻在掘坑时,突然挖出了一罐黄金,上书:赐孝子郭巨。想来孩子也因此得以偷生,皆大欢喜。鲁迅在读这个故事后,曾不无讽刺地说道,“我最初实在替孩子捏一把汗,待到掘出黄金一釜,这才觉得轻松。然我已经不但自己不敢再想做孝子,并且怕我父亲去做孝子了”。[4]

为儒家推崇备至之“仁者,人也,亲亲为大;义者,宜也,尊贤为大。亲亲之杀,尊贤之等,礼所生也”,[5]意指依亲疏与等级差别实现尊敬师长、友爱家人,此为儒家旷世追求之目标使然。在处理少年与父母等长辈的关系中,儒家认为“父子一体”和“长幼有序”乃是家庭、社会乃至国家立命之根本。“父子一体(气)”意涵“父子至亲,分形同气”。[6] 在日本家族法学家滋贺秀三看来,这意味着“父与子从现象上看是两个个体(分形),而在两者之中生存者的生命则是同一的(同气)”。换言之,“在观念上,子无非是父之生命的延续”。[7]

孟子曰,“父子有亲,君臣有义,夫妇有别,长幼有序,朋友有信”,[8]揭示了

〔1〕 (北齐)颜之推:《颜氏家训·教子》。
〔2〕《论语·为政篇》。
〔3〕 参见李文玲:《汉代孝伦理的法律化》,载《江淮论坛》2003年第6期。
〔4〕 鲁迅:《二十四孝图》。
〔5〕《礼记·中庸》。
〔6〕《南史·傅隆传》。
〔7〕 [日]滋贺秀三:《中国家族法原理》,张建国、李力译,法律出版社2003年版,第29页。
〔8〕《孟子·滕文公上》。

未成年人在被处理时的被动地位。“为人父母天下至善,为人子女天下大孝”“五刑之属三千,而罪莫大于不孝”[1]便是讲这个道理。《孝经》等儒家经典更是将“孝道”视为关乎人伦天理的大事。为达此目的,家长对子女拥有几无约束的权力与掌控,俗话说“棍棒底下出孝子”“不打不成材”,这也钳制了未成年人的人格成熟。更有甚者,据载,“海忠介有五岁女,方啖饵,忠介问饵从谁与?女答曰:僮某。忠介怒曰:女子岂容漫受僮饵,非吾女也。能即饿死,方称吾女。女即涕泣不能啖。家人百计进食,卒拒之,七日而死”。[2] 明朝海瑞认为其5岁幼女接受男童之饼不合礼制而令其生生饿死的悲惨故事。直到今天,这种对未成年人特别对女童的压制与重刑思想仍在某些人脑海中根深蒂固。

统治者为何会不遗余力倡导“孝道”?目的在于以“孝”固“忠”。孟子一席“父慈子孝,君惠臣忠,天下有道”[3]道破天机。有子曰,“其为人也孝弟,而好犯上者,鲜矣;不好犯上,而好作乱者,未之有也。君子务本,本立而道生。孝弟也者,其为人之本与”?[4] 意即若能在家中对父母尽孝,对兄长顺服,那么在外就可对国家尽忠。在儒家看来,对父母尽孝是对国家和君王尽忠的前提,只有对父母尽孝的人才可能会对君王尽心尽力,从而实现“以孝治天下”。推至极致,“事亲孝故忠可移于君,是以求忠臣必于孝子之门”。[5]

## 二、清末以前的未成年人刑事政策

### (一)未成年人刑事责任年龄之确立

有秦一代,《仓律》载“隶臣、城旦高不盈六尺五寸,隶妾、高不盈六尺二寸,皆为小”。[6] 凡男子身高六尺五寸、女子身高六尺二寸以下者皆可视为未成年人。依秦律,低于这个身高的未成年人,可不承担刑事责任。[7] 关于这些身高究竟折合到哪一具体年龄,学术界曾有长期争论,基本上有12岁、13岁、15岁、16岁等不同认识。结合现有文献资料,唯有秦代以身高确认刑事责任。以身高等生理特征作为未成年人划分依据显然过于偏颇,未能考虑不同儿童个体生理发育上的个别差异,不过昙花一现。为何以身高作为刑事责任认定标准,

---

〔1〕《孝经·五刑》。
〔2〕(明)姚叔祥:《见只编·卷上》。
〔3〕《兼爱·上》。
〔4〕《论语·学而篇》。
〔5〕《后汉书·韦彪传》。
〔6〕《仓律》。
〔7〕参见朱勇主编:《中国法制史》(第2版),法律出版社2006年版,第65页。

有学者认为其原因肇始于秦国的诞生基础、法家的重刑思想、征发徭役和兵役等原因和条件。[1] 亦有学者主张，在秦代，犯罪人的年龄与是否承担刑事责任并无任何必然关系，但对其刑事责任大小有一定影响。[2]

除秦代外，年龄作为衡量成年与否的标志性标尺在历代皆占据主导地位。据《礼记》："八十、九十曰耄，七年曰悼。悼与耄，虽有罪，不加刑焉"，[3]对7岁的未成年人虽然有罪，也可免其刑事责任。西周时期就有"三赦"之法，"一曰幼弱，二曰老耄，三曰蠢愚"及"凡有爵者与七十者，与未龀者，皆不为奴"。[4] 未龀者，意指尚未换牙的未成年人。而换牙起始年龄一般为男子7岁、女子8岁。这个年龄段以下的未成年人犯罪也不会被追究刑事责任。《唐律》亦规定，"七岁以下，虽有死罪，不加刑"，[5]即7岁以下未成年人即便犯有处死刑的罪行，仍可免刑罚。而《汉书》对此更有明确规定，"年未满七岁，贼斗杀伤人及犯殊死者，上清延尉以闻，得减死"。[6] 7岁以下未成年人不得处以死刑。

此后，三国、魏、晋、南北朝时期，刑事责任年龄的规定与汉大体相同。矜恤幼小之法律规定，经由魏晋律学家的归纳总结，至唐朝已经定型。[7]《唐律》对未成年人刑事年龄的划分主要集中在《名例律》中，将其分为四个主要阶段：7岁以下的行为人完全不负刑事责任、7～10岁的行为人一般不承担刑事责任除非犯有谋大逆等重罪、10～15岁的行为人完全负刑事责任但可减轻处罚及15岁以上行为人需承担完全刑事责任。[8]《唐律》对未成年人刑事责任年龄认定的立法技术已然达到很高的水平：其未成年人刑事责任年龄亦分为绝对无责任年龄、相对无责任年龄、减轻责任年龄及完全责任年龄。除元代外，宋、明、清等各朝刑律基本沿用《唐律》，后者对未成年人刑事责任年龄规定之影响不可谓不大。

### （二）未成年人犯罪处断原则——"准五服以制罪"与"亲亲得相首匿"

依亲属间亲疏远近关系，古代对相互间刑事责任认定及刑罚规定大不相

---

〔1〕 参见谢冬慧：《秦朝以身高确认刑事责任的原因探析》，载《政治与法律》2006年第3期。

〔2〕 参见方潇：《秦代刑事责任能力身高衡量标准之质疑——兼论秦律中身高规定的法律意义》，载《江苏社会科学》1999年第4期。

〔3〕《礼记·曲礼》。

〔4〕《周礼·秋官·司厉》。

〔5〕《唐律·名例律》。

〔6〕《汉书·刑法志》。

〔7〕 参见张晋藩：《中国法律的传统与近代转型》，法律出版社2005年版，第36页。

〔8〕 参见刘斌：《浅议唐律中的刑事责任年龄》，载《湖北师范学院学报（哲学社会科学版）》2004年第1期。

同,主要标准之一便是“准五服以制罪”。[1] “五服”源自《禹贡》,原指依亲属关系远近所规定的五种丧服制度。“准五服以制罪”以丧服所表明之亲疏远近定罪量刑:服制越近,以尊犯卑者处罚越轻,以卑犯尊处罚越重;服制越远,则与此相反。[2] 《晋律》首立“准五服以制罪”,并为各代沿用。具体适用于未成年人时,其对父母、祖父母等偏差行为的刑罚远较后者对其刑罚为甚。

历代统治者亦倡导“亲亲得相首匿”,即至亲之间对于罪行应当相互为隐,不得对外举报,违反者严惩,尤其对于子女报其父母者更是严惩不贷。《汉书》曾详细记录汉宣帝的一份诏书,“父子之亲,夫妇之道,天性也。虽有祸患犹蒙司而存之,诚爱结于心,仁厚之至也。岂能违之哉!自今首匿父母、妻匿夫、孙匿大父母,皆勿坐。其父母匿子、夫匿妻、大父母匿孙,罪殊死,皆上请廷尉以闻”。[3] 字里行间,“父子之亲,夫妇之道,天性也”与“虽有祸患犹蒙司而存之,诚爱结于心,仁厚之至也。岂能违之哉”皆封建君王对父子亲情及危难时互相扶助的深切感慨。而“匿父母、妻匿夫、孙匿大父母,皆勿坐”更是开创“亲亲相隐”千年长河。与“匿父母、妻匿夫、孙匿大父母”相比,“父母匿子、夫匿妻、大父母匿孙”的后果已从“皆勿坐”上升为“皆上请廷尉以闻”,即从自动免除刑事责任到上报中央政府裁决。上对下的隐匿与下对上的隐匿后果截然不同,这也反映出封建社会阶层不平等而引发的刑罚不平等后果。这一制度发展到唐代,《唐律》亦规定,“父为子天,有隐无犯。如有违失,理须谏诤,起敬起孝,无令陷罪”。[4] “亲亲相隐”并非无限适用的,对于反、逆等大罪,则不在此限,甚至施行父子连坐等酷刑。

尽管有学者呼吁在适当场合下有限恢复“亲亲得相首匿”,以保证家庭成员间的凝聚力与隐私权,但短时间内被接纳的可能性微乎其微。有意思的是,曾深受中华法系影响的越南,在其现行刑法中仍规定有“不告罪”,体现出因家庭关系而对某些犯罪可“亲亲得相首匿”。《越南刑法典》第 22 条第 1 款规定,“知道犯罪正在预备、实施或者已经完成而不告者,须承担不告发罪的刑事责任”。然该条第 2 款随话锋一转,以“但书”规定如不告发者为“罪犯的祖父母、父母、子女、孙子女、同胞兄弟姐妹、妻子、丈夫时,只有当犯罪为危害国家安全罪或者其他特别严重犯罪时,才承担不告发罪的刑事责任”。[5]

---

〔1〕《晋律》。

〔2〕参见雷海峰:《我国古代未成年人犯罪刑事政策初探》,载《青少年犯罪问题》2005 年第 4 期。

〔3〕《汉书·宣帝纪》。

〔4〕《唐律·斗讼律》。

〔5〕米良译:《越南刑法典》,中国人民公安大学出版社 2005 年版,第 8 ~ 9 页。

除刑事责任外,古代在逮捕、审讯、科监等方面皆对未成年人有一定特殊刑事政策,体现出有别于成年人的关爱与保护。就逮捕而言,汉平帝元始四年(公元4年)颁诏,"惟苛暴吏多拘系犯法者亲属,妇女老弱,构怨伤化,百姓苦之。其明敕百僚,妇女非身犯法,及男子年八十以上七岁以下,家非坐不道,诏所名捕,它皆无得系"。[1] 对7岁以下儿童不予拘捕。汉景帝时,对"年八十以上,八岁以下,及孕者未乳、师、侏儒当鞫系者,颂系之",[2]对8岁以下儿童不带刑具。

## 三、清末民国时期未成年人保护与刑事政策

清末民初,社会环境急剧变化,国家陷于数千年未有之困境。一方面,内忧外患,民族处于危亡边缘;另一方面,欧美民权、平等、博爱等思想先后登陆,成为仁人志士期许改变国家颓废的利器,且带来未成年人保护与处置异于过往的理念。

在西方列强的坚船利炮下,清政府一方面迫不得已对现行律例进行删修;另一方面颁布上谕"着派沈家本、伍廷芳等将一切现行律例,按照交涉情形,参酌各法域法律,悉心考订,妥为拟议,务其中外通行,有裨治理"。[3] 《大清律例》地位至此产生动摇,《大清新刑律》草案于宣统二年(1910年)得以颁布。《大清新刑律》原定于1913年施行,但武昌起义及1912年民国临时政府的成立使其已不可能。不久,民国临时政府通告全国《大清新刑律》除与民国国体抵触外,其余条文一概暂行援用,随即将修订后的《大清新刑律》改称为《暂行新刑律》。1928年,在《暂行新刑律》基础上,北洋政府颁行《中华民国刑法》。鉴于法案中尚未直接规定未成年人的特殊处分,国民政府司法行政部遂于1936年5月9日颁布训令,提醒注意未成年犯与成年犯的人格区别与未成年人保护。[4] 随该训令,司法行政部另附有《审理少年案件应行注意事项》。除刑事责任,民国政府亦在未成年人的机构处分上有一定作为,如《监狱规则》规定"未满十八岁,须监禁于幼年监"。[5]

---

[1] 《汉书·平帝纪》。

[2] 《汉书·刑法志》。

[3] (清)《修律上谕》。

[4] 参见沈银河:《中德少年刑法比较研究》,台北,五南图书出版股份有限公司1988年版,第13~14页。

[5] 林茂荣、杨士隆:《监狱学——犯罪矫正原理与实务》(第2版),台北,五南图书出版股份有限公司1999年版,第10页。

虽连年战乱,北洋政府、国民政府及部分地方政府先后出台若干未成年人保护举措,成立专门机构实施未成年人保护。例如,1928 年 8 月,江苏省昆山县政府成立救济院,下设养老兼残废所、育婴所(养儿院)、孤儿所、贷款所、特别妇孺留养所。其中,育婴所收容贫困及被弃之婴幼儿,并随时给民众索取收养;孤儿教养所收容 5 岁以上、15 岁以下男孩及 12 岁以下女孩。[1]

中国社会从封建社会到半封建半殖民地社会的嬗变,给未成年人保护事业打上了一定的半殖民地烙印。1855 年,法国传教士于上海徐家汇创办横塘育婴堂。1864 年又创设孤儿院,专收 6 ~ 10 岁教外孤儿。这些传教士秉承基督救世的信念纷至沓来,在各地纷纷建立规模不等的育婴堂或孤儿院。客观地说,这些孤儿院的设立与运作在很大程度上解决了当时存在残婴与女婴遗弃与安置的问题。但亦有以传教之名、行侵略之实,在当地造成了相当恶劣的影响,加上闭关锁国造成的迷信,也出现过对此类孤儿院打砸烧等情况。与此同时,为数不少的未成年人保护机构也在其中发挥了中坚作用。1920 年,慈善家熊希龄创办北平香山慈幼院,收养京畿地区的无辜灾童。1922 年,长沙开福寺、灵云寺等八寺的僧众联合筹款创办起湖南佛教慈儿院,以“收养孤苦儿童以国民教育兼司各种工艺,俾能独立谋生为宗旨”。

在日寇铁蹄肆虐之下,内迁 1500 万难民中难童几近 400 万,其中,亟待救济者数十万人。[2] 1938 年 3 月 10 日,“中国战时儿童保育会”于武汉圣罗以女中成立,推宋美龄为理事长,主张“保卫儿童生命之安全,使成为健全之国民”“依照抗战时期之经济条件,以最经济之方法,合理之教养,加强儿童之健康”。当时为未成年人保护事业奔忙的尚有上海孤儿院、广慈苦儿院、上海贫儿院、中华慈幼协会等民间机构,为推进未成年人保护作出了卓有成效的贡献。

在政府层面,国民政府内政部于 1928 年 5 月公布了《各地方救济院规则》。1938 年 5 月,国民党中央执行委员会成立“中央社会部”,两年后改属行政院。社会福利司即为社会部四个司局之一,下设有六个科室,包括儿童福利科,主管儿童保护事业,重点在于使儿童免于饥饿与死亡。1928 年,社会部出台《奖惩育婴育幼事业暂行办法》,并指导各省市创办儿童健康指导所,指导各省筹

---

〔1〕 张峰:《试论民国时期昆山的慈善事业——以昆山县救济院为中心》,载《苏州大学学报(哲学社会科学版)》2006 年第 1 期。

〔2〕 曾桂林:《施善与教化:中国流浪儿童救助保护史述论》,载民政部社会福利和社会事务司,http://sws.mca.gov.cn/article/llyj/200711/20071110003568.shtml。

设儿童公园，创办儿童营，编定儿童法规等。[1] 1941 年，该部召开首次全国儿童福利会议，通过"善种、善生、善养、善教、善保"五善政策。1944 年，"战时儿童保育会"于陪都重庆成立全国儿童福利协会，拟有《儿童保育政策》，并建议制定《儿童福利法》。国民政府推行积极的儿童福利政策，"不仅通过立法来保护儿童利益，组织和动员社会力量参与难童急救，且亦与大专院校、社会慈善组织一起培训儿童福利工作方面的专门人才，进行儿童福利的实验示范工作"。[2]

除上述努力外，未成年人保护事业在国际合作方面也有一定的进展。1946 年，联合国通过第 57 号决议设立国际儿童紧急救济基金会（United Nations International Children's Emergency Fun，UNICEF；1953 年后称联合国儿童基金会），向第二次世界大战受难国儿童提供紧急救济。我国作为第二次世界大战主要交战国，备受战争蹂躏，亦在援助名单之列。1947 年 5 月 21 日，该基金会与社会部签订基本协议，于我国设立办事处，积极设立奶粉供应站、举办冬衣救济、办理医药救济及接生员培训等救济活动。

民国时期前，上述这些社会政策的实现大都是以维护封建法统，确立父权、君权为核心利益的宗法制度不受挑战为前提。任何违背上述原则的未成年人司法政策都很难存在，这也是现代未成年人司法所依赖的"国家亲权"法则未能产生于我国古代的重要原因。但我国古代未成年人司法与少年刑事政策表现出既有与现代未成年人司法某些类似之处，亦有可供后世借鉴的特征，如"慈幼"机构的设置与运作、刑事责任年龄立法技术及罪责个别化与轻刑化方面。囿于当时军阀混战、民生凋零、经济停滞等阻碍，未成年人保护事业常流于形式，窒碍难行。

### 四、我国未成年人司法现状

1949 年年初全国解放在即，中共中央遂于该年 2 月 28 日发布《关于废除国民党的六法全书与确定解放区的司法原则的指示》，明文废除国民政府制定的法律、法令和司法制度，其中便包括上述提及的未成年人保护和犯罪处分的有关法律。之后，对未成年人保护及其刑事政策的相关规定开始散见于有关通知与法律。如何形成完备的未成年人司法制度以引导少年健康成长，阻止

---

〔1〕 参见李燕俐：《国民党的儿童福利法制经验——中国时期到首次儿福立法》，台湾大学法律研究所 2003 学年度第一学期"法律史专题研究"学期报告（未刊稿），2003 年 12 月 15 日于台北。

〔2〕 董根明：《抗战时期国民政府的儿童福利政策述评》，载《抗日战争研究》2006 年第 4 期。

和预防未成年人犯罪,并督促迷途少年回归社会,成为新中国成立后未成年人保护的重要任务。

“文化大革命”十年内乱中断了少年法治建设的步伐,但随后的拨乱反正使未成年人保护与相关法制建设迎来了春天。1979 年 6 月 10 日,中共中央转发中央宣传部、教育部、文化部、公安部、国家劳动总局、全国总工会、共青团中央、全国妇联等八部委发布《关于提请全党重视解决青少年违法犯罪问题的报告》,确立以综合治理的手段解决青少年违法犯罪问题的基本方针。1987 年 6 月 20 日,《上海市青少年保护条例》通过,为首个青少年保护法规,其显著之处在于首次把“少年法庭”写入法律之中。

在未成年人保护与合作方面,我国积极参与《儿童权利公约》的起草工作,并分别于 1990 年 8 月 29 日与 1991 年 12 月 29 日签署和批准该公约。2000 年 9 月 6 日与 2001 年 5 月 15 日,我国又先后签署了《儿童权利公约》的两个议定书:《关于贩卖儿童、儿童卖淫和儿童色情制品问题的儿童权利公约任择议定书》(Optional Protocol to the Convention on the Rights of the Child on the Sale of Children, Child Prostitution and Child Pornography)和《关于儿童卷入武装冲突问题的联合国儿童权利公约任择议定书》(以下简称《禁止使用童军议定书》)(Optional Protocol to the Convention on the Rights of the Child on the Involvement of Children in Armed Conflicts),并在全球发展目标框架下相继制定了《九十年代中国儿童发展规划纲要》、《中国儿童发展纲要(2001—2010 年)》及《中国儿童发展纲要(2011—2020 年)》。我国所有的省、自治区、直辖市及绝大多数地、市、县都制定有相应的地方儿童发展规划。2001 年,我国在北京成功主办了第五次东亚及太平洋地区儿童问题部长级磋商会议。这些都表明我国政府恪守国际条约,在推动未成年人保护各项事业的发展上取得较大进展。

管子一席“凡国无法则众不知所为,无度则事无仪”[1],告诫但凡国家没有法制,民众就不知道如何行事;而若没有制度,行事也就没有准则。经过 60 多年发展,目前我国对未成年人合法权益的保障已经形成了以宪法为保障,以《未成年人保护法》(1992 年 1 月 1 日施行,2006 年 12 月 29 日修订,2020 年 10 月 17 日修订)与《预防未成年人犯罪法》(1999 年 11 月 1 日施行,2012 年 10 月 26 日修正,2020 年 12 月 26 日修订)为核心,以《民法典》(2021 年 1 月 1 日施行)、《妇女儿童权益保障法》(1992 年 10 月 1 日施行,2005 年 8 月 28 日修正)、《母婴保健法》(1995 年 6 月 1 日施行;2009 年 8 月 27 日修正;2017 年 11 月 4

---

〔1〕《管子·版法解》。

日修正)、《教育法》(1995年9月1日施行,2009年8月27日修正,2015年12月27日修正)、《义务教育法》(1986年7月1日施行,2006年6月29日修订,2015年4月24日修正,2018年12月29日修正)及《刑法》(1979年7月1日施行,1997年3月14日修正,至2020年已有11个修正案)与《刑事诉讼法》(1979年7月1日施行,1996年3月17日修正,2012年3月14日修正,2018年10月26日修正)等部门法为内容及以司法解释、部门规章、行政法规为有益补充的基本比较完善的法律体系。

近年来,最高人民法院与最高人民检察院分别下发《关于办理未成年人刑事案件适用法律的若干问题的解释》(1995年5月2日施行,于2006年1月11日修正为《关于审理未成年人刑事案件具体应用法律若干问题的解释》)、《人民检察院办理未成年人刑事案件的规定》(2002年3月25日通过,2006年12月28日修订,2013年12月19日修订)、《关于办理少年刑事案件建立相配套工作体系的通知》(1991年6月1日施行)及《关于进一步建立和完善办理未成年人刑事案件配套工作体系的若干意见》(2010年8月28日施行)等司法解释。国务院及各部委发布的其内容直接涉及未成年人保护的有关行政法规及部门规章,主要有《公安机关办理未成年人违法犯罪案件的规定》(1995年10月23日施行)、《公安部关于少年犯管教所收押、收容范围的通知》(1982年5月1日施行)、《未成年犯管教所管理规定》(1999年12月18日施行)、《文化部、公安部关于严禁利用电子游戏机进行赌博活动的通知》(1992年12月9日施行)、《国家教委关于严格控制中小学生流失问题的若干意见》(1989年1月30日施行)、《城市生活无着的流浪乞讨人员救助管理办法》(2003年8月1日施行)、《法律援助条例》(2003年9月1日施行)、《家庭寄养管理暂行办法》(2004年12月1日施行)等。

这其中最重要的法律当属《未成年人保护法》与《预防未成年人犯罪法》,这是未成年人保护史上里程碑式的两部法律。前者于1991年9月4日由全国人大常委会通过,内容涉及家庭保护、学校保护、社会保护、司法保护四个主要方面,为指导未成年人保护与未成年人犯罪预防的纲领性法律。尤其值得称道的是,这部法律专门设立了“司法保护”一章,明文规定了“对违法犯罪的未成年人,实行教育、感化、挽救的方针,坚持教育为主、惩罚为辅的原则”。2020年10月17日又对《未成年人保护法》进行了全面修订,分为九章132条。而1999年6月28日通过的《预防未成年人犯罪法》,于2020年12月26日修订,分为七章68条,对预防未成年人犯罪的教育、未成年人不良行为的预防、未成年人严重不良行为的矫治、未成年人重新犯罪的预防及法律责任等几个方面作了详细规定。

《刑法》在未成年人保护方面取得较大进展,不少法条亦将对未成年人保护进一步落到了实处。如《刑法》第 29 条明文规定:“教唆不满十八周岁的人犯罪的,应当从重处罚。”第 260 条规定:“虐待家庭成员,情节恶劣的,处二年以下有期徒刑、拘役或者管制;犯前款罪,引起被害人重伤、死亡的,处二年以上七年以下有期徒刑。”第 261 条规定:“对于年老、年幼、患病或者其他没有独立生活能力的人,负有抚养义务而拒绝抚养,情节恶劣的,处五年以下有期徒刑、拘役或者管制。”这些条款为预防和打击虐待未成年家庭成员提供了刑法保护。

《刑法》亦专设有“猥亵儿童罪”“拐卖妇女、儿童罪”“收买被拐卖的妇女、儿童罪”“聚众阻碍解救被收买的妇女、儿童罪”“雇用童工从事危重劳动罪”“拐骗儿童罪”“引诱未成年人聚众淫乱罪”“走私、贩卖、运输、制造毒品罪”“引诱、教唆、欺骗他人吸毒罪”“引诱幼女卖淫罪”“传播淫秽物品罪”等罪名专项打击危害未成年人合法权益的犯行。如《刑法》第 236 条规定:“奸淫不满十四周岁的幼女的,以强奸论,从重处罚。”第 237 条规定:“以暴力、胁迫或者其他方法强制猥亵他人或者侮辱妇女的,处五年以下有期徒刑或者拘役。聚众或者在公共场所当众犯前款罪的,或者有其他恶劣情节的处五年以上有期徒刑;猥亵儿童的,处五年以下有期徒刑;有下列情形之一的,处五年以上有期徒刑:(一)猥亵儿童多人或多次的;(二)聚众猥亵儿童的,或者在公共场所当众猥亵儿童,情节恶劣的;(三)造成儿童伤害或者其他严重后果的;(四)猥亵手段恶劣或者有其他恶劣情节的。”第 262 条规定:“拐骗不满十四周岁的未成年人,脱离家庭或者监护人的,处五年以下有期徒刑或者拘役。”第 301 条第 2 款规定:引诱未成年人参加聚众淫乱活动的,处五年以下有期徒刑、拘役或者管制,并从重处罚。第 347 条规定:“利用、教唆未成年人走私、贩卖、运输、制造毒品,或者向未成年人出售毒品的,从重处罚。”第 353 条规定:“引诱、教唆、欺骗或者强迫未成年人吸食、注射毒品的,从重处罚。”第 359 条第 2 款规定:“引诱不满十四周岁的幼女卖淫的,处五年以上有期徒刑,并处罚金。”第 364 条规定:“向不满十八周岁的未成年人传播淫秽物品的,从重处罚。”

# 第三章　界定:“未成年人”与“偏差”概念

## 第一节　“未成年人”与年幼抗辩

### 一、未成年人司法语境下之“未成年人”概念解读

#### (一)“未成年人”与“儿童”概念

“未成年人偏差”(juvenile delinquency)这一基本概念原系域外舶来品,涉及“未成年人”及“偏差”,实有对其进行详细探讨之必要。以“未成年人”为例,在英文中“adolescent”“baby”“child”[1]“infant”“juvenile”“minor”[2]“young person”“youth”等都可表征未成年人,尽管具体词义在不同语境下有所不同。其中,“infant”“young person”“youth”可能最易引发歧义。以“infant”为例,据《美国传统字典》(*American Heritage Dictionary*)有两种解释,一是指儿童(child),特别是在其蹒跚学步之前的儿童;二是从法律意义上说“未满法定成年年龄”(under the legal age of majority)的未成年人。[3]正是从后者意义上,许多英美学者主张“infant”与“juvenile”语义殊途同归,至少在未成年人司法体系内两者可以互换使用。加拿大《青少年刑事司法法》以“young person”指代年龄介于12~18岁的未成年人。“youth”语义似乎也很含糊,联合国于1985年举办的“国际青少年年”(International Youth Year)将“青少年”(youth)定义为15~24岁的人口族群;而美国总统“全国毒品控制政策办公室”(Office of National Drug Control Policy)则视“youth”为12~17岁的未

---

〔1〕 在不同语境中,“child”可译为“儿童”或“子女”。

〔2〕 “minor”系指未成年人,多数情况下并不作特别限定。依不同法域,但具体含义又有所不同。如据《得克萨斯州缓刑法》(Texas Probation Code)第3条,适用该州缓刑时,“minor” 系未满18岁且从未结婚或身心障碍未予消除之未成年人(Texas Probation Code, §3)。

〔3〕 See Houghton Mifflin Company, *American Heritage © Dictionary of the English Language* (*4th edition*), Accessed January 6,2007, http://www.bartleby.com/61/50/I0125000.html.

成年人。[1]

从构词上看,“juvenile delinquency”由“juvenile”和“delinquency”两部分组成,“当和‘delinquent’这个词结合起来运用时,‘juvenile’这个词却被赋予了很多隐含的意思”。[2] 首先可对“juvenile”字斟句酌,以便在具体事务处理中能够张弛有道。[3] 《美国法典》第18章第5031条规定,“juvenile”系指未满18岁之少年或因触犯该章所列之偏差行为而需程序及安置之未满21岁之年轻人。[4] 大多数涉及未成年人司法之国际公约及大多数法域立法大都以“juvenile”指代未成年人。《布莱克法律辞典》将“未成年人”解释为尚未达到被刑事司法系统视为成年人处分年龄(通常为18岁)之人,[5]这亦是目前为各法域较能接受的概念。

“儿童”概念亦有若干不同理解,虽然以年龄作为划分标准已然成为普遍共识,但其仍与未成年人/少年(minor/juvenile)存在梳理不清的问题。“儿童”一词用之甚广,然其确切含义因受国情、文化和语境影响而异。一段时间以来,学界及司法实务界倾向于将“儿童”缩小理解为14岁以下未成年人。究其原因,可能受到了将“儿童”视为较年幼之未成年人这一传统理解的影响。[6] 从汉语构词解字角度看,“儿”及“童”合成“儿童”,繁体“兒”源自甲骨文,乃象形字,上下结构,上面似幼儿露齿微笑,下面为“人”字,合在一起寓指露齿微笑之幼童。繁体“兒”字顶端未闭合,尚有上斜向右的开口,表意幼儿头骨尚未愈合;而“童”字语义颇为丰富,包括幼小、无果实、未成年及愚昧等。[7]

“儿童”概念之界定可据适用语境、环境、对象不同而有所差异。据《牛津

---

[1] See Office of National Drug Control Policy, *Teens, Drugs and Violence: A Special Report*, Washington, DC: Office of National Drug Control Policy, Executive Office of President of the United States, 2007, p. 1.

[2] [美] Peter Kratsoski & Lucille Dunn Kratcoski:《青少年犯行分析与矫正》(第5版),叶希善等译,中国轻工业出版社2009年版,第7页。

[3] “juvenile”一词可译为“少年”及“未成年人”,在绝大多数时候可互换使用(在我国台湾地区,未成年人实际上包括“少年”及“儿童”,其中前者为12~18岁)。有学者主张以“少年”统称之,但“未成年人”可能比前者更能表达出“少年”一词所不能及的意思所在。从单词构成看,“未成年人”由“未”及“成年人”组成,形象地说明了“未成年人”实属“尚未成年之人”,而“少年”一词无法明确表达该义。为遵照约定俗成的专业术语,如“少年法庭”等予以保留,但对其他场合出现的、需要表达“juvenile”词义时,仍建议使用“未成年人”而非“少年”。

[4] 18 U. S. C, § 5031.

[5] See Bryan A. Garner, *Black's Law Dictionary* (*10th edition for iPhone and iPad*), Thomson Reuters, 1.4 Version, 2014.

[6] 金泽刚:《打击猥亵犯罪:勿扩大儿童年限》,载《新京报》2018年6月29日,第10版。

[7] 张鸿巍:《儿童福利视野下的少年司法路径选择》,载《河北法学》2011年第12期。

词典》(*Oxford Dictionary*),儿童在不同语境中存在以下5种解释:在父母视角下任何年龄段之儿子或女儿;不成熟或不负责之人;在特定领域几乎没有经验之人;家庭或人民之后代;特定环境/影响下之人,如60年代之儿童。[1] 而依《布莱克法律辞典》之释意,“儿童”在法律层面上主要有两个含义:一是低于“成年年龄”(age of majority)而无自由之人;二是于一般法律中低于14岁之人。[2] 在该辞典中,“成年年龄”又指公民获得譬如民法或政治上投票权等完全法律权利之年龄,大多数法域规定其年龄上限界定为18岁,但不排除部分国家将购买和饮用酒之年龄规定为21岁。[3] 在保障儿童受抚养权利方面,加拿大立法甚至将“被抚养儿童”之年龄上限从19岁提升至22岁,亦同时要求其没有伴侣或配偶。[4] 在社会福利保障方面,澳大利亚新南威尔士州规定,3岁以下儿童可免费搭乘公共交通工具,4~15岁儿童可享受优惠票价,16岁及16岁以上中学生亦可享受优惠票价。[5]

而以美国为例,尽管至今尚未加入《儿童权利公约》,但其在联邦立法层面对儿童年龄之界定仍坚持与司法需要相契合的原则,在“儿童被害人”语境下,《美国法典》将“儿童”界定为18岁以下遭受肢体虐待、性虐待及剥削行为之被害人,[6]其中,性虐待包括猥亵儿童之行为。[7] 在禁止向儿童传播淫秽物品领域,《美国法典》又将“儿童”保护年龄之上限限定为16岁,第18章第1470节规定,“禁止任何个人故意转移或企图使用美国邮件或任何州际或外国商业的手段或设施向16岁以下的儿童传播淫秽物品。违者将面临最高10年监禁和罚款”。[8] 不仅在联邦立法层面存在同一部法典对同一概念有不同理解的问题,各州立法亦显示出一定差异性。《得克萨斯州未成年人司法法典》(Texas Juvenile Justice Code)于第51.02节将“儿童”定义为:10岁以上未满17

---

〔1〕 See Oxford Dictionary, *Definition of child in English*, Accessed August 22th, 2018, https://en.oxforddictionaries.com/definition/child.

〔2〕 See Bryan A. Garner, *Black's Law Dictionary*, MN: West Publishing Company, p. 716, 2004.

〔3〕 See Bryan A. Garner, *Black's Law Dictionary*, MN: West Publishing Company, p. 189, 2004.

〔4〕 See Government of Canada: *Age limit and requirements for dependent children*, Accessed September 30th, 2018. https://www.canada.ca/en/immigration-refugees-citizenship/services/immigrate-canada/age-limit-requirements-dependent-children.html.

〔5〕 See *Child and youth*, Accessed August 21st, 2018, https://transportnsw.info/tickets-opal/ticket-eligibility-concessions/child-student-concessions/child-youth.

〔6〕 18 U.S. Code, § 3509(a)(2)(A).

〔7〕 18 U.S. Code, § 3509(a)(8).

〔8〕 Citizen's Guide to U.S. Federal Law on Obscenity, Accessed October 5th, 2018, https://www.justice.gov/criminal-ceos/citizens-guide-us-federal-law-obscenity.

岁之人;已满 17 岁未满 18 岁,但因其未满 17 岁时之作为,而被指控或判定曾实施违法犯罪行为或表明其有监管需求之行为人。[1] 又如,《哥伦比亚特区法典》(Code of District Columbia)第 4 – 1341. 01 条开门见山,明确"儿童"系指 18 岁以下之人。[2] 据华盛顿特区立法,猥亵儿童行为分为两类,第一类为甲级重罪,即任何人已经或故意致使另一名未满 18 岁之人与另一名年龄小于 12 岁之人有性接触,加害人至少比被害人年长 36 个月;第二类为乙级重罪,即任何人已经或者故意致使另一名未满 18 岁之人与另一名年满 12 岁但小于 14 岁之人发生性接触,加害人至少比被害人年长 36 个月。[3]

(二)儿童期、青春期及承诺年龄

为深入了解未成年人偏差,几个重要术语需要加以区分,包括儿童期、青春期及承诺年龄。"儿童期"(childhood)概念一直到 17 世纪才出现。在美国社会中早期,"儿童期"甚至被认为可延续至 21 岁。[4] 人们逐步以不同的视角来审视未成年人,开始将其视为需要特殊保护之弱势群体。[5] 随着"儿童期"与"成年期"(adulthood)在生命历程中区分的加剧,两者间的过渡期亦水涨船高,"青春期"作为儿童期与成年期链接阶段的出现也顺应发展,水到渠成。

青春期(adolescence)源自拉丁文"*adolescentia*",原意是成长或各方面成熟的阶段,系指介于儿童期与成年期之间的独特发展阶段。在此期间,未成年人经历生理、心理和社会极速转变而逐步成年,许多性格与习惯都逐步养成。处于青春期的少男少女们可能会患有"焦虑障碍、抑郁障碍、双相障碍、注意缺陷多动障碍、破坏性行为障碍、性心理障碍、网络成瘾及精神分裂症等症状"。[6]

## 案例十二

2009 年元旦,德国汉诺威警方惊奇地发现 6 岁米克(Mick)与 7 岁"女友"安

---

[1] 参见闫晓玥、张鸿巍:《美国〈得克萨斯州少年司法法典〉介译》,载《预防青少年犯罪研究》2016 年第 4 期。

[2] Code of District Columbia, § 4 – 1341. 01.

[3] See RCW 9A. 44. 083: *Child molestation in the first degree*, Accessed Sept. 18th, 2018, https://app. leg. wa. gov/rcw/default. aspx? cite = 9A. 44. 083.

[4] See Sara H. Ramsey& Douglas E. Abrams, *Children and Law* (*3rd edition*), St. Paul, MN: West Publishing Company, 2008, p. 7.

[5] See Cliff Roberson, *Exploring Juvenile Justice*, *Belmont*, CA: Wadsworth/Thomson Learning, 2000, p. 30.

[6] 参见苏林雁、王长虹:《青春期的心理与行为问题》,载《中国实用儿科杂志》2006 年第 7 期。

娜莱娜(Anna)正准备转乘火车到非洲结婚，证婚人则是更为年幼的安娜莱娜的5岁妹妹，三人携带装有太阳眼镜、气垫床、夏季服装、泳装及干粮的背包。[1] "像成人之儿童"与"像儿童之成人"即生动而形象地反映出未成年人的转变。

作为独特的社会群体，青春期时的未成年人通常被认为具有五类特征：一是对危险和新鲜事物充满好奇心；二是与成年人相比，对危险行为潜在负面后果的评估认识不清；三是追求短期而非长期效应；四是对时间与自我控制理解力不够；五是易受朋辈左右。[2] 美国有学者用更形象的"IPOD"来形容这些年青人所面临之窘境，其意为"无安全感"(insecure)、"有压力"(pressured)、"负担过度"(overtaxed)与"债务缠身"(debt-ridden)。[3] 各法域对青春期出现的各类问题及其解决无不相当重视。

日本近代法学家宫本英雄曾指出，"未成年人肉体、智能，均未发达至足，且经验更浅，法律上予以相当保护，应有之义也"。言及"相当保护"，在其看来，这牵涉"未成年人所为法律行为，无效耶？仅可撤销耶？"及"未成年人于法律行为，负如何责任耶"等两个基本问题。[4] 这提醒吾人在构建未成年人通常司法处分之外，尚需创新既有思维模式，为某些生理、心理成熟较早之未成年人提供具有针对性的处分方式。

鉴于未成年与成年在生理及心理上的差异，不少法域皆出台有对未成年人特殊保护的政策及类型。以"法定强奸"(statutory rape)为例，普通法推定除非达到一定年龄，否则行为人不可与他人发生性关系(sexual intercourse)。有别于其他类型的强奸罪，法定强奸又称"强奸儿童"(rape of a child)、"败坏未成年人"(corruption of a minor)、"奸淫幼童"(carnal knowledge of a minor)或称"非法性渗透"(unlawful sexual penetration)。据美国联邦调查局定义，法定强奸系指以非暴力手段与低于法定承诺年龄之人发生性关系的犯行。[5] 除配偶外，通常来说，任何人与低于一定年龄之少男少女发生性关系不但违法，且亦可能触犯刑律，这一年龄标杆被称作"性同意年龄"(age of consent)或"最低

---

〔1〕 南方都市报：《6岁的他7岁的她欲私奔非洲》，载宁波晚报2009年1月7日，第A14版。

〔2〕 See Larry Siegel & Joseph Senna, *Juvenile Delinquency: Theory, Practice and Law* (*7th Edition*), Belmont, CA: Wadsworth/Thomas Learning, 2000, p. 21.

〔3〕 参见[美]乔治·马格努斯：《"婴儿潮忧虑"的一代》，载《全球主义者》在线杂志2009年3～4日。

〔4〕 参见[日]宫本英雄：《英吉利法研究》，骆通译，中国政法大学出版社2004年版，第217页。

〔5〕 See Sexlaws. org, *What Is Statutory Rape?* Accessed January 6, 2007, http://www. sexlaws. org/what_is_statutory_rape.

合法性行为年龄”。在明文规定承诺年龄之法域中,安哥拉、墨西哥、菲律宾、梵蒂冈及津巴布韦等法域之承诺年龄低至12岁,而乍得、津巴布韦及马达加斯加等法域则高至21岁。在美国,大部分州将这一年龄定在16岁,而在其他州则从14~18岁不等。而在日本,尽管法律规定13岁为承诺年龄,但司法实践中往往将这一限度提升至18岁。[1]

至于刑罚方面,法定强奸较普通强奸罪处罚为重。如据美国《内布拉斯加州法典》(Nebraska Code)第28-319条规定,任何年满19岁成年人与16岁以下未成年人发生性关系即构成“一级性侵犯”(first-degree sexual assault)而面临最低25年监禁之刑罚。[2] 而在得克萨斯州,与非配偶的17岁以下未成年人发生性关系亦构成性侵犯,可处以2~20年不等徒刑。然在1999年“梅迪纳诉得克萨斯州案”(*Medina v. State*)中,得克萨斯州法院赋予当事人以“积极抗辩”(affirmative defense)之权:若被害人已年满14岁且行为人又比其年长3岁以内,则可能不被追究刑事责任。[3] 我国香港特别行政区《刑事罪行条例》(Crimes Ordinance)第123条规定,“任何男子与一名年龄在13岁以下的女童非法性交,即属犯罪,一经循公诉程序定罪,可处终身监禁”;第124条又规定,“任何男子与一名年龄在16岁以下的女童非法性交,即属犯罪,一经循公诉程序定罪,可处监禁5年”。

现行《刑法》虽未明确“法定强奸罪”,但在第236条第2款规定奸淫不满14岁幼女的,以强奸论,从重处罚。可见,《刑法》将14岁列为承诺年龄。应该说这一年龄规定相比其他各法域亦是较低的,有利于对少女进行有效保护。尽管刑法在保护未成年女性性之不可侵犯权上做了大量工作,然仍存在一些亟待解决的问题。如鉴于现实生活中不满14岁幼女可能会早熟而行为人无法或较难分辨的情况,2003年1月23日最高人民法院通过的《关于行为人不明知是不满十四周岁的幼女双方自愿发生性关系是否构成强奸问题的批复》中规定,“行为人明知是不满十四周岁的幼女而与其发生性关系,不论幼女是否自愿,均应依照有关规定,以强奸罪定罪处罚”“行为人确实不知对方是不满十四周岁的幼女,双方自愿发生性关系,未造成严重后果,情节显著轻微的,不认为是犯罪”。亦即,除14岁这一承诺年龄外,最高人民法院为行为人赋予一定

---

〔1〕 See AVERT, *What Is Statutory Rape*? Accessed May 6, 2010, http://www.avert.org/age-of-consent.htm.

〔2〕 See Nebraska Code, § 28-319.

〔3〕 *Medina v. State*, 986 S.W.2d 733 (Tex. App.—Amarillo 1/27/99).

积极抗辩权,而这需要同时满足三个条件,即“确实不知对方是不满十四周岁的幼女”“双方自愿发生性关系”与“未造成严重后果,情节显著轻微的”。这部司法解释出台后引发多方面争议,有学者担忧这是为强奸少女之恶徒逃脱刑事追责大开方便之门。刑法与相关司法解释只考虑男性与不满 14 岁少女发生性关系之情形,但并未规定女性与未成年人男性发生性关系之情形,且对成年男性与未成年男性、成年女性与未成年女性等同性之间发生性关系之情形也只字未提。但实务中此类案例已多有出现,囿于法律上的漏洞而无从解决,这亦应是未来刑法修订需要考虑的问题。

(三)未成年人年龄限定

未成年人司法与刑事(成人)司法制度之间差异固然很多,但最明显的区别在于少年只有到一定年龄才会对其犯行承担刑事责任而为刑事(成人)法庭所管辖。两千多年前,古罗马法与后世教会法通过“责任年龄”(age of responsibility)这一概念将未成年人与成年人予以区分。[1] 尽管未成年人为大多数法域未成年人司法管辖对象,德国、日本、韩国等法域在一定条件下将部分“年轻之成年人”作为特例亦纳入其未成年人司法管辖对象。各法域法律对此并没有形成统一的认识,而是依据各自不同的法律文化传统来界定这些年龄段的具体区间范围,但有关国际公约对“未成年人”界定之影响逐渐加大。

成年与否对于界定刑事责任区间具有举足轻重的作用,很多法域以立法具体界定“未成年人生理年龄”(age of minority)。英国以 14 ~ 17 岁界定少年,而在澳大利亚昆士兰州,《未成年人司法法》则将“child”定义为 17 岁以下未成年人。然该法又规定特殊情形下亦可将 17 ~ 18 岁少年囊括进来,但至今司法实践尚未有此先例。[2] 而在韩国、日本及新西兰等法域,少年则被界定为 20 岁以下之人;新西兰少年在年满 18 岁后得享有选举权、订立契约权等基本权利。[3]

对未成年人年龄限定无非设定合理年龄区间,也就是上限与下限。许多法域立法例中大多规定有上限与下限,如日本;一些法域则只规定上限,如我国、韩国;而少数法域则对年龄区间作模糊处理,据案情具体情况灵活处理,如也门和沙特不规定具体年龄而是由法院依《古兰经》依据每个当事人具体身心

---

〔1〕 See Steven Cox, John Conrad & Jennifer Allen, *Juvenile Justice: A Guide to Theory and Practice* (*5th edition*), New York, NY: McGraw-Hill Higher Education, 2003, p. 3.

〔2〕 See Queensland Department of Families and Legal Aid, *Juvenile Justice—A Legal Practitioners Guide* (*4th edition*), Queensland, Australia: Queensland Department of Families and Legal Aid, 2003, p. 10.

〔3〕 See Wikipedia, *Minor* (*law*), Accessed May 5, 2010, http://en.wikipedia.org/wiki/Minor_(law).

发展程度确定。而根据《儿童权利公约》第1条的规定,儿童系指18岁以下任何人,除非对其适用之法律规定成年年龄低于18岁。

“未成年人”年龄界定幅度很大,从0~21岁不等。就其上限而言,最高的为德国21岁,最低的为英国17岁,大多数法域以18岁为未成年人年龄界定上限。鉴于各法域法律制度差异,《北京规则》认为未成年人年龄界定上的差别“似乎是难免的,且不会削弱最低限度标准规则的作用”。《北京规则》因而在未成年人年龄限定方面作了灵活的变通处理,指出年龄限度将取决于各法域的法律制度,以充分尊重会员国的经济、社会、政治、文化和法律制度。

在美国,保护未成年人自由合法权益的法定成年年龄一般被设在18岁,而21岁作为不再享有少年权利并承担起成年人责任的法定年龄。大多数州都是界定18岁为少年法庭管辖的少年偏差年龄上限,康涅狄格州和纽约州则为15岁。据《美国法典》规定,“少年”系指尚未度过其18岁生日的人;若年满18岁但未满21岁的年轻人仍可因其18岁之前实施的偏差行为而获得相关未成年人处分对待。[1]《得克萨斯州家事法典》(Texas Family Code)将未成年人[2]分为两类,第一类是10~17岁的未成年人,而第二类则是17~18岁的未成年人。[3] 就后者而言,并非所有这个年龄期间的未成年人皆自动成为该州少年法庭的管辖对象,而是需要满足一定的条件。这些条件包括或从事偏差行为,或其行为与其年龄不符而需要特殊监督。

对于身份过错、虐童、遗弃未成年人等类案例,美国有些州将年龄上限提高至20岁。然另一些州亦适时降低了年龄上限。比如,威斯康星和新罕布什尔两个州皆于1976年将各自少年法庭的审判门槛上限从17岁降至16岁。这反映了新保守主义的兴起,因为这意味着更多的未成年人,特别是16~17岁的未成年人可在刑事(成人)法庭受审。之所以作出这样的规定,可能考虑这一年龄段的部分未成年人群已然成为威胁自身、家庭与所在社区安全的重要隐患而亟须刑事司法干预。

而对年龄的下限的规定就更不同,大部分法域并没有明确最低年龄。美国一些州界定为14岁,而有些州则规定得更低。所有的州都依据普通法中对年龄的规定,对7岁以下未成年人免于司法管辖。但在7~18岁这个区间,各州规定又有很大不同,如在保守主义浓重的得克萨斯州规定少年法庭可以对

---

〔1〕 See 18 U.S.C. §5031.

〔2〕 在该法典中,“child”指代“未成年人”。

〔3〕 See Texas Family Code. §51.02.

10岁的偏差少年实施管辖。自20世纪80年代后,各州都降低了针对少年偏差追究刑事责任的年龄;有27个州规定了追究刑事责任的最低年龄,加利福尼亚州等大多数州是14岁,科罗拉多等州是12岁,堪萨斯州则为10岁。[1] 多数州认定14~17岁的少年可以成为少年法庭的管辖对象。

(四)“成年”之法律意义

与“未成年人生理年龄”相对应,“成人年龄”或“成年人之生理年龄”(age of majority)系指由法律规定的进入成年的起始年龄。这一年龄通常为区分未成年人与成年人的分水岭。过了这个年龄,未成年人一跃成为成年人,享受作为成人的权利,并承担相应的义务。相对应地,他可能要放弃某些专属未成年人的权利与利益,对其罪行承担起与成年人一样的责任。在英格兰早期社会中,某甲对未成年人某乙提起“收回被占继承土地”之诉,依法律规定某乙无须为其祖先占有的可自由继承土地出庭应诉;若某乙以死者继承人身份进占该土地,则这一诉讼将被延期至某乙达到法定年龄为止。[2] 理论上来说,一旦迈入成年行列,未成年人即刻间摇身为青年。但这并不表明他可以为所欲为。他仍要面对许多因年龄限制所带来的束缚。比如,饮酒,虽然年满18岁即享有选举权等重要宪法性权利,美国法仍要求将法定最低饮酒年龄定为21岁。[3] 这意味着,18~20岁成年人仍不能同21岁以上成年人一样开怀畅饮。

同时,不可避免地总会有些未成年人即便尚未年满18岁,其心理、生理成熟程度已远远超出朋辈,因而在作出有关判断时考虑相对较周全。考虑这种差异性,少年法庭法官或检察官会酌情考虑是否将其移送刑事(成人)法庭审理。在个别情况下,法院亦会考虑认定某些未成年人已具有成年人身份并享受相关权益。比如,一痛失双亲的17岁少年,在孤立无援之情形下,法院得授予其成年人地位(emancipate),以便照管弟妹。[4]

## 二、“青少年犯罪”与“未成年人犯罪”之辨析

在日常生活中,经常使用“青少年犯罪”与“未成年人犯罪/少年犯罪”等术语,似乎概念相仿、内涵近似而可语义互换:皆以年龄作为区分其与其他犯罪

---

〔1〕 参见国务院新闻办公室:《2003年美国的人权记录》,五洲传播出版社2004年版。

〔2〕 参见[英] 梅特兰:《普通法的诉讼形式》,王云霞等译,商务印书馆2009年版,第76~77页。

〔3〕 See Wikipedia, *Minor (law)*, Accessed May 5, 2010, http://en.wikipedia.org/wiki/Minor_(law).

〔4〕 See eNote, *Encyclopedia of Everyday Law: Juveniles*, Accessed January 6, 2007, http://law.enotes.com/everyday-law-encyclopedia/juveniles.

类型的主要尺度。然它们是存有较多区别的,其中最重要和直接的标准同样是年龄这一客观要件。“青少年”应包括“青年”与“少年”两个阶段。“青少年犯罪”系笼统的社会学/犯罪学概念,涵盖了“未成年人犯罪”与“年轻的成年人犯罪”两种类型。

“青少年犯罪”这一中文说法的最初出处现已难考证,然有学者认为在1979年6月中共中央《关于提请全党重视解决青少年违法犯罪问题的报告》后,“青少年犯罪”一词被广泛使用。[1] 很多犯罪学者简单地将“juvenile delinquency”翻译为“青少年犯罪”。政府部门,特别是主管未成年人犯罪预防、控制与矫正的机关亦频频援用“青少年犯罪”。“青少年犯罪”与“未成年人犯罪”在犯罪控制与预防上具有某些共性,但无论是置于未成年人司法制度亦是刑事司法制度语境中,其区别仍是比较明显的。

尽管各法域对“青少年犯罪”的控制、预防及矫正有不同的社会政策及相应刑事政策,但严格来说,大多数法域刑法及少年法并未对“青少年犯罪”有明确规定。根本原因在于,相对于“成年人犯罪”或“成人犯罪”,“青少年犯罪”概念外延过大,既包括普通意义上的未成年人犯罪,亦包括“年轻的成年人”犯罪。例如,各法域际组织及法域对“青少年”年龄界定亦有争议,联合国为15~24岁,欧盟为15~24岁,世界卫生组织为10~20岁,日本为24岁以下,美国为14~24岁,新加坡为30岁以下。[2]

尽管本书并不反对使用“青少年犯罪”术语,毕竟这种说法既有其现实存在意义,且无论是在理论研究还是在司法实务中多年来皆大行其道,但具体运用时应明确其与“少年偏差”的具体差异,二者决不可等量齐观。具体来说,“未成年人偏差”适用于少年法或刑事法语境,特别是在少年案件调查、拘留、逮捕、分流、公诉、审判、安置及矫正等正式或非正式程序中,其主体应仅限于18岁以下未成年人;而“青少年犯罪”则在较宏观的犯罪的社会控制层面上使用,主体既包括18岁以下未成年人,也包括18~25岁年轻的成年人。在研究与司法实务中,须对“青少年犯罪”与“未成年人/少年偏差”两组概念明确各自的涵盖范围,否则可能南辕北辙,所提及的社会控制手段难以落实。

---

〔1〕 参见温小洁:《我国未成年人刑事案件诉讼程序研究》,中国人民公安大学出版社2003年版,第12页。

〔2〕 参见陈慈幸、蔡孟凌:《少年事件处理法学理与实务》,台北,元照出版有限公司2009年版,第6页。

## 三、未成年人刑事责任年龄之界定

### (一)刑事责任年龄与年幼抗辩

责任,有时又被称为“有责性”,包含了责任本身及把责任归结于特定行为者。[1] 从法律意义上来说,责任能力与行为能力两者含义差别甚多。责任能力系指能够理解法律上禁止、命令的意义,打消实施违法行为念头的能力。[2] 行为能力外延则较为宽泛,系指实施行为时所具有的能力。具备行为能力并不一定具备责任能力,而具有责任能力必然具备行为能力。就18岁以上成年人而言,其责任能力与行为能力大体相当。换句话说,具有行为能力的成年人应当为其偏差行为承担相应的法律责任。但就未成年人而言,即便具有行为能力,但法律规定其承担责任能力的范围与幅度都较成年人为小,甚至可免除其相关责任。

所谓刑事责任,通常系指刑法所规定的行为人对自己实施的刑法所禁止的危害社会的行为所应承担的法定责任。《国内法与国际法下的未成年人刑事责任决议》第1条指出,“立法体系应该在犯罪要素的框架内单独考虑未成年人的法律责任”。犯罪学者王牧认为,随着现代刑法中刑事责任概念的提出,在刑法中把未成年人作为完全不同于成年人的特殊犯罪主体逐渐划分出来,确立了完全不同于成年人的违法责任(包括刑事责任)、惩罚(包括刑罚)种类与执行方式。[3]

古今中外先后有身高、牙齿、体能等来衡量成年与否,并以此判定刑事责任承担与否。在众多标准中,年龄无疑是其中最直接和较易作出判断的。刑事责任年龄通常就是刑法规定的自然人对其实施的危害行为承担刑事责任所须达到的年龄。在这一问题上,普通法系常以“无刑事能力”(doli incapax)表明未成年人刑事责任之有无(incapacity to do wrong),即“无责任不得处以刑罚”。英国法学家威廉·布雷克司顿(William Blackstone)在其所著《英国法释义》(*Commentaries on the Laws of England*)中指出,至少需要满足两点要求才能确定行为人犯罪与否,即“恶意”(vicious will)与“不法行为”(unlawful act),两者缺一不可。继而,布雷克司顿对“infant”与“adult”作了简单区分。在他看来,两者区别主要在于前者无法辨认其行为性质。7岁以下婴幼儿被推定不具

---

〔1〕 参见[日]野村稔:《刑法总论》,全理其、何力译,法律出版社2001年版,第270页。

〔2〕 参见黎宏:《日本刑法精义》,中国检察出版社2004年版,第143页。

〔3〕 参见王牧主编:《新犯罪学》,高等教育出版社2005年版,第278页。

有犯罪意图而无须承担任何刑事责任,而 14 岁以上未成年人被视已较成熟、需就其犯行承担刑事责任。但对 7 ~ 14 岁这一年龄段则被视为灰色地带,处于这一年龄段的未成年人基本上会被推定为不具有犯罪能力。但若有证据显示该少年对其不法行为的对错、善恶能够领会并加以区分,则可判断其有罪而应承担由此所带来的不利后果。布雷克司顿进一步指出,完全按照年龄划分刑事责任归属仍过于机械,毕竟现实生活中总有部分未成年人较其朋辈早熟,对这些人的处分照搬刑事责任年龄显然就不合时宜了。他提出"恶意补足年龄"(malice supplies the age)这一概念,意在说明若有充足证据表明未成年人主观恶意已能够使其区分对错而又执意触法,虽年龄尚不足 14 岁,仍可追究其刑事责任。[1] 上述未成年人刑事责任年龄划分的标准及例外情形对英美等法域影响深远。

在现代英美刑法中,犯罪的构成要件至少要包含两个主要内容,即"犯意"(mens rea)及"罪行"(actus reus)。其中,前者系指犯罪意图(guilty mind),后者指自愿赋予实现的不法行为。"无犯意则无犯人"(*non reu nisi mens sit rea*)是英美刑法理论中最为重要的定理。而行为能力有限,既可能是心理智障,也可能是未达到法定年龄所致,这亦是不可被推翻的推定原则。对偏差少年刑事责任年龄的界定则直接反映了对未成年人偏差的宽容程度。美国《模范刑法典》(Model Penal Code, MPC)第 4.10 条对刑事责任年龄作了明确规定,即不满 16 岁的人不能受到刑事审判和判决;行为人犯罪时达到 16 岁或 17 岁时可由少年法庭审理;若少年法庭放弃案件管辖权或经少年法庭同意,可将案件移送刑事法庭审理。[2] 然这一规定尚为法理建议,各州在具体援用时意见不一。

"年幼抗辩"系指基于被告人身处年幼这一客观事实而应免除其刑事责任之抗辩事由。通常认为,未成年人因年幼不应该如成年人一样为其行为承担刑事责任,而年幼年龄之界定一般皆由指定法或判例法予以明示。在此年龄之下,未成年人身心两方面均未臻成熟,是非辨别能力尚不健全,故无须承担刑事责任;但倘若一旦达到此年限,可能因其所犯罪行轻重与罪过大小而承担相应刑事责任。

英美法系法域确定以未成年人犯罪时年龄而非审判时年龄作为评判其是否可主张"年幼抗辩"之年龄依据。同样,这一年龄亦取决于生理年龄(chronological age),而非心理年龄(mental age)。随着时间推移,英美法系法

---

〔1〕 See William Blackstone, *Commentaries on the Laws of England: A Facsimile of the First Edition of 1765 - 1769*, Chicago, IL: University Of Chicago Press, 1979.

〔2〕 See Model Penal Code, § 4.10.

域在未成年人刑事责任年龄确定上有所变化。如《1995 年澳大利亚刑事法典》(Australian Criminal Code Act of 1995)第 7.1 条规定,不满 10 岁之未成年人不承担刑事责任。[1] 第 7.2 条继而又规定,10 ~ 14 岁的未成年人仅可在能辨认其行为对错时承担刑事责任,由检方承担相应举证责任。[2]

年龄并非判定未成年人刑事责任与否的唯一要件,未成年人身心特征对其刑事责任之有无、确立及减轻都具有不同于成人的影响。如我国《刑法》第 18 条规定,“精神病人在不能辨认或者不能控制自己行为的时候造成危害结果,经法定程序鉴定确认的,不负刑事责任,但应当责令他的家属或者监护人严加看管和医疗;在必要的时候,由政府强制医疗”,“间歇性的精神病人在精神正常的时候犯罪,应当负刑事责任”,“尚未完全丧失辨认或者控制自己行为能力的精神病人犯罪的,应当负刑事责任,但可以从轻或者减轻处罚”。由此可见,《刑法》规定不可对未成年精神病人与精神不正常时犯罪的间歇性未成年精神病人追究刑事责任。

作为抗辩事由之一,精神病抗辩在英美法系法域中已存续数百年之久。之所以建立精神病抗辩,目的通常在于将之与刑事司法体系相脱离,而将犯罪人进行医疗看护安置(medical-custodial disposition)。[3] 就结果而言,精神病抗辩与其他抗辩大相径庭:即便法庭认可精神病抗辩,也不意味着犯罪人因判决无罪而被释放,取而代之的是犯罪人将获得一特殊形式的有罪判决或“发现”(founding)被告人因“精神病原因而无罪”(not guilty by reason of insanity, NGRI),被告人将被送往精神病机构接受治疗。在美国,具体如何确定某些偏差少年刑事责任之有无通常采用“姆纳顿规则”(M' Naghten rule)。[4] 该检验

---

[1] See Australian Criminal Code Act of 1995, § 7.1.

[2] See Australian Criminal Code Act of 1995, § 7.2.

[3] See Wayne R. Lafave, *principles of Criminal Law*, Eagan, MN: West Group, 2003, p. 261.

[4] 英美刑法通常有四种对精神病抗辩的司法检验规则,即姆纳顿规则、“不可抵制之冲动”规则(irresistible impulse rule)、达拉谟规则(Durham rule)及实质能力规则(substantial capacity rule)。姆纳顿规则较为常见,其源自对丹尼尔·姆纳顿(Daniel M' Naghten)的无罪判决。1843 年,姆纳顿误认为时任英国首相正从事谋杀阴谋,故企图将后者暗杀。但误击其秘书,后者 5 日后因伤势过重不治身亡。法院认为该人患有偏执妄想症(paranoid delusions)导致缺乏理智、不能了解其行为性质,因而不负刑事责任。此案形成了对精神错乱者是否承担刑事责任之判断标准—姆纳顿规则(M' Naghten rule),或译为南顿规则、姆拉坦规则及麦诺顿规则等。因姆纳顿规则专注于测试被告人是否能够分辨对错,故而又被称为“对错规则”(right-wrong test)。据这一规则,被告人须以“可能性之权衡”(balance of probabilities)这一民事诉讼举证之“优势证据”(preponderance of evidence)责任,以证明在犯罪之时,被告人正煎熬于心理疾病之痛,而无法理解出其不法行为之本质与特征,或虽能理解但无法分辨对错与否。该规则用来测试被告人心智是否正常、是否可以分辨是非曲直。澳大利亚、新西兰、加拿大、英格兰和威尔士、爱尔兰等法域,及美国大多数州(蒙大拿州、爱达荷州和犹他州例外)大体上仍遵循此例,历经多次修正后沿用至今。

用来测试偏差少年心智是否正常,是否可以分辨是非曲直。若少年被认定心智正常,则可能会被法院判决负有责任。

(二)未成年人刑事责任年龄之确立

通说认为,刑事责任年龄是刑法规定自然人对自己实施的危害行为承担刑事责任所须达到的年龄。[1] 刑事责任年龄(age of criminal responsibility)通常系指自然人须接受刑事追诉和承受刑罚惩教的年龄。《北京规则》和《儿童权利公约》都未约定普遍适用的刑事责任最低年龄。《北京规则》指出“承认少年负刑事责任的年龄这一概念的法律制度中,该年龄的起点不应规定得太低,应考虑到情绪和心智成熟的实际情况”;《儿童权利公约》第 40 条第 3 款约定,“规定最低年龄,在此年龄以下的儿童应视为无触犯刑法之能力”。然《国内法与国际法下的未成年人刑事责任决议》建议适用特殊刑事责任的最低年龄不得低于 14 岁,对 14 岁以下未成年人只能采取教育措施。

正因为年龄对于划分未成年人刑事责任及少年法庭与刑事(成人)法庭管辖权等问题至关重要,大多数法域皆在其刑法典或相应少年法典中明文规定未成年人刑事责任年龄,然具体限定因国别不同而大相径庭。环顾寰球,对未成年人刑事责任年龄限定的方式大致不外乎两种。一为明文确定某一区间,而这又包括固定年龄段、固定年龄点及年龄区间浮动上下限;二为灵活的生理年龄。就后者而言,如穆斯林居住集中的也门和沙特,即采用伊斯兰法视青春期伊始为应承担刑事责任年龄之开端。在法定年龄方面,各法域通常都将刑事责任分为若干阶段,有两分法、三分法与四分法等几种分法。其中,二分法分为无责任年龄与完全责任年龄,而无责任能力又有相对无责任能力与绝对无责任能力之分;三分法分为绝对无刑事责任年龄、相对无刑事责任年龄或减轻刑事责任年龄,及完全责任年龄;而四分法分为绝对无责任年龄、相对无责任年龄、减轻责任年龄及完全责任年龄。[2] 在澳大利亚,10 岁以下未成年人无须承担任何刑事责任,年满 14 岁后被推定应承担刑事责任,但须经法庭审理辨别;除昆士兰州(17 岁)外,其余各州认定年满 18 岁需承担完全刑事责任。[3] 我国澳门特别行政区《刑法典》第 18 条规定,“未满 16 岁之人,不可归责”;16 岁以下未成年人违反澳门特别行政区法律,则被称为“犯事者”。

---

〔1〕 参见马克昌主编:《刑法学》,高等教育出版社 2003 年版,第 82 页。

〔2〕 参见马克昌主编:《刑法学》,高等教育出版社 2003 年版,第 82 ~ 83 页。

〔3〕 See Wikipedia, *Minor (law)*, Accessed May 5, 2010, http://en.wikipedia.org/wiki/Minor_(law).

我国《刑法》第 17 条规定:已满 16 周岁的人犯罪,应当负刑事责任。已满 14 周岁不满 16 周岁的人,犯故意杀人、故意伤害致人重伤或者死亡、强奸、抢劫、贩卖毒品、放火、爆炸、投放危险物质罪的,应当负刑事责任。已满 12 周岁不满 14 周岁的人,犯故意杀人、故意伤害罪,致人死亡或者以特别残忍手段致人重伤造成严重残疾,情节恶劣,经最高人民检察院核准追诉的,应当负刑事责任。对依照前 3 款规定追究刑事责任的不满 18 周岁的人,应当从轻或者减轻处罚。因不满 16 周岁不予刑事处罚的,责令其父母或者其他监护人加以管教;在必要的时候,依法进行专门矫治教育。

据盎格鲁·撒克逊普通法(Anglo-Saxon law),7 岁以下未成年人可以推定免受起诉,因其年幼缺乏分辨是非的能力而无须承担相应道德与法律责任,这亦与罗马法一脉相承。而 7～14 岁的未成年人一般不被认为需负刑事责任,除非检察官证明该少年对其所做的行为性质明了于心。判断其是否知晓行为性质不外乎探寻其是否理解该行为所带来的直接后果及是否有善恶是非观念。而 14 岁或更年长的未成年人与成人一样要负刑事责任,一旦获罪,则面临与成人完全相同的刑罚,甚至包括死刑。比如,在 1818 年“新泽西州诉亚伦案”(*State v. Aaron*)中,新泽西州最高法院强调指出,来自英伦之普通法学说由早期罗马法而来,确认 7 岁以下儿童“不能酌情辨别善与恶”,故无力犯罪。[1] 因而,7 岁孩子可能因犯罪而被判处死刑。受英国殖民影响较深的美国、爱尔兰、印度、巴基斯坦、尼日利亚、南非、泰国、塞浦路斯等法域仍将 7 岁作为刑事责任年龄下限。

美国尚未对刑事责任年龄设定全国性统一标准,而是交由各州自行确立,目前仅有 15 个州明文规定最低刑事责任年龄,通常跨越 6～12 岁;其余尚无制定法规定最低刑事责任的各州,则主要依赖于普通法传统中对刑事责任年龄的划分,即 7 岁。对于联邦罪行,最低刑事责任年龄则为 10 岁。[2] 我国香港特别行政区《偏差少年条例》第 3 条即认定 10 岁以下儿童没有能力犯罪,亦无须承担刑事责任,并认为这是不可被推翻的推定原则。我国香港特别行政区律政司《检控政策及常规:检控人员守则》第 12.1 条亦明确,少年犯刑事责任年龄为 10 岁。但律政司发表《检控守则 2013》,取代 2009 年发布的《检控政策及常规》。文中未见对刑事责任年龄的规定,反而第 15 章有对少年犯检控的

---

〔1〕 State v. Aaron, 1818 WL 1527 (New Jersey).

〔2〕 See Wikipedia, *Defense of Infancy*, Accessed May 5, 2010, http://en.wikipedia.org/wiki/Defense_of_infancy.

特别程序的条文。

在多数欧洲国家,刑事责任年龄起算点一般介于13~16岁。例如,在比利时,16岁以下未成年人将不因其任何行为而被追究刑事责任,未满18岁未成年人更可免受牢狱之灾,而是接受社区矫正。北欧诸国皆视15岁为担负刑事责任之起始年限,且18岁以下偏差少年大都以进入社会福利机构而结束对其刑事指控。如《芬兰刑法典》第4条第1款规定,犯罪人在实施行为时已年满15岁且具有刑事责任能力的,应承担刑事责任。又如《丹麦刑法典》第15条规定,15岁以下儿童实施之行为不可罚。

日本虽然规定年满14岁即应承担一定刑事责任,但直至20岁才可承担完全刑事责任;之前的审理通过家庭裁判所处理。2007年,日本国会通过了《少年法》等相关法律修正案。其中,《少年法》将送往少年院的年龄下限从现行的14岁以上下调至"大致为12岁以上"。《国内法与国际法原则下的未成年人刑事责任决议》第2条建议,"完全刑事责任年龄应该设在十八周岁""立法体系应当确定行为人达到何种年龄才可以适用特殊的刑事司法制度",并强调这种刑事司法制度"不应适用于犯罪时不满十四周岁的人"。该决议第4条又建议,"对低于十四周岁的未成年人,只能适用教育措施"。目前,与我国同样采用14岁为分水岭的法域尚有德国、法国、韩国及意大利等大陆法系法域。

除采用自然年龄作为刑事责任年龄区间外,《关于审理未成年人刑事案件具体应用法律若干问题的解释》第4条第1款规定,"对于没有充分证据证明被告人实施被指控的犯罪时已经达到法定刑事责任年龄且确实无法查明的,应当推定其没有达到相应法定刑事责任年龄"。但其后的"相关证据足以证明被告人实施被指控的犯罪时已经达到法定刑事责任年龄,但无法准确查明被告人具体出生日期的,应当认定其达到相应法定刑事责任年龄"规定,又有些自相矛盾。很明显,"相关证据足以证明被告人实施被指控的犯罪时已经达到法定刑事责任年龄"就隐含了"准确查明被告人具体出生日期",否则"刑事责任年龄"无从谈起。且这与《人民检察院办理未成年人刑事案件的规定》相关内容相左。后者第81条明文规定,"未成年人刑事案件的法律文书和工作文书,应当注明未成年人的出生年月日"。第14条规定:"审查逮捕未成年犯罪嫌疑人,应当重点审查其是否已满十四、十六、十八周岁。对犯罪嫌疑人实际年龄难以判断,影响对该犯罪嫌疑人是否应当负刑事责任认定的,应当不批准逮捕。需要补充侦查的,同时通知公安机关。"《关于审理未成年人刑事案件具体应用法律若干问题的解释》第3条规定,"审理未成年人刑事案件,应当查明被告人实施被指控的犯罪时的年龄。裁判文书中应当写明被告人出生的年、月、日”。

如何准确、科学和有效地确定未成年人年龄对各法域司法实务界来讲并非很容易解决的问题。为了减少不必要的延误与司法资源浪费,国际条约与大多数法域皆建立了严格而翔实的出生证明制度。在美国,针对未成年人确切出生时间难题,司法实践中多采用“日之不可分割规则”(indivisible day rule),只认定行为人出生日午夜 12 点为法律拟制出生时间,而无论其实际出生时间。[1]

提到刑事责任,便不免会遇到这样的问题,即犯罪人偏差时尚未成年,但案发或者被缉拿归案时已成年,此时适用的程序与实体法律应为少年法还是刑事法,或者两者兼具?对此,各法域规定略有不同。在美国,虽然各州都为一审少年法庭管辖权设定了年龄上限,但这指的是偏差行为发生时行为人之年龄。[2] 以未成年人偏差时的年龄为准,即便其归案时早已成年,其案件仍由少年法庭管辖。然当涉及凶杀等恶性犯罪时,少年法庭可放弃管辖权而由刑事法庭审理。[3]

即便未成年人无须承担刑事责任,也并非说对其行为漠然置之。免除刑事责任并不意味着其他责任的当然免除,也并不意味着政府和社会团体可忽略在救治未成年人方面的其他努力。以澳大利亚为例,未成年人仍可能被法院施以福利措施,如“关爱与控制令”(care and control orders)及其他有关涉及住所、联络、监督和评议的事项决定。[4] 在加拿大亦有类似规定,虽然 12 岁以下未成年人无须承担任何刑事责任,但须由其父母、学校或警方监督;若属较严重的案件,则会按照各省儿童福利法例处理。

## 四、刑事责任年龄变化与刑事责任从轻与减轻

### (一)未成年人刑事责任年龄衍进

未成年人年龄界限及其刑事责任年龄的划分标准并非始终如一,而是随具体国情和司法民主之发展而不时进行调整,以适应变化着的社会现实特别是未成年人偏差现状。以美国为例,1899 年《伊利诺伊州少年法庭法》规定该

---

〔1〕 See Marsh, Toni, *Juvenile Law*, Clifton Park, NY: West Legal Studies, 2007, p. 5.

〔2〕 参见[美] Peter Kratsoski & Lucille Dunn Kratcoski:《青少年犯行分析与矫正》(第 5 版),叶希善等译,中国轻工业出版社 2009 年版,第 7 页。

〔3〕 参见马跃:《美国刑事司法制度》,中国政法大学出版社 2004 年版,第 446 页。

〔4〕 See Urbas, Gregor, *The Age of Criminal Responsibility*, Canberra, Australia: Australian Institute of Criminology, 2000, p. 1.

州少年法庭可以对任何15岁或以下的违反该州法律或市法令的偏差少年行使管辖权。随着其他州开始建立少年法庭,少年法庭管辖范围的上限普遍增加到16岁或17岁。历史上有些州据性别不同而对女性设定了比男性高一些的责任年龄,[1]尽管这违反了联邦宪法修正案中的"平等保护"条款。少年法庭对管辖之未成年人年龄变化,反过来也推动刑事(成人)法庭对未成年人刑事责任年龄管辖的相应变化。

而以英国为例,在《1963年儿童和青少年法》(Children and Young Persons Act 1963)又被进一步提高为10岁。10岁以下未成年人无论实施怎样的恶劣行为,皆无须承担刑事责任,体现了对未成年人的轻刑化趋向。而10~14岁的未成年人对其刑事案件可抽身而退的做法在1998年成为历史。据《1998年犯罪和扰乱秩序法》(Crime and Disorder Act 1998),现在英格兰和威尔士地区刑事责任年龄为下限10岁。2003年起,我国香港特别行政区将原先设定的未成年人刑事责任年龄从7岁提高至10岁。

我国近现代在未成年人刑事责任年龄起算点上亦经历了从12岁到16岁的不断演化。《大清新刑律》草案于宣统二年(1911年)得以颁布,其中第11条规定,"未满12岁人之行为不为罪"。同时规定未满16岁犯罪得减刑罚一等或二等,对未满12岁人得施以感化教育。中华民国时期,将修订后的《大清新刑律》改称为《暂行新刑律》,并在此基础上,北洋政府1928年颁行《中华民国刑法》。其中,将刑事责任年龄由12岁改为13岁,并规定13至16岁的少年不法行为可减刑一半。7年后,民国政府颁布新刑法,将未成年人刑事责任年龄进一步上调至14岁。

新中国成立之初,曾将12岁规定为刑事责任起始年龄。1951年12月5日发布的《关于未成年人被匪特利用放火投毒是否处罚问题的批复》与1954年9月30日发布的《刑法指导原则草案(初稿)》等文件中所规定的刑事责任年龄的起点为12岁。而1954年9月7日发布的《劳动改造条例》第21条规定,少年犯管教所管教13周岁以上未满18周岁的未成年犯。1960年4月,《第五次全国劳改工作会议纪要》指出"对少数反革命、重大盗窃、杀人、放火、年龄较大(十六至十七岁)的强奸幼女或情节恶劣、民愤极大的可以判刑"。而1979年颁行的《刑法》规定,"已满十六岁的人犯罪,应当承担刑事责任。已满十四周岁不满十六岁的人,犯杀人、重伤、抢劫、放火、惯窃罪或其他严重破坏社会秩序罪,应当负刑事责任"。1997年新修订的《刑法》第17条第2款规定:已满十

---

[1] See Martin Gardner, *Understanding Juvenile Law*, Newark, NJ: LexisNexis Press, 2003, p. 191.

六岁的人犯罪,应当承担刑事责任。已满十四岁不满十六岁的人,犯故意杀人、故意伤害致人重伤或者死亡、强奸、抢劫、贩卖毒品、放火、爆炸、投毒罪的,应当负刑事责任。

面对不断攀升的未成年人犯罪率与累犯率,许多学者呼吁依据变化了的未成年人心智特征,适时降低未成年人刑事责任年龄,以便将更多的偏差少年绳之以法。2020 年 12 月 26 日通过的《刑法修正案(十一)》规定,已满 12 周岁不满 14 周岁的人,犯故意杀人、故意伤害罪,致人死亡或者以特别残忍手段致人重伤造成严重残疾,情节恶劣,经最高人民检察院核准追诉的,应当负刑事责任。

(二)未成年人刑事责任之减轻

古代刑律对未成年人刑事责任减轻有明确规定,如《法经》指出,“罪人年 15 岁以下,罪高三减,罪卑一减”。[1] 除这种自动减刑外,历代更多见的是“赎”,以金钱赎买罪行,以达到减轻或免除刑罚目的。但这种收赎并非自动给予,而常以优待方式出现。行为人应具有一定的条件,包括官职和其他资历。对于 15 岁以下未成年人来说,若犯罪人身有残疾,官府一般皆同意其收赎。如《唐律疏议》规定,“诸年七十以上、十五以下,及废疾,犯流罪以下,收赎”。[2] 即便犯有谋反、谋大逆、杀人应死等重罪,仍可沿用“上请”程序,上报京师,由皇帝亲自决断。[3]

除收赎这种形式外,历史上亦曾出现“改流”“免死”等减轻刑罚措施。以《大清律例统考卷》为例,《窃盗》第二十五条例文中指出,对于旗人中的“积匪”与“猾贼”消去其旗籍,在面部刻上“积匪猾贼”四个字样,处流放新疆等地作为兵丁的奴役。而对于 50 岁以上、15 岁以下及残疾人则处刑甚轻,如不发配新疆,而改发黑龙江。[4]《刑律贼盗》篇第二十六、二十七章等章节亦有类似对 15 岁以下偏差少年的特殊照顾处理。

## 案例十三

乾隆四年(1739 年)五月,湖北巡抚崔纪审理陈子隆等一伙抢劫随州人王之慕一案。案中,一年仅 14 岁同伙陈言自己系被迫入伙,且未分得赃物。对这

---

〔1〕《法经·减律》。

〔2〕《唐律疏议·名例》。

〔3〕参见朱勇主编:《中国法制史》(第 2 版),法律出版社 2006 年版,第 163 页。

〔4〕参见《大清律例统考卷·窃盗》。

一案件的处理,清廷十分审慎,援用康熙四十五年(1706 年)陕西的类似案件,经九卿会审,决定免其死刑,判处流放。[1] 而依清朝刑律,凡抢劫情节严重者,不分首犯与从犯皆可判决枭首;若只伤人而未得钱财则比照抢夺伤人科断。显然九卿会审考虑到被告人未成年这一特殊情形而法外施恩。不久,这一案例便被正式修入清律之中。

"存留养亲"或称"存留承祀"恤刑原则也在一定程度上减免未成年人刑事责任,尤其是未成年犯罪人为家中独子更是如此。《魏书》曾记载:"主簿李王易驳曰:'亲法例律,诸犯死罪,若祖父母父母年七十已上,无成人子孙,旁无期亲者,具状上请。流者鞭笞,留养其亲,终则从流,不在原赦之列。'"[2]《唐律疏议》:"诸犯死罪非十恶,而祖父母父母老疾应侍,家无期亲成丁者,上请。"[3]大明律仿唐律专列"犯罪存留养亲"条:"凡犯死罪,非常赦所不原者,而祖父母、父母老疾应侍,家无以次成丁者,开具所犯罪名奏闻,取自上裁。若犯徒流者,止杖一百,余罪收赎,存留养亲。""存留养亲"在唐代得到发展,而清代更趋完善,其目的是对封建伦常的弘扬。[4] 法史学者张晋藩曾将中华法系特点归结为:德主刑辅,明刑弼教;援法断罪,重惜民命;矜恤老幼孤寡,宽宥残疾废疾;存留养亲,免死承祀。[5] 他认为,人本主义是中国传统法文化的哲学基础,也是中华法系的特点。在上述四点之中,几乎皆与未成年人刑事责任免除、从轻或减轻有密切联系,尤其是"矜恤老幼孤寡,宽宥残疾废疾""存留养亲,免死承祀"。

这些罪责个别化与轻刑化并非无条件适用,仍须服从于维护封建法统这个大前提。《礼记》曰"父母怒,不说,而挞之流血,不敢疾怨,起敬起孝",[6]便是说无论父母如何对待子女,即便拳脚相加直至出血,子女仍不能有丝毫怨言,而应始终毕恭毕敬。倘若未成年人有不服从父母管教的事例,法律默许其父母及宗族至亲采取一切必要措施予以纠正。推至极端,"贼杀其亲则正之"。[7] 一旦未成年人越过红线,即刻为官府缉拿,且所受刑罚甚巨,"凡杀其

---

[1] 《大清律例统考卷·强盗》。

[2] 《魏书·刑法志》。

[3] 《唐律疏议》。

[4] 参见吴晓玲:《论中国封建法制的恤刑原则》,载《南昌大学学报(人文社会科学版)》2000 年第 1 期。

[5] 参见张晋藩:《人本主义——中华法系特点之一》,载《河北法学》2005 年第 9 期。

[6] 《礼记·内则》。

[7] 《周礼·夏官·大司马》。

亲者，焚之"。[1]

1957 年 4 月 30 日，最高人民法院在《1955 年以来奸淫幼女案件检查总结》中强调，奸淫未满 14 周岁幼女的未成年人犯，应酌情从轻或减轻处罚，甚至不追究刑事责任。现行《刑法》第 17 条规定，已满 14 周岁但未满 18 周岁的人犯罪，应当从轻或者减刑处罚。《关于审理未成年人刑事案件具体应用法律若干问题的解释》第 12 条规定，"行为人在达到法定刑事责任年龄前后均实施了犯行，只能依法追究其达到法定刑事责任年龄后实施的犯行的刑事责任。行为人在年满十八周岁前后实施了不同种犯行，对其年满十八周岁以前实施的犯罪应当依法从轻或者减轻处罚。行为人在年满十八周岁前后实施了同种犯行，在量刑时应当考虑对年满十八周岁以前实施的犯罪，适当给予从轻或者减轻处罚"。我国台湾地区"刑法典"第 18 条亦规定，对 14 岁以上不满 18 岁未成年人的行为，得减轻其刑。

西方历史上对未成年人刑事责任亦大都采取从轻、减轻的处理。成文于 5 世纪的罗马《十二表法》即明文规定未成年人应为其所犯罪行承担相应刑事责任，但可以比照成年人减轻处罚。举例来说，成年人若夜间偷盗庄稼便可能被处死，而未成年人则可被鞭笞逃过死刑。又如，参与团伙盗窃的成人一旦被拘捕，将获鞭笞，并被罚作被害人的奴隶；而未成年人触及同样行为，则可免遭为奴厄运，代之以肉刑和交付赔偿。[2]

## 第二节　未成年人"偏差"界定

### 一、未成年人偏差概说

究竟何种行为可以定为"偏差"，这并非容易回答的问题，即便是创设世界首个独立未成年人司法体系的美国至今仍尚无定案。除前节探讨的"juvenile"定义各法域有相当大出入外，对"delinquency"怎样限定更是摆在立法者和学者面前的世纪难题。"juvenile delinquency"术语可溯及 19 世纪早期。据考证，1816 年在《大都市未成年人犯罪惊人增长原因调查委员会报告》(Report of the Committee for Investigating the Causes of the Alarming Increase of Juvenile

---

〔1〕《周礼 · 秋官 · 掌戮》。

〔2〕 See Steven Cox, John Conrad & Jennifer Allen, *Juvenile Justice: A Guide to Theory and Practice (5th edition)*, New York, NY: McGraw-Hill Higher Education, 2003, p. 4.

Delinquency in the Metropolis)中最早使用该词。[1]

我国台湾地区大都称“juvenile delinquency”为“少年事件”或“少年非行”,亦有学者将“delinquency”翻译为“少年违犯”。而英美定义“juvenile delinquency”的范畴时,已超出刑法意义上的犯罪概念,如吸食迷幻药、逃学离家、流浪街头等行为亦属于“juvenile delinquency”,这大大超过我国现行刑法中需要刑罚制裁的范围。如在联邦法层面,《美国法典》第18章第5031条规定,“juvenile delinquency”系指且案发时未满18少年所实施的违反美国法律(若同一行为由成年人实施即构成犯罪)之行为。[2]

“juvenile delinquency”亦译为“青少年犯罪”或“未成年人犯罪”。本书认为,似译为“未成人偏差”或“少年偏差”较妥当:一方面,我国台湾地区学者的译法借鉴自日本,离我国大陆语境甚远;另一方面,我国学术界与实务界亦习惯将“违法”和“犯罪”联系起来使用,尽管使用范围远较这里所谈论的为宽。

《北京规则》通篇未约定少年偏差的具体范围,而是使用“按照各法域法律制度可由法律加以惩处的任何行为(行为或不行为)”的模糊化处理。通过查阅《北京规则》英文文本关于“juvenile delinquency and crime”的表述,仍可发现对这一问题阐述的蛛丝马迹:未成年人司法所指向的对象有二,其一便是“juvenile delinquency”,其二便是“juvenile crime”或“youth crime”,即通常所说的“未成年人犯罪”。即便《北京规则》未对未成年人偏差和犯罪作出明确定义,可从其字里行间揣测出其用意所在。例如,在“总则”中说明有关规定不仅适用于偏差少年,且扩大适用于可能因犯有对成年人不予惩处的任何具体行为而被起诉的少年、所有受到保护福利和教管程序对待的少年及年纪轻的成年犯罪人。亦特别注明该规则应用于各法域法律制度中所称的“身份罪”,[3]在这方面少年的偏差行为范围较成人为广,包括旷课、在学校和家庭不服管教、公共场所酗酒等。

考虑“delinquency”专指未成年人的越轨或偏差行为,且近年来因新保守主义在各法域刑事司法领域泛滥而有将其“有罪化”的倾向,本书主张将“juvenile delinquency”译为“未成年人偏差”或“少年偏差”。“未成年人偏差”包括传统

---

〔1〕 See Chris Cunneen & Rob White, *Juvenile Justice: Youth and Crime in Australia* (*3rd edition*), Sydney, Austrlia: Oxford University Press, 2007, p. 4.

〔2〕 See 18 U. S. C, § 5031.

〔3〕 原规则的中文翻译件中将“status offence”翻译为“身份罪”。如本书后文所说明的,就未成年人而言,少年司法中涉及的“status offence”应属于少年偏差行为,而非少年犯罪,故似翻译为“身份过错”为妥。

刑法意义上的犯罪,亦包括那些可能会犯罪、但尚未犯罪的少年偏差行为。

## 二、未成年人偏差术语探悉

### (一)“delinquency”之考究

关于未成年人偏差描述,各法域学者所使用的名称五花八门,诸如偏差行为、不良行为、虞犯行为与触法行为,极不统一。在英文中,“crime”是明显表明犯罪含义的词汇。“deviance”“deviant behavior”“delinquency”“offense”“sin”等词同样具有部分“犯罪”之义。“deviance”与“deviant behavior”系指“偏差行为”或“越轨行为”、“delinquency”意为“未成年人偏差/犯罪”、“offense”意为“过失/犯罪”、“sin”则系指“原罪”。

在这些术语中,运用最为频繁的当属“crime”,亦即通常意义上的犯罪概念。然即使是这个看似简单的概念,了解起来也并不容易。“犯罪”概念包括多层次,至少应含刑法(学)上的犯罪概念与犯罪学的犯罪概念。仅就刑法上的犯罪概念而言,便有形式定义、实质定义和形式定义与实质定义相统一的定义之分。其中,犯罪的形式定义指仅仅从犯罪的法律特征给犯罪下定义,并不涉及其本质特征。与之相对应的是犯罪的实质定义,即反其道而行之,指仅从犯罪的本质特征给犯罪下定义,并不涉及犯罪的法律特征。鉴于形式定义与实质定义的利弊,不少国家采用形式定义与实质定义相统一的定义。[1]

依《刑法》第 13 条之规定,犯罪须是同时具备社会危害性、刑事违法性、应受刑罚惩罚性等特征的不法行为。社会危害性,即行为人通过作为或者不作为的不法行为对社会造成一定危害与损失;刑事违法性,即犯行应当是刑法中禁止的不法行为;应受刑罚惩罚性,即犯罪是依照刑法规定应当受到刑罚处罚的不法行为。以上三点共同构成犯罪的基本特征,缺一不可。这其中的刑事违法性对于未成年人犯罪来说颇具指标意义,因为目前司法体制之下是将未成年人犯罪视为普通犯罪,只是犯罪人未满 18 岁而已。这里的未成年人犯罪语义更接近英文中的“juvenile crime/youth crime”而非“juvenile delinquency”,尽管两者之间存有交叉。

但与“crime”有所区别的是,上述英文术语亦蕴含与其有所不同的词义,而这些又在浩如烟海的英文法律文献中交错出现,为准确理解“delinquency”及其所展现的未成年人司法制度不可避免地带来诸多困难。如偏差或越轨行为(deviance/ deviant behavior),通常即为违反社会大多数人共同价值观的行为。

---

[1] 参见马克昌主编:《刑法学》,高等教育出版社 2003 年版,第 82~83 页。

至于偏差行为的内涵,域内外学者莫衷一是。以偏离主流文化的偏差副文化角度考察,罗丰良在总结域内外学者对偏差行为定义后,认为其内涵可包括以下几个概念:违反社会规范的行为,即违反社会上大多数人所认同的绝对性规范的行为;偏离正常的行为,即以统计学的观点认为违反常态分布脱离正常的行为;妨碍别人的行为;违反社会期许的行为;违反社会控制的行为;脱离文化标准的行为;个人生理、心理不健康的行为及犯行。[1]

为诠释模棱两可的概念,最好的出路是寻根究源,尤其是当该词汇作为重要外来语时。不可否认的是,词汇在历史发展中总会发生这样或那样的语意变化以适应变化了的社会现实。在《伊利诺伊州少年法庭法》中,"delinquency"最初被用来指代未成年人刑事案件。而后来外延逐步扩大,涵盖若干可能由未成年人所实施的偏差行为,如离家出走、逃学等。美国许多州均将由未成年人实施的非刑事性偏差行为纳入"delinquency"之内。[2]《利雅得准则》英文文本为"United Nations Guidelines for the Prevention of Juvenile Delinquency",其中文文本将"delinquency"翻译为"少年犯罪"。[3] 但依目前的发展态势看,"delinquency"与"crime"似有逐步分家之势。[4] 在可预见的未来一段时间内,"delinquency"一词可能专门指代于未成年人非刑事偏差行为。当然这一术语的具体衍变仍需进一步观察。

《布莱克法律辞典》将"juvenile delinquency"解释为"由未成年人(minor)所实施之反社会行为(antisocial behavior),特别是若行为人为成人则受刑事惩罚、但未成年行为人通常仅受少年法处罚之行为"。[5]《美国法典》在定义"juvenile delinquency"时,主张其系18岁以下未成年人违反美国刑法(包括联邦刑法与州刑法)之行为,而该行为一旦由成人实施则可被认定为犯罪

---

[1] 许福生:《台湾地区少年非行状况与防制策略之探讨》,载台北相关法务部门编印:《刑事政策与犯罪研究论文集(8)》,2005年版,第271页。

[2] 《布莱克法律辞典》在解释"delinquency"时,认为该词实有两种含义:一是失败(failure)或过失(omission),及对法律或职责之违反(violation);二是逾期付款之债务。依该词典,"juvenile delinquency"系属第一种解释。[See Bryan A. Garner, *Black's Law Dictionary* (10*th edition for iPhone and iPad*), Thomson Reuters, 1.4 Version, 2014.]

[3] 部分涉及未成年人国际条约的中译本大都存在不同程度的翻译失真问题,而某些关键术语的误译,造成以讹传讹,《利雅得准则》即为其中一例。

[4] See Francis McCarthy, William Patton & James Carr, *Juvenile Law and Its Processes: Cases and Materials* (3*rd edition*), Newark, NJ: Matthew Bender & Company, 2003, p. 157.

[5] Bryan A. Garner, *Black's Law Dictionary* (10*th edition for iPhone and iPad*), Thomson Reuters, 1.4 Version, 2014.

(crime)。[1] 由此观之,似乎美国立法者将“delinquency”更多视为犯罪。然实践情况并不尽然。又如《得克萨斯州家事法典》将“delinquent conduct”限定为这样四种行为,亦即:一是违反联邦或得克萨斯州刑法而需要入监服刑的偏差行为,但交通违规(traffic offense)不在此限;二是违背少年法庭合法令状的行为,但少年法庭所禁止的可判处罚金刑行为、离家出走、逃学旷课等则不在此限;三是违反市法院或司法法院(justice court)[2]法令而构成藐视法庭之行为;四是未成年人醉酒驾车发生的第三起及以后偏差行为。[3]

因新保守主义在刑事领域的抬头,近乎绝迹的“未成年人犯罪”(juvenile crime/youth crime)在被全新阐释后又重新回到民众视野之中。将“juvenile delinquency”翻译为未成年人犯罪,将其与“juvenile crime/youth crime”等量齐观,颇有混淆概念之嫌。应该说这如实反映出刑法学界与犯罪学界(包括未成年人司法学界)在定义和规范“juvenile delinquency”方面的尴尬。就刑法学家而言,其研究重心全部集中在定罪、量刑,特别是前者上;而就犯罪学家而言,其对“犯罪”概念的理解远较刑法学者宽泛。特别是对于社会危害性较小的犯行,刑法上可能会对其有减轻或免除刑罚的处分规定,但就犯罪学家而言这丝毫不能消减该行为的犯罪意义。犯罪学家探寻某一越轨行为的兴趣更多在于发现犯罪原因以便找出相应对策。正是对“犯罪”定义的模棱两可,造成认识上的差异。

值得一提的是“sin”(原罪)这一概念。《圣经》认为人有两种罪,即原罪与本罪,原罪是始祖犯罪所遗留的罪性与恶根,本罪是各人今生所犯的罪。《创世纪》记载了亚当、夏娃在蛇的引诱下偷食“禁果”的故事:耶和华将亚当安置在伊甸园后告诫道,“园中各样树上的果子,你可以随意吃。只是分别善恶树上的果子,你不可吃,因为你吃下善恶果之时必定走向死亡”。然在蛇的引诱下,亚当与夏娃禁不住偷吃了“禁果”,违背了耶和华的意志。耶和华获悉后大为震怒,大大惩教了亚当、夏娃与始作俑者——蛇。[4] 在基督徒看来,亚当、夏娃是“亏欠了上帝的荣耀”。至此,人类便因其始祖的罪过而与生具有了原罪,“超验的,仅凭人自身无法解脱的深重灾难,它成为人从此步入尘世,生存繁

---

〔1〕 See 18 U. S. C. § 5031,1997.

〔2〕 司法法院系美国地方法院(州法院系统)初级法院之一种,主要受理小额索赔、违反交通法律等轻微刑、民事案件。

〔3〕 See Texas Family Code. § 51. 03.

〔4〕 参见《旧约·创世纪》。

衍、永受诅咒,直到‘归于尘土’的一切根源”。[1] 在其所著《上帝之城》(*De Civitate Dei*)中,中世纪法学家奥里利乌斯·奥古斯丁(Aurelius Augustine)对“原罪”更是大加发挥。在他看来,人一生下来,在上帝面前就是“罪人”。而这罪遗传给后世子孙,为世间罪恶、灾难、痛苦和死亡的根源。既然人无法摆脱这种诅咒或者与生俱来的劣根性,唯有后世加倍行善方有可能死后升入天堂,[2]且亦要力所能及地推动周边人群向神靠拢。鉴于基督教在西方社会的重要地位与教化作用,欧美各法域监狱与社区矫正部门都非常重视利用宗教的感化作用进行偏差少年的救助工作。

(二)“status offense”之考究

除上述偏差行为外,欧美亦常常将“status offense”纳入未成年人偏差内,亦有学者将其单列。本书主张应将“status offense”译为“身份过错”,也有学者将其译为“罪错”或“身份罪”,即指未成年人所触犯的特殊违法行为。《北京规则》中译本将其译为“身份罪”,其特点在于该过错的行为人仅为未成年人,成年人实施同样或类似行为,法律一般并不以之为过而对其进行处罚。身份过错只适用于少年,对成年人来讲根本就不存在身份过错一说。换句话说,身份过错的“status”特指未成年人的“未成年”特性,表征了其作为未成年人虽生理渐趋发育但心理尚未成熟,这一与成年人不同的特点决定其可能做出某些社会危害性并不严重的偏差行为。但若不及时制止和矫正,未成年人有可能在错误的道路上渐行渐远,最终走上犯罪的不归之路。

身份过错无论是主观恶性、社会危害性等都不能与犯罪等量齐观。身份过错在未成年人成长过程中似乎都是无法避免的,因为这与未成年人“未成年”这一特定身心发展阶段密切相关。比如,某日放学后,少年甲未按时坐公车回家,而是禁不住诱惑与班上同学去了学校附近的游戏厅,玩起了新出市面的网络游戏而通宵未归,这就是典型的身份过错。如系初犯或者偶犯,则大可不必过于劳师动众,但仍需引起家长、学校一定的重视。鉴于身份过错的常态性和不可避免性,其作为未成年人司法最常见的偏差行为也就不足为奇了。德国亦有类似身份过错的规定,而此类触法未成年人不受刑法制裁。这也应当是未来我国未成年人司法需特别值得重视和处理的重要内容。

---

〔1〕 衣家奇:《基督教原罪论对现代刑法的启蒙》,载《法律科学(西北政法学院学报)》2006年第3期。

〔2〕 参见谷春德主编:《西方法律思想史》(第2版),中国人民大学出版社2006年版,第83页。

## 三、未成年人偏差和相关人口、社会因子之关系

未成年人偏差与其性别、年龄、社会地位等人口因素存在千丝万缕的联系。

### (一)性别和少年偏差关系

性别与未成年人人生轨迹及性格养成有一定关联。据对美国总统大选的历史分析,发现总统候选人若有年幼儿子的话,几乎是不可能当选总统的;若父亲因忙于竞选而长期不在孩子身边时,男孩相对更容易产生攻击倾向,更容易冲动。[1] 偏差与性别存在一定联系。总的说来,从事偏差的主要是未成年男性。

但未成年女性涉足的范围逐步扩大,增长迅速,且绝对数量惊人。以美国为例,1989 年至 1993 年,对少女实施的逮捕上升了两成三(23%),而未成年男性的这一数字不过 1%。[2] 1992 ~ 1996 年,未成年女性因“暴力犯罪指数”(violent crime index)过错而被逮捕的数量增加了 1/4(25%),而未成年男性则保持不变。[3] 2000 年未成年女性占所有未成年人逮捕总数的两成七(27%),而在 10 年前尚不过两成二(22%)。[4] 这些数字反映出未成年女性偏差逐步上升的趋势。而在德国,20 世纪 70 年代中期,犯罪嫌疑人男女性别比例尚为 5∶1,而到了 1990 年这一比例变为 3∶1。[5] 女性犯罪峰值年龄较男性为早,但随着年龄推进其犯行的下降迅速,差距与男性日益缩小。

尽管这些女性犯罪的官方统计数字和研究成果展示了女性犯罪的状况、结构、动态、特征及女性犯罪人的基本特征,但仍不足以揭示女性犯罪的本质与严重性。[6] 受制于落后的统计工具及女性犯罪的特殊性,导致女性犯罪在纵向与横向统计上的误差。例如,以男性价值观为核心的社会对女性的普遍同情心有可能成为女性犯罪的庇护伞,受此影响,被起诉和被判刑人的统计数

---

〔1〕 参见重庆晚报:《专家发现 80 年来白宫主人几乎无儿子》,载华龙网 2009 年 1 月 4 日,http://msn. huanqiu. com/world/roll/2009 - 01/332710. html。

〔2〕 See Eileen Poe-Yamagata & Jeffrey Butts, *Female Offenders in the Juvenile Justice System*, Washington, DC: Office of Juvenile Justice and Delinquency Prevention, U. S. Department of Justice, 1996, p. 1.

〔3〕 See Budnick, Kimberly and Ellen Shields-Fletcher, *What About Girls*? Washington, DC: Office of Juvenile Justice and Delinquency Prevention, U. S. Department of Justice, 1998, p. 1.

〔4〕 See Meda Chesney-Lind & Randall Shelden, *Girls, Delinquency and Juvenile Justice*, Belmont, CA: Wadsworth/Thomson Learning, 2004, p. 2.

〔5〕 参见徐久生:《德语国家的犯罪学研究》,中国法制出版社 1999 年版,第 236 页。

〔6〕 参见莫洪宪、张鸿巍:《西方女性主义犯罪学的兴起与发展》,载《国家检察官学院学报》2004 年第 6 期。

据远比实际发生案件数为少。女性犯罪黑数[1]要远大于男性。

(二)年龄和少年偏差关系

在诸多人口因素中,年龄和未成年人偏差的联系最为密切。犯罪性(criminality)与年龄成反比,即年龄越大,其违法犯罪的概率呈降低趋势;反之则呈升高趋势。综合域内外的研究,未成年人偏差高峰期一般为男性16~17岁,女性15~16岁。在对2000~2003年四年间北京市未成年犯管教所入狱的未成年人犯调查发现,该市未成年人初次犯罪的年龄大多集中在十六七岁。[2]而以四川省为例,2002年和2003年,16~17岁犯罪的分别占未成年人犯罪的四成七(47%)和五成(50%)。[3]

然上述年龄划分并非绝对的,特别是伴随未成年人生理机能、心理成熟程度发育的提前,未成年人偏差有低龄化趋势。据初步测算,人的发育比20年前至少提前了2~3年。[4] 犯罪学者关颖等人对3000名未成年犯的实证研究表明,各种不良行为滋生的危险年龄为13~15岁,14岁为高发阶段。[5] 在美国,15岁以下从事杀人、暴力及其他重罪的未成年人犯罪有降低之势。据联邦调查局统计,在涉嫌杀人的未成年人中,15岁以下未成年人占1961年逮捕总人数的近一成(9.4%),为历史最高点;而这一比例到2008年时已降至3.3%,为近50年来新低。[6] 对未成年人偏差预防与控制的必要性由此可见一斑。

(三)社会、经济地位和少年偏差关系

尽管身处社会各阶层的未成年人皆有可能触法,其分布仍不均匀。20世纪五六十年代,许多犯罪学家对社会地位(social class)与未成年人偏差犯罪间的关系进行了深入研究。这些研究大多表明社会经济地位是造成未成年人走向偏差的重要因素,生活在贫困中的未成年人更有可能从事街头暴力行为。[7]持偏差副文化主张的犯罪学者认为,许多成长于下层社会特别是经济窘困的

---

[1] 犯罪黑数(dark figure of crime),又称犯罪隐数或犯罪暗数,系指一个国家或地区一定时期内,已经现实发生但因各种主客观原因而尚未被纳入官方犯罪统计的犯罪数量。

[2] 参见席小华、金花:《北京市未成年人犯罪实证研究》,载《法学杂志》2005年第5期。

[3] 参见李亚杰:《关注未成年人:失学辍学是未成年人犯罪重要诱因》,载新华网2005年3月5日,http://news.xinhuanet.com/newscenter/2005-03/04/content_2650544.htm。

[4] 参见张晓玲:《未成年人犯罪低龄化 法定刑事责任年龄坚冰待破》,载《民主与法制时报》2006年3月27日,第A06版。

[5] 参见关颖、鞠青主编:《全国未成年犯抽样调查分析报告》,群众出版社2005年版,第7页。

[6] See Mike Males & Daniel Macallair, *Are Teenage Criminals Getting Younger and Younger? Exposing another Urban Legend*, San Francisco, CA: Center on Juvenile and Criminal Justice, 2010, p. 2.

[7] See *Characteristics of Juvenile Offenders*, Accessed October15, 2007, http://www.marshall.edu/sociology/nilles/classes/4535/readings/02characteristics.htm.

未成年人较易走向偏差。1958 年,犯罪学家沃尔特·米勒(Walter Miller)在其“未成年人帮派产生之低阶层文化”(Lower Class Culture as a Generating Milieu of Gang Delinquency)研究中发现,未成年人偏差副文化根深蒂固于其所在低阶层的生活标准与人生目标。在他看来,低阶层未成年人偏差并非全然否认中产阶级价值观,只不过是违反后者价值观体系中某些具体方面。[1] 以澳大利亚新南威尔士州为例,据“2003 年被拘留少年健康调查”和“2003 ~ 2006 年被处以社区服务令少年健康调查”,在该州未成年人司法体系中的未成年人犯罪者,“通常出身贫穷,没有接受良好的学校教育,家庭混乱,参与冒险行为”。[2] 美国的相关研究亦发现,来自低收入家庭的孩子,其 8 岁左右时的家庭经济状况可对其十余岁时的行为(特别是偏差)有一定的预测性。[3]

然社会地位的差异仅是促成未成年人犯罪的重要因素,不一定是决定性因素。且这种社会经济地位的差异对处于社会底层的未成年人影响远较中上阶级未成年人为大,前者因其相对不利的经济条件与成功概率可能更易产生恶性犯行,以发泄其不满情绪。

(四)慢性犯罪人和少年偏差关系

慢性犯罪人(chronic offender)或称常习犯、惯犯,系指不间断地从事偏差的某些犯罪人。20 世纪 60 年代,犯罪学家马文·渥夫干(Marvin Wolfgang)与其同事对出生于 1945 年美国费城 9945 名男性的警方笔录进行分析,以研究“同生群”(birth cohort)青少年的偏差行为。结果发现,三成五(35%)的男性在其 18 岁以前因某些过失而与警方有过至少一次接触,而其余近 2/3(65%)的人则从来没有类似经历。[4]

2004 年,英国犯罪学家伊丽莎白·怀丁(Elizabeth Whiting)与鲁西·卡布兰迪奇(Lucy Cuppleditch)以 1 年为期,对 10 ~ 17 岁偏差少年进行跟踪调查。这些未成年人包括受到“前法院安置”(pre-court disposals)、“非羁押法院安置”(non-custodial court disposals)及获释等处理的偏差少年。研究发现,2000

---

〔1〕 See Walter B. Miller, *Lower Class Culture as a Generating Milieu of Gang Delinquency*, Journal of Social Issue, 14, 1958, p. 5 – 19.

〔2〕 [澳]瓦尔达·鲁斯思:《澳大利亚新南威尔士州少年司法部在少年司法系统中的角色》,载《青少年犯罪问题》2009 年第 4 期。

〔3〕 See Howard Snyder & Melissa Sickmund, *Juvenile Offenders and Victims: 2006 National Report*, Washington, DC: Office of Juvenile Justice and Delinquency Prevention. U. S. Department of Justice, 2006, p. 7.

〔4〕 See Marvin Wolfgang, Thorsten Sellin & Robert Figlio, *Delinquency in a Birth Cohort*, Chicago, IL: University of Chicago Press, 1972, p. 244 – 255.

年其再犯率超过四成三(43.3%),而2004年降至四成一(41.3%)。[1] 尽管比例有所下降,但在4年这样短暂的时间内,仍有超过四成的偏差少年不思悔改,重新作奸犯科。亦即,这些研究发现有少数比例的人会不断地重复犯罪,构成了犯罪大军中较为稳定的一部分。

这些未成年惯犯在其成年后是否继续从事犯行,还是就此戛然而止呢?许多域外研究表明,尽管18岁后继续犯罪或偏差的绝对数量并不多,但大多数未成年惯犯会成为成年犯罪人。渥夫干的另一项研究发现,在974名调查对象中,近半数的惯犯在其18~30岁至少曾被逮捕4次及以上;相较而言,那些未曾有青春期逮捕史的成年人中,仅一成八(18%)的人在这一年龄段被逮捕过。[2]

未成年慢性犯罪人极有可能成为成年犯罪人,故对其早期鉴别就显得尤为紧迫,"风险预警"(risk prediction)概念应运而生。早在1928年,社会学家欧内斯特·伯格斯(Ernest Burgess)即完成假释决定的预警研究。域外对未成年人犯罪或偏差的风险预警包括暴力行为预警、累犯预警及与缓刑和假释有关的技术性违反预警等几种形式。较早对未成年惯犯进行预警的,主要是将"过度活跃症"(hyperactivity disorder,ADHD)这一儿童期很常见的精神失调视为其可能犯罪的前兆。

## 第三节　身份过错

### 一、未成年身份过错与未成年身份过错犯

#### (一)未成年人身份过错的概念及特征

不同行为人在法律上的地位并非完全相同,其行为后果而可能会因所处"身份"(status)差异而有所不同。在各类与身份紧密相关的偏差行为中,未成年人因年幼这一特定身份所实施的偏差行为的性质、类型及处分呈现较独特的一面。由未成年人实施的轻微违法行为,通常被称作"身份过错"(status offense)。"身份"在古汉语中常通为"身分",意为出生或社会地位,[3] 而所谓

---

〔1〕 See Elizabeth Whiting & Lucy Cuppleditch, *Re-offending of Juveniles: Results from the* 2004 *Cohort*, London, UK: The Research, Development and Statistics Directorate, Home Office, 2006.

〔2〕 See Marvin Wolfgang, Thorsten Sellin & Robert Figlio, *Delinquency in a Birth Cohort*, Chicago, IL: University of Chicago Press, 1972, p. 244-255.

〔3〕 参见《宋书·王僧达传》。

"过错",顾名思义为过失及错误。故本书将"status offense"译为"身份过错"较妥。据《布莱克法律词典》,"身份过错"大体有两层含义:一为"犯罪"(crime)语境下之"身份过错犯罪"(status crime);二为特指未成年人(minor)违反少年法典而从事某些若成年人实施则不被视为非法、但未成年人实施则被认为不遵从父母控制(parental control)的行为。[1] 简单地说,身份过错通常指仅未成年人所触犯的偏差行为,而非犯罪行为。故而,有学者将"status offense"译为"罪错"或"身份罪",似有不妥。

身份过错只适用于偏差少年,对成年人来讲不存在身份过错一说。如刑事司法学家戴维·W. 纽鲍尔(David W. Neubauer)与亨利·F. 弗瑞德拉(Henry F. Fradella)认为,身份过错涉及仅为未成年人所能触犯的非法行为。[2] 少年法学家托尼·马什(Toni Marsh)亦主张,身份过错仅因行为人之未成年身份而受到责罚,但其本质上并非犯罪。[3] 而在未成年人诸身份认定中,年龄判断显然是最为直接与便捷的。卡伦·M. 赫斯(Karen M. Hess)主张,身份过错仅基于行为犯的年龄,且为未成年人所特有。[4] 英国儿童权利信息网络(Child Rights Information Network)亦认为,未成年身份过错犯行为之所以不被社会认可并非因其危害性,而仅仅因行为人年龄使然。[5] 在美国,可构成身份过错的行为人年龄上限从 16 岁至 19 岁不等,但大多数州以 17 岁为上限。一旦行为人年龄超出上述上限,即便其从事同样行为,亦不再被视为触犯身份过错。[6] 之所以亦将身份过错纳入未成年人司法管辖范围,实出于身份过错已然危及未成年人自身福利而需要对其进行诸如心理健康或毒品滥用治疗等干预。[7]

未成年人所从事的绝大多数偏差行为性质较成人犯罪为轻,是仅限于未

---

〔1〕 See Bryan A. Garner, *Black's Law Dictionary* (*10th edition for iPhone and iPad*), Thomson Reuters, 1.4 Version, 2014.

〔2〕 See David W. Neubauer & Henry F. Fradella, *America's Courts and the Criminal Justice System* (*10th edition*), Belmont, CA: Wadsworth Learning, 2011, p. 505.

〔3〕 See Toni Marsh, *Juvenile Law*, Clifton Park, NY: Thomson Delmar Learning, 2007, p. 8.

〔4〕 See Karen M. Hess, *Juvenile Justice* (*5th edition*), Belmont, CA: Wadsworth/Thomson Learning, 2011, p. 168.

〔5〕 See Child Rights Information Network, *Global Report on Status Offences*, Accessed June 5th, 2021, http://www.crin.org/docs/status_offences_final.pdf, 2012-12-22.

〔6〕 See Karen M. Hess, *Juvenile Justice* (*5th edition*), Belmont, CA: Wadsworth/Thomson Learning, 2011, p. 168.

〔7〕 See Larry J. Siegel, *Essentials of Criminal Justice* (*7th edition*), Belmont, CA: Cengage Learning, 2011, p. 17.

成年人特殊生理、心理所决定的越轨行为。身份过错的"身份"特指未成年人的"未成年"特性,表征了其作为未成年人虽生理渐趋发育但心理尚未成熟,这一与成年人不同的特点决定其可能做出某些社会危害性并不严重的偏差行为。随着未成年人心智的逐渐成熟及由此与日成长的社会责任感,绝大部分未成年人会适时减少与终止身份过错。美国最新研究数据表明,除违反禁酒令外,大部分身份过错发案量在行为人15岁时达到峰值,其后急剧下降。[1]

(二)未成年人身份过错犯的概念及特征

各法域对身份过错犯称谓不尽相同,但大多数都指向那些不服管教、逃学旷课或离家出走的儿童。这样的偏差少年被称为身份过错犯(status offender),也就是被指控违反了专门只适用于少年行为法律法规的未成年人。

解释"身份过错犯"时,《布莱克法律词典》主张系指从事被认为不合时宜的行为(以成人标准,却非犯罪),以致需向少年法庭提起对其不利检控的未成年人。正是从这层含义上讲,《布莱克法律词典》将其与"年轻犯罪人"(youthful offender)甚至"偏差少年"等量齐观。[2] 对这些儿童的称谓更是五花八门,如"需要监督的人"、"需要监督的儿童"、"需要监督的未成年人"或"危险少年"(at-risk youth, ARY)。[3] 以"需要监管的儿童"为例,据美国《马里兰州法院及司法程序法典》(Maryland Courts and Judicial Proceedings Code Ann.)第3-8A-01条规定,"需监管的儿童"系指需要指导(guidance)、处分(treatment)或戒治(rehabilitation)且法律要求入学却习惯性旷课(habitually truant)、或习惯性违背监护人控制、或自我放纵而伤害或危及自身或他人,或触犯了仅适用于儿童犯行的未成年人。[4] 尚有"任性的孩子"(unruly child)与"桀骜不驯的孩子"(incorrigible child)等不同称谓。在美国,几乎每个州都将未成年身份过错犯与未成年犯罪人相提并论,要么将其转介为"任性的未成年人"(wayward minors),要么转介为"偏差儿童"(delinquent children)进行非刑事化处分。[5]

虽然大多数身份过错在未成年人人生历程中不过昙花一现,然若预防与

---

〔1〕 See Larry J. Siegel, *Essentials of Criminal Justice* (*7th edition*), Belmont, CA: Cengage Learning, 2011, p. 457.

〔2〕 See Bryan A. Garner, *Black's Law Dictionary* (*10th edition for iPhone and iPad*), Thomson Reuters, 1.4 Version, 2014.

〔3〕 See Toni Marsh, *Juvenile Law*, Clifton Park, NY: Thomson Delmar Learning, 2007, p. 21.

〔4〕 See Maryland Courts and Judicial Proceedings Code Ann., 3-8A-01(2002).

〔5〕 See Larry J. Siegel, *Essentials of Criminal Justice* (*7th edition*), Belmont, CA: Cengage Learning, 2011, p. 17.

矫正不及时，这些看似轻微的偏差行为有可能进一步衍化为犯罪行为。例如，在身份过错诸类型中，逃学已被广泛视为教育失败甚至犯罪的前兆。美国一项为期20年的纵向研究发现，逃学少年较之非逃学少年，其犯罪概率要高出8倍。[1] 因而，从预防未成年人犯罪的角度来看，对身份过错的有效应对无论怎样强调都不为过。

## 二、未成年人身份过错的沿革及发展

### （一）未成年人身份过错的起源与初创

1839年，美国宾夕法尼亚州最高法院通过"克劳斯案"（*Ex parte Crouse*）判决并入了"国家亲权"法则，从此赋予了法院干预未成年人事务的权力。[2] 1899年《伊利诺伊州少年法庭法》最初并没有直接确立少年法庭对身份过错犯管辖权限，只是对一般未成年人偏差明确了管辖权。而这些行为基本上与相应的成年犯罪无异，如抢劫罪和盗窃罪等。尽管如此，当这部少年法庭发展史上划时代法案通过伊始，芝加哥律师协会这样描述道，"《伊利诺伊州少年法庭法》的整体趋势及精神在于，国家通过少年法庭，像睿智而慈爱父母对自己子女那样，对那些遭遇照管不良的无所依靠儿童以亲切关怀与关爱"。[3] 但在1901年，身份过错即被定为未成年人偏差。很明显，少年法庭将身份过错纳入其管辖范围，实际上扩大了对未成年人的司法干预权。

### （二）未成年人身份过错的探索与发展

20世纪40年代中期，美国纽约州创设了新的未成年人司法管辖范围——"需要监督的人"，涵盖逃学、离家出走及其他由未成年人实施的行为。随之，一些州步其后尘，亦创设相应类型，尽管仍源自成文法中的"未成年人偏差"。[4]

20世纪60年代初，美国一些州议会试图区分身份过错与未成年人犯罪，并将身份过错从犯罪记录中豁免出来。而在那些身份过错已然除罪化的州，未成年行为人被归类为"受抚养儿童"（dependent children）而被安置于儿童保护机构中。[5] 从20世纪60年代末至70年代，对身份过错"除罪化"（decriminalization）

---

〔1〕 See American Bar Association, Center for Children and the Law, *JJDPA Fact Book-Juvenile Status Offense Fact Sheet*, Washington, DC: Act 4 Juvenile Justice Care of Coalition for Juvenile Justice, 2007, p. 2.

〔2〕 Ex Parte Crouse, 4 Whart. 9 (Pa. 1839).

〔3〕 Larry J. Siegel, *Essentials of Criminal Justice* (*7th edition*), Belmont, CA: Cengage Learning, 2011, p. 17.

〔4〕 See Aaron Kupchik, *Juvenile Crime* (*revised edition*), New York, NY: Facts on File, 2010, p. 46.

〔5〕 See George F. Cole & Christopher E. Smith, *Criminal Justice in America* (*6th edition*), Belmont, CA: Cengage Learning, 2011, p. 445 – 446.

及“除机构化”的呼声日益高涨。1974 年,美国出台了《未成年人司法与犯罪预防法》(Juvenile Justice and Delinquency Prevention Act)。在这部重要法律中,明确了对身份过错法适用“除机构化”政策,同时支持各种社区矫正项目,以减少羁押。[1] “除机构化”系指虽触犯身份过错,但不由少年法庭处分,而由其“分流”至未成年人司法系统以外的儿童福利机构予以处分。之所以提出除机构化的概念,源于这样的认知:身份过错社会危害性较小,且将其交付福利机构或父母双亲管教可取到事半功倍的效果。

(三)未成年人身份过错的质疑与批评

未成年人身份过错在其发展过程亦招致诸多批评。首先,基于身份分类,少年法庭在此类案件的管辖上并非很注重未成年人具体行为,法律文书的叙述上往往亦含混不清,故招致诸多非议。其次,有学者认为这一做法违反了平等保护原则,致使那些未犯罪的未成年人被送至少年法庭受审;而若成人做同样的行为,却不会被刑事(成人)法庭所处分。面对这些攻击,身份过错的支持者反驳说,不同于成年人,身份过错犯亟须监督和控制,即便是那些看起来犯有微小过失的未成年人。维持少年法庭对身份过错的管辖权,乃“国家亲权”法则所然。对身份过错的另一批评是其在执行中存在的性别歧视。历史上,美国某些州对身份过错犯的年龄上限依据性别不同而有所差异,在比男孩年龄小的情况下,女孩更有可能被送至少年法庭处分。[2] 即使后来法院对这些年龄规定上的差异作了统一,但其他方面的歧视和不平等依然存在。

至今为止,美国联邦最高法院对各种反对身份过错的指责不屑一顾。但一些学者认为,身份过错是少年法庭运动中不和谐的一笔,并没有足够的证据表明针对身份过错少年所作的处分结果对未成年人矫正有明显的效果。凡此种种,现在不断有呼声要求废除身份过错制度,强调通过非司法的儿童福利机构对这类未成年人进行自愿性处分。

2007 年年初,负责监督《儿童权利公约》实施和条款解释的儿童权利委员会(Committee on the Rights of Children)在瑞士日内瓦发布的《儿童权利委员会第 10 项一般性建议》(General Comment No. 10 of the Committee on the Rights of the Child)中指出,“许多国家刑法典规定了诸如流浪、逃学、离家出走等儿童问题的犯罪化处理条款,而这些通常因心理或社会经济问题造就而成。

---

〔1〕 See David J. Steinhart, *Status Offenses*, The Juvenile Court, 6(3), 1996, p. 86.

〔2〕 See Meda Chesney-Lind, *Are Girls Closing the Gender Gap in Violence*? Criminal Justice Magazine, 2001, p. 1.

对于女孩及街头儿童而言,他们往往是这些规定的受害者”。该委员会特别建议,“会员国应废止这些未成年身份过错条款,以实现儿童与成人法律面前人人平等”。[1]

### 三、未成年人身份过错的非刑事化处分

对未成年人非刑事化处分或非刑罚化,在很大程度上可以理解为对其非罪化、轻罪化、轻刑化或非监禁化。[2] 大多数身份过错会由父母或监护人、学校或警方直接处理。但针对身份过错的不同类型及程度,某些特定行为可能会被司法化处分,而其他行为亦可由少年法庭或家事法庭转介儿童福利机构处分。一旦确认涉案未成年人的父母无法或不愿照管前者且前者行为为自我毁灭性或对社会有害时,未成年身份过错犯可交由少年法庭处分。[3] 对身份过错犯实施司法干预源自对“国家亲权”法则的坚守,身份过错被视为不利于未成年人健康成长而急需法院紧急介入。身份过错案件大体上占美国少年法庭案件量的一成。[4]

身份过错原则上并非刑事犯罪,但这并不排除依“国家亲权”法则对未成年身份过错犯适用拘留或逮捕等强制措施。仅2006年,全美约有多达114,200起因未成年人离家出走而引发的逮捕。[5] 身份过错犯并非刑事法意义上的犯罪人,他们不一定能获得与犯罪嫌疑人或被告人类似的程序权利保障,包括及时获得律师帮助及与父母沟通的权利。许多身份过错犯系由其父母向有关当局提请,反映出其缺乏足够父母关爱。[6]

若法院判定未成年人触犯身份过错,判决将被记录在案。但这种非刑事前科记录,在其成年后有可能会从法院档案中予以消除。然若未成年人被判定触犯一项身份过错,若其被指控另一项身份过错或犯罪,则前一身份过错可

---

〔1〕 Committee on the Rights of Children, General Comment No. 10 of the Committee on the Rights of the Child, 2009.

〔2〕 参见部金泰:《完善我国未成年人犯罪非刑罚矫正制度的构想》,载《河北法学》2008 年第 12 期。

〔3〕 See Larry J. Siegel, *Essentials of Criminal Justice* (*7th edition*), Belmont, CA: Cengage Learning, 2011, p. 17.

〔4〕 See George F. Cole & Christopher E. Smith, *Criminal Justice in America* (*6th edition*), Belmont, CA: Cengage Learning, 2011, p. 445.

〔5〕 See Karen M. Hess, *Juvenile Justice* (*5th edition*), Belmont, CA: Wadsworth/Thomson Learning, 2011, p. 170.

〔6〕 See Child Rights Information Network, *Global Report on Status Offences*, Accessed December 9th, 2012, http://www.crin.org/docs/status_offences_final.pdf.

被视为惯犯危险因子(risk factor)而被处以更严厉处分。当少年法庭认定未成年人触犯身份过错时,可能的处罚包括延期裁判,这意味着只要未成年人在特定时间内没有再犯身份过错,他便不会因既有身份过错而被判处缓刑;该未成年人可能被允许继续住在家里,但同时被判以缓刑处分,缓刑考验期通常取决于其先前的出庭或当前罪行的严重性;基于罪行性质及父母留置意愿等因素,未成年人可在习艺所住宿一段时间。[1] 对少年法庭应对身份过错犯的适当处分,仁者见仁智者见智。有人主张身份过错犯应就其家庭问题获得矫治,刑事司法惩教特别是机构化处分不合时宜;然亦有人针锋相对,认为一些家长对身份过错犯束手无策而转向法院及警方求助,希冀后者能采取有效措施来管束子女。[2]

身份过错通常被认为是"无被害人"(victimless)的,只对行为人本身有害。从传统上来说,未成年身份过错犯可被送如与未成年犯罪人同一监所之中。但近年来随着除罪化趋向,美国许多州将未成年身份过错犯更多视为"失依少年"或"受抚养儿童",未成年人保护机构对该类案件承担主要责任。[3]

**四、身份过错分类**

将未成年人身份过错进行分类并非易事,犯罪学家巴利·弗拉瓦斯(Barri Flowers)将其划分为三个基本类别:一是家事违犯(familial offenses),包括离家出走(running away)、难以管束(un-governability)、不服管教(disobedience)等情形;二是法令违犯(ordinance violations),包括逃学(truancy)、深夜晃荡(curfew)、饮酒及吸烟(liquor and tobacco)等情形;三是猥亵违犯或称背德违犯(immoral offenses),包括恣意妄为(waywardness)、桀骜不驯(incorrigibility)及乱性(sexual promiscuity)等情形。[4] 美国联邦司法部未成年人司法与偏差预防署将身份过错分为离家出走、逃学、不服管教及低龄饮酒等四类。

尽管我国尚未有明确规定身份过错制度之立法,但现行法律仍有不少这方面的规定。依《公安机关办理未成年人违法犯罪案件的规定》第 8 条规定,未成年人违法犯罪案件包括:已满 14 岁不满 18 岁的未成年人犯罪,需要追究

---

〔1〕 See The Attorney Store. com Inc, *Status Offense*, Accessed January 17th, 2013, http://public.getlegal.com/legal-info-center/juvenile-justice/status-offenses.

〔2〕 See David W. Neubauer & Henry F. Fradella, *America's Courts and the Criminal Justice System* (*10th edition*), Belmont, CA: Wadsworth Learning, 2011, p. 505.

〔3〕 See David W. Neubauer & Henry F. Fradella, *America's Courts and the Criminal Justice System* (*10th edition*), Belmont, CA: Wadsworth Learning, 2011, p. 505.

〔4〕 See Barri Flowers, *The Adolescent Criminal: An Examination of Today's Juvenile Offender*, Jefferson, NC: McFarland & Company, 1990, p. 42.

刑事责任的案件;已满14岁不满18岁的未成年人违反治安管理规定,予以治安处罚的案件;18岁以下未成年人的收容教育案件及18岁以下未成年人强制戒毒案件,其中后五类皆与身份过错相关。而《预防未成年人犯罪法》第28条及第38条更列举规定未成年人不良行为与严重不良行为。如第28条规定,未成年人不良行为包括吸烟、饮酒;多次旷课、逃学;无故夜不归宿、离家出走;沉迷网络;与社会上具有不良习性的人交往,组织或者参加实施不良行为的团伙;进入法律法规规定未成年人不宜进入的场所;参与赌博、变相赌博,或者参加封建迷信、邪教等活动;阅览、观看或者收听宣扬淫秽、色情、暴力、恐怖、极端等内容的读物、音像制品或者网络信息及其他不利于未成年人身心健康成长的不良行为。《预防未成年人犯罪法》第38条继而规定,“严重不良行为”是指未成年人实施的有刑法规定、因不满法定刑事责任年龄不予刑事处罚的行为,及严重危害社会的下列行为:结伙斗殴,追逐、拦截他人,强拿硬要或者任意损毁、占用公私财物等寻衅滋事行为;非法携带枪支、弹药或者弩、匕首等国家规定的管制器具;殴打、辱骂、恐吓,或者故意伤害他人身体;盗窃、哄抢、抢夺或者故意损毁公私财物;传播淫秽的读物、音像制品或者信息等;卖淫、嫖娼,或者进行淫秽表演;吸食、注射毒品,或者向他人提供毒品;参与赌博赌资较大及其他严重危害社会的行为。

(一)逃学

康有为在《公车上书》提出挽救民族危亡的策略,其中便有提升教育的主张:“富而不教,非为善经,愚而不学,无以广才,是在教民。”[1]未成年人乃国家发展之根本,人才对民族兴衰、国家昌盛举足轻重,各法域无不对教育投入较多心血。相应地,各法域在经费投入、人员培训、场地供给等方面不遗余力,在严管未成年人辍学、旷课等方面亦加强管理,以期尽量减少以至杜绝。

面对来自家庭、学校甚至邻里在学业、情感及经济等方面的有形或无形压力,未成年人难免会不时产生一定的厌学情绪。每天全美大致有多达20万起逃学事件发生。[2] 研究资料表明,逃学已然位居美国十大教育问题之列,并系未成年人偏差重要参考指标。[3] 1995~1997年,我国台湾地区学生的辍学率

---

[1] 康有为:《公车上书》。

[2] See Champion, Dean, *The Juvenile Justice System: Delinquency, Processing, and Law* (*5th edition*), Upper Saddle River, NJ: Pearson Prentice Hall, 2007, p. 45.

[3] See Dalun Zhang, Antonis Katsi Yannis, David Barrett & Victor Willson, Truancy Offenders in the Juvenile Justice System Examinations of First and Second Referrals, *Remedial and Special Education*. 28(4), 2007, p. 244.

从3.02% 到3.32%不等。[1] 我国大陆情况亦不乐观,以上海为例:1996年秋,该市初中、高中各招生186,315人和53,497人,3年后毕业生人数分别为179,486人与53,317人;也就是说,有6829名初中生与180名高中生未能如期毕业。[2]

逃学(truancy),又称旷学、辍学、逃课或旷课,系指未成年人在应接受义务教育期间,无故提前离开学校的行为。1999年,我国台湾地区教育主管部门在"小学与中学未入学或中途辍学学生通报及复学辅导办法"中指出,"在任何一个求学阶段的学生,在未完成该阶段之学业以前,除死亡及出国转出外,未经请假达三天以上,或转学而未向转入学校办理注册者,视为中途辍学"。

对辍学、失学问题之关注并非小题大做。许多未成年人偏差案件,或加害人系失学、辍学生,或曾经辍学。逃学之余,此类未成年人群上网、群架、电玩、桌球、赌博等样样皆蒲,由此引发吸毒、抢劫等恶性偏差屡有发生。对此,美国有犯罪学家指出,"逃学是犯罪的幼稚园"。[3] 英国犯罪学家菲力普·霍迪森(Philip Hodgson)与大卫·韦伯(David Webb)2005年所作的一项关于学校开除与未成年人犯罪的实证研究颇有新意。他们发现,20世纪90年代,英格兰和威尔士地区被学校永久开除的未成年人数量急剧增加,从1990~1991学年的2910人飙升至1996~1997学年的12,700人。以自我报告(self-report interview)形式与56位被开除的未成年人访谈,结果显示40位已经涉足犯罪,而其中36位更表示其在首次被开除后即卷入犯罪漩涡。[4] 当然,这项研究样本显得过小,但对于了解辍学,特别是开除与未成年人犯罪不无裨益。关颖等人对10个省市3000名未成年犯的抽样调查发现,"文盲"占3.3%,"小学没毕业"占22.5%,"初中没毕业"占46.4%,"初中毕业"占10.8%,"高中或中专没毕业"占4.8%,"高中或中专毕业"占0.9%,其余占0.3%。[5] 据湖南省未成年犯管教所调查之资料显示,从2003年1月~2004年4月,该所共收押未成年犯886人,其中初中文化占66.8%,小学文化占28.5%,高中层次占3.4%,文盲占1.3%。[6] 这两项结果皆显示具有初中或以上文化的未成年人,其偏差的

---

〔1〕 邓煌发:《辍学少年之家庭与社会学习因素的比较分析》,载《犯罪学期刊》2000年第5期。

〔2〕 参见董小苹、程福财:《都市里的辍学青少年——以上海为例》,载《青年研究》2003年第8期。

〔3〕 林山田、林东茂、林灿章:《犯罪学》(增订3版),台北,三民书局2002年版,第303页。

〔4〕 See Philip Hodgson & David Webb, *Young People, Crime and School Exclusion: A Case of Some Surprises*, Howard Journal of Criminal Justice, 44(1), 2005, p. 12-28.

〔5〕 参见关颖、鞠青主编:《全国未成年犯抽样调查分析报告》,群众出版社2005年版,第19~20页。

〔6〕 参见邹大虬:《当前未成年人权益保护调查及对策研究》,载《广东青年干部学院学报》2005年第2期。

可能性呈下降趋势。

失学时间越长,对未成年人身心发展越不利,也为其在日后从事犯罪或偏差行为埋下隐患。1991 年 1 月 ~ 1994 年 8 月,中美学者联合对云南省陇川县部分 18 ~ 29 岁男性青年进行吸毒风险因素研究。结果发现,尽管每年新吸毒者发生率在 1991 ~ 1993 年呈逐年上升态势,但这一趋势在与“上学年限”进行比较时出现不同特点。在就学 7 年以下经历的青年中,其吸毒率为两成(20.8%);7 ~ 9 年就学经历的则显著下降至一成(11%);10 年以上就学经历的青年,其吸毒率仅为 5.6%。[1] 由此看出,就学时间长短与吸毒率存在反比关系,即上学时间越长,其吸毒的可能性越小。来自美国的研究亦表明,高达四成四(44%)的青少年暴力犯罪发生在 8 时 30 分至 13 时 30 分,犯罪人皆为不上学的学生。[2]

在逃学问题处理上,各法域在采用社会福利模式还是司法模式上莫衷一是,分歧较大。从社会关爱与政府责任角度出发,义务教育(compulsory education)是几乎所有国家奉行的金科玉律。[3] 古希腊哲学家柏拉图(Plato)在其《理想国》(*The Republic*)中曾在西方知识界最早提出“义务教育”。

环顾四隅,各法域无不制定义务教育法,倾尽国力倡导尊师重教,日本在“明治维新”及第二次世界大战后两次迅速崛起与其强力推进义务教育、提高国民素质有直接关联。很大程度上来说,义务教育法就是未成年人接受教育的强行法。《利雅得准则》等国际条约把教育摆在极其突出重要的地位,认为在未成年人偏差防控中,教育起着不可替代的作用。例如,《利雅得准则》第 47 条即要求各法域政府应“向青少年提供机会,使其可继续接受全日制教育,若父母或监护人不能供养,则应由国家提供经费,并且得到工作的锻炼”。《儿童权利公约》第 28 条要求各缔约国“实现全面的免费义务小学教育”,“采取措施鼓励学生按时出勤和降低辍学率”。

欧美国家强力推动强制入学。以美国为例,马萨诸塞州是全美首家强制

---

〔1〕 参见吴尊友等:《云南省陇川郡男性青年吸毒风险因子分析》,载《中华流行病学杂志》1999 年第 1 期。

〔2〕 See The School District of Philadelphia, *Truancy Support Center-Chinese*, Accessed January 18, 2007, http://www.phila.k12.pa.us/offices/ofeles/downloads/truancy_CH.pdf, p. 2.

〔3〕 义务教育又称“免费教育”(free education),本书认为,英文“compulsory”似以译为“强制/强迫”较妥。由此,“强制教育”强调政府在推动未成年人入学、接受基础教育等方面责无旁贷,甚至通过警方、检方及法院等强力机构予以落实强制入学,体现出浓郁的“国家亲权”法则精神。20 世纪初,晚清政府《奏定学堂章程》(旧称癸卯学制)等文件亦使用了“义务教育”及“强迫教育”等词,两者互通互换。特别是在《奏定学堂章程》之《学务纲要》中还明确写道:“东西各法域政令,凡小儿及就学之年而不入小学者,罪其父母,名为强迫教育。盖深知立国之本全在于此。”

入学法通过的地方。早在1852年,该州议会通过了逃学法案,首次将逃学列入身份过错之列。而到了1918年,全美所有的州都制定有逃学法案,强制适龄未成年人须入学接受教育。《全美中辍防范法》(National Dropout Prevention Act)、《有教无类法》(No Child Left Behind Act)等法律先后出台,为防范未成年人逃学提供了坚实的法律保障。2010年,联邦未成年人司法顾问委员会向总统及国会建议修订《有教无类法》,以鼓励学校需求替代方式应对调皮捣蛋的学生(disruptive students)而非将其转介至未成年人司法体系之中。[1]

在1970年的全美少年法庭法官理事会(National Council of Juvenile Court Judges)上,联邦法官告诫与会者,为取得对逃学者的管辖权,少年法庭应该有所作为;因为若不做,就没有其他人理会这些看似琐碎实则重要的案件。许多州尝试通过建立全新的少年法庭渠道来解决日益严重的未成年人逃学与辍学问题。例如,在罗得岛州,该州家事法庭系统新设有"逃学法庭"或"旷课法庭"(truancy court),目的在于避免逃学少年过早正式进入少年法庭系统。[2] 1999年9月,该州首家逃学法庭在普罗维登斯市"希望高中"成立。逃学法庭在该州已遍地开花,先后在33个社区成立,服务150多所学校。仅在2005~2006学年,便有2275年名未成年人被逃学法庭提堂。[3] 按照程序,一旦法庭接到未成年人逃学的呈报,当即记录在案,并在2~3周内开庭审理。逃学法庭会询问逃学少年及其父母、旷课督学(truancy officer)及治安法官(magistrate),并就逃学问题寻求妥善解决方案。参加人须签署《弃权表》(waiver of rights form)。逃学法庭的法官负责初步提审(initial arraignment)、解释法庭程序及提供给孩子和家长建议等事项。若逃学少年遵守这些条款,法官将不时予以表扬与鼓励,反之则可能批评或惩罚。[4]

设于宾夕法尼亚州费城教育局的"挽救旷课学生中心",在处理和解决逃学

---

〔1〕 See Federal Advisory Committee on Juvenile Justice, *Federal Advisory Committee on Juvenile Justice Annual Report* 2010, Washington, DC: Federal Advisory Committee on Juvenile Justice, 2010, p. ix.

〔2〕 See Dean J. Champion, *The Juvenile Justice System: Delinquency, Processing, and Law* (*5th edition*), Upper Saddle River, NJ: Pearson Prentice Hall, 2007, p. 46.

〔3〕 See Rhode Island Family Court Truancy Court, *Rhode Island Family Court Truancy Court Program*, Accessed April 13, 2007, http://www.courts.state.ri.us/truancycourt/default.htm.

〔4〕 从宏观上看,包括教育在内的儿童福利与狭义之少年司法(未成年人刑事司法、未成年人行政司法与未成年人民事司法)互为补充,共同构成广义之少年司法。其中,儿童福利除为未成年人刑事司法、未成年人行政司法及未成年人民事司法提供非司法性救助、援助、辅导、关爱等措施外,亦依托后者强力推进未成年人教育、医疗、卫生等各项儿童福利事业之实现,两者均为现代少年司法应有之义。仅以未成年人义务教育为例,依"身份过错"之本义,未成年人"未成年"身份决定了国家要求未成年人须接受强制教育,并通过警察、检察、法院及矫正等部门强力予以确保。

旷课方面有新的尝试。该中心设有24小时报告旷课的热线电话215-299-SAFE。在警方全力配合下,费城教育局就不同旷课少年提出相应解决方案。具体说来,若在学校附近发现旷课学生,即可将其直接送回学校就读。学生被遣返回校后,校方立刻与学生见面,同时向家长或监护人通报旷课情况。为向家长提供专家建议,所有长期旷课的学生都将移送“旷课法庭”处理。校方旨在通过与学生及家长通力合作,建立一套确保该生坚持每天上学的行动方案。若在离学校较远的地方及在市中心以外的区域发现旷课学生,由警方依据处理旷课的调度员的意见送到就近的学校或者旷课中心。有关工作人员将立刻与学生见面,同时向家长或监护人通报旷课情况。家长或监护人可到旷课中心或学校来接子女,如无法来接,旷课学生将被留在中心或学校,直到放学时间再送回家。在市中心及周边区域发现的旷课学生,将由警方直接送到旷课中心。工作人员将立刻与该生见面,同时向家长或监护人通报旷课情况,并向学生所在学校通报该生所处地点。家长可到中心来接孩子,否则该学生就在该中心上数学和英语课,直至放学为止。[1]

若未成年人故意逃学,将可能会被警方拘捕,被拘留在州级未成年人安置机构之中,除非家长将其领回并许诺严加看管。“子不教、父之过”,逃学少年的父母亦难逃其咎。在某些州如弗吉尼亚州和亚利桑那州,逃学少年的父母更可能为其子女行为支付罚款甚至有牢狱之灾。

我国在强制入学与义务教育方面走过了相当曲折的道路。1956年1月,教育部印发的《十二年教育事业规划纲要》提出7年内在全国基本上普及义务教育。1986年7月1日开始实施的《义务教育法》第10条规定,国家对接受义务教育的学生免收学费,国家设立助学金,帮助贫困学生就学。随后出台的《义务教育法实施细则》第17条规定,“实施义务教育的学校可收取杂费”。尽管学费得以免除,沉重的杂费负担及名目繁多的乱收费对许多地区低收入家庭仍是不小的障碍,未能从根本上解决入学难、读书难的困境。40余年改革开放为中国社会转型提供了原动力,也带来一些不可忽视的负面影响。例如,数以千万的农民背井离乡外出务工时,受限于目前城乡两元制结构,他们中的大多数尚无力将子女带至城市,作为“留守儿童”的子女们缺乏足够的亲人关爱,加上不时灌输的读书无用论,辍学并不罕见。

《未成年人保护法》第16条规定,未成年人的父母或者其他监护人应当尊重

---

[1] See *The School District of Philadelphia*, *Truancy Support Center-Chinese*, Accessed January 18, 2007, http://www.phila.k12.pa.us/offices/ofeles/downloads/truancy_CH.pdf, p. 2.

未成年人受教育的权利,保障适龄未成年人依法接受并完成义务教育。第17条规定,未成年人的父母或者其他监护人不得放任或者迫使应当接受义务教育的未成年人失学、辍学。2006年起,我国开始对西部农村地区实行真正免费义务教育,对于特别贫困的儿童亦提供免费书本及生活补贴,此项惠民政策2008年推广至全国。而这将缓解因经济压力所带来的失学(辍学)问题,对解决未成年人失学(辍学)带来一线曙光。《义务教育法》第2条规定:"义务教育是国家统一实施的所有适龄儿童、少年须接受的教育,是国家须予以保障的公益性事业。""国家贫困地区义务教育工程"、"西部教育开发工程"、"希望工程"和"春蕾计划"等助学工程的实施,亦为保障贫困地区、民族地区儿童就学权利起到了积极作用。

除强制入学与免费教育外,定期考勤、批评教育、督导等方式都可促进未成年人如期入学。尽管学校是监管未成年人入学的主要机构,这并不意味着其父母或监护人及有关政府机关可以置身事外。《预防未成年人犯罪法》第34条规定,"未成年学生旷课、逃学的,学校应当及时联系其父母或者其他监护人,了解有关情况;无正当理由的,学校和未成年学生的父母或者其他监护人应当督促其返校学习"。我国台湾地区"儿童及少年性交易防治条例"第11条规定,"小学及中学发现学生有未经请假、不明原因未到校上课达三天以上者,或转学生未向转入学校报到者,应立即通知主管机关及教育主管机关。主管机关应立即指派社工人员调查及采取必要措施"。其教育主管部门建立"预警认辅"制度,设置多元中途班,提供"受辅学生适性教育"。

(二)离家出走

离家出走(runaway)又称"翘家",系指未成年人在未获得父母或其他监护人同意的前提下离开家庭或监护的行为。离家出走形式较多,包括未告知父母即离家及数日乃至数年不着家门。英国有机构将离家出走之未成年人定义为,18岁以下在未获得允许的情况下离开家庭或监护,在外度过至少一晚者,或受父母或看护人胁迫离开者。据估计,英国每年大约有77,000名16岁以下未成年人离家出走,而这在13~15岁未成年人中更为普遍。[1] 美国仅2010年少年法庭便处理了1.5万起离家出走事件,[2]实际出走案数与人数可能

---

〔1〕 参见《英国青年工作基础数据研究》,载2007年10月11日,http://www.acyf.org.cn/07lhhzw/zlk/qnzc/200710/t20071011_599158.htm。

〔2〕 Charles M. Puzzanchera. 2013. Juvenile Arrest 2010. Washigton. DC: US Department of Justice, Office of Juvenile Justice and Delingueucy Prevention. 转引自 Alida v. Merio, Peter J. Benekos, & Dean J. Champion, *The Juvenile Justice System: Delinquency, Processing, and Law* (5th edition), Upper Saddle River, NJ: Pearson Prentice Hall, 2015, p. 9。

更高。

离家出走的未成年人大多都能自行回家,有些则需要家长借助警方力量将其领回。尚有为数不少的未成年人从此在其父母视线与社区中永远消失,或四处流浪,或自愿、被迫加入黑社会团伙从事偏差行为。为重新找回那些不愿回家的未成年人,其监护人、非政府组织及政府都绞尽脑汁。有许多机构都从事寻找失踪未成年人人口,特别是离家出走的未成年人的工作。此类失踪人口信息通常由各州予以公布,目的在于引起民众重视,并借此发现离家出走少年的行踪。例如,加油站作为民众生活中最为重要的公共场所,其收据背面经常被用作刊登未成年人失踪的广告,为重新寻回未成年人提供了潜在的可能性。而在联邦一级成立有“全美失踪、绑架、离家出走与遗弃儿童事件研究”机构(National Incident Studies of Missing, Abducted, Runway, and Throwaway Children, NISMARTC)。

离家出走原因复杂,难以只言片语简单概括。1989 年,我国台湾地区台北市少年辅导委员会将少年逃学与离家出走的原因总结为八点,颇具指标意义:“青少年追求独立自由,寻求刺激、新鲜、好玩、冒险等心理寻求的满足;青少年流行文化强调离家出走才是英雄好汉、才能表现自己的能力;无法达到家人期盼,或违反家规或法令,害怕被处罚或被报复;家庭破碎,父或母经常不在,家中没人气,心中空虚,需要外界友伴支持;父母虐待、忽视、漠不关心、拒绝、放任、偏心、管教无力或不当,青少年对家庭产生排斥或逃避;父母婚姻不协调,家庭气氛紧张,家人沟通不良,在家感受不到温暖与接纳,对家庭生活感到厌倦;父母亲职业不正当,或家庭成员有犯行,对青少年产生模仿的负面效果;结交异性朋友,进而离家同居,追求独立生活与自由的满足。”[1]

一般认为,执意离家出走的未成年人存在某种程度的心理问题。一旦不能从家人中获得期许的慰藉,这些未成年人便可能离家而与那些情投意合的人为伴。这类未成年人可能陷于一时激愤或消沉,或因与父母争吵,或因学业不尽人意而选择离家出走以期获得短暂疏解,但有限的社会经验和窘迫的经济状况可能将其推向偏差的不归路,或者交友不慎,受到欺诈与蒙蔽。并且,被拐、传销、卖淫、贩毒等都可能成为离家出走的副产品。如《预防未成年人犯罪法》第 34 条规定,“未成年学生旷课、逃学的,学校应当及时联系其父母或者其他监护人,了解有关情况;无正当理由的,学校和未成年学生的父母或者其

〔1〕 郑瑞隆:《青少年暴力犯罪之成因:家庭因素》,载蔡德辉、杨士隆主编:《青少年暴力行为:原因、类型与对策》,台北,五南图书出版股份有限公司 2002 年版,第 94 ~95 页。

他监护人应当督促其返校学习”。

(三)深夜晃荡与游荡

深夜晃荡(curfew)又称宵禁违反,系指未成年人违反有关法律深夜在外游荡的偏差行为。古代宵禁制度起源较早。《周礼》列“司寤氏”一职,专门负责夜禁事宜。此后历代皆设有宵禁制度,但大都并不是专门针对未成年人的,且夜禁甚严。宵禁在唐代达到顶峰后逐步消败,直至宋代废弛。[1]

似乎宵禁违反应当是那些局势动荡不安法域的常态,或者至少是某一区域处于非常时期的不得已之举,比如,因足球流氓闹场引发骚乱而进行的全城戒严。某些时候,宵禁也可被用来约束未成年人的夜间活动,以减少可能出现的危险行为或不法行径。[2] 传统上来说,对未成年人实施宵禁与否原本是家庭内部的事情,父母对此具有绝对的权威。应对未成年人偏差的攀升、父母监护的弱化及社会发展的潮流,由政府出面进行宵禁也屡见不鲜,在美国更有扩大趋势。[3] 今天美国80%的10万人口以上大城市与75%的1万至10万人口的中等城市皆有未成年人宵禁立法。[4]

除美国,英国、日本等法域亦制定有相关法律明确对未成年人实施宵禁。如英国《1998年犯罪和妨害治安法》规定在特定地区,10岁以下未成年人不得在晚上9时到早上6时碰面。在此基础之上,英国政府于2004年1月颁布法令,授权各地方政府可规定16岁以下未成年人晚上9时后不得出门,除非有成人相伴,否则警方有权将其带回家。尽管面对人权组织强力质疑,内政部为其政策辩护说,宵禁令仅允许用于经常发生暴力或人身侵犯案件的地区,目的是保证未成年人安全,事实证明该做法非常有效。地方政府或警方可向英国内政大臣申请“当地儿童宵禁”(local child curfew)。一旦批准,宵禁最多可持续90天,并只适用于16岁以下儿童。2004年7月起,日本东京实施《东京都青少年健康成长条例》。除学习等特殊原因外,该条例规定在晚23时至次日凌晨4时这一时间内,禁止16岁以下未成年人离家外出,对违反此规定的学生家长进

---

〔1〕 参见曹胜高:《论晚唐宵禁制度的松弛及其文化影响》,载《学术研究》2007年第7期。

〔2〕 身份过错将夜不归(晚)宿等未成年人常见行为界定为偏差行为实有必要,因未成年人之“未成年”身份,其接受父母管教及义务教育为亲权及国家亲权应有之义。为了确保未成年人身心健康发展、避免过多接触不良文化影响及养成规律性作息习惯,许多法域将深夜晃荡与游荡确定为身份过错,并以宵禁等法律明文禁止之。

〔3〕 See Territo Leonard, James Halsted & Max Bromley, *Crime and Justice in America: A Human Perspective*, Upper Saddle River, NJ: Pearson Prentice Hall, 2004, p. 563.

〔4〕 See Samuel Walker, *The Policing in America: An Introduction* (*5th edition*), New York, NY: McGraw-Hill Higher Education, 2002, p. 144.

行处罚;确定深夜禁止青少年入内的娱乐行业设施,包括卡拉 OK 厅、网吧、漫画茶室、影院、剧场、保龄球场等,发现违规者,将对经营者处罚 30 万日元以下的罚款。[1]

与上述有联系的另一术语为"游荡"(loitering),即无明确目的之行为。在我国香港特别行政区,依据其《刑事罪行条例》第 160 条,"任何人在民众地方或建筑物的共享部分游荡,不论单独或结伴在该处出现,而导致他人合理地担心自身的安全或利益,即属犯罪,一经定罪,可处监禁 2 年","警方可有权要求任何路人答复其在民众地方行动的目的,若警方不满解释,即可控告后者触犯游荡罪"。依《预防未成年人犯罪法》第 35 条,"未成年人无故夜不归宿、离家出走的,父母或者其他监护人、所在的寄宿制学校应当及时查找,必要时向公安机关报告。收留夜不归宿、离家出走未成年人的,应当及时联系其父母或者其他监护人、所在学校;无法取得联系的,应当及时向公安机关报告"。

(四)吸烟与饮酒

据称在我国 3.5 亿烟民中,未成年人约占 1/7。黄发源及陶芳标等学者在对 2557 名学生进行"青少年健康行为调查"发现,在 12 岁之前有近半数(49.7%)学生曾饮过酒。[2] 因吸烟、酗酒所引发的敲诈、勒索、寻衅滋事在中小学校园内亦不罕见。为减少烟草危害,第 56 届世界卫生大会于 2003 年 5 月通过《烟草控制框架公约》(Framework Convention on Tobacco Control,FCTC),并在序言中表示"深切关注全世界的儿童和青少年吸烟和其他形式烟草消费的增加,特别是开始吸烟的年龄愈来愈小"的现象。这充分说明国际社会已正视对吸烟低龄化问题的严峻挑战,并努力采取必要措施来解决。

我国在 1991 年颁布的《烟草专卖法》第 5 条第 2 款规定,"国家和社会加强吸烟危害健康的宣传教育,禁止或者限制在公共交通工具和公共场所吸烟,劝阻青少年吸烟,禁止中小学生吸烟"。而我国台湾地区"儿童福利法"第 31 条亦有类似规定,"父母、养父母、监护人或其他实际照顾儿童之人,应禁止儿童吸烟、饮酒、嚼槟榔、吸食或施打迷幻药、麻醉药品或其他有害身心健康之物质。任何人均不得供应前项之物质予儿童"。自 2011 年 1 月起,我国在所有室内公共场所、室内工作场所、公共交通工具和其他可能的室外工作场所完全禁

---

〔1〕 参见苏海河:《禁止深夜外出——东京对青少年实行宵禁》,载《中国青年报》2004 年 7 月 6 日,第 10 版。

〔2〕 参见黄发源、陶芳标:《中学生饮酒行为与危害健康行为相互影响的研究》,载《安徽预防医学杂志》2000 年第 1 期。

止吸烟,这为控制未成年人吸烟提供了有力条件。

对未成年人饮酒的限制主要表现在法定饮酒年龄与饮酒时间和场所等方面。其中,法定饮酒年龄(legal drinking age)系指得以合法购买或消费含酒精饮料的最低年龄。绝大多数法域将18岁设定为最低法定饮酒年龄。某些国家亦要求生产商或零售商得将此年龄明示于酒瓶及外包装显目处。我国《未成年人保护法》第59条规定,“学校、幼儿园周边不得设置烟、酒、彩票销售网点。禁止向未成年人销售烟、酒、彩票或者兑付彩票奖金。烟、酒和彩票经营者应当在显著位置设置不向未成年人销售烟、酒或者彩票的标志;对难以判明是否是未成年人的,应当要求其出示身份证件。任何人不得在学校、幼儿园和其他未成年人集中活动的公共场所吸烟、饮酒”。

(五)毒品滥用

未成年人吸毒已然成为威胁未成年人健康成长的重要社会问题。毒品危害让人望而却步,但仍有部分未成年人趋之若鹜。据《2019年中国毒品形势报告》,截至2019年年底,中国现有吸毒人员214.8万名;18岁以下7151名,占0.3%。[1]

毒品直接作用于中枢神经系统,使人兴奋,连续使用能产生依赖性,具有成瘾性、滥用性及社会危害性。不少未成年人吸食毒品后,会出现精神极度亢奋,产生莫可名状冲动,甚至出现幻觉、妄想等精神症状,亦可能相互殴击及聚众淫乱等反常举动,成为犯罪隐患。据美国毒品滥用与心理健康服务局(Substance Abuse and Mental Health Services Administration, SAMHSA)所进行的“全美毒品滥用与健康调查”(National Survey on Drug Use and Health, NSDUH),发现吸毒少年较未吸毒少年从事暴力犯罪概率高两倍多。[2]

若说单纯的吸食毒品社会危害性亦相当有限,制作与贩卖毒品则是未成年人在毒品犯罪上的又一深渊。广西公安机关发现四成以上吸毒青少年有过贩毒、赌博、抢劫、盗窃、诈骗、卖淫、斗殴等违法犯行。[3] 为支付毒资,一些未成年人不惜以身试法,铤而走险,制毒、贩毒。制作出的毒品除一部分自用外,其余出售以牟取暴利。帮派毒品犯罪是未成年人毒品犯罪中最为严重的形

---

〔1〕 国家禁毒委员会:《2019年中国毒品形势报告》。

〔2〕 See Substance Abuse & Mental Health Services Administration, *The National Survey on Drug Use and Health Report: Youth Violence and Illicit Drug Use*, Accessed January 18, 2007, http://www.oas.samhsa.gov/2k6/teensViolence/teensViolence.htm.

〔3〕 参见冯善书、陈海燕:《新型毒品蔓延边远城乡 留守少年成高危群体》,载《南方农村报》2010年7月22日,第10版。

态,未成年人在这一阶段通常会表现出惊人的成熟。而这有可能为成年犯罪团伙所控制与利用,为其掩盖偏差行为。对此,《中国的禁毒》白皮书指出,“对利用、教唆未成年人走私、贩卖、运输、制造毒品,或者向未成年人出售毒品的,引诱、教唆、欺骗或者强迫未成年人吸食、注射毒品的,因走私、贩卖、运输、制造、非法持有毒品罪被判过刑又有毒品罪行为的,从重处罚”。

未成年人毒品犯罪防治系系统社会工程,需从源头上控制毒品来源,亦需开展针对性的防治措施。按照对象,可将有关防治策略划分为三类,即广泛性计划、选择性计划及特定目标计划。其中,广泛性计划系指“不分对象将知识向全部未成年人加以教育传播”;选择性计划则是将教育资源集中在“具有物质使用高危险群因子的族群”;特点目标计划是将主要对象更集中在“已有物质使用问题或出现相关行为者”。[1]

(六)性偏差

乱性也日渐成为未成年人性偏差的表现形式之一。性器官的发育与性功能的早熟,导致个别未成年人对性问题并非“欲说还羞”。尽管对未成年人实施性犯罪的人通常被描述为“恋童癖”或“掠夺者”,并被视为成年人,但这些犯罪中有很大一部分是由其他未成年人实施的。在美国警方已知对未成年人实施性犯罪的人中,未成年人占 1/3 以上(35.6%)。而其中,少数未成年人(1/8)小于 12 岁。[2] 域内外未成年人性行为年龄不断下降,未婚先孕、援助交际、福利姬等问题亦逐渐浮出水面。

## 案例十四

2007 年 3 月,美国路易斯安那州新奥尔良市发生一起骇人听闻的风化案。案发时,两名 11 岁女生趁老师不在,当众与另两名分别为 12 岁和 13 岁的男生在教室内进行性交及爱抚。因他们年纪尚小,被捕后获释。4 名未成年人已被控淫亵罪,等候少年法庭提堂;其中一名男生更可能移送刑事(成人)法庭接受审理。依据该州有关法律,当众与未满 17 岁人士发生性行为的成年犯,最高可

---

〔1〕 参见颜正芳、张明永、刘雅惠、孙榕檀:《少年观护所青少年嫌疑人使用非法物质之危险因子:性别差异》,载 2007 年 5 月 22 日,http://www.ios.sinica.edu.tw/pages/seminar/sp/socialq/yan_zheng_fang.htm。

〔2〕 See David Finkelhor, Richard Ormrod & Mark Chaffin, *Juveniles Who Commit Sex Offenses Against Minors*, Washington, DC: U.S. Department of Justice, Office of Justice Programs, Office of Juvenile Justice and Delinquency Prevention, 2009, p. 2.

被科以 1 万美元罚金及 5 年监禁。[1]

美国 2007 年“青少年危险行为监测系统”(Youth Risk Behavior Surveillance System)发现,近四成八(47.8%)高中生发生过性行为,其中男性近半数(49.8%)、女性近四成六(45.9%)。[2] 这些本应该求学的未成年人绝大部分会因意外产子致其人生历程发生逆转,失学及经济困顿乃至后续偏差屡见不鲜。犯罪学家调查发现,多数青少年母亲在生产后随即失学,且失去社会网络的联系与支持,有半数人辍学且从事无薪资或低薪资的工作,恶性循环下导致经济的困窘。[3]

性病与艾滋病无孔不入,正在未成年人中肆意蔓延。联合国儿童基金会的数字表明,全球有 230 万儿童携带艾滋病毒;仅 2005 年,约有 38 万儿童死于艾滋病,54 万儿童新感染艾滋病毒。[4] 因对艾滋病及其防护知识仍极其贫乏,未成年人在缺少足够保护情况下极有可能感染艾滋病。在乌克兰,近四成(39%)青少年从来没有听说过艾滋病,有的甚至认为艾滋病是通过超自然的途径传播的。[5]

除强迫、诱使未成年人卖淫外,援助交际也是近年来发展较快的未成年人性偏差的表现形式。“援助交际”一词源自日语,英文译为“compensation dating”,我国台湾地区称为“中介援交”,通常系指未成年少女出卖身体,陪陌生男子在俱乐部、旅馆等场所玩乐以换取资助的行为,是对少女从事性交易较委婉的说法。20 世纪末,“援助交际”这颗社会毒瘤漂洋过海登陆我国港澳台,又转道我国大陆。因未成年少女盲目攀比,追求物质享受等逐步蔓延,目前在上海、北京、沈阳、南京等大中城市时有耳闻。最初援助交际以随意街头搭讪为主,也有同学间相互介绍。现代化信息传送工具为援助交际、“福利姬”等大开方便之门。

---

〔1〕《美 4 小学生当众性交、我想试试网上看到的东西》,载《光华日报》2007 年 4 月 5 日,第 10 版。

〔2〕See Jennifer L. Lauby, Archana B. LaPollo, Jeffrey H. Herbst, Thomas M. Painter, Heather Batson, Akil Pierre & Mary Milnamow, *Preventing AIDS through Live Movement and Sound: Efficacy of a Theater-Based HIV Prevention Intervention Delivered to High-Risk Male Adolescents in Juvenile Justice Settings*, *AIDS Education and Prevention*, 22(5), 2010, p. 403.

〔3〕参见李德芬:《中学阶段未婚青少女怀孕之学校因应措施》,载台湾地区“教育部”2002 年委托研究计划期末报告,第 4 页。

〔4〕参见联合国儿童基金会:《艾滋病与儿童》,载联合国儿童基金会网 2007 年 2 月 1 日,http://www.unicef.org/chinese/aids/index_1.php。

〔5〕参见联合国儿童基金会:《艾滋病与儿童》,载联合国儿童基金会网 2007 年 2 月 1 日,http://www.unicef.org/chinese/aids/index_preventionyoung.html。

对网络援助交际打击较传统援助交际难度较大,师长莫奈何,援助交际女与嫖客踪迹难以确定,证据收集与保全也障碍重重。鉴于不少未成年人通过网吧这一公共场所从事包括援助交际等网络偏差,国家有关部委出台一系列规范文件来约束未成年人进入网吧。然对于在家、宿舍与学校机房等地进行的,则囿于各种客观条件而困难较大。许多警察部门皆设有“计算机与网络安全处”,负责监查网络世界的各种不稳定因素,自然打击未成年人援助交际也是其中一项重要任务。通过扮演嫖客或援交女,警方可轻而易举将有关犯罪人抓获,但这又不可避免涉及有关“警察圈套”(police trap)的争议,毕竟援交与传统性交易有所不同,并非直接以出卖性来维生。警方诱惑少女进行援助交际,亦可能使抵制力弱但原本并无援助交际想法的少女走出偏差一步。

## 第四节 未成年人帮派

### 一、未成年人帮派概说

#### (一)未成年人帮派存续

未成年人帮派的存在与活动由来已久,少年侠客的故事似乎离生活并不遥远。只是现实中“少侠”却不那么仗义,无辜者流泪又流血的暴力场面并不罕见。同武侠小说一样的流血,相似的劫财,所不同的是,参与人与书中的少侠相比年轻甚多,且从事的行为大多见不得阳光。“江湖”一词最早语出《庄子》,“泉涸,鱼相与处于陆,相呴以湿,相濡以沫,不如相忘于江湖”,[1]原义为江河湖海,在其词义衍变过程中,多被用来形容刀光剑影、明火执仗的打斗,让人不寒而栗。而现在,言必称江湖的多为从事偏差行为的帮派分子。

约翰·汉考克(John Hancock)是美国独立战争时期的一位政治家,其为后世推崇的是于1776年北美大陆会议讨论《独立宣言》(Declaration of Independence)时担任大会主席,并贡献了宣言中最先亦是最重要的签名。然就是这个著名人物,据说也曾勾结未成年人帮派向殖民地走私货物,牟取暴利。[2] 北美早期未成年人帮派势力的猖狂由此可见一斑。从1996年起,全美青少年帮派中心(National Youth Gang Center,NYGC)开展“全美青少年帮派调

[1] 《庄子·大宗师》。

[2] See Roberson, Cliff, *Exploring Juvenile Justice*, *Belmont*, CA: Wadsworth/Thomson Learning, 2000, p. 82.

查”(National Youth Gang Survey,NYGS)。2004 年调查表明,近三成(29%)警察局遭遇了严重的少年帮派问题,全美有 2.4 万个各种类型的未成年人帮派,帮派成员更是多达 76 万名。[1]

自 20 世纪 70 年代以来,未成年人团伙犯罪成为我国未成年人犯罪的新形式,但那时的犯罪团伙大都结构松散,鲜有核心人物且犯罪盲目性较大。[2] 1983 年夏季开展了严厉打击团伙犯罪的专项斗争,在 20 多万个被处理的犯罪团伙中,青少年犯罪团伙便有 10 万多个。[3] 这暂时缓解了对社会治安的压力,但 80 年代中期以后未成年人帮派再次逐渐增多。以北京市丰台区为例,仅 1995 ~ 1997 年,审理的未成年人帮派犯罪案件比例分别为一成二(12.1%)、一成四(14.1%)与近一成五(14.8%),呈逐年上升趋势。[4]

(二)未成年人帮派概念

帮派(gang)在古英语中最初常用来指代工作上的同事或具有某些共同特征的亲朋好友,并无贬义,而现在“帮派”一词则带有较强的负面色彩。帮派与有组织犯罪存在千丝万缕的密切联系。“入帮见血,出帮见血”,帮派可能参与贩毒、贩卖人口、盗版、洗钱、勒索、赌博与政治暗杀等犯罪,敲诈勒索更是其家常便饭。而某些极端有组织犯罪团伙可能受宗教、民族等影响,从事恐怖袭击等严重犯罪活动。

除“未成年人帮派”或“少年帮派”(juvenile gang)外,学术界尚有“青少年帮派”(youth gang 或 adolescent gang)一词,且运用较前者为多。[5] 这是因为,其组织形式多样化,既包括清一色未成年人组成的未成年人帮派,亦包括成年人与未成年人的组合。不同法域、机构与学者从不同角度出发,对青少年帮派有不同定义。社会学家欧文·史柏高(Irving Spergel)主张定义未成年人帮派时应只限于从事严重暴力和犯罪的青少年团伙(youth groups),其存续主要是象征性的,而非以谋取经济利益为目的。[6] 在他看来,以毒品走私或犯罪所得

---

〔1〕 See Arlen Egley Jr & Christina Ritz, *Highlights of the* 2004 *National Youth Gang Survey*, Washington, DC: Office of Juvenile Justice and Delinquency Prevention, U. S. Department of Justice, 2006, p. 1.

〔2〕 参见杜立:《少年帮派组织及其对策思考》,载《江苏公安专科学校学报》2002 年第 3 期。

〔3〕 参见何从启:《当前我国青少年团伙犯罪的特点及发展趋势》,载《青年研究》1996 年第 7 期。

〔4〕 参见余逸群:《未成年人团伙犯罪——一个令人关注的问题》,载《百科知识》2001 年第 2 期。

〔5〕 See Territo Leonard, James Halsted & Max Bromley, *Crime and Justice in America: A Human Perspective*, Upper Saddle River, NJ: Pearson Prentice Hall, 2004, p. 571.

〔6〕 See Irving Spergel, David Curry & Ron Chance et al., *Gang Suppression and Intervention: Problem and Response*, Washington, DC: Office of Juvenile Justice and Delinquency Prevention, U. S. Department of Justice, 1994, p. 20.

为存在目的的团伙不能称为未成年人帮派。美国联邦司法部未成年人司法与偏差预防署在其倡导的“综合帮派模式”(Comprehensive Gang Model)中主张,“青少年帮派”与“街头帮派”(street gang)两个术语通常可以互换使用,系指以社区或街道为基础的青少年团伙,大多数成员为24岁以下青少年。[1] 在英国,未成年人帮派定义为参与3人以上、长时间闲散于公共场所、至少存续了3个月、在过去12个月以团体方式开展过违法犯行及至少拥有一种组织特征(名称、场所、首领或规章)的未成年团伙。[2] 学者较常使用“青少年犯罪团伙”来指代青少年帮派或未成年人帮派这些团伙犯罪青少年化的表现形式,不过这方面研究的文献资料却少之又少。上述(青)少年帮派定义均有其可取之处,对未成年人帮派的性质、成员、活动范围等方面都有所涉及。参酌这些论述,本书认为,未成年人帮派系指由3人以上固定成员组成、有组织名称和活动规则从事偏差的未成年人团伙。

“全美青少年帮派中心”将帮派分为未成年人帮派、街头帮派(street gangs)、涂鸦人(taggers)、贩毒帮派(drug gangs)、撒旦团伙(satanic groups)、拥有者(posses)、船员(crews)、魔鬼(stoners)与恐怖组织(terrorist group)等9种类型。[3] 可见,未成年人帮派已然在帮派类型中占据一席之地。1989年在研究克利夫兰市与哥伦布市两地帮派时,犯罪学家罗纳德·哈夫(Ronald Huff)将帮派分为三类,即非正式及时行乐型帮派(informal hedonistic gangs)、追求经济利益而从事财产犯罪的工具型帮派(instrumental gangs)与从事抢劫与街头掠夺型帮派(predatory gangs)。[4] 周文勇等则将未成年人帮派的活动类型分为7种,包括打架、讨债、围事、收保护费、杀人、拥有枪支等暴力犯罪;吸食毒品或沦为下游贩毒等毒品犯罪;贩卖盗版光盘、赌博、偷窃及充当诈骗集团的车手等非法赚钱活动;飙车与喝酒等偏差行为;帮派聚会、庙会出阵头、参加公祭等一般性帮派活动;撞球、唱歌、上网吧、打电玩等玩乐活动及开槟榔摊、撞球

---

〔1〕 See Office of Juvenile Justice and Delinquency Prevention, *OJJDP Comprehensive Gang Model: A Guide to Assessing Your Community's Youth Gang Problem*, Washington, DC: Office of Juvenile Justice and Delinquency Prevention, U. S. Department of Justice, 2002, p. 14.

〔2〕 参见《英国青年工作基础数据研究》,载2007年11月22日,http://www.acyf.org.cn/07lhhzw/zlk/qnzc/200710/t20071011_599158.htm。

〔3〕 See Dean J. Champion, *The Juvenile Justice System: Delinquency, Processing, and Law* (*5th edition*), Upper Saddle River, NJ: Pearson Prentice Hall, 2007, p. 249 – 250.

〔4〕 See Richard Lawrence, *School Crime and Juvenile Justice*, New York, NY: Oxford University Press, 1998, p. 77.

场、红茶店等,兼作帮派据点等一般赚钱活动。[1]

## 二、未成年人帮派特征

### (一)未成年人帮派与成人帮派区别

未成年人帮派因其成员大都尚未成年这一现实,决定了其在组织性质、犯罪目的、存续时间与犯罪手段等方面都与成人帮派存在较大区别。

未成年人帮派组织较为松散,人员固定性不强,具有较强的地域性特征。领头人物、骨干分子及一般成员都可能会因家庭搬迁、考学、参军等而离开原居所,其成员移动性较高。

成人帮派不但外人常难窥堂奥,且其成员讳莫如深,"家法"森严,对违反帮规或出卖帮派利益的处罚严苛,人员较为固定;且呈金字塔形结构,并可能在多处地点设有堂口,足显组织严密。其组织建设俨然已成公司规模,上有决策层,乃至顾问层,下有执行层及监督层,可保证"令行禁止"。

与成人帮派明显不同的是,未成年人帮派往往追求瞬时可得的物质利益,且标的较小,如向中小学生勒索保护费,其数额显然不能与成人帮派敲诈商户相提并论。相应地,其危险性相对较低。在犯罪目的上,未成年人帮派极少涉足政治性敏感议题,这也与其仍相对有限的知识阅历有一定关系,而成人帮派对地盘或行业性的独占性心理也远较未成年人帮派为强。

未成年人帮派的存续时间可长可短,大部分未成年人帮派会在警方打击下或家长说服下迅速解体,烟消云散。只有极少数未成年人帮派比较顽固,主要成员保持相对稳定,并随其年龄与社会阅历增长而对帮派依赖性不断增强,其帮派自身也可能进一步扩充势力,衍生为成人帮派,继续危害一方。成人帮派,尤其是那些存续时间较长且组织严密的帮派,很少直接涉及街头喋血等明目张胆的犯罪。虽然不排除以暴力手段解决问题,但威胁手法日趋复杂。而未成年人帮派则因成员年龄较小,易怒且争强好胜,较难控制冲动情绪,反而有参与斗殴的欲望。结伙滋事、敲诈勒索、械斗伤人,更有"自恃为帮派分子,常拥枪自重,参与聚众斗殴,侵入校园施暴、对被害人开枪示威、逞强斗狠、恃强凌弱,严重影响校园安全"。[2]

尽管未成年人帮派与成人帮派存在这样或那样的区别,两者还是存在千丝万缕的联系。不少成人帮派利用刑法对未成年人不处罚或处罚较轻的规

---

〔1〕 参见周文勇、许正道:《幼齿的江湖》,载《刑事双月刊》2005 年第 11 期。

〔2〕 周文勇、许正道:《幼齿的江湖》,载《刑事双月刊》2005 年第 11 期。

定，积极发展未成年人入伙，成为其打家劫舍的"急先锋"、"背锅侠"与"替死鬼"。规模较大的成人帮派便是从未成年人帮派发展并壮大起来的。以我国台湾地区臭名昭著的四海帮及竹联帮为例，二者都是在20世纪40年代由读初中、高中的未成年人组织发起，目前以老鼠会的方式吸收新成员。

（二）未成年人帮派特征

按照活动地域的不同，未成年人帮派可分为街头帮派与校园帮派两种，这也是未成年人帮派的主要划分方法。其中，街头帮派又可分为以少年为主的街头未成年人帮派与有少年参与的街头青少年帮派，然目前很难再将两者截然分开。至于校园帮派，主体构成基本上较为稳定，大都为肄业或被开除的学生及在校生。未成年人帮派染指中小学校园，大肆吸收成员，增加师生的犯罪被害恐惧感，并严重影响学校的正常教学秩序。

我国台湾地区犯罪学者侯崇文、侯友宜对青少年帮派特征进行了梳理，发现其具有相当一致的共性。具体表现为：一是青少年帮派成员以青少年为主，他们具有相同的族群背景，许多来自解体的地区与家庭；二是有严格的帮规，效忠组织、遵守帮规是绝对必要的；三是成员间具有高度的凝聚力；四是帮派的活动经常是反社会的、不法的、暴力及犯罪的；五是个人在帮派的目标、角色及责任极其明确；六是命令是阶级式的；七是帮派有其地盘的认知；八是帮派持续不断吸收成员，尤其以校园内最为积极。[1]

联合国《2005年世界青年报告》（World Youth Report 2005）第84条指出，未成年人犯罪在很大程度上是集体现象：未成年人犯罪人多数是某种形式的帮派成员。即使独自犯罪的未成年人一般也与一些帮派有关。未成年人帮派与校园暴力、酗酒、援助交际、吸毒等都有很密切的关系。我国台湾地区犯罪学者蔡德辉、杨士隆指出，少年参与帮派行为极可能衍生诸多偏差，给校园安全与整体社会治安带来巨大冲击。[2] 据统计，不少该地区青少年以帮派之名或是自组帮派聚会，对校园学生恐吓钱财，聚众闹事，因此校园帮派已成为当地社会治安的一大隐忧。[3] 且随着国际互联网的普及，不少未成年人盯上了这一新鲜载体，利用其作为建立、发展与联络帮派的平台。

---

〔1〕 参见侯崇文、侯友宜：《青少年帮派问题与防治对策》，载蔡德辉、杨士隆主编：《青少年暴力行为：原因、类型与对策》，台北，五南图书出版股份有限公司2002年版，第310页。

〔2〕 参见蔡德辉、杨士隆：《台湾地区少年加入帮派危险因子之实证研究》，台北，台湾社会问题研究学术研讨会，2002年9月27～28日。

〔3〕 参见赵朴：《花季少年的悲哀——我国台湾地区儿童今日生活一瞥》，载《四川统一战线》1998年第11期。

未成年人帮派另一引人注目之处在于未成年女性的参与度。20 世纪 80 年代早期,纽约市警方估计半数以上的帮派有女性参与其中。[1] 被尊称为"女性犯罪学之母"(Mother of Feminist Criminology)的犯罪学家米德·切斯尼林德(Meda Chesney-Lind)将少女参与帮派的类型划分为独立帮派成员(membership in an independent gang)、固定参与男性帮派的少女成员(regular membership in a male gang as a coed)与男性帮派中起辅助作用的少女(as female auxiliaries of male gang)成员等三类。[2] 在切斯尼林德看来,大多数少女属于第三种类型。

我国未成年人帮派亦出现一些新特征,在组成人员、年龄结构、作案手段与工具及作案规模等方面出现新的动向。例如,对湖南省湘潭市的调查,这些特征包括团伙主要成员相对固定、联系更为紧密;成员低龄化趋势明显;作案手段和方法日益多样化、智能化;作案工具准备充分;作案规模扩大。[3] 其低龄化更为明显,表现在发案年龄大多提前到 15 ~ 16 岁,甚至未满 14 岁。这也为认识和防治未成年人帮派提出了更高的要求和标准。

(三)未成年人帮派副文化

有关未成年人帮派的研究主要集中在两个领域,即指引或鼓励未成年人加入帮派的驱动因素与帮派如何影响其成员举动。早在 1955 年,艾伯特·科恩(Albert Cohen)指出,许多低阶层未成年人向往中产阶级生活,其在校接受的教育几乎都是后者价值观的灌输。一旦未成年人确信其无法达到中产阶级之生活目的,他们便有可能寻求外在手段。对于那些未能通过合法手段获得其梦寐以求的目标的未成年人来说,他们有可能寻求并投身艾伯特·科恩所说的"偏差副文化"(delinquent subculture)。在艾伯特·科恩看来,大量的未成年人偏差即出现在这些"相互转化"的联系之中。他曾经用"享乐取向"、"无恶意的破坏、非物质功利取向"及"是否为否定而否定"等字眼来形容帮派少年。[4]

依据域外犯罪学家的实证研究成果,诸多因素相结合即可能使未成年人

---

〔1〕 See Meda Chesney-Lind & Randall Shelden, *Girls, Delinquency and Juvenile Justice*, Belmont, CA: Wadsworth/Thomson Learning, 2004, p. 67.

〔2〕 See Meda Chesney-Lind & Randall Shelden, *Girls, Delinquency and Juvenile Justice*, Belmont, CA: Wadsworth/Thomson Learning, 2004, p. 70.

〔3〕 参见杨建兴、谭卫红:《我市未成年人团伙犯罪现状堪忧》,载《湘潭日报》2006 年 4 月 4 日,第 2 版。

〔4〕 参见周愫娴:《变迁中的犯罪问题与社会控制——我国台湾地区经验》,台北,五南图书出版股份有限公司 1997 年版,第 132 页。

陷入帮派泥潭而不可自拔。就社会因子而言,居住场所、就读学校、年龄、种族归属都可能诱发未成年人加入身边的未成年人帮派。而心理方面的因素则涵盖家庭排斥、心理冲动等。帮派自身的构架、凝聚力及朋辈间的压力都可能对未成年人加入帮派起到推波助澜的作用。诸多研究表明,未成年人帮派早期大都产生于居住环境较差的贫民窟,受到社会解体之影响。20 世纪二三十年代,芝加哥大学的社会学家,包括弗雷德里克·斯瑞西(Frederick Thrasher)、弗兰克·坦南(Frank Tannen)等人就芝加哥帮派进行了深入研究。据斯瑞西研究,帮派乃是促发犯罪与未成年人偏差的重要因素。帮派自身结构与其竭力维护的利益使得其不断壮大,并有可能发展成为“犯罪企业”(criminal enterprises)。他主张帮派的出现绝非偶然现象,未成年人对帮派的打打杀杀耳濡目染,而一旦出现与未成年人所需不谋而合之帮派时,其加入其中也不稀奇。特别是当未成年人与其他团体发生冲突且自身力量又无法维护其利益时,加入帮派以寻求帮助的渴望将更为强烈,帮派成员对其所属未成年人帮派有较强的归属感。

在分析两个街头帮派——“脆片”(Crips)与“血液”(Bloods)时,犯罪学家马克·佛莱雪(Mark Fleisher)发现帮派成员大都持其“防御世界观”(defensive word view),即威胁感及自我保护需求、认为无人可信、维系社会距离的需求、坚信以暴制暴及情愿做孤胆英雄。[1] 2005 年一项针对湖南长沙开福区的实证研究表明,街角青年们“除因为共同的价值观念而聚集在一起、共同享有次文化群的社会心理以外,亦形成了独特的拥有其社会结构、帮派权威、身份忠诚和成员基础的隐性社会,正是这个社会的外凝固性和内吸引力限制了街角青年的社会流动模式”。[2]

未成年人帮派的特征不单表现在入会宣誓、收保护费、酗酒作乐等方面,亦表现在刺青、暗语、手势等帮派副文化的外在表现上,而这反过来亦增进了未成年人帮派的凝聚力。“非我族类,其心必异”,[3] 如许多未成年人帮派规定成员须在身体某些部位刻上刺青,以炫耀其威武。而在某些帮派中,花饰、颜色及刺刻方位不同的文身可代表其在帮派中的地位与权威。而某些组织更为严密的帮派甚至以不同刺青显示成员间的帮内身份与职位及所负责的具体

---

〔1〕 Richard Lawrence, *School Crime and Juvenile Justice*, New York, NY: Oxford University Press, 1998, p. 67.

〔2〕 黄海:《解析“街角灰色社会”——以湖南长沙某区“街角 DY 帮派”为实证分析对象》,载《青年探索》2005 年第 6 期。

〔3〕 《左传·成公四年》。

事项。

### 三、未成年人帮派催生因素

少年加入帮派有其深刻的心理、家庭、学校与社会原因。2001 年,蔡德辉、杨士隆在我国台湾地区针对 63 名曾参与帮派的少年与 1192 名一般在学少年进行数据交叉分析,发现帮派少年比一般少年在加入帮派之前,“具有较低社会经济地位、较高家庭解组比率、较低亲子间互动频率、较低父母监控、较高辍学比率、较高学习挫折、个性较为冲动、较高冒险患难精神、较常表现忧郁、较高出入复杂场所比率、较高度帮派憧憬及较高偏差行为比率”。[1] 切斯尼林德认为,少男少女加入帮派原因大同小异,包括归属感(sense of belonging)、权力(power)、保护(protection)、尊重(respect)、恐惧(fear)及妄想症(paranoia)。加入帮派亦可带来诸如威望与身份(prestige and identity)、指导(guidance)与广泛接触毒品与现金(ample access to drug and cash)等好处。[2] 蔡德辉、杨士隆将未成年人加入帮派的成因归结为:一是成功向上机会受阻,帮派提供少年归属感,满足其心理慰藉;二是帮派满足许多少年进入成人世界需求;三是加入帮派乃低阶文化价值的自然反应;四是可寻求保护,欺凌他人亦较优势;五是好玩与支持;六是英雄主义崇拜,受到帮派领袖拥有财富与出手大方所吸引;七是赚钱容易,无须辛勤工作。[3] 而侯崇文、侯友宜则将失败的学习者、寻找新的经验及追求被尊重的感觉列为青少年加入帮派的主要原因。[4]

在总结我国台湾地区相关研究后,周文勇等人认为,帮派经验介入、外在暴力威胁、地盘特征、特殊活动、自然领导者等五项原因催生青少年帮派形成。其中,帮派经验介入指自身就是其他帮派分子或是亲人属于帮派分子,青少年故具有帮派的经验;外在暴力威胁指“朋辈成员被别人欺负、殴打,因而团结成立帮派对抗敌人”;地盘特征指行为偏差团体在小区或学校内活动,久而久之形成帮派聚合;特殊活动指成员因“共同参与”庙会、飙车、偷车与玩乐等活动,自然形成帮派;自然领导者指某些成员“身材高壮、能力比较好、比较会逞凶斗

---

〔1〕 蔡德辉、杨士隆:《台湾地区少年加入帮派危险因子之实证研究》,台北,台湾社会问题研究学术研讨会,2002 年 9 月 27 ~ 28 日。

〔2〕 See Meda Chesney-Lind & Randall Shelden, *Girls, Delinquency and Juvenile Justice*, Belmont, CA: Wadsworth/Thomson Learning, 2004, p. 79 – 85.

〔3〕 参见蔡德辉、杨士隆:《帮派入侵校园问题与防治对策》,载蔡德辉、杨士隆主编:《青少年暴力行为:原因、类型与对策》,台北,五南图书出版股份有限公司 2002 年版,第 297 ~ 299 页。

〔4〕 参见侯崇文、侯友宜:《青少年帮派问题与防治对策》,载蔡德辉、杨士隆主编:《青少年暴力行为:原因、类型与对策》,台北,五南图书出版股份有限公司 2002 年版,第 318 ~ 320 页。

狠",经由他个人的倡导鼓吹,帮派终而形成。[1]

除这些心理、社会方面的因素外,未成年人加入未成年人帮派的家庭因素主要表现在以下几个方面。首先,亲子关系不畅、互动不佳可能促发未成年人寻求朋辈之慰藉,增加了加入帮派的风险。家庭破裂、父母离异或单亲家庭都可能增强帮派渗入。其次,如父母疏于管教或管教方式简单粗暴,有可能造成少年加入帮派寻求慰藉。最后,因社会、学校及家庭所提供的协助不足,加之未成年人懵懵懂懂,缺乏大是大非的辨别能力,未成年人帮派便成为其可选择的"另类家庭",作为情绪纾解的出口,以"丰富生活经验,教导社会性技能,有时是对抗父母或社会的不公平"。[2] 若父母面对强权怯弱无力,未成年人可能因此感到屈辱,并继而希望借助强势团体代为"伸张正义"。

帮派的出现以团体形式来"保护"或"维护"某位或某些成员的利益,并为此付出某些努力,而这些努力也成为未成年人加入与保持其成员资格的吸引力。未成年人帮派之所以能够短期内迅速成长并壮大起来,除其自身对未成年人有吸引力外,社会、家庭与学校对此缺乏应有重视与应对方法亦是重要因素。一旦遏制未成年人帮派存续的社会控制手段失控,未成年人帮派便会如鱼得水,借机发展。特别是在某些崇尚个人英雄主义的社区,对成年犯罪人的病态推崇会导致未成年人对社会道德取向无所适从,真假难辨。

### 四、未成年人帮派防治

结合未成年人帮派特征,未成年人帮派防治可定义为限制、减少和控制可能造成未成年人加入帮派及遏制其从事帮派偏差的各类资源、手段与方式的总和。对未成年人帮派的防治主要集中在对帮派少年进行教育辅导、校园危机处理及包括司法强力介入在内的社会综合治理上。

在校园危机处理上,蔡德辉、杨士隆提出防治帮派入侵校园的6点对策,即:加强父母亲子教育,健全家庭功能;学校及早辅导介入;学校加强校园安全维护措施;社会专业辅导人员积极干预;动员社区邻里组织;及加强警方、司法部门与学校合作,共同取缔、扫荡帮派入侵校园活动。[3] 据美国研究,少年最

---

〔1〕 参见周文勇、许正道:《幼齿的江湖》,载《刑事双月刊》2005年第11期。

〔2〕 吴嫦娥、余汉仪:《小哥大的青春组曲——青少年加入成人帮派经验之探讨》,载《台大社会工作学刊》2007年第10期。

〔3〕 参见蔡德辉、杨士隆:《帮派入侵校园问题与防治对策》,载蔡德辉、杨士隆主编:《青少年暴力行为:原因、类型与对策》,台北,五南图书出版股份有限公司2002年版,第302~305页。

可能在15岁或16岁加入帮派,[1]而这一时期通常是由初中升入高中的过渡阶段。在通常情形下,下述行迹可帮助判别未成年人是否参加校园帮派,诸如改变交友圈、改变衣着打扮、炫耀具有帮派符号的书籍与衣物、花钱大手大脚且来源不明、携带管制器械、对学业与家人漠不关心、酗酒及使用帮派暗语与手势等。[2]

1987年,美国联邦司法部未成年人司法与偏差预防署开始支持减少与预防未成年人帮派的研究课题。最早从事这一研究的为史柏高,并于20世纪90年代形成"史柏高帮派干预与压制模式"("Spergel" Model of Gang Intervention and Suppression),亦即"综合帮派模式"。这一模式要求通过社区与政府机构合作发展五项策略,即邻里动员(neighborhood mobilization)、社会干预包括街头救助(social intervention)、提供社会和经济机会(provision for social and economic opportunities)、帮派镇压和监禁(gang suppression and incarceration)与组织发展战略(organizational development strategy)。[3] 其中,组织发展战略系指成立专门警察机关和矫正机构。2000年起,未成年人司法与偏差预防署会同联邦教育部、卫生与福利部、劳工部和财政部,宣布实施两项新的帮派计划以解决和减少未成年人帮派犯罪和学校与社区中的暴力,即"无帮派社区计划"(Gang-Free Communities Program)与"无帮派学校计划"(Gang-Free Schools Program)。

就未成年人帮派的立法与司法管辖来看,近年来域内外对其处分有趋紧态势。同样以美国为例,1988年加利福尼亚州通过《街头恐怖主义增强与保护法》(Street Terrorism Enforcement and Protection Act, STEP),成为全美首个以单行刑法控制街头帮派的州。尽管这部法律仅执行到1996年便寿终正寝,但许多州仍以加利福尼亚州模式纷纷加以仿效。近年来,各州趋向于将未成年人帮派案件从传统少年法庭的管辖中移转出来,并交由刑事(成人)法庭处分。[4]

---

〔1〕 See Office of National Drug Control Policy, *Teens, Drugs and Violence: A Special Report*, Washington, DC: Office of National Drug Control Policy, Executive Office of President of the United States, 2007, p. 2.

〔2〕 参见蔡德辉、杨士隆:《帮派入侵校园问题与防治对策》,载蔡德辉、杨士隆主编:《青少年暴力行为:原因、类型与对策》,台北,五南图书出版股份有限公司2002年版,第302～305页。

〔3〕 See Irving Sperge, David Curry & Ron Chance et al., *Gang Suppression and Intervention: Problem and Response*, Washington, DC: Office of Juvenile Justice and Delinquency Prevention, U. S. Department of Justice, 1994, p. 7.

〔4〕 See Martin Gardner, *Understanding Juvenile Law*, Newark, NJ: LexisNexis Press, 2003, p. 199－200.

在我国,尽管未成年人帮派危害整体上未达到域外那样已近衍生为黑社会犯罪的地步,但仍需引起社会各界高度重视。目前对未成年人帮派的防治主要散见于《刑法》与《预防未成人犯罪法》等法律中,如《预防未成年人犯罪法》第 37 条规定,“未成年人的父母或者其他监护人、学校发现未成年人组织或者参加实施不良行为的团伙,应当及时制止;发现该团伙有违法犯罪嫌疑的,应当立即向公安机关报告”。但在校园防治未成年人帮派入侵、社区控制、帮派少年心理辅导及家庭教育等方面亦有提高的空间,这也是未来一段时间里未成年人帮派防治亟须加强的领域。

# 第四章　模式：未成年人司法模式运作

## 第一节　未成年人权利概说

### 一、未成年人普通权利与专有权利

未成年人的权利应至少分为两类，即未成年人的普通权利及未成年人的专有权利。未成年人的普通权利系指未成年人与成年人共享的普通权利，该类权利既可为成年人所享有，也可由未成年人享有。换句话说，少年并不会因为其“未成年”特征而过多享有权利，也不会因此而被剥夺应有的权利。

《儿童权利公约》在提出具有约束力的最低标准的同时，亦要求据不断变化的普遍价值原则和做法，不断调整、加强和改进对未成年人的权利保护。《儿童权利公约》包含了一整套普遍商定的准则和义务，在追求公正、彼此尊重及和平的社会的过程中，将儿童放在中心位置。《儿童权利公约》通过确立保健、教育及法律、公民和社会等方面的服务标准来保护儿童的上述权利。这些标准是评价进步情况的尺度。《未成年人保护法》第3条规定，“未成年人依法平等地享有各项权利，不因本人及其父母或者其他监护人的民族、种族、性别、户籍、职业、宗教信仰、教育程度、家庭状况、身心健康状况等受到歧视”。这些权利大体上可视为普通权利在未成年人身上的具体化。

至于未成年人的专有权利，则与未成年人的普通权利相对应，系指因少年“未成年”特征而享有与成人不同的权利。未成年人的专有权利通常是考虑未成年人身心尚未发育完全而给予的特殊权利。这些权利涵盖有获得照料、关怀、训练和指导，为其健康成长提供帮助和教育及在其父母或监护人不能提供其所应享有的保护时，为实现其最佳利益，赋予扶持、抚养、受教育和司法救济等权利。但这种分类固然有其必要性，但二者之间的区别并非一成不变。成人在特定情形下可获得某些少年所独享的权利，而专属成人的权利也可能为少年所享有。《儿童权利公约》确立了世界各地所有儿童时时刻刻应享有的基本人权：生存权；全面发展的权利；免遭有害影响、虐待和剥削的受保护权；全面参与家庭生活、文化生活和社会生活的权利。

按照未成年人权利系属儿童福利系统还是狭义上的未成年人司法系统，本书认为，未成年人权利可分为儿童福利中的未成年人权利与未成年人司法中的未成年人权利两种，这里仅就后者作简单探讨。《儿童权利公约》因时代所限对未成年人保护，特别是司法保护方面仍相当不足，这一点也可由其后联合国先后制定的《北京规则》、《利雅得准则》、《联合国保护被剥夺自由少年规则》（United Nations Rules for the Protection of Juveniles Deprived of their Liberty）等佐证。

《北京规则》专章列举未成年人在诉讼各个阶段应当享有的基本权利，如无罪推定、指控罪状通知本人沉默权、聘请律师、要求父亲或母亲或监护人在场、与证人对质及上诉等权利。该规则亦对未成年人的隐私权保护表示特殊关注，要求避免因不适当宣传或加以点名而对其造成伤害及原则上不应公布可能会导致使人认出某一少年犯的资料。《儿童权利公约》第 40 条第 2 款又约定，所有被指称或指控触犯刑法的儿童至少应得到下列保证，“在依法判定有罪之前应视为无罪；迅速直接地被告知其被控罪名，适当时应通过其父母或法定监护人告知，并获得准备和提出辩护所需的法律或其他适当协助；要求独立公正的主管当局或司法机构在其得到法律或其他适当协助的情况下，通过依法公正审理迅速作出判决，并且须有其父母或法定监护人在场，除非认为这样做不符合儿童的最大利益，特别要考虑到其年龄或状况；不得被迫作口供或认罪；应可盘问或要求盘问不利的证人，并在平等条件下要求证人为其出庭和接受盘问。若被判定触犯刑法，有权要求高一级独立公正的主管当局或司法机构依法复查此判决及由此对之采取的任何措施；若儿童不懂或不会说所用语言，有权免费得到口译人员的协助；其隐私在诉讼的所有阶段均得到充分尊重”。

依“戈尔特案”，美国偏差少年在拘留后可拥有多项宪法性权利，包括充分告知（adequate notice）、律师协助（assistance of counsel）、禁止自证其罪（privilege against self-incrimination）及与证人对质和交叉询问（privilege of confronting and cross-examining the witnesses）等权利。[1] 若未成年人被指控触犯某种通常由成人实施的犯行时，正当程序要求“超越合理怀疑”这一较高证明标准。[2] 传闻证据（hearsay）亦不得作为呈堂证供，未成年人有权对质和质

〔1〕 In re Gault, 387 U. S. 1 (1967).

〔2〕 In re Winship, 397 U. S. 358 (1970).

询证人,并可获充足、及时与书面控诉告知及充裕时间反应等正当程序保护。未成年人享有自行辩护权及拒绝作证权。为确保认罪处于完全自愿而非刑讯逼供或诱供,米兰达规则(Miranda warnings)将被严格予以贯彻。

(一)获得律师帮助权

获得律师帮助、及时审判及公开审判的权利对于保证"儿童最佳利益"原则意义重大。《北京规则》第 15 条规定,在整个诉讼程序中,未成年人应有权由 1 名法律顾问代表,或在提供义务法律援助的国家申请这种法律援助。父母或监护人应有权参加诉讼,主管当局可以要求他们为了未成年人的利益参加诉讼。但若有理由认为,为了保护未成年人的利益须排除他们参加诉讼,则主管当局可以拒绝他们参加。

在 1932 年"鲍威尔诉阿拉巴马州案"(*Powell v. Alabama*)中,美国联邦最高法院判决获得律师帮助以便咨询法律问题乃是自由的基本保障,但留给各州自行决定。[1] 大法官乔治·苏哲兰(George Sutherland)有这样精彩论述,"即使那些聪明的和受过教育的外行也对法律科学知之甚少,甚至一窍不通。若没有辩护律师帮助,他可能在不恰当的指控下被送上审判席,并且依据与此案无关的或者其他不被承认的对他不利的不足证据而获罪。没有辩护律师,即使他可能无罪,也面临定罪的危险,因为他不知道如何证实自己的清白"。[2] 对于大多身处弱势群体的未成年人来说,无论是未成年人刑事司法还是未成年人行政司法或未成年人民事司法,获得有效律师协助对于维护其合法权益至关重要。

(二)隐私权保护与污点不公开

未成年人隐私权的适当保护对于切实保障其合法权益、避免过早"标签"意义非常。刑事(成人)法庭的记录皆为法庭档案,研究人员和民众一般可自行前往调阅。而少年法庭则希望有关庭审记录不会给未成年人以后的学习与生活带来不必要的负面影响,故当且仅当法官同意获得法庭档案的期许才可能成为现实。若案情过于严重,许多少年法庭有时也会应媒体要求而将部分档案公布于众,但所涉内容仍有限。

民众的知情权常被认为是自由、民主的集中表现。以美国为例,1791 年开国元勋们在制定《权利法案》时将"新闻言论自由"列为第一修正案权利,作为

---

〔1〕 *Powell v. Alabama*, 287 U. S. 45 (1932).

〔2〕 [美]罗纳尔多·V. 戴尔卡门:《美国刑事诉讼——法律和实践》,张鸿巍等译,武汉大学出版社 2006 年版,第 511 页。

最重要的一项民权。该修正案规定，“国会不得制定关于下列事项的法律：确立国教或禁止信教自由；剥夺言论自由或出版自由；或剥夺人民和平集会和向政府请愿申冤的权利”。随着新闻媒体的普及，民众知情权往往是通过媒体报道而完成的，而后者也常常以“新闻斗士”自居。

然媒体对偏差少年尤其是出庭受审少年报道的尺度如何把握几何，是长期困扰新闻界与司法界的难题。20 世纪 70 年代，美国联邦最高法院通过“俄克拉何马出版公司诉地区法院与俄克拉何马市案”（*Oklahoma Publishing Co. v. District Court in and for Oklahoma City*）与“史密斯诉每日信报出版公司案”（*Smith v. Daily Mail Publishing Co.*）两个判例奠定了未成年人保密与媒体的关系。在前一判例中，美国联邦最高法院判定，只要媒体从法院以外获得偏差少年的姓名与照片，法院不得禁止媒体将其公布于众，否则违反联邦《宪法第一修正案》。[1] 而在后一案例中，若媒体通过合法手段获取偏差少年姓名而将其公布，州法律不得对此禁止，否则违宪。[2] 在“戴维斯诉阿拉斯加州案”（*Davis v. Alaska*）中，美国联邦最高法院认为尽管存在保密法（confidentiality law），但在庭审交叉询问阶段未成年证人之缓刑身份可予公开。[3]

从 1992 年起，美国不少州修订原有法律，始允许公布偏差少年姓名，不过仍仅囿于犯有严重犯罪与暴力犯罪的偏差少年。目前，已有 42 个和 46 个州分别允许在一定条件下公布出庭少年的姓名与照片。例如，对那些已两次被裁定为重罪及非法携带武器的偏差少年，密西西比州允许媒体对其姓名与住所予以曝光。[4] 又如，英国《1999 年青少年司法和刑事证据法》（Youth Justice and Criminal Evidence Act 1999）规定，在法庭审理案件和调查的过程中，犯罪过程中出现的任何 18 岁以下未成年人都不应该被公开报道，包括不能透露其姓名、地址、学校和教育机构、工作环境及照片和视频等任何足以证明他身份的资料，以免民众以为他就是犯罪嫌疑人。《北京规则》第 8.1 条规定，“应在各个阶段尊重少年犯享有隐私的权利，以避免因不适当的宣传或加以点名而对其造成伤害”。第 8.2 条又规定，“原则上不应公布可能会导致使人认出某一少年犯的资料。”《北京规则》第 21.1 条继而规定，“对少年罪犯的档案应严格保密，不得让第三方利用。应仅限于与处理手头上的案件直接有关的人员

---

〔1〕 *Oklahoma Publishing Co. v. District Court in and for Oklahoma City*, 430 U. S. 308 (1977).

〔2〕 *Smith v. Daily Mail Publishing Co.*, 443 U. S. 97 (1979).

〔3〕 *Davis v. Alaska*, 415 U. S. 308 (1974).

〔4〕 See Rolando del Carmen & Chad Trulson, *Juvenile Justice: The System, Process and Law*, Belmont, CA: Wadsworth/Thomson Learning, 2006, p. 107.

或其他经正式授权的人员才可以接触这些档案”。第 21.2 条又规定,“少年罪犯的档案不得在其后的成人诉讼案中加以引用”。

## 案例十五

2003 年 1 月 18 日,加拿大一对年龄分别为 15 岁、16 岁的姐妹不满母亲嗜酒,诱骗其饮入掺有可卡因的伏特加。然后,姐姐戴上手套将其母头部按入浴缸长达 4 分钟直至死亡。在确认母亲死亡后,姐妹二人与朋友在附近的餐馆大肆庆祝。东窗事发后,姐妹二人均被判处 10 年有期徒刑:6 年监禁与 4 年社区条件监管。[1] 而依加拿大《青少年刑事司法法》,两人隐私权收到严格保护,其身份不能被公开。

《未成年人保护法》第 49 条规定,“新闻媒体应当加强未成年人保护方面的宣传,对侵犯未成年人合法权益的行为进行舆论监督。新闻媒体采访报道涉及未成年人事件应当客观、审慎和适度,不得侵犯未成年人的名誉、隐私和其他合法权益”。第 103 条又规定,“公安机关、人民检察院、人民法院、司法行政部门以及其他组织和个人不得披露有关案件中未成年人的姓名、影像、住所、就读学校以及其他可能识别出其身份的信息,但查找失踪、被拐卖未成年人等情形除外”。《未成年犯管教所管理规定》第 24 条规定,“对未成年犯的档案材料应当严格管理,不得公开和传播,不得向与管理教育或办案无关的人员泄漏”“对未成年犯的采访、报道,须经省、自治区、直辖市监狱管理局批准,且不得披露其姓名、住所、照片及可能推断出该未成年犯的资料”。《人民检察院办理未成年人刑事案件的规定》第 4 条明文规定,“人民检察院办理未成年人刑事案件,应当依法保护涉案未成年人的名誉,尊重其人格尊严,不得公开或者传播涉案未成年人的姓名、住所、照片、图像及可能推断出该未成年人的资料”。《公安机关办理未成年人违法犯罪案件的规定》第 5 条规定,办理未成年人违法犯罪案件,应当保护未成年人的名誉,不得公开披露涉案未成年人的姓名、住所和影像。在我国香港特别行政区,如法院认为确有需要,可拒绝记者旁听庭审。同时,法律要求任何有关少年法庭及有关上诉案件的报道,皆不得提及涉案未成年人(不论是被告人或证人)的姓名、地址或就读学校,亦不得透露任何足以导致他们身份被识别的资料,不得发表任何有关图片。

偏差少年隐私权的保护并非绝对。《联合国保护被剥夺自由少年规则》规

---

〔1〕 彭琳:《残酷浴缸弑母,大多区两姐妹刑期未满欲出狱》,载温哥华信息港 2008 年 4 月 22 日,http://www.cnvancouver.com/index_readnews_ads.asp? id = 228881。

定，有两类人可查阅有关法律记录、医疗记录和纪律程序记录及与待遇的形式、内容和细节有关的所有其他文件，包括未成年人本人及“适当的第三者”。规则并未直接规定“适当的第三者”的范围，然其第22条有关“应毫不迟延地向有关未成年人的家长和监护人或关系最近的亲属提供上述入所、安置、转所和释放的资料”规定可初步认定系指“适当的第三者”。为了防止这项权利被滥用，《联合国保护被剥夺自由少年规则》第19条特别规定，“在可能情况下，每个少年均应有权对本人档案中所载任何事实或意见提出异议，以便纠正那些不确切、无根据或不公正的陈述。为了行使这一权利，应订立程序，允许根据请求由‘适当的第三者’查阅这种档案。释放时，少年的记录应封存，并在适当时候加以销毁”。在构建未来未成年人司法体系中，专司未成年人偏差的少年法庭（其还处理未成年人民事及行政案件）在案件审理过程中应当遵循不公开原则，对涉案未成年人隐私应当尽可能予以保护。但对于极个别因主观恶性极大、犯罪手段极其残忍、社会危害性极大、没有明显悔改表现或者符合一定条件的未成年累犯，可适当借鉴域外司法实践，遵照一定聆讯程序将其移送至普通刑事（成人）法庭，依据成人刑法及刑事诉讼法进行审理。对于后者，在案件审理过程中可选择适当公开，且涉案未成年人隐私较少年法庭之涉案未成年人保护力度为小，应充分考虑社会民众特别是被害人要求特定案件公开审理及未成年人隐私公开的要求，妥善处理。

### 二、未成年人权利的国际法保护

从1924年起，国际社会先后通过《日内瓦儿童权利宣言》、《联合国宪章》、《世界人权宣言》、《儿童权利宣言》、《儿童权利公约》及相关议定书、《儿童生存、保护和发展世界宣言》等国际公约，为未成年人保护的国际化奠定了初步基础。

对未成年人的保护上升为国际法层面，缔约国与签署国需严格遵照执行并制定、修改相应国内法，且随着“地球村”资讯业的发达，所有成员方都有权利与义务对其中一分子违反、漠视和践踏未成年人权益保护的不法行为予以监督、谴责与制裁，从而推动整个未成年人保护的全球化。国际法的规定尚且为基本原则，某些法域可因地制宜，在此基础上有所突破，进一步增加未成年人保护的范围与深度。但对那些连基本原则的实现亦尚需时日的法域来说，签署有关国际公约可将其直接推到国际社会面前接受监督。

1923年，“救助儿童会”（Save the Children）创始人英格兰特尼·杰布女士（Eglantyne Jebb）起草了《儿童权利宣言》。1924年9月26日，该草案为国际联盟(League of Nations)第五届大会通过,通称为《日内瓦儿童权利宣言》。该宣言规定“所有国家的男女都应承认人类负有提供儿童最好东西的义务”。[1]

在饱受纳粹与军国主义蹂躏与践踏后,1945 年 6 月,各法域代表汇聚美国旧金山召开“联合国国际组织会议”。会后签署了《联合国宪章》(Charter of the United Nations),于 1945 年 10 月 24 日生效。在序言中,《联合国宪章》重申基本人权,人格尊严与价值,及男女与大小各法域平等权利信念,并在第 55 条第寅款特别约定“全体人类之人权及基本自由之普遍尊重与遵守,不分种族、性别、语言或宗教”。未成年人的权益保障应属“全体人类之人权”应保护之列。

1948 年 12 月 10 日,第三届联合国大会通过第 217A(Ⅲ)号决议并颁布《世界人权宣言》(Universal Declaration of Human Rights,UDHR),列举出 30 项基本人权,旨在维护人类基本权利,这些基本人权成为儿童人权的基础。《世界人权宣言》明文规定了对未成年人的特殊保护,其第 25 条第 2 款规定,“母亲和儿童有权享受特别照顾和协助”“一切儿童,无论婚生或非婚生,都应享受同样的社会保护”。[2]

1966 年 12 月 26 日先后通过的《公民权利和政治权利国际公约》(International Covenant on Civil and Political Rights,ICCPR)与《经济、社会、文化权利国际公约》(International Covenants on Economic, Social and Cultural Rights,ICESCR)两个国际人权公约是世界人权的一大进步,并成为将来儿童权利公约前 41 条的制定依据。这两个公约也成为《世界人权宣言》一部分。《公民权利和政治权利国际公约》第 24 条第 1 款约定,“每一儿童应有权享受家庭、社会和国家为其未成年地位给予的必要保护措施,不因种族、肤色、性别、语言、宗教、国籍或社会出身、财产或出生而受任何歧视”。《经济、社会、文化权利国际公约》第 10 条第 1 款约定,“对作为社会的自然和基本的单元的家庭,特别是对于它的建立和当它负责照顾和教育未独立的儿童时,应给以尽可能广泛的保护和协助”,第 3 款又约定“应为一切儿童和少年采取特殊的保护和协助措施,不得因出身或其他条件而有任何歧视”“儿童和少年应予保护免

---

〔1〕《日内瓦儿童权利宣言》同时规定,“不分种族、国籍或信仰的差别,让所有儿童在下列各种事项中,都能获得保障,并承认这些事项为自己的义务:须提供儿童正常发展所需之物质上与精神上的各种需要;须提供食物给饥饿的儿童,并提供生病的儿童必要的治疗;身心发展迟缓的儿童,要获得适当的援助;对不良行为的儿童要给予改过自新的机会;孤儿和流浪儿亦应获得居住的场所,并得到适当的援助;遇到危难时儿童应优先获得救济;儿童有独立维持生计的地位,因此要避免受到任何形式的压榨;儿童须获得适当的培育,使其能够对全体人类有所贡献”。

〔2〕从 1950 年起,联合国大会将每年 12 月 10 日定为“世界人权日”。1968 年是《世界人权宣言》通过 20 周年,这一年也被联合国定为“国际人权年”。

受经济和社会的剥削”“雇佣他们做对他们的道德或健康有害或对生命有危险的工作或做足以妨害他们正常发育的工作，依法应受惩罚”“各法域亦应规定限定的年龄，凡雇用这个年龄以下的童工，应予禁止和依法应受惩罚”。1976年3月23日，两部公约正式生效。

在《日内瓦儿童权利宣言》与《世界人权宣言》的鼓舞与感召下，1959年11月20日，联合国大会以第1386(XIV)号决议通过了《儿童权利宣言》。为与《日内瓦儿童权利宣言》相区别，《儿童权利宣言》又被称为《1959年宣言》。该宣言回顾了《日内瓦儿童权利宣言》对未成年人保护的努力，并提出10项基本原则。

1978年，在众多非政府组织推动下，波兰政府委托亚当·洛帕萨(Adam Lopatka)起草《儿童权利公约》的最初蓝本。次年，联合国人权委员会(United Nations Commission on Human Rights)组建起草工作组，对波兰版本进行扩充与修正。这项工作一直持续了10年之久，直至1989年11月20日第44届联合国大会一致通过。1990年9月2日，《儿童权利公约》生效。《儿童权利公约》旨在建立保护儿童的国际标准，保障儿童在经济、政治、文化和社会中的权利，以防止儿童被照管不良、受剥削和虐待。该公约计54项条款，分为“生存权”“受保护权”“发展权”“参与权”等类别。公约的基本原则是，公约确立的权利一致适用于所有的儿童，不受种族、肤色、性别、语言、宗教信仰、政治主张等影响；“儿童最佳利益”原则包括儿童的健康、幸福和尊严，是决策者考虑一切问题的重要出发点。

2000年5月25日，联合国大会通过了《儿童权利公约》的两个议定书：《关于贩卖儿童、儿童卖淫和儿童色情制品问题的儿童权利公约任择议定书》和《关于儿童卷入武装冲突问题的联合国儿童权利公约任择议定书》(以下简称《禁止使用童军议定书》)，就保护战争冲突中儿童的权利，及打击贩卖儿童和强迫儿童卖淫等问题作了具体规定。关于儿童卷入武装冲突问题的议定书的主要内容包括：为防止武装冲突对儿童的伤害，各法域应确保未满18岁的人不被强制征募加入其武装部队，确保其不直接参加敌对行动。我国积极参与了公约的起草工作，并于1990年8月29日签署，1991年12月29日批准该公约。同时声明，将在符合宪法第25条关于计划生育的规定的前提下，据《未成年人保护法》第2条的规定，履行公约第6条所规定的义务。该公约1992年4月2日对我国生效。我国于2000年9月6日与2001年3月15日先后签署了《关于贩卖儿童、儿童卖淫和儿童色情制品的儿童权利公约任择议定书》与《禁止使用童军议定书》。联合国大会2011年12月19日通过《关于设定来文程序的任择议定书》(Optional Protocol on a Communications Procedure),我国尚未正式签署。

保护儿童的国际公约亦包括关于儿童保护和福利,特别是《国内和国际范围内的安置和收养问题社会及法律原则宣言》(Declaration on Social and Legal Principles Relating to the Protection and Welfare of Children, with Special Reference to Foster Placement and Adoption Nationally and Internationally)、《刑事司法系统中儿童问题行动指南》(Guidelines for Action on Children in the Criminal Justice System)、《关于在跨国收养方面保护儿童和进行合作的海牙公约》、《儿童拐骗事件的民事问题海牙公约》、《有关父母责任和保护儿童的措施方面的管辖权、适用法、承认、实施与合作的海牙公约》及国际劳工组织《关于禁止和立即采取行动消除最恶劣童工形式的第 182 号公约》等国际公约或宣言。

## 第二节　未成年人司法模式

### 一、未成年人司法运作基本模式

未成年人司法通常具有双重性特点:既是相对于刑事司法的未成年人法律制度,又是儿童福利制度,二者有机结合共同构成现代意义上的未成年人司法制度。各法域未成年人司法莫不介于福利制度与司法制度之间,重点不一,并随变化了的社会形势与现实在福利制度与司法制度间摇摆不定。

考察各法域未成年人司法体系,据其侧重点更多集中在儿童福利亦是狭义未成年人司法(未成年人刑事司法、未成年人民事司法、未成年人行政司法),大体上可概括为儿童福利模式(child welfare model)、司法模式及犯罪控制模式(criminal control model)。这些模式并非一成不变的,而是在各自发展过程中吸收与借鉴其他模式优点不断融合发展而成。何种模式最佳则很难简单统之,因其在很大程度上取决于各法域具体发展。

#### (一)儿童福利模式

儿童福利模式,系指以"儿童福利委员会"(child welfare council)等形式存在的儿童福利机构作为处理未成年人案件主要机构的未成年人保护模式。目前主要采用此种模式的主要是欧洲福利国家,且较集中于挪威、瑞典、丹麦等北欧国家。这些国家对于未成年人犯罪处分与众不同,认为未成年人犯罪问题乃福利问题,不能移送法院审判,而应由福利委员会负责管教。[1] 沈银河将“少年刑法”分为“以刑为教”、“以教代刑”与“弃绝刑罚”等三个发展阶段。在他看来,北欧模式为其最高发展阶段,即“弃绝刑罚”,完全放弃对未成年人犯罪适用刑罚而以儿童福利委员会的感化处分取而代之。虽然单纯采用福利模式解决未成年人问题的国家并不多见,但这并不意味着其他国家未成年人司法制度中未涵盖福利理念与制度。各法域除建构覆盖收养、救助、医疗等传统内容的儿童福利制度外,未成年人分流、少年审判与未成年人惩教等程序与措施无不体现儿童福利的身影。

(二)司法模式

司法模式,系指以少年法庭或相当于少年法庭功能的专门法庭,如家事法庭(家庭裁判所)等裁判机构担负起对未成年人案件审理的模式。在此种模式之下,少年法庭对问题未成年人犯罪进行管辖,亦对逃学、旷课、离家出走等偏差越轨行为行使管辖权。少年法庭亦可能审理涉及未成年人抚养、收养甚至继承等攸关未成年人切身权益的案件。目前,大多数法域,如美国、德国、法国、加拿大、日本及我国都采用此种模式。

(三)犯罪控制模式

犯罪控制模式强调刑罚而非矫正。支持犯罪控制模式的认为,既往矫正模式并不能有效解决未成年人犯罪攀升问题,且矫正效果极为有限,未成年人累犯率居高不下,须通过刑罚重建社会道德标准,亦可吓阻潜在犯罪人。近年来,不少法域未成年人司法体系越来越强调“犯罪控制”模式,主张偏差少年应为其偏差行为负责。在该模式下,尽管惩罚和福利的双重方法是可以接受的,但为了预防犯罪,惩罚效果更为直接。

## 二、未成年人司法基本流程

一如刑事司法,未成年人司法系统亦设有三个主要阶段,即入口、处理及出口,具体含义有所不同。“入口”,即通过有关有权机关或相关公民将涉嫌偏差的未成年人以适当形式予以记录并启动有关程序。入口直接决定整个未成年人司法系统运作的工作量,入口的大小取决于几方面因素:未成年人偏差的绝对数量;未成年人偏差的立案标准与分布状况;有权机关,主要是警察机关的实际办案能力。而“处理”则包括对案件的具体裁判与处理,既包括司法性质的庭审裁判,亦包括警方与缓刑部门等机关的分流处分。作为未成年人司

[1] 参见沈银河:《中德少年刑法比较研究》,台北,五南图书出版股份有限公司1988年版,第55页。

法体系的最后阶段,“出口”则是机构矫正、社区矫正及中间制裁措施等,往往意味着对未成年人惩教的具体效果。

在大多数情形下,未成年人进入未成年人司法体系由警察机关启动。当然,依各法域法制差异,亦有父母或其他监护人、街坊邻里、学校及有关社会福利机构将偏差少年直接或间接交付警方的。一旦警方确定未成年人确有可能涉嫌犯罪或偏差,需要提交检察官决定起诉与否,也可直接移送至少年法庭相关部门。从未成年人偏差通常社会危害性不大这一客观现实出发,警方享有较大的“微罪不举”之自由裁量权,也可直接对未成年人实行分流处分。起诉犹豫及附条件不起诉等制度为减少和避免污名化、使未成年人戒治亦提供了较有力的制度保障。

一旦少年法庭正式收案后,缓刑官会在未成年人父母或监护人在场的情况下,与其交谈,告知有关指控内容及诉讼权利。同时,缓刑官亦通常被要求尽可能地多收集有关该未成年人自身发展、家庭状况、学业表现等背景资料,条分缕析,以供法官裁判时参考。而这份报告对于偏差少年的具体安置相当重要:若认为未成年人行为较轻微,可建议进行分流安置,交社区进行矫正;否则将正式立案,交付法官审理。

庭审时,未成年人及其律师、父母或其他监护人、检察官及缓刑官通常都需到庭,处理案件的警官和学校辅导员等人亦可列席。若起诉副本在庭审时尚未送达,相关内容将在庭审时宣读。庭审伊始,法官会向未成年人及其父母或监护人发问,以确定其是否通晓指控内容。在讨论案件事实之前,法官会审查各方权利,然后决定起诉书所称事实是否存在及证据是否确实充分。若未成年人否定指控,则庭审正式开始。一旦确认未成年人从事所控行为,法官会依据其具体个人情况予以斟酌判案。

法官有这样几种裁判选择:驳回起诉、安置处分或将严重偏差少年转交刑事(成人)法庭进行审理。情节轻微的,责令父母或监护人严加管教或交由缓刑处进行社区矫正处分。如系心理问题,交心理矫正机构。

有别于成年人案件,处理少年案件既可以通过正式程序完结,也可以非正式程序进行。前者由正式指控(charge)、各种聆讯(hearing)及安置(disposition)等步骤组成;而后者则与这些瓜葛不大,多为分流处分。近年来,各法域以非正式程序处理少年案件比例呈稳步上升态势,亦反映出未成年人司法感化与救助未成年人的宗旨。不同于成人司法中的监禁与刑罚,未成年人司法矫正程序被设计成为矫正未成年人偏差的个别化司法处分措施。

以美国为例,其未成年人司法程序比较复杂,现结合“国家刑事司法标准与目标顾问委员会”(National Advisory Commission on Criminal Justice Standards and Goals)发表的《美未成年人司法程序一般流程》予以说明。虽然各州具体制度有些微差异,美国未成年人司法运作程序基本上已固定化,大体包括警方调查(police officer investigation)、收案筛选(intake screening)、呈请(petition)或起诉(prosecution)、裁判聆讯(adjudicatory hearing)、安置聆讯(disposition hearing)及惩教与戒治(corrections and rehabilitations)几个主要阶段。

在一般情形下,大多数少年案件由警方首先接手并处理。依据不同案情,警方通常具有较大自由裁量权来对偏差少年进行处理:劝诫并释放回家(counsel and release to parents);转介与社区分流(referral and diversions to community service);签发传票并转介少年收案、释放回家(citation and referral to juvenile intake, release to parents);移交少年拘留所或庇护所(transport to juvenile hall or shelter)等。其中前三者的处分结果相对较轻,偏差少年甚至可直接回家,基本上不会进入未成年人司法的正式体系之中。但对于偏差行为较重的偏差少年,警方亦可将其拘留,从而表明少年至此正式进入未成年人司法的处分流程。尽管法院接手的大部分少年案件源于警方,这并不意味着其他机构与社会公民不能向法院提出呈请。除检察官外,偏差少年的父母或监护人、学校甚至邻居都可直接向法院控诉偏差少年。

在收到上述案源后,少年法庭尚需进行“收案筛选”,以筛滤出具体受理案件。在筛选后,偏差少年通常会面对这样三种处理结果:释放或转介至社区处分(release or referral to community resources);审前释放回家(release to parents prior to court appearance);审前拘留或置于庇护所(detention or shelter prior to court appearance)。其中,后两者处理结果表明法院已经正式受理案件,并将择日审理。

裁判聆讯与安置聆讯是少年法庭审判偏差少年的主要程序。裁判聆讯,其大体相当于刑事(成人)法庭中的审理过程,用以判断未成年人是否犯有过失、身份过错及遭遇照管不良或虐待。安置聆讯相当于刑事审理中的量刑阶段,是整个少年法庭程序中最为重要的环节。安置包括名义安置(nominal disposition)、附条件安置(conditional disposition)及监禁安置(custodial disposition)三种。其中,“名义安置”含警告(warning)与训诫(reprimand),“附条件安置”(conditional disposition)包括赔偿(restitution)、罚金(fine)、社区服务、社区监督与缓期安置。“监禁安置”则包括“非严格监禁”与“严格监禁”两种,其中“非严格监禁”又包括寄养在家,群体家庭与野营、农场、学校。

在安置结果形成以后,不同少年矫正机构随即展开对偏差少年的矫正与戒治。

上述流程仅可视为对美国未成年人司法程序的共性特征。因各州经济发展水平、政治意识及民众对偏差少年的容忍度的差异,不同州在运作时皆对这些程序做适当的调整,以适应具体需要。

### 三、未成年人司法实务者

《北京规则》要求各缔约方,"行使处理权的人应具有特别资历或经过特别训练,能够据自己的职责和权限明智地行使这种处理权"。因涉及面较广,未成年人司法常弃"诉讼参与人",而代之以"未成年人司法实务者"(juvenile practitioner)。未成年人司法实务者因不同法域而有些微差异,但大都包括法官、检察官、书记员、调查官、辩护律师及法警等。

#### (一)少年法庭法官

依"国家亲权"法则,国家在父母及监护人无力或懈怠亲权时得以国家强制力介入,实现对未成年人保护的目的。与刑事(成人)法庭的法官相比,少年法庭法官通常都拥有较大的自由裁量权。尽管法官地位及作用可能因各法域有所不同,但毫无疑问的是,职业法官在其中任一模式下皆处于核心地位,对于案件审理的全过程起着举足轻重的作用。少年法庭法官化身为未成年人的临时替代父母,肩负起矫正其不良性格、优化成长环境的重任。在审理中,法官须承担起"仁慈而严厉的父亲"角色,这与"国家亲权"法则的本意不谋而合。与其说法院是审理未成年人偏差的场所,不如说是对未成年人对症治疗的诊所,以确定何种治疗方案对其健康成长更为有效。法官需从未成年人立场思量全盘解决方案,有的放矢,急未成年人所急,想未成年人所想。

美国科罗拉多州丹佛少年法庭的本杰明·林赛(Benjamin Lindsey)法官被誉为少年法庭法官楷模而声名远播,为国际公认的未成年人犯罪与家庭关系研究的权威,著有《现代青少年之叛逆》(*The Revolt of Modern Youth*)一书。在他看来,"[司法机关]之目的在于尽其所能,尽其所能地减轻伤害;它力求树立人格—造就好公民而非无用的犯罪人。国家因此帮助自己和孩子,因为孩子的利益即为国家的利益"。[1] 林赛法官对未成年人司法的贡献远不限于此,他不仅是少年法庭运动的先驱者,并主持筹建了丹佛少年法庭。在他 1900 ~ 1927 年主持期间,该少年法庭闻名于世。秉持法律应对未成年人有不同于成

---

〔1〕 Julian Mack, *The Juvenile Court*, *Harvard Law Review*, 23(2), 1905, p. 104 – 122.

年人的对待这一坚定信念，他关注贫困与未成年人犯罪之间的关系，起草了诸多对未成年人司法制度具有深远意义的法律文书，并首创或推介若干行之有效的未成年人司法运作模式。例如，他引入“荣誉系统”（honor system），率先在该州勾登市习艺所得以实行。这一体系允许男童可不入校，但须遵守《荣誉规则》（Code of Honor）。在数百名习艺所学员中，仅五人未能遵守。

在很长时间里，法官的职业素养与其社会地位却是少年法庭的老大难问题。以美国为例，直到20世纪60年代末，少年法庭法官报酬比较刑事（成人）法庭同事为少，且没有专门的书记员为其分忧解难。据调查，当时1/4的少年法庭法官没有受过法学院教育，而1/5的少年法庭法官甚至没有读过大学。〔1〕《儿童权利公约》第3条第3款要求各缔约方，“应确保负责照料或保护儿童的机构、服务部门及设施符合主管当局规定的标准，尤其是安全、卫生、工作人员数目和资格及有效监督等方面的标准”。早在1936年5月，相关部门颁布训令，“至审理此种少年之诉讼程序，虽应依照刑事诉讼法办理，然少年犯之心理，究与成年犯有别。若审判时不加注意，予以同一处置，殊失保护少年之宗旨。嗣后各该法院对于少年案件，务须择法官之经验丰富，性情和厚，且于心理学、犯罪学、教育学有相当研究者分配审理”。〔2〕

经年累月之不懈发展，各法域少年法庭法官队伍不仅在数量上有了惊人增加，同时在专业素质上亦有了质的飞跃。美国、英国、加拿大、新西兰等法域皆要求担当少年法庭法官除具备一般法官任职资格外，仍需额外资格或接受特殊培训，通晓未成年人保护相关理论。如英国《1954年少年法庭（组成）规则》规定，“获甄选担任少年法庭法官的裁判官，须在处理青少年案件方面‘具有特别资格’”。据新西兰《1989年儿童、青少年及其家事法令》的规定，“获委任为少年法庭法官的区域法院法官，须具有所需的训练、经验、性格，及对不同文化观点的了解和认同”。〔3〕

在少年法庭法官筛选方面，我国台湾地区“少年法庭院长、庭长及法官遴选办法”对少年法庭法官任职资格作了比较详尽的列举。如少年法庭院长及法官须对少年保护具有较高学识、经验与热诚。为将这一相对主观的概念落到实处，该办法逐一列举学识、经验与热诚的认定办法。以学识为例，该办法

---

〔1〕 See Susan Guarino-Ghezzi& Edward Loughran, *Balancing Juvenile Justice*, New Brunswick, NJ: Transaction Publishers, 1996, p. 97.

〔2〕 沈银河：《中德少年刑法比较研究》，台北，五南图书出版股份有限公司1988年版，第13～14页。

〔3〕 余肇中：《选定海外地区少年法庭的运作》，（中国香港特别行政区）立法会秘书处数据研究及图书馆服务部，2003年5月20日，第52页。

规定系“指与少年保护相关之法学、心理学、精神医学、教育学、犯罪学、社会学、家庭动力学、儿童及少年福利、谘商与辅导学、社会政策与社会立法、社会工作、个案研究等专业学识”。而经验系指“曾在少年教育或辅导机构、社会福利机构或相关之团体从事教育、保护或辅导少年等工作,或曾在少年法庭办理少年事件等之经验”。热诚则是由“司法院”“办理性向及心理测验评量之”。[1]

除职业法官外,许多法域亦邀请其他社会人士参与对未成年人案件的审理。据《刑事诉讼法》,对未成年人的案件审理可由法官或法官与陪审员共同审理。《预防未成年人犯罪法》第 7 条规定,“公安机关、人民检察院、人民法院、司法行政部门应当由专门机构或者经过专业培训、熟悉未成年人身心特点的专门人员负责预防未成年人犯罪工作”。1991 年 4 月,最高人民法院、国家教育委员会、共青团中央委员会、中华全国总工会、全国妇联联合发出《关于审理少年刑事案件聘请特邀陪审员的联合通知》。该通知指出,法院可从当地聘请教育机构的教育工作者,共青团、妇联、工会干部为特邀陪审员。该通知同时对“特邀陪审员”的资格作了一定的说明与要求,即“了解少年生理、心理特点,热心从事教育、挽救失足少年的工作,作风正派,责任心强,有一定工作能力,具有基本法律知识的人员”。2021 年 1 月,最高人民法院发布《关于加强新时代未成年人审判工作的意见》,第 19 条要求,“各级人民法院可以从共青团、妇联、关工委、工会、学校等组织的工作人员中依法选任人民陪审员,参与审理涉及未成年人案件。审理涉及未成年人案件的人民陪审员应当熟悉未成年人身心特点,具备一定的青少年教育学、心理学知识,并经过必要的业务培训”。

(二)检察官

检察官的角色在未成年人偏差中亦不可或缺。“全美地区检察官协会”(National District Attorneys Association)前副主席詹姆斯 · 柏克斯(James

---

[1] 我国台湾地区“少年法庭院长、庭长及法官遴选办法”第 4 条规定,“符合下列资格之一者,为具有前项少年保护之学识:一、着有与该专业学识相关之硕士以上之学位论文。二、五年内参加政府机关、公私立学术单位或经政府立案之非营利团体所举办,与该专业学识有关之讲习会、研讨会或其他类似会议,或至政府机关或其他声誉卓著公、私立团体或机构,就与该专业学识有关之事项为实地考察,合计时间达四十小时以上。三、五年内受邀担任政府机关、公私立学术单位或经政府立案之非营利团体所举办,与该专业学识有关之讲习会、研讨会或其他类似会议讲座或专题报告人,合计时间达三十小时以上。四、五年内选修大学院校或研究所与该专业学识有关之课程,已取得二学分以上或实际上课时数达四十小时以上。五、曾任职政府机关或公民营事业机构,办理与该专业学识相关之业务达二年以上。六、五年内于各大学、学院、学系、研究所出版之学术刊物,或发行具有影响力之法律专业性杂志,或其他设有论文审查制之杂志,或各法院之年度研究报告,发表与该专业学识有关之三千字以上论文二篇以上或六千字以上论文一篇以上”。

Backstrom)曾指出,“未成年人司法乃系近日美国检察官经办的最为艰难和负责的领域”。[1] 未成年人检察官介评将于后文探讨,不再累述。

(三)缓刑官

缓刑官(probation officer)的角色对未成年人司法体系同样不可或缺,既负责审前调查,亦负责审后监督。我国台湾地区对此细化,将前者称为调查官,后者为观护官;在我国香港特别行政区则通称为感化主任。缓刑官的有关内容请参阅下章有关内容。

(四)辩护律师及其他参与人

各法域未成年人司法制度皆强调未成年人父母或监护人的参与;除非法庭另有指示,否则皆须出席法庭诉讼程序中的所有阶段。比如,美国大多数州在法院审理未成年人案件时,允许少年家庭成员或父母、少年希望出现之人及与少年有关的人在审判程序中出现,同时禁止某些会伤害少年的人出席。

辩护律师是少年法庭庭审中不可或缺的重要人物。在少年法庭存续中早期,辩护律师及控辩式诉讼很长时间未必被纳入少年审判之中。随着“戈尔特案”等,辩护律师在少年审判中的地位及作用日益突出,但其效果仍有待提高:美国少年法庭中不到1/9(11%)的辩护律师花费5小时准备案件;半数以上律师承认其对少年法没有特殊兴趣或经历。[2] 近年来,少年法庭在强调其正式化方面做了大量积极有效的工作,包括延请“公共辩护人”(public defender)出庭。以前充任该角色的大多是少年犯的缓刑监督官或者与未成年人案情有些许利害关系的社会工作者。然这些缓刑官和社会工作者的性质却不免令人怀疑其中立性,毕竟其在执法与维护未成年人利益之间有交叉之处,尚存有冲突且较难调和的地方。[3]

少年法庭早期,法院里的义工属于见习人员,大部分没有经过训练,在支持法官工作时履行了诸多服务职能。随着专业化服务变得越来越普通,义工所扮演的角色亦日见萎缩了。义工在少年法庭早期发展中起了无以替代的作用,解决了当时人员严重不足的窘境。但随着少年法庭制度的不断完善,大量

---

〔1〕 James Backstrom & Gary Walker, *Celebrating* 100 *Years of Juvenile Courts in Minnesota*: *The Role of the Prosecutor in Juvenile Justice*: *Advocacy in the Courtroom and Leadership in the Community*, 32 Mitchell Hamline Law Review, 2006, p. 963.

〔2〕 See Lotz, Roy, *Youth Crime in America*: *A Modern Synthesis*, Upper Saddle River, NJ: Pearson Prentice Hall, 2005, p. 290.

〔3〕 See Gary Rabe & Dean J. Champion, *Criminal Courts*: *Structure*, *Process*, *and Issues*, Upper Saddle River, NJ: Pearson Prentice Hall, 2002, p. 343.

受过专业训练的专业人士,特别是法官与缓刑官的加入,使少年法庭解决了制约其发展的瓶颈问题。然义工并没有自动消失,相反在其他领域开辟了新的战场,如在未成年人惩教,特别是在社区矫正及监所辅导等专业法官与检察官鞭长莫及的领域大显身手。

# 第二编

# 未成年人司法理论与法则

# 第五章　解析：未成年人偏差原因及控制

## 第一节　犯罪学理论解读

究竟是何种动机与目的，驱使未成年人实施偏差活动？其起因错综复杂，社会结构重组、经济状况变化及道德价值观念演变等都无形中增加了未成年人偏差的概率，故造成未成年人偏差起因多元化与复杂化：一方面，未成年人偏差具有与成年人犯罪相类似的原因；另一方面，基于其幼小年龄而造成的心理、体质差异亦表明未成年人偏差仍具有不同于成年犯罪的特征。单一犯罪学理论尚不能对未成年人偏差起因作透彻解释。

在历史长河中，犯罪古典学派、实证学派、激进与批判学派及后现代主义等学派先后粉墨登场。部分理论是关于偏差的一般性解释，亦有理论直接阐述未成年人偏差，透过这些理论可窥见未成年人偏差的缘由。而通过发现、挖掘、深究未成年人偏差原因，并进而归类、预测后，或可建立犯罪趋势与理论，以实现解释犯罪原因并加以预防控制的最终目标。学术界与实务界对未成年人司法及未成年人刑事政策之导向存在一定分歧：一方面，部分学者主张对未成年人犯罪实施轻刑化，以彰显国际趋势；另一方面，立法及司法界对高居不下的未成年人犯罪头疼不已，短时间内实现轻刑难度不小。推动宏观或微观未成年人司法或未成年人刑事政策之驱动力除学者及立法与司法界在理念上的博弈与冲突外，推手尚包括民众对未成年人犯罪的容忍程度、刑事司法机关的办案能力、儿童福利机构，特别是社区的有效参与等多方面因素，而非一厢情愿。因而，一定时间内相对稳定的立法与司法政策就显得十分必要，辅之以动态的微观政策调整，这应是我国未来一段时间的未成年人司法及未成年人刑事政策基本导向。

无论是刑事司法政策还是未成年人司法政策，皆受到犯罪学理论与主张影响。哈里·艾伦(Harry Allen)与克利福德·斯蒙森(Clifford Simonsen)即认为刑事政策走向如同“钟摆效应”(pendulum swings)，伴随犯罪学理论的交替而不断更换。[1] 在犯罪学诞生至今300年,犯罪古典学派、犯罪生物学派、犯罪心理学派、犯罪社会学派、激进犯罪学及后现代主义犯罪学等学派次第出现,许多都提出了对未成年人犯罪原因、特征及防治对策的见解和主张。这些政策先后促发惩罚模式(punishment model)、戒治模式(rehabilitation model)与司法模式的产生。澳大利亚未成年人司法学者克里斯·康涅恩(Chris Cunneen)与罗伯·怀特(Rob White)更直言,针对未成年人偏差之正式应对措施发展莫不受犯罪学理论之影响。[2]

## 一、古典学派视角

### (一)古典学派溯源

犯罪古典学派(classical school)又称刑事古典学派,其形成主要归功于贝卡里亚和杰里米·边沁(Jeremy Bentham)。从自然主义和理性主义出发,犯罪古典学派的早期理论家们莫不受到托马斯·霍布斯(Thomas Hobbes)的自由意志论、约翰·洛克(John Locke)的经验主义、查尔斯·路易斯·孟德斯鸠(Charles louis de Montesquieu)的权力分立、伏尔泰(Voltaire)[3]的正义论和卢梭的社会契约论(social contract)等巨大影响。[4]

在古典学派框架下,刑罚目的在于吓阻侵犯他人合法利益,因个人放弃自己的一部分权利给国家,国家就有责任通过实施刑罚来保护其成员。贝卡里亚和边沁高举民主和个人自由旗帜,以功利主义(utilitarianism)和社会契约论为理论出发点,主张人是有理性的,有自由意志和追求个人快乐的天性。古典犯罪学不是寻求人从事犯行之因,而是依据理性原则来实现司法操作,这也是为什么它被称为“法律犯罪学”(legal criminology)的缘由。

1764年,贝卡里亚发表了《论犯罪与刑罚》(*On Crimes and Punishments*),这部著作对古典犯罪学最终成形起到不可估量的作用。在贝卡里亚看来,惩罚是必要的,因为人们生来总是自私自利的。一旦没有拘束,人们就会试图扩大他们自己的个人快乐,即使这侵犯了他人的权利和自由。因此,贝卡里亚进

---

〔1〕 See Harry Allen & Clifford Simonsen, *Corrections in America: An Introduction* (9th edition), Upper Saddle River, NJ: Pearson Prentice Hall, 2001, p. 61 – 62.

〔2〕 See Chris Cunneen & Rob White, *Juvenile Justice: Youth and Crime in Australia* (3rd edition), Sydney, Australia: Oxford University Press, 2007, p. 51.

〔3〕 伏尔泰原名弗朗索瓦·马利·阿鲁埃(François-Marie Arouet),伏尔泰为其笔名。

〔4〕 See Roger Burke, *An Introduction to Criminological Theory*, Devon, UK: Willan Publishing, 2001, p. 22 – 26.

一步认为,刑罚的功用不在于报复(retribution)而在于威慑(deterrence)。他主张,“刑罚目的不是要摧残折磨感知者,也不是消除业已犯下的罪行”。[1] 但若希望刑罚可以有效威慑犯罪,刑罚须符合迅速、必然与符合比例的特征。贝卡里亚强调不应以残酷刑罚来吓阻,主张刑罚应当朝温和公正的方向发展。其“罪刑法定”和“罪刑相当”的主张表明了古典犯罪学家们对中世纪肆意刑罚的不满,主张由民意代表机关来制定符合绝大多数人的绝大多数利益的刑法来规范行为。尽管死刑是不必要的,但贝卡里亚认为长期徒刑是可以接受的。同时监狱条件应该得到改善,服刑人应该依据性别、年龄和罪性大小来分别监管。[2]

1790年,边沁在其《道德与立法原则导论》(*An Introduction to the Principles of Morals and Legislation*)一书中提出“享乐主义”(hedonism)的概念,认为人人在追求物欲与享乐过程中,皆会极力避免痛苦。就那些潜在犯罪人而言,若犯罪所带来的痛苦与损失高于收益,则其不免再三斟酌,犯罪动机亦可随之下降乃至消除。边沁强调功利主义,即“法律应当保障最大多数人的最大利益”(the greatest happiness shared by the greatest number)。他相信人人皆衡量时下与未来的痛苦与快乐,计算出犯罪与否与投入产出间的关系。故刑罚应当适可而止,即刑罚所带来的痛苦略微超出犯罪所带来的快乐即可。法律是为创设所有人的快乐而生,既然刑罚令人不悦,那么刑罚仅可被用于预防犯罪。

在古典学派看来,凡人皆有自由意志选择从事犯行与否,而其作奸犯科不外乎满足贪婪本性或个人所需,而这又直接源于对善恶进行的选择。该学派最显著的特征是强调犯罪人具有计算他得失的能力。[3] 故应对犯罪的最好办法便是针锋相对,以相应刑罚吓阻犯罪人不敢越雷池一步。适度与比例相当的刑罚可有效吓阻犯罪人。犯罪古典学派对犯罪原因笔墨不多,相反更关注如何预防犯罪。这一学派对刑法哲学之影响非常深远,引发了各法域刑法的改革、大型监狱的建造及对刑罚和死刑的重新认识。现代刑事司法及未成年

---

〔1〕[意]贝卡里亚:《论犯罪与刑罚》,黄风译,中国法制出版社2005年版,第52页。

〔2〕管子亦有类似论述,在他看来,“治国使众莫如法,禁淫止暴莫如刑。故贫者非不欲夺富者财也,然不敢者,法不使也;强者非不能暴弱也,然不敢者,畏法诛也”(《管子·明法解》)。意思是说,治理国家,使役人民莫如有法,禁止淫乱,抑制暴行莫如有刑。贫者并非不想夺取富者的财物,然他不敢,是因法律不允许;强者并非不能欺凌弱者,然其不敢,是因畏惧法律惩治。

〔3〕See J. Robert Lilly, Francis T. Cullen & Richard A. Ball, *Criminological Theory: Context and Consequences* (*2nd edition*), Thousand Oaks, CA: Sage Publications, 1995, p. 15.

人司法体系和其运作规则无一不受到贝卡里亚、边沁的无罪推定、法律面前人人平等、正当程序、证据规则、限制法官的自由裁量权及罪刑罚相适应等原则的深刻影响。我国台湾地区犯罪学家许春金对犯罪古典学派给予了很高的评价。在他看来,犯罪古典学派是“代表十八世纪人道主义发挥之最高点,因而特别强调人与法治结构之关系及刑法之目的乃为谋取及绝大多数人之幸福为主”。[1]

(二)新古典学派

古典犯罪学的主要缺陷在于忽视个体差别。不管犯罪人为首犯或惯犯,不问其具体犯罪动机,也不问其生理和心理上有无疾病,只要所犯罪罪名一致,就应该接受同样的刑罚。同时,它亦没有考虑社会环境对犯罪的影响,故没有提出具体而有效的犯罪预防政策。

在贝卡里亚的《犯罪与刑罚》发表后不久,许多法域开始借鉴犯罪古典学派的主张来改革各自刑事司法体系,如《1791 年法国法典》(French Code of 1791)。该法典为首部依古典学派基本概念而起草的法典。作为 1789 年法国大革命的直接产物,该法典寻求司法公正和排除任何司法滥用,不考虑个体差别,视每个人绝对平等,据每个犯罪人造成的具体实际伤害而进行标准化的定罪量刑。但法国人很快就意识到纯古典主义过于理想化,而未考虑到实际中存在的个体差异。例如,未成年犯罪人是否应当接受与成年人相同的刑罚?对那些精神上存在问题的犯罪人又如何定罪量刑?

考虑实际中在年龄、性别、行为能力等方面存在的差异,法国于 1819 年修订了《1791 年法国法典》以赋予法官某些自由裁量权,以便对包括未成年人、精神病患者在内的特殊人群进行有别于正常成人的刑罚。针对古典学派对人人有异这个事实视而不见,新古典学派(neoclassical criminology)坚守古典学派中关于人是理性的动物及有自由意志等基本论点之余,又适时提出某些犯罪仍为人力所难控制,继而提出“减罪情节”(mitigating circumstances),即某些因素亦会影响犯罪意识形成。比如,过于年幼的未成年人,其身心远未成熟,因而无法形成刑法意义上的犯罪意识。新古典学派则是对古典犯罪学派的修正,两者对犯罪的认识和犯罪控制主张非常相似,都认为人是有理性的、具有自由意志和追求快乐的天性。

在运用古典犯罪学派解释未成年人犯罪及刑法援用上,犯罪学家丁·强平希(Dean Champion)主张对未成年人科刑时应考虑以下减罪情节:未成年人

[1] 许春金:《犯罪学》(第 3 版),桃园,中国台湾地区警察大学 2000 年版,第 26 页。

所犯罪行尚未涉及严重肢体损伤,未危及被害人生命、健康;未成年人犯罪时未试图以严重暴力相威胁;未成年人所以犯罪是基于其受到胁迫或极端挑衅等情境之下;辩解理由充分的情节,包括防卫过当;未成年人有精神失常(mental incapacitation)或肢体残缺等缺陷显著影响其行为;未成年人积极与当局合作,在抓捕其他漏网同犯时有重大立功表现或积极偿付被害人损失;未尝有既往犯罪或偏差记录及年龄因素,原则上来说年龄越小,处罚越轻。〔1〕

与减轻情节相对应的便是"加重情节"(aggravating circumstances)。强平希亦提出对未成年人加重情节的八点考虑:未成年人的罪行造成一人或一人以上死亡或重伤;未成年未决犯在等待量刑时触犯新罪;偏差少年尚处于缓刑、假释或者监外作业(work release)时触犯新罪;偏差少年有既往犯罪记录;偏差少年在共同犯罪中起领导或主导作用;所实施的犯罪涉及两个以上的被害人;在实施犯罪过程中,未成年人手段极其残忍;在实施犯罪过程中,未成年人以武器相威胁。〔2〕

(三)理性选择理论与日常活动理论

基于对古典学派忽视个体差异的批判,日常活动理论和理性选择理论日益得到犯罪学家们的重视。

1. 日常活动理论

承继自古典学派中的理性选择主义,日常活动理论(routine activities theory),又称"生活方式理论"(lifestyle theory),由犯罪学家劳伦斯·科恩(Lawrence Cohen)和马库斯·菲尔逊(Marcus Felson)于1979年提出。日常活动系指经常性的普通活动,包括学习、工作、娱乐、社会交往等日常活动。该理论认为,犯罪等非法活动的发生,在时空关系上需与日常生活合法活动相配合。被害人的日常活动影响了犯罪发生的概率,故影响"直接接触掠夺性犯罪"(direct contact predatory crime)的发生。而所谓"直接接触掠夺性犯罪",是因为这些犯罪系犯罪人与刑事被害人或是犯罪被害物在同一时空下有直接的身体接触,而接触促进了犯罪可能发生的机会。日常活动理论以前的犯罪学理论皆偏重于犯罪人犯罪原因的探讨,而它则跳出以犯罪人为中心的传统理论模式,以机会来说明犯罪的发生。其认为即使将有犯罪倾向者控制在一定

〔1〕 See Dean J. Champion, *The Juvenile Justice System: Delinquency, Processing, and Law (5th edition)*, Upper Saddle River, NJ: Pearson Prentice Hall, 2007, p. 407 – 408.

〔2〕 See Dean J. Champion, *The Juvenile Justice System: Delinquency, Processing, and Law (5th edition)*, Upper Saddle River, NJ: Pearson Prentice Hall, 2007, p. 405 – 407.

的数量内,但因社会环境的改变、人类活动方式发生变化,促成犯罪机会的增加,犯罪率仍会上升。

劳伦斯·科恩和菲尔逊认为有犯罪倾向者(motivated offender)、适合的犯罪目标(suitable target)及犯罪抑制者的无能力、不愿意或缺席(incapable, unwilling, or absent guardians),三者若能在一定时空集合,犯罪则很有可能发生。[1] 因主张犯罪的发生是通过三种要素同时产生而形成,该理论也因此被称为"基本犯罪三角理论"(basic crime triangle)。在两人看来,社会中有相当数量的潜在犯罪人。因社会急速变迁,日常活动方式随之发生相应变化,以致犯罪可在时间和空间上与日常活动相结合,直接造成犯罪机会的增加,如逃学少年、失业者与吸毒人员等都是有犯罪倾向者。劳伦斯·科恩和菲尔逊还认为犯罪控制者或抑制者并非单纯指警察或保安,而是泛指足以遏止犯罪发生的力量,即"足以遏止犯罪发生的抑制者"。"抑制者"既可以是人,也可以是物。前者包括巡警、保安、亲戚朋友等,后者包括诸如邻里守望(neighborhood watch)、闭路电视监视系统(Close Circuit Television, CCTV)等。

2. 理性选择理论

20世纪70年代末80年代初,理性选择理论(rational choice theory)风生水起,应时而生。该理论由犯罪学家罗纳德·克拉克(Ronald Clarke)与德里克·柯尼斯(Derek Cornish)于1986年正式提出,强调个人决策中自我利益衡量的作用。该理论假定犯罪人通过违法以寻求某种获益,犯罪人作为积极的决策者会对犯罪机会进行成本效益分析。在一定意义上说,行为人都是理性的:他们计算出相对的成本和替代行动的效益,并从这些计算中,作出最大化期望效益的选择。[2]

据这种观点,偏差行为被看作由犯罪人的自我风险决定的。犯罪人会考虑到个人情况(资金需求、个人价值观、学习经验)和情境因素(标的保护状况、邻里关系及警方效率等)后,才选择是否触法。特别是,犯罪人须考虑逮捕的可能性、预期惩罚的严厉程度、犯罪集团的价值及其立即获得犯罪受益的可期待性。[3] 如同古典犯罪学派,理性选择理论同样宣扬人人皆有自由意志,但一

---

〔1〕 See Lawrence Cohen & Marcus Felson, *Social Change and Crime Rate Trends: A Routine Activity Approach*, American Sociological Review, August 1979, p. 588 - 608.

〔2〕 See Ronald L. Akers, *Rational Choice, Deterrence, and Social Learning Theory: The Path Not Taken*, Journal of Criminal Law and Criminology, 81(3), 1990, p. 653 - 676.

〔3〕 See Frank Schmalleger, *Criminology Today: An Integrative Introduction*(*4th edition*), Upper Saddle River, NJ: Pearson Prentice Hall, 2006, p. 118.

定的背景(background)和情境(situational)因素可以预测人走向犯罪与否。背景因素可能包括智力、成长经历和个性,而情境因素则可能包括朋辈压力、药物依赖性和犯罪标的的脆弱性等。[1] 在其发展过程中,理性选择理论逐步形成两个主要次级理论,其中一个强调被害性,为日常活动理论;而另一个则师承理性选择理论衣钵,乃是对其之延伸,为情景机会理论(situational choice theory)。

## 二、生物学派视角

### (一)早期实证犯罪学派

随着19世纪自然科学的发达,其严谨的实证方法亦为犯罪学与未成年人司法等学科提供了成长的动力与工具。查尔斯·达尔文(Charles Darwin)之进化论逐步取代了启蒙思想对犯罪学的影响,科学地寻求犯罪原因取代了理性选择。特别是受社会学鼻祖奥古斯都·孔德(Auguste Comte)之影响,犯罪实证学派(positivist criminology)强调采取可测试假说、比较方法、社会分类、系统研究社会历史与研究异常现象的研究方法,[2]逐渐取得了犯罪学研究的主导地位。实证主义犯罪学一般认为:犯行受犯罪人的个体外在力量所制约,而非个人能力所能控制,反对古典学派的“自由意志论”,倡导“决定论”。这些外在力量可以是生物的、心理的及社会的因素。丹麦犯罪学家乔真·杰普森(Jorgen Jepsen)与美国社会学家埃里克·杰森(Eric Jensen)认为,成功的未成年人司法制度源于以大量实证研究为根基的政策制定与实施。[3]

早期的实证学派受当时医学、生物学、心理学和化学等学科影响很大。随着自然科学及生物技术的进步,以犯罪人类学出现为标志,犯罪生物学开始登上犯罪学舞台,其研究方法及基本理念对后世犯罪学研究起到不可估量的作用。受益于统计学及现代医学,特别是基因科技的突飞猛进,基因犯罪学、生物化学犯罪学等学科逐步成长;借助于犯罪心理学及犯罪社会学实证研究的成果,犯罪生物学在批判自身的基础上,亦结合前者,推动犯罪学进入了犯罪

---

[1] See Home Office, *On-line Learning: Rational Choice Theory*, Accessed January 26, 2007, http://www.crimereduction.homeoffice.gov.uk/learningzone/rct.htm.

[2] See Frank P. Williams Ⅲ & Marilyn McShane, *Criminological Theory* (*3rd edition*), Upper Saddle River, NJ: Pearson Prentice Hall, 1996, p. 35.

[3] See Erc Jensen & Jorg Jepsen, *Conclusions: Themes, Trends, and Challenges*, In Erc Jensen and Jorg Jepsen, Juvenile Law Violators, Human Rights, and the Development of New Juvenile Justice System, Portland, OR: Hart Publishing, 2006, p. 456.

生物社会学时代。在其不断演化过程中,犯罪生物学亦与时俱进,针对未成年人犯罪的独特成因及特点,提出了具体防治建议,一些建议亦付诸实现。

据不同分类标准,犯罪生物学派的分类不尽一致。如克里夫·罗伯逊(Cliff Roberson)认为犯罪生物学派可分为暗示犯罪人较非犯罪人低等的低等理论(inferiority theory)、视犯罪人与非犯罪人存在差异的差别及缺陷理论(different and defective theory)、主张个人体型是决定其犯罪与否因素的体型理论(body-type theory)及主张饮食影响犯罪的营养及维生素理论(nutrition and vitamin theory)等四类。[1] 尽管这样的分类存在一定合理性,但更多的犯罪学家主张将犯罪生物学派分为犯罪人类学派、基因犯罪学派、犯罪生物化学学派及犯罪生物社会学派等派别,其中每一派别之下又各自包含若干流派,为科学解释未成年人犯罪提供了生物学的独特视角。

以意大利犯罪学家切萨雷·龙勃罗梭(Cesare Lombroso)为代表的犯罪人类学派开创犯罪实证主义研究的先河,犯罪学开始将犯罪人作为动物或者生理的有机体来研究。这些研究主要集中在特征与遗传缺陷、犯罪家庭、孪生与收养研究、XYY 染色体与犯行等方面。

(二)龙勃罗梭与天生犯罪人

19 世纪晚期,就犯罪与未成年人偏差成因的研究主要侧重于行为人与正常人的外在生理区别。被誉为"现代犯罪学之父"的意大利人龙勃罗梭,是运用实证研究方法来探寻犯罪原因的开山鼻祖。1876 年,龙勃罗梭出版了使其名噪一时的名著《犯罪人》(*The Criminal Man*)。在书中,他精心阐述了对两类特定社会群体——犯罪人与士兵的观察结果。通过长期观察分析,他断定犯罪人具有独特生理特征,驱使其作恶的原动力便是其某些外在特征有较强原始性,即"隔代遗传"或"祖形重现"(atavism)。他认为犯罪人具有生理上的特殊特征,皆是隔代遗传而来,认为这些缺陷或者生物学上的退化是导致犯罪的主要原因。

在此基础之上,他提出"天生犯罪人"(born criminal)观点。龙勃罗梭认为惯常性犯罪人外在表现常常有异于常人的特征,而准确发现这些特征可以帮助识别犯罪人。[2] 这些理论不免有些荒诞不经而经不起过多推敲,但其以实证方法探寻犯罪原因则首开犯罪生物学研究先河。若以今日眼光回视之,仍

---

〔1〕 See Cliff Roberson, *Exploring Juvenile Justice*, Belmont, CA: Wadsworth/Thomson Learning, 2000, p. 69.

〔2〕 参见[意]切萨雷·龙勃罗梭:《犯罪人论》,黄风译,中国法制出版社 2005 年版,第 322 页。

有部分可取之处,特别是其强调外表与犯罪间的关系更是如此。

在《犯罪人论》一书中,龙勃罗梭特别在《犯罪的病因:气候、种族、文化、饮食、遗传、年龄》中专章探讨年龄与犯罪之间的关系。据其对意大利人、英国人与奥地利人犯罪的比较分析,龙勃罗梭发现绝大多数犯罪发生在15~25岁。[1] 继而,龙勃罗梭又指出,青春期后期会出现"本能的犯罪倾向",而这又被认为是"男性气概"的证明,这不同程度地诱发未成年人走向犯罪。在罗列数位当时穷凶极恶犯罪人的供述后,龙勃罗梭强调"严重的犯罪人都是在年轻的时候脱颖而出的,尤其是在青春发育期内,有时候甚至是在此之前"。在此基础上,龙勃罗梭指出,"犯罪的早熟性,毫无疑问,比精神失常的早发性更为常见,它再一次证明,因而犯罪比精神失常更容易受先天性因素的影响"。[2]

## 案例十六

1966年8月1日清晨,时年25岁的查尔斯·J.惠特曼(Charles J. Whitman)在杀死妻子及母亲后又在得克萨斯大学奥斯丁分校校园无差别射杀了14位无辜平民,并伤及32人,警方狙击手终将惠特曼击毙。该案被认为美国首宗随机枪击事件。而在惨剧发生前的7月30日,惠特曼打印了如下遗书,"我不太明白是什么迫使我键入这封信。或许是为我最近所作所为留点头绪。这些天我都不知道自己是怎么了。我本该是个讲理且有脑筋的普通年轻人,但最近(我不晓得从什么时候开始)我被一堆没头没脑的想法害得晕头转向。这些想法不断反复出现,得努力压制才能专注于有用事情上"。[3] 其后验尸报告发现惠特曼脑部有块恶性肿瘤,这种类型的肿瘤一般被认为可以导致无理性的突发暴力行为。据全美32位最著名医学专家的诊断,这块肿瘤可能导致了惠特曼的犯行,且是促成这次大屠杀的主要推动力。[4] 这也可视为犯罪人类学派或生物学派在现代发展的注脚。

早期犯罪人类学派理论中的一些观点和主张不免有些荒诞不经,在1955年出版的《犯罪学原理》(*Principles of Criminology*)中,被誉为"美国犯罪学之

---

〔1〕 参见[意]切萨雷·龙勃罗梭:《犯罪人论》,黄风译,中国法制出版社2005年版,第235页。

〔2〕 参见[意]切萨雷·龙勃罗梭:《犯罪人论》,黄风译,中国法制出版社2005年版,第232~233页。

〔3〕 Wikipedia, *T Charles Whitman*, Accessed Feburary 13, 2021, https://en. wikipedia. org/wiki/Charles_Whitman.

〔4〕 Lanier, Mark and Stuart Henry, *Essential Criminology* (*2nd edition*), Boulder, CO: Westview Press, 2004, p. 101 - 102.

父”的埃德温·苏哲兰(Edwin Sutherland)认为,龙勃罗梭及其学派“50 年来仍停留在初创阶段,对于犯罪学并无进一步的贡献”。[1] 罗伯特·雷戈利(Robert Regoli)、约翰·休伊特(John Hewitt)及马特·德利斯(Matt Delisi)持类似观念,在他们看来这些早期理论过于粗糙、强调命运注定论、政策适用并不可信。他们甚至称,“犯罪学的这些黑暗时刻(dark moment)产生了大量令人厌恶的、试图聚焦于犯罪人个体特征的观点”。[2]

(三)特征与遗传理论

1. 体型研究

特征理论(trait theory)形成于20 世纪初,强调特定人群与众不同的心理与生理特征,这些特征为揭开未成年人偏差提供原动力。这派学者认为遗传、体型、染色体等生物学意义上的个体特征与犯罪偏差存在千丝万缕的联系。尽管生物学特征与具体犯行并不存在必然联系,直至 20 世纪初叶仍有许多生物学家对这方面的研究趋之若鹜。

体型(body type)研究旨在探寻身体外在特征与犯罪间的关系,常被称为新犯罪人类学派或新龙勃罗梭学派。在 20 世纪 30 年代,人类学家厄尼斯特·胡敦(Earnest Hooton)创立了“犯罪人体型分类”(physical typology of criminals)。犯罪学家谢尔登·格卢克(Sheldon Glueck)与妻子埃莉诺·格卢克(Eleanor Glueck)亦于 20 世纪 30 年代对 500 位偏差少年与 500 名非偏差少年进行了深入剖析,追踪其自儿童期至成年期的发展历程。研究结果发现,那些较早参与犯罪的未成年人在其长大成人后更多涉及犯罪活动。具体来说,骨质型所占比例与谢尔顿先前研究大体相当,约占六成犯罪人(60%);而此种体型之人在非犯罪人中仅占三成(31%)。据其发现,凡与家人关系紧张、智商低下及肌肉发达的未成年人从事偏差行为显然较其他人等为高。[3]

威廉·谢尔顿(William Sheldon)在其所著《各种不同的偏差少年》(*The Varieties of Delinquent Youth*)中,主张行为系身体结构的功能表现。在对 200 名介于 15 ~21 岁的青少年进行了细致分析并与 4000 名大学男生比对后,他将人体体型(body types)划分为三类:一是骨质型(mesomorphs),为体能较强的运动员;二是瘦长型(ectomorphs),即身材瘦小之人;三是矮胖型(endomorphs),即

---

[1] 林山田、林东茂、林灿璋:《犯罪学》(修订 3 版),台北,三民书局 2002 年版,第 243 页。

[2] Robert M. Regoli, John D. Hewitt & Matt Delisi, *Delinquency in Society—Youth Crime in the 21st Century* (7th edition), New York, NY: McGraw-Hill, 2008, p. 153.

[3] See Eleanor T. Glueck, *Body Build in Prediction of Delinquency*, Journal of Criminal Law, Criminology, and Police Science, March-April 1958, p. 577 – 579.

体态臃肿之人。结果发现，200 名少年中骨质型较多，而瘦长型为少。[1] 在他看来，不同类型的未成年人皆具有不同的性情。而三类未成年人中，第一类人被认为其外形即可明显表征犯罪动机，尽管其所述语焉不详。他强调从生物观点来解决犯罪问题，并提出“选择性养育”（selective breeding）是减少未来犯罪的有效方法。[2] 在雷戈利、休伊特及德利斯看来，若体型与未成年人犯罪存在联系，那么该种联系应当是性情（temperament）。在对 1130 名儿童的体型研究后，有美国学者发现 3 岁时的较大体型是其 11 岁攻击性的前兆，并且较大体型的孩子更趋向于无畏及寻求刺激；但在控制性情后，体型大小对未成年人犯罪的影响保持不变。[3]

2. 犯罪家庭与基因研究

主张遗传说的基因犯罪学家认为，遗传是犯罪的根本原因。犯罪遗传研究包括犯罪家庭研究（criminal family study）、孪生研究（twin study）与收养研究（adoption study）及 XYY 综合征（XYY syndrome study）等。

以生物视角，早期遗传研究对以血缘为纽带的家庭关系与犯罪间的关系孜孜以求。其中，以社会学家理查德 · 杜戴尔（Richard Dugdale）所进行的朱克家族（Juke family）研究及心理学家亨利 · 戈达德（Henry Goddard）的卡利拉克家族（Kallilak family）研究最为著名，其中朱克与卡利拉克皆系化名。1877 年，杜戴尔依据其研究写就《朱克家族：犯罪、返贫、疾病与遗传研究》（*The Jukes: A Study in Crime, Pauperism, Disease and Heredity*）。他认为，“犯罪责任”（burden of crime）在于家庭内部，即最年长的孩子有犯罪倾向，而男性较女性更可能成为犯罪人。[4]

## 案例十七

在杜戴尔为纽约监狱协会（New York Prison Association）所进行的一项研究中，他对有着六代犯罪人的荷兰裔家族探寻其家族史。75 年间，这个家族繁衍了 1000 名后代，其中 280 名乞丐、60 名职业惯偷、7 名凶杀犯罪人及 140 名

---

〔1〕 See Curran Daniel & Claire Renzetti, *Theories of Crime* (*2nd edition*), Boston, MA: Allyn and Bacon, 2001, p. 37.

〔2〕 参见蔡德辉、杨士隆：《犯罪学》（增订 4 版），台北，五南图书出版股份有限公司 2006 年版，第 41 页。

〔3〕 See Robert M. Regoli, John D. Hewitt & Matt Delisi, *Delinquency in Society—Youth Crime in the 21st Century* (*7th edition*), New York, NY: McGraw-Hill, 2008, p. 156.

〔4〕 See Mark Lanier & Stuart Henry, *Essential Criminology* (*2nd edition*), Boulder, CO: Westview Press, 2004, p. 107 – 108.

其他类型犯罪人、50 名娼妓、300 名早产儿、440 名性病患者。[1]

1912 年,戈达德出版《卡利拉克家族:低能遗传研究》(*The Kallikak Family*: *A Study in the Heredity of Feeble-Mindedness*)一书。戈达德首先从黛博·卡利拉克(Deborah Kallikak)入手调查其族谱宗系(family trees)。

## 案例十八

马丁·卡利拉克(Martin Kallikak)原系世家子弟,在北美独立战争时从军,战功显赫。在其解甲归田途中,马丁不期邂逅一弱智女侍,不久结为连理。其与弱智妻子所生后代繁衍之 480 人中,多生活潦倒、精神失常、犯罪性强及智商低下,成为弱智、娼妓、作奸犯科的人不计其数。而与之形成鲜明对比的是,马丁之续弦神志清醒,与马丁所生子女的后代则几乎都富有、聪颖与正直。这条线上的 496 名后代中,没有一人作奸犯科,许多人成为令人羡慕的律师、医生与神父,仅有 3 人行为举止异于常人。[2]

这些论辩曾被用来佐证优生优育的重要性,其中,朱克家族系犯罪遗传,而凯利拉克家族则被认为是智力迟钝。在杜戴尔等人看来,这些家族之所以长久、持续犯罪或越轨有可能归结于祖先犯罪基因之代代相传。戈达德建议将此类人员与大众隔离开来,但无论怎样对其教化都无济于事。他继而主张对未成年人的保育应施行选育,并倡导推广"优生学"(eugenics)这一概念。

犯罪家庭遗传研究的主要问题在于忽视外在环境对人选择犯罪与否的控制因素,由此引发的优生学带有明显的种族歧视,是对那些智商低下的未成年人权利的生生剥夺,但这种观念在美国也曾盛极一时。1914 年,供职于纽约冷泉港实验室(Cold Spring Harbor Laboratory)"优生学记录室"(Eugenics Record Office)的优生学家哈里·劳克林(Harry Laughlin)发表《模范优生绝育法》(Model Eugenical Sterilization Law),鼓吹对智力低下、有犯罪性、精神失常、癫痫的人实施绝育。在他的计划中,甚至连聋哑人、无家可归者、贫民亦被列入绝育的黑名单。在推动"优生犯罪学"(eugenic criminology)中,哈里与优生学记录室的其他同事扮演了极不光彩的角色。优生犯罪学认为犯罪性的根源在于"恶基因"(bad genes)代代相传,主张以"弱智犯罪人"(feebleminded

〔1〕 Mark Lanier & Stuart Henry, *Essential Criminology* (*2nd edition*), Boulder, CO: Westview Press, 2004, p. 97.

〔2〕 Stephen E. Brown, Finn-Aage Esbensen & Gibert Geis, *Criminology*: *Explaining Crime and Its Contexts*. *Cincinnati*, OH: Anderson Publishing, 1991, p. 266.

criminal)取代“有缺陷的偏差少年”(defective delinquent)概念。在优生犯罪学家看来,解决犯罪性的最直截了当的办法就是对弱智妇女强制实施绝育,从而杜绝其孕育后代。[1]

1914 年,《卡利拉克家族:低能遗传研究》被译为德文出版,并于 1933 年再版,是年希特勒上台。纳粹德国将优生学与“社会达尔文主义”(Social Darwinism)结合起来,宣传其亚利安民族为优等民族,其他民族特别是犹太人与吉普赛人为“不适合生存”的劣等民族而应予以清除的谬论。戈达德的研究与希特勒的言论具有趋同性。[2] 而更令人发指的是,纳粹党更将哈里的荒谬“理论”辅助于实现,将其《模范优生绝育法》视为对 35 万多无辜者采取强制绝育的法理基础。1936 年,哈里接受德国海德堡大学授予的荣誉学位,以“褒奖”其在“种族清洗科学”(science of racial cleansing)领域的“贡献”。[3]

即便是在自诩为人权大国的美国,政府亦曾推行强制绝育。早在 1907 年,印第安纳州便通过了美国首部优生绝育法,但强制绝育一直到 20 世纪 20 年代才渐成气候。1927 年,在备受非议的“巴克诉贝尔案”(*Buck v. Bell*)中,美国联邦最高法院明确赞成对低能者实施强制性绝育(sterilization)。

## 案例十九

案发时,18 岁的卡莉·巴克(Carrie Buck)与同样智力低下的母亲住在弗吉尼亚州“癫痫患者与智力低下者居留所”(State Colony for Epileptics and Feeble Minded),并产有一弱智女孩,祖孙三代皆智商低下。1924 年 3 月 20 日,该州以《模范优生绝育法》为蓝本通过《优生绝育法》(Eugenical Sterilization Act),以优生学为名要求为“病人健康与社会福利”可在某些情形下对弱智女性实施强制绝育手术。1924 年 9 月 10 日,居留所主管向该所理事会申请对智力仅相当于 9 岁儿童的巴克绝育,并认为巴克对社会存有基因危险。随即,理事会颁发绝育令,而巴克监护人对此不服,遂辗转上诉至联邦最高法院。1927 年 5 月 2 日,在 8∶1 的压倒性判决中,大法官奥立佛·霍尔姆斯(Oliver Holmes

[1] See Frank Schmalleger, *Criminology Today: An Integrative Introduction*(*4th edition*), Upper Saddle River, NJ: Pearson Prentice Hall, 2006, p. 160.

[2] See Mark Gado, *Criminal Mind*, AccessedMay 28, 2007, http://www.crimelibrary.com/criminal_mind/psychology/crime_motivation/5.html.

[3] See Paul Lombardo, *Eugenic Sterilization Laws*, Accessed September 23, 2007, http://www.eugenicsarchive.org/html/eugenics/essay8text.html.

Jr.)认为,为了国家最佳利益,不能让那些“不适于生存者”充斥于大街小巷。[1] 他最为后人所诟病的是其甚至称,“(连生)三代蠢人太糟了”(Three generations of imbeciles are enough),实现社会的“纯种”基因较个人肢体完整要重要的多。[2]

本案后,多达8300名弗吉尼亚民众被强制绝育,十几个州亦跟风通过或修改相关强制绝育法律。[3]

无论是美国联邦宪法还是后来通过的《权利法案》都未明文规定“生育权”(procreation),这为以优生借口对弱智或其他社会弱势群体实施强制绝育大开方便之门。1935年,俄克拉何马州通过《常习犯绝育法》(Habitual Criminal Sterilization Act of 1935),要求对犯有3次及以上涉及道德败坏重罪的累犯(repeat criminal)进行强制绝育。

## 案例二十

在“斯金纳诉俄克拉何马州案”(*Skinner v. Oklahoma*)中,斯金纳(Skinner)触犯3次重罪,包括19岁时偷鸡一次及此后持械抢劫(armed robbery)2次。1936年,俄克拉何马州总检察长拟启动《常习犯绝育法》对斯金纳实施强制绝育。斯金纳对此不服,主张该法违宪。在随后审理中,陪审团认定对斯金纳绝育合法,而俄克拉何马州最高法院也以5∶4的微弱多数赞成上述判决。1942年6月1日,美国联邦最高法院一致通过判决,宣告该项针对受刑人强制绝育的法律违反了第十四修正案的平等保护条款,故违宪。最令人瞩目的是威廉·道格拉斯大法官(William Douglas)首次宣示生育权作为宪法位阶的基本人权,除非严格审查否则不得随意剥夺。[4]

至此,强制绝育才勉强画上了个句号,但争论余波未了,仍远未止息。这场旷日持久由政府主导的荒唐闹剧一直到1963年前后才偃旗息鼓,计有6.4

---

〔1〕 *Buck v. Bell*,274 U. S. 200 (1927).

〔2〕 1994年,改编自真实案例的电视剧《事与愿违:卡莉·巴克传奇》(*Against Her Will: The Carrie Buck Story*)在美国热播,又一次引发了人们对这一段惨痛历史的回忆与反思。影片中的女主角、奥斯卡影后玛丽·玛特琳(Marlee Matlin)凭借该片的上佳表演获得有线频道王牌奖最佳电影女演员奖提名,当然这是后话不提。

〔3〕 See Paul Lombardo, *Eugenic Sterilization Laws*, Accessed September 23, 2007, http://www.eugenicsarchive.org/html/eugenics/essay8text.html.

〔4〕 *Skinner v. Oklahoma ex rel*,316 U. S. 535 (1942).

万美国民众被非自愿绝育。[1]

3. 孪生与收养研究

除特征理论与犯罪家庭研究外，对犯罪基因研究的主要推动力亦来自孪生与收养研究。孪生与收养研究推动了基因犯罪学的发展，为深入理解犯罪成因提供了独特视角。

孪生研究又称双胞胎研究（twin studies），对发现和判断基因与遗传对偏差上具有开拓性意义。孪生可分为单卵孪生（monozygotic twins）与双卵孪生（dizygotic twins），前者在双胎中的出现率小于后者。单卵孪生由一个受精卵分裂而成的双胎妊娠，遗传物质组成相同；双卵孪生由两个卵子分别受精形成的双胎妊娠。域外的研究人员比较了上述两种双胞胎，认为单卵孪生双胞胎皆犯罪的概率要高于双卵孪生。这其中最著名的研究当属卡尔·克里斯迪逊（Karl Christiansen）对 3568 对出生于 1881～1910 年丹麦双胞胎所进行的研究。结果发现，五成二（52%）的单卵孪生双胞胎有相同程度的在案犯行，而双卵孪生双胞胎这一比例不过两成二（22%）。[2] 但这方面的研究因过度依赖官方统计、辨认单双卵操作性难、样本误差及未将环境因素考虑其中等原因而广受争议。

收养研究（adoption studies）对于深入了解遗传与环境对人类特质和精神障碍亦非常有意义。其重要性表现在两点，即亲生父母（biological parents）与收养父母或环境父母（environmental parents）对子女在行为、人格与精神病理等方面形成的影响。在通常情形下，父母与亲子间的联系源于基因或遗传，而收养少年与其环境父母间的联系则主要来自环境。犯罪学家们很快将收养研究付诸犯罪学之中，着重点在于出生时即被收养的儿童是否继承其亲生父母的犯罪性，这其中包括巴利·哈钦斯（Barry Hutchings）与其同事对出生于 1927～1941 年被收养者的实证调查。在这一研究中，他们发现若未成年男性的收养父母有犯罪记录而其亲生父母没有犯罪记录的话，这些被收养男童中有一成一（11.5%）是犯罪人，这与亲生父母和收养父母都没有犯罪记录而被收养男童中亦有一成（10.5%）为犯罪人相差无几。然倘若收养男童的收养父母没有犯罪记录而其亲生父母却有犯罪记录时，被收养男童中两成二（22%）是犯罪

[1] See Werner J. Einstadter & Stuart Henry, *Criminological Theory: An Analysis of Its Underlying Assumptions*, Fort Worth, TX: Harcourt Brace & Company, 1995, p. 91.

[2] See Mark Lanier & Stuart Henry, *Essential Criminology* (*2nd edition*), Boulder, CO: Westview Press, 2004, p. 110－111.

人。且若收养父亲与亲生父亲都有犯罪记录,则被收养男童中超过1/3(35%)是犯罪人。[1]

4. XYY综合征研究

与生物社会学联系最为紧密的XYY综合征研究,为理解未成年人犯罪提供了又一生物学独特范例。XYY综合征又被称为超雄综合征,相关理论基本出发点在于染色体异常可导致暴力与犯罪。正常人体之中存续有23对染色体,其中一对性染色体决定个体第一性征及第二性征。这对性染色体包括X与Y两种基本性染色体,X性染色体表征女性特征,被认为较被动性;而Y性染色体则表征男性特征,被认为富有侵略性。在通常情况下,X性染色体与Y性染色体结合为XY,为男性;而两个X性染色体结合成的XX染色体为女性。而有时某些男性可能会比正常男性多出一个Y染色体,即其性染色体为XYY,而被称为"超级男性"(super-male)。因Y染色体代表好斗与侵略性,则此类男性远较正常男性暴力倾向明显,因而从事犯罪的概率也较高。[2]

综合有关医学文献,XYY综合征患者体征具有不对称脸、轻度漏斗状胸、轻度翼状肩、长耳等常见症状。[3] 除这些外在体态特征外,此类患者亦存在智商低下、协调性差和性格暴躁等特点。云南省计划生育技术科学研究所遗传室曾接触一病例,据称该2岁患儿"智力低下""中枢性协调障碍""经常抓破自己的面部""性情暴躁,常与周围小朋友打架"。[4] 域外有许多遗传学家与犯罪学家认为因XYY性染色体异常而导致的诸如"智力低下"、"中枢性协调障碍"及"性情暴躁"等特征与犯罪性存在一定联系。英国的研究人员曾对英格兰与苏格兰地区犯罪性精神病院进行普查,结果发现XYY性染色体异常的占2%,而普通人群中这种发病率不过0.11%,即前者是后者的18倍之多。[5]

这类研究在20世纪六七十年代盛极一时,影响较大。1968~1975年,精神病学家斯坦利·华尔泽(Stanley Walzer)对新生儿予以鉴别并记录其性染色体。然此项研究因遭受诸多压力而中途夭折。1971年,时任美国总统医疗顾

---

〔1〕 See Mark Lanier & Stuart Henry, *Essential Criminology* (2nd edition), Boulder, CO: Westview Press, 2004, p. 111.

〔2〕 See George B. Vold & Thomas J. Bernard, *Theoretical Criminology* (3rd edition), New York, NY: Oxford University Press, 1986, p. 93.

〔3〕 参见李志坚、王忠伟、杨利丽、薛燕潍:《47,XYY一例》,载《中华医学遗传学杂志》2005年第6期。

〔4〕 司宝敏、王亚萍、叶峻杰:《47,XYY一例》,载《中国优生与遗传杂志》2005年第12期。

〔5〕 参见经承学、谢湘芝、苏瑞琼、李树全:《XYY综合征与行为异常》,载《中国行为医学科学》1995年第2期。

问的阿诺德·核茨尼克(Arnold Hutschonecker)更提出大胆研究计划,准备对全美6岁儿童进行性染色体检查,目的在于将那些有严重潜在犯罪倾向的未成年人送诸治疗。这项计划最终亦胎死腹中。

在此类研究推动下,许多英美遗传学家与犯罪学家因此主张行为人XYY性染色体异常会导致"智力低下"、"中枢性协调障碍"及"性情暴躁"等特征,这与犯罪性存在一定联系。然因缺乏坚实科学基础,大多数法域现已否弃XYY性染色体抗辩。[1] 产科专家高莎等认为,"若产前诊断为胎儿合并XYY综合征,则患胎父母继续妊娠或终止妊娠的决定,易受临床遗传学专业或产科专业医师评估的影响,因此需要包括母胎医学、医学影像学、新生儿科学、遗传学、生殖医学、精神病学等学科在内的多学科团队的专家,对该病患儿预后进行综合评估"。[2]

以染色体异常来判别潜在犯罪与否,应当说为犯罪预防提供了全新的视角。但问题是染色体异常与犯罪是否存在必然联系尚缺乏足够实证研究成果的支持。2003年4月,经过中美等国科学家13年共同努力,人类基因组框架图得以成功绘制出。在可预见的将来,生物化学特别是遗传及基因与犯罪间关系的研究将会得到进一步的加强。而未成年人犯罪与偏差的生物化学分析,进一步加深我们对未成年人犯罪的理性认识。大脑、血糖、智商及营养摄入等研究将未成年人犯罪关系的研究带入了新的水平,但未成年人的生物化学因素与犯罪间的确切关系仍有待于更科学、合理的实证研究验证。长远来看,更精确的脱氧核糖核酸(DNA)鉴定技术、统计手段皆可帮助对这个问题有更加深入的理解。

5. 最新研究动态

人体对特定营养成分的吸收亦影响机能正常运转,继而影响未成年人正确作出分析及判断。

## 案例二十一

2003年,挪威儿科专家英格丽·海伦德(Ingrid Helland)与同事就儿童智商作了两组随机、双盲比较。第一组中母亲怀孕与哺乳期间分别进服欧米

---

〔1〕 See Bryan A. Garner, *Black's Law Dictionary* (10*th edition for iPhone and iPad*), Thomson Reuters, 1.4 Version, 2014.

〔2〕 高莎、陈杰、余海燕:《XYY综合征患儿的认知》,载《中华妇幼临床医学杂志(电子版)》2019年第4期。

茄－3脂肪酸和鱼肝油,而第二组母亲则分别进服欧米茄－6脂肪酸与玉米油补充剂。大量证据表明,欧米茄－3脂肪酸是大脑和眼睛正常发展不可或缺的,但许多人都缺乏欧米茄－3脂肪酸。至于欧米茄－6脂肪酸,人体普通摄取量已经足够。在这些母亲的孩子长到4岁时,以“考夫曼儿童成套评估测验”(Kaufman Assessment Battery for Children,K－ABC)对84个孩子进行智商测试。研究发现,第一组孩子的智商明显较第二组为高。进一步研究又确认这种差异仅由欧米茄－3脂肪酸造成。[1] 除影响胎儿智商发育外,该研究亦发现怀孕与哺乳期间的孕(产)妇饮食结构还会影响婴儿行为发展,继而可能会造成其以后偏差甚至犯罪。[2]

随着科技革命的深入推进,目前对未成年人偏差的生物化学分析更进入了前所未有的境界。性荷尔蒙(sexual hormones)、血糖度(blood sugar levels)、肾上腺素之敏感性(adrenaline sensitivity)、过敏及节食(allergies and diet)及毒品滥用(substance abuse)等五类生物化学解释对理解犯罪及犯行有一定意义。[3] 然二者间关系究竟如何尚无定论,争议颇多。以轰动美国传媒并造成1979年旧金山骚乱的一案为例,该案涉及食用高糖食品所引发的负面后续效果。

## 案例二十二

1978年11月27日,曾任旧金山市政主任的丹·怀特(Dan White)因工作复职无望而迁怒于市长与新任市政主任,持枪由地下室潜入市政厅,并射杀两人致死。在其后庭审中,精神病学专家作证称怀特案发前曾进食大量夹心蛋糕及饮用可口可乐,这些高糖分零食,使其脑部化学物质失衡而陷入抑郁,从而降低自控能力。让人大跌眼镜的是,法庭居然接受此项证词,宣判怀特蓄意杀人罪(voluntary manslaughter)成立,获刑不过7年8个月。该证词被报章称为“甜点抗辩”(twinkie defense),而整个事件更于1999年被拍成电影《铁腕风

---

〔1〕 Ingrid B. Helland et al., *Maternal Supplementation with Very-Long-Chain Omega－3 Fatty Acids During Pregnancy and Lactation Augments Children's IQ at 4 Years of Age*, Pediatrics, 111(1), 2003, p. 39－44.

〔2〕 Frank Schmalleger, *Criminology Today: An Integrative Introduction* (*4th edition*), Upper Saddle River, NJ: Pearson Prentice Hall, 2006, p. 153.

〔3〕 See Roger H Burke, *An Introduction to Criminological Theory*, Devon, UK: Willan Publishing, 2001, p. 67－71.

暴》(*Execution of Justice*)。[1] 其后,常用这个词来贬指犯罪人以非正常生物因素导致其产生犯罪动机,继而声称无须承担刑事责任,或即使需承担刑事责任也应减轻刑罚的狡辩。

近几十年来,对大脑的研究表明身体内的一些化学物质及过敏反应会促发攻击型行为及犯罪性,如不正常的猛、锌、铜或铬都可能导致未成年人的反社会行为。[2] 再以 2005 年轰动全美的"洛普尔诉西蒙斯案"(*Roper v. Simmons*)[3]为例,该案因废止对 18 岁以下未成年人适用死刑而备受国际社会关注。

## 案例二十三

在各项主张废止未成年人死刑之理由中,即包含未成年人大脑和行为的研究分析。包括美国青少年精神病学会在内的 8 个医学组织,向美国联邦最高法院递交了一份引用大量的神经科学和行为学研究成果的报告。该报告称大脑发育一直持续到 25 岁左右,届时最后一块发育的区域是前额叶。前额叶阻止作出轻率、冲动的决定。[4] 科学家们认为正是发育上的差异导致某些未成年人铤而走险,因而不需要对其科处极刑。

低血糖(hypoglycemia 或 low blood sugar level)与糖尿病(diabetes mellitus)有关,可致性格暴躁、富有攻击性,严重的可触发漫无目标地攻击。[5] 域外研究表明,低血糖可能导致儿童期诸如逃学、较低的语言智商、文身及盗窃家中财物等反社会行为。[6]

20 世纪初,对智商(intelligence quotient,IQ)与未成年人犯罪之间关系的研究风靡一时。犯罪生物学者对智商与未成年人犯罪进行了一系列实证研究,连包括特拉维斯·赫胥(Travis Hirschi)及迈克尔·海德兰(Michael

---

〔1〕 Wikipedia, *Twinkie Defense*, Accessed September 20, 2007, http://en.wikipedia.org/wiki/Twinkie_defense.

〔2〕 See Karen Hess, *Juvenile Justice* (*5th edition*), Belmont, CA: Wadsworth/Thomson Learning, 2001, p. 74.

〔3〕 *Roper v. Simmons*, 543 U.S. 551 (2005).

〔4〕 三思编译:《美国最高法院废除未成年人死刑:对未成年人大脑和行为的研究进展可能影响了这一决定》,载 2005 年 3 月 2 日, http://www.oursci.org/magazine/200503/news/030202.htm。

〔5〕 See Roger H Burke, *An Introduction to Criminological Theory*, Devon, UK: Willan Publishing, 2001, p. 69.

〔6〕 See Roger H Burke, *An Introduction to Criminological Theory*, Devon, UK: Willan Publishing, 2001, p. 69.

Hindelang)在内的一些著名犯罪社会学派学者亦对此兴趣浓厚。在后者所进行的研究中,他们发现智商与未成年人犯罪之间的关系可能与低智商儿童较低的语言能力有关,且较低的智商和语言能力促发这些儿童倍感挫折与学业失败,而挫折的学业经历会通过儿童对权威的不屑一顾而引发负面情绪,继而出现需求参与偏差行为。[1]

就智商与未成年人犯罪的关系而言,雷戈利、休伊特及德利斯提出两者间至少存在五种可能性:其一,智商对未成年人犯罪毫无影响,智商与未成年人犯罪皆由阶级等变量引发;其二,犯罪人更可能遭受由出生并发症、环境中毒及头部损伤而引发的脑部功能失调,而这导致出现问题行为及低智商;其三,智商与未成年人犯罪的关系可能系由道德推理(moral reasoning)及认知共情(cognitive empathy)决定,而道德推理和认知共情是理解与分享他人情绪状态及情感语境的能力;其四,智商可间接影响未成年人犯罪,这是通过学校经历这一变量而透射的;其五,通过智商测试而测量出的能力具有部分遗传性。[2] 亦有一些犯罪学者将智商与未成年人犯罪关系的研究置于犯罪心理学之下。

食品添加剂及环境污染也越来越被认为与犯罪存在千丝万缕的关联。千百年来,自然界与人类和谐相处。但随着商品经济的迅猛发展,人类对自然界的掠夺无以复加,打破了原有的动态平衡。铅、铝、铜、镉等重金属过度发掘与后续开发、因汽车尾气排放等产生的二氧化碳及因水电开发导致的环境蜕变等都可能造成未成年人心绪不宁,情感不稳定。最近几年域外的研究已表明,人工色素、香料与儿童血液中的铅含量对未成年人偏差有负面影响。[3] 美国匹兹堡大学的一项研究发现,犯罪被拘捕的都市青少年体内含铅量较遵纪守法的朋辈高出 3 倍。[4] 域内外一系列研究亦发现,摄入人造色素和防腐剂会加剧未成年人多动症症状;让儿童远离各种加工食品后,其多动症、注意力不集中、学习障碍、侵略性行为等都有所改善。[5]

尽管各犯罪生物学派别对未成年人犯罪的成因、特征及对策建议千差万

---

〔1〕 See Richard Lawrence & Mario Hesse, *Juvenile Justice: The Essentials*, Thousand Oaks, CA: Sage Publications, 2010, p. 32 – 33.

〔2〕 See Robert M. Regoli, John D. Hewitt & Matt Delisi, *Delinquency in Society—Youth Crime in the 21st Century* (*7th edition*), New York, NY: McGraw-Hill, 2008, p. 164 – 165.

〔3〕 参见蔡德辉、杨士隆:《犯罪学》(增订 4 版),台北,五南图书出版股份有限公司 2006 年版,第 60 页。

〔4〕 参见陆勇强:《朱利安尼的"秘密"》,载《今晚报》2008 年 12 月 24 日,第 10 版。

〔5〕 参见范志红:《谁最该远离添加剂食品?》,载《南方周末》2008 年 12 月 25 日,第 C19 版。

别，但各派别无不反复强调人人皆有犯罪倾向，且系因未成年人经遗传而具有一定生物化学及基因因素而具有犯罪倾向。[1] 在犯罪生物学派看来，未成年犯罪人与未成年非犯罪人相比之下，前者存在生物劣质（biological inferior）；他们试图以实在的、简单的及因果关系式的答案来回答复杂的犯罪问题。[2] 根基于上述理念，犯罪生物学派所提出的犯罪干预理念即在于保护、预防、矫治及处分等。[3] 少年法庭正是基于"儿童有异于成人的（生物学特征）而对其行为身负较少责任"这一前提而应运而生，未成年人犯罪主要是由其自身无法控制的外在因素所造成，因而少年法庭职责所在便是如同医生，需对青少年对症下药，以便分辨、处分和治愈未成年人犯罪。[4]

## 三、心理学派视角

### （一）心理学理论

社会飞速发展在带来发达物质文明的同时，亦易使人心理焦虑不安，这些负面影响在未成年人身上表现尤为突出。许多犯罪心理学家主张，冲动性（impulsivity）、同情心（empathy）与内外控制焦点（locus of control）是促成未成年人犯罪的主要心理原因。[5] 未成年人血气方刚，然心理承受能力仍相当有限。据研究，美国超过两成的 21 岁以下青少年有严重心理健康问题，而一成未成年人的心理疾病严重到足以影响其日常生活。美国研究人员曾采用"儿童诊断面晤计划"（Diagnostic Interview Schedule for Children）对伊利诺伊州库克郡少年临时拘留所关押的少年犯进行心理健康调查，内容包括情感（主要指抑郁发作、心境恶劣、躁狂不安）、精神病、焦虑（恐惧、分离焦虑、过度焦虑、广泛性焦虑症、强迫症）、注意力不集中/多动障碍（多动症）、破坏性行为及药物滥用等 6 个方面。结果发现，近 2/3 的男性与近 3/4 的女性都不同程度地出现一

---

〔1〕 See Cliff Roberson, *Juvenile Justice: Theory and Practice*, Boca Raton, FL: CRC Press, 2010, p. 143.

〔2〕 See Cliff Roberson, *Exploring Juvenile Justice*, Belmont, CA: Wadsworth/Thomson Learning, 2000, p. 69.

〔3〕 See Werner Einstadter & Stuart Henry, *Criminological Theory: An Analysis of Its Underlying Assumptions*, Fort Worth, TX: Harcourt Brace College Publishers, 1995, p. 88.

〔4〕 See Rolando del Carmen, & Chad Trulson, *Juvenile Justice: The System, Process and Law*, Belmont, CA: Wadsworth/Thomson Learning, 2006, p. 40.

〔5〕 参见林瑞钦：《青少年暴力犯罪之成因：心理因素》，载蔡德辉、杨士隆主编：《青少年暴力行为：原因、类型与对策》，台北，五南图书出版股份有限公司 2002 年版，第 53 页。

种或以上精神问题。[1] 研究亦表明,现美国未成年人司法体系中有九成未成年人患有某些特定心理疾病。[2] 而据澳大利亚新南威尔士州 2006 年所进行的调查中发现,在该州未成年人司法中心的被拘留人员中,心智有缺陷的比率高达一成七(17%)。[3]

《中国儿童的生存与发展:数据与分析》报告显示,在 17 岁以下未成年人儿童中,至少有 3000 万人受到各种情绪障碍和行为问题的困扰;5.2% 的儿童存在明显的躯体化、强迫症状、人际关系敏感、抑郁等心理健康问题。[4] 犯罪心理学者罗大华将少年心理发育与心理发展之间的主要矛盾总结为:精力旺盛与缺乏支配力的矛盾,好动好奇与分辨是非能力差的矛盾,容易兴奋与控制力差的矛盾及性机能发育成熟与性道德、性法制观念缺乏的矛盾。[5] 青少年教育专家孙云晓提出"童年恐慌"来指代少年在未成年期的特殊心理特质。在他看来,童年恐慌系指"儿童因面临巨大压力不能理解也不能承受所导致的较强烈较持久的焦虑心态"。[6]

## 案例二十四

2007 年震惊世界的弗吉尼亚理工大学枪击案将校园暴力等级推至极端。在持枪合法化、种族歧视等热点问题面前,23 岁凶手的残虐、32 条人命、现场 220 多发弹痕及其在两起大屠杀间隙从容不迫邮寄事先录制的录像带等情节无不让人胆战心惊。[7] 究竟是何原因造成这场轰动大学校园的特大刑事案件呢?事后,警方发现犯罪人童年时被诊断为孤独症,这种情况并未随年龄增长而有所缓解,反而有愈演愈烈的倾向,直至是年 4 月 13 日集聚到极点而爆发。

---

[1] See Linda Teplin, Karen Abram, Gary McClelland, Amy Mericle, Mina Dulcan & Jason Washburn, *Psychiatric Disorders of Youth in Detention*, Washington, DC: Office of Juvenile Justice and Delinquency Prevention, U. S. Department of Justice, 2006, p. 2.

[2] See Elizabeth Bonham, *Adolescent Mental Health and the Juvenile Justice System*, *pediatric Nursing*, 32(6), 2006, p. 591.

[3] 参见[澳] 瓦尔达·鲁斯思:《澳大利亚新南威尔士州少年司法部在少年司法系统中的角色》,载《青少年犯罪问题》2009 年第 4 期。

[4] 参见中国儿童中心:《中国儿童的生存与发展:数据与分析》,载原国家人口和计划生育委员会网 2006 年 12 月 25 日,http://www.chinapop.gov.cn/TKLZ/t20061225-144518645.html。

[5] 参见罗大华主编:《犯罪心理学》,中国政法大学出版社 2002 年版,第 150~151 页。

[6] 参见王庆环:《"童年恐慌"愈演愈烈 小学生自杀帮父母省 10 万》,载《光明日报》2009 年 1 月 7 日,第 10 版。

[7] 金姬、苏庆先:《美校园枪响后的族群悬念:赵承熙和他的精神世界》,载新浪网 2007 年 4 月 25 日,http://news.sina.com.cn/w/2007-04-25/170912865138.shtml。

犯罪心理学派认为,通过社会化过程及心理成熟,人们相互间得以互通和交流,但大都需经历生理、心理及道德等方面的辗转成长。如在生长发育的任何一阶段出现断裂,特别是幼年时期,重大创伤或者心理发展异常都可能导致人格缺失或心理紊乱,而这恰恰是偏差的前兆。

(二)人格与人格理论

古汉语中即有"人格"一词,据章炳麟之《诸子略说》记载,"孔子平居教人,多修己治人之言,不求超出人格",[1]然这与"人格"通说相差甚远。现代法学意义上的"人格"术语源于日文汉字,而后者则出自对英文"personality"意译。而"personality"又源自拉丁文"persona",意为戏剧中所用的假面具,最初为希腊戏剧所采用。后罗马演员亦采用之,罗马法在此基础上赋予其以"人格"含义,有"声望和尊严""自由民""享有法律地位的任何人"等意义。[2]

犯罪人除具备人格一般含义外,尚持有独特人格,此种人格仅为犯罪人所独有,这种人格通常被称为"犯罪人格"。犯罪人格大体上具有"反社会"或"危害社会"、"为刑事法律所否定"或"与主流社会规范不符"及"实施了刑法意义的危害社会行为"等特征。具体到未成年人的犯罪人格中,本书认为,可视为未成年人在其身心发展过程中因其特殊生理、心理结构而产生的反社会行为的各种心理特征总称。与成年犯罪人不同,尽管不能排除可能会形成长久烙印,未成年人的犯罪人格一般具有暂时性,而这可通过家庭、学校与社会辅导得以有效矫正。

"犯罪人格"乃是"人身危险性"表征,偏差少年犯罪人格的外在表象与普通少年或成年犯罪人究竟有何不同呢?1999 年,邓芸菁等人选取云南省未成年犯管教所 379 名 13~15 岁云南籍男性未成年犯进行艾森克人格问卷调查。结果发现,与一般同龄少年相比较,未成年犯人格的基本特征主要表现为"外向好动、行为冲动、难以自制、情绪不稳定、容易激动、缺乏情绪控制力和防卫机制弱化、天真幼稚、心理成熟度明显不够,极容易轻信他人"。[3] 2005 年,李俊丽等人在对河北省未成年犯管教所 218 名偏差少年与石家庄市 274 名高中生进行人格特征、心理健康水平和应对方式方面的测试及比对后发现,偏差少

[1] 章炳麟:《诸子略说》。

[2] 参见王利明:《试论人格权的新发展》,载《法商研究》2006 年第 5 期。

[3] 邓芸菁、窦刚、张锋:《少年犯人格的基本特征及其相关因素的研究》,载《中国临床心理学杂志》2000 年第 3 期。

年各方面的心理健康水平皆较低。[1] 他们继而又发现,有精神质特征人格的偏差少年占近四成(39.4%),而有神经质特征人格的占近一成七(16.8%),均超出普通人群中的相应比例。[2]

据各法域研究成果,我国台湾地区少年法学者李庚霈总结出偏差少年罪人大体都具有下述人格特征:反社会、无社会及精神病态的人格倾向;呈现强迫型性格;较有疑心、缺乏安全感与幸福感、容易紧张、焦虑及忧虑倾向;富攻击性与抗拒权威倾向;情绪适应较一般正常青少年差且不稳定;自我强度功能较弱,且具有自卑、缺乏信心、虑病等人格倾向;自我反省力较弱,且容易产生冲动行为,而其思考、判断与抽象理解能力也较差;自我控制能力较一般青少年差,且具离群与自我中心倾向;较不具有合作与温和的人格特征。[3] 其中,第六点"虑病"乃指个人对其身心障碍的忧虑俨然已超过应有程度,以致全神贯注于自己的健康状况及恐慌想象中的疾病而对其他事物漠不关心。前述李俊丽等学者的实证研究也有类似发现,即受调查的偏差少年"个性相对比较孤僻,进攻性较强,有敌意,缺乏同情心,是非感较差,易到处惹麻烦",他们神经质特征也较明显,"容易激动,一旦情绪被激发,很难平复,且容易对外界的事物抱有偏见,以自我为中心,从自己的主观角度看待问题"。[4]

1904年以出版两卷本的《青春期:生理学、人类学、社会学、性、犯罪及现实与教育的心理及其反应》(*Adolescence: Its Psychology and Its Reactions to Physiology, Anthropology, Sociology, Sex, Crime, Reality and Education*)为契机,心理学家斯坦利·郝尔(Stanley Hall)认为青春期乃人生中特定时期,对人格形成至关重要。弗洛伊德(Sigmund Freud)、卡尔·荣格(Carl Jung)及凯伦·霍妮(Karen Horney)等心理学大师对人格皆有系统研究,人格如何构建及人格与行为塑造之间的互动都成为研究的热点问题。

在诸多人格理论中,弗洛伊德的心理分析理论(psychoanalytic theory)体系缜密,对理解犯罪性与犯罪原因有很好的诠释。尽管弗洛伊德本人对犯罪问题惜墨如金,较少触及,但其理论仍被信奉者援用至犯罪原因论中,成为早期犯罪心理学的支柱性理论。在弗洛伊德看来,思想(mind)由"意识"(conscious)与"潜意识"(unconscious)等组成,其中,意识人格性被称为"自我"

---

[1] 参见李俊丽、梅清海等:《未成年犯的人格特点与心理健康状况和应对方式的相关研究》,载《中国学校卫生》2006年第1期。

[2] 参见李俊丽、梅清海等:《未成年犯的人格特点研究》,载《中国学校卫生》2006年第2期。

[3] 参见李庚霈:《犯罪少年职业辅导》,台北,扬智文化事业股份有限公司2003年版,第15页。

[4] 李俊丽、梅清海等:《未成年犯的人格特点研究》,载《中国学校卫生》2006年第2期。

(ego),而潜意识则包括本我(id),即人格为本我、自我和超我(super ego)三部分交互而成。任何新生儿都有与生俱来的“本我”意识,表明“我要”当为天经地义。因而婴幼儿对他人漠不关心,而只对心仪之物纠缠不清。“本我”以追求“快乐”为原则,直接源于人的生物与心理本能,讲求无拘无束,及时行乐。而最终“原欲”(libido)的出现,标志未成年人性冲动与渴望的产生,昭示青春期的开始。弗洛伊德认为,在吃喝拉撒等欲望中,性欲占据主导地位。若受到压抑得不到纾解便会感到烦扰与懊丧,需要某种形式予以发泄。随着婴幼儿逐步长大,本性较“自私”的“本我”意识开始衰退,而另一人格“自我”萌发。“自我”乃“本我”表象,是给予他人权利与利益的认可;出于对现实的认知,“自我”意在调和各类潜意识冲动。“超我”则是人格发展中最高一级,常被形象称为“道德警察”(moral police),代表着最高的道德典范。“超我”要求自律,是道德化的“自我”。当未成年人察觉自身不当行为给他人带来不便而后悔与沮丧时,这便是“超我”起了作用。“自我”与“超我”的互相作用,以道德及伦理思想反制“本我”,共同保障未成年人顺利度过青春期。[1]

弗洛伊德的侧重点在于可能较早出现在儿童时期的心理创伤与问题,某些未成年人从事偏差活动正是这些问题使然;即便犯罪人直到成年时方才触法,但引子早已在若干年前埋下。正是“自我”与“超我”发展之不足,才酿成未成年人偏差的恶果。在他看来,这些后天形成的偏差少年试图获取即刻愉悦,为获取自身利益而不受周遭不同看法左右。亲子关系对于未成年人“自我”与“超我”的健全至关重要,父母及其监护人对未成年人的人格形成作用不可忽视。未成年人失足往往会被归咎于其父母的疏于管教或过于溺爱。在此基础上,弗洛伊德又提出阴茎羡妒、女性受虐狂等假说。

在综合心理分析学派对犯罪原因,特别是未成年人偏差的起因后,车炜坚认为其大致可包括以下三项:一是因“自我”或“超我”发展有缺陷而未能控制犯罪冲动(本我);二是“自我”发展的不健全可导致反社会性格,而这通常出现在1~5岁;三是“超我”也不是越高越好,过度的“超我”将压抑正常的“本我”发展,促发导致精神病态类犯行。[2]

人格分析理论的主要症结在于论点的无法验证性,而这直接削弱了应有

---

〔1〕 See Roger Burke, *An Introduction to Criminological Theory*, Devon, UK: Willan Publishing, 2001, p. 77-78.

〔2〕 参见蔡德辉、杨士隆:《犯罪学》(增订4版),台北,五南图书出版股份有限公司2006年版,第66~67页。

的解释力。弗洛伊德理论并不为犯罪学家全盘接受,但对犯罪心理学的成长则不无裨益,且对心理分析或者精神分析学派的最终形成提供了有力支撑。其他有影响的人格理论尚包括神经官能症理论(theory of neurosis)、挫折攻击理论(frustration-aggression theory)、情绪控制理论(bottling theory)与精神医学理论(psychiatric theory)。[1] 其中,神经官能症症结在于"基本焦虑"(basic anxiety),后者系指"面对潜在敌意世界时的孤立无助感"。神经官能症乃系指涉及持久性经验负面影响的各种心理问题,包括焦虑、悲伤或抑郁、愤怒、焦躁、精神混乱、自我评价低下等持久性经验负面影响问题;诸如恐惧过度警觉、冲动和强迫行为、嗜睡等行为症状及如不快或不安思想、反复的思考和痴迷、习惯性幻想、否定性和玩世不恭等认知问题。[2] 挫折攻击理论以弗洛伊德的本能理论为基础,认为人内心深处皆存有各种不同程度压力,若个体需求或动机无法满足或受到阻碍即可能出现挫折感及由此引发的攻击本能,暴力行为则是人类攻击行为的主要方式。情绪控制论也是另一源于弗洛伊德理论所发展出来以解释未成年人偏差的心理学理论。该理论假定个人内在存有多种"迫力",因经常无法满足遭受多重挫折,情绪控制出现失控而偏差。而精神医学理论重心在未成年人犯罪上,强调研究未成年人早期经验,特别是与父母关系,而这将深刻影响其人格发展与健全。[3]

### 四、社会学派视角

20 世纪初叶,犯罪实证主义波及北美,人们更多以社会学角度审视犯罪与未成年人偏差。社会学派对古典学派、心理学派及生物学派对犯罪起因的论断不以为然,认为视阈狭小。在他们看来,社会变迁、家庭机能变化、道德转轨、多元化价值观冲击甚至全球化等社会层面的风吹草动皆引发未成年人心灵的躁动,从而促发偏差。而实证研究方法与统计学的延伸也为揭开未成年人偏差原因提供了有利工具。越轨副文化理论(deviance subculture theory)、社会控制理论(social control theory)及紧张理论(strain theory)都可较好地解释未成年人偏差。未成年人犯罪地带理论、标签理论、学习理论与生活/生命历程理论亦常常被用来解释未成年人偏差。

---

〔1〕 参见蔡德辉、杨士隆:《犯罪学》(增订 4 版),台北,五南图书出版股份有限公司 2006 年版,第 63 页。

〔2〕 See George Boeree, *A Bio-Social Theory of Neurosis*, Accessed June 12, 2006, http://webspace.ship.edu/cgboer/genpsyneurosis.html.

〔3〕 参见蔡德辉、杨士隆:《犯罪学》(增订 4 版),台北,五南图书出版股份有限公司 2006 年版,第 63 页。

(一)未成年人犯罪地带理论

20 世纪 20 年代是芝加哥大学社会学系的黄金时代,诸多社会学者在博格斯与罗伯特 · 帕克(Robert Park)领导下创建了"芝加哥学派"(Chicago School),并提出"未成年人偏差地带"(delinquent area)概念。在其所著《城市》(*The City*)一书中,博格斯等人以芝加哥为例,阐述其著名的"都市同心圆理论"(concentric zone theory),即该市自内向外可分为中心商业区(main downtown area)、过渡区(transitional area)、工人住宅区(working people housing area)、中上阶级住宅区(upper middle-class housing area)及郊区与通动区(suburbs and commuter areas)等五个同心圆。[1]

芝加哥学派用生态学类比来解释犯罪,主张未成年人犯罪通常表现为不平衡的地理分布:城市中的某个区域,往往比其他区域更容易发生犯罪。克利福德 · 肖(Clifford Shaw)和亨利 · 麦凯(Henry McKay)运用"都市同心圆理论"研究芝加哥的未成年人犯罪现象,发现未成年犯罪有集中在市中心的趋势,犯罪率由市中心往郊区逐渐递减。此研究发现未成年人犯罪的产生根源于社会解组与社会控制缺乏。抑制犯罪的发生需要着手改造少年生活的社区及社会整体,使社会控制的力量得以发生作用。[2] 1932 年,肖推动"芝加哥区域计划"(Chicago Area Project,CAP)实施,运用社区总体营造抑制犯罪,透过整合社区资源及活动,建立起社区所在地文化,使当地居民有共同的价值体系,破除文化冲突。自芝加哥学者针对未成年人犯罪问题提出"未成年人犯罪地带"概念后,许多学者便从人类生态学观点研究犯罪问题,并提出以环境设计及改良来预防犯罪构想。因该学派的不懈努力,使社区犯罪预防重要性深入人心,而自 1972 年创设的"全美守望相助计划"(national neighborhood watch program)为较成功的范本。[3]

(二)"迷乱"与紧张理论

社会迷乱理论(anomie theory),又称无规范理论,后发展为紧张理论。社会迷乱理论之创立者为法国社会学大师埃米尔 · 涂尔干(Emile Durkheim)。在其 1893 年出版的《社会分工论》(*The Division of Labor in Society*),他以结构

[1] See Robert Park, Ernest Burgess & Roderick McKenzie, *The City*, Chicago, IL: University of Chicago Press, 1967, p. 23 – 32.

[2] See Clifford Shaw & Henry McKay, *Juvenile Delinquency and Urban Areas*, Chicago, IL: University of Chicago Press, 1942, p. 60 – 68.

[3] 参见蔡德辉、杨士隆:《犯罪学》(增订 4 版),台北,五南图书出版股份有限公司 2006 年版,第 83 页。

功能主义(functionalism)来解释犯罪性。结构功能主义在于分析相互依存的部分(parts)如何融入并保持整体系统,以此说明事物发生的原因。[1] 在1897年出版的《自杀论》(*Suicide*)中,涂尔干概述了自杀的原因在于寻短见者价值标准的缺乏或丧失,及感觉异化和对生活的无助感。而这又源自"迷乱",即正常状态的丧失与解体。涂尔干更著名的论点在于,其主张犯罪从社会学意义上乃是正常现象。在他看来,社会存在一定数量的犯罪并非病态现象。基于因急剧社会变迁所带来的社会失序,抑或社会由传统的"机械社会"(mechanical society)转变至"有机社会"(organic society),价值观的更迭与混淆亦会造成个人的迷乱。换言之,"迷乱"是社会剧烈或快速变迁的结果。[2] 如同成年人犯罪无法根除一样,幻想一劳永逸地解决未成年人偏差注定只能是一厢情愿。

社会学家罗伯特·默顿(Robert Merton)沿用涂尔干所创"迷乱"一词,但赋予其不同意义,基本上是为了解释一般偏差问题,而非专门针对犯罪而言。默顿版的"迷乱"系指社会追求的目标与达成这些目标所适用的被社会认可的手段之间存在不一致状况。在这种不一致的状况下,个人会产生偏差行为或适应方式。具体而言,当人们致力于获取社会文化所肯定目标(goal)时,却发现没有办法以社会认可的手段(legitimate means)去达成目标。社会上有各种不同的社会目标及达成目标的手段,手段有合法和不合法之分,而个人有认同和不认同这个社会目标之分。在其所著《社会结构与迷乱》(*Social Structure and Anomie*)中,默顿将个人面对文化结构与社会认可手段所采取的适应模式分为五类,即守法(conformity)、标新(innovation)、仪式(ritualism)、逃避(retreatism)及叛逆(rebellion)。[3] 在默顿看来,社会中绝大多数人皆为"守法者",其文化结构与社会认可手段都趋正面,成为稳定社会的主要力量。"标新者"接受社会所认可的目标,但采用非法手段。至于"仪式者",采用社会认可手段来获取非法目的,为阳奉阴违。而"逃避者"无论手段还是目的皆不为社会所接受。与上述四者皆然不同的是,"叛逆者"对文化结构与社会认可手段不置可否,经常背离传统。

默顿认为,病态的社会结构,尤其是一味强调目标,却不能提供给成员完成此目标的有效手段的社会,会对每个人形成紧张或压力,最后把他们推向偏

---

〔1〕 See Emile Durkheim, *The Division of Labor in Society*, Glencoe, IL: Free Press, 1960, p. 26–31.

〔2〕 赵若辉:《社会迷乱决定因素研究》,人民出版社2009年版,中文前言第5页。

〔3〕 See Robert Merton, *Social Structure and Anomie*, New York, NY: Irvington Publishers, 1993.

差的结果，所以迷乱理论有时被称为压力或紧张理论。参照默顿的论点，偏差少年具备与常人相同的能力、价值观念及文化目标，但缺少实现这些文化目标的文化手段，加之不断接受挫折、嘲笑或剥夺机会而产生紧张。因缺乏合法成功的管道，个人为求减缓这些焦虑与挫折或否定该项目标，或只好诉诸非法手段来达成目标，如此，即可能在手段上背离社会所认可的范围而形成少年偏差。他认为在快速变迁的社会中，虽然个体内化了社会期待的目标，却缺乏适当的手段来达成此目标，形成"迷乱"现象，进而衍生出许许多多的社会问题。

犯罪学家罗伯特·安格纽（Robert Agnew）认为紧张理论过分强调低阶层犯罪，而忽略中上阶层也有犯罪现象，遂于1992年提出"广义紧张理论"或"一般紧张理论"（general strain theory，GST）。他将传统紧张理论当中"紧张"的概念具体化并扩大范围，以增加其解释力。据这一理论，产生紧张的主要来源有个体追求正面价值目标的失败、正面价值刺激的移除及负面价值刺激的显现。[1] 依安格纽之主张，个人与他人之间的负面影响及生活中的紧张与挫折皆可能造成未成年人偏差。

（三）社会控制理论

社会控制理论（social control theory）强调技术性节制人类行为，要求服从社会规则，重视家庭、学校、道德、价值及信仰的作用。经过几十年发展，社会控制理论已发展成为包括特拉维斯·赫胥（Travis Hirschi）的社会连结理论（social bonds theory）、西克斯（Gresham Sykes）与大卫·马扎（David Matza）的中立化技巧理论（techniques of neutralization theory）及沃尔特·雷克利斯（Walter Reckless）的抑制理论（containment theory）等在内的理论体系，这些理论基本上都注重非正式控制。

1. 社会连结理论

1969年，赫胥在其《犯罪原因论》（*Causes of Delinquency*）一书中指出，人之所以不犯罪，乃是外在环境教养、陶冶和控制的结果。在这种社会化的过程中，人和社会建立起强度大小不同的社会连结（social bond），以防止个人犯罪。赫胥的社会连结理论主张，犯罪不需要解释，而不犯罪的行为才需要解释。个人若不受外在法律的控制和环境的陶冶与教养，便自然会倾向于犯罪。而人之所以不犯罪的原因在于人与社会之间所建立的四种社会连结，即依附（attachment）、奉献（commitment）、参与（involvement）及信仰（belief），四者结

---

〔1〕 See Ronald Akers, *Criminological Theories*: *Introduction and Evaluation* (*2nd edition*), Los Angeles, CA: Roxbury Publishing, 1997, p. 133.

合为“社会控制”(social control)等外在抑制犯罪之影响力量。[1] 以依附为例,系指未成年人个人对家庭、机关、朋辈团体或社会有感情上的依附,重视且在乎这些人的看法与期望。

未成年人的人生观、世界观尚在形成之中,加强对未成年人的适当引导,使其认识到对社会的责任与义务所在极为重要。《世界人权宣言》第29条第1款指出,“人人对社会负有义务,因为只有在社会中他的个性才可得到自由和充分的发展”。据社会连结理论,少年从事合法活动,其从事非法活动的时间与精力便大打折扣。正是在这个意义上,《利雅得准则》第1条指出“青少年通过从事合法的、有益社会的活动,对社会采取理性态度和生活观,就可以形成非犯罪型的态度”。

2. 中立化技术理论

在犯罪学家玛札及西克斯看来,偏差少年难免存在这样一些特征:许多偏差少年会因为其偏差行为而感到后悔与产生负罪感;偏差少年会时常对那些守法公民表示钦佩;偏差少年并非随心所欲地选择被害人,而刻意与其保持一定距离;偏差少年常受周边环境左右,而可能选择服从。

基于上述观察,玛札与西克斯于1957年创立“中立化技术理论”,意在归纳出犯错者在为自己错误辩护时合理化的技巧。该理论认为,偏差少年与普通少年本质上并无区别,且偏差少年在生平大多时间皆遵纪守法。即便是最顽劣的偏差少年,随年龄增长,大多数逐步退出偏差行为人的行列。在两人看来,未成年人即使偏差时仍保持传统道德,但以一些“中立”此类道德的技巧而使其突破束缚游离于合法与非法行为之间。这些中立技巧包括推卸责任(denial of responsibility)、损害否认(denial of injury)、被害人否认(denial of victim)、责备责备者(condemnation of condemners)与诉诸较高的忠诚(appeal to higher loyalties)五类技术。[2] 具体说来,“推卸责任”这项技术通常是当外在推动力导致偏差行为发生时被偏差少年经常援用的。偏差少年总是会用这样或那样的借口,声称其触犯的犯行不过是意外事件,不必大惊小怪。他们认为其之所以被卷入其中,实属无奈,继而感到孤立无援。偏差少年常常自我感觉亲情的缺失、邻里的混杂及玩伴的哄诱皆为其走向偏差的重要原因。简言

〔1〕 See Travis Hirsch, *Causes of Delinquency*, Los Angeles, CA: University of California Press, 1969, p. 16–34.

〔2〕 See Gresham Skyes & David Matza, *Techniques of Neutralization: A Theory of Delinquency*, American Sociological Review, 22(6), 1957, p. 664–670.

之,“这并不是我的错!”而当犯行未给被害人带来伤害时,偏差少年通常以“损害否认”来遮掩其责任,“我知道犯行会伤害某些人,但我并没有伤害到任何人”。判断其行为是否偏差的标准在于是否有人受到伤害。使用这种技术,偏差少年常会自欺欺人,先入为主,称其行为尚未伤及无辜。他们会诡称偷鸡摸狗只不过是“临时借用一二”而已,打架斗殴也不过是“周瑜打黄盖,一个愿打,一个愿挨”罢了。“被害人否认”常被偏差少年用来掩盖其犯罪目的,而主张其行为的正当性,“这些人罪有应得!”通常此类案件包括袭击同性恋或弱势群体,或者劫富济贫。“责备责备者”又被称为“拒绝拒绝者”(rejection of the rejectors)。因未成年人身心与成人迥然不同,对未成年人所采取的应对策略亦不尽相同。许多未成年人认为责备其行为不检的人持双重道德标准,因成年人实施类似行为很少甚至完全不受谴责和处罚。当偏差少年认为其不得不触法以维护其所在较小团体利益时,“诉诸较高的忠诚”便成为其自我辩护的不二法门。

在随后的研究中,玛札观察到这样一些现象,即犯罪人对其犯罪通常具有悔罪感、犯罪人对守法之人充满敬意、犯罪人对被害人选取有较清晰界限及偏差少年对遵纪守法的要求并非熟视无睹的。1964 年,他在《未成年人犯罪与漂浮》(*Delinquency and Drift*)中继而提出漂浮理论(drift theory),指出人们以中立化技巧漂移做出传统行为,以暂时脱离道德约束,从而游离于合法与非法之间。

3. 抑制理论

1961 年,雷克利斯在其所著《犯罪问题》(*The Crime Problem*)中围绕青少年遵纪守法、远离偏差的自我概念或自我形象的形成而提出“抑制理论”,主张未成年人偏差乃系内外遏制两种社会控制冲突的结果;内部抑制系其正面的自我概念,而外部抑制则辅之以纪律与监督,二者有序互动促成守法行为。该理论认为人人都有外在遏制结构与内在保护结构。在二者之中,尤以内在遏制为重。内在遏制愈强,则人犯罪意愿越低;反之,则越强。雷克利斯认为通过强化自我形象的内部遏制源于家庭教育,并成型于 12 岁左右。[1] 而外部遏制则需依仗于社会、邻里及学校等社会机构的参与。

4. 标签理论

标签理论(labeling theory)作为解释犯罪和偏差行为的学说,源于社会学

---

〔1〕 See Walter Reckless, *A Non-Causal Explanation*: *Containment Theory*, Excerpta Criminologica, 1 (2), 1962, p. 131 – 134.

中的“象征性社会互动理论”(symbolic interaction theory)。在这个理论中,个人的身份和自我意识、认知过程、价值观和人生态度等都被视作仅存于社会活动与变化中。从社会环境因素影响个体行为的观点,标签理论认为人们终其一生皆做不同形式的偏差行为,大多数只不过是初级偏差(primary deviance)罢了,即初次或偶尔从事的偏差行为。认为人的行为之所以变得不正常,主要是因他人不当标签所致,即衍生偏差或次级偏差(secondary deviance)。次级偏差系指当个人接受别人对他或她的偏差标签后,开始改变自我印象,认为自己是偏差者,且开始从事偏差行为。[1]

在标签理论者看来,没有本质上为犯罪的行为;一行为之所以被定义为犯罪而受到谴责或处罚,完全出于身处高位的“道德企业家”(moral entrepreneurs)的单方面作为。[2] 标签理论的核心内容来自互动主义的基本命题主张,如霍华德·贝克(Howard Becker)指出的,个人的自我意识是其他人对其定义的反映。他们更进一步指出,对那些被贴上标签即污名化而作出偏差行为的人来说,他们比没有被标签为偏差行为的人更容易从事犯罪和偏差行为。[3] 标签既可以是正式的,也可以是非正式的。且自我意识的成型和改变是通过交互过程而实现的,在这个过程中个人自我反应、角色扮演及就他的自我意识进行不断地谈判议定,包括如何看待自己、别人如何看待自己、怎么看待别人对自己的看法。

光有社会认知对于标签未成年人偏差显然不足,并非生活在高犯罪区域内的未成年人皆走上犯罪道路,也不是生活在低犯罪区域的未成年人皆可洁身自好。亚伯朗斯基认为,社会认知(social perceptions)、自我概念(self-concept)与未成年人司法体系(juvenile justice system)是定义未成年人偏差的三个主要组成部分。[4] 其中,“社会认知”系指父母、邻里、朋辈及教师等对未成年人行为是否偏差的反映。“自我概念”便是强化未成年人自身正面或负面反映的指标,未成年人是否有对其偏差行为的自我概念或自我标签并非主观。许多未成年人并未视其有任何问题,即便其已在偏差悬崖徘徊。

---

〔1〕 See Edwin Lemert, *Social Pathology*, New York, NY: McGraw-Hill Higher Education, 1951.

〔2〕 See Howard Becker, *Outsiders: Studies in the Sociology of Deviance*, New York, NY: The Fee Press, 1963, p. 147.

〔3〕 See Howard Becker, *Outsiders: Studies in the Sociology of Deviance*, New York, NY: The Fee Press, 1963, p. 147.

〔4〕 See Lewis Yablonsky, *Juvenile Delinquency into the 21st Century*, Belmont, CA: Wadsworth/Thomas Learning, 2000, p. 28 – 32.

《利雅得准则》第 5 条指出,把青少年列为“离经叛道”、“违规闹事”或“行为不端”,往往会助成青少年发展出不良的行为模式。该准则第 56 条要求,各法域“为防止青少年进一步受到污点烙印、伤害和刑事罪行处分,应制定法规,确保凡成年人所做不视为违法或不受刑罚的行为,如为青少年所做,也不视为违法且不受刑罚”。近年来,欧美风头日盛的分流处分即充分考虑正式司法程序所带给未成年人的冲击,非正式、社区辅导为导向的非司法福利性措施减少了司法处理的标签效应,一时蔚然成风。分流植根于这样的信念,即一旦未成年人被标签为“偏差少年”或“坏孩子”,这可能会带来对其永久性污名化影响。[1]

我国刑事司法与未成年人司法领域对避免对偏差少年污名化标签亦做了较多有益尝试,如《预防未成年人犯罪法》第 58 条规定,“刑满释放和接受社区矫正的未成年人,在复学、升学、就业等方面依法享有与其他未成年人同等的权利,任何单位和个人不得歧视”。《未成年犯管教所管理规定》第 5 条规定,“在日常管理中,可以对未成年犯使用‘学员’称谓”。

5. 偏差副文化理论

副文化理论(subculture theory),又称犯罪次级文化理论、犯罪亚文化理论。偏差副文化版本较多,主要包括托尔斯滕·雪林(Thorsten Sellin)的文化冲突理论(culture conflict theory)、苏哲兰的差别接触理论(differential association theory)、艾伯特·科恩的身份挫折理论(status frustration theory)及沃尔特·米勒(Walter Miller)的下层文化冲突理论(theory of lower class culture conflict)等。

1938 年,在所著《文化冲突和犯罪》(*Culture Conflict and Crime*)一书中,雪林认为法律概念是相关联的,并随着行为准则改变而改变。行为准则又和文化密切相联,它界定为社会大众接受的行为和不可接受的行为两种。这些准则调整人们的日常生活和行为。不同文化背景的团体对什么样的行为是正当或不正当的、什么样的行为是可接受的或不可接受的及什么样的行为可被认为是犯罪有着不同的认识。换句话说,行为准则因文化差异而不同。[2] 雪林把文化冲突区分为两类:主要文化冲突和次要文化冲突。主要文化冲突系指

---

〔1〕 See Gennaro Vito, Richard Tewksbury & Deborah Wilson, *The Juvenile Justice System-Concepts & Issues*, Prospect Heights, IN: Waveland Press, 1998, p. 12.

〔2〕 See Thorsten Sellin, *Culture Conflict and Crime*, New York, NY: Social Science Research Council, 1938, p. 63 – 70.

在新的主流文化中次级文化的准则被认为是犯罪的情形;而次要文化冲突系指在同种文化中对部分行为准则的接受有所不同的情形。换言之,一些团体把某些行为界定为是越轨的或是犯罪的,而另一些在同种文化中的团体却认为这种行为是非犯罪的、正当的。雪林指出,文化变得越复杂,影响行为的规范团体的数量就越可能扩大,这些团体的准则被拒绝的机会也会越大。[1]

差别接触理论又称"不同连结理论",由苏哲兰于其1934年出版的《犯罪学原理》(*Principles of Criminology*)一书中初次提出,并认为这个理论可以解释一切犯罪和偏差行为。差别接触理论核心内容为以下九点:犯行乃系学习而来;犯行是通过与他人的接触互动学习而来的;犯罪学习的主要方面发生在与"个人的亲密团体"(intimate personal group)的交流之中;犯罪学习的内容包括犯罪技巧、犯罪动机、内驱力及合理化和态度上的特别指示;犯罪动机与内驱力学习系从犯罪的法律定义来考虑犯罪对其有利与否;个人之所以犯罪实系其认为犯罪比不犯罪更有利;不同接触会因为强度和先后顺序等外在客观的因素而有差异;犯罪学习过程主要是与犯罪团体或反犯罪团体接触所发生的结果,犯行不仅包括模仿,亦有接触;不能用一般需要与价值来解释犯行,因为非犯行也是如此。[2] 差别接触理论的核心在于其第六点内容,若接触有利于犯罪的定义多于不利于犯罪的定义,行为人很可能成为犯罪人。普通人可以通过学习有害的行为和态度并发现一些理由让自己通过犯罪将这些行为付诸现实。理解差别接触理论需要注意两点。一是要学习的内容非常重要。这包括事实犯行所需要的具体技术(techniques)、动机(motives)、理性思考(rationality)和态度(attitudes),及对来自对这些基本组成内容的评价。二是学习的过程亦非常重要,这包括与之亲密接触的非正式团体。

艾伯特·科恩的身份挫折理论是在差别接触理论的基础上修正而来的青少年副文化理论的重要组成部分。"身份挫折"这个术语最早由涂尔干提出,后由艾伯特·科恩发扬光大。在1956年出版的《偏差男童》(*Delinquent Boys*)一书中,艾伯特·科恩借用"身份挫折"理论来解释来自工薪阶层或下阶层的男童对中产阶级化的学校教育与价值观念的反应。他发现,这些孩子通常具有这样一些特征,即许多下阶层少年(特别是男孩)学业不佳、在校表现和偏差

---

〔1〕 See Thorsten Sellin, *Culture Conflict and Crime*, New York, NY: Social Science Research Council, 1938, p. 63 – 70.

〔2〕 See Edwin Sutherland & Donald Cressey, *Criminology* (*10th edition*), New York, NY: Harper & Row Publishing, 1978, p. 77 – 83.

关系密切,在校表现不佳源自学校所体现的主流中产阶级价值观与少年所在下阶层价值观之间的冲突及下阶层男童较多参与帮派并以此作为自我强化与保持反社会价值观的手段。[1] 因为学校所讲授及课堂中耳濡目染的内容基本上皆为中产阶级价值观的体现,可能与这些下阶层孩子的认识与看法格格不入。久而久之,这些孩子便会形成偏差副文化,且这种文化通常出现在未成年人团体或帮派中。

未成年人在其成长过程中,逐渐形成较独特的副文化。米勒提出"下层文化冲突理论"。米勒并不认为未成年人因其心理偏差或者病态人格而作奸犯科,而是对其独特的下层文化价值观的正常反应使然。在米勒看来,身处社会下层的未成年人出人头地的机会并不多,促使其在周边文化中寻找到慰藉,从而认可甚至竭力捍卫这种文化。米勒将下层文化层层分解,列出影响未成年人的六种不同价值观念,即惹是生非(trouble)、强硬(toughness)、诡诈(smartness)、寻求刺激(excitement)、认同宿命(fate)与自治(autonomy)。[2] 未成年人对这六种价值观愈加认可,则其与上层文化冲突就越发不可收拾,触法概率便越大。

6. 生活/生命历程理论

对未成年人偏差原因的探讨并不局限于上述流派。统计资料显示,绝大多数偏差少年在其成年后弃恶从善,改邪归正了。少时的不经世事经过人生历练,大都逐步成熟而脱离犯罪了。尽管越轨与偏差的事情在成年后仍不免出现,即偏差的持续性,但这与刑法学意义上的成人犯罪已不可同日而语。简单地说,"小时偷针、长大偷金"及"江山易改,禀性难移"[3] 的谚语至少从统计学角度来看并不具有普遍意义。

因为大多数犯罪学理论忽视了成人时期的犯罪曲线急速下降这一现实情况,大都无法合理解释为何大多数未成年人成年后逐步减少偏差的次数、种类与程度。为正视这种差异,生活/生命历程理论(life course theory)逐渐浮出水面,以期了解犯罪人人生经历对其行为的影响。罗伯特·桑普森(Robert Sampson)和约翰·劳布(John Laub)重新整理了格鲁克夫妇遗留在哈佛大学法学院图书馆的60柜少年偏差资料并重新整理与研究。在其所著《犯罪之形

[1] See Richard Lawrence, *School Crime and Juvenile Justice*, New York, NY: Oxford University Press, 1998, p. 46.

[2] See Walter Millier, *Lower Class Culture as a Generating Milieu of Gang Delinquency*, Journal of Social Issues, 14, 1958, p. 5 – 19.

[3] (明)冯梦龙:《醒世恒言》卷三十五。

成:人生道路及其转折点》(*Crime in the Making: Pathways and Turning Points through Life*)一书中提出了“逐级年龄非正式社会控制理论”(age-graded informal social control theory)。他们从生命历程的观点观察社会结构、非正式社会控制和偏差与犯行的关系。在两人看来,“逐级年龄”可分别用来解释未成年人犯罪、转变为成人犯罪及成人犯罪,家庭、学校与朋辈等结构性因素通过社会控制间接影响犯罪。[1] 在桑普森和劳布看来,婚姻与工作乃犯罪终止的两个主要“转折点”(turning point),而这通常也被视为少年成年的重要标志。[2]

域外基于“犯罪生涯”(criminal career)与“生活/生命历程”(life-course)观念所进行的研究,发现严重暴力犯罪人常有前科记录的童年、多元化的风险因子与犯罪人生命历程有高度关联、未成年人犯罪人高度集中于少数类型家庭。[3] 《利雅得准则》第5条提醒,“要考虑青少年不符合总的社会规范和价值的表现或行业,这往往是成熟和成长过程的一部分;在他们大部分人中,这种现象将随着其步入成年而消失”。

心理学家特瑞·莫菲特(Terrie Moffitt)提出将青少年犯行的形态分类成“仅限于青少年型”(adolescence-limited type)与“终身持续型”(life-course-persistent type)。在查阅以往不同年龄犯罪率的相关记录后,他发现青少年期的犯罪率有突增的情形,大约于17岁达到最高峰;之后则有渐趋减缓的现象。仅有少数人(约占青少年犯行人群的5%)是属于终身持续型的犯行者。[4] 据莫菲特“仅限于青少年型”理论,儿童神经心理问题(neuropsychological problems)与犯罪环境问题(neuropsychological problems)互动到一定程度后将最终出现病态人格(pathological personality)。而“终身持续型”理论则说明未成年人极力模仿那些业已规范化的反社会行为,并以此作为贯穿人生的行动指南。

美国前总统奥巴马,以其人生独特经历生动演绎了美国梦的实现过程。未成年人时,奥巴马因身世、肤色、种族等敏感问题而彷徨一时。因对复杂家

---

〔1〕 参见林山田、林东茂、林灿章:《犯罪学》(增订3版),台北,三民书局2002年版,第170页。

〔2〕 See Robert Sampson & John Laub, *Turning Points in the Life Course: Why Change Matters to the Study of Crime*, *Criminology*, 31(3), 1993, p. 301 - 325.

〔3〕 参见吴芝仪:《青少年暴力犯罪之处遇》,载蔡德辉、杨士隆主编:《青少年暴力行为:原因、类型与对策》,台北,五南图书出版股份有限公司2002年版,第421~422页。

〔4〕 See Terrie Moffitt, *Adolescence-Limited and Life-Course-Persistent Antisocial Behavior: A Developmental Taxonomy*, Psychological Review, 100(4), 1993, p. 674.

庭的不解,奥巴马在恣意中放纵着自己的少年时代,他经常逃学,游荡于海滩与街头,并试图以大麻和烟酒“能够驱散困扰我的那些问题,把那些过于锋利的记忆磨到模糊”。好在其“街头混混”生活很快戛然而止,结果痛苦挣扎后,奥巴马痛改前非,浪子回头,学业与事业逐步走上正轨,直至问鼎总统宝座。[1]

7. 社会学习理论

社会学习理论(social learning theory)[2]认为,犯罪系特定情景之下的学习结果。其主要焦点在于“学习是什么”与“学习发生的过程为何”。社会学习理论主张未成年人对生活在其左右的“显著关系者”(significant others)具有明显的模仿天性。1953 年,心理学家哈里·沙利文(Harry Sullivan)率先提出“显著关系者”概念,系指在个体社会化及心理人格形成的过程中具有重要影响的具体人物。

“显著关系者”包括父母兄弟、街坊邻居、亲朋好友、老师同学甚至新闻媒体中广泛加以报道的各类人群。社会学习理论强调“角色模范”(role modeling),未成年人“可塑性”极强的特点决定其对周边人等不间断地效仿与学习。[3]

## 第二节 “破窗理论”与犯罪预防

### 一、“破窗理论”解读

依据菲利“犯罪饱和理论”,社会之中必然存续一定数量的犯罪。如同娼妓、吸毒等社会顽疾,未成年人偏差同样很难予以根绝,只能予以预防和控制,将其严控在社会可接受的范围之内,以保持与社会政治、经济、文化发展总体相一致。

相比成年人犯罪预防,未成年人偏差预防因其事前预防效果明显而显得更为紧迫。域外惯常以“破窗理论”(broken window theory)来指导犯罪预防工作,已取得较好成效。“破窗理论”原指在建筑物窗户上的玻璃被打碎后,若不

---

〔1〕 参见《奥巴马:演绎美国梦的白宫新主人》,载《青年文摘》2009 年 1 月上。

〔2〕 一些欧美犯罪学家亦将“社会学习理论”归类于犯罪心理学派。

〔3〕 See Mark M. Lanier & Stuart Henry, *Essential Criminology* (*2nd edition*), Boulder, CO: Westview Press, 2004, p. 125.

及时修复,久而久之,就有可能给人以暗示性纵容,认为该社区无人关心而破坏更多玻璃,继而各种涂鸦及垃圾便会随之铺天盖地。[1] 该理论最早由犯罪学家詹姆斯·维尔逊(James Wilson)与乔治·柯灵(George Kelling)于1982年提出。在其同名论文《破窗》(*Broken Windows*)中,他们认为犯罪无疑是社会失序的结果。

1984年,纽约大都会运输署(New York City Transit Authority)聘请柯灵为顾问,至1990年采取其建议集中整治无处不见的涂鸦并颇有成效。纽约警方对逃票、公共场所酗酒、随地便溺及随意拦停车辆以擦洗挡风玻璃为名行敲诈之实的"抹车仔"(squeegee men)等展开治理。正是这些看起来微不足道的整治行为对潜在犯罪起到了较好的抑制作用,纽约市亦因此受益颇多,几年间重罪降低了3/4(75%)。[2]

援用至未成年人偏差,绝大多数此类案件都是因小节不究而逐步扩大的。所谓"千丈之堤,以蝼蚁之穴溃;百尺之室,以突隙之烟焚",[3]告诫千丈长的河堤,可能因为蝼蛄、蚂蚁之类的小虫钻洞而被大水冲破;百尺高的房屋可能因为烟筒缝里冒出的一点烟火而被烧毁。警察学家迈克尔·帕尔米托(Michael Palmiotto)认为,衡量犯罪预防成败可从以下几个方面考虑:首先,犯罪是否得以减少;其次,犯罪恐惧感是否缓解;再次,民众对所居住社区的安全评价是否发生改变;最后,是否达到社区与居民的满意程度。[4]

在未成年人司法诸概念之中,犯罪预防(crime prevention)是内容广泛且不易定义的名词。东汉儒学家荀悦指出,犯罪预防包括"防""救"与"戒"。其中,"防"乃"先其未然",即防患于未然的事前预防;"救"乃"发而止之",即犯罪发生后的制止举动;"戒"乃"行而责之",即对行为人的责罚。无论是采取制止举动的"救"还是责备行为人的"戒",都是在行为发生后所进行的补救措施,属于事后预防。在辨析三者之间区别后,荀悦指出,"防为上,救次之,戒为下"。旨在事前预防的"防"在整个犯罪预防体系中作用最为关键。西方社会中最早提出犯罪预防的思想家是柏拉图,他认为刑罚不应只是对过去罪行的

---

〔1〕 See George Kelling & Catherine Coles, *Fixing Broken Windows*, New York, NY: Touchstone, 1996, p. 19-21.

〔2〕 See George Kelling & Catherine Coles, *Fixing Broken Windows: Restoring Order and Reducing Crime in Our Communities*, Accessed June 17, 2006, http://www.manhattan-institute.org/html/critical_acclaim-fixing_broken.htm.

〔3〕《韩非子·喻老》。

〔4〕 See Michael Palmiotto, *Community Policing: A Policing Strategy for the 21st Century*, Gaithersburg, MD: Aspen Publishers, 2000, p. 85.

惩罚与报复，而应是对未来可能罪行的预防。[1]

与成年人犯罪有所不同的是，未成年人因其心智所限，易受不良环境左右而出轨。对绝大多数人来说，其未成年时期的行为皆带有不同程度的不成熟性，亦即，未成年人的偏差，特别是前者似乎不可避免。在现实生活中，很难寻觅到从未有辍学、旷课、离家出走等越轨行为的未成年人。《利雅得准则》第1条开章明义："预防少年违法犯罪是社会预防犯罪的一个关键部分。"联合国《2005年世界青年报告》第86条指出，处理未成年人犯罪的政策有两种不同的观点：阻止/制止或交往/引导。

域内外学者从不同视角出发，对何为"犯罪预防"有各自的理解。"全美犯罪预防研究所"（National Crime Prevention Institute）指出，犯罪预防是任何旨在控制犯行的努力。[2] 犯罪学者赵保成认为，犯罪预防系指国家、社会（群体、组织）和个人所采取的旨在消除犯罪原因、减少犯罪机会、威慑和矫正犯罪人，从而防止和减少犯罪发生的策略与措施的总合。我国台湾地区学者习惯使用"防治"这个术语，认为其含义除预防外尚包括治理。蔡德辉、杨士隆认为，犯罪预防系"预防、控制、排除、减少犯行发生及降低犯罪恐惧感之较具组织性的措施"。[3] 2003年7月24日，联合国经济及社会理事会关于"采取行动促进有效预防犯罪"的第2002/13号决议认可了《预防犯罪准则》。该准则约定，犯罪预防系指"通过影响犯罪的多种原因来谋求降低犯罪发生风险的各种战略和措施，包括：社会犯罪预防（或通过社会发展加以预防）；以当地、社区或居民点为基础的犯罪预防；情境犯罪预防及预防再次犯罪的措施"。本书采用上述定义。

## 二、偏差预防原则

对未成年人犯罪应防微杜渐，事前预防重于事后处罚。虽然"见兔而顾犬，未为晚也；亡羊而补牢，未为迟也"，[4]但相对于被动式的事后解决机制，主动式的事前预防显然更为重要，可将部分甚至大部分犯罪苗头扼杀于摇篮之中，防患于未然。《孙子兵法》忌讳"杀敌一万，自损三千"，[5]无数域内外未成

---

[1] 参见卢建平：《刑事政策与刑法》，中国人民公安大学出版社2004年版，第31页。

[2] See National Crime Prevention Institute, *Understanding Crime Prevention*, Boston, MA: Butterworth, 1986.

[3] 蔡德辉、杨士隆：《犯罪学》（增订4版），台北，五南图书出版股份有限公司2006年版，第335页。

[4] 《战国策・楚策四》。

[5] 《孙子兵法・谋攻》。

年人偏差预防的失败教训无不告诫在制定预防对策时不能草率行事。[1]

对一般犯罪及未成年人犯罪的事前预防方法林林总总、种类繁多。近代以来,因实证研究热情高涨,对未成年人犯罪预防的方案更是层出不穷,例如,前文提到的胡敦与谢尔顿等人的生物学派,主张采取"节育的优生计划"(eugenic programs of sterilization)与"选择性养育"(selective breeding)。这些方法不免失之偏颇,缺乏足够实证数据佐证其理论依据,很容易为不良分子所利用,成为其宣扬种族歧视的武器。纳粹德国宣扬"雅利安人高贵血统论"给欧洲数以百万计的犹太人带来灭顶之灾。"前世之不忘,后事之师",[2]这种历史的悲剧不能再次重演。

刑法及充当刑法执行保障与权威的刑罚在任何社会都不应当充当社会控制的主要手段,而只是在其他社会控制机制不能发挥其应有效力的无奈之举,作为最后一道防火墙出现。林山田、林东茂与林灿章就未成年人犯罪的有效预防,亦指出,"法律只是事后的反应手段,比较不具有积极的作用"。[3] 即便是以儿童福利为背书的少年司法制度亦尽可能减少对未成年人的直接与正式干预。未成年人保护是系统的社会工程,幻想一劳永逸地以某一种或某几种社会控制手段来干预未成年人事业是不符合现实情景的,亦注定无法实现其预定目标。《北京规则》在阐述其基本观念后特别说明,"这些主要的基本观点涉及总的社会政策,旨在尽可能促进少年的幸福,从而尽量减少未成年人司法制度进行干预的必要",而"这样做也可减少任何干预可能带来的害处"。

针对未成年人犯罪预防模式的构建,美国有学者曾提出"公共卫生预防犯罪模式"(public health model of crime prevention)。公共卫生模式原意旨在将重点放在减少风险、增强抵抗疾病与伤害。借用这一理念,刑事司法特别是未成年人司法领域引介适当替代方式,多维度了解暴力内涵,并确定潜在干预点以加强矫正或刑罚。它包括这样三个组成部分,即初级犯罪预防(primary

---

〔1〕《利雅得准则》提出未成年人犯罪预防的六项准则,分别为:通过从事合法的、有益社会的活动,对社会采取理性态度和生活观,以期青少年形成非犯罪型的态度;整合社会各方面力量,确保青少年的均衡发展,从其幼童期起尊重和促进其性格的发展;应遵循以儿童为中心的方针,青少年应发挥积极作用,参与社会活动,而不应被看作仅是社会化的或控制的对象;青少年从其幼年开始的福利应是任何预防方案所关注的重心;应认识到制定进步的预防少年违法犯罪政策及系统研究和详细拟订措施的必要性和重要性,这些政策措施应避免对未造成严重损害其发展危害他人行为而给儿童定罪和处罚;应发展以社区为基础的服务和方案,特别是在还没有设立任何机构的地方,正规的社会管制机构只应作为最后的手段来利用。

〔2〕《战国策·策一》。

〔3〕林山田、林东茂、林灿章:《犯罪学》(增订3版),台北,三民书局2002年版,第309页。

crime and delinquency prevention)、二级犯罪预防(secondary crime and delinquency prevention)及三级犯罪预防(tertiary crime and delinquency prevention)。具体来说,初级犯罪预防意在鉴定出可能促使未成年人滑向犯罪的生态环境与社会环境机会,以便对症下药,采取相应措施;二级犯罪预防则是对有潜在犯罪可能的未成年人予以鉴别与预测,然后辅以辅导以使其远离犯罪;而三级犯罪预防系指以未成年人司法系统为屏障和依托,通过机构处分与社区处分,对已偏差少年进行矫正,力求其痛改前非。[1] 从本质上讲,该模式一般需延续四个基本步骤,以发现未成年人犯罪与预防对策。具体说来,这些步骤包括:一是以科学方法,特别是数据,来确定问题性质所在;二是通过分析风险因素和保护因子,找出问题潜在的原因;三是设计、开发和评价干预对策;四是及时将成功范例广而告之。[2]

域外学者将未成年人犯罪的原因主张与防治策略,归纳为生理体质防治策略(biological/physiological strategies)、心理防治策略(psychological/mental health strategies)、强化社会连结防治策略(social network development strategies)、削弱犯罪影响防治策略(criminal influencer education strategies)、能力强化防治策略(power enhancement strategies)、角色发展与强化防治策略(role development/role enhancement)、正当休闲活动防治策略(activities/recreation strategies)、强化处人或社交技巧防治策略(education and skill development strategies)、强化正当社会期待防治策略(clear and consistent social expectation strategies)、满足经济需求防治策略(economic resource strategies)、提高犯罪成本之吓阻防治策略(deterrence strategies)及去除社会标签防治策略(abandonment of legal control/social tolerance strategies)12 种策略。[3] 除上面提到的初次预防、二次预防及三次预防等犯罪预防概念外,未成年人犯罪预防又可进一步被分为一般预防、特殊预防与再预防。

### 三、早期干预

举轻若重,化危机于初端,一些防止未成年人犯罪的方法强调,应早在偏差行为发生前对少年生活进行干预。先人对早期干预亦相当重视,孔子曰"少

---

[1] 参见杨士隆:《犯罪心理学》(第3版),台北,五南图书出版股份有限公司2006年版,第358页。

[2] See Office of Juvenile Justice and Delinquency Prevention, *OJJDP Model Programs Guide-Prevention*, Accessed October 19, 2007, http://www.dsgonline.com/mpg2.5/prevention.htm.

[3] 参见黄富源:《当前"我国"青少年犯罪原因与对策》,载《国家政策论坛》2002年第2期。

成若天性,习惯如自然”。[1] 赫胥亦曾指出,儿童早期的有效抚养可养成其较高自我控制能力,而这将会在其生命历程中起到有效遏制犯罪的重要作用。[2]

早期干预(early intervention)原系医学术语,指采用科学手段在儿童发育早期对其生理、心理进行全面矫正以促其健康发育、成长的措施。广东省中山市博爱医院对2003年11月~2004年11月来该院儿童保健门诊的健康儿童进行气质测查。结果发现,接受早期干预组的幼儿气质维度突出表现为适应性、节律性、持久性增强,对外界刺激的敏感性低,适应环境的能力更强,做事更有规律性,注意力也较集中,更愿意接受新事物。[3] 现未成年人司法常借用之,指采取一系列科学手段在婴幼儿生理发育早期、儿童期对其生理、心理进行矫正以避免和减少以后偏差的防治措施。为达到早期干预的正面效果,《北京宣言》敦请缔约方进行三类工作,包括“通过最佳的早期儿童护理和发展、普遍的出生登记和获得国籍,拥有良好的人生开端;获得优质的基础教育;具有充分发展个人能力、参与并为社会做贡献的机会,特别在青春期”。

国际教育署系联合国教科文组织专门机构,“指出干预(特别是在儿童尚小的时候进行干预)讲清这些行为的风险因子,可以减少儿童在达到青春期时发生严重不良行为的机会”。[4] 《利雅得准则》亦指出,青少年从其幼年开始的福利应是任何预防方案所关注的重心。《预防未成年人犯罪法》树立了未成年人犯罪预防的若干基本原则。该法第2条规定,“预防未成年人犯罪,立足于教育和保护未成年人相结合,坚持预防为主、提前干预,对未成年人的不良行为和严重不良行为及时进行分级预防、干预和矫治”。

---

〔1〕《汉书·贾谊传》。

〔2〕See Robert Sampson & John Laub, *Turning Points in the Life Course: Why Change Matters to the Study of Crime*, Criminology, 31(3), 1993, p. 301.

〔3〕参见曾倩、阮世晓、杨月萍等:《早期干预对小儿气质影响的研究》,载《中国妇幼保健》2007年第24期。

〔4〕[美]沙伦·L. 福斯特、帕特丽夏·布格兰等:《行为问题的预防:如何操作》,马焕灵译,日内瓦,联合国教科文组织国际教育署2002年版,第8页。

# 第六章　法理：未成年人保护之缘由

## 第一节　“儿童最佳利益”原则

### 一、保护者理论与人格权理论

论及少年权利保护，须研究影响它的两个基本权利理论：保护者理论（protectionist theory）与人格权理论（personhood theory）。这两种理论都源于古罗马法，在各法域未成年人保护法律中都有所反映，其中，前者赋予少年获得家长保护的权利，而后者赋予少年有成为独立个体的权利。

在古代普通法体系下，少年不能合法地缔结婚姻、订立合同、立遗嘱或保留其收入。然据保护者理论，父母或监护人可被委托去掌管少年的收入，直到少年已经足够成熟到能管理自己的财政为止。在离婚诉讼中为促进少年最佳利益的实现，法院作出决议，这显然也体现了保护原则。父母对其未成年子女的教育、抚养方式直接影响后者成长，因而亲权至关重要。

关于人格及人格权的讨论从罗马法时期便没有止息过。在古罗马法的人法制度下，以“人格的身份化”为其基础，将“人”分为“霍谟”（homo）与“波尔索纳”（persona），前者系指生物学意义上的人，而后者则系指享有权利并承担义务的人。显然在这种划分下，并非所有的“霍谟”都能成为“波尔索纳”。仍有相当数量的生物人并不能享有法律人格，成为法律意义上的权利与义务主体。继而，法律人格又被进一步细化为婚姻资格（connubium）和交易资格（commercium）。[1] 而后者则是明显针对家庭权利和财产权利的取得而言的。未成年人于其中也当属无独立法律人格者。受古典自然法学思想影响，《法国民法典》第8条规定，“所有法国人均享有民事权利”。这实际上宣告了即便是身无分文的未成年人从此亦可成为具有独立法律人格的个体。

罗马法上的人格包括自由权、市民权与家族权这三种身份权。其中，自由

---

〔1〕 参见马俊驹、张翔：《论民法个人人格构造中的伦理与技术》，载《法律科学（西北政法学院学报）》2005年第2期。

权乃自由实行自己意志的权利,其取得无外乎生来自由人或解放自由人;而市民权则是罗马公民所享有的公权和私权上的特权。至于家族权,则系指家族内部不同成员因家族纽带而享有不同的权利。[1] 父母、子女在家庭中各司其职,在权利义务分配上也是有所不同的:被称为“自权人”的父亲可代表全家行使所有权力,而其妻女则为“他权人”。

少年缺乏充分理性思考的能力,因而只享有作为独立个人的“将来之利益”(future interest)及由此所获得的权利,因此,家长式的监护在这时是合适的。一旦该少年具备了理性思考的能力,家长式管理与人格的保护就变得格格不入而需要矫正了。[2] 一些学者认为,少年一般拥有与成年人一样的作出理性选择的能力。据该观点,少年被当成独立自主的个人来对待,免受家长式作风的干涉。这就涉及法律给予少年的人格权(personhood)范围的问题。依罗马法,仅有年满25岁的成年男子方可享有完全的行为能力,而不满7岁幼童无行为能力。介于二者之间的青少年为限制行为能力人,其中,7~14岁男子与7~12岁女子为未适婚人,可为取得行为,其他行为需监护人同意方为有效;而14~25岁男子及12~25岁女子均为适婚人,原则上具有行为能力,但仍需安排保佐人。[3] 我国《民法典》将民事行为能力人分为完全行为能力人、限制行为能力人与无行为能力人。该法第19条规定,“八周岁以上未成年人为限制民事行为能力人,实施民事法律行为由其法定代理人代理或者经其法定代理人同意、追认;但是,可以独立实施纯获利益的民事法律行为或者与其年龄、智力相适应的民事法律行为”。对于限制行为能力人与无行为能力人,在其无法充分、自由表达其观点时,法律又创设有法定代理人,具体到未成年人而言,则为监护人或负有监护责任的有关社会组织与机构。但这并不意味着一旦触法,未成年人之父母或其他监护人可以置身其外。《民法典》第1188条规定,“无民事行为能力人、限制民事行为能力人造成他人损害的,由监护人承担侵权责任。监护人尽到监护职责的,可以减轻其侵权责任。有财产的无民事行为能力人、限制民事行为能力人造成他人损害的,从本人财产中支付赔偿费用;不足部分,由监护人赔偿”。

因民事行为能力与刑事行为能力间尚存有交叉重叠之处,虽然刑法不至对未达刑事责任年龄之未成年人科处刑罚,但仍有民事法律来规制其偏差行

---

〔1〕 参见林榕年主编:《外国法制史》(第2版),中国人民大学出版社2006年版,第7~81页。

〔2〕 See Martin Gardner, *Understanding Juvenile Law*, Newark, NJ: LexisNexis Press, 2003, p. 13.

〔3〕 参见林榕年主编:《外国法制史》(第2版),中国人民大学出版社2006年版,第80页。

为,并据其个人发展等背景,出台有关矫正方案,盼其改邪归正,迷途知返。未成年人自身即存在矛盾之处:一方面,身心及人格发展尚未健全,亟须来自成人世界的诸多呵护;另一方面,未成年人渴望成熟,自行作出有关决定,社会及家庭对此亦有较多期待。《刑法》第 17 条规定,"因不满 16 岁不予刑事处罚的,责令其父母或者其他监护人加以管教;在必要的时候,依法进行专门矫治教育"。对未成年人的保护处分,无论采取社会福利模式还是较保守的犯罪控制模式,都无一例外需要参酌未成年人人格发展脉搏,采取个别化司法处理,从而促进未成年人偏差的预防、矫正与控制等的协调发展。

保护者理论和人格权理论互相影响,催生未成年人保护理论的建立与健全。刘南英指出,未成年人保护法理"在顺着传统司法理念的发展下,展开革命性突破,使原属刑事法部分与监护部分相结合,在司法机能与福利机能相妥协调和下,产生处分个别化与社会化的'个别化司法',少年和共同社会所对于犯罪与刑罚的防卫,而使社会福利得以确保,真正的社会正义也就因此而得以实现"。[1] 有美国学者主张少年的权利不应该被认为仅仅是保护性的或个人专有的权利,而应该是这两种理论的结合。因独立地作出决定是成长过程所必不可少的环节,少年应被允许自由地作出重要选择。又因这些选择是不够成熟的,为了使少年免受未经深思熟虑的选择而导致的结果侵害,对其一些保护是必须的。因此,持这种观点的学者主张少年实际上处于半自治的状态:他们可以学会如何作出独立的选择,但同时又受到保护而免于完全承担与成年人一样的责任及为就某些错误选择而承担起完全责任的后果。[2]

## 二、"儿童最佳利益"原则

### (一)亲权

人类社会存续及发展之绝大多数时间内,家庭一直是调整夫妻及亲子关系之主要组织。从词义溯源观之,"家"字本会意,上"宀"下"豕",前者与房屋有关,后者则意为猪。农耕时代,猪是最早被驯化的家畜,而在屋中养猪亦是彼时较常见情形。据《说文》,"家,居也"。[3] 久而久之,"家"渐指居所,后引申为家庭。而"庭",形声,从广,廷声;据《说文》"庭,宫中也",[4]引为厅堂。

---

〔1〕 刘南英:《泛论现代少年保护之理论基础》,载《刑事法杂志》1983 年第 2 期。

〔2〕 See Martin Gardner, *Understanding Juvenile Law*, Newark, NJ: LexisNexis Press, 2003, p. 14.

〔3〕《说文》。

〔4〕《说文》。

“家”与“庭”合起来,语义不断拓展,从物质上之有形房屋及家畜,逐渐引申为社会经济集合体。据《辞海》,“家庭”系“以婚姻、血缘或收养而产生的亲属间的共同生活组织”。[1] 英文“family”一词源自拉丁文“*familia*”,据《布莱克法律辞典》第10版,“family”有三种含义:其一,系指通过婚姻、姻亲或法律(比如,两代或三代之内)而连接的群体;其二,系指由父母及其子女组成的群体;其三,由此延展而来共同居住的群体,通常为由致力于家庭关系之共同承诺而共同居住的群体。[2] 由文义解释,无论是汉字“家”抑或英文“family”在“家庭”原始功能梳理上较为相近,皆为生物学及社会学上个体生产、繁殖及交流互动所提供之最基本社会组织。“家庭”意指通过血缘、婚姻、收养或共同居住等缘由连接在一起之社会群体。随着经济快速发展,我国社会结构发生翻天覆地的变化,社会价值呈多元化态势,这对传统的家庭观念产生较大冲击,家庭功能已较前式微。

2007年8月,各地新闻媒体特别是体育版曾竞相报道8岁“海南小神鹿”为“宣传奥运”这样的噱头从海南岛以每天平均80公里的速度一直跑到北京。出于各种目的与想法,类似“小神鹿”的故事层出不穷。当然,来自各方面的质疑也是不小的,其中便有对家长剥夺子女快乐成长及强迫高运动量活动的不安。在邻国印度,同一年下述案例可视为“国家亲权”法则在现实生活中的具体体现。

## 案例二十五

2007年,在众多支持者欢呼与簇拥下,5岁男孩辛格在其家长和教练策划下准备以10日时间,跑完从印度东部布马内斯瓦尔到西部加尔各答约500公里的路程。但该计划随即在当地警方奉令封锁道路情形下不得不夭折。面对可能扼杀长跑天才的指责,警方的回应简单而又耐人寻味:“国家可以不要神童,但有责任保护每一个孩子的生命健康。”[3]

## 案例二十六

2009年4月,9岁印度女童露比娜·阿里(Rubina Ali)因曾出演好莱坞大

---

[1] 夏征农主编:《辞海》,上海辞书出版社1999年版,第1049页。

[2] See Bryan A. Garner, *Black's Law Dictionary* (*10th edition for iPhone and iPad*), Thomson Reuters, 1.4 Version, 2014.

[3] 胡永球:《家长对孩子的权力到底有多大?》,载《南方周末》2007年8月23日。

片《贫民窟的百万富翁》(*Slumdog Millionaire*)一时声名大噪,但其生父却对其打起来歪主意,涉嫌出价20万英镑叫卖露比娜。露比娜姐姐透露,父亲将其从家中赶出,"我爸爸说他们不需要我了,露比娜更值钱"。其父亲面临售卖子女的刑事指控。[1]

亲权通常系指父母基于其身份对未成年子女的人身、财产进行教养保护的权利和义务。[2] 基于血缘、收养等关系的亲子联系一直被视为维系未成年人与父母及其监护人的最为重要和直接的纽带。日本学者我妻荣、有泉亨主张,"父母子女关系最重要的效力,且是与其他亲属关系有本质不同的父母子女关系的特有效力,恐怕是父母应该处于对未成年子女进行哺育、监护、教育的地位"。[3] 《日本民法》第818条第1款规定,"未到成年的子女,服从父母的亲权"法则。

从内容上来讲,亲权包括身上照护权与财产照护权,即对未成年子女身上的权利与对未成年子女财产的权利两项主要权利进行照护。这里权利与义务兼而有之,父母对其子女的亲权既是不可剥夺的权利,也是应尽的法律义务。具体来说,身上照护权又可细分为居住所指定权、子女交还请求权、惩教权、身份行为、身上事项之同意权及代理权身份行为,而财产照护权则涵盖财产行为代理权及同意权、子女财产管理权、财产使用权及财产处分权。[4]

鉴于家庭特别是父母对子女教养及其健康人格塑造的不可替代的重要作用,《巴厘共识》第8条指出,"儿童的保护、养育和发展其主要责任在家庭"。《儿童权利公约》第18条要求各缔约国,"应尽其最大努力,确保父母双方对儿童的养育和发展负有共同责任的原则得到确认";第27条又规定,"父母或其他负责照顾儿童的人负有首要责任,在其能力和经济条件许可范围内确保儿童发展所需的生活条件"。我国《宪法》第49条亦规定,"父母有抚养教育未成年子女的义务"。《未成年人保护法》更是专章"家庭保护"详细列举父母应当承担的具体义务与责任。所有这些条款无不具体体现了亲子原则,具有强大生命力。类似地,我国台湾地区"儿童及少年福利法"第3条亦规定,"父母或监护人对儿童及少年应负保护、教养之责任",这表明将未成年人父母及监护

---

〔1〕《泰晤士报》:《印度童星父亲面临新指控》,载《参考消息》2009年4月23日。

〔2〕参见陈小君、易军:《亲权制度研究及其立法建构》,载《私法研究》(第1卷),转引自2006年12月23日,http://www.cnlawschool.com/minshangfa/readnews.asp?newsid=321。

〔3〕[日]我妻荣、有泉亨:《日本民法.亲属法》,夏玉芝译,工商出版社1996年版,第137页。

〔4〕参见陈小君、易军:《亲权制度研究及其立法建构》,载《私法研究》(第1卷),转引自2006年12月23日,http://www.cnlawschool.com/minshangfa/readnews.asp?newsid=321。

人置于未成年人保护的首要地位。该法亦规定,“对于主管机关、目的事业主管机关或儿童及少年福利机构依本法所为之各项措施,应配合及协助”,为有权机构干预提供法律依据。

在未成年人保护与关爱上,各法域皆将发展健康、有序的亲子关系作为构建和谐家庭关系的基石,父母不仅有权利,且有义务照料和监督其子女,而其他有关政府机构、社会团体仅作为有益补充。只有在亲子关系不彰的情形之下,后者才能强力介入,以弥补前者亏欠。这些情形包括父母故意剥夺子女受教育权,拒绝为其读书、上学提供力所能及的便利;强迫未成年子女辍学打工;默许子女与不良人士频繁接触等。

因亲权本质属于民法中的亲属法内容,很多国家均从民法中专章规定亲权停止的条件。《瑞士民法典》第 311 条第 1 款规定,“如其他保护措施无效或在此措施之初即显得很不得力,则监护监督官在下述情况下,可剥夺亲权:当父母因无经验、患病、痼疾、外出或有类似原因无力行使亲权时;或当父母不认真关心子女或严重违反对子女应尽的义务时”。《德国民法典》则据亲权内容的不同分别规定其事由。依《德国民法典》第 1666 条前 2 款、第 1669 条及第 1684 条的规定,父母滥用子女身上照护权,忽视子女或有不名誉或不道德之行为,而危害子女之精神或身体之幸福,为剥夺子女身上照护权之原因;侵害子女受给养之权利或将来给养有受严重威胁之虞、不遵守监护法院关于财产管理上之命令,为剥夺财产管理权之原因。[1] 当然,上述亲权的丧失并不一定是永久性的,待相关阻却事项消失后,未成年人父母或其他监护人可申请恢复亲权。很明显,对于情节恶劣的家庭暴力、溺婴、遗弃等不法行为,实现国家亲权实有必要。

(二)“儿童最佳利益”原则之维护

由“国家亲权”法则延伸出去,维护“儿童最佳利益”原则已成为各法域未成年人司法与未成年人保护的具体指导方针,为家事法中有关少年、儿童议题的核心。例如,2010 年 11 月新修订之新西兰《2004 年儿童抚养法》(Care of Children Act 2004)第 3 条开宗明义指出,该法颁行之目的“通过确保相应监护权及关爱之落实,推动未成年人福利及儿童最佳利益、促进未成年人(身心)发展;确认未成年人某些权利”。[2] 又如,我国台湾地区“儿童及少年福利法”第

---

〔1〕 陈小君、易军:《亲权制度研究及其立法建构》,载《私法研究》(第 1 卷),转引自 2006 年 12 月 23 日,http://www.cnlawschool.com/minshangfa/readnews.asp? newsid = 322。

〔2〕 Care of Children Act 2004, § 3.

5条规定,“政府及公私立机构、团体处理儿童及少年相关事务时,应以儿童及少年之最佳利益为优先考虑;有关其保护及救助,并应优先处理”。

《儿童权利公约》第3条第1款明文规定该项原则,“关于儿童的一切行为,不论是由公私社会福利机构、法院、行政当局或立法机构执行,均应以儿童的最佳利益为首要考虑”。“儿童最佳利益”原则又称“儿童福利”(welfare of the child),系指未成年人不应为其不当行为接受惩罚,相反鉴于其年幼无知的现实,各法域政府提供高效的儿童保育、矫正、教化等措施来纠偏。其涵盖内容甚多,但无外乎包括这样一些基本内容,即亲子原则、访问与探视、法定监护及未成年人支持与援助。“儿童最佳利益”原则取代“幼年”(tender years)法则被视为20世纪最大公共政策,并不局限于“可执行”的权利,包括长期或短期的福利关照及对身心健康的考虑。

“儿童最佳利益”原则为较抽象的基本原则,在具体司法实务中各法域进行不同细化。如新西兰《2004年儿童抚养法》规定了一些法庭在作出什么对孩子最有利的决定时须考虑的重要因素,“父母和监护人应该承担抚养其主要责任并作出对其抚养、发展和教养方面的安排;对子女的抚养、发展和教养安排要有连续性;子女与家庭或其他更大范围的亲属之间的联系应该得到保护与加强;父母、监护人和涉及抚养子女的其他人之间要精诚合作;要保证子女的安全并保护不会受到任何暴力的威胁;子女的身份,包括其文化、语言和信仰应该得到保护与加强”。[1] 据《Nolo法律词典》,有关社会福利机构与少年法庭在处理“儿童最佳利益”原则时大多皆关注这样一些问题:儿童的性别与年龄;儿童的身心健康;家长的身心健康;家长的生活方式与其他社会活动;亲子间的情感联系;家长力所能及范围内提供的食宿、衣物与医疗;与儿童有关的学校、家庭、社区与宗教机构的既定生活模式、学校教育质量及孩子喜好。[2]

因亲权所系,法律常常赋予父母对其子女享有几无限制的权力与责任。但这不意味国家就此放任自流,国家仍扮演未成年人利益终极保障者的重要角色,其对未成年人的关注与保护更贯彻未成年人成长始终。而一旦父母无力或不愿承担管护子女义务时,或当孩子受到虐待或照管不良时,国家应援用公共权力剥夺亲生父母、法定监护人的亲权,将处于亟须救助和指导的儿童置

---

〔1〕[新西兰]新西兰家事法庭:《〈2004年抚养儿童法〉简介》,载 http://www.justice.govt.nz/family/pdf-pamphlets/Care%20of%20Children%20Act%20-%20NZ%20ChineseSimp2.pdf,2008年5月25日访问。

〔2〕See Nolo, *Best Interests* (*of the Child*), Accessed May 26, 2007, http://www.nolo.com/definition.cfm/Term/2AC7A5A3-29CC-44C8-ACCBC7DCB1F09395/alpha/B/.

于其控制之内。例如,法官判断偏差少年虽尚不够刑事处分,应交由其父母严加管教,而这应设有相对独立的第三人来客观监管这一过程。《儿童权利公约》第 20 条规定,“暂时或永久脱离家庭环境的儿童,或为其最大利益不得在这种环境中继续生活的儿童,应有权得到国家的特别保护和协助”。此意即除非万不得已,否则未成年人应当由其父母或其他监护人照顾与管教。这并非一成不变,一旦发现其家庭存有不适应未成年人健康成长的不利因素,可由国家相关部门出面,妥善解决未成年人教养问题。

2001 年“In re A. H. 案”是比较重要的案例,从中可看出未成年人保护原则“儿童最佳利益”原则的具体实践。

## 案例二十七

1998 年 10 月 19 日前后,伊利诺伊州一名为琳达·H.(Linda H.)的妇女致电当地儿童与家事服务处(Department of Children and Family Services),要求将其 9 岁儿子 A. H. 从其家中带走,否则可能会手刃其子。10 月 21 日,依该州有关法律,少年法庭颁发暂时托管令,责令应将 A. H. 从其母亲手中解救出来,并暂时交由“儿童与家事服务处”照顾。同时,法院指定库克郡公共监护人(public guardian)为 A. H. 的法定监护人(guardian ad litem)。同月,为贯彻法院精神,儿童与家事服务处为 A. H. 找到寄养家庭,女主人为麦吉·B.(Margie B.)。而在 12 月 30 日,琳达再次致电儿童与家事服务处,称 A. H. 诉说遭受麦吉 11 岁孙子的不时殴打。琳达继而报告说,儿子身上的刀伤、瘀伤及左眼青肿均历历在目。儿童与家事服务处一一记录在案,并将有关报告转送至公共监护人处。

两周后的 1999 年 1 月 19 日,有关当事人出庭参加少年法庭的裁判聆讯。聆讯以“法庭家庭会议”(court family conference)形式拉开帷幕。法定监护人即席口头陈述,出于对 A. H. 遭遇寄养家庭虐待指控的现实考虑,要求将其紧急从麦吉家中解救出来。而儿童与家事服务处对法定监护人的这套说辞不以为然,认为此类事件在聆讯前 3 周即已出现,且法定监护人也于 2 周前知悉此事,所以“紧急”一说无从谈起。儿童与家事服务处认为没有必要将 A. H. 从麦吉家领回。在听取男童生母、寄养母亲及两位来自儿童与家事服务处个案工作者的陈述后,初审法院最后判决,有相当理由(probable cause)可认定 A. H. 在寄养家庭中遭遇虐待与遗弃,而将 A. H. 从其寄养家庭中暂时予以移出具有“即刻与最迫切的必要性”(immediate and urgent necessity),这一决定的作出与 A. H.“健康、安全与最佳利益”密不可分。而上诉法院则作出与之完全相反的结论，认为 A. H. 遭遇麦吉之孙虐待证据不足，且麦吉同意实行保护计划，故而已无必要将 A. H. 从寄养家庭中移送出来。[1]

"儿童最佳利益"原则众口难调、因人而异，不同的人从不同角度出发可能会得出相差甚远，甚至截然相反的结论。作为"国家亲权"法则的直接维护者与执行人，少年法庭在判定"儿童最佳利益"原则方面的态度最为重要。

## 第二节　"国家亲权"法则的衍变

### 一、"国家亲权"法则的溯源

"国家亲权"法则（parens patriae）系由"父权"（patria potestas）衍生而来，后者通常被视为控制家人而非出于家庭成员最佳利益出发。[2] "父权"与"国家亲权"法则针锋相对，两者间的矛盾亦昭示着父母权利与子女权利间的博弈与互动。"国家亲权"法则赋予了少年法庭介入和干涉急需指导与保护之少年的权威，国家得以以"代理父母"（in loco parentis）角色依"儿童最佳利益"原则便宜行事。[3]

"国家亲权"法则的原始概念最早可追溯至古罗马时期，两千多年前的罗马法及教会法依"责任年龄"而对未成年人及成年人作了区分。[4] 但一般认为，现代"国家亲权"法则系经英国"衡平法庭"（chancery court）照护财产或者指导未成年人的设置变化而来。中世纪创设的衡平法庭原本只听审民事案件，特别是财产案件。[5] 到了 16 世纪，衡平法庭逐步向离婚、遗弃及丧偶等亟须特殊救助的人士伸出援手。通过遍布全国的衡平法庭，英王践行着"国家之父"（father of the country）之权，而衡平法庭则作为"代理父母"向这些人提供

---

〔1〕 *In re A. H.*, 748 N. E. 2d 183 (Ill. 2001).

〔2〕 See Margot E Rudy, *Positively Identifying Children as Citizens: A Call for Parallel Due Process Rights* (master's thesis, University of Nevada, Las Vegas, 2004), p. 16.

〔3〕 See Richard Lawrence & Mario Hesse, *Juvenile Justice: The Essentials*, Thousand Oaks, CA: SAGE Publication, 2010, p. 12－13.

〔4〕 See Richard Lawrence & Mario Hesse, *Juvenile Justice: The Essentials*, Thousand Oaks, CA: SAGE Publication, 2010, p. 12.

〔5〕 See George F. Cole & Christopher E. Smith, *Criminal Justice in America* (*6th edition*), Belmont, CA: Wadsworth/Cengage Learning, 2011, p. 437.

服务。[1]

在伊丽莎白一世统治时期(1558～1603 年),英国先后出台《工匠法》(Statute of Artificers)与《济贫法》,规定可强制将乞儿从其父母处带走并交由他人为徒。[2] 最初,衡平法庭在处理精神失常的成年人中开始援用“国家亲权”法则定案,并逐步延伸至未成年人,主张英王对所有未成年人案件拥有无可置疑的裁决权。当未成年人父母早亡却留下遗产时,国家便充当该少年“代理父母”,介入托管这些财产直到未成年人长大成人。[3] 直至年满 21 岁,这些财产才会物归原主。[4] 若孤儿的监护人意图售卖前者财产,衡平法庭则会予以审查并确定此举是否符合“儿童最佳利益”原则。[5] 1772 年,“艾瑞诉沙福兹伯里女伯爵案”(*Eyre v. Countess of Shaftesbury*)为“国家亲权”法则的最终确立奠定了基础。[6] 衡平法庭只能对那些照管不良的儿童行使拟制的亲权,而不能管辖偏差少年。[7] 从性质上来说,这些法院仍是民事法庭而非刑事法庭。[8] 对于偏差少年,仍由刑事法庭处理。[9]

直至 19 世纪初,家庭仍被广泛视为儿童的主要社会控制单元。顽劣不化的儿童或偏差少年总是被送回父母身边,而父母也被期望对其未成年人子女进行矫正。此后,家庭的权威日渐削弱,而国家则从家庭获取更多权威。[10] 在两者的拉锯战中,“国家亲权”法则慢慢驶入北美殖民地及美国法治框架内。

---

〔1〕 See Richard Lawrence & Mario Hesse, *Juvenile Justice: The Essentials*, Thousand Oaks, CA: SAGE Publication, 2010, p. 12.

〔2〕 See Cliff Roberson, *Exploring Juvenile Justice*, Belmont, CA: Wadsworth/Thomson Learning, 2000, p. 33.

〔3〕 See Eric Jensen, *An Historical Overview of the American Juvenile Justice System*, In Erc Jensen and Jorg Jepsen. Juvenile Law Violators, Human Rights, and the Development of New Juvenile Justice System. Portland, OR: Hart Publishing, 2006, p. 85.

〔4〕 See Thomas J. Bernard, *The Cycle of Juvenile Justice*, New York, NY: Oxford University Press, 1992, p. 169.

〔5〕 See Larry J. Siegel, *Essentials of Criminal Justice* (*7th edition*), Belmont, CA: Wadsworth/Cengage Learning, 2011, p. 452.

〔6〕 *Eyre v. Countess of Shaftesbury*, 2 P. Wms. 103, 24 Eng. Rep. 659 (1722).

〔7〕 See Roberson, Cliff, *Exploring Juvenile Justice*, Belmont, CA: Wadsworth/Thomson Learning, 2000, p. 32－33.

〔8〕 See Christopher Manfredi, *The Supreme Court and Juvenile Justice*, Lawrence, KS: University Press of Kansas, 1998, p. 37.

〔9〕 See Karen M. Hess, *Juvenile Justice* (*5th edition*), Belmont, CA: Wadsworth/Thomson Learning, 2011, p. 35.

〔10〕 See Cliff Roberson, *Exploring Juvenile Justice*, Belmont, CA: Wadsworth/Thomson Learning, 2000, p. 8.

随着《1646 年马萨诸塞顽劣儿童法》(Massachusetts Stubborn Child Law of 1646)的出台，马萨诸塞湾殖民地的清教徒们试图对不听从父母管教的儿童进行约束，这也是北美殖民地首次以立法形式应对偏差少年。[1] 1786 年，作为《独立宣言》(Declaration of Independence)签署者的本杰明·拉什(Benjamin Rush)在力推宾夕法尼亚州教育规划时，明确提出"应教育孩子：他并非属于自己，而是公共财产"。[2]

其后，"国家亲权"法则被越来越援用来介入偏差少年生活之中。纽约未成年犯罪人矫正协会(Society for the Reformation of Juvenile Delinquents in New York)于 19 世纪 20 年代孕育而生，致力于将未成年犯与成年犯分而治之。而 1825 年成立的"纽约庇护所"(New York House of Refuge)则意在收留偏差少年、受抚养儿童及照管不良儿童。[3] 类似纽约庇护所这种"半监狱、半学校"(half prison, half school)的机构于波士顿、费城及巴尔的摩等都市次第出现，未成年人依法庭令被安置其中；未成年人通常需要停留在那里，直至被法定认可成年。[4]

## 二、"国家亲权"法则的探索

作为英国殖民地，美国未成年人司法运作也被深深刻上了前者的烙印。受此影响，1839 年，宾夕法尼亚州最高法院通过"克劳斯案"判定，《权利法案》并不援用至未成年人；"国家亲权"法则提供了"国家干预未成年人生活而无须后者父母同意"的坚实基石。其认为州有权采取适当形式以保护未成年人免受自身与周边不利环境之害。法院援引"国家亲权"法则后认定，在一定条件下将未成年人羁押在庇护所(即便其不得自行离开)，即便没有通过陪审团审理也并不违宪。法院特别指出，"当生身父母无法完成教养责任，或其教养质量不佳时，国家亲权将取而代之"。法院继而强调，"父母(对其未成年子女)控制之权与生俱来，但并非不可剥夺"。[5] 通过"克劳斯案"，国家得以介入未成年人家庭，把未成年人从他们所处的存有各种问题的家庭和社区迁移出来，是

---

〔1〕 See George F. Cole & Christopher E. Smith, *Criminal Justice in America* (*6th edition*), Belmont, CA: Wadsworth/Cengage Learning, 2011, p. 437.

〔2〕 David W. Kirkpatrickm, *Are children" creatures of the state?"* The Times Gazette, July 28, 2008.

〔3〕 See Richard Lawrence & Mario Hesse, *Juvenile Justice: The Essentials*, Thousand Oaks, CA: SAGE Publication, 2010, p. 14.

〔4〕 See George F. Cole & Christopher E. Smith, *Criminal Justice in America* (*6th edition*), Belmont, CA: Wadsworth/Cengage Learning, 2011, p. 438-439.

〔5〕 Ex Parte Crouse, 4 Whart. 9 (Pa. 1839).

克服消极影响并引导未成年人为社会多做贡献的有益尝试。

## 案例二十八

1838年宾夕法尼亚州"克劳斯案"极大改变了当时父母、矫正机构与未成年人三者间的关系。因叛逆不逊,时年16岁的玛丽·安·克鲁斯(Mary Ann Crouse)被法院判定移送费城庇护所(Philadelphia House of Refuge)戒治。其父母在是否将玛丽送交法院审理上严重分歧:母亲认为玛丽行为不够检点、桀骜不驯,而需送交庇护所矫治;但父亲则持相反意见。在庭审中,玛丽并未由陪审团审理,而是由法官一手操办,且是缺席审判。法院认为庇护所不同于看守所,只要玛丽老老实实待在那里就可洗心革面。其父对法院判决不服,认为父母对其子女管教乃天经地义,任何人均应予以充分尊重,期许将玛丽解救回家。继而主张非经陪审团审理便作出判决即为非法,遂提起人身保护之诉。而该州最高法院并不认可这一说法,认为"庇护所并非监所,而是学校"(it is a prison,but a school);透过庇护所严加约束,玛丽自会脱胎换骨,行为举止将焕然一新。该院继而认定州有权采取适当形式以保护未成年人免受自身与周边不利环境之害。法院最后认定,在一定条件下将未成年人羁押在庇护所,即便没有通过陪审团审理也并不违宪。尽管该案例效力仅限于宾夕法尼亚州,其他州纷纷亦予以仿效。[1]

1899年美国伊利诺伊州设立的针对未成年人的专门法庭,建立在以下设想的基础之上:未成年人与成年人是不同的,具有可塑性,也是能戒治的,且国家的仁爱可以通过法官在"国家亲权"法则指导下的行为来实现,从而确保对有偏差行为的未成年人进行个别化处分。除其矫治目的外,这种独立的体制也在那些非正式、不具法律性质的公共场所中得到体现。

然并非所有的州都认可这一判决。1870年,伊利诺伊州最高法院在"奥康纳诉特纳案"(*People ex rel. O'Connell v. Turner*)则作出了与"克劳斯案"完全项背的判决。在该案中,据该州法律可将那些"不幸的青少年"(misfortunate youngsters)予以羁押的规定。但伊利诺伊州最高法院认为,州行使"国家亲权"法则时,除非惩教犯罪,否则不能超出父母相应权力。[2] 这表明,法院并未忽视父母对未成年子女的教养责任。

---

〔1〕 Ex Parte Crouse,4 Whart. 9 (Pa. 1839).

〔2〕 See Cliff Roberson, *Exploring Juvenile Justice*, Belmont, CA: Wadsworth/Thomson Learning, 2000, p. 33.

19 世纪中期,美国一些法院也把"国家亲权"法则说作为将不受管束的偏差少年送进庇护所及感化院的正当理由依据。早期的未成年人感化院旨在教育及矫正而非惩教未成年人,然严酷工作、严格管理及鞭打亦司空见惯。[1]

依普通法,最初仅父亲可专享对其子女的支配权,未成年人被视为其父的个人专属动产,而母亲一直到 19 世纪后半期才获得这方面的权力。在早期北美殖民地,这种被称作"神圣信托"(sacred trust)的关系,被看作关系父母职责的根本,以维护和教育其子女。《马萨诸塞自由宪章》(Massachusetts Body of Liberties)中,马萨诸塞州议会(Massachusetts General Court)[2]指出,倘若一"顽固"的 16 岁未成年人对父母之命漠然置之,一旦其父母作证说这样的孩子不应再留在这个世上时,未成年人可被缉拿归案。[3] 有意思的是,鉴于父亲传统角色的强硬和凶悍及不近人情这些似乎固定化认识,许多州认为母亲更适合抚养未成年人。

## 三、"国家亲权"法则的发展

19 世纪末 20 世纪初风起云涌的少年法庭运动,在"拯救儿童运动"(child-saving movement)感召下,吹响了组建全新少年法庭的号角。都市化(urbanization)、儿童拯救者运动(child-saving movement)、感化院运动(reform school movement)及"国家亲权"法则的发展,都为未成年人司法体系的最终形成铺平了道路。[4] 这一时期,未成年人司法体系被广泛视为"准社会福利机构"(quasi-social welfare agency)。少年法庭倡导者进行了一些独创性的解释,提出"国家亲权"法则应允许政府监管任何贫困的、被遗弃的或犯罪与偏差的偏差少年。而该机构便是为了践行"国家亲权"法则而化身"代理父母"

---

[1] See Richard Lawrence & Mario Hesse, *Juvenile Justice: The Essentials*, Thousand Oaks, CA: SAGE Publication, 2010, p. 15.

[2] 在"Massachusetts General Court"一词中,"court"并不是法院或法庭的意思。"Massachusetts General Court"系"Great and General Court of the Commonwealth of Massachusetts"之缩写,意为麻省议会。该议会最初被称作"Great and General Court",也负责若干上诉审。后由美国联邦宪法指定者之一约翰·亚当斯(John Adams, 1735 ~ 1826 年)将其术语缩略成我们今天看到的形式。如同美国国会和其他各州,麻省议会实行两院制,包括州参议院与众议院。

[3] See Mary Clement, *The Juvenile Justice System: Law and System (2nd edition)*, Woburn, MA: Butterworth-Heinemann, 2002, p. 7.

[4] See Richard Lawrence, *School Crime and Juvenile Justice*, New York, NY: Oxford University Press, 1998, p. 170.

(surrogate parent)介入维护“儿童最佳利益”原则之中。[1] 虽然“奥康纳诉特纳案”并没有达到刑事诉讼程序所暗含的正当程序要求,但此后法院通过一系列案件不断强化“国家亲权”法则,并逐步促成少年法庭建立。[2]

1899 年,伊利诺伊州议会通过的《少年法庭法》允许各郡设立一所以上的专门法庭处理 16 岁以下偏差少年、受抚养儿童及照管不良少年等案件。该法案体现出浓郁的“国家亲权”法则思想:少年法庭以父母对待子女的特有方式切身践行着国家亲权,而少年法庭的程序亦被设计用来加速将父母监护权移转至国家手中。[3] 1899 年,芝加哥少年法庭据此成立,旨在将偏差少年从刑事法庭中移送出来,“向其提供那些可在中产阶级或中上产阶级家庭中随处可见的关爱与监管”。[4] 与英国早期少年法庭专注于照管不良少年不同,美国少年法庭在其创设之初便扩大了国家亲权的适用而将偏差少年纳入管辖范围内,这为其介入偏差少年的处分与矫正提供了依据。[5]

对国家来讲,任何未成年人的父母只不过是普通社会一分子,肩负抚养未成年人的重任。一旦法官发现此类少年居住环境已不利于其健康成长,可将其从亲生父母处带走并交由有关专业机构予以善待。既然国家以“拟制父母”身份出面来全面料理未成年人的衣食起居与身心健康,自然其出发点与立足点无不以维护未成年人最佳利益为依托。以福利模式建构未成年人系统保育与教养体系便成为国家首要考虑的指标。自此,“国家亲权”法则开始从主权的绝对权力而演变为国家和法院对未成年人和精神智障者的相关权利与义务。

1905 年,宾夕法尼亚州最高法院在“宾夕法尼亚州诉费雪案”(*Commonwealth v. Fisher*)判定,若法院意在救助未成年人,那么其可涉足儿童监护及纪律处分事宜。法院特别强调,“少年法庭并非旨在惩教犯罪人,而是为了儿童的救赎(salvation of children)……而救赎的职责在于国家”。[6] 随着

---

〔1〕 See Larry J. Siegel, *Essentials of Criminal Justice* (*7th edition*), Belmont, CA: Wadsworth/Cengage Learning, 2011, p. 9.

〔2〕 See Jean Trepanier, *Juvenile Courts after* 100 *Years*: *Past and Present Orientations*, *European Journal on Criminal Policy and Research*, 7(3), 1999, p. 304 – 305.

〔3〕 See Vivek S. Sankaran, *Parens Patriae Run Amuck*: *The child Welfare System's Disregard for the Constitutional rights of Nonoffending Parents*, *Temple Law Review*, 82, 2009, p. 61.

〔4〕 Christopher Manfredi, *The Supreme Court and Juvenile Justice*. Lawrence, KS: University Press of Kansas, 1998, p. 27.

〔5〕 See James C. Howell, *Preventing and Reducing Juvenile Delinquency*: *A Comprehensive Framework* (*2nd edition*), Thousand Oaks, CA: SAGE Publications, 2009, p. 285.

〔6〕 *Commonwealth v. Fisher*, 213 Pa. 48, 62 Atl. 198 (1905).

少年法庭的发展,法官亦衍变为出入法院之儿童的“父亲”或“母亲”。[1] 然更多时候,少年法庭法官被视为具有亲和力的“父亲”(father figure)。[2] 他们扮演着“超级父母”(superparent)的角色,对涉案少年提出有针对性的服务,以实现后者的自我提升及发展,成为“有价值的公民”(worthy citizen)。[3]

随着少年法庭的蓬勃发展,除罪化亦大行其道。以纽约州为例,1948 年刑事责任年龄升至 15 岁,而到了 1956 年这一年龄门槛又增加了 1 岁,这意味着 16 岁以下未成年人将不会因其犯罪而在刑事法庭受审。纽约上诉法院对此予以确认,指出少年法庭应以“国家亲权”法则为指导,其运行机制应贯彻非正式性、秘密性及国家干预等基本原则。[4] 对未成年人除罪化的努力,在其他州均有不同形式的体现。

直至 1966 年“肯特诉合众国案”,几乎没有法院质疑“国家亲权”法则。依“国家亲权”法则,这些未成年人将被少年法庭法官以“儿童最佳利益”原则判处缓刑,入感化院或寄养所。[5]

然“国家亲权”法则的建立与发展并非一帆风顺,亦非一成不变,而是历经反复与妥协。直到 20 世纪 60 年代中期,少年法庭运作仍严格依赖“国家亲权”法则。但因缺乏较为系统、缜密的司法程序,少年法庭在处理偏差少年案件的非正式形式及对正当程序的忽视等,逐渐招致各方面广泛批评。一些学者认为,“国家亲权”法则否认了未成年人依法应享有的权利,而阻碍了少年法庭的法律职能;其中,很多学者甚至还提出了废止少年法庭的激进主张。[6] 与除罪化相对应,对未成年人适用“有罪化”(criminalization)亦提到议事日程上来,而这与少年法庭忽视正当程序保障不无关系。

受芝加哥少年法庭影响,加拿大于 1908 年通过立法确认了“国家亲权”法则。同年,英国《1908 年儿童法》(Children Act of 1908)颁行后,单独的少年法

---

〔1〕 See Larry Mays & Thomas Winfree, *Juvenile Justice* (*2nd edition*), Long Grove, IL: Waveland Press, 2006, p. 132.

〔2〕 See Richard Lawrence & Mario Hesse, *Juvenile Justice: The Essentials*, Thousand Oaks, CA: SAGE Publication, 2010, p. 182.

〔3〕 See Simon I. Singer, *Recriminializating Delinquency: Violent Juvenile Crime and Juvenile Justice Reform*, New York, NY: Cambridge University Press, 1996, p. 36.

〔4〕 See Simon I Singer, *Recriminializating Delinquency: Violent Juvenile Crime and Juvenile Justice Reform*, New York, NY: Cambridge University Press, 1996, p. 39.

〔5〕 See Conrad J. Netting, *Juvenile Certification Across Texas: An Eight County Study* (master's thesis), University of Texas at Arlington, 2004, p. 1.

〔6〕 See Christopher P. Manfredi, *The Supreme Court and Juvenile Justice*, Lawrence, Kanasa: University Press of Kanasa, 1998, p. 37.

庭在英格兰及威尔士地区出现。尽管澳大利亚的西澳大利亚州于1895年便出台了《1895年州儿童法》(State Children Act of 1895),但直至1906年维多利亚州才有《1906年儿童法庭法》(Children's Court Act of 1906),对未成年人的处理上同样采取了与美国类似的家庭模式。[1] 除这些英美法系法域国家对美国未成年人司法制度的借鉴外,日本、德国等大陆法系法域亦在移植"国家亲权"法则的同时与时俱进。日本历史上先后两次学习和吸收美国未成年人司法制度,使其未成年人司法系统打上了深深的美国烙印。在芝加哥少年法庭成立仅一年后,日本即于1900年出台《少年管教法》。在广泛认可"国家亲权"法则的基础上,1922年《矫正院法》与旧《少年法》先后施行,体现出保护处分对象虞犯少年扩大、保护处分多样化及处分个别化的特点,并设有少年审问院及人格调查等机制。1922～1923年,德国亦先后颁布《未成年人福利法》(Jugendwohlfahrtsgesetz)与《未成年人法庭法》(Jugendgerichtsgesetz)。其中,《未成年人福利法》体现出浓厚的"国家亲权"法则,主张尽量以适当教育方式加强对未成年人的切实保护。[2]

### 四、"国家亲权"法则的挑战

1966年起,美国联邦最高法院通过"肯特诉合众国案"、"戈尔特案"、"温士普案"、"麦克威尔诉宾夕法尼亚案"及"布瑞德诉琼斯案"(*Breed v. Jones*)等案件的判决,表明法院在援用"国家亲权"法则具体阐述未成年人司法政策与程序上的灵活性:在处理偏差少年上,依据变化了的社会现实,围绕"国家亲权"法则左右摇摆。[3]

1966年,美国联邦最高法院在"肯特诉合众国案"中认为未成年被告人正生活于水深火热之中,既"无法获得标榜于成人的保护",又"不能享有儿童保护应有的挚爱与戒治"。鉴于此,联邦最高法院认为少年法庭所依仗的"国家亲权"法则并不忽视程序正义对偏差少年的重要性。[4] "肯特诉合众国案"之

---

〔1〕 See Chris Cunneen & Rob White, *Juvenile Justice: Youth and Crime in Australia* (*3rd edition*), Sydney, Australia: Oxford University Press, 2007, p. 14.

〔2〕 See Frieder Dünkel, *Juvenile Justice in Germany: The Compromise between Welfare and Justice*, In Erc Jensen and Jorg Jepsen, Juvenile Law Violators, Human Rights, and the Development of New Juvenile Justice System. Portland, OR: Hart Publishing, 2006, p. 115.

〔3〕 See National Council of Juvenile and Family Court Judges, *Juvenile Delinquency Guidelines: Improving Court Practice in Juvenile Delinquency Cases*, Reno, NV: National Council of Juvenile and Family Court Judges, 2005, p. 12.

〔4〕 *Kent v. United States*, 383 U. S. 541(1966).

重要性,并不仅仅在于矫正了移送法律中对未成年人权利保障的不足,更重要的是使联邦最高法院首次介入少年法庭程序。[1]

一年后,美国联邦最高法院在"戈尔特案"中判定,涉案未成年人应享受《美国联邦宪法第十四修正案》的权利。回顾少年法庭及"国家亲权"法则历史后,该最高法院发现了隐藏其后的若干问题,特别是在"肯特诉合众国案"后未成年人在程序公正(procedural fairness)及实体矫正(substantial treatment)方面并未得到根本性改善。[2] 联邦最高法院认为,尽管少年法庭因性质特殊而可实行与刑事(成人)法庭有所不同的程序,但在任何一可能会被判处监禁的诉讼中,未成年人仍应享有《权利法案》规定的某些正当程序保护。[3] 通过该案,该最高法院明确指出,"国家亲权"法则没有实现预期目标;而将未成年人羁押在拘禁场所或感化院实质上仍是惩罚性的。[4]

1970 年,美国联邦最高法院在"温士普案"中主张,一旦偏差少年可能被处以类似成人刑罚时,就须提供与成年犯相同的程序与机制保障,包括以"超越合理怀疑"的证明标准来实施"无罪推定"原则。[5] "温士普案"进一步扩展了戈尔特案以来对偏差少年的宪法保护,少年法庭开始采纳刑事(成人)法庭的价值观和定位取向。而在 1971 年"麦克威尔诉宾夕法尼亚案"中,美国联邦最高法院对于未成年人要求由陪审团审理的要求予以否定,主张"在少年法庭审判阶段适用陪审团"并非宪法性要求。[6] 1975 年,通过"布瑞德诉琼斯案",联邦最高法院确认少年法庭对偏差少年的判决亦应遵循"禁止双重危境"原则。[7] 后一判例避免了偏差少年在少年法庭定案后又被移转到刑事(成人)法庭再次受审的可能。

欧洲主要国家在偏差少年处理上,出现与美国不尽相同的境况。以英国《1969 年儿童及年轻人法》(1969 Children and Young Persons Act)出台为标志,矫正成为未成年人司法的核心目标。然而,主张司法模式的保守主义并未因

---

〔1〕 See John T. Whitehead & Steven P. Lab, *Juvenile Justice: An Introduction* (*7th edition*), Waltham, MA: Anderson Publishing, 2012, p. 232 – 233.

〔2〕 See John T. Whitehead & Steven P. Lab, *Juvenile Justice: An Introduction* (*7th edition*), Waltham, MA: Anderson Publishing, 2012, p. 234.

〔3〕 *In Re Gault*, 387 U. S. 1 (1967).

〔4〕 See Susan Guarino-Ghezzi & Edward Loughran, *Balancing Juvenile Justice* (*2nd edition*), New Brunswick, NJ: Transaction Publishers, 2006, p. 15.

〔5〕 *In re Winship*, 397 U. S. 358 (1970).

〔6〕 *McKeiver v. Pennsylvania*, 403 U. S. 528 (1971).

〔7〕 *Breed v. Jones*, 421 U. S. 517 (1975).

此偃旗息鼓。在针锋相对之下,各持己见并未出现势均力敌的结果:尽管"严厉处分那些严重且持久犯罪的偏差少年"的看法日益突出,但"对轻微偏差少年处分更怜悯"的主张亦有相当市场。上述趋势并非仅出现在英国,法国、德国、比利时及北欧诸国等亦有不同程度表现。[1]

随着对未成年人权利保障的加强及将犯有严重罪行的未成年人移送刑事(成人)法庭审理的深入,域外少年法庭日渐呈现"刑事(成人)化"的某些特征,即"少年法庭刑事化"趋势。在一些未成年人司法学者看来,美国少年法庭已逐步从非正式社会福利机构演变成为二级刑事法庭。[2] 之所以有这样的观点,盖因"国家亲权"法则有所削弱、诸多刑事诉讼程序得以引介及未成年人权利保障的变化,而这种变化模糊了未成年人司法与刑事(成人)司法间的区别,且直接促发少年法庭在案件来源、审理程序及法律后果带有较明显的刑事特征。1977 年,美国华盛顿州率先废止"国家亲权"法则,取而代之的是司法模式的新思维:确认未成年人须就其犯行承担责任及据年龄、犯罪情形与犯罪史"罪、责、刑相一致"。随后,该州继而颁布"未成年人安置量刑标准"(Juvenile Disposition Sentencing Standards),以指导法官如何依据案情而非未成年人个体特征相应量刑。这种做法无疑体现了刑事古典学派的回归,在实践中亦削弱了缓刑官在少年法庭中的传统地位。[3]

在新保守主义与新古典主义夹击下,欧美刑罚思想有渐趋保守之势,随之而来的未成年人犯罪及其控制政策日渐紧缩。作为未成年人司法与儿童福利理论根基的"国家亲权"法则在许多法域亦由此受到一定冲击,主张少年法庭刑事(成人)化及加大对偏差少年惩罚而非矫正的观点日盛。在主张"严打"的新保守主义者看来,"国家亲权"法则应让位于"成人犯罪成人刑"(adult time for adult crime)法则和以"吓阻"(deterrence)、"监禁"(incapacitation)及"报应"(retribution)等为导向的归责性法则。[4] 这些影响已在多法域未成年人司法实务中逐步显现,尤其是在未成年人犯罪与偏差居高不下的国家更是如此。

---

〔1〕 See Ido Weijers & Antony Duff, *Introduction*: *Themes in Juvenile Justice*, In Weijers, Ido and Anthony Duff (edited), Punishing Juveniles: Principles and Critique, Portland, OR: Hart Publishing, 2002, p. 6 – 7.

〔2〕 See Dean J. Champion, *The Juvenile Justice System*: *Delinquency*, *Processing*, *and Law* (*5th edition*), Upper Saddle River, NJ: Pearson Prentice Hall, 2007, p. 18.

〔3〕 See Howard Abadinsky, *Probation and Parole*: *Theory and Practice* (*9th edition*), Upper Saddle River, NJ: Pearson Prentice Hall, 2006, p. 49.

〔4〕 See Roy Lotz, *Youth Crime in America*: *A Modern Synthesis*, Upper Saddle River, NJ: Pearson Education, 2004, p. 292.

以假释为例,美国少年法庭以往对未成年人适用假释的情形并不常见。然而,随着少年法庭法则从"国家亲权"法则向惩罚刑转变,越来越多的法域将假释视为选择项。之所以有这样的想法,乃基于未成年人被更多视为"需承担责任的犯罪人"(responsible criminal)而非仅"需要帮助的未成熟青少年"(immature youth in need of help)。[1] 受此影响,美国未成年人时至今日仍未有陪审团审理权(right to a jury)、保释权(right to bail)、公开审理权(right to a public trial)及大陪审团指控权(right to a gran jury indictment)等联邦宪法性权利,尽管一些州法律赋予所在州未成年人有关权利。[2]

尽管如此,美国联邦最高法院即便在"戈尔特案"中亦未主张少年法庭应放弃"国家亲权"法则。他们认为适当扩展正当程序权利并不阻碍少年法庭寻求维护涉案未成年人的"最佳利益"。一如"戈尔特案",联邦最高法院在"温士普案"中也认为,对可能被判处监禁刑的未成年人适用"超越合理怀疑"这一较高证明标准,并不会毁减"国家亲权"法则。[3]

此消彼长中,从20世纪60年代逐步引起关注的儿童权利保障亦为"国家亲权"法则注入新鲜血液。作为与未成年人司法体系并行于世的社会福利体系,同样以"国家亲权"法则为依托的儿童福利为儿童虐待防治提供了现实可能性。与未成年人司法类似,儿童福利亦由诸多相互关联的机构与机制联合而成,其中包括寄养服务、医疗服务、心理抚慰、药物滥用矫治及就业辅导等。[4] 国家对需要这些援助之未成年人的干预,乃基于"国家亲权"法则,以促进儿童福利。[5] 美国刑事司法机构内的儿童局要么得以渐次建立,要么在原有职能上继续得以扩充;大量庇护所亦应时而建,以安置不幸遭遇虐待的儿童。[6]

---

〔1〕 See John T. Whitehead & Steven P. Lab, *Juvenile Justice: An Introduction* (*7th edition*), Waltham, MA: Anderson Publishing, 2012, p. 201.

〔2〕 See Carmen Rolando V., Susan E. Ritter & Besty A. Witt, *Briefs of Leading Cases in Corrections* (*3rd edition*), Cincinnati, OH: Anderson Publishing, 2002, p. 210.

〔3〕 See John T. Whitehead & Steven P. Lab, *Juvenile Justice: An Introduction* (*7th edition*), Waltham, MA: Anderson Publishing, 2012, p. 234.

〔4〕 See William G. Doerner & Steven P. Lab, *Victimology* (*6th edition*), Burlington, MA: Anderson Publishing, 2012, p. 264.

〔5〕 See Elizabeth S. Scott & Laurence Steinberg, *Rethiking Juvenile Justice*, Cambridge, MA: Harvard University Press, 2008, p. 236.

〔6〕 See William G. Doerner & Steven P. Lab, *Victimology* (*6th edition*), Burlington, MA: Anderson Publishing, 2012, p. 14.

## 第三节 “国家亲权”法则的解读

### 一、“国家亲权”法则的界定

未成年人司法创设及其运作,乃基于“国家有权利和职责来确保儿童的健康、安全及福利”这一理念的认识与践行。[1] 未成年人司法植根于民法,有异于基于刑法的刑事(成人)司法。[2] 未成年人长期被视为与财产无异,民法对未成年人司法发展具有举足轻重的作用。[3] 以英国“衡平法庭”(chancery court)为例,其可对遭遇照管不良的儿童行使拟制亲权,而这些法庭从性质上来说仍为民事法庭而非刑事法庭。[4] 作为首家专门审理未成年人案件的专门法庭,芝加哥少年法庭亦是作为“民事衡平法庭”(civil court of equity)始登上历史舞台的。[5] 其后,美国各州所建立的少年法庭无不实行“家长主义”(paternalism),其性质仍为家事法庭及民事衡平法庭。[6] 美国少年法庭运作方式在各州大同小异,相关程序因其所践行的“国家亲权”法则而更具有民事而非刑事特征。[7] 未成年人司法之所以被认为具有民事法特征,主要在于其运作理念系为“儿童最佳利益”原则谋福祉,而这正是“国家亲权”法则在儿童福利上的具体体现。因少年法庭之目的在于对未成年人适用保护和治疗而非惩罚,因而其程序民事色彩重于刑事色彩。[8] 根植于“国家亲权”法则,民法可授权少年法庭或家事法庭以“正当理由”(good cause)来终止父母对其子女监

---

〔1〕 See Cliff Roberson, *Exploring Juvenile Justice*, Belmont, CA: Wadsworth/Thomson Learning, 2000, p. 8.

〔2〕 See Clifford Dorne, *Restorative Justice in the United States*, Upper Saddle Rover, NJ: Pearson Prentice Hal, 2008, p. 118.

〔3〕 See Anthony Walsh & Craig Hemmens, *Law, Justice, and Society: A Sociolegal Introduction*, New York, NY: Oxford University Press, 2011, p. 201.

〔4〕 See Christopher P. Manfredi, *The Supreme Court and Juvenile Justice*, Lawrence, KS: University Press of Kansas, 1998, p. 37.

〔5〕 See Christopher P. Manfredi, *The Supreme Court and Juvenile Justice*, Lawrence, KS: University Press of Kansas, 1998, p. 28.

〔6〕 See Christopher P. Manfredi, *The Supreme Court and Juvenile Justice*, Lawrence, Kanasa: University Press of Kanasa, 1998, p. 28.

〔7〕 See Wright Walling & Stacia Walling Driver, 100 *Years of Juvenile Court in Minnesota—A Historical Overview and Perspective*, William Mitchell Law Review, 32(3), 2006, p. 894.

〔8〕 See Richard Lawrence & Mario Hesse, *Juvenile Justice: The Essentials*, Thousand Oaks, CA: SAGE Publication, 2010, p. 17.

护权。[1]

"国家亲权"法则源自对拉丁文"*parens patriae*"的意译,原意为"终极父母/监护人"(ultimate parent/guardian)、"国家之父"(father of his country)、"超级父母"(super parents)或"国家父母"(state as parent 或 parent of the country),具有多重含义。这一概念最初被用来保护未成年人和无法律行为能力者的财产权利。[2] 依《布莱克法律词典》,"国家亲权"法则大体系指:古罗马法中作为国家化身的皇帝;作为主权者,国家竭尽所能向无法照顾自身的公民提供保护;作为法则,政府有责任代表公民特别是那些处于法律弱势地位的公民提起有关诉讼。[3] 依"国家亲权"法则,政府得为任何身处弱势之人特别是未成年人的监护人,肩负维护后者最佳利益的法定职责直至其成年为止。[4] "国家亲权"法则强调国家和政府应对未成年人及无民事行为能力人承担起保护与教育的职责。比如,为那些心智不全的成年人作出大多数决定时,国家便被主要或排他性视为扮演着"国家亲权"法则的角色,即作为精神无能力者的代理人或终极关爱者。[5] 在 1990 年"乍兰·拉尔·萨胡诉印第安纳州案"(*Charan Lal Sahu v. Union of India*)中,美国印第安纳州最高法院这样解释道,"'国家亲权'乃立法机关向未成年人、精神失常等无行为能力人(non sui juris)及其财产提供保护的固有权力及权威"。[6] 1993 年,美国联邦最高法院在"海勒诉都案"(*Heller v. Doe*)中亦强调,"依'国家亲权',国家有向那些无法照顾自己的公民提供关爱的合法利益(legitimate interest)"。[7] "国家亲权"法则对未成年人的特殊关爱只是其适用的一个方面而已,但社会影响最为深远。"国家亲权"法则对于扩张未成年人权利起到不可忽视的作用。[8]

---

〔1〕 See Clifford Dorne, *Child Maltreatment: A Primer in History, Public Policy and Research* (*2nd edition*), Guilderland, NY: Harrow and Heston, 1997, p. 3.

〔2〕 See Chris Cunneen & Rob White, *Juvenile Justice: Youth and Crime in Australia* (*3rd edition*), Sydney, Australia: Oxford University Press, 2007, p. 13.

〔3〕 See Bryan A. Garner, *Black's Law Dictionary* (*10th edition for iPhone and iPad*), Thomson Reuters, 1.4 Version, 2014.

〔4〕 See Larry J. Siegel, *Essentials of Criminal Justice* (*7th edition*), Belmont, CA: Wadsworth/Cengage Learning, 2011, p. 9.

〔5〕 See James G. Dwyer, *The Relationship Rights of Children*, New York, NY: Cambridge University Press, 2006, p. 82.

〔6〕 *Charan Lal Sahu v. Union of India*, (1990) 1 SCC 613.

〔7〕 *Heller v. Doe*, 509 U. S. 312 (1993).

〔8〕 See Gary Rabe & Dean J. Champion, *Criminal Courts: Structure, Process, and Issues*, NJ: Upper Saddle River, NJ: Pearson Prentice Hall, 2002, p. 340.

除这里所涉及的未成年人保护与福利外,“国家亲权”法则亦与国家诉讼息息相关。如《美国法典》第 15 章规定,州总检察长可据“国家亲权”法则,以州名义,代表所在州之公民向联邦地区法院提起民事诉讼请求经济赔偿,[1]以确保其免受不法侵袭及确认其可及时获得联邦法律保护。州总检察长们特别在涉及烟草、汽车、含铅涂料及药品制造等州“国家亲权”法则诉讼中扮“超级原告”(super plaintiff)角色。[2] 各州亦可沿用该原则来维护卫生健康、居民福利、州际水权及环境保护等。近年来,应对因温室效应带来的全球变暖,以保障公民福利为名,“国家亲权”法则亦在此浮出水面。[3]

尽管“国家亲权”法则源自英伦三岛,但美国联邦最高法院显然并不想夸大英国遗风遗俗对美国的影响。他们在相关判例中反复强调“国家亲权”法则乃是伴随美国少年法庭成立而于美国本土发扬光大的。如在 1982 年“斯纳普与桑公司诉波多黎各案”(*Snapp &Son,Inc. v. Puerto Rico ex rel. Barez*)中,美国联邦最高法院指出,“(英国)普通法传统对‘国家亲权’法则于美国的发展作用甚微”。[4] 而在此前 1972 年“夏威夷州诉加利福尼亚州标准石油公司案”(*Hawaii v. Standard Oil Co. of California*)中,联邦最高法院亦认为,“‘国家亲权’法则于美国的扩展超出了其在英国的原有作用”。[5]

## 二、“国家亲权”法则于未成年人司法的价值及作用

尽管“国家亲权”法则并非专为未成年人司法所独创,但这并不妨碍其作为各法域未成年人司法的核心指导原则。国家在应对偏差少年处置上,大体上经历了自由放任、福利国家介入及家庭功能伸张等阶段。因亲权所系,法律曾默许或赋予父母对子女享有几无限制的权利与义务,但这不意味国家就此完全放任自流。依“国家亲权”法则,国家是在父母及监护人无力或懈怠亲权时,化身“国家父母”,通过强制力强势介入,达到对未成年人照护的目的。一旦父母无力或不愿承担照护子女义务时,或当后者遭遇虐待或照管不良时,国家可援用公权力剥夺这些人的亲权,紧急、强制地介入、干涉儿童的成长过程,

---

[1] 15 United States Code, § 15c(a)(1).

[2] See Donald G. Gifford, *Impersonating the Legislature: State Attorneys General and Parens Patriae Product Litigation*, Boston College Law Review, 49, 2008, p. 913.

[3] See Sara Zdeb, *From Georgia v. Tennessee Copper to Massachusetts v. EPA: Parens Patriae Standing for State Global-Warming Plaitiffs*, Georgetown Law Journal, 96, 2008, p. 1067 – 1073.

[4] *Snapp &Son, Inc. v. Puerto Rico ex rel. Barez*, 458 U. S. 592 (1982).

[5] *Hawaii v. Standard Oil Co. of California*, 405 U. S. 251 (1972).

采取一系列措施将亟须救助和监管的儿童置于控制之内,督促偏差少年迷途知返并创造条件使后者顺利复归社会。国家实际担负着亲属法中父母亲权所延伸而来的权利与责任。此时,儿童与抽象的国家之间便建立起类似父母—子女的拟制关系,国家通过法院、矫正机构及儿童福利机构来具体实现对儿童的拟制亲权。[1] 这种由父母亲权移转至国家的权利即为"国家亲权"法则,对于扩张儿童人权发挥着不可忽视的作用。[2]

随着对"国家亲权"法则理解及应用的深入,国家扮演的角色越来越倾向于儿童利益最终保障者与终极监护人的重要角色,对其福利的介入与保护更是贯彻儿童成长始终。正是在此民法的亲权语境之下,国家对偏差少年的教育、挽救与感化便水到渠成,对其实施社会调查、前科封存等制度及多采用缓刑等非监禁、轻缓化等实体处分之争议相对较小。[3]

既然国家以"代理父母"(loco parentis)身份出面来全面料理儿童的衣食起居与身心健康,自然其出发点与立足点无不以维护"儿童最佳利益"原则为依托。在具体适用时,"国家亲权"法则与"代理父母"之间亦有些微差异。如艾伯特·罗伯茨(Albert Roberts)认为,前者侧重于国家为保障儿童福利所需承担的责任;而后者则是取代那些不愿或者无力承担为人父母之责任。[4] 而理查德·劳伦斯(Richard Lawrence)与马里奥·黑森(Mario Hesse)主张,"国家亲权"法则授权少年法庭处理亟须指导及保护的未成年人;其后,国家扮演"代理父母",从"儿童最佳利益"原则角度向这些未成年人提供指导并作出响应决定,及向窘困且任性的儿童提供关爱及监管服务。[5] "国家亲权"法则已被广泛应用来支持旨在保护儿童的公权力机关中,它为国家合法干预儿童提供了理论依据。[6]

由"国家亲权"法则延伸而来的维护"儿童最佳利益"原则理念已成为有关国际公约、各法域未成年人司法与儿童福利的具体指导方针,系家事法及儿童

---

[1] 参见张鸿巍:《儿童福利法论》,中国民主法制出版社 2012 年版,第 89 页。

[2] See Gary Rabe & Dean J. Champion, *Criminal Courts: Structure, Process, and Issues*, NJ: Upper Saddle River: Pearson Prentice Hall, 2002, p. 340.

[3] 参见张鸿巍:《未成年人刑事司法中的正义》,载《检察日报》2012 年 9 月 20 日,第 3 版。

[4] See Albert Roberts, *The Emergence of the Juvenile Court and Probation Services*, In Roberts, Albert. Juvenile Justice Source Book: Past, Present, and Future (Edited), New York, NY: Oxford University Press, 2004, p. 164.

[5] See Richard Lawrence & Mario Hesse, *Juvenile Justice: The Essentials*, Thousand Oaks, CA: Sage Publications, 2010, p. 179.

[6] See Barry Feld, *Readings in Juvenile Justice Administration*, New York, NY: Oxford University Press, 1999, p. 6.

福利法中有关儿童议题的核心。如1924年《日内瓦儿童权利宣言》(Geneva Declaration of the Rights of the Child of 1924)即呼吁给予儿童特殊照护,其后该原则又在1959年《儿童权利宣言》得到再次确认。《儿童权利宣言》原则二规定,“儿童应享受特别保护,并应以法律及其他方法予儿童以机会及便利,使其能在自由与尊严之情境中获得身体、心智、道德、精神、社会各方面之健全与正常发展。为达此目的,制定法律时,应以儿童之最大利益为首要考虑”。联合国《儿童权利公约》第3条第1款亦明确,“关于儿童的一切行为,不论是由公私社会福利机构、法院、行政当局或立法机构执行,均应以儿童的最佳利益为首要考虑”。据此,未成年人不应为其不当行为简单地接受惩罚。相反,鉴于其年幼无知的现实,国家更应通过未成年人司法及儿童福利机构提供高效的儿童保育、矫正、照护等措施来纠偏。

“国家亲权”法则倡导通过调整未成年人成长环境,矫正其性格缺陷来处置未成年人的犯罪行为。有学者将少年法庭的指导原则归结为五点:秉承“国家亲权”法则,国家为所有儿童之终极父母;儿童理应受到救助,为达此目标国家应竭尽全力以非刑罚方式实现之;儿童均需被善待,法庭程序不应对其污名化;儿童各不相同,司法应与未成年人个体需求相称;考虑儿童所需,对其适用非刑罚惩处已然充足。[1] 因少年法庭乃系未成年人司法核心,上述原则亦可视为未成年人司法运作原则。这些理念虽然在后世历经冲击与质疑,仍不失为各法域未成年人司法的金科玉律,备受推崇并影响至今。

### 三、“国家亲权”法则的反思及适用限制

尽管“国家亲权”法则是构建与维系未成年人司法的基石,但过度强调国家对未成年人的照护责任可能会过犹不及。[2] 域外百余年未成年人司法的辗转历程,无一不昭示着其在未成年人可塑性与可归责性两个极端间摇摆的两难境地。这种内在相互纠缠的价值冲突,甚至可能会在时空转换中衍化为尖锐的对立,共同激荡着对未成年人“司法”真意的追寻。[3] 如依美国《北卡罗来纳州未成年人法典》(North Carolina Juvenile Code),其立法目的在于:防卫民众免受未成年人不法侵害;通过提供旨在强调未成年人归责性及适当矫正

---

〔1〕 See Harvey Wallace, *Victimology: Legal, Psychological and Social Perspectives*, Needham Heights, MA: Allyn & Bacon, 1998, p. 42.

〔2〕 参见张鸿巍:《儿童福利法论》,中国民主法制出版社2012年版,第90页。

〔3〕 参见张鸿巍:《未成年人刑事检察的价值取向》,载《法制日报》2013年7月24日,第10版。

服务之安置措施,来制止未成年人偏差及犯罪;提供有效服务来筛选及评估未成年人偏差,在公共安全得以确保前提下,将未成年人转介入社区资源;提供公平公正的统一程序。[1] 类似的立法目的已在许多法域提出并付诸执法及司法实践之中。尽管言辞表达略有差异,百川归海,总体目标仍在于对每位偏差少年都研拟出既能促进公共安全,又能提供适当矫正的法庭安置,以帮助未成年人成为"所在社区中不违规、负责任且有所作为的一分子"。[2]

适用时,"国家亲权"法则亦常常受"父母自由"(parental liberty)法则牵制。"父母自由"法则又常被称为"引导子女成长权"(right to direct the upbringing of one's own child)法则,包括指导儿童教育、卫生保健、生活方式、宗教仪式及纪律处分等。美国联邦最高法院在一系列判决中明确父母对其子女成长肩负重要使命。如在1923年"迈耶诉内布拉斯加州案"(*Meyer v. State of Nebraska*)中,美国联邦最高法院主张父母应向子女提供适当教育的责任与生俱来。[3] 两年后,美国联邦最高法院又在"皮尔斯诉姊妹会案"(*Pierce v. Society of Sisters*)中指出,儿童并非仅仅只是"国家生物"(creature of the State),那些培养且影响儿童命运的人应有权、更有责任来认可并为儿童预备更多职责。[4] 而在1997年"华盛顿诉格吕克斯堡案"(*Washington v. Glucksburg*)中,美国联邦最高法院再三重申,正当程序所涵盖的"自由"包括教育和抚养自己子女的权利。[5] 美国联邦最高法院通过2000年"特罗科斯尔诉格兰威尔案"(*Troxel v. Granville*)进一步阐释道,"父母在照顾、监护和控制子女的自由权益(liberty interest),可能是美国联邦最高法院确认的最为久远的基本权益"。在该最高法院看来,《美国联邦第十四宪法修正案》中的正当程序条款,保护父母在照顾、监护和控制子女的根本性权利,这点是毋庸置疑的。[6]

国家得以取代家庭部分角色担负照护未成年人,并非一蹴而就,然国家介入的深度与广度并未有放缓的迹象。回顾未成年人司法产生及衍变的历史,在其诞生伊始,社会仍依仗于家庭这一主要社会控制单元来应对儿童问题。警方通常会将顽劣儿童带回至父母或监护人处,而后者亦被期许矫正子女不

---

[1] See North Carolina General Statutes, 7B – 1500.

[2] See Janet Mason, *Confidentiality in Juvenile Delinquency Proceedings*, Chapel Hill, NC: University of North Carolina at Chapel Hill, 2004, p. 6.

[3] *Meyer v. State of Nebraska*, 262 U.S. 390 (1923).

[4] *Pierce v. Society of Sisters*, 268 U.S. 510 (1925).

[5] *Washington v. Glucksburg*, 521 U.S. 702 (1997).

[6] *Troxel v. Granville*, 530 U.S. 57 (2000).

当行为。从 19 世纪初叶起,家庭权威不断缩水,与此同时,国家则从家庭不断攫取更多权威来干涉和介入未成年人生活之中。据罗伯逊观察,300 多年来家庭权威日渐式微,而这在可预见的未来看起来也不大可能有明显的变化。种种迹象甚至表明,国家对未成年人事物的介入和控制有加深的趋势。在他看来,之所以出现这一趋势毫不为奇:不断攀升的离婚率及儿童虐待与照管不良率、单亲家庭、未婚先孕、毒品滥用及街头帮派横行无忌等,合力推就了国家干预的深化。[1] 在学术界,一直对家庭权威日渐式微在先还是国家影响日盛在先争论不休。然无论何者为先为后,对儿童的主要社会控制单元从家庭逐步移位为国家,趋势日盛明显。[2]

纵览各法域未成年人司法体系,尽管模式各有差异,然均遵循"亲子关系优先"这一基本原则。《北京规则》第 18. 2 条特别强调,"把孩子与父母隔离开来这种办法当作万不得已的措施。只有当案情事实证明确实到了需要采取这一重大步骤(如虐待儿童)时才可采取这种措施"。杰·福博格(Jay Folberg)亦认为,"国家亲权"法则"令政府只在父母未能达成协议或未能充分照料子女时才有责任照顾儿童的福利"。[3]

近年来,基于对家庭之社会控制功能的再审视,许多法域陆续强调父母或监护人对其未成年子女的有效干预。以逃学为例,其已位居美国十大教育问题之列,并系未成年人犯罪与偏差重要参考指标。[4] 美国许多州尝试通过建立全新的少年法庭渠道来解决日益严重的未成年人逃学与辍学问题。例如,在罗得岛州,该州家事法庭系统新设有"逃学法庭"(truancy court),目的在于避免逃学少年过早正式进入少年法庭系统。[5] 在某些州如弗吉尼亚州和亚利桑那州,逃学少年的父母更可能为其子女行为支付罚款甚至有牢狱之灾。

越来越多的国家强调父母或监护人应更积极主动参与对其子女司法处置的程序之中。自加拿大《青少年刑事司法法》于 2003 年生效以来,少年法庭介

---

〔1〕 See Cliff Roberson, *Exploring Juvenile Justice*, Belmont, CA: Wadsworth/Thomson Learning, 2000, p. 9.

〔2〕 See Cliff Roberson, *Exploring Juvenile Justice*, Belmont, CA: Wadsworth/Thomson Learning, 2000, p. 8.

〔3〕 中国香港特区法律改革委员会:《子女管养权及探视权报告书》,中国香港特别行政区法律改革委员会,2005 年 3 月,第 13 页。

〔4〕 See Dalun Zhang, Antonis Katsi Yannis, David Barrett & Victor Willson, *Truancy Offenders in the Juvenile Justice System Examinations of First and Second Referrals*, Remedial and Special Education, 28(4), 2007, p. 244.

〔5〕 See Dean J. Champion, *The Juvenile Justice System: Delinquency, Processing, and Law (5th edition)*, Upper Saddle River, NJ: Pearson Prentice Hall, 2007, p. 46.

入及拘禁适用率显著下降;而父母则更多介入少年法庭程序。[1] 而在澳大利亚、新西兰及新加坡等地方兴正艾的家庭会议(family conferencing)即为恢复性司法在未成年人司法中的具体运用,父母或监护人有更多机会参与教育和矫正其问题子女的动态过程中。

除扮演"国家亲权"法则角色外,国家亦在维护被害人合法权益及社会安宁秩序等方面行使一定的"警察权"(police power),各法域皆然。在伊丽莎白·S.斯科特(Elizabeth S. Scott)及劳伦斯·斯坦伯格(Laurence Steinberg)看来,国家规管儿童的权威既包括"国家亲权"法则又涵盖警察权,并受二者驱使。他们主张,政府之所以须肩负起照护羸弱及受抚养成员的社会道义责任,乃"国家亲权"法则使然,而其重点之一便在于儿童的利益及福利。他们又强调政府仍应依仗警察权,通过确保儿童获得适当关爱及向其投入人力资本,以期儿童能成为"富有活力的成年人和参与性公民"(productive adults and engaged citizens),促进社会福利。[2] 斯科特及斯坦伯格特别提醒,儿童利益与社会利益间的冲突无法避免。[3] 对于个别犯有严重不良违法行为或犯罪行为的未成年人,国家应当及时行使警察权,以期有效达到保护被害人及防卫社会的目的。詹姆斯·G.笛威(James G. Dwyer)主张,国家在行使警察权时代表整个社会特别是社会利益及集体偏好。然若国家在某一案件中同时行使"国家亲权"法则及"警察权",那么警察权会抑制"国家亲权"法则的实现。笛威继而主张,国家须在"儿童利益"与"受宪法保护的成年人利益及社会整体利益"之间寻求平衡点。但他特别提醒,考虑当前法律对儿童利益保障上仍严重不足,国家过多发挥警察权会恶化"国家亲权"法则义务。[4] 因"国家亲权"法则所系,未成年人警务近年来在处理和打击未成年人案件中发挥日渐突出的作用。[5]

在"国家亲权"法则及"警察权"双重夹击下,各法域未成年人司法当下多

---

〔1〕 See Nicholas Bala, *Canada's Juvenile Justice Law & Children's Rights*, Accessed on August 27, 2013, http://www.ibcr.org/editor/assets/conference/13bala_eng.pdf, p. 8.

〔2〕 See Elizabeth S. Scott & Laurence Steinberg, *Rethinking Juvenile Justice*, Cambridge, MA: Harvard University Press, 2008, p. 69 – 70.

〔3〕 See Elizabeth S. Scott & Laurence Steinberg, *Rethinking Juvenile Justiec*, Cambridge, MA: Harvard University Press, 2008, p. 70.

〔4〕 See James G. Dwyer, *The Relationship Rights of Children*, New York, NY: Cambridge University Press, 2006, p. 195 – 198.

〔5〕 See Karen M. Hess, *Juvenile Justice (5th edition)*, Belmont, CA: Wadsworth/Thomson Learning, 2011, p. 241.

呈现“硬化”(get tough)与“软化”(get soft)两种看似截然不同的趋向。在罗伯逊看来,未成年人司法的“硬化”主要体现在这几个方面:未成年人司法理念从拯救青少年向防卫社会转变、促使法院判决更具有惩罚性、将涉嫌暴力犯罪的未成年人从未成年人司法体系移送至刑事(成人)司法体系、倡导对未成年严重暴力犯适用死刑。[1] 在20世纪80年代和90年代,美国许多州先后修改未成年人法典,将少年法庭理念从矫正未成年人调整至犯罪控制。[2] 以1995年通过的《得克萨斯州未成年人法典》(Texas Juvenile Code)[为《得克萨斯州家事法典》(Texas Family Code)之组成部分]为例,其明文确立了少年法庭宗旨在于:向民众及公共安全提供保护;向儿童的道德、心理及身体发展审慎提供关爱、保护;保护社区福利,控制儿童偏差行为;尽可能促成以上目标于家庭环境中得以实现;提供简易司法程序,使各方当事人都可获得公正听审及宪法性权利保障。其中,为实现“向民众及公共安全提供保护”这一目标,该法典亦明确少年法庭应当推动“罪刑相一致”概念,适当时可消除儿童触犯一些不法行为的犯罪污点,提供基于强调归责性及父母与儿童责任的矫正、训练及复归。[3]

“国家亲权”法则存在的另一争议在于其在适用时与“正当程序”间“剪不断理还乱”的关系。与强调“正当程序”的刑事(成人)司法不同的是,未成年人司法创设伊始便有意强调相关程序的非正式性与非对抗性,因而缺失了许多未成年人于未成年人司法体系不能享有而成年人却可在刑事(司法)体系享有的宪法性程序保障。随着服务于儿童福利的职责更明晰,由不同机构及少年法庭所采取的关爱举动却因与庭审公开原则及正当程序缺失而时常乌云密布。[4] 在1967年“戈尔特案”中,亚伯·方特斯(Abe Fortas)大法官直言不讳道,“这一拉丁词汇(国家亲权)已被证明有助于将未成年人排斥在宪制之外;然其含义却是阴暗不堪的,历史贡献亦是相当可疑的”。[5] 小约瑟夫·B.桑伯恩(Joseph B. Sanborn Jr.)亦主张,“国家亲权”法则盛行于少年法庭之中,但

---

〔1〕 See Cliff Roberson, *Exploring Juvenile Justice*, Belmont, CA: Wadsworth/Thomson Learning, 2000, p. 5.

〔2〕 See Cliff Roberson, *Exploring Juvenile Justice*, Belmont, CA: Wadsworth/Thomson Learning, 2000, p. 147.

〔3〕 See Texas Family Code, § 51.01.

〔4〕 See Daniel L. Hatcher, *Purpose vs. Power: Parens Patriae and Agency Self-interest*, *New Mexico Law Review*, 42, 2012, p. 164.

〔5〕 *In re Gault*, 387 U.S. 1 (1967).

使未成年犯罪人较难获得有效辩护。[1] 在司法实践中,少年法庭向未成年人允诺的关爱与未成年人在专门学校及感化院等地实际获取的关爱,却有天壤之别。正是基于此观察,犯罪学家亚历山大·W.皮斯克塔(Alexander W. Pisciotta)认为,在"国家亲权"法则下,国家并非称职父母(effective parent)。[2] 珍妮特·E.安斯沃思(Janet E. Ainsworth)等学者据此亦提出,少年法庭业已存在的程序缺失乃为家长式"国家亲权"法则驱动,而这又深刻影响少年法庭法官及律师的行为举止。在他们看来,取消少年法庭或可一劳永逸地消减这些问题。[3]

然这尚未动摇未成年人司法的核心理念,反而敦促各法域摒弃原有陈腐守旧观念,以积极态度正视未成年人司法体系内的既存问题。如从1967年"戈尔特案"判决起,美国联邦最高法院通过系列案件强调少年法庭庭审程序应当引入正当程序。这些程序旨在确保涉案未成年人得以有机会实质性应对相应指控。[4] 为应对民众对不断攀升的未成年人犯罪的忧虑,从20世纪80年代中期至90年代早期,美国即有47个州及哥伦比亚特区制定法律处理未成年人严重暴力犯罪。这些法律所涉及的领域包括推动将未成年人从未成年人司法系统移送至刑事(成人)司法系统、对未成年人扩大适用包括惩教措施在内的量刑选择、减少或消除不公开原则、侧重于被害人权利及矫正计划调整等。[5] 这些立法上的政策性变化及由此而来司法上的相应调整,已然促发少年法庭原先秉承的"国家亲权"法则有所松动而与时俱进。

### 四、"国家亲权"法则对我国未成年人司法的借鉴

我国古代未成年人司法政策既包括对未成年人以"少者怀之"和"救助慈幼"为取向的照护政策,也包括以"父子一体"和"长幼有序"为基础的家庭伦理道德,亦包括以"准五服以制罪""亲亲得相首匿"与刑事责任减轻相得益彰的

---

〔1〕 See Joseph B. Sanborn, Jr, *Remnants of Parens Patriae in the Adjudicatory Hearing: Is a Fair Trial Possible in Juvenile Court?* Crime & Delinquency, 40, 1994, p. 599 – 615.

〔2〕 See Alexander W. Pisciotta, *Saving the Children: The Promise and Practice of Parens Patriae*, 1838 – 1898, Crime & Delinquency, 28, 1982, p. 410 – 425.

〔3〕 See Janet E. Ainsworth, *The Court's Effectiveness in Protecting the Rights of Juveniles in Delinquency Cases*, Juvenile Court, 6(3), 1996, p. 70.

〔4〕 See Janet E. Ainsworth, The Court's Effectiveness in Protecting the Rights of Juveniles in Delinquency Cases, Juvenile Court, 6(3), 1996, p. 65.

〔5〕 See Shana Conklin, *Juveniles Locked in Limbo: Why Pretrial Detention Implicates a Fundamental Right*, Minnesota Law Review, 96, 2012, p. 2158 – 2159.

刑事政策。[1] 未成年人长期处于被处置的被动状态,无独立法律地位,缺乏“国家亲权”法则产生和存续的社会基础。现行法律仍没有亲权与“国家亲权”法则的明确概念与规定,域外特别是英美法系法域国家的相关理念,对推动和完善我国现行未成年人司法制度具有现实的启发和借鉴意义。

当前,我国未成年人司法与英美未成年人司法有一定相似性,但又有很大差异。严格意义上说,我国未成年人司法大体上仍从属于刑事(成人)司法,缺乏“国家亲权”法则为理论基石,所依法律仍主要是刑法、刑事诉讼法及监狱法等刑事法律,在体系结构、组织形式、诉讼程序等方面与传统刑事(成人)司法并无原则区别。而刑事司法所惯常采用的刑罚目的则在于惩罚、报应、吓阻及隔离,因此,在进行法律移植时可能会出现一定的偏差性。近年来,各地进行的一些未成年人司法改革试点特别是合适成年人到场制度、社会调查报告制度及前科记录封存制度等均非本土固有,而是对英美未成年人司法的借鉴与移植。但这些制度在其母国受“国家亲权”法则影响是以非刑事程序运作和发展的。因而在全面引介和认真比较“国家亲权”法则的基础上,未成年人司法重构应减少传统刑事(成人)司法理念对未成年人司法特别是儿童福利理念的主导地位。

基于域内外对“国家亲权”法则适用中出现的正反面经验与教训,当下审慎采用“折中主义”未尝不是较为妥善的理性选择。一方面,需要与“儿童最佳利益”原则合拍,为偏差少年提供必要关爱;另一方面,对严重暴力犯罪人及惯犯、累犯等特定未成年人群,仍应通盘考量被害人与社区利益、未成年人特殊利益间的动态平衡。除继续巩固现有未成年人刑事司法外,亦应进一步加强涉及失学、虐待及照管不良等民事司法体系的建设。

“国家亲权”法则还应与“亲权”法则相互映衬,促进未成年人父母或法定监护人切实肩负和履行相应法定义务。鉴于父母、监护人及家庭在未成年人健康成长特别是远离犯罪中的重要作用,我国在《宪法》、《刑法》、《刑事诉讼法》、《未成年人保护法》及《预防未成年人犯罪法》等重要法律不厌其烦地规定了父母或监护人的责任与义务,如《宪法》第 49 条规定,“父母有抚养教育未成年子女的义务”;《刑法》第 17 条规定,“因不满十六周岁不予刑事处罚的,责令其父母或者其他监护人加以管教”。然多年来的司法实践表明亲权在遏制未成年人违法犯罪中固然已取得许多成效,但对父母或监护人在亲权不彰时所应承担的责任语焉不详,缺乏现实惩教性。如《刑事诉讼法》第 281 条规定,

---

[1] 参见张鸿巍:《少年司法通论》(第 2 版),人民出版社 2011 年版,第 68 页。

"无法通知、法定代理人不能到场或者法定代理人是共犯的,也可以通知未成年犯罪嫌疑人、被告人的其他成年亲属,所在学校、单位、居住地基层组织或者未成年人保护组织的代表到场,并将有关情况记录在案",这为父母或监护人无法到场时涉案未成年人权利保障提供了法律依据。然审读这一条款,其存在的逻辑悖论与无奈:除非万不得已,否则父母或监护人到场参加未成年人聆讯应为亲权所系,但法律对父母或监护人可以到场却拒不到场缺乏强制力与惩教力。这使"合适成年人到场"条款看起来很美,却可能在无形中为不愿承担亲权责任的父母或监护人开脱责任。在依"国家亲权"法则构建的未成年人司法与儿童福利呼之不出的现实下,未来立法或司法解释或可进一步健全和完善父母或监护人强制到场制度,以其为正常状态,真正将"合适成年人到场"视为例外原则。

对未成年人权利的照护应当以保障其健康成长与有效矫正为前提,但这种照护并非没有限制。对未成年人的特殊关爱与照护,不能以牺牲社会公益及整体安宁秩序为代价。[1] 对偏差少年采取的刑事政策是否体现出未成年人司法所孜孜以求之的正义目标,亦是各法域锲而不舍的热点难题。刑事司法被创设的最初目的在于维护被害人合法权益、防卫社会和打击犯罪。当下,依附于刑事司法的未成年人司法在处置未成年人犯罪时仍回避不了罪当其罪、罚当其罚的实体正义拷问。具体到未成年人刑事司法,其所体现出来的正义可以被简单地划分程序正义与实体正义,前者关乎未成年犯罪嫌疑人或被告人在诉讼或非诉讼各阶段依法所享有的特殊程序保障权利,而后者则关联着司法机关特别是审判机关依据实体刑法对教育、感化和挽救等教育刑理念及罪当其罪、罚当其罚的刑事正义伸张。除考量未成年人犯罪嫌疑人或被告人具体情况外,实体正义的实现亦须综合考虑来自被害人及社会的意见,争取保障未成年犯罪嫌疑或被告人合法利益、被害人合法利益及防卫社会等三者有机结合。[2]

---

〔1〕 参见张鸿巍:《儿童福利法论》,中国民主法制出版社2012年版,第93页。

〔2〕 参见张鸿巍:《未成年人刑事司法中的正义》,载《检察日报》2012年9月20日,第3版。

## 第四节　衡平及恢复性未成年人司法

### 一、恢复性司法概述

(一)恢复性司法概念及内容

最早使用"restorative justice"一词的是心理学家艾伯特・艾葛拉西(Albert Eglash),他在1958年的几篇文章中反复使用。[1]"恢复性司法"又可译为"恢复式司法"或"修复性司法"[2],在我国港澳台地区亦被称为复合性司法、复合性公义或复合性正义,强调修复因偏差所造成的损害,犯罪人因其不法行为应承担相应责任,通过赔偿等实际手段来实现平衡社区、被害人与犯罪人之间的和谐关系。在恢复性司法学家丹尼尔・凡奈思(Daniel Van Ness)与凯伦・斯创(Karen Strong)看来,恢复性司法系指强调修复因犯行所导致或揭露之伤害的司法理论。[3]

之所以积极倡导恢复性司法,原因不外乎下述几点:持刑罚废除论的人主张以"伤害"(harm)与"补偿"(redress)取代传统刑罚理念;刑事司法体系不能坐视被害人之所需与其忍受之苦难。[4]联合国经济及社会理事会2002年通过的《关于在刑事事项中采用恢复性司法方案的基本原则》,强调"恢复性司法是对犯罪的不断发展变化的对策,它通过使受害人、犯罪人和社区复原而尊重每个人的尊严与平等,建立理解并促进社会和谐"。

人们在理解恢复性司法上存在偏执,而这反过来亦影响恢复性司法的推广。在恢复性司法权威霍华德・泽尔(Howard Zehr)看来,正确之认识应包含下列内容:恢复性司法并不必然是"宽恕"(forgiveness)或"和解"(reconciliation);恢复

---

[1] See Van Ness, Daniel W, *Restoring Justice: An Introduction to Restorative Justice* (*3rd edition*), Newark, NJ: Matthew Bender & Company, 2006, p. 22.

[2] 有学者认为,犯罪或过错一旦铸就,即便予以惩教、救助或补偿,断无可能将已损害之社会关系、身体与精神损伤及财物损失恢复如新,故而主张以译为"修复性司法"为益。考察"restorative justice"之"restorative"一词,本意系指促进复原(recuperation)或赋予生命及活力,已包含"修复"之意。与"修复性司法"相比,译为"恢复性"司法更能体现对被害人与加害人、被害人与社区、加害人与社区之间的良性互动,并表明司法价值取向的更高追求。

[3] See Van Ness & W. Daniel, *Restoring Justice: An Introduction to Restorative Justice* (*3rd edition*), Newark, NJ: Matthew Bender & Company, 2006, p. 43.

[4] See Barbara A. Hudson, *Understanding Justice: An Introduction to Ideas, Perspectives and Controversies in Modern Penal Theory* (*2nd edition*), philadelphia, PA: Open University Press, 2003, p. 75 - 76.

性司法并非“调解”(mediation);恢复性司法并非主要被设计用来减少累犯(recidivism)或重犯(repeating offenses);恢复性司法并非特定项目或蓝图;恢复性司法并非主要针对相对轻微之罪行或初犯;恢复性司法既非新鲜事物,亦非北美所独有;恢复性司法既非包治百病之灵丹妙药(panacea),亦非现行法律制度之必然替代;恢复性司法并不必然为监禁刑之替代;恢复性司法并不必然是报应刑(retribution)之对立面。[1] 泽尔继而主张,恢复性司法之三核心概念在于损害及需要(harms and needs)、责任(obligation)与诺言(engagement)。他进一步解释道,犯罪首先会对人们及社区带来损害,认识到这一点对理解被害人之需要及角色便可迎刃而解。其次,损害导致责任,恢复性司法强调犯罪人之义务及责任。泽尔强调,损害产生后之首要责任在于犯罪人,但社区与社会亦不能置身其外,仍担当部分责任。最后,恢复性司法促进诺言或参与(participation)。[2] 在恢复性司法之下,被害人得以有机会表达其感受与看法、所受伤害及期许。诸多研究都表明,通过积极参与这一过程,被害人往往对司法体系与运作满意度较高,且更容易从犯罪人处获得补偿。恢复性司法还可以减轻被害人心灵伤痛及对犯罪人的恐惧,减少或避免再次被害。[3]

鉴于恢复性司法是项系统的纠纷解决方案,其程序与结果对实现恢复性司法目的意义重大。《关于在刑事事项中采用恢复性司法方案的基本原则》第2条主张,“恢复性程序”系指通常在调解人帮助下,受害人和犯罪人及酌情包括受犯罪影响的任何其他个人或社区成员共同积极参与解决由犯罪造成的问题的程序。恢复性程序可能包括调解、调和、会商和共同确定责任。第3条继而强调,“‘恢复性结果’系指因恢复性程序而达成的协议。恢复性结果可能包括旨在满足当事方的个别和共同需要和履行其责任并实现受害人和犯罪人重新融入社会的补偿、归还、社区服务等对策和方案”。

### (二)未成年人恢复性司法溯源与变革

恢复性司法的历史源远流长,萌发于对刑事司法之坚持与反思。在艾葛拉西看来,刑事司法不外乎基于刑罚之报应性司法(retributive justice)、基于犯

---

〔1〕 See Howard Zehr, *The Little Book of Restorative Justice*, Intercourse, PA: Good Books, 2002, p. 8 – 13.

〔2〕 See Howard Zehr, *The Little Book of Restorative Justice*, Intercourse, PA: Good Books, 2002, p. 22 – 25.

〔3〕 See Policy Centre for Victim Issues, Fact Sheet: Restorative Justice, Accessed December 7, 2010, http://www.justice.gc.ca/en/ps/voc/rest_just.html.

罪人治疗之分配司法(distributive justice)及基于补偿之恢复性司法(restorative justice)等三种类型。[1] 在以报复刑为主要特征的传统司法模式中,犯罪人的犯行不再仅仅被视为对特定被害人权益的侵犯,国家取代被害人向犯罪人追究其刑事责任。这种模式可以帮助处于相对弱势的被害人寻求国家救济,国家则以被害人权益保障人身份出现,几乎一切原先由被害人出面的事务都由国家代为操办了。然这样做并非没有问题。首先,被害人的合法权益在很大程度上被忽视了。其次,犯罪人即便被法院加以惩罚,其并不一定真心悔过;可能导致较强的反社会心理与情绪。

随着对传统报应刑司法的反思及对美国、加拿大、澳大利亚及新西兰等法域土著居民纠纷解决方式的借鉴,恢复性司法从上个世纪中后期逐步浮出水面。20 世纪 60 ~ 80 年代,邻里司法(neighborhood justice)、无律师司法(justice without lawyers)及非正式司法(informal justice)等恢复性司法外围理念不断衍生。从 20 世纪 90 年代初期起,恢复性司法在各法域适用风头正甚,特别是与未成年人司法之联系日盛。[2] 这为未成年人惩教与处分提供了全新的思路与方法,成为影响刑事司法及未成年人司法革新进程中最为迅猛的发展方向。

进入 21 世纪以来,各主要法域未成年人司法体系恢复性司法之适用越发常见。以澳大利亚为例,所有州及领地均以立法形式确认对未成年人适用恢复性司法。[3] 2009 年 11 月 4 日至 7 日,首届国际恢复性未成年人司法大会(World Congress on Restorative Juvenile Justice)于秘鲁利马成功举行,来自全球千余位代表与会。会议期间,对许多理论热点争议进行了讨论,包括家长式之末路、未成年人司法报应模式之复归及恢复性司法于其中之角色、《儿童权利公约》与恢复性司法、恢复性司法之可能及有限性、不同文化语境下恢复性司法模式之抉择、法庭官员及其他实务人员之恢复性司法培训、如何有效提高社区于恢复性司法之参与度及恢复性司法评估等议题。[4]

(三)恢复性司法主要理论渊源

在犯罪学家马克 · M. 兰尼尔(Mark M. Lanier)与斯图亚特 · 亨利(Stuart

---

〔1〕 See Van Ness & Daniel W., *Restoring Justice: An Introduction to Restorative Justice* (*3rd edition*), Newark, NJ: Matthew Bender & Company, 2006, p. 22.

〔2〕 See Chris Cunneen & Rob White, *Juvenile Justice: Youth and Crime in Australia* (*3rd edition*), Sydney, Australia: Oxford University Press, 2007, p. 333.

〔3〕 See Kelly Richards, *Police-referred Restorative Justice for Juveniles in Australia*, Trends & Issues in Crime and Criminal Justice, Canberra, Australia: Australian Institute of Criminology, (398) 2010, p. 2.

〔4〕 See Marta Ferrer, *European Forum for Restorative Justice*, 11(2), 2010, p. 4.

Henry)看来,恢复性司法之产生可溯及数种不同渊源,包括盎格鲁·撒克逊人早期的赔偿观念、北美原住民的传统司法理念、孟诺派行动主义(Mennonite activism)[1]、被害人运动(victim movements)、重新整合性羞耻理论(reintegrative shaming)[2]、废除主义者及和平构建犯罪学(abolitionist and peacemaking criminology)。[3] 而未成年人司法学家理查德·劳伦斯(Richard Lawrence)与马里奥·海塞(Mario Hesse)主张,恢复性司法之理论根基来自刑罚哲学、女性犯罪学(feminist criminology)[4]、和平构建犯罪学、被害人与加害人和解(victim-offender reconciliation, VOR)、冲突解决(conflict resolution)及调解(mediation)。[5]

恢复性司法的适时出现及发展,一方面与和平构建犯罪学等理论的成熟与完善分不开;另一方面亦得益于替代纠纷解决等非诉讼方式的有效运作。

1. 替代纠纷解决

替代纠纷解决(alternative dispute resolution, ADR),又称诉讼外纠纷解决,乃系以中立裁判者协助达成为偏差少年与被害人双方所接受的议题及相关解决方案的诉讼外解决方式。替代纠纷解决方式源自美国,近年来广受青睐,延伸至经济、民事等争议解决之中,使更迅捷、高效、低廉解决争议成为可能。据统计,在美国向法院起诉的案件,其中有九成至九成五(90% ~95%)都是通过

---

〔1〕 孟诺派(Mennonite)又称门诺派教徒,系源于荷兰的基督教新派,其反对婴儿受洗,主张生活节俭。

〔2〕 重新整合性羞耻理论(reintegrative shaming)又可译为"重新融合性羞耻理论",系由澳大利亚犯罪学家约翰·布雷思韦特(John Braithwaite)在其1989年出版的名著《犯罪、羞耻及重新整合》(*Crime, Shame and Reintegration*)中首次正式提出,后历经多次实证验证加以完善。该理论主张:现行刑事司法实践产生诸多污名化的羞耻感;与此相对应,恢复性司法敦促犯罪人承认其所犯罪行,并寻求向其提供不同途径来补偿因先前罪行产生的羞耻感。

〔3〕 See Mark M. Lanier& Stuart Henry, *Essential Criminology* (*4th edition*), Boulder, CO: Westview Press, 2015, p. 316.

〔4〕 近年来,在欧美各法域,女性主义对犯罪学发展产生了深远影响。它不仅对传统犯罪学关于犯罪原因和犯行的理论提出批评和怀疑,并且将女性主义理念运用于犯罪学之中解释女性犯罪现象,提供独特的学理解释。西方女性主义犯罪学包括许多学派:自由派女性主义(Liberal Feminism)、马克思主义女性主义(Marxist Feminism)、社会主义女性主义(Socialist Feminism)和激进主义女性主义(Radical Feminism)、黑人女性主义(Black Feminism)、精神分析女性主义(Psychoanalysis Feminism)、存在主义女性主义(Existentialism Feminism)、后现代主义女性主义(Postmodernism Feminism)、后殖民主义女性主义(Postmodernism Feminism)及生态女性主义(Ecological Feminism)等,其关注焦点各不相同。虽然女性主义犯罪学流派繁多,有的流派之间甚至差异很大、观点针锋相对,但他们有一个共同的目标,即消灭两性间在政治、经济和法律上的不平等关系。

〔5〕 See Richard Lawrence & Mario Hesse, *Juvenile Justice*: *The Essentials*, Thousand Oaks, CA: Sage Publications, 2010, p. 245.

诉讼外的方式加以解决或在审判前撤回的。[1]

替代纠纷解决包括协商、调解与仲裁三种主要类型模式。具体涵盖“被害人与加害人调解”(victim-offender mediation, VOM)、朋辈法庭(teen court)、朋辈陪审团或对等地位公民纠纷陪审团(peer jury)、公民聆讯委员会(citizen hearing board)等不同形式。严格来说,恢复性司法与替代纠纷解决上存在一定交叉,但这并不妨碍恢复性司法在发展过程中吸收和借鉴后者的经验与教训。

2. 和平构建犯罪学

和平构建犯罪学(peace-making criminology)是建立在对西方人文精神批判基础上的,其主要代表人物为犯罪学家哈尔·佩宾斯基(Hal Pepinsky)与理查德·昆尼(Richard Quinney),他们期望以和平解决犯罪的方式来取代传统的报复性的解决方法。[2]

在和平构建犯罪学家们看来,社会的各种冲突在所难免,犯罪只是社会中各种暴力形式之一种。[3] 他们主张,刑事司法机关不应该在社会已发生暴力和犯罪的基础上以“发动战争”(war-making)式的“以暴制暴”,平添更多的暴力。和平构建犯罪学家们认为只有通过和平构建(peace-making)的手段才可以减少犯罪的发生及增加对犯罪被害人的慰藉,实现社会司法的良性互动。与其应对暴力逐步升级刑罚等反制暴力,不如通过调解、和解及纠纷解决(dispute settlement)等形式降低反制暴力之使用。[4] 尽管当前和平构建犯罪学遭遇前所未有的困境,特别是来自传统司法中鼓吹的“发动战争”或抗辩式诉讼的阻力及抵制,基于和平构建犯罪学的恢复性司法实践已在世界许多角落生根发芽。[5]

---

〔1〕 参见汤维建:《美国民事司法制度与民事诉讼程序》,中国法制出版社2001年版,第14页。

〔2〕 See Mark M. Lanier & Stuart Henry, *Essential Criminology* (*4th edition*), Boulder, CO: Westview Press, 2015, p. 315.

〔3〕 See Daniel J. Curran & Claire M. Renzetti, *Theories of Crime* (*2nd Edition*), Needham Heights, MA: Allyn and Bacon, 2000, p. 200.

〔4〕 See Mark M. Lanier & Stuart Henry, *Essential Criminology* (*4th edition*), Boulder, CO: Westview Press, 2015, p. 314.

〔5〕 See Gregg Barak, *A Reciprocal Approach to Peacemaking Criminology: Between Adversarialism and Mutualism*, Theoretical Criminology, 9(2), 2005, p. 139.

## 二、恢复性司法于未成年人司法的地位及主要形式

### （一）恢复性司法于未成年人司法的定位

联合国《2005年世界青年报告》第85条指出："在初期采取措施是防止未成年人犯罪的最好方法，防范再次犯罪的最佳方法是通过恢复性司法予以实现的方式。"不同于各成体系的刑事司法或未成年人司法，恢复性司法本身并非独立的司法体系，而是暗合于刑事司法或未成年人司法的各个组成部分及程序阶段。以美国为例，通过国立司法研究院及国家刑事司法文献处，其联邦司法部已然成为推动恢复性司法衍生至传统未成年人司法与刑事司法之中的重要力量。[1] 其未成年人司法与偏差预防署及法务计划局向州及地方执法机构提供资金，鼓励其探寻实现公正司法之途径及方式，恢复性司法为其中组成部分。

在州及郡市检察院，随其参与程度及影响力的不同，检察院一般通过三种途径来实现其对恢复性司法适用的监督：一是直接构建并运作不同形式的恢复性司法项目，由专门恢复性司法机构或若干内设机构协商会同操作这些项目；二是共同设立并运作由检察院会同其他执法部门及包括非政府组织在内的社会有关机构组建的恢复性司法项目；三是参与设立"恢复性司法委员会"等常设或非常设性议事机构，协调并监督所在地区就恢复性司法所采取的各类努力。如加利福尼亚州蒙特雷郡在郡级层面组建"社区恢复性司法委员会"（Community Restorative Justice Commission），该委员会由18名委员组成，包括缓刑局局长或其代表、地区检察官或其代表、公设辩护人或其代表及郡监事会理事等4名委员；另14名委员由监事会任免，其中包括5名犯罪被害人，其余9名委员分别为犯罪矫正官员、郡执法机构主管、郡所辖市市长、高中或大学学生代表、与刑事司法系统有个人联系之人、宗教代表、商业代表、教师代表、执法及被害人权益保障非政府组织代表各一人。该委员会每月会晤一次，主要监督社区在恢复性司法议题上的教育，并评估恢复性司法之需求、服务及设备工具。委员会亦关注缓刑、执法及司法部门间对适用恢复性司法的协调。[2]

---

〔1〕 See Clifford K. Dorne, *Restorative Justice in the United States*, Upper Saddle River, NJ: Pearson Prentice Hall, 2008, p. 37.

〔2〕 See Monterey County, *Community Restorative Justice Commission*, Accessed May 17, 2009, http://www.co.monterey.ca.us/bcandc/commrestore.htm.

上述模式并非单独存在,而是随着该地区犯罪防治工作侧重点、被害人权益保障运动及非政府组织介入等变化而互有交叉。如在奥地利,对未成年人分流措施的作出,需考虑其支付能力及恢复性调解不取决于被害人同意的有关法律规定。[1]

(二)恢复性司法于未成年人司法的主要形式

恢复性司法肇始于"被害人与加害人调解"与"服刑人回归"(prisoner reentry program)两类政策性引导项目。[2] 历经30余年的发展与演化,各法域恢复性司法大体包括被害人与加害人调解、被害人与加害人和解、家庭会议(family group conference)、社区服务(community service)、量刑圈(circle sentencing)及被害人赔偿(victim restitution)等模式。尽管形式多样,这些恢复性司法项目均有共同之处,即寻求治愈、宽恕及社区的积极参与等。因各地文化及法治差异,参与方参与恢复性司法的程度也不尽相同。

1. 被害人与加害人和解模式

被害人与加害人和解系被害人与加害人的调解过程。在这一过程中,被害人得以有机会表达其对犯罪之切身感受、向加害人发问及传达罪行的影响,而就加害人而言,其亦可获得机会就所犯罪行忏悔、承担相应责任及力图实现其未来之正面转化。截至2000年,全美共有300余个被害人与加害人和解项目,每年处理数以千计的案件。[3]

针对酒后驾车(Driving After Imbibing Alcohol,DAIA)屡禁不止及其对被害人与社会所造成的伤害,宾夕法尼亚州巴克斯郡地区检察院会同"被害人援助网络"(Network of Victim Assistance,NOVA)、反对酒醉驾车母亲协会(Mothers Against Drunk Driving,MADD)[4] 及巴克斯郡成人缓刑与假释局(Bucks County Adult Probation and Parole Office)合作进行"被害人与加害人和解"项目。目前,这一项目仅限适用于酒后驾车导致严重肢体伤害和/或死亡

---

〔1〕 参见[荷]皮特·J. P. 泰克编著:《欧盟成员国检察机关的任务和权力》,吕清、马鹏飞译,中国检察出版社2007年版,第23页。

〔2〕 See Clifford K. Dorne, *Restorative Justice in the United States*, Upper Saddle River, NJ: Pearson Prentice Hall, 2008, p. 31.

〔3〕 See Office for Victims of Crime, *The Restorative Justice and Mediation Collection: Executive Summary*, Washington, DC: Office of Justice Programs, U. S. Department of Justice, 2001, p. 1.

〔4〕 反对酒醉驾车母亲协会(Mothers Against Drunk Driving, MADD)成立于1980年,是年5月3日,13岁女孩在人行道上行走时,被保释的醉酒驾车人撞到,香消玉殒,女孩的母亲坎达丝·莱特纳(Candace Lightner)痛不欲生。为制止酒后驾车,莱特纳成立了该协会。在协会的积极倡导下,全美法定饮酒的最低年龄提高到了21岁,很多州都就酒后驾车问题制定了严厉的法规。

案件。在项目操作层面,被害人援助网络职员作为"沟通之协调人"(facilitator)。通过宾夕法尼亚州"被害人代言者办公室"(Office of the Victim Advocate)的培训,这些协调人掌握了被害人调解的理念及程序运作。通常情形下,被害人援助网络应被害人请求即可启动调解程序。协调人联系加害人以确定其合作程度,并审查适用性。若被害人与加害人双方均愿参与调解且案件满足所有调解要求,协调人会在之后几个月内分别与之单独会面,并就对方意见告知另一方。之后,协调人会再次分别会见当事人。这些步骤的进展取决于双方对会面的准备状态。[1]

2. 家庭会议模式

家庭会议模式主要盛行于新西兰,所有未成年人案件(除强奸与谋杀罪外)均采用家庭会议模式。自1989年以来,《儿童、年轻人与家事法》(Children, Young Persons, and Their Families Act 1989)的出台,使家庭小组会议已成为少年法庭应对严重未成年人犯罪的替代或有益补充。这部重要法律强调应对未成年人偏差之措施应能凝聚家庭力量;在社区之中矫正未成年人及未成年人程序特殊保护。

受该法案影响,以家庭参与为导向的家庭会议模式在新西兰的顺利推进也就水到渠成了。新西兰未成年人司法纳入了一些创新机制,例如,家庭在所有可影响其子女成长与发展的任何决策过程处于核心地位、青少年亦可对如何应对其越轨行为有发言权、被害人可在商定未成年人惩罚手段过程中发挥重要作用、决策乃以集体共识而达成的。[2]

3. 量刑圈模式

量刑圈(circles/circle sentencing)又称"和平构建圈"(peacemaking circles),系指被害人、加害人及其双方亲朋好友及有关利害关系人、社区工作者等聚集在一起,以寻求可为各方,特别是当事人双方接受解决方案的过程。量刑圈源于美国、加拿大、澳大利亚及新西兰等土著部落。自1991年起,量刑圈在加拿大重新崛起,特别是在萨斯喀彻温省、马尼托巴省和育空等地区较为盛行。而1996年,美国明尼苏达州亦开始了这方面的尝试。

量刑圈考虑犯罪人需求,更将被害人及其家属与社区诉求纳入考虑范围,

---

〔1〕 See Commonwealth of Pennsylvania Office of the Bucks County District Attorney, *Victim/Offender Mediation (VOM)*, Accessed May 17, 2009, http://www.buckscounty.org/government/rowOfficers/DistrictAttorney/VictimOffenderMediation.aspx.

〔2〕 See Gabrielle Maxwell & Allison Morris, *Youth Justice in New Zealand: Restorative Justice in Practice*, Journal of Social Issues, 62(2), 2006, p. 243.

目前已被广泛用于一些法域刑事司法与未成年人司法之中。除被害人、加害人及其近亲属外,量刑圈参与方尚包括法官、检察官及量刑圈协调人(circle keeper)。其中,检察官主要负责提出具体量刑建议,以供各方参酌。量刑圈包括加害人的自愿申请、对被害人的愈合圈(healing circle)、对加害人的愈合圈、形成量刑计划共识要素的量刑圈(sentencing circle)及监督加害人进展的后续圈(follow-up circles)五个主要程序。[1]

犯罪学家戈登·巴斯莫(Gordon Bazemore)与马克·安伯瑞特(Mark Umbreit)绘声绘色地描述了一桩通过量刑圈解决的加拿大未成年人案件。

**案例二十九**

一名16岁未成年人在飙车时将警车连同另一辆无辜者的汽车撞毁。就这位中年被害人而言,其损失远不止座驾损毁这么简单,因无保险,他得花不少钱来修复。在随后不久举行的量刑圈中,被害人声泪俱下,控诉该未成年人给其所带来的不幸。来自社区的长者,同时,亦是肇事者叔叔的他目睹了整个事件始末,也对侄子前后几桩令家族蒙羞事件,表达了对侄子怒其不争的失望与愤怒。同时他亦指出,凡此种种,其侄子都能勇于承担责任,赔付被害人损失。之后,另一关系人则对该未成年人关心社区、尊敬师长及帮助邻人修葺房屋等夸奖溢于言表。在听取上述陈述并征询检察官及公共辩护人意见后,法官问及量刑圈内可有人再发表意见。同样遭受车损的另一当事人——一名皇家骑警站出来,向法官建言:与其将该未成年人送入牢房,不如交其管教,以便定期辅导并督导参与社会服务。被害人与检察官均无异议,法官随即批准这项建议。法官亦责令加害人支付被害人损失。大家携手祈祷后,量刑圈随之解散,所有人都到举行地——社区中心的厨房内自取茶水点心,人人皆大欢喜。[2]

4. 社区会议模式

社区会议(community conferencing program,CCP)是被害人、犯罪人及社区成员聚合起来,由协调人主持来讨论特定犯罪事实及影响的过程。参与者将研究出台可供加害人参详来弥补其过失的计划。会议为被害人提供了更多接

---

〔1〕 See Gordon Bazemore & Mark Umbreit, *A Comparison of Four Restorative Conferencing Models*, Washington, DC: Office of Juvenile Justice and Delinquency Prevention, U. S. Department of Justice, 2001.

〔2〕 Gordon Bazemore & Mark Umbreit, *A Comparison of Four Restorative Conferencing Models*, Washington, DC: U. S. Department of Justive, Office of Juvenile Justice and Delinquency Prevention, 2001.

触刑事司法程序及发言的机会,亦允许加害人了解其不法行为带给被害人及社区的危害。社区代表将论及社区对该犯罪的看法与主张,并可对被害人及加害人提供必要协助。

# 第三编

# 未成年人司法体系与程序

# 第七章　审前：未成年人案件调查与审前程序

## 第一节　未成年人警务概说

### 一、未成年人警察机构专门化

因为警方通常启动未成年人司法程序，联合国有关公约要求建立组织有力且行之有效的专门警察机构来处理未成年人偏差问题。《北京规则》第12.1条要求，"为了圆满地履行其职责，经常或专门同未成年人打交道的警官或主要从事防止未成年人犯罪的警官应接受专门指导和训练。在大城市里，应为此目的设立特种警察小组"。在英语国家，近年来，"未成年人警务"（juvenile policing）作为未成年人警察机构与未成年人警务专门化代名词影响日盛，警察机构革新亦随之蔚然成风。

当现代警察制度创设时，警察便已作为处理未成年人问题的重要力量出现在历史舞台上。及至1955年，美国中部州未成年人警官协会（Central States Juvenile Officers Association）与国际未成年人警官协会（International Juvenile Officers Association）先后成立。两个协会不定期举办各类研讨会以讨论和交流涉及未成年人案件的责任、标准与程序。[1] 如今与未成年人打交道的警察部门基本上包括巡警与未成年人特警队（specialized juvenile units）两个组成部分。就巡警而言，在其日常巡逻中大部分时间都接触不同的未成年人。美国大一点的城市普遍设有未成年人特警队，称号各异，或称未成年人转向队、青少年转向队及犯罪预防局等。截至1997年，近2/3（67%）的都市警察局都设有未成年人特警队。[2] 这些特警队主要负责未成年人犯罪调查、逮捕偏差少年、向法院提交报告及出庭作证等。许多警察局亦设有其他专门机构处理儿

---

〔1〕 See Cliff Roberson, *Exploring Juvenile Justice*, *Belmont*, CA: Wadsworth/Thomson Learning, 2000, p. 132 – 133.

〔2〕 See Samuel Walker, *The Policing in America*: *An Introduction* (*5th edition*), New York, NY: McGraw-Hill Higher Education, 2002, p. 143.

童虐待及儿童失踪等案例,尤其是“抵制毒品滥用教育”(Drug Abuse Resistance Education,DARE 或 D. A. R. E.)最为流行。[1]

20 世纪 80 年代初未成年人犯罪首次高峰来袭时,我国便有未成年人司法机构专业化的要求。然除法院坚持得比较好以外,公安系统和检察系统总体进展仍相当有限。[2]《公安机关办理未成年人违法犯罪案件的规定》第 6 条规定,“公安机关应当设置专门机构或者专职人员承办未成年人违法犯罪案件。办理未成年人违法犯罪案件的人员应当具有心理学、犯罪学、教育学等专业基本知识和有关法律知识,并具有一定的办案经验”。《公安机关办理刑事案件程序规定》第 317 条亦规定,“公安机关办理未成年人刑事案件,实行教育、感化、挽救的方针,坚持教育为主、惩罚为辅的原则”,第 327 条规定,“对未成年犯罪嫌疑人应当严格限制和尽量减少使用逮捕措施”。《公安机关办理未成年人违法犯罪案件的规定》第 22 条,“办理未成年人犯罪案件不得使用警械,但确有行凶、逃跑、自杀、自伤、自残等现实危险的除外”。这些规定都为警方处理未成年人案件提出了更高的要求和标准。

在我国台湾地区,台北市“警察局”早在 1956 年以任务编组方式在刑警队成立了以辅导不良少年为宗旨的“少年组”,并为其他县市所仿效。2005 年,台北市“警察局”又在女子警察队基础上正式成立“妇幼警察队”,编制 85 人,下设行政组、侦防组与勤务队等组织,具体负责儿童及未成年人保护、儿童及少年性交易防治及妇幼协寻等有关未成年人案件。我国台湾地区“警政署”更于 2000 年 7 月 1 日通令各市县“警察局”将“少年组”扩编成“少年警察队”。我国澳门特别行政区则于司法警察局下专设“关注少年组”,主要职责为“研究本澳未成年人犯罪的特征和趋势,制定相应对策,借着与家庭、学校、青年社团及政府部门的沟通合作,防止未成年人犯罪,扶助青少年健康成长,及透过开展法律宣传活动,如讲座或座谈会,培养青少年树立守法意识及正确的人生观,引导他们分清善恶,远离犯罪”。[3]

## 二、未成年人警务专门化

警察学家劳伦斯·赫胥三世(Lawrence Travis Ⅲ)认为“矫顽力”(coercive

---

〔1〕 “抵制毒品滥用教育”1983 年源自洛杉矶警察局,随后遍及全美各地。受过“抵制毒品滥用教育”特殊训练的警官作为未成年人警官主要对五年级、六年级的学生进行抵制毒品滥用教育。

〔2〕 参见秦平:《保护:未成年人刑事责任的指导原则》,载《法制日报》2004 年 9 月 16 日,第 10 版。

〔3〕 中国澳门特别行政区司法警察局:《组织架构》,载中国澳门特别行政区司法警察局网 2009 年 1 月 5 日,http://www.pj.gov.mo/1024/pj_ch/de_youth.htm。

force）乃警务工作的性质，指使用或威胁使用暴力来避免遭受暴力或被威胁使用暴力。[1] 虽不免有循环定义之嫌，但亦表明警察工作与暴力或威胁使用暴力密切相关。然在社区警务（community-based policing 或 community policing）中应对未成年人偏差特别是身份过错时，“矫顽力”表现得不甚明显，且往往为“亲和力”所取代。英国警察学家艾伦·华特（Alan Wright）将传统警务模式分为民事警务模式（civil police model）、国家警务模式（state police model）、准军事警务模式（quasi-military police model）与戒严模式（martial law model），[2] 未成年人警务则与之有所差异。未成年人偏差的复杂性与重要性要求警方处理相关问题时需更新理念，不能为传统警务思维桎梏，应以专业技能感化、教育与挽救失足少年，而“警务专门化”或“警察职业化”（police professionalism）建设的重要性便显得日益突出与急迫。

警方亦直接协助学校处理有关在校生及未成年人帮派的偏差活动，这并不仅局限于制止惹是生非、打架斗殴及吸毒等恶性不法行为，还包括参与少年逃学与旷课的处理工作。在众多警务项目中，“抵制毒品滥用教育”影响较为深远。DARE 是一项综合防治计划，旨在让小学生掌握生活技能去认识和抵御吸食烟酒和其他药物的社会压力。DARE 创设于 1983 年，发起人为时任洛杉矶警察局长达里尔·盖茨（Daryl Gates），最初是作为“向毒品开战”（War on Drug）政策一部分出现的。在盖茨看来，身穿制服的警务人员配备精良，是向未成年人宣传毒品危害的不二人选。学生进入 DARE 计划时，需签署不使用药物或加入帮派的承诺，并接受由当地警方主讲的为期 10 周的有关在校课程学习。现在已有 3600 万（2600 万人在美国）未成年人加入这一教育计划，覆盖全美 80% 以上学区；估计 7838 ~ 9264 名警官参与其中。[3] 2007 年 12 月 11 日，美国时任总统乔治·W. 布什就未成年人使用毒品发表声明，赞许 DARE 为未成年人抵制毒品诱惑起到了重要作用，并宣布每年 4 月 11 日为“抵制毒品滥用教育日”（DARE Day）。DARE 对净化未成年人心灵起到很好的示范作用，且促进了警方与未成年人间的联系，同时也进一步推动了警务专门化的发展。

---

〔1〕 See Lawrence Travis Ⅲ & Robert Langworthy, *Policing in America: A Balance of Forces* (*4th edition*), Upper Saddle River, NJ: Pearson Prentice Hall, 2008, p. 4.

〔2〕 See Alan Wright, *Policing: An Introduction to Concepts and Practice*, portland, OR: Willan Publishing, 2002, p. 61 – 66.

〔3〕 See Wikipedia, *Drug Abuse Resistance Education*, Accessed January 1, 2008, http://en.wikipedia.org/wiki/Drug_Abuse_Resistance_Education.

## 第二节　未成年人案件调查

### 一、未成年人案件来源与警方初步调查

(一)未成年人案件来源

未成年人与未成年人司法系统初次发生联系,大多肇始于警方侦查。以美国为例,每年多达270万名未成年人遭警方拘捕。[1] 未成年人与警方接触方式主要有两类:或是触犯刑律,或是身份过错,即“初步接触”(initial contact)。其他情形尚包括被害人告诉、关系人告发及检察官或刑事(成人)法庭移送等情形。

依未成年人案件性质不同,报案人亦有所差异。若案件触犯刑事法律,则任何公民均有义务向有权机关报案。我国《刑事诉讼法》第110条规定,“任何单位和个人发现有犯罪事实或者犯罪嫌疑人,有权利也有义务向公安机关、人民检察院或者人民法院报案或者举报”。

为弘扬社会公德,提倡见义勇为、挺身而出,不少法域允许甚至鼓励民众在一定条件下参与对不法侵害人的抓捕,直接将其扭送有关机关处理。依我国《刑事诉讼法》第84条的精神,对正在实行犯罪或者在犯罪后即时被发觉的、通缉在案的、越狱逃跑的及正在被追捕的未成年人,任何公民皆可立即扭送公安机关、检察院或者法院处理。在欧美诸国,“公民逮捕”(citizen arrest)即为对应的相关概念。[2] 然“公民逮捕”风险较大,行为人可能因错误“逮捕”或使用不适当方式逮捕而承担侵权责任。

若系身份过错,则未成年人父母或其他监护人(如兄弟姊妹及其近亲属)、学校、社会机构,甚至邻居皆可扮演启动未成年人司法程序的重要角色。如学校可将屡屡旷课逃学的学生、父母将不服从其管教的子女及有关社会福利机构将遗弃儿童移送未成年人司法机关都属此类。除警方外,学校是衔接偏差

---

〔1〕 参见马跃:《美国刑事司法制度》,中国政法大学出版社2004年版,第446页。

〔2〕 在大陆法系法域中,德国、法国及日本等法域均有类似我国扭送的制度,其中德国法称为“暂时逮捕”,而法日则称为“对现行犯之逮捕”。英美刑事诉讼法中与“扭送”涵义最接近的当属“公民逮捕”(citizen's arrest)及“任意人逮捕”(any person arrest)等词。根据《布莱克法律辞典》,公民逮捕系指平民(private citizen)基于其在场之时(目睹)侵犯公共利益罪(public offense)已然发生,或有合理怀疑(reasonable cause)相信被逮捕者已触犯重罪等认识而施加于后者之逮捕[See Bryan A. Garner, *Black's Law Dictionary* (10*th edition for iPhone and iPad*), Thomson Reuters, 1.4 Version, 2014]。

少年与未成年人司法的又一重要桥梁。为规范学校秩序、保证正常教学不受干扰及确保师生员工安全,学校可在多次劝阻无效后将偏差少年移送至少年法庭处理。

(二)初步调查

紧随初步接触后的"初步调查"(initial investigation),源于未成年人自首、举报及警方依职权讯问形迹可疑的未成年人等活动。在大多数情况下,由巡警赶赴有关现场并询问被害人。巡警亦可能在现场进行拍照及指纹收集工作。若需要,物证与法医人员也会在现场进行更细致入微的勘验、收集等工作。如发现案件涉嫌未成年人,警方需作出判断是否将其释放或拘留审查。在美国,当值警察通常需完成《现场讯问笔录》(field interrogation report,FIR)。

在调查未成年人偏差活动时,一如调查成年人案件,警方须遵从一定的程序规定。《北京规则》第10条规定,"一俟逮捕就应立即将少年犯被捕之事通知其父母或监护人,如无法立即通知,即应在随后尽快通知其父母或监护人。法官或其他主管人员或主管机关应不加拖延地考虑释放问题。应设法安排执法机构与少年犯的接触,以便在充分考虑到案件发生情况的条件下,尊重少年的法律地位,促进少年的福利,避免对其造成伤害"。《公安机关办理未成年人违法犯罪案件的规定》第9条规定,"公安机关对被扭送、检举、控告或者投案自首的违法犯罪未成年人,须立即审查,依法作出是否立案的决定"。

(三)初步处理结果

警方享有较大的自由裁量权,可将少年当场释放或移送法院。对于情节轻微、没有处罚必要的偏差少年,警方可在口头训诫后当场释放或通知其父母来警局领回并责令严加管教。若警方认定未成年人涉嫌偏差,则会依据案情分别处理:对于情节轻微的犯罪及身份过错,未成年人及其父母或监护人将收到传票以待日后出庭,未成年人亦将被释放。而对于某些未成年初犯,若其偏差行为并不严重,警方可以酌情以非正式替代措施来处理。如其涉嫌严重暴力犯罪,警方可将其当场拘捕。即便某些未成年人情节轻微,只要发现其正处于缓刑期或在逃等特殊情形,则警方仍有权强行拘捕。

## 二、未成年人案件搜查与扣押

(一)未成年人搜查与扣押

在传统刑事司法框架下,搜查(search)之所以重要,不仅在于其可导致扣押(seizure),亦在于因搜查而获取来的证据资料可能对犯罪嫌疑人不利。搜查,系指为了发现政府可能在刑事诉讼中用作证据的物品而对个人住所、房屋或人身甚至任何有“隐私权合理期待”的区域的探测或检查;而扣押则系指因触犯法律,政府对人和物运用支配权和控制权。[1] 我国通常以“侦查”指代搜查,据《刑事诉讼法》第 108 条的规定,侦查系指“公安机关、人民检察院在办理案件过程中,依照法律进行的专门调查工作和有关的强制性措施”。

搜查可引发调查与讯问、扣押、逮捕乃至有罪判决。《联邦宪法第十四修正案》规定,“不经正当法律程序,不得剥夺任何人的生命、自由或财产;对于在其管辖下的任何人,亦不得拒绝给予平等法律保护”。搜查的合法性成为判别接受搜查结果是否的关键:手续齐全的搜查可信度自然相对较高;而非法搜查获得的证据资料原则上不得用于对抗犯罪嫌疑人。

按照有无法院或其他司法机关签发的书面令状,搜查与扣押可分为有证搜查与扣押和无证搜查与扣押。在美国,在通常情形下签发有效搜查证需符合陈述相当理由、有宣誓或代誓宣言支持、描述拟搜查区域与拟扣押物品及治安法官签名等四个基本要件。[2] 类似于成人,当警方或其他有权执法机关搜查时,未成年人同样可享受与其年龄、生理与心理发展相适应的诉讼权利。比如,在美国,在抓获犯罪团伙后,未成年犯罪嫌疑人通常与成年犯罪嫌疑人分乘不同车辆离开犯罪现场。

(二)未成年人搜查与扣押监督

搜查与扣押都属于刑事强制措施,各法域对其适用情形都有明确限定。《公安机关办理未成年人违法犯罪案件的规定》第 4 条规定,“办理未成年人违法犯罪案件,严禁使用威胁、恐吓、引诱、欺骗等手段获取证据,严禁刑讯逼供”。

最高人民检察院对未成年人案件适用搜查与扣押有比较详细的规定,如其《人民检察院办理未成年人刑事案件的规定》第 67 条规定,审查批准逮捕未成年人刑事案件,应当同时审查公安机关的侦查活动是否合法,发现有下列违法行为的,应当提出意见;构成犯罪的,依法追究刑事责任:违法对未成年犯罪嫌疑人采取强制措施或者采取强制措施不当的;对未成年犯罪嫌疑人采取刑事拘留、逮捕措施后,在法定时限内未对其讯问,或者未通知其法定代理人或者近亲属;对未成年犯罪嫌疑人威胁、体罚、侮辱人格、游行示众,或者刑讯逼

---

〔1〕 参见[美]罗纳尔多·V.戴尔卡门:《美国刑事诉讼:法律和实践》,张鸿巍等译,武汉大学出版社 2006 年版,第 232 页。

〔2〕 参见[美]罗纳尔多·V.戴尔卡门:《美国刑事诉讼:法律和实践》,张鸿巍等译,武汉大学出版社 2006 年版,第 234 ~ 243 页。

供、指供诱供的;利用未成年人故意制造冤、假、错案的;对未成年被害人、证人以诱骗等非法手段收集证据或者侵犯未成年被害人、证人的人格尊严及隐私权等合法权益的;违反羁押和办案期限规定的;对已作出不批准逮捕决定公安机关不予执行或延期执行的;在侦查中有其他侵害未成年人合法权益行为的。

(三)未成年人搜查与扣押有关案例

“新泽西州诉 T. L. O. 案”(*New Jersey v. T. L. O.*)奠定了美国中小学校可因“合理怀疑”(reasonable suspicion)学生私藏武器、毒品、赃物或走私品而搜查其人身、衣物柜或书包的法律基础。

## 案例三十

1980 年某日,有教师发现两名少女躲在卫生间内吸烟,而这违反了学校纪律。老师扭送二人至副校长处,其中一名 10 岁女孩坦白吸烟事实而另一名 14 岁少女 T. L. O. 则矢口否认。助理副校长令 T. L. O. 打开随身钱包检查,结果发现一盒香烟。打开烟盒后,助理副校长发现一卷烟纸,相信可能被用来卷大麻。随即,他对 T. L. O. 的钱包进行深入检查,发现有少量大麻、吸管、空塑胶袋、大笔一美元面值现金及讨债名录。在发现事态严重后,助理副校长拨打了 T. L. O. 母亲与当地警局的电话。随后,母亲应警方要求将 T. L. O. 带到警局,而助理副校长亦将搜查证据呈交警方。T. L. O. 对在校贩卖大麻供认不讳。依其供词与从钱包获取的证据,新泽西州向案发地“密德萨斯郡少年与家庭关系法院”(Juvenile and Domestic Relations Court of Middlesex County)提起少年偏差之诉。在庭审中,T. L. O. 声称助理副校长搜查其钱包违反了《联邦宪法第四修正案》,相关有罪供述也因非法搜查而无效。该少年法庭驳回了 T. L. O. 有关其《联邦宪法第四修正案》权利的主张,尽管同意校方亦应受该修正案节制。该少年法庭同时认为,倘若有“合理怀疑”相信维持学校纪律或执行学校政策确有必要时,校方可搜查在校学生。而“合理怀疑”较“相当理由”确信度为低,后者为警方搜查的必备要件。该院继而认为,助理副校长因怀疑 T. L. O. 在卫生间吸烟违反校纪而搜查其钱包符合“合理怀疑”,而其随后打开 T. L. O. 钱包的行为符合“一目了然”(plain view)法则。最后,T. L. O. 被裁定其偏差行为成立,被判缓刑 1 年。

新泽西州高等法院上诉庭认可初审法院上述判决,即助理副校长的搜查并未违反 T. L. O.《联邦宪法第四修正案》。而新泽西州最高法院推翻了上诉庭的判决,判定类似搜查违宪。1985 年 1 月 15 日,美国联邦最高法院判定,

《联邦宪法第四修正案》并不局限于执法人员,校方亦须尊重学生的这项权利,不得以“家长豁免”(parents immunity)为由免责。联邦最高法院继而指出,在校生对隐私权有合理期待(legitimate expectations of privacy),但与此同时学校为保证正常教学秩序而可能会对在校生进行适当搜查,两者间存在如何平衡的问题。联邦最高法院认为,校方无须就搜查学生而申请搜查证,其搜查理由也不需要“相当理由”这么高的证明标准,“合理怀疑”足矣。鉴于此,美国联邦最高法院判定上述搜查合宪。[1]

美国未成年人司法亦存在“合意搜查”(consensual search),这是作为无证搜查例外而出现的特例。通过证据补强,若执行无证搜查任务的警方在获得有关人员同意后所作的搜查及获取的相应证据资料有可能为法官所接受。然这种合意搜查的条件较高,要求当事人的合意须符合自愿性原则。合意搜查主要局限于夫妻、父母子女、同居室友、房东房客、教师学生及雇主雇员等相互间存在特殊关系纽带的群体之间。在1965年“明尼苏达州诉肯德曼案”(*State v. Kinderman*)中,明尼苏达州法院认定父亲同意警方搜查儿子房间的授权有效,即便后者年已22岁。[2] 除父母授权警方搜查子女房间外,寄宿学校室友的授权及中小学校负责人与教师授权警方搜查学生房间、衣柜与书柜等皆为棘手的合意搜查案件。有些案件已有定论,而更多的案件仍在激烈争辩之中,焦点大都集中在没有少年同意的情形下由有关利害当事人同意警方所作的搜查是否违背少年本意,这种合意是否有效及搜查所得到的证据资料能否提交法庭等。现在,美国大多数基层法院认为,高中负责人在适当情况下可同意警方搜查学生的锁柜。[3]

## 三、未成年人拘捕、讯问与保释

### (一)未成年人拘捕

#### 1. 未成年人拘捕概念

拘捕(take into custody)是大多数未成年人正式进入未成年人司法的首要关口,理论上来说是与逮捕(arrest)意义有所不同的两个概念。卡门认为,逮捕系指为了刑事指控或讯问而违背个人意志将其拘禁,且仅发生在政府有意采

---

[1] *New Jersey v. T. L. O.*,469 U. S. 325 (1985).

[2] *State v. Kinderman*,136 N. W. 2d 1577 (Minn. 1965).

[3] 参见[美]罗纳尔多·V. 戴尔卡门:《美国刑事诉讼:法律和实践》,张鸿巍等译,武汉大学出版社2006年版,第250页。

取措施终止其行动自由之时。[1] 他主张逮捕须包含四个构成要素,即扣押与拘留、逮捕意图、逮捕授权及被逮捕者获知其被捕。即便未成年人被拘留,亦并不意味着其一定会被拘捕,而逮捕则表明该未成年人涉嫌犯罪。未成年人拘捕则系指警方将未成年犯罪嫌疑人予以拘留的强制措施。美国北达科他州《统一少年法庭法典》(Uniform Juvenile Court Act)第 27 – 20 – 13. 2 条规定,将未成年人予以拘捕并不构成逮捕,除非联邦与北达科他州宪法允许以确定其有效性(validity)之名进行。[2] 近年来,随着新保守主义在刑事司法与未成年人司法领域的抬头,曾在未成年人司法中销声匿迹很长一段时间的"arrest"亦得以"重现江湖",并有逐步蔓延之势。

鉴于未成年人拘捕的严重性,许多国际条约均显目限制其使用。《世界人权宣言》第 9 条规定,"任何人不得被加以任意逮捕、拘禁或放逐"。《公民权利和政治权利国际公约》第 9 条第 1 款规定,"人人有权享有人身自由和安全。任何人不得被加以任意逮捕或拘禁"。除非依照法律所确定的根据和程序,任何人不得被剥夺自由。这些除非有正当的理由并且依据法律所规定的程序进行,否则任何人不得被任意逮捕或羁押。《儿童权利公约》第 37 条约定,"不得非法或任意剥夺任何儿童的自由""对儿童的逮捕、拘留或监禁应符合法律规定并仅应作为最后手段,期限应为最短的适当时间""所有被剥夺自由的儿童应受到人道待遇,其人格固有尊严应受尊重,并应考虑到他们这个年龄的人的需要的方式加以对待"。特别是,"所有被剥夺自由的儿童应同成人隔开,除非认为反之最有利于儿童,并有权通过信件和探访同家人保持联系,但特殊情况除外"。《北京规则》要求逮捕应作为万不得已手段方可对未成年人采用,且持续时间应尽可能短。如有可能,应采取替代措施将其安置于类似家庭或学校环境之下。之所以这样规定,意在减少因审前拘留所带来的各种"犯罪污染"。规则反对将未成年人与成年人合署关押,要求"照他们的年龄、性别和个性所需要的照顾、保护和一切必要的社会、教育、职业、心理、医疗和物质方面的个人援助"。

2. 未成年人拘捕条件

未成年人拘捕与否需综合多方面考虑,除犯罪或偏差性质的严重性外,未成年人家庭背景、悔过态度、是否有前科记录及被害人坚持告诉的程度等也是

---

〔1〕 参见[美] 罗纳尔多 · V. 戴尔卡门:《美国刑事诉讼:法律和实践》,张鸿巍等译,武汉大学出版社 2006 年版,第 184 页。

〔2〕 See Uniform Juvenile Court Act, § 27 – 20 – 13. 2.

影响警察裁量权的重要因素。在美国,通常情况下,警方逮捕犯罪嫌疑人时,除有"相当理由"外,建立在此基础之上并有法官核发的逮捕令系必备书面法律文书。除非警方确信有"相当理由"可指证犯罪嫌疑人有重大作案嫌疑,才可无需向法官申请逮捕令而将其直接予以逮捕。然这种逮捕仍不是随心所欲的,一般要求须当众逮捕才可适用。与成人逮捕相比,警方通常对未成年人拘捕有较多自由裁量权。

为防止警方滥用职权,《公民权利和政治权利国际公约》第 9 条第 2 款规定,"任何被逮捕的人,被逮捕时应被告知逮捕他的理由,并应被迅速告知对他提出的任何指控"。《保护所有遭受任何形式羁押或监禁人的原则》第 10 条规定,"任何人在被逮捕时应被告知将其逮捕的理由,并应立即告知对他提出的任何指控"。美国《统一少年法庭法典》第 13 章约定,只有依据该法并由法院下令逮捕或者出现法定逮捕事由时,警方方可逮捕未成年人;若警方有理由相信少年正患病、受伤或遭遇即时危险也可将其逮捕;对那些逃脱父母及监护人管教的少年,警方亦可将其逮捕。[1] 目前,美国大多数州均按照这种模式规定未成年人拘捕。这些逮捕情形中后两种与传统意义上的成人逮捕相差甚远,而为未成年人司法所独有,这也是为什么该法典强烈反对使用"arrest"而主张使用"take into custody"原因所在。然时过境迁,越来越多的州援用"juvenile arrest"来指代未成年人拘捕,但仍使用原来适用"take into custody"的程序。[2]

## 案例三十一

1976 年,"合众国诉沃特逊案"(*United States v. Watson*)涉及无证逮捕的法律争议。1972 年 8 月 17 日,邮政督察(postal inspector)收到线人可靠情报,迈克尔·沃特逊(Michael Watson)盗窃了一张信用卡并问线人是否愿意"互利互惠"(mutual advantage),并表示可提供更多的信用卡。几天后,在督察建议下线人与沃特逊如约在某饭馆碰头。在收到线人表示沃特逊携带更多信用卡的暗号后,邮政督察一跃而起,对其无证逮捕,同时宣读了"米兰达规则"。督察并未从其身上搜到任何信用卡,在获得沃特逊"同意搜查"(consented search)后又对其座驾进行搜查。果不其然,督察发现了两张信用卡,而持有人

〔1〕 See *National Conference of Commissioners on Uniform State Laws*, *Uniform Juvenile Court Act*, Chicago, IL: National Conference on Uniform State Laws, 1968, Sec. 13.

〔2〕 See Rolando del Carmen & Chad Trulson, *Juvenile Justice: The System, Process and Law*, Belmont, CA: Wadsworth/Thomson Learning, 2006, p. 74.

并非沃特逊。尽管沃特逊向法庭提出动议,主张信用卡不能作为证据使用,但初审法院并未采信,并作出其藏匿失窃邮件罪名成立的判决。不久,上诉法院推翻了这一判决,指出无证逮捕违宪,特别是在邮政督察有时间申请逮捕证时更是如此;且据“整体情况测试”(totality of the circumstances)因对沃特逊逮捕非法,“同意搜查”亦属非法,因而无效。1976年1月26日,美国联邦最高法院对本案作出终审判决,认为邮政督察依据“相当理由”而作出的无证逮捕并无不妥之处。既然逮捕合宪,那么随后的“同意搜查”的合法性也顺理成章,遂判决无证搜查合宪。[1] 这同样亦适用于未成年人拘捕中。

不同于大多数法域,我国逮捕未成年犯罪嫌疑人、被告人,须经过检察院批准或者法院决定,由公安机关执行。《刑事诉讼法》第87条规定,“公安机关要求逮捕犯罪嫌疑人的时候,应当写出提请批准逮捕书,连同案卷材料、证据,一并移送同级人民检察院审查批准。必要的时候,检察院可以派人参加公安机关对于重大案件的讨论”。对于未成年人犯罪嫌疑人的逮捕,《人民检察院办理未成年人刑事案件的规定》第13条规定,检察院审查批准逮捕未成年犯罪嫌疑人,应当根据未成年犯罪嫌疑人涉嫌犯罪的事实、主观恶性、有无监护与社会帮教条件等,综合衡量其社会危险性,确定是否有逮捕必要,慎用逮捕措施,可捕可不捕的不捕。针对那些罪行较轻,具备有效监护条件或者社会帮教措施,且没有社会危险性或者社会危险性较小,不会妨害诉讼正常进行的未成年犯罪嫌疑人,一般不予批准逮捕。对于罪行比较严重,但主观恶性不大,有悔罪表现,具备有效监护条件或者社会帮教措施,不具有社会危险性,不会妨害诉讼正常进行,并具有下列情形之一的未成年犯罪嫌疑人,依法可不予批准逮捕:初次犯罪、过失犯罪的;犯罪预备、中止、未遂的;有自首或者立功表现的;犯罪后能够如实交代罪行,认识自己行为的危害性、违法性,积极退赃,尽力减少和赔偿损失,得到被害人谅解的;不是共同犯罪的主犯或者集团犯罪中的首要分子的;属于已满14周岁不满16周岁的未成年人或者系在校学生的;及其他没有逮捕必要的情形。

《人民检察院办理未成年人刑事案件的规定》第14条亦规定,审查批准逮捕未成年犯罪嫌疑人,应当把是否已满14、16、18周岁的临界年龄作为重要事实予以查清;“对难以判断犯罪嫌疑人实际年龄,影响案件认定的,应当作出不批准逮捕的决定,需要补充侦查的,同时通知公安机关”。除查清未成年人年

---

〔1〕 *United States v. Watson*, 423 U.S. 411 (1976).

龄外,该规定第16条又具体规定了检察官在审查批准逮捕时应当注意的实质性审查,即"审查批准逮捕未成年犯罪嫌疑人,应当注意是否有被胁迫情节,是否存在成年人教唆犯罪、传授犯罪方法或者利用未成年人实施犯罪的情况"。《公安机关办理未成年人违法犯罪案件的规定》第18条规定,"对惯犯、累犯,共同犯罪或者集团犯罪中的首犯、主犯、杀人、重伤、抢劫、放火等严重破坏社会秩序的未成年被告人,采取取保候审、监视居住等方法,尚不足以防止发生社会危险性,确有逮捕必要的,应当提请逮捕"。第19条又规定,"拘留、逮捕后,应当在二十四小时内,将拘留、逮捕的原因和羁押的处所,通知其家长、监护人或者所在学校、单位。有碍侦查或者无法通知的情形除外"。基于实行犯罪社会综合治理的现实考虑,《人民检察院办理未成年人刑事案件的规定》第20条规定,"适用本规定第十九条的规定,在作出不批准逮捕决定前,应当审查其监护情况,参考其法定代理人、学校、居住地公安派出所及居民委员会、村民委员会的意见,并在审查逮捕意见书中对未成年犯罪嫌疑人是否具备有效监护条件或者社会帮教措施进行具体说明"。

3. 未成年人拘捕程序

能逮捕哪些未成年人、按照何种程序向哪个机关报案是构成未成年人拘捕的主要内容。其中,警方扮演最重要的角色,因为大多数偏差少年由他们送进未成年人司法体系。在联邦法层面,《美国法典》第18章第5033条规定,当未成年人因涉嫌偏差行为而被拘捕时,执行逮捕之警官须以"未成年人知晓之言语"(in language comprehensive to a juvenile)立即告知其法定权利,并立即通知总检察长、未成年人父母或监护人。同时,警方应告知未成年人父母或监护人未成年人权利及所控罪行。未成年人应被毫无迟延地带到治安法官处,这一时间羁押期限决不能超出合理范围。[1] 《联邦地区检察长手册》(United States Attorneys' Manuel, USAM)[2]按照有关规定,警方在逮捕未成年人时,应当清晰明了言告其有关权利;并及时向联邦检察官与少年父母或监护人通报案情及少年应享有的权利。然在极个别条件下,即便可将未成年人短暂拘留于成人监所以便及时联系其父母或监护人,拘留时间亦不得超过6小时,且须远离成人犯视线,[3]以免沾染不良恶习。

---

〔1〕 18 U.S.C, § 5033.

〔2〕 尽管英文"Attorney"通常指代律师及拥有律师执照的检察官,但"United States Attorney"仅指联邦地区检察长,有学者将该手册误译为《美国律师手册》。

〔3〕 See Melissa Sickmund, *Juveniles in Court. Juvenile Offenders and Victims-National Report Series*, Washington, DC: Office of Juvenile Justice and Delinquency Prevention, U.S. Department of Justice, 2003, p. 2.

尽管逮捕少年之前获取逮捕证可被视为可有可无的程序,但出于对未成年人保护的考虑,美国各州一般都要求警方在逮捕少年后需尽快通知其父母,这项保护措施对成年犯罪嫌疑人却不适用。一旦拘捕,警方应及时与其父母或监护人取得联系。《刑事司法系统中儿童问题行动指南》第 20 条要求,“为了保持在押少年与其家庭和社区的联系,并且为了便于其重返社会,应确保对儿童具有合法利益的亲属和人员能够方便地进入儿童自由受到剥夺的机构,除非儿童的最高利益将不希望这样做”。

4. 未成年人拘捕法律后果

逮捕对于犯罪嫌疑人与警方都非常重要,对于前者意味着剥夺自由的开始,而对于后者则表明其应遵循特定程序及步骤。卡门指出,逮捕发生后警方通常可进行搜查被捕者、搜查可立即控制区域、搜查机动车辆的乘客室、参酌使用手铐、监视被捕者行动及在拘禁处搜查被捕者六方面工作。[1] 尽管这针对的是成年犯罪嫌疑人,但大体上仍适用于涉案少年。

据美国联邦调查局数字显示,2001 年全美约两成(19%)偏差少年在短暂拘捕后获释回家,而超过七成(72%)的则被移送至少年法庭,其余的或移交刑事(成人)法庭,或移送至其他警局或社会福利署处理。[2] 当案件通过传票或者拘留而移送至少年法庭后,对未成年人的“收案筛选”随即展开,主要是收集案情及未成年人个人背景资料。一旦确认,下一步涉及“分流”。一旦未成年人被释放,则《现场讯问笔录》仍将被当地警局保管以备后用,但不得向少年法庭和民众展示。

(二)未成年人讯问

一如成人,美国警方在讯问涉案少年时须向其告知米兰达规则,内容包括:其有权保持沉默,其所说的将成为不利于其的呈堂证供,其有权聘请律师,若无钱聘请则法院可为其指定。警方亦常常需向未成年人父母或监护人告知其子女或被监护人的米兰达权利。

## 案例三十二

2004 年 6 月 1 日,美国联邦最高法院在“亚伯拉汗诉埃瓦拉多案”(*Yarborough v. Alvarado*)中指出,援用“米兰达规则”时应当考虑少年的年龄

---

〔1〕 参见[美]罗纳尔多·V. 戴尔卡门:《美国刑事诉讼:法律和实践》,张鸿巍等译,武汉大学出版社 2006 年版,第 201 ~ 204 页。

〔2〕 See Jeffrey Ferro, *Juvenile Crime*, New York, NY: Facts on File, 2003, p. 83.

与经历。案发时,17 岁半的埃瓦拉多涉嫌抢劫卡车并造成卡车司机死亡。历经 1 个月的调查后,洛杉矶警方拨打埃瓦拉多家电话并留下信息要求其与父母应就涉嫌罪行来警局协助调查。埃瓦拉多父母随即带其来到警局,并同意警方可对其审讯。正式审讯开始后,埃瓦拉多父母被禁止留在审讯室内,但可在走廊等候。警方在讯问时从未告知埃瓦拉多他已被逮捕,自然"米兰达规则"也无从谈起。审讯伊始,埃瓦拉多否认犯罪,但在 2 小时讯问后最后自证其罪,承认协助同伙抢劫卡车并在谋杀后藏匿枪支。之后,埃瓦拉多与父母回家。两个月后,他被指控犯有谋杀罪与企图抢劫罪。在一审中,埃瓦拉多坚称有罪供述应当排除,因为审讯伊始他便处于"拘禁"状态且父母并不在场,这样并未获得法定的"米兰达规则"保护。而检方则辩称警方从未告知埃瓦拉多已被逮捕,其前往警局受讯也是其父母自愿行为,且盘问后便与父母回家。初审法院否决了埃瓦拉多的动议。而加利福尼亚州地区上诉法院同样认定因埃瓦拉多未被拘禁,警方并不需要宣读"米兰达规则"。最后,埃瓦拉多被判处其谋杀罪与企图抢劫罪成立,入狱 15 年至终身监禁。埃瓦拉多不服,遂提起"人身保护令"之诉。本案辗转至联邦最高法院,后者在 5:4 的判决中作出州法院埃瓦拉多接受警方盘问不属于拘禁的终审判决。[1]

在"哈利诉俄亥俄州案"(*Haley v. Ohio*)中,美国联邦最高法院认为《联邦宪法第十四修正案》规定之正当程序条款同样禁止在未成年人案件程序中采信强迫供述。[2] 在我国,为切实保障未成年人合法权益,涉嫌犯罪的未成年人年龄与实质性审查可大体佐证有关控诉。《人民检察院办理未成年人刑事案件的规定》第 17 条规定,检察院审查批准逮捕未成年人犯罪案件应当讯问未成年犯罪嫌疑人。在讯问未成年犯罪嫌疑人过程中,上述规定列举了应当注意的下列事项,包括应当根据该未成年人的特点和案件情况,制定详细的讯问提纲,采取适宜该未成年人的方式进行,讯问用语应当准确易懂;应当告知其依法享有的诉讼权利,告知其如实供述案件事实的法律规定和意义,核实其是否有自首、立功、检举揭发等表现,听取其有罪的供述或者无罪、罪轻的辩解;应当通知法定代理人到场,告知法定代理人依法享有的诉讼权利和应当履行的义务;讯问女性未成年犯罪嫌疑人,应当有女检察人员参加;讯问未成年犯罪嫌疑人一般不得使用戒具。对于确有人身危险性,须使用戒具的,在现实危险消除后,应当立即停止使用。

---

〔1〕 *Yarborough v. Alvarado*, 541 U. S. 652 (2004).

〔2〕 *Hley v. Ohio*, 332 U. S. 596 (1948).

《公安机关办理未成年人违法犯罪案件的规定》第 11 条规定，“讯问违法犯罪的未成年人时，依据调查案件的需要，除有碍侦查或者无法通知的情形外，应当通知其家长或者监护人或者教师到场”。第 13 条规定，“讯问违法犯罪的未成年人时，应当耐心细致地听取其陈述或者辩解，认真审核、查证与案件有关的证据和线索，并针对其思想顾虑、畏惧心理、抵触情绪进行疏导和教育”。第 22 条规定，“办理未成年人犯罪案件原则上不得使用戒具。对确有行凶、逃跑、自杀、自伤、自残等现实危险，必须使用戒具的，应当以避免和防止危害结果的发生为限度，现实危险消除后，应当立即停止使用”，“办理未成年人违法案件严禁使用戒具”。《公安机关办理刑事案件程序规定》第 323 条、第 324 条规定，讯问未成年的犯罪嫌疑人，应当针对未成年人的身心特点，采取不同于成年人的方式；除有碍侦查或者无法通知的情形外，应当通知其家长、监护人或者教师到场；讯问可以在公安机关进行，也可以到未成年人的住所、单位、学校或者其他适当的地点进行。

（三）未成年人保释与取保候审

除非被检控的少年被控杀人或其他严重罪行，或其他特殊情况，否则该少年通常都可获保释或取保候审。《北京规则》第 10.2 条要求，“法官或其他主管人员或主管机关应不加拖延地考虑释放问题”。保释被各法域广泛视为被羁押者的一项普遍人权。在美国，不同于成人，金钱保释制度并不适用于未成年人案件。[1] 在我国香港特别行政区，《少年犯条例》规定，“凡有表面看来未满 16 岁的人，在有手令或无手令的情况下被拘捕及带往警署而不能被随即带到少年法庭席前，职级在督察级或以上的警务人员，或该警署的主管警务人员，须调查有关个案，并可在任何个案中，在有保证或无保证的条件下，以担保的方式释放该人，而除非控罪是杀人罪行或其他严重罪行；或为该人利益起见，须使其不能与任何不良分子交往；或该警务人员有理由相信，释放该人有碍公正。否则该警务人员须在有保证或无保证的条件下，以担保的方式释放该人；上述担保的款额以该警务人员认为能保证该人于聆讯检控时出庭为准，并可由该人自己、其父母、其监护人或其他负责人作出”。

我国的取保候审是司法机关为保证诉讼顺利进行而采取的强制措施之一。《刑事诉讼法》第 67 条规定，可能判处管制、拘役或者独立适用附加刑的，判处有期徒刑以上刑罚，采取取保候审、监视居住不致发生社会危险性的，可以取保候审。对此，犯罪学者徐建认为，扩大未成年人取保候审的适用率可以

---

〔1〕 参见马跃：《美国刑事司法制度》，中国政法大学出版社 2004 年版，第 449 页。

大大加快我国未成年人司法的改革力度和进程。[1]

## 第三节　未成年人审前拘留

### 一、未成年人审前拘留概述

#### (一)审前拘留溯源及概念

在汉语中,“拘留”一词最早可溯源自《汉书》,“匈奴人民每来降汉,单于亦辄拘留汉使以相报复”。[2] “拘留”系由“拘”及“留”二字组成,其中“拘”有限制、束缚之意,“留”有接手、保存之意,合起来意为拘禁、扣留。英文与中文“拘留”相对应之单词大体有“confinement”、“detention”、“holding”、“internment”或“restrain”等词,以“detention”较为合意与正式。根据《布莱克法律辞典》的解释,“detention”有两种不同含义,其一系指将某人置于羁押(custody)之行为或事实;关押(confinement)或强制延误(compulsory delay);其二系指对财产之留置,尤其是雇员对雇主财产之占用,而并不虑及其是否有合法占有权。[3] 正是在第一种解释之下,拘留又被细分为调查性拘留(investigative detention)、审前拘留(pretrial detention)及预防性拘留(preventive detention)三类。其中,调查性拘留系指在调查犯罪嫌疑人是否参与犯罪活动而将其予以羁押(无正式逮捕)之拘留。至于预防性拘留,通常系指对威胁脱逃、意图危害或在候审期间违法之刑事被告人或精神病患者所实施之羁押。[4] 在我国香港特别行政区,与“detention”相关法律之中文翻译较多,包括拘留、拘禁、置留、羁留、扣留等,甚至有法律之中文版将“detention centre”译为“劳教中心”。“detention”亦有“劳教”之义。然从造字看,上述词汇大体或取“拘留”之“拘”或“留”再行组词。在英国尚存有“女王恩准之拘留”(detention during Her Majesty's pleasure),系指“对本来应判处终身监禁刑罚之人,因其年龄不满18岁,而由内务大臣或苏格兰事务大臣根据具体情况判处一定时间拘留的刑罚,一般在儿

[1] 参见徐建:《扩大取保候审适用率是我国少年司法新一轮改革的关键》,载《青少年犯罪问题》2004年第1期。

[2] 《汉书·匈奴传赞》。

[3] See Bryan A. Garner, *Black's Law Dictionary* (*10th edition for iPhone and iPad*), Thomson Reuters, 1.4 Version, 2014.

[4] See Bryan A. Garner, *Black's Law Dictionary* (*10th edition for iPhone and iPad*), Thomson Reuters, 1.4 Version, 2014.

童感化院、少年犯管教所或监狱执行”。[1]

依我国法律规定,拘留包括刑事拘留、行政拘留及司法拘留三类,其中刑事拘留是依据刑事诉讼法采取保证刑事诉讼顺利进行之强制性羁押措施,适用于刑事案件中涉嫌犯罪的现行犯或者重大嫌疑分子;行政拘留则是根据《行政处罚法》《治安管理处罚法》等行政法律、法规而采用之行政制裁,其目的在于惩罚和教育一般违法人员;司法拘留,是在刑事、民事和行政诉讼过程中,法院对于有严重妨碍诉讼行为的诉讼参与人及其他人员采用之强制性手段。在司法实践中对审前拘留、审前羁押及逮捕等术语纠结不清。大陆地区刑事诉讼中,审前羁押既涵盖拘留、逮捕等刑事强制措施及劳动教养等变相行政羁押措施,亦贯穿拘留、逮捕、审查起诉到起诉四个不同阶段。其中,逮捕环节与其关系最为密切。由此而来,甚至有人错误地将“审前羁押率直接界定为逮捕率”。[2] 我国台湾地区有“羁押”概念。所谓“羁押”,在我国台湾地区刑事法学者林山田看来系指“在刑事程序中,拘束犯罪嫌疑人或被告之人身自由,而将其拘禁于一定处所,使其在刑事程序中,得以始终在场,以确保刑事程序之顺利进行之强制处分”。[3] 因令状主义属法官权限,检察官仅能申请法官发令状,这与我国大陆有很大不同。

作为刑事强制措施,拘留一般适用于刑事判决未发生效力特别是庭审之前,大陆法系法域及欧美法系据此分别称之为“未决拘禁”或“审前拘留”。审前拘留之目的在于预防再犯罪及确保准时出庭,由此也常被称为“预防性拘留”或“防范性拘留”。《布莱克法律辞典》认为因案件性质不同,审前拘留涵盖两层含义:对于刑事案件,若被告人无法缴纳保释金或释放动议被否定而在审前所采取之拘留;对于未成年人偏差案件,法院有权将未成年人从初始聆讯(initial detention hearing)羁押至相当理由聆讯(probable cause hearing)阶段(若该未成年人犯行由成人实施时则定性为刑事犯罪)。对于未成年人案件,若法院认为释放未成年人可能会在审判日之前导致诸如再犯罪等严重风险,其可裁定在相当理由聆讯之前将未成年人先行羁押,故而审前拘留又被称为“临时性拘留”(temporary detention)。就未成年人而言,其并不享有获得保释等联邦

---

〔1〕 参见薛波主编:《元照英美法词典》,法律出版社 2003 年版,第 409 页。

〔2〕 参见北京市海淀区人民检察院课题组:《未成年人审前羁押状况调查》,载《国家检察官学院学报》2010 年第 2 期。

〔3〕 林山田:《刑事程序法》(第 4 版),台北,五南图书出版股份有限公司 2001 年版,第 290 页。

宪法性权利。[1] 尽管《布莱克法律辞典》将审前拘留与预防性拘留分而论之，但因两者间的诸多重叠之处，在司法实践中两者可互换使用，尤其是在未成年人司法体系中。

(二)未成年人审前拘留概念、特征及作用

出于各种原因考虑，有些涉案未成年人在出庭前会被拘留在未成年人看守所或拘留所内。"全美未成年人拘留协会"(National Juvenile Detention Association, NJDA)对未成年人审前拘留定义如下：未成年人拘留是将被控实施法院所禁止行为之未成年人于未决诉讼(pengding legal action)期间予以拘禁，以保护该未成年人及社区的暂时而又安全的羁押措施。[2] "全美犯罪与未成年人偏差理事会"(National Council on Crime and Delinquency, NCCD)使用"拘留关爱"(detention care)这一术语。"拘留关爱"系指在等候法院安置或移送其他机构时将未成年人予以严格羁押的临时性关爱措施。[3] 综合域内外相关论述，本书认为，未成年人审前拘留系指偏差少年在等待逮捕、起诉、审理、判决或执行判决时，被暂时性地拘留于特定处所、以防止其犯罪并予以妥善安置的强制措施。在未成年人司法与刑事(成人)司法诸多差别之中，预防性拘留被认为是未成年人司法最具特色的历史遗产之一。[4]

未成年人审前拘留带有较强的保安处分特征，其理论假设基于将犯罪人或犯罪嫌疑人予以释放有违社会最佳利益与防卫社会之目的。其作用在于保护未成年人、防卫社会免受未成年人进一步偏差行为侵害及确保未成年人准时出庭受审。[5] 在全美犯罪与未成年人偏差理事会看来，拘留应该满足这样四个基本目的，即良好条件下的设防拘禁(secure custody)应抵消因羁押所带来的损伤、富有建设性与满足感的活动应可为未成年人提供发展与自我认知的机会、来自个人与团体的指导应可帮助未成年人正面理解拘留、细心观察未成年人可能存在之心理与生理疾病以便作出适当治疗方案。[6]

---

〔1〕 See Bryan A. Garner, *Black's Law Dictionary* (*10th edition for iPhone and iPad*), Thomson Reuters, 1.4 Version, 2014.

〔2〕 See National Juvenile Detention Association, *Definition of Juvenile Detention*, Accessed April 21, 2007, http://www.njda.com/learn-guiding-djd.html.

〔3〕 See Harry Allen & Clifford Simonsen, *Corrections in America: An Introduction* (*9th edition*), Upper Saddle River, NJ: Pearson Prentice Hall, 2001, p. 494.

〔4〕 See Martin Gardner, *Understanding Juvenile Law*, Newark, NJ: LexisNexis Press, 2003, p. 235.

〔5〕 See Robert Regoli & John Hewitt, *Delinquency in Society* (*5th edition*), New York, NY: McGraw-Hill Higher Education, 2003, p. 365.

〔6〕 See Harry Allen & Clifford Simonsen, *Corrections in America: An Introduction* (*9th edition*), Upper Saddle River, NJ: Pearson Prentice Hall, 2001, p. 495.

## 二、未成年人审前拘留之条件及程序

### (一)未成年人审前拘留适用条件

1. 未成年人审前拘留对象及条件

与逮捕相比，拘留之强制性相对轻微；但与拘传、取保候审及监视居住等相比，拘留又因羁押性又带有较强的强制性。纠结于两者，国际公约及大多数法域均主张对未成年犯罪嫌疑人尽可能不适用拘留；即便适用，仍要严格拘留对象及条件。如《国内法与国际法下的未成年人刑事责任决议》要求，“对不满16岁的未成年人应尽可能不实行羁押”。

对审前拘留之适用条件，各法域略有不同，但无不严格予以界定。以日本为例，拘留一般应符合“拘留的理由”、“拘留的必要性”及“特定情形之拘留”适用三个要件。其中“拘留的理由”系指“有相当的理由足以怀疑犯罪嫌疑人实施了犯罪”；作为但书，“拘留的必要性”强调即便存在拘留理由，“若根据犯罪嫌疑人的年龄、境遇、情节轻重及状态等情形，判断犯罪嫌疑人没有可能逃跑或销毁证据，可驳回拘留证申请”；第三个要件是，“对一些轻微犯罪也可以拘留，但仅限定在犯罪嫌疑人居所不定或者经侦查机关传唤不到案的情况。权衡考虑犯罪的轻重、限制自由的不利，只有在非常必要的情况下才能拘留轻微犯罪的犯罪嫌疑人”。[1]

《得克萨斯州家事法典》规定，一旦未成年人有违反下述行为之一者，均可能被拘留：该未成年人可能潜逃或少年法庭可能丧失对其管辖权；该未成年人父母或其他监护人无法提供适当监管、照顾与保护；法院在传讯该未成年人时，可能出现无父母或监护人陪同其出庭的情况；该未成年人可能对自身或民众安全造成威胁；该未成年人有违法犯罪前科，一旦释放可能会再次触法。[2]《刑事诉讼法》第82条规定，公安机关对现行犯或者重大嫌疑分子，若有下列情形之一的，可以先行拘留：正在预备犯罪、实行犯罪或者在犯罪后即时被发觉的；被害人或者在场亲眼看见的指认他犯罪的；在身边或者住处发现有犯罪证据的；犯罪后企图自杀、逃跑或者在逃的；有毁灭、伪造证据或者串供可能的；不讲真实姓名、住址，身份不明的；有流窜作案、多次作案、结伙作案重大嫌疑的。特别地，针对未成年人，《公安机关办理未成年人违法犯罪案件的规定》第17条规定，“对正在实施犯罪或者犯罪后有行凶、逃跑、自杀等紧急情况的

---

〔1〕［日］田口守一：《刑事诉讼法》，张凌、于秀峰译，中国政法大学出版社2010年版，第54页。

〔2〕See Texas Family Code. §54.01.

未成年被告人,可以依法予以拘留”。

2. 未成年人审前拘留适用期限

《北京规则》第13.1条规定,“审前拘留应仅作为万不得已的手段使用,而且时间尽可能短”。《联合国保护被剥夺自由少年规则》第17条约定,“在不得已采取预防性拘留的情况下,少年法院和调查机构应给予最优先处理,以最快捷方式处理此种案件,以保证尽可能缩短拘留时间”。

就羁押持续时间而言,各法域对规定亦未成年人审前拘留之期限有所差异。涉案少年在拘留所留置的时间全美平均为15日,未成年人拘留所亦因此被戏称为“公交车站”(bus stops)。[1] 对于极个别恶性案件,某些未成年人在等待庭审时可被拘留长达3~4周甚至更长的时间。[2]《刑事诉讼法》第86条规定,“公安机关对于被拘留的人,应当在拘留后的二十四小时以内进行讯问。在发现不应当拘留的时候,必须立即释放,发给释放证明”。在司法实践中,对未成年人拘留有时会长达37日甚至更长。

(二)未成年人审前拘留程序与司法审查

1. 未成年人审前拘留程序与步骤

在诸多可适用于未成年人的刑事强制措施中,拘留通常为仅次于逮捕的最为严厉的羁押性措施。对特定未成年人实施审前拘留须按部就班依次进行。以美国为例,首先,当值警察在拘捕偏差少年后、讯问之前须告知“米兰达规则”;其次,警方须试图联络该未成年人父母、监护人或其他负有责任之成年人,告知后者拘捕未成年人既成事实及罪行性质,并向检察官予以报告;再次,若偏差少年父母要求在讯问期间在场,所有警方讯问须立刻停止直至其父母到达;最后,法院须在法定时间内举行作为非正式程序的拘留聆讯,以供法官确定现有证据是否有利于该少年及社会之最佳利益而将其予以拘留。[3]

在法院举行审前聆讯前,警方将偏差少年送至当地看守所或拘留所。在美国,大多数拘留所全天24小时不间断地向未成年人开放。在那里,社会工作者或缓刑官将对这些未成年人举行初始评价,并联络父母或监护人以便后者探视或延聘律师。在这一阶段,拘留所工作人员有权决定是继续拘留还是释放未成年人。若决定释放,则会要求未成年人父母或监护人签署协议以确保

---

〔1〕 See Rolando del Carmen & Chad Trulson, *Juvenile Justice: The System, Process and Law*, Belmont, CA: Wadsworth/Thomson Learning, 2006, p. 179.

〔2〕 See Richard Lawrence & Mario Hesse, *Juvenile Justice: The Essentials*, Thousand Oaks, CA: Sage Publications, 2010, p. 146.

〔3〕 See Toni Marsh, *Juvenile Law*, Clifton Park, NY: West Legal Studies, 2007, p. 66–67.

该偏差少年将如期出庭受审;若无法寻觅未成年人父母或监护人,或未成年人父母或监护人拒绝接偏差少年回家,拘留中心将继续拘留该偏差少年。在美国大多数法域,检察官须在24小时内决定是否对该偏差少年提出正式书面控诉。若检察官决定不予起诉,拘留所在征求偏差少年父母或监护人是否接回意愿后可释放。但即便检察官执意起诉,拘留所仍可自行决定释放偏差少年。拘留聆讯须尽快进行。[1]

2. 未成年人审前拘留司法审查与聆讯

《国内法与国际法原则下的未成年人刑事责任决议》要求,“审前羁押的决定应该由司法机关作出,须具有法定的理由,并且作出审前羁押决定之前须经过审理”“审前羁押过程应尽可能辅以教育措施”。大多数法域对未成年人实施审前拘留均规定须进行相关聆讯,由中立、不偏私之法官居间确认是否予以拘留。拘留聆讯(detention hearing),系指由法官决定是否继续拘留未成年人及将其释放是否具有危险性的聆讯程序。在美国,若未举行聆讯而对未成年人审前拘留,将违反《联邦宪法第十四修正案》的相关规定。

被拘捕后,未成年人可在任何时候请求拘留聆讯。在一般情况下,拘留聆讯须在拘留后24小时或48小时内进行,最多不超过72小时。如美国《佛罗里达州未成年案件程序规则》(Florida Rules of Juvenile Procedure)[2]第8.010b条明确,未成年人拘留聆讯应在被拘捕后24小时内进行。[3]《印第安纳州家事法与少年法》(Family Law and Juvenile Law)第37.62条要求,若未成年人未及释放,拘留聆讯应在其被拘禁后48小时内举行,周六、周日及法定假日除外。[4]

拘留聆讯大体上包括初始拘留聆讯(initial detention hearing)、相当理由聆讯(probable cause hearing)及拘留审查聆讯(detention review hearing)三个阶段,其中某些阶段可能会合并进行。在美国新泽西州,若危及未成年人健康、安全及福利,在未成年人被羁押次日凌晨(含节假日及周末)之前应举行初始拘留聆讯。若未成年人在初始聆讯未获得律师代理且法院认定未成年人应被

---

〔1〕 See Toni Marsh, *Juvenile Law*, Clifton Park, NY: West Legal Studies, 2007, p. 67.

〔2〕 英文“procedure”在中文刑事司法或少年司法语境下通常有“程序”或“诉讼”之意,在联系法律标题时常被译为“诉讼(法/规则)”。随着恢复性司法等理念侵蚀,近年来,传统刑事诉讼活动中增加了许多非诉讼程序。就倡导非正式方式解决未成年人案件的少年司法而言,“procedure”更带有非诉讼意味,故似乎译为“程序”为妥。

〔3〕 See Florida Rules of Juvenile Procedure, § 8.010b.

〔4〕 See Family Law and Juvenile Law, § 37.62.

拘留时,应在2日内进行第二次聆讯且律师须在场。[1] 一旦未成年人被裁定拘留,法院应在2日内进行相当理由聆讯。若法庭认为相当理由存在、未成年人应继续予以拘留,则在相当理由聆讯后14日内应进行拘留审查聆讯。若拘留再次延续,则拘留审查聆讯须于21日以内再次进行。[2] 而在得克萨斯州,《得克萨斯州家事法典》第54.01(o)条规定,法庭应当发现是否存在"相当理由"以确信无逮捕证被拘捕之未成年人已然参与偏差行为之中。[3]

未成年人审前拘留聆讯主要是围绕拘留之必要性展开。在美国,法庭决定偏差少年拘留与否常常源自这样一些考虑:少年是否被控涉嫌触法行为?少年是否涉嫌暴力活动?少年是否因在其他司法辖区内作奸犯科而被通缉?少年是否被控涉嫌从未成年人司法机构脱逃?是否有理由相信,若不采取拘留,则少年可能不会出庭受审?是否有理由相信,若不采取拘留,则少年可能威胁到证人、被害人与其他人之人身安全?少年的既往案底是否表明其曾犯有其他类型的偏差?少年是否有父母、祖父母及其他负责人的近亲属可以将其予以收留?[4] 有异于成人拘留,少年法庭法官不得仅仅就未成年人罪行之严重程度将其予以拘留,即便其触犯了极其恶劣之罪行。[5] 有些法域明文规定,未成年人既往犯罪记录是确定是否将其予以拘留的考虑因素。[6]

拘留聆讯参与方中,一般包括警察、拘留所工作人员及其他法庭认可人员,但未成年人父母并不一定要到场。如《得克萨斯州家事法典》第54.01(d)条规定,若无法找寻未成年人父母,该聆讯仍可进行,但法庭须为其指定辩护人或监护人。[7] 在新泽西州,这一聆讯应以书面或口头形式通知未成年人及其父母或监护人,所有这些人都应出席;但未成年人父母或监护人在得到通知后却无法出席时,初始拘留聆讯不得延迟。[8]

聆讯后,法官可以决定立即释放未成年人,并施以不同监管措施。如《印第安纳州家事法与少年法》第37.66(d)条允许法官对科处多达7种监管措施,包括居家拘留(home detention)、电子监控(electronic monitoring)、宵禁限制

---

[1] See Rules Governing the Courts of the State of New Jersey, R. 5:21-3(a).

[2] See Rules Governing the Courts of the State of New Jersey, R. 5:21-3(b-c).

[3] See Texas Family Code. §54.01(o).

[4] See Territo Leonard, James Halsted & Max Bromley, *Crime and Justice in America: A Human Perspective*, Upper Saddle River, NJ: Pearson Prentice Hall, 2004, p. 556.

[5] See Toni Marsh, *Juvenile Law*, Clifton Park, NY: West Legal Studies, 2007, p. 68.

[6] See Martin Gardner, *Understanding Juvenile Law*, Newark, NJ: LexisNexis Press, 2003, p. 235.

[7] See Texas Family Code. §54.01(d).

[8] See Rules Governing the Courts of the State of New Jersey, R. 5:21-3(b-c).

(curfew restriction)、保护令(protective order)、禁止接触令(no contact order)、遵守印第安纳州法律令(order to comply with Indiana law)及其他任何合理适用于未成年人行为之令(order placing any other reasonable conditions on the child's actions or behavior)。[1]

(三)未成年人审前拘留机构设置与功能

作为临时性羁押场所,未成年人拘留所或看守所对裁判聆讯前后的偏差少年予以拘留。在英文中有"未成年人拘留中心"(juvenile/ youth detention center)、"拘留地"(place of detention)及"收容所"(shelter care)等术语相对应,其中又以"juvenile detention center"最为常见。

全美未成年人拘留协会认为,未成年人拘留所至少应提供这样一些服务:教育、娱乐、咨询、营养、医疗和保健服务、阅读、参观、交流及持续监管,以支持少年的生理、心理和社会的发展。未成年人拘留亦包含或提供系统的临床观察和评估作为有益补充。[2] 在日本,未成年人拘留所被称作"鉴别所",功能较齐全,甚至还可适用学校欺凌等观护措施。美国得克萨斯州几乎每郡均适用"裁判前设防拘留"(secure pre-adjudication detention),由郡少年委员会授权当地未成年人缓刑处以契约形式交付有关私立机构予以执行。目前共有58个此类机构在"得克萨斯未成年人缓刑委员会"(Texas Juvenile Probation Commission)注册。郡少年委员会从"得克萨斯未成年人缓刑委员会"获得资助。有些郡亦有庇护所、居家拘留及电子监控等执行方式。这些未成年人拘留所之设立通常有三个目的,即确保偏差少年按时出庭受审、为无家可归的偏差少年提供临时性拘留场所及保护其免受侵害或防止扰乱法庭程序。而在我国,未成年人审前拘留之地点分别在看守所及观护所。

除羁押偏差少年外,未成年人拘留所亦可作为少年庇护所,收留那些因父母或监护人犯有刑事照管不良虐待或走投无路的少年,在此种情形下,成年人拘留所是为其提供的良好软硬件,提供优质的关爱,而不是扮演具有惩罚性质角色的机构。作为临时场所,未成年人拘留所将这些受抚养儿童与偏差少年隔离开来,并与有关社会机构密切合作以加快受抚养儿童寻找到永久、合适之投靠场所。

(四)被审前拘留少年权利保障

相关国际公约及有关国内立法都确认被拘留之少年应享有与其年龄相当

[1] See Family Law and Juvenile Law, § 37.66(d).

[2] See National Juvenile Detention Association, *Definition of Juvenile Detention*, Accessed April 21, 2007, http://www.njda.com/learn-guiding-djd.html.

的权利保障。被拘留之少年所享有的权利涵盖甚广,既包括知悉权、获得律师帮助权、与父母或监护人会见权,也包括在拘留之羁押期间所享有的权利。日本《刑事诉讼法》中将前者概称为“犯罪嫌疑人对拘留的抗御权”,包括犯罪嫌疑人有权知道拘留理由及被拘留时自己的权利、有权聘请律师等。[1]

《北京规则》第13.3条规定,“审前拘留的少年有权享有《囚犯待遇最低限度标准规则》内载的所有权利和保障”。该规则第13.5条规定,“看管期间,少年应接受按照他们的年龄、性别和个性所需要的照顾、保护和一切必要的社会、教育、职业、心理、医疗和物质方面的个人援助”。《联合国保护被剥夺自由少年规则》第18条规定,“未经审讯的被拘留少年应有权得到法律顾问,并应能申请免费法律援助,并能经常与法律顾问进行私下联系以严守机密;获得从事有酬工作或继续接受教育或培训的机会及在符合司法管理利益前提下可得到和保留一些消遣和娱乐用具。除这些最低要求外,必要时还可酌情根据假定无罪的要求、拘留期限和有关少年的法律地位和状况,作出具体的补充规定”。第28条规定,“拘留少年的环境条件须根据他们的年龄、个性、性别、犯罪类别及身心健康充分考虑到他们的具体需要、身份和特殊要求,确保使他们免受有害的影响和不致碰到危险情况”。第87条规定,“拘留所管理人员在履行其职责时应尊重和保护所有少年的人格尊严和基本人权,特别是:(a)拘留所任何人员不得以任何借口或在任何情况下施加、唆使或容忍发生任何严刑拷打行为或施加其他粗暴、残酷、不人道或有辱人格的待遇、处罚、感化或纪律手段;(b)所有管理人员应坚决反对和制止任何贪污受贿行为,并在发现时立即报告主管当局;(c)所有管理人员应遵守本规则,凡有理由相信发生了或要将发生严重违反本规则情事[2]的人员,应将情况报告其上级机关或掌有审查或纠正权力的机关;(d)所有管理人员应确保少年的身心健康得到充分保护,包括保护其不受性侵犯、身体上和精神上的虐待及剥削利用,必要时应立即采取行动,给予医疗处置;(e)所有管理人员应尊重少年的隐私权,尤其应对其作为专业人员身份从中得知的有关少年或其家庭的机密情事保守秘密;(f)所有管理人员应致力减少拘留所内外生活上的区别,因为这种区别会削弱对拘留所内少年人格尊严的尊重”。

---

〔1〕 参见[日]田口守一:《刑事诉讼法》,张凌、于秀峰译,中国政法大学出版社2010年版,第57~58页。

〔2〕 《联合国保护被剥夺自由少年规则》中文版将“matter”一词译为“情事”似有不妥,应译“事件”。

在英美法系法域,被拘留之未成年人通常可通过“人身保护令之诉”向法院提出释放动议。1679 年通过的英国《人身保护法》第 11 条即规定,“凡在现在或将来被非法监禁者,得向各地方国立法院控诉违反本律实施羁押,拘留,滥禁,命令监禁或移解及参与签发盖印副署或教唆帮助之人员。告诉人除损害费外,应判给三倍诉讼费用”。[1] 在美国,偏差少年于拘留聆讯期间亦可获得相当诉讼权利之保障。如法院须尽快就拘留事项告知偏差少年父母或监护人,允许父母或监护人为偏差少年进行辩护;若偏差少年家境窘困而无力聘请律师,法院将自费为其指定律师;法院须全面告知偏差少年之指控及其宪法性权利;偏差少年父母或监护人可出席所有聆讯会,并为偏差少年辩护;偏差少年可请相关证人为其在聆讯会作证;拘留所须允许偏差少年父母或监护人进行探视。[2]

## 三、未成年人审前拘留风险及争议

### (一)未成年人审前拘留风险评估与鉴别

预防性拘留并非随心所欲,而是受到各种限制。《联合国保护被剥夺自由少年规则》第 17 条约定,“应尽可能避免审讯前拘留的情况,并只限于特殊情况”。《国内法与国际法下的未成年人刑事责任决议》第 12 条建议,“只有在例外的情况下才能对未成年人实行审前羁押”。《联合国非拘禁措施最低限度标准规则》(United Nations Standard Minimum Rules for Non-custodial Measures,又称《东京规则》)第 6.1 条要求,“审前拘留应作为刑事诉讼程序的最后手段加以使用,并适当考虑对被指称犯法行为的调查和对社会及受害者的保护”。

鉴于此,对未成年人拘留决定的作出通常需要进行风险评估与鉴别。风险评估(risk assessment),指研究可能造成本人或他人伤害的因素以便衡量是否已采取足够的防范措施以防止伤害。犯罪学家詹姆斯·奥斯汀(James Austin)等人将“风险评估”定义为确定某一犯罪人再犯的危险、技术性违犯、未能出庭及其他负面结果的过程。[3] 目前,美国几乎所有的州都设有专门针对偏差少年的风险评估体系。与风险评估相对应的另一个重要概念——需求评

---

[1] 李忠诚:《刑事强制措施制度研究》,中国人民公安大学出版社 1995 年版,第 36 页。

[2] See Toni Marsh, *Juvenile Law*, Clifton Park, NY: West Legal Studies, 2007, p. 71–72.

[3] See James Austin, Kelly Dedel Johnson & Ronald Weitzer, *Alternatives to the Secure Detention and Confinement of Juvenile Offenders*, Washington, DC: Office of Juvenile Justice and Delinquency Prevention, U. S. Department of Justice, 2005, p. 5.

估(needs assessment),系指对偏差少年的个人与社会技能、健康状况、心理素质、教育水平、酗酒吸烟与否等状况进行测量的评估。

鉴别(classification)又称分类或调查分类,通常系指由有权机关对犯罪人具体情况所作出分类处理的专门化过程。《北京规则》指出,"受拘留少年的不同的身心特点可能要求采取分类措施,从而对审前拘留的某些人实行单独看管,这样能避免少年受害,并提供更为恰当的援助"。"风险评估"与"鉴别"对确定是否对涉案少年实行分流或释放至关重要。两者之所以为实务界倍加推崇,不外乎这样几个原因:采用客观评分流程、使用简单而可靠的测量方法、通过统计分析预测特定犯罪人再犯概率的成功率较高。[1]

类似英美法域的审前拘留,日本适用审前调查后收容至鉴别所之程序,其所实施的鉴别有收容鉴别、住宅鉴别、请求鉴别及一般鉴别四种。其中,收容鉴别是对受家庭裁判所裁定观护处分少年所实施的鉴别;住宅鉴别是针对少年事件中未收容于少年鉴别所的少年,基于家庭裁判所请求,对该少年实施资质鉴别;请求鉴别是由少年院、地方更生保护委员会、保护观察所等机构恰请少年鉴别所协助办理的鉴别;一般鉴别是除上述三种鉴别之外,对于一般家庭、学校请求对其子女、学术所实施的鉴别。[2]

我国台湾地区是进行审查调查后收容至观护所之程序,但对"风险评估"以"调查分类"代之,即通过科学化鉴别与分类后,对新收入狱服刑人施以不同层级的戒护管理与处分措施。我国台湾地区少年观护所分设鉴别、教导及总务三组,据"少年观护所设置及实施通则"第6条规定,"鉴别组掌理少年个案调查事项,少年心理测验事项,少年指纹、照相等事项,少年处分建议事项,少年社会环境协助调查事项及其他鉴别事项"。

(二)未成年人审前拘留面临挑战与变革

1. 未成年人审前拘留面临争议及挑战

审前拘留作为未成年人司法最具有特色的历史遗产的同时,也招致各方面批评与挑战,特别是涉及对其合法性与人权保护之争议。以1984年"夏尔诉马丁案"为例,其涉及对未成年人实施预防性拘留是否合宪的争议。

---

〔1〕 See James Austin, Kelly Dedel Johnson & Ronald Weitzer, *Alternatives to the Secure Detention and Confinement of Juvenile Offenders*, Washington, DC: Office of Juvenile Justice and Delinquency Prevention, U. S. Department of Justice, 2005, p. 6.

〔2〕 参见卢秋生:《少年犯之处遇问题与对策》,载杨士隆、林健阳主编:《犯罪矫正:问题与对策》(第2版),台北,五南图书出版股份有限公司1997年版,第251~252页。

## 案例三十三

1977 年 12 月 13 日,格雷戈里·马丁(Gregory Martin)被逮捕,并被指控涉嫌一级抢劫罪、二级伤害罪及非法携带武器罪。事发当晚,在警方发现马丁涉嫌不轨行为后,马丁百般抵赖,且拒不交代其居所。时年,马丁 14 岁,因年龄尚小而受纽约家事法庭(New York's Family Court)管辖。据《纽约家事法庭法》(New York Family Court Act)320.5(3)(b)款规定,法官认为马丁携带上膛枪械、提供虚假住址及夜不归宿等表现显然不当,系属家长管教不力所致,故而需将其予以拘留。5 日后的"相当理由聆讯"(probable cause hearing)表明上述指控证据确凿,法官在随后的"事实发现聆讯"(fact-finding hearing)中对其中的抢劫罪与非法携带枪械罪指控认定成立。最后法院判处对其缓刑 2 年。此间,马丁总共被羁押 15 日。

马丁对此不服,向联邦地区法院提起"人身保护令"之诉,主张 320.5(3)(b)款违反《联邦宪法第十四修正案》中有关正当程序条款的规定,应属无效。美国联邦地区法院采纳其请求及理由,并要求释放所有此类在押人员。美国联邦上诉法院同样持支持态度,认为绝大多数因该法而被拘留的未成年人案件或在庭审前销案,或在庭审后获释,故预防性拘留目的并不在于预防未成年人犯罪,而在于惩教那些尚未受审的未成年人,故此法案对于未成年人而言违宪。

详细分析案情后,联邦最高法院撤销了联邦地区法院的判决,认定由 320.5(3)(b)款所实施的未成年人预防性拘留并未违宪。首先,该法案下的预防性拘留合法,目的在于吓阻涉案少年、使社会免再受审前犯罪之虞,这并不违反《联邦宪法第十四修正案》中规定的正当程序之"根本公平性"(fundamental fairness)。联邦最高法院的判决认为,审前拘留并不因未成年人在后续程序中释放或受惩缓刑而带有惩罚性质。其次,《家事法庭法》已为未成年人审前拘留提供较系统完善的程序保护。在任何拘留决定作出之前,未成年人都可获得包括告知、聆讯及事实与理由陈述等保护性措施对待。若"事实发现聆讯"未能在 3 日内举行,则正式的相当理由聆讯须尽快举行。因此,联邦最高法院认为,不能一味以偏概全将小部分有瑕疵的拘留视为危险。且拘留后程序(post-detention procedures),包括人身保护令、上诉及申诉动议等亦为逐案矫正过失拘留提供了程序上的保障。[1]

---

〔1〕 *Schall v. Martin*, 467 U.S. 253 (1984).

1955 年 8 月 30 日,第一届联合国防止犯罪和罪犯待遇大会通过《囚犯待遇最低限度标准规则》(Standard Minimum Rules for the Treatment of Prisoners)。这是联合国关于监狱问题的最系统和最详尽的重要法律文书。该规则提出了具有人道主义的基本理念,其中第 85 条第 2 款规定,“未经审讯未成年人囚犯应同成年囚犯隔离,原则上应拘留于不同的监所”。[1]《联合国保护被剥夺自由少年规则》第 17 条约定,“应将未审讯的拘留者与已判罪的少年分隔开来”。仍有许多法域出于各种考虑而将未成年犯与成年犯共同羁押。

“9·11”恐怖袭击事件后,许多法域在反恐中采取审前拘留,特别是美国在古巴关塔那摩基地,以审前拘留为名强制羁押恐怖分子嫌疑人,因违反人权招致广泛批评。虽然对打击恐怖势力起到一定作用,但并不能排除警方以“反恐”之名行破坏法治之实。2003 年 9 月 18 日,联合国秘书长《关于人权捍卫者问题的特别代表按照大会第 57/209 号决议提出的报告》第 29 条指出,“根据安全立法条款进行逮捕、预防性拘留和起诉的方式往往限制了人权捍卫者接触那些根据此种法律被逮捕和拘留的人,也无法获得说明逮捕这些人及将对其提出起诉的理由的资料”。第 30 条继而又指出,“预防性拘留措施使当局能够长时间拘留被怀疑对公共秩序或国家安全构成威胁的个人而不打算就这些罪行对他们提出起诉。有时,根据安全条款逮捕一个人所依据的证据可以完全和部分保密。这些状况使人权捍卫者极难证实逮捕是否合法、与拘留条件有关的人权是否受到尊重,并难以确保被拘留者获得适当的法律辩护”。该警示亦同样适用于未成年人审前拘留。

2. 未成年人审前拘留替代性措施

《北京规则》特别提醒应重视在审前拘留期间“犯罪污染”对少年的危害性,敦请各法域“审前拘留应仅作为万不得已的手段使用,未成年人不应被关押在易受成年被拘留者不良影响的设施中,并始终应考虑到他们发育成长阶段所特有的需要”,强调需要采取替代性措施极为重要。《北京规则》第 13.2 条又约定,“如有可能,应采取其他替代办法,诸如密切监视、加强看管或安置在一个家庭或一个教育机关或环境内”。《东京规则》第 6.2 条要求,“应尽量在早期阶段采用替代审前拘留的措施”。《联合国保护被剥夺自由少年规则》第 17 条亦约定,“被逮捕扣押的少年或待审讯(‘未审讯’)的少年应假定是无罪的,并当作无罪者对待。应尽可能避免审讯前拘留的情况,并只限于特殊情

---

〔1〕《囚犯待遇最低限度标准规则》中、英文版分别使用“青少年”与“young”互通,但严格意义上来说两者仍存在一定区别:从词义考究来看,“young”通常指个人发展的早期阶段。

况。因此,应作出一切努力,采用其他的替代办法”。

近年来,随着未成年人人权保障意识的不断提升,越来越多的法域更多地探索并运用各种不同形式的审前拘留替代措施。在美国,除传统拘留外,各州尚建有居家拘留(home detention)、监督项目(supervision program)、当天汇报中心(day-reporting center)等替代性拘留形式。这些替代性措施除带有预防性留置作用外,亦有未成年人惩教功能。自1992年,美国安妮·凯西基金会(Annie E. Casey Foundation)发起“少年拘留替代行动”(Juvenile Detention Alternatives Initiative,JDAI),意在敦促那些被卷入未成年人司法体系的少年都有机会成为健康而富有创造力的成年人。该倡议着眼于减少未成年人拘留之适用,因为其往往被不必要或不适当地扣留,这对公共安全和青少年的长期持久发展皆带来这样或那样的消极后果。基于上述认识,JDAI主张改变既定做法、程序与政策,具体动议包括减低对设防羁押依赖(reduce reliance on secure confinement)、改善公共安全(improve public safety)、减少种族差异与偏见(reduce racial disparities and bias)、节省纳税人之负担(save taxpayers' dollars)与推动未成年人司法之整体改革(stimulate overall juvenile justice reforms)。

尽管形式各异,但毫无异议的是JDAI所追求的八项核心价值。第一,相互协作,这系指主要未成年人司法机构、其他政府实体和社区组织间的协作。没有协作,即便是精心设计的改革也有可能陷入泥潭或者被颠覆。因而,安妮·凯西基金会认为在正式架构内进行联合规划和决策至关重要。第二,使用正确数据,无论对诊断系统问题还是评估各项改革先后顺序都至关重要的。缺乏确凿事实,各种流言蜚语将充斥未成年人司法制度,并排除达成协议的关键政策和做法。第三,制定客观标准和手段,以取代主观标准,使所有少年设防拘留的决定都有据可查。第四,实施新的或加强原有的非设防替代拘留(non-secure alternatives to detention),以增加对被逮捕少年的适用选择。第五,须引进案件处理改革,以加快案件在未成年人拘留程序中的流转速度。这些改革可减少羁押时间,扩大非设防羁押适用,并确保对少年的干预是及时和恰当的。第六,特殊案件处理(special detention cases)应当谨慎。对因缓刑违反、司法令状违反及等待安置的未成年人案件须重新审查,并结合新的实践加以落实,以尽量减少他们在设防拘留所的期限。第七,减少适用中存在的族裔差异,旨在消除因肤色不同而产生的偏见,以确保公平的司法环境。第八,改善拘禁条件,由专业人员定期就有关设施与设备以较高行业标准例行检查。[1] 经过不断创新和推广,“少年拘留替代行动”已成为全美最有效且有广泛影响的未成年人司法改革措施。

## 四、完善未成年人审前拘留的建议

### (一)界定未成年人审前拘留之法律属性,完善、细化有关规定

审前拘留与审前羁押、逮捕属于不同的概念,应将未成年人审前拘留与未成年人审前羁押明确加以区分,分门别类,适用不同标准和条件。正如我国台湾地区刑事诉讼法学者所指出的,“羁押的法律规定与现实性,被认为是一个国家的法律政策气氛与国家文化的‘地震记录器’”。[2] 作为审前程序,未成年人审前拘留牵扯面甚多,对未成年人合法权益保障应涵盖审前拘留决定、执行、变更、救济与监督等过程始终。

基于无罪推定的原则精神,对未成年人犯罪嫌疑人应尽可能采取非羁押措施,适用审前拘留应属例外措施。《公民权利和政治权利国际公约》第 9 条第 1 款规定,“除非依照法律所确定的根据和程序,任何人不得被剥夺自由”。“无理由之拘留”(incommunicado detention)是无法想象的,未成年人审前拘留之适用条件更应比较成年人从严把握。对于未成年犯罪嫌疑人,对其拘留之理由应严格贯彻“拘留必要性”原则,亦即非拘留不能确保其不致再行犯罪,毁灭、变造证据或串供,及随传随到特别是准时出庭。拘留理由消灭时,应即撤销拘留并释放未成年人。执行拘留时,应注意未成年犯罪嫌疑人之身体及名誉,所实施强制措施之强度应以不超出反制未成年人反抗为必要限度。

针对不同未成年人涉嫌罪名及刑事侦查进度,本着正视现状、尊重司法规律及国际惯例的务实精神,本书建议对未成年人审前拘留分别采取紧急拘留与司法审查之拘留两类予以处理,以前者为主、后者为例外。对于正在实行犯罪或犯罪实施终了、被发现的未成年犯罪嫌疑人,公安机关可在一定条件先行紧急拘留,并立即通知其父母或监护人到场。在向未成年人及其父母或监护人告知涉嫌罪名、诉讼权利及获其允诺配合进一步调查后,公安机关对“明显没有拘留必要性”的未成年人,应允许其父母或监护人将其领回。若无法寻找到其父母或监护人,或前者不愿意或无能力承担相应责任,警方可继续拘留未成年人直至司法聆讯之时。根据案件具体情况、结合未成年人父母或监护人

[1] The Annie E. Casey Foundation, *Juvenile Detention Alternatives Initiative*, Accessed December 23, 2007, http://www.aecf.org/MajorInitiatives/JuvenileDetentionAlternativesInitiative.aspx.

[2] 唐亮:《中国审前羁押的实证分析》,载《法学》2001 年第 7 期。

配合状况进行考虑后,公安机关亦可对未成年人变更强制措施,采取监视居住、取保候审等非羁押性措施。对于极个别需超期拘留的,应当举行司法聆讯,其适用标准仍在于保护未成年人、防卫社会免受未成年人进一步不法行为侵害及确保未成年人随传随到特别是准时出庭。

在拘留过程中,应确保未成年人父母或监护人之知悉权,在未成年人被警方拘留后应及时通知其父母或监护人(parent notification),并允许为其辩护。本书建议将现行《刑事诉讼法》第85条修订为"拘留未成年人后,除无法通知的情形以外,应当把拘留的原因和羁押的处所,在二十四小时以内,通知其父母或监护人"。此即将原条文"除有碍侦查或者无法通知的情形以外"中之"有碍侦查"删除,以增加未成年人父母或监护人的知情权。未成年人犯罪嫌疑人在被侦查机关首次讯问后或者采取强制措施之日起,可以聘请律师为其提供法律咨询、代理申诉及控告。若未成年人家境窘困而无力聘请律师,法院应当为其指定律师。经法院允许,未成年人可请有关证人为其在聆讯会上作证。

针对未成年人特殊身心特点,对其实施的拘留期限不宜过长,一般以24小时为限,如无延长拘留必要,公安机关应解除拘留并通知未成年人父母或监护人将其领回家或变更为非羁押性措施。对于拒不告知真实姓名、案情特别复杂等特殊情况,未成年人审前紧急拘留之羁押期限可适当延长48~72小时,但须报请上级公安机关批准并同时报送检察院备案。对于羁押超过72小时以上的拘留,应当在羁押期限到期24小时之内举行司法聆讯。若法官许可延长羁押,该羁押可延伸至庭审之日,直至正式宣判。

(二)建立健全未成年人审前拘留之司法审查,确立拘留聆讯制度

对未成年人审前拘留,各法域多规定了由中立法官所主持之拘留聆讯制度与之配套适用。在参酌域外相关立法后,本书建议,在公安机关对特定未成年人实施72小时以上拘留时,法院应及时进行拘留聆讯,这也是对目前高居不下的逮捕率及羁押期限过长的反制措施。在聆讯过程中,未成年犯罪嫌疑人与公安机关就拘留必要性作出说明;未成年人父母或监护人就该未成年人品行与其在家表现进行情况说明,并表明是否愿意担保未成年人被解除拘留后的行为符合相关规定;学校及社区代表就未成年人品行及在校表现做出客观性说明,及是否愿意承担一定的监管责任等。对法官来讲,在听取上述关系人所提出的意见或建议后,他需认真考虑这样一些问题:该未成年人是否涉嫌刑事犯罪;之前是否有违法或犯罪记录;若不采取拘留,其可能不会出庭受审甚至脱逃;若不采取拘留,其可能威胁到证人、被害人与其他人等安全;其父母、监护人、学校或社区是否愿意承担相应监管责任。之后,法官最后考虑的是若

对未成年人继续予以拘留,是否符合“儿童最佳利益”原则与“防卫社会”之双重目的。若法官不同意继续予以拘留,警方应于聆讯会后立即释放未成年犯罪嫌疑人。法官亦可裁定变更强制措施,警方应于聆讯会后立即执行。

该审前拘留聆讯之参与人除未成年人及其父母外,亦应邀请未成年人所在学校或社区代表参加,由法院主持,检察院侦查监督部门应派员参加并发表意见。

(三)增强未成年人审前拘留之法律监督,强化违法责任及救济措施

《刑事诉讼法》第8条规定,“人民检察院依法对刑事诉讼实行法律监督”。《公安机关办理刑事案件程序规定》第6条规定,“公安机关进行刑事诉讼,依法接受人民检察院的法律监督”。这些都为检察院开展公安机关实施未成年人审前拘留进行法律监督提供了法律依据。检察院对未成年人审前拘留行使法律监督权,主要体现在对公安机关之侦查活动进行合法性监督。这些合法性监督既包括对未成年人拘留之适用对象、程序、羁押期限的合法性监督,也包括对不应予以拘留而拘留的、应予拘留而未拘留的涉及拘留适用条件的合法性监督,亦包括对被拘留少年在看守所等羁押场所合法权利行使的合法性监督。检察院之监督还应涵盖对拘留聆讯之合法性监督。

具体来说,首先,在巩固全面审查报请批捕材料及证据以发现未成年人审前拘留问题的现有制度下,检察院应主动介入公安机关对某些涉及未成年人的恶性犯罪的侦查活动特别是拘留决定讨论,并适时发表意见。其次,创新未成年人审前拘留之决定备案制度,即要求公安机关在作出拘留决定后,须将有关证据及文书同时报送检察院侦查监督部门备案,做到同步监督,及时发现和纠正公安机关对未成年人的违法拘留。最后,检察院在出席拘留聆讯发表意见的同时,应全程对聆讯实施监督。且检察院亦应注意发挥其在监所检察的监督效果,加强对羁押期间未成年人合法权利的保障,建议在刑事诉讼法增加,“未成年犯罪嫌疑人被审前拘留后,对看守所相关处分认为不当时,可向驻所检察官提起申诉”。在发现或接到反映、举报公安机关有关办案人员在实施未成年人审前拘留期间有贪赃枉法、徇私舞弊、以权谋私、刑讯逼供或其他损害未成年犯罪嫌疑人合法权益时,检察院应立案并开展调查。情况属实、构成犯罪的,可移交检察院侦查部门进一步侦查,并以“检察建议”等形式督促涉案公安机关切实整顿。

(四)探索、创新及完善未成年人审前拘留之替代措施

包括未成年人在内的拘留率居高不下,占用了相当比例的司法行政资源,应探索并扩大非羁押性替代措施在未成年人案件中的适用,以达到司法资源

优化配置的效果。传统刑事强制措施包括拘留、逮捕等羁押性强制措施,也包括取保候审、监视居住等非羁押性强制措施,目的殊途同归,都是防止被羁押对象继续犯罪、危害社会、逃避或妨碍侦查起诉和审判,以保证刑事诉讼顺利进行。本书建议,针对未成年人特殊的生理及心理特质,对未成年犯罪嫌疑人可探索采取电子监控、居家拘留等非羁押性强制措施,特别是取保候审形式;只有对情节较重的未成年犯罪嫌疑人考虑适用审前拘留,以更好地达到预防和矫正的目的。

## 第四节　未成年人案件分流

### 一、未成年人分流概说

#### (一)分流的渊源及概念

在汉语中,"分流"一词最早可溯源自《汉书》,[1]意为水分道而流。现据《辞海》,分流系指"河水于洪水期间人为地或自然地分出一部分水流入另一河道或单独入海的现象"。[2]"分流"衍生出多种解释,如不同流派及子孙分支繁衍等。

刑事司法及未成年人司法语境下之"分流"则源自对英文"diversion"之翻译及解释。"Diversion"可相应译为"分流"、"转送"或"转向",其义甚多,既有转移方向、分散注意力之意,又有水流分渠、货运路线改变及飞机改道之意。根据《布莱克法律辞典》解释,分流有两种不同含义,其一系指对"事物本质"(nature course of things)之偏离(deviation)或改变(alteration),尤其是有损于下游业主利益之河流非法改道,或非法资金之使用;其二系指分散注意力(distraction)或消磨时光(pastime)。[3]"分流"于中英文中均有因势利导、水分渠流之意。具体到刑法领域,"分流计划"(diversion program)系指在庭审之前将特定刑事被告人转介至工作培训、教育及诸如此类的社区计划之中,若其成功完成则可能导致指控撤销,故而又被称为"审前分流"(pretrial diversion)、

---

〔1〕《汉书·西域传·车师前国》,"车师前国,王治交河城。河水分流绕城下,故号交河"。

〔2〕《辞海》(缩印版),上海辞书出版社 2010 年版,第 500 页。

〔3〕See Bryan A. Garner, *Black's Law Dictionary* (10*th edition for iPhone and iPad*), Thomson Reuters,1.4 Version,2014.

“审前干预”(pretrial intervention)或“延期裁判”(deferred judgment)。[1]

依法域不同,分流又常称“司法外处分”或“法外措施”(extrajudicial measures)、转介处分,系指中止对初犯、偶犯、未成年犯及精神病犯等特定犯罪人之正式司法程序,将其转介至刑事法庭系统以外之社区处分计划或措施。实施分流之对象为主观恶性及社会危害性相对较小的犯罪人,避免标签化。

(二)未成年人分流概念、特征及作用

域内外未成年人惩教有关研究发现,偏差少年越早介入刑事司法或未成年人司法之正式程序,未来成为惯犯概率越高,越不利于戒治与复归社区。对此,我国台湾地区犯罪学者林瑞钦指出,“偏差少年初次被逮捕时年龄逾低,其多重性格违常被归为偏差的可能性较高”。[2] 为正视这一问题,《儿童权利公约》第40条第3款约定,“在适当和必要时,制定不对此类儿童诉诸司法程序的措施,但须充分尊重人权和法律保障”。第4款继而约定,“应采用多种处理办法,诸如照管、指导和监督令、辅导、察看、寄养、教育和职业培训方案及不交由机构照管的其他办法,以确保处理儿童的方式符合其福利并与其情况和违法行为相称”。《刑事司法系统中儿童问题行动指南》第15条要求会员方,“应对现有的程序进行一次审查,如可能应制定转送教改或其他替代传统刑事司法系统的措施,以避免对受到犯罪指控的青少年实行刑事司法制度。应采取适当的步骤,在逮捕前、审判前、审判和审判后阶段全国范围都可采用广泛的各种替代和教育措施,以防止重犯并促进儿童罪犯在社会中改过自新”。上述国际条约无一例外都督促各缔约方审时度势,制定相关非正式程序,以减少或避免少年过早进入正式司法程序。

未成年人分流或少年分流为其中司法外处分之最为重要的组成部分。根据《布莱克法律辞典》,分流除前述刑法之意义外,亦特指针对避免法院对儿童照管不良(child neglect)、未成年人偏差(minor/juvenile delinquency)、旷课逃学(truancy)及桀骜不驯(incorrigibility)实施干预之社区计划。[3] 据《密歇根州法律汇编》(Michigan Compiled Laws, MCL)第722.822(c)条的规定,分流系指当警方已对未成年人所实施之行为实施逮捕(正式记录在案)且诉状已提交至

---

[1] See Bryan A. Garner, *Black's Law Dictionary* (10*th edition for iPhone and iPad*), Thomson Reuters, 1.4 Version, 2014.

[2] 林瑞钦:《青少年暴力犯罪之成因:心理因素》,载蔡德辉、杨士隆主编:《青少年暴力行为:原因、类型与对策》,台北,五南图书出版股份有限公司2002年版,第84~86页。

[3] See Bryan A. Garner, *Black's Law Dictionary* (10*th edition for iPhone and iPad*), Thomson Reuters, 1.4 Version, 2014.

有管辖权之法院的安排(placement)。然分流后果要么是释放未成年人至其父母或监护人监管之下，调查就此中止；要么是未成年人父母或监护人同意与有关公私机构合作协助该未成年人及其家庭解决因调查而引发之问题。[1] 综合域内外相关论述，本书认为，未成年人分流或转向，系指伴随未成年人从法院移转至替代性措施而产生的、由正式司法程序到非司法程序转化的各种社区处分计划或措施之总称。

近年来，分流在各法域的盛行，表明对未成年人的处理已从单纯的保护过渡到以保护原则为主、以刑事处罚为补充的新阶段。如德国《少年法庭法》中有关"未成年人检察官不起诉处分"与"少年法庭程序中止"亦被认为是分流之适用。作为替代措施，未成年人分流基于"宜教不宜罚""非机构化"及"除罪化"等理念，其性质属于审前措施及早期干预，目的在于以便捷的非正式程序替代烦琐的正式程序，解决情节轻微的未成年人偏差问题，减少司法体系的正式干预。在通常情形下，检察官考虑不起诉处分、以附条件的非诉讼解决方式取代正式诉讼的前提条件是，涉案未成年人的首肯认罪。在之后一定时间内，该未成年人的行为须满足一些事先设定的法定遵守事项外及根据涉案行为而定的特别遵守事项，否则违反遵守事项的直接后果就是导致诉讼程序的启动。因分流制度与刑法传统意义上的缓刑颇有着异曲同工之妙，又因其非正式性特点，可称"非正式缓刑"(informal probation)。

对于未成年人分流，加拿大《青少年刑事司法法》第5条列举了未成年人法外措施的五项主要目标：提供司法措施之外的、有效而及时的应对举措；敦促未成年犯认识并补偿其罪行而给被害人与社区的伤害；敦促未成年犯家人与所在社区参与法外措施的设计与实施；提供被害人参与法外措施决策与获得补偿的机会及尊重未成年犯的权利与自由及实现罪行则相适应。[2] 在犯罪学家艾伯特·罗伯茨(Albert Roberts)看来，未成年人分流可避免标签化、减少不必要的拘留与拘禁、减少再犯率、提供辅导与咨询及降低司法运作成本。类似地，犯罪学家杰弗里·珐柔(Jeffery Ferro)亦持类似观念。在他看来，分流包括这样几个优点：首先，避免了正式审理所带来的标签化痕迹；其次，亦通过将有限司法资源集中至个别严重偏差少年以减轻和分担整个未成年人司法体系负担；最后，因分流倾向于以社区为导向，这通常有助于偏差少年与被害人及

---

〔1〕 Michigan Compiled Laws, § 722. 822(c)(i) - (ii), § 722. 823(1)(a) - (b).

〔2〕 Youth Criminal Justice Act, § 5.

其他利害关系人的和解。[1]

就分流之功能,沈银河主张,其在于“实现‘以教代刑’少年刑法功能、避免标签化、减轻法院负担及推行‘刑法人道化’与‘避免不必要社会控制’”。[2] 加拿大《青少年刑事司法法》认为,未成年人分流实为“应对未成年人犯罪最为妥当与有效的手段”。据“统一犯罪报告调查”(Uniform Crime Reporting Survey,UCRS),仅2003年这一年,因适用法外措施得当,加拿大未成年人的起诉率较上年下降了一成五(15%)。[3]

尽管未成年人分流在合理调剂及优化司法资源合理配置、减少司法系统对偏差少年标签化及未成年人惩教等方面都取得一定成效,但同样存在一些体制、运行机制、人员配置及救济措施等方面的问题,因此,亦面临压力与挑战。例如,除华盛顿州等少数州外,美国绝大多数州都没有明确未成年人在分流程序中的律师协助权。面对来自未成年人司法之“正当程序”保护(due process protection)的质疑,富兰克林·E.齐姆林(Franklin E. Zimring)认为未成年人分流与此相得益彰。在他看来,未成年人案件证明标准之提高及儿童律师之聘用并未增加分流额外负担。[4]

一旦分流效果不佳,此类未成年人再犯率仍居高不下,分流陷于两难之地。有美国少年法学者指出,未成年人分流未能减少设防拘禁的绝对数量,且其对某些轻微偏差之处分过重。[5] 犯罪学家纳罗·维特(Gennaro Vito)等人将分流的若干争议归纳为:缺乏证据证明“污名化可促成未成年人偏差”及“分流可减少污名化”;自由裁量权的扩大可能导致职权滥用的增加;分流可能会增加而非减少受国家掌控的未成年人数量;分流可能与正当程序背道而驰;分流可能会迷乱视野,未将主要集中力放置于未成年人所需之上;尚无充分证据表明分流可有效减少未成年累犯率。[6]

---

〔1〕 See Jeffrey Ferro, *Juvenile Crime*, New York, NY: Facts on File, 2003, p. 83 – 84.

〔2〕 沈银河:《中德少年刑法比较研究》,台北,五南图书出版股份有限公司1988年版,第131~132页。

〔3〕 See Lee Tustin & Robert Lutes, *A Guide to the Youth Criminal Justice Act*, Markham, ON: LexisNexis-Butterwoths, 2006, p. 23.

〔4〕 See Franklin E. Zimring, *The Common Thread: Diversion in Juvenile Justice*, California Law Review, 88(6), 2000, p. 2488.

〔5〕 See James Austin, Kelly Dedel Johnson & Ronald Weitzer, *Alternatives to the Secure Detention and Confinement of Juvenile Offenders*, Washington, DC: Office of Juvenile Justice and Delinquency Prevention, U. S. Department of Justice, 2005, p. 5.

〔6〕 See Gennaro Vito, Richard Tewksbury & Deborah Wilson, *The Juvenile Justice System-Concepts & Issues*, Prospect Heights, IN: Waveland Press, 1998, p. 15 – 18.

(三)未成年人分流沿革

未成年人分流由来已久,其发展先后经历两个主要阶段。早在19世纪末芝加哥少年法庭创设伊始,该举措便应运而生。差不多这一时期,澳大利亚等法域未成年人分流亦随其儿童法院出现而产生。[1] 在齐姆林看来,转向及干预者(interventionist)理念为少年法庭脱胎于刑事(成人)法庭之两个主要理由,其中又以转向最为重要,即将未成年人从拖沓冗长且处罚严厉的刑事(成人)司法中解放出来。[2] 自此至20世纪50年代,此种分流一直被视为未成年人司法之中心目的所在。[3] 纽约、底特律等数个大都市警察局建立起来犯罪预防处,为"分流"适用拓展了广阔空间。以纽约市警察局犯罪预防处为例,涉嫌犯罪却尚不足以拘捕的未成年人亦为座上之客。这些人群中的绝大多数将获得不同形式的"社会工作干涉"(social work intervention),包括诊治、辅导与工作安置等。仅就诊治而言,该处通常会将有关未成年人移交家事福利机构、医院及"教育委员会儿童指导局"(Bureau of Child Guidance of the Board of Education)[4]。

未成年人分流直至20世纪70年代才进入发展的黄金时期。美国国家刑事司法标准与目标顾问委员会及总统执法与司法管理委员会(President's Commission on Law Enforcement and Administration of Justice)极力推荐分流措施以尽可能减少未成年人过度卷入未成年人司法,要求美国联邦及各州立法并向地方提供部分资金以建立未成年福利局作为分流的具体操作机构。1976年,美国联邦司法部未成年人司法与偏差预防署核拨1000万美元,在全美建立起11个未成年人分流项目。[5] 美国联邦政府亦通过先后成立的执法协助局(Law Enforcement Assistant Administration,LEAA)与青少年发展与犯罪预防办公室(Office of Youth Development and Delinquency Prevention)划拨启动基金,

---

[1] See Kenneth Polk, *Juvenile Diversion in Australia: A National Review*, Retrieved January 5, 2011, http://www.aic.gov.au/events/aic%20upcoming%20events/2003/~/media/conferences/2003-juvenile/polk.ashx, p. 2.

[2] See Franklin E. Zimring, *The Common Thread: Diversion in Juvenile Justice*, California Law Review, 88(6), 2000, p. 2480.

[3] See Gennaro Vito, *The American Juvenile Justice System*, Beverly Hills, CA: Sage Publications, 1985, p. 18.

[4] See Albert Roberts, *The Emergence and Proliferation of Juvenile Diversion Programs*, In Roberts, Albert, Juvenile Justice Sourcebook (edited). New York, NY: Oxford University Press, 2004, p. 184-185.

[5] See Melissa Blanco, Diana Miller & Geoffrey Peck, *How Effective Are Virginia's Juvenile Diversion Programs? A Quantitative and Qualitative Assessment for the Virginia State Crime Commission*, Retrieved January 5, 2011, www.wm.edu/as/publicpolicy/documents/prs/crime.pdf.

州政府提供配套资金,在全美逐步构建起未成年人福利署。全美各地未成年人福利署(youth service bureau)逐步代替少年法庭成为替代处分的中坚力量。这样,未成年人的分流处分由从刑事司法移送至未成年人司法,逐步衍变为从未成年人司法正式司法程序移送至非正式程序解决。前者旨在将未成年人从刑事(成人)司法中移转出来,是两个完全不同的司法系统间的衔接;后者则是在未成年人司法与社区矫正发展到一定程度后,针对未成年人的身心特点而逐步发展起来的非诉讼解决方式,存续于未成年人司法特别是儿童福利体系之内。

鉴于分流制度在未成年人司法中日益突出的作用,进入 21 世纪以来为更多法域所援用。如爱尔兰《2001 年儿童法》(Children Act of 2001)第四章专章确立了未成年人分流制度,第 18 条规定除非与社会公益相冲突,任何认可相应责任之触法儿童都应被考虑进入分流措施之中。[1]

现行有关法律及司法解释尚未有未成年人分流制度的明确规定,与此相关的未成年人社会帮教、社区矫正及儿童福利等机制亦在探索之中。进入 21 世纪以来,现代儿童福利意义上的未成年人分流逐步在一些地方得到试点。2002 年起,云南省昆明市盘龙区进行了未成年人分流试点,约有三成偏差少年被分流,749 名被分流的未成年人无一人重新犯罪。[2] 这一模式因其较出色的矫正效果而被专家称为“盘龙模式”。但未成年人分流的发展因受制于执法理念、工作方法、社区参与、配套机制、效果评估等因素仍面临诸多瓶颈。

### 二、未成年人分流的类型

依不同分类标准,未成年人分流可以有不同的类型。按照经手单位的不同,未成年人分流可分为警察分流、检察院分流与法院分流等主要形式。以警察分流为例,其可分为“内部分流”(internal diversion 或 in house diversion)与“外部分流”(external diversion)两类。其中,内部分流系指将未成年人案件由警方的一个部门移送至另一更适合处理该案部门的移送方式,又可分为“无转介之分流”(diversion without referral)与“有转介之分流”(diversion with referral)。以前者最为普遍,警方可选择对未成年人施以警告、建议和释放而无须采取任何正式程序;而后者则由警方需启动适当正式程序。具体来说,“有转介之分流”又可细分为“内部转介”(internal referral)、“社区义工计划”

[1] See Children Act of 2001, § 18.

[2] 参见《少年犯社区分流模式从盘龙走向北京》,载《新京报》2007 年 2 月 7 日。

(community volunteer programs)、"文体娱乐计划"(recreation programs)与"移送缓刑计划"(diversionary probation programs)四类。外部分流则系指将涉案未成年人移转出警方的制度,警方通常采用可接受性(acceptability)、适当性(suitability)、可得性(availability)及可责性(accountability)四个标准来确定外部分流。[1] 鉴于警方为推动未成年人"分流"的主要推手,《北京规则》提请各法域政府应对警方进行专门指导与训练;在有条件的都市,更应在警局内整合各方面专业人士,组建专门未成年人偏差应对机构,以高效、便捷与准确应对未成年人偏差及救助有关未成年人。

法院分流形式多样,通常包括收案与筛选(intake and screening)、拘留(detention)、缓刑(probation)、归档(records)、心理服务(psychological services)、保护服务(protective services)、医疗服务(medical services)、义工服务(volunteer services)、法庭服务(court services)与假释(parole)或善后辅导(aftercare)等类型。[2] 至于检察院分流,检察官常以附条件不起诉等形式加强对轻微犯罪未成年人的社区转介。其他政府机构亦可承担未成年人分流部分职责。以我国台湾地区桃园县为例,该县社会局特设有儿童及少年福利课,主管当地儿童未成年人分流,包括个案危机干预处分、生涯规划、心理咨询及就学就业辅导等。因各法域具体差异,特别是非政府组织发展程度的差异及各未成年人司法机构分工的不同,不同法域中前述机构与社会福利团体的参与程度具有一定差异。

按照运作特征,分流一般可分为四类主要形式:真分流(true diversion)、转送非法院机构(channeling to non-court institutions)、减少渗透(minimizing penetration)及裁判前分流(pre-adjudication diversion)。真分流系指由执法机关正式或非正式处分未成年人的分流,包括作出不逮捕决定等;转送非法院机构,系指将未成年人安置于社区服务机构;减少渗透,系指通过减少拘留、删除记录等手段限制未成年人涉入未成年人司法体系;裁判前分流则指的是在少年法庭裁判前,由非司法系统的社区机构对未成年人进行保护、规教。[3]

德国《少年法庭法》规定了四类未成年人分流,即不干涉分流(non-

---

[1] See Robert Regoli & John Hewitt, *Delinquency in Society* (*5th edition*), New York, NY: McGraw-Hill Higher Education, 2003, p. 349 – 353.

[2] See Meda Chesney-Lind & Randall Shelden, *Girls, Delinquency and Juvenile Justice*, Belmont, CA: Wadsworth/Thomson Learning, 2004, p. 184.

[3] See Richard Dembo, *Evaluation of the Impact of a Policy Change on a Diversion Program*, Journal of Offender Rehabilitation, 4(3), 2005, p. 3.

intervention diversion)、教育分流(diversion with education)、干涉分流(diversion with intervention)与混合分流。其中,不干涉分流系指对未成年人偏差不采取任何处罚的分流措施,尤其是针对轻微犯罪更是如此;教育分流则系指由其他机构(如父母、学校)与调解相结合的分流措施。在前三类分流中,少年法庭法官可判处涉案少年一些较为轻微的处分,如警告、10~40 小时社区服务、和解及参加交通违规培训课程等。若少年成功完成上述义务,检察官会同法官可不受理案件。混合分流则是将上述三类分流灵活结合使用,以期实现对偏差少年矫正效果的最大化。[1] 澳大利亚将未成年人分流分为"非正式警告或警诫"(informal warnings or cautions)、"正式警告"(formal cautions)、"各种恢复性司法会议"(variants of conferences)与"涉毒特别条款"(specific provisions in relation to drugs)四类。[2] 加拿大《青少年刑事司法法》将未成年人分流分为警告(warning)、训诫(caution)与转介(referral)等,这些法外措施在其后的法庭程序中将不能作为证据采用。训诫又可分为警方训诫(police caution)与皇家训诫(crown caution)两类,主要区别在于前者系联邦司法部长或副省长(lieutenant governor)授权而为,皇家训诫则是联邦司法部长授权检察官对未成年犯之训诫。

## 三、未成年人分流的适用条件

### (一)未成年人分流适用对象及形式

就适用对象而言,未成年人分流适用对象一般为犯罪情节轻微的未成年初犯或偶犯。如在奥地利,对于可能会被判处 5 年以下监禁刑或罚金的未成年犯罪人,一旦符合刑事诉讼法规定的其他条件,检察官须适用分流。[3] 加拿大《青少年刑事司法法》第 4 条亦规定,法外措施适用于犯有非暴力罪行的未成年初犯。[4] 尽管如此,该措施并仅局限于此类未成年人。《青少年刑事司法法》第 4 条同时又规定,倘若适用法外措施可有效实现该法的设立目的,即便

---

〔1〕 See Dünkel Frieder, *Juvenile Justice in Germany: The Compromise between Welfare and Justice*, In Erc Jensen and Jorg Jepsen, Juvenile Law Violators, Human Rights, and the Development of New Juvenile Justice System, Portland, OR: Hart Publishing, 2006, p. 119-120.

〔2〕 See Australian Institute of Criminology, *Young People and Crime*, 2006, Retrieved February 2, 2007, from http://www.aic.gov.au/research/jjustice/.

〔3〕 参见[荷]皮特·J. P. 泰克编著:《欧盟成员国检察机关的任务和权力》,吕清、马鹏飞译,中国检察出版社 2007 年版,第 23 页。

〔4〕 Youth Criminal Justice Act, §4.

是先前已被处以法外措施或有前科的未成年犯,都有可能得以适用。[1] 换言之,法外措施适用标准在于罪行轻重程度而非未成年犯罪人。法外措施并非司法程序的附加内容,而是进入正式法院程序之前的首要举措。[2]

未成年人分流所依托之社区处分涵盖范围甚广,包括缓刑、假释等惩罚性社区矫正,亦包括心理咨询、教育培训及社区服务等非惩罚性社区计划,亦包括替代纠纷解决方式、恢复性司法等社区复归计划。如在美国康涅狄格州使用调解(mediation)作为对未成年人身份过错及轻微犯罪的分流措施,并建立起覆盖全州的"未成年人调解计划"(Juvenile Mediation Program)。据称,进入该计划的未成年人案件中有八成五(85%)通过调解得到了解决。[3]

(二)未成年人分流之流程与处理结果

未成年人分流的适用不局限于审前程序,亦包括从警方拘捕到法院受理案件等未成年人司法程序的各个主要阶段。警方、检察院及法院都有权作出分流决定,但法院在作出此类决定时较为审慎,故并不多见。

分流活动应获得偏差少年及其家庭及被害人首肯方可。在美国密歇根州,在确定将未成年人转介至公私机构后,须举行由未成年人及其父母或监护人等参加之"分流会议"(diversion conference),以考虑应对法院诉状之替代措施。[4] 法庭收案官或警方代表须向未成年人及其父母或监护人告知会议具体举行时间及地点,并向前者确认下述事项:会议之参与过程及协商之转介计划应出于自愿;律师应伴随未成年人及其父母或监护人会议始终;可替代之转介计划及遵守条件应等能确保判断向法院提交正式诉状与否;未成年人若恪守转向协议,则诉状将不再呈报法院。[5] 一旦达成分流协议,相关条款及订立日期须以书面形式确认,并由法院收案官或警方代表、未成年人及其父母或监护人共同签字。[6] 分流协议的具体条款通过书面详细列举,若未成年人严格遵守相关规定,完成既定任务或经过一定时期后,案件被撤销,未成年人也随之恢复自由身。然倘若其遵守不力,监管机构有权决定是给予该偏差少年警告

〔1〕 Youth Criminal Justice Act, § 4.

〔2〕 See Lee Tustin & Robert Lutes, *A Guide to the Youth Criminal Justice Act*, Markham, ON: LexisNexis-Butterwoths, 2006, p. 22.

〔3〕 See Richard E. Behrman, Carol S. Stevenson, Carol S. Larson, Lucy S. Carter, Deanna S. Gomby& Donna L. Terman, *The Juvenile Court: Analysis and Recommendations*, The Future of Children, 1996, 6(3), p. 22.

〔4〕 Michigan Compiled Laws, § 722.825(1).

〔5〕 Michigan Compiled Laws, § 722.825(1)(a) – (d).

〔6〕 Michigan Compiled Laws, § 722.825(3).

后继续适用分流处理,或者是启动正式程序将偏差少年交付少年法庭进行审理。

除缓刑、假释等传统社区处分措施外,近年来,各法域针对未成年人身心特点,探索了不同的新型分流措施。如美国新罕布什尔州梅里马克郡的“以怒攻怒计划”(anger management program)及“入店行窃计划”(Y. E. S. shoplifting program)。对于前者,未成年人将在10个小时培训中理解愤怒定义、增加了解自身愤怒、愤怒形式、愤怒评估、愤怒控制,以促进自律及自我控制;后者被用来教育未成年人明白入店行窃被抓住之法律后果,并理解入店行窃对其自身、家庭及社区之危害。类似未成年人缓刑违反之处理,未成年人违反分流规定时会导致其可能会被法院判定为罪名成立且偏差行为将被记录在案。[1] 据称,在全美进入“入店行窃计划”的未成年人中,九成六(96%)成功予以完成。[2] 类似项目在欧美屡见不鲜,并有逐步扩大之势。

未成年人分流计划既包括免费计划,亦包括收费计划,以满足矫正不同未成年人需,如上述“入店行窃计划”收费40美元。在美国内布拉斯加州桑德斯郡,分流项目报名费为25~200美元不等,取决于未成年人罪行性质。若未成年人居住于其他郡县,则需额外支付50美元非居民费及5美元社区服务保险费。未成年人须支付任何转向协议所涉及之评估、咨询及其他相关费用。[3]

(三)影响未成年人分流决定因素

不同于普通诉讼程序,分流通常被认为是特权而非权利(Diversion is a privilege and not a right),并非所有的触犯轻微犯罪或偏差行为的未成年初犯都可自动获得分流处分。进入分流程序的未成年人需要满足一定条件,且一般只能获得一次处理(one-shot deal),意即再犯者不在其考虑范围之内。

据《密歇根州法律汇编》,影响未成年人分流的决定因素大体包括被控罪行之性质;未成年人年龄;引发被控罪行之问题性质;未成年人性格品行及行为举止;未成年人在校、在家及在团队之表现;既往分流决定及未成年人遵守分流协议之状况等。[4] 在明尼苏达州,未成年人需满足类似条件:年龄介于

---

〔1〕 See County of Merrimack, *Merrimack County Juvenile Diversion Program*, Accessed on December 29,2010, http://www.merrimackcounty.net/humanserv/diversion.html.

〔2〕 See Yellowstone County Youth Intake & Assessment Center, *Programs offered through the YIAC*, Accessed on December 29,2010, http://www.co.yellowstone.mt.gov/yiac/yesinfo.asp.

〔3〕 See Saunders County, *Juvenile Diversion*, Accessed on December 29,2010, www.saunderscounty.ne.gov/pdfs/juvenile/what_is_diversion.pdf.

〔4〕 See Michigan Compiled Laws, §722.824(a)-(f).

14~17 岁、未有犯罪记录、所控罪行不得超出轻罪范围、须入学或参与类似替代计划、父母须支持其子女之分流计划参与并同意相关交通保障、未成年人同一社区内先前未参与分流。[1] 又如科罗拉多州丹佛地区检察院确定未成年人检察院分流须达到如下要求:当事人触法之时年龄介于 10~17 岁、当事人对所犯之不法行为应当认罪服法、当事人先前未参加州级分流计划、当事人在丹佛或其他法域内未有已决或未决州法院案件、当事人及父母或监护人自愿同意参加分流计划、当事人同意并遵守《未成年人分流协议》、分流计划所提供之服务恰当并符合当事人所需。[2] 而在英国,对于 18 岁以下犯罪嫌疑人之分流,一般需要满足有充足证据表明其有罪且法院可能会作出相应有罪判决、犯罪嫌疑人承认罪行两个前提条件。[3]

## 四、完善未成年人分流的建议

### (一)逐步整合依托资源,切实推动未成年人分流社会化

域外实证研究已表明,缺乏案件管理(case management)及初期收案评估(initial intake evaluation),将直接导致未成年人分流未能充分予以利用。[4] 分流的儿童福利基础与配套服务为未成年人司法理念及体制之根基。与刑事(成人)司法相比,未成年人司法更注重基于社区矫正的个别化处分。因而,整合公安机关、检察院、法院、法律援助及司法行政等政法资源,结合教育、医疗、卫生等社会配套资源,是促成未成年人分流的重要社会基础。

本书建议,应参酌有关国际公约及海外先进经验,研究、制定和颁行相关法律,逐步构建相对完整的、以社区处分为基础的未成年人分流机制,包括刑事司法机关之未成年人分流,也包括学校及社区参与的未成年人分流,前者主要包括警察分流、检察院分流及法院分流。这些分流并非泾渭分明,而是时间上相互交叉、互为补充。

### (二)渐进完善相关立法,合理确定未成年人分流适用条件

针对目前未成年人分流相关立法缺乏的现状,本书建议确立以儿童福利

---

[1] See Viking Council, *Juvenile Diversion Program Leader Handbook*, Minneapolis, MN: Viking Council,2010,p. 6.

[2] See Denver District Attorney's Office, *Juvenile Diversion General Information*, Accessed on January 5,2011,http://www.denverda.org/prosecution_units/juvenile_diversion/juvenile_diversion_info.htm.

[3] 参见[荷]皮特·J. P. 泰克编著:《欧盟成员国检察机关的任务和权力》,吕清、马鹏飞译,中国检察出版社 2007 年版,第 65 页。

[4] See Laurie Chassin, *Juvenile Justice and Substance Use*, The Future of Children, 18(2), 2008, p. 168.

为导向的未成年人分流立法基础。适时对《未成年人保护法》与《预防未成年人犯罪法》两部事关未成年人保护基本法律增加有关条文,如“除非与社会公益抵触,任何认罪服法且有悔改表现之未成年初犯都应被考虑进入分流措施之中,社会应当支持对未成年人进行社区帮教工作,促其改过自新、复归社会”。

最高人民法院、最高人民检察院及公安部、司法部亦应对其未成年人案件处理司法解释及法规予以修订,与时俱进,明确未成年人分流之对象、范围、条件、程序、司法救济及经费与人员保障等方面内容,以提高未成年人分流制度的可操作性。

(三)建立健全健监管机构,提升未成年人分流专业化程度

未成年人分流监管机构亟待建立健全,本书建议,在县级及以上政府设立未成年人分流委员会,与原有的未成年人保护委员会合署办公,实行“两块牌子,一套人马”。未成年人分流委员会成员包括单位成员及个人成员,前者包括当地政法委、法院、检察院、公安局、司法局、教育局、民政局、社保局、共青团、妇联等机构,后者包括热心未成年人保护事业的社会各界人士,包括慈善人士及社工代表等。分流计划之社区参与度关乎成败,未成年人分流委员会中来自学校、关工委、社区(乡镇、街道、居委会及村委会)的代表亦要占一定比例。其常设办公室设在同级政法委,作为未成年人分流常设及协调机构,整合政法资源及社会资源,全方位开展未成年人分流工作。

对未成年人分流,相关未成年人分流机构在加强与学校及未成年人父母或监护人定期联系、交换信息的同时,应注意提升分流专业化建设,分门别类、分工合作。除熟悉未成年人特定外,监管人员应通晓心理学、咨询学、教育学、社会学、社会工作学等方面知识。

(四)细化监督管理措施,有效提高未成年人分流社会化

将违反治安管理处罚法及轻微犯罪的未成年人转介至社区,分流并非没有任何社会风险。一旦未成年人脱管而为所欲为,继续实行不端行为时,分流有纵容犯罪之反效作用。对未成年人分流之跟踪、监督、管理是建立未成年人分流监管机构后的首要任务,有关政法部门应当加强与学校、共青团、妇联、关工委、社区(乡镇、街道、居委会及村委会)日常联系,以学校或所在社区为基础构建分流基地,健全走访、回访及帮教机制。根据其在考察期间的综合表现,分别依法作出相应的处理决定,且视情再进行跟踪帮教与否。

为强化提高未成年人分流效果,可组织当地青年义工及社工组成未成年人分流协会。域外未成年人分流的成功经验启发,志工之参与对于分流实施

至关重要。在美国明尼苏达州,志工在未成年人分流计划负责人统筹下负责安排适当休闲活动、游览、转介社区工作、启动调解、提供指导及鼓励等。[1] 在偏差少年父母或监护人、未成年人分流委员会及社工共同努力下,共同推动未成年人分流工作社会化。

---

〔1〕 See Viking Council, *Juvenile Diversion Program Leader Handbook*, Minneapolis, MN: Viking Council, 2010, p. 5.

# 第八章　检察：未成年人检察

## 第一节　未成年人检察概说

### 一、未成年人检察概说

(一)未成年人检察制度

作为国家法治不可或缺的组成部分，检察制度在各法域公诉中起着不可替代的作用。刑事诉讼法学者卞建林认为，检察制度系指国家设立专门机关代表国家检控违法犯罪以督促法律实施的制度，是对检察院的性质、任务、职权、组织体系、活动原则及各项工作制度的总称，并构成国家政治制度的重要组成部分。[1] 这个概念对检察制度的性质、内容和重要性作了较好的总结。结合未成年人司法，本书认为，未成年人检察制度又称少年检察，系指未成年人犯罪的刑事检察与监所检察、身份过错的检察及涉及未成年人合法权益民事、行政案件检察及公益诉讼案件的工作制度总称，为未成年人司法制度的重要组成部分。身份过错犯的控诉，因更多涉及民事程序，许多法域由未成年人父母或监护人、学校、警方及社会福利机构提起。

在我国，检察制度包括自行侦查制度、立案监督制度、侦查监督、公诉制度、审判监督与刑罚执行及公益诉讼案件和监所监督制度。在上述基础之上，《人民检察院办理未成年人刑事案件的规定》增加了八项制度与措施：案件进展情况告知制度；专门办理制度；严格的审查逮捕制度；审查起诉中的亲情会见制度；明确了可以适用不起诉制度的各项情形；对未成年人与成年人共同犯罪案件，一般实行分案起诉制度；增加了社会调查制度；规定了诉讼监督的具体措施。这些具体制度与措施构成了当前和今后相当长一段时间内未成年人检察制度的主要内容。与少年法庭和未成年人惩教相仿，未成年人检察制度是新兴的未成年人司法体制的主要组成部分，加上我国检察权属于司法权这

---

〔1〕 参见谭世贵主编：《中国司法制度》，法律出版社2005年版，第114页。

一特殊性质,未来未成年人检察制度的构建仍任重道远。

(二)未成年人检察制度的沿革

1. 美国未成年人检察的沿革

在美国——未成年人司法诞生地,其未成年人检察制度的建立、发展与完善历经漫长的演变过程。直至19世纪末,偏差少年在刑事(成人)法庭受审,检察官所扮演的角色与其检控成年被告人无异。随着民权特别是未成年人保护意识的提高,检察官在处理未成年人的方式及方法上有了潜移默化的改变。尤其是进入19世纪初,陪审团否弃(jury nullification)在对被起诉少年的无罪宣判中扮演了重要角色。"陪审团否弃"系指陪审团宣告表面有罪的被告无罪,而无论证据多寡的刑事程序。这一做法有时会导致未成年被告人免于刑事处罚,这样常常使检察官们郁闷异常,却又无可奈何。[1]

在非对抗制诉讼模式之下,未成年人司法早期往往缺失担负检控责任的检察官,亦同样缺乏担负辩护职能的律师。在大多数情形下,警方肩负向法院直接指控不法少年的责任。一些警局甚至专门有负责与法院联系的警官,这些人实际上承担了检察官的职能。[2] 直到20世纪60年代,对涉法少年的诉状通常由发起诉求的人士来宣读,或由法庭监护人员或法官宣读。[3] 在缺乏检察官与律师的普遍参与下,未成年被告人的宪法性诉讼权利特别是《联邦宪法第四宪法修正案》的权利[4] 被忽视了。

到了20世纪六七十年代,美国联邦最高法院通过"肯特诉合众国"[5]、"戈尔特案"[6]及"温士普案"[7]等一系列判例认为,尽管少年法庭因性质特殊而可实行与刑事(成人)法庭有所不同的程序,但一些最基本的正当程序还是应该贯穿诉讼始终。既然被指控的未成年人有律师辩护权,大多数法域便顺理

[1] See Robert Shepherd, *The Juvenile Court at 100 Years: A Look Back. Juvenile Justice*, Washington, DC: Office of Juvenile Justice and Delinquency Prevention, U. S. Department of Justice, 1999.

[2] See Larry Mays & Thomas Winfree, *Juvenile Justice* (*2nd edition*), Long Grove, IL: Waveland Press, 2006, p. 143.

[3] 参见[美] Peter Kratsoski & Lucille Dunn Kratcoski:《青少年犯行分析与矫正》(第5版),叶希善等译,中国轻工业出版社2009年版,第261页。

[4] 《联邦宪法第四宪法修正案》规定,"人民保护其人身、住房、文件和财物不受无理搜查扣押的权利不得侵犯;除非有合理的根据认为有罪,以宣誓或郑重声明保证,并详细开列应予搜查的地点、应予扣押的人或物,不得颁发搜查和扣押证"。

[5] *Kent v. United States*, 383 U. S. 541 (1966).

[6] *In Re Gault*, 387 U. S. 1 (1967).

[7] *In re Winship*, 397 U. S. 358 (1970).

成章地确定检察官在未成年人司法中的存在与作用。[1] 美国联邦最高法院在"戈尔特案"中的裁决特别指出,检察官系原告利益的代表或代理人。[2] 通过检察官与律师在法庭上的抗辩诉讼,未成年被告人之相关宪法性诉讼权利方得以伸张和实现。这也被视为未成年人司法刑事化或成人化之始。在这些案件审结后,检察官在未成年人案件中的身影随处可见且频率越来越高,并最终促使检察官取得对未成年人检察的控制权。

20世纪80年代中期至90年代中期,是美国犯罪率攀升最为严重的时期,未成年人所参与的各类严重刑事案件层出不穷,未成年人司法政策面临转轨的沉重压力。犯罪学家约尔·萨马哈(Joel Samaha)认为美国未成年人司法亟待解决这样五个热点问题,即单个未成年人需求与权利和社会之需求与权利间的平衡、未成年人司法机关范围之界定、未成年人司法程序、各类少年计划之效果、程序与惩教少年之改革等。[3] 与前次注重保障与扩张偏差少年的宪法权利不同,此次未成年人司法改革全力限制其权利,调整意义深远。其主要内容涵盖这样四个方面:移送偏差少年至刑事(成人)法庭受审、不公开处理原则的松动、检察官在未成年人犯罪案件中角色的提升及案件审理结果的"硬化"(toughening)。[4] 检察官乘势而上,继续扩大其在未成年人司法特别是未成年人检察中的发言权。以得克萨斯州为例,仅1997年,全州检察院独立或通过少年法庭办理6301起"暂缓起诉"(deferred prosecution)[5]案件及22,641起缓刑令,加上附条件释放等其他类型案件共监管63,407起未成年人案件。[6] 随着美国未成年人司法及检察制度的逐渐成熟,检察院在未成年人司法中扮

---

〔1〕 See Larry Mays & Thomas Winfree, *Juvenile Justice* (*2nd edition*), Long Grove, IL: Waveland Press, 2006, p. 144.

〔2〕 [美] Peter Kratsoski & Lucille Dunn Kratcoski:《青少年犯罪行为分析与矫治》(第5版),叶希善等译,中国轻工业出版社2009年版,第262页。

〔3〕 See Joel Samaha, *Criminal Justice* (*5th edition*), Belmont, CA: Wadsworth/Thomson Learning, 1999, p. 491.

〔4〕 See National Council of Juvenile and Family Court Judges, *Juvenile Justice Guidelines: Improving Court Practice in Juvenile Delinquency Cases*, Washington, DC: Office of Juvenile Justice and Delinquency Prevention, U. S. Department of Justice, 2005, p. 17.

〔5〕 在得克萨斯州,针对未成年人的"暂缓起诉"(deferred prosecution)系指未成年人及其父母、检察官及未成年人缓刑部门均就缓刑适用条件达成一致意见而采取的替代法院裁判的自愿措施。暂缓起诉期限最长可达6个月。一旦未成年人违反缓刑适用之任一条件,检察官可选择提请法院裁判相关案件。

〔6〕 See Texas Juvenile Probation Commission, *Texas Juvenile Probation Statistical Report: Statistical and other Data on the Juvenile Justice System in Texas for Calendar Year* 1997, Austin, TX: Texas Juvenile Probation Commission, 1998, p. 4.

演着越来越重要的作用。美国未成年人检察制度主要存在于州与地方检察院。除专设的少年监控处外,不少地区检察院(District Attorney's Office)[1]内设的反家庭暴力处亦实际承担着部分少年检察的工作。

美国明尼苏达州达科他郡检察官詹姆斯·巴克斯托姆(James Backstrom)在其《扩大检察官在未成年人司法系统的作用》(*Expanding Role of the Prosecutor in Juvenile Justice*)一文中认为:进入新世纪以来,尽管检察官仍肩负着少年法庭"看门人"的重任,但其作用已大不如前。就传统未成年人检察而言,检察官主要决定是否向少年法庭呈请偏差少年及是否向刑事(成人)法庭移送并起诉偏差少年。而在今天,检察官不但要完成这些烦琐的业务工作,且须在其他方面有所作为。在巴克斯托姆看来,检察官应走出三尺办公室步入社区之中,与民众、学校及教会打成一片,以更有效预防犯罪。他总结了目前与将来一段时间内检察官的职权与服务范围,包括检察官乃正义及被害人与社区价值观之倡导者、检察官乃谈判与安置之鼓吹者、检察官应参与社区的发展工作以解决未成年人犯罪问题三项内容。[2]

随着少年法庭证据标准的提高和正当程序的引入,美国未成年人检察在理念上常面临维护社会公益及儿童福利冲突的两难基地。美国《检察标准》(第3版)(*National Prosecition Standards*,3rd edition)第4-11.1条强调检察官之主要职责在于追求正义,并全面准确地代表州的利益。尽管确保社区及被害人之安全及福利为检察官主要关切点,但检察官在不与前者过度妥协前提下亦应尽可能考虑儿童之特殊利益及需要。[3] 这均体现出较浓郁的"社区检察"(community prosecution)[4]特征,强调检察官应摆脱传统检察理念与模式的束缚,以积极的态度来参与未成年人偏差的社区预防。

2. 我国未成年人检察的沿革

随着清末沈家本变法,近现代检察制度因《大理院审判编制法》而走上历史舞台。对于在此之前历史上是否存在检察制度,学术界众说纷纭。尽管有学者认为御史、御史台、都察院等都可被视为检察制度的初端,但现代检察制

---

〔1〕 尽管"District Attorney's Office"从词义上可直译为"地区检察官办公室",但为方便理解似译为"地区检察院"为妥。

〔2〕 See James Backstrom, *Expanding Role of the Prosecutor in Juvenile Justice*, Dakota County, MN: Dakota County Attorney's Office, 2006.

〔3〕 See *National Prosecution Standards* (*2nd edition*), §4-11.1.

〔4〕 仅从文字上看,"community prosecution"也有"社区起诉"或"社区公诉"之义,但从其词义可发现其摒弃传统公诉含义,而以积极态度应对社区中存在的数量众多的轻微刑事案件,实有犯罪预防趋向,故本书认为,译为"社区检察"较妥。

度系舶来品无疑。1906 年,清政府颁布《大理院审判编制法》,“凡大理院以下各审判厅局均须设有检察官,其检察局附属该衙署,于刑事有提起公诉之责,检察官可请求用正当之法律,监视判决后正当施行”。次年,清政府又仿照日本司法制度设立检察厅制度,标志着现代检察制度的初步建立。晚清检察院的主要职权包括提起刑事公诉;收受诉状,请求预审及公判;指挥司法警察官逮捕犯罪人;调查事实,收集证据;充当民事案件的诉讼当事人及公益代表人;监督审判,纠正违误及监视判决执行。[1] 之后,检察制度不断有革新主张,但自始至终未能出现专门的未成年人检察制度。

中华人民共和国成立后,百废待兴,检察制度的发展一波三折,甚至在“文化大革命”期间曾被中止。一直到 1986 年以上海市长宁区检察院在起诉科成立“少年案件起诉组”为契机,未成年人检察制度才迎来迟到的春天,这也被视为未成年人检察制度建设的起点。1991 年,该院率先将少年案件起诉组从起诉科剥离出来,成立了具有独立建制的少年案件起诉科;1994 年又正式成立集未成年人刑事案件的批捕、起诉、考察、预防等工作于一体的未成年人案件刑事检察科。2005 年 8 月 24 日通过的最高人民检察院《关于进一步深化检察改革的三年实施意见》第 20 条要求,在检察院实行未成年人犯罪案件专人负责制,有条件的地方逐步设立办理未成年人犯罪案件工作机构。未来若干年随着对检察制度的争议,未成年人检察制度亦必然会遭遇阵痛,其理论与实践的探索将是坎坷不平的。

## 二、未成年人检察之机构设置与职权范围

### (一)未成年人检察的机构设置与人员配置

#### 1. 未成年人检察的机构设置

就传统而言,美国未成年人检察的主要机构为郡市级地区检察院,承担着绝大多数未成年人案件的呈请及起诉工作。除专设的少年检控处外,不少地区检察院内设的反家庭暴力处也实际承担着部分未成年人检察的工作。以得克萨斯州登敦郡为例,该郡设有登敦郡刑事地区检察院(Denton County Criminal District Attorney's Office)。该院设有上诉科、儿童虐待起诉科、民事科、家事科、重罪审判科、微罪科、收案科、调查科、特殊犯罪科、被害人援助科等科室,家事法科又分为家庭暴力民事组、家庭暴力刑事组及少年组。上述科室大都或多或少承担着未成年人检察的具体检控工作。

---

[1] 参见孔璋:《中美公诉制度比较研究》,中国检察出版社 2003 年版,第 3 页。

就专司未成年人案件的检察官资格而言,美国《检察标准》(第3版)第4－11.3条指出,培训及经验对于处理未成年人案件至关重要,检察长应精挑细选出可胜任到少年法庭出庭之检察官,挑选原则乃基于候选人之少年法知识、对未成年人事业之兴趣、教育程度及经验。[1] 犯罪学家拉瑞·梅斯(Larry Mays)与汤姆斯·温弗瑞(Thomas Winfree)特别提醒检察官在刑事(成人)司法与未成年人司法担负的不同角色,尽管有检察官处理的案件大都为对抗制性质的,但未成年人案件中检察官即便代表政府,亦不得咄咄逼人。检察院基本上都选派助理检察官出庭支持公诉,尤其是那些最年轻且最缺乏实务经验的初任检察官。在梅斯与温弗瑞看来,之所以作出这样的人事安排并非一时头脑发热,而是经过深思熟虑的,即经验越少的检察官对少年法庭的破坏程度越为轻微。[2]

2. 未成年人检察之人员配置

《刑事司法系统中儿童问题行动指南》第24条要求,“与刑事司法系统在押儿童发生联系或负责这些儿童的所有人员,都应受到人权、公约各项原则和条款及联合国其他少年司法标准和规范的教育和培训,作为其培训方案的一个组成部分”。《上海市人民检察院关于未成年人刑事案件审查起(免)诉工作细则(试行)》第3条规定,检察院应在审查起诉部门内设立未成年人刑事案件审查起诉组,配备政治、业务素质好,熟悉未成年人特点,善于做未成年犯罪人思想转化工作的干部。第4条具体要求,检察院应确定一名负责人分管未成年人案件审查起诉工作。2005年8月24日通过的最高人民检察院《关于进一步深化检察改革的三年实施意见》第20条要求,在检察院实行未成年人犯罪案件专人负责制,有条件的地方逐步设立办理未成年人犯罪案件工作机构。《人民检察院办理未成年人刑事案件的规定》第8条规定,“省级、地市级人民检察院和未成年人刑事案件较多的基层人民检察院,应当设立独立的未成年人刑事检察机构。地市级人民检察院也可以根据当地实际,指定一个基层人民检察院设立独立机构,统一办理辖区范围内的未成年人刑事案件;条件暂不具备的,应当成立专门办案组或者指定专人办理。对于专门办案组或者专人,应当保证其集中精力办理未成年人刑事案件,研究未成年人犯罪规律,落实对涉案未成年人的帮教措施等工作。人民检察院应当选任经过专门培训,熟悉未成

[1] See National Prosecution Standards (3rd edition), §4－11.3.

[2] See Larry Mays & Thomas Winfree, *Juvenile Justice* (*2nd edition*), Long Grove, IL: Waveland Press, 2006, p. 144.

年人身心特点,具有犯罪学、社会学、心理学、教育学等方面知识的检察人员承办未成年人刑事案件,并加强对办案人员的培训和指导”。

《北京规则》第22.2条规定,“少年司法工作人员的组成应反映出触犯少年司法制度的少年的多样成分,应努力确保少年司法机构中有合理的妇女和少数民族工作人员”。联合国第六届大会要求会员国确保给予从事刑事司法工作的妇女公正平等的待遇,并建议应采取特别措施,聘用、培训妇女从事未成年人司法工作并为其晋升提供便利。除最高人民检察院出台有对未成年人犯罪起诉与审判方面的规定外,各地检察院也纷纷根据各地司法机关人员配置、知识水平与结构进行了一些有益的探索。

与大多数法域迥然不同的是,我国检察院并非行政机关,而与法院同属于司法机关。据《人民检察院组织法》第18条规定,最高人民检察院根据需要,设立若干检察厅和其他业务机构;地方各级人民检察院可以分别设立相应的检察处、科和其他业务机构。但《人民检察院组织法》尚未对未成年人检察机构是否设立及应如何设立有明确规定。然《人民检察院办理未成年人刑事案件的规定》第8条规定,检察院一般应当设立专门工作机构或者专门工作小组办理未成年人刑事案件,不具备条件的应当指定专人办理。

相比刑事(成人)案件检察官,从事未成年人案件的检察官在经验、阅历及技能上仍有需要提高的空间。以美国为例,与刑事检察官相比,未成年人案件检察官普遍缺少办案经验。就后者而言,投身未成年人检察工作不过是其从法学院毕业后的必经之路,为日后转向刑事案件打下铺垫而已。[1]

(二)未成年人检察职权范围

除对未成年人犯罪嫌疑人实施逮捕批准、起诉等决定外,检察院亦肩负另一项重要使命,即法律监督功能。从法律监督的内在需要出发,检察学者张智辉认为,检察院应当具有调查权、追诉权、建议权及法律话语权四个方面的具体权能。在他看来,这四个方面的具体权能构成检察权的基本要素。[2]《人民检察院组织法》第2条规定,检察院是国家的法律监督机关。依《检察官法》第7条规定,检察官的职责为依法进行法律监督工作、代表国家进行公诉、对法律规定由人民检察院直接受理的犯罪案件进行侦查及法律规定的其他职责。

域外社区司法蔚然成风,除社区警务与社区矫正外,社区检察亦渐成气

---

〔1〕 See Aaron Kupchik, *Judging Juveniles: Prosecuting Adolescents in Adult and Juvenile Courts*, New York, NY: New York University Press, 2006, p. 34.

〔2〕 参见张智辉:《论检察权的构造》,载《国家检察官学院学报》2007年第4期。

候。前述巴克斯托姆就检察官角色重塑的论述反映出美国未成年人检察的最新发展动向。源于维尔逊与柯灵的破窗理论，社区检察又称“社区导向检察”（community-oriented prosecution），其与传统检察的最大不同之处在于后者侧重于严重犯罪，前者则根生于对社区民众迫在眉睫的被害恐惧感的关切，而这些恐惧感不过是对轻微犯罪的恐慌罢了，与社区生活紧密相关。社区检察肇始于都市之中，随即向中小城市、乡村甚至印第安人部落发展。据美国检察官研究所2000年的一项调查表明，全美近半数（49%）地方检察院采用形式不同的社区检察；2001年数据显示，68%的地方检察院采用不同于传统刑事检察的方法来应对社区问题。[1]

一般认为，社区检察包含三个核心要素，即积极参与社区内问题界定与解决方案的确定、检察官主导下的问题解决方式（prosecutor-led problem-solving）着眼于非传统执法及与警方、学校、企事业单位建立合作伙伴关系。[2] 为实现社区的长治久安，社区检察官通过滋扰消减（nuisance abatement）、无毒品与娼妓区（drug-free and prostitute-free zones）、恢复性司法、社区法院（community courts）、削减枪支（gun reduction programs）、消减逃学（truancy abatement）及涂鸦清理（graffiti cleanup）等多种手段和形式施加影响，以改善周边安全。[3] 社区检察为检察官更积极、主动打击未成年人偏差提供了很好的模式，也为改革未成年人检察制度提供了难得的成功范本。

专司未成年人案件的检察官拥有较广泛的职权，包括可拒绝起诉案件、出庭辩论、释放拘留所内的少年及建议法院对某类偏差少年作出特殊处理。仍以登敦郡刑事地区检察院为例，该院家庭暴力民事组主要职责在于为那些因家庭暴力而为“得克萨斯家庭与保护厅”（Department of Family and Protective Services）保护的少年寻找到永久家庭；家庭暴力刑事组则旨在将家庭暴力凶手绳之以法。至于少年组，负责对10～17岁少年提起诉讼，起诉对象包括“参与偏差的儿童”（child engaged in delinquent conduct）与“需要监督的儿童”（child in need of supervision）两类。前者包括大多数重罪与轻罪的起诉，后者则涵盖

---

〔1〕 See American Prosecutors Research Institute, *What is Community Prosecution*? Accessed February 2, 2007, http://www.ndaa.org/apri/programs/community_pros/what_is_community_prosecution.html.

〔2〕 See Caren Harp, Michael Kuykendall, Marcia Cunningham & Teresa Ware, *Juvenile Delinquency and Community Prosecution: New Strategies for Old Problems*, Alexandria, VA: American Prosecutors Research Institute, 2004, p. 3.

〔3〕 See American Prosecutors Research Institute, *What is Community Prosecution*? Accessed February 2, 2007, http://www.ndaa.org/apri/programs/community_pros/what_is_community_prosecution.html.

轻微犯罪案件及身份过错案,特别是逃学、离家出走等。[1]

美国《检察标准》第92.1条详细规定了检察官在未成年人司法中之出庭(appearance)、主要职责(primary duty)、人事及资源(personnel and resources)、检察官资格(qualifications of prosecutor)及合作(cooperation)等内容。就检察官出庭而言,美国《检察标准》要求检察官在涉及未成年人偏差案件的所有诉讼阶段中出现,包括拘留、快速审理、撤案、有罪答辩、庭审、弃权、安置、缓刑或假释违反及上诉等程序。就检察官在未成年人司法中之职责,美国《检察标准》要求代表政府追求司法之实现乃为检察官主要职责所在;社区包括被害人安危及福利亦是检察官主要关心内容;在不与前者相妥协的前提下,检察官亦应考虑到未成年人特殊利益及需要。就人事及资源而言,美国《检察标准》要求检察长应投入特定人员及资源来实现其在处理未成年人偏差案件中所须担负的职责,所有检察院都应设有专人代表政府处理未成年人案件,且这些专任检察官应有足够的助手来协助其完成既定工作任务。这些助手应包括书记员及律师帮办、实习生、侦查员及被害人/证人协调人(victim/witness coordinator)。就合作而言,美国《检察标准》要求检察官应尽可能与未成年人司法系统中其他机构保持合作,共同推动迅速审理及有效程序。[2]

(三)未成年人检察原则

各法域未成年人检察无不重视对偏差少年的挽救,大多以起诉作为处理未成年人案件的最后手段。我国香港特别行政区律政司《检控政策及常规:检控人员守则》第15.2条指出,“以检控作为最后的处理方法,对个人和社会都可能有好处。若案件涉及少年犯人,通常会有更强的理由用检控以外的方法来处理,除非有关罪行十分严重,又或者基于其他特殊情况而不得不提出检控”。

最高人民检察院《关于在检察工作中贯彻宽严相济刑事司法政策的若干意见》第11条规定,“对未成年人犯罪案件依法从宽处理。办理未成年人犯罪案件,应当坚持‘教育、感化、挽救’的方针和‘教育为主、惩罚为辅’的原则。要对未成年犯罪嫌疑人的情况进行调查,了解未成年人的性格特点、家庭情况、社会交往、成长经历及有无帮教条件等情况。除主观恶性大、社会危害严重的以外,根据案件具体情况,可捕可不捕的不捕,可诉可不诉的不诉。对确需提

---

[1] See Denton County, *Denton County Criminal District Attorney*, Accessed February 22, 2007, http://www.co.denton.tx.us/dept/main.asp? Dept = 23&Link = 265.

[2] See National Prosecution Standards (2nd edition), § 92.1.

起公诉的未成年被告人,应当根据情况依法向人民法院提出从宽处理、适用缓刑等量刑方面的意见”。第 19 条亦规定,“改革完善未成年人犯罪案件的办案方式。对未成年人犯罪案件,应当设立专门工作机构、专门工作小组或者指定专人办理。建立适合未成年人特点的审查逮捕、审查起诉工作机制。对成年人与未成年人共同犯罪案件,原则上实行分案处理。对未成年人犯罪案件适用简易程序的,公诉人一般应当出庭支持公诉并开展庭审教育活动。对于因犯罪情节轻微决定不起诉的未成年人,要落实帮教措施”。

在处理未成年人案件上,检察院与法院的必要合作对于有效提高办案效率及效果具有突出作用。我国澳门特别行政区《违法青少年教育监管制度》第 13 条第 2 款规定,“法官在作出任何决定前须听取检察院的意见,而检察院可要求公共及私人实体、青少年的父母、监护人或实际照顾青少年的实体提供协助和作出所需的解释”。第 14 条规定,“非由检察院要求提供的社会报告,须让检察院知悉”。

## 三、未成年人检控

### (一)未成年人起诉概述

英国法学家亨利·布拉克顿(Henry Bracton)曾指出,“没有令状,任何人都不得起诉”(Non potest quis sine brevi agere)。[1] 除公诉外,包括加拿大等法域及我国都规定有自诉(private prosecution)。例如,在英国,自诉传统上便是其刑事司法系统的重要组成部分,特别是《1979 年刑事起诉法》(Prosecution of Offences Act 1979)明文加以确认。[2] 然针对未成年人的自诉限制较多。例如加拿大《青少年刑事司法法》第 24 条规定,除检察官外,任何人不得向刑事法庭起诉未成年人。[3] 在日本,检察官不能直接决定未成年人犯罪案件起诉与否,而须先将受理的案件移送家庭裁判所;待后者审查后认为应当追究刑事责任而作出移送检察院审查并要求起诉时,检察院才能进行审查以决定起诉与否。[4]

最高人民检察院《关于进一步深化检察改革的三年实施意见》第 20 条要求,探索实行未成年人犯罪案件分案起诉制度和适合未成年人特点的出庭支

---

〔1〕 [英] 梅兰特:《普通法的诉讼形式》,王云霞等译,商务印书馆 2009 年版,第 39 页。

〔2〕 See Law Reform Commission of Canada, *Working Paper* 52 – *Private Prosecutions*, Ottawa ON: Law Reform Commission of Canada, 1986, p. 33.

〔3〕 See Youth Criminal Justice Act, § 24.

〔4〕 参见张穹、谭世贵编著:《检察比较研究》,中国检察出版社 1990 年版,第 112 页。

持公诉方式。《人民检察院办理未成年人刑事案件的规定》第 9 条规定,“人民检察院根据情况可以对未成年犯罪嫌疑人的成长经历、犯罪原因、监护教育等情况进行调查,并制作社会调查报告,作为办案和教育的参考。人民检察院开展社会调查,可以委托有关组织和机构进行。开展社会调查应当尊重和保护未成年人名誉,避免向不知情人员泄露未成年犯罪嫌疑人的涉罪信息。人民检察院应当对公安机关移送的社会调查报告进行审查,必要时可以进行补充调查。提起公诉的案件,社会调查报告应当随案移送人民法院”。

就起诉前的准备工作,《人民检察院办理未成年人刑事案件的规定》第 17 条规定,人民检察院办理未成年犯罪嫌疑人审查逮捕案件,应当讯问未成年犯罪嫌疑人,听取辩护律师的意见,并制作笔录附卷。讯问未成年犯罪嫌疑人,应当根据该未成年人的特点和案件情况,制定详细的讯问提纲,采取适宜该未成年人的方式进行,讯问用语应当准确易懂。

为促进未成年犯罪嫌疑人充分认识其所控罪行性质,鉴于不少地方检察系统推行有“亲情会见”制度卓有成效,《人民检察院办理未成年人刑事案件的规定》对此予以充分肯定并加以推广。该规定第 18 条特别要求,移送审查起诉的案件具备以下条件的,检察人员可以安排在押的未成年犯罪嫌疑人与其法定代理人、近亲属等进行会见、通话,“案件事实已基本查清,主要证据确实、充分,安排会见、通话不会影响诉讼活动正常进行;未成年犯罪嫌疑人有认罪、悔罪表现,或者虽尚未认罪、悔罪,但通过会见、通话有可能促使其转化,或者通过会见、通话有利于社会、家庭稳定;未成年犯罪嫌疑人的法定代理人、近亲属对其犯罪原因、社会危害性及后果有一定的认识,并能配合公安司法机关进行教育”。

须同时具备上述条件方可安排“亲情会见”;且在押未成年犯罪嫌疑人同其法定代理人、近亲属等进行会见、通话时,检察人员应当告知其会见、通话不得有串供或者其他妨碍诉讼的内容。会见、通话时检察人员可以在场。会见、通话结束后,检察人员应将有关内容及时整理并记录在案。

(二)影响未成年人起诉之因素

美国《检察标准》(第 3 版)中对决定起诉未成年人与否这一问题要求检察官考虑下述要点:涉嫌犯罪的严重程度、未成年人在该桩犯罪中的角色、由警方或其他利害关系方提供的不利未成年人及案件处理的先前有关案件的性质与数量、未成年人的年龄与成熟度、适当处分或服务的可得性、未成年人是否承认有罪或者卷入涉嫌案件、未成年人对他人人身及财产安全所造成的威胁程度、对被害人经济赔偿条款及有关利害机关、被害人及未成年人保护机构的建议。[1] 就检控少年是否符合民众利益,我国香港特别行政区律政司在《检控政策及常规:检控人员守则》第 15.4 条规定应该考虑下列因素,“指称罪行的严重性;少年的年龄、表面成熟程度及心智状况;检控以外的其他可行方法,特别是根据警务处警司警诫计划的权力,向少年发出警诫,及这些方法的效用;若就案件提出检控,可供有关少年法庭判处的刑罚种类;少年的家庭状况,特别是少年的父母看来是否有能力和是否愿意采取有效措施管教该少年;少年过往的记录,包括少年是否曾经接受警诫及有关的情况;鉴于少年过往的记录,是否不适宜采取较宽松的方法处理当前的案件考虑到有关的情况,例如少年的性格和家庭状况,提出检控会否对少年造成损害,又或者并不恰当”。

针对未成年人与成年人共同参与的共同犯罪,《人民检察院办理未成年人刑事案件的规定》第 51 条规定,“人民检察院审查未成年人与成年人共同犯罪案件,一般应当将未成年人与成年人分案起诉”。这样规定充分照顾了未成年人的特点,有利于充分保护未成年人合法权益,使案件依法公正办理。2007 年 4 月,北京门头沟区法院与检察院联合出台了《关于对未成年人与成年人共同犯罪的案件实行分案起诉、分案审理的规定(试行)》,检察院对未成年人与成年人共同犯罪的案件分别以两个案件制作起诉书提起公诉,法院由少年法庭和刑事法庭分庭审理检察院分案起诉的案件。然《人民检察院办理未成年人刑事案件的规定》第 51 条亦规定具有下列情形之一的,可以不分案起诉,“未成年人系犯罪集团的组织者或者其他共同犯罪中的主犯的;案件重大、疑难、复杂,分案起诉可能妨碍案件审理的;涉及刑事附带民事诉讼,分案起诉妨碍附带民事诉讼部分审理的;具有其他不宜分案起诉情形的”。

*(三)免予起诉偏差少年之决定*

大多数未成年人刑事案件多为轻微刑事案件,若以相对有限的司法资源来追究这些人的刑事责任,司法机关负累较大,占用相当多的时间与精力,亦可能对未成年人心理造成一定创伤,使其过早进入司法体系。

根据罪刑法定原则,若证据确实充分,各法域检察院可要向法院提起公诉。但对某些轻微案件或者未成年人案件,各法域通过立法赋予检察院不起诉裁量权。在芬兰,对于由未成年人实施的、可能被判处罚金或 6 个月以下监禁的犯罪案件,检察官可以决定不起诉。[2] 《刑事诉讼法》第 177 条第 2 款规

---

〔1〕 See National Prosecution Standards (3rd edition), § 4 – 11.6.

〔2〕 参见[荷]皮特·J. P. 泰克编著:《欧盟成员国检察机关的任务和权力》,吕清、马鹏飞译,中国检察出版社 2007 年版,第 93 页。

定,“对于犯罪情节轻微,依照刑法规定不需要判处刑罚或者免除刑罚的,人民检察院可以作出不起诉决定”。依据该款规定而来的“相对不起诉”,检察院可对一些确有悔改且犯罪情节较轻的未成年人,经过一段时间的考察帮教后作出相对不起诉的决定。

为体现“宽严相济”刑事政策于未成年人司法的具体运用,《人民检察院办理未成年人刑事案件的规定》在偏差少年不起诉问题上表现出较强的原则性与一定的灵活性。依该规定第26条,对于犯罪情节轻微,并具有下列情形之一,依照刑法规定不需要判处刑罚或者免除刑罚的偏差少年,一般应当依法作出不起诉决定,“被胁迫参与犯罪的;犯罪预备、中止的;在共同犯罪中起次要或者辅助作用的;是又聋又哑的人或者盲人的;因防卫过当或者紧急避险过当构成犯罪的;有自首或者重大立功表现的;其他依照刑法规定不需要判处刑罚或者免除刑罚的情形”。这些具体规定细化了“可诉可不诉的不诉”的相关规定,体现了鼓励对未成年人案件适用不起诉的精神,有利于及时、妥善处理未成年人案件,最大限度地教育、挽救未成年犯罪嫌疑人。[1] 对于未成年人实施的轻伤害案件、初次犯罪、过失犯罪、犯罪未遂的案件及被诱骗或者被教唆实施的犯罪案件等,情节轻微、犯罪嫌疑人确有悔罪表现,当事人双方自愿就民事赔偿达成协议并切实履行,符合《刑法》第37条规定的,检察院可以作出不起诉的决定,并可以根据案件的不同情况予以训诫或者责令具结悔过、赔礼道歉。

### 四、完善未成年人检察制度的建议

就未成年人检察工作存在的问题,徐志森等以江苏省为例总结为:未成年人检察的法律地位与所肩负的重任不相符合,人们对未成年人检察工作的关注程度不够;未成年人检察机构的设置与否在很大程度上取决于人的因素和治安形势的变化,没有真正独立的机构,工作力量分散,形成不了合力,有碍于未成年人检察工作的进一步开展;未成年人检察所依据的《未成年人保护法》《预防未成年人犯罪法》因缺乏实施细则,某些内容规定不具有操作性;未成年人检察局限在普通刑事检察的框架范围内,未成年人检察制度与普通刑事检察工作制度的区别不明显,对未成年人刑事案件以调查、审理、处置、矫正为内

---

〔1〕 参见王守安、吴孟拴、石献智:《〈人民检察院办理未成年人刑事案件的规定〉解读》,载《人民检察》2007年第5期。

容的特殊性无法体现四个方面。[1] 在论及当前未成年人公诉工作中存在的问题时，姜伟等认为主要表现在不少公诉人员在办理未成年人刑事案件时只重追究犯罪，不重司法保护；许多地方在对未成年人犯罪起诉、不起诉标准的掌握上没有与成人区别对待，没有充分考虑未成年人的特殊性；大部分地方对未成年人与成人共同犯罪案件没有实施分案起诉制度，不利于保护未成年人的合法权利，且在庭审中亦无法贯彻寓教于审；没有充分行使量刑建议权对未成年人实施司法保护。[2]

在未成年人刑事检察中存在一定程度的司法过度化倾向，检察职能与社会管理职能界限不甚清晰。基于现实国情，检察院在承担检察职能同时，亦承担一定的社会管理职能和福利职能。但过多涉入社会帮教等社会管理职能，导致检察职能过多延伸，也不利于督促政府转变职能，更多承担起未成年人社会管理及福利职能。这亦导致未成年人检察工作地方化、区域化，在推广上面临一些困难。同时，未成年人民事、行政、监所检察的发展相对滞后，其创新有待进一步提升。

在分析近年来检察改革得失后，检察学者石少侠认为，在司法体制改革中，检察院应当适当拓展法律监督权，在全面履行法律监督职能的基础上突出监督的重点，即扩大公诉权、强化侦查监督权、强化民事审判监督权及强化职务犯罪侦查权。[3] 与法院有所不同，在恪守“国家亲权”法则及“儿童最佳利益”原则的同时，未成年人检察工作亦应重视保障社区安全及被害人福利。

进入21世纪以来，自上而下和自下而上的未成年人检察改革与创新逐步加速，蔚为壮观。最高人民检察院依据中央司法体制和工作机制改革的总体部署，正积极推进未成年人司法制度的改革和完善。为贯彻新修订的《未成年人保护法》，最高人民检察院于2007年5月24日召开“贯彻实施未成年人保护法座谈会”。改革内容主要有以下五个方面：一是推动未成年人检察机构的建立，有条件的地方要逐步建立专门机构，条件暂不具备的要配备专门人员；二是在继续做好未成年人刑事检察工作的同时，研究充分发挥检察职能，在民事、行政诉讼工作中保护未成年人合法权益的具体措施；三是改革完善未成年人犯罪案件的办案方式，建立适合未成年人特点的审查逮捕、审查起诉工作机

---

〔1〕 参见徐志森、孙利平：《完善少年检察机构和工作制度的实践和建议》，载《青少年犯罪问题》2004年第1期。

〔2〕 参见姜伟、张寒玉：《论办理未成年人案件的公诉政策》，载《人民检察》2004年第12期。

〔3〕 参见石少侠：《论司法改革中的检察权》，载《吉林大学社会科学学报》2004年第5期。

制;四是加强对不捕、不诉未成年人的帮教、挽救工作;五是配合有关部门修订相关规定。[1] 2011 年 4 月,最高人民检察院举行了“未成年人刑事检察培训班”,进一步明确了未成年人刑事检察工作的导向。与域外未成年人检察主要集中在公诉环节不同,鉴于我国检察院的法律监督机构属性,未成年人检察范围更为广泛。除传统刑事检察,[2]未成年人民事检察(特别是对未成年被害人的救助)、行政检察应与时俱进。

## 第二节 未成年人刑事检察

2017 年 3 月 2 日,最高人民检察院发布了《未成年人刑事检察工作指引(试行)》(以下简称《指引》)。《指引》在《宪法》《刑法》《刑事诉讼法》《未成年人保护法》《预防未成年人犯罪法》《人民检察院刑事诉讼规则》等法律及司法解释、规范性文件规定基础上,结合未成年人刑事检察工作实际作了进一步规范化,涵盖未成年人刑事检察目的与基本要求、讯问未成年犯罪嫌疑人、询问未成年被害人及证人、未成年人刑事案件审查逮捕与未成年人刑事案件审查起诉等重要内容。整体而言,《指引》作为提升未成年人刑事检察工作专业化和规范化的重要文件,既折射出对相关国际公约的尊重与恪守,又表明了未成年人刑事检察工作的中国化特征,体现出鲜明的时代性。

《指引》逐一细化了社会调查、合适成年人到场、附条件不起诉等制度,使其在未成年人刑事司法实务中特别是未成年人刑事检察环节进一步广接地气,凸显了检察权在未成年人刑事司法中的独特价值与作用,不但为未成年人刑事司法专业化和规范化提供了检察视角,亦与时俱进阐释并强化了时下检察权的定位与配置。

### 一、未成年人刑事检察的专业化与规范化

未成年人犯罪问题牵涉层面甚广,构架防治未成年人犯罪与维护未成年人合法权益的未成年人司法体系日显重要。《儿童权利公约》、《北京规则》及《利雅得准则》等国际公约皆要求成员方制定专门适用于未成年人的法律、规

---

〔1〕 参见张立:《检察机关积极推进少年司法制度改革,未成年人检察机构将逐步建立》,载《检察日报》2007 年 5 月 25 日,第 1 版。

〔2〕 有关未成年人审前拘留、分流及审判环节的检察参与,请参阅本书有关章节。

则和规定,并建立未成年人司法机构,颁布和实施一些特定法律和程序,以促进未成年人权利维护。如《北京规则》第 1.4 条约定,“少年司法应视为是在对所有少年实行社会正义的全面范围内的各法域发展进程的一个组成部分,同时还应视为有助于保护青少年和维护社会的安宁秩序”。而于其中,未成年人刑事司法是重要组成部分。《公民权利和政治权利国际公约》第 14 条第 1 款约定,“确保刑事诉讼中犯罪儿童的权利与任何其他被告人相同”。随着检察官及检察机关在未成年人犯罪防治与未成年人权益保障中角色与作用的日益突出,未成年人检察特别是未成年人刑事检察的专业化和规范化建设亦提上日程。1990 年 9 月 7 日,联合国第八届预防犯罪和罪犯待遇大会通过了《关于检察官作用的准则》(Guidelines on the Role of Prosecutor)。该准则惜字如金,内容涵盖甚广,不过 24 条。但有一条专门针对检察官在处理未成年人犯罪案件起诉时应注意的事项。

维护未成年人合法权益一直是检察机关的重要工作职责,如《2016 年最高人民检察院工作报告》再三强调检察机关应“切实保障未成年人、妇女、残疾人权益”。2015 年年底最高人民检察院成立未成年人检察办公室,未成年人检察工作得到了长足发展。随着各省、自治区、直辖市检察院未成年人检察专门机构的逐步组建和基层未成年人检察办案力量的不断增加,未成年人刑事检察工作的专业化和规范化日益成为提升未成年人检察工作水平的又一抓手。2016 年 9 月 1 日,最高人民检察院发布了《“十三五”时期检察工作发展规划纲要》。这部重要文件明确提出,“准确把握少年司法规律和发展方向,以专业化建设为基础,以规范化建设为保障,以社会化配套体系建设为支撑,建立健全未成年人检察工作体系和业务类别,完善中国特色未成年人检察制度”。《指引》在上述背景之下适时出台,其在第 1 条即开山明意,明确《指引》制定和实施目的即在于“进一步提高人民检察院未成年人刑事检察工作专业化、规范化水平,细化未检工作的具体标准和操作程序,确保未检工作的质量和效果”。

针对未成年犯罪嫌疑人及被告人与成年人相比心智尚不成熟的特点,各法域无不以除罪化、除机构化、除刑罚化等为导向,注重第二次机会的给予。正是基于“国家亲权”法则,各法域未成年人刑事检察亦特别提醒在办理未成年人刑事案件中应当全面而审慎关注、了解和维护未成年人特殊利益。《指引》第 1 章第 3 节以 11 条分别重申了特殊优先保护、平等对待、教育挽救、诉讼权利保障、区别对待、分案处理、隐私保护、快速办理、双向保护、综合施策和风险评估等重要基本要求。其中,特殊优先保护与教育挽救原则是未成年人刑事政策的核心内容,比如,《指引》第 15 条规定,“人民检察院办理未成年人刑事案件要切实贯彻‘教育、感化、挽救’方针和‘教育为主、惩罚为辅’原则,落实好刑事诉讼规定的特殊制度、程序和要求。坚持教育和保护优先,为涉罪未成年人重返社会创造条件,最大限度地减少羁押措施、刑罚尤其是监禁刑的适用”。

未成年人刑事司法中的“司法”或有两层含义:一是维护涉案未成年人利益,争取其顺利复归社区;二是维护个案处理公正公平。鉴于近年来或出现一些引发社会广泛关注的未成年人极端暴力案件,《指引》在编制中注意到平和与理性司法的现实意义,故在第21条中特别明确了“双向保护”原则,“人民检察院办理未成年人刑事案件,既要注重保护涉罪未成年人的合法权益,也要维护社会利益,积极化解矛盾,使被害人得到平等保护,尤其是要注重对未成年被害人的权益维护和帮扶救助”。为有效防范和减少执法办案风险,《指引》第23条规定“人民检察院办理未成年人刑事案件,应当加强办案风险评估预警工作,主动采取适当措施,积极回应和引导社会舆论,有效防范执法办案风险”。该条旨在提醒一线未检检察官在办理未成年人刑事案件时,虽然特殊优先保护与教育挽救是首要原则,但并非唯一原则。针对极少数严重未成年人暴力案件,若涉罪未成年人主观恶性较大且没有悔改表现、犯罪后果极其严重、情节极其恶劣的,仍应务实依据个案审慎斟酌处理。这并不意味着放弃“儿童最佳利益”原则,而是要在个案中综合考虑和研判。

检察权行使与被害人保护和防卫社会具有天然的连结点,即便是未成年人刑事检察,个案办理中可能亦不可避免会在涉及对“儿童最佳利益”原则和“社会最佳利益”原则之间进行梳理和博弈。当然,“儿童最佳利益”原则和“社会最佳利益”原则最终是相通且互为前提的,但可能不宜一面倒,亦要考虑个案特殊情境,如被害人保护。《指引》在第2章第7节以8条篇幅较长的条文规定了被害人救助,这些条款与《指引》中其他涉及被害人保护条款共同构成了未成年人刑事检察中被害人保护的基本框架。离开了被害人保护和防卫社会,未成年人刑事司法的正当性基础便有可能坍塌。在个案中维护儿童最佳利益,也是在维护“社会最佳利益”原则。未成年人刑事司法最艰难的并非倡导“儿童最佳利益”原则,而是在多重利益纠纷中尽可能顾忌多方合法合理诉求,这样,才可能真正凸显儿童最佳利益,否则其他未成年人刑事司法参与方在个案中可能不一定竭力维护或赞同儿童最佳利益原则。比如,《指引》在具体强调审查未成年人案件时应注重社会调查、年龄审查、事实证据审查、监护帮教审查等,亦于第155条详细规定了“社会危险性审查”。

需要引起注意的是,《北京规则》第2.2(a)条规定,“少年系指按照各国法律制度,对其违法行为可以不同于成年人的方式进行处理的儿童或少年人”。在未成年人刑事检察中,“未成年人”具体含义在刑事程序不同阶段、犯罪防控差异视角等方面均有一些细微区别。《指引》用语比较准确,全文中在涉及未成年人这一主体时用了不同表述,如未成年人、未成年被害人、涉罪未成年人、涉案未成年人、未成年犯罪嫌疑人、未成年被告人等,故在实务中亦要区分使用。比如,《指引》第 13 条规定了对未成年人的特殊与优先保护,“人民检察院应当根据未成年人身心特点给予特殊、优先保护。对于确有特殊困难、特殊需求的未成年人,应当予以特殊帮助”。在这一条中,《指引》使用“未成年人”而不是“未成年犯罪嫌疑人”或“未成年被告人”,即提示在未成年人刑事检察业务中适用“特殊、优先保护”对象并不局限于未成年犯罪嫌疑人及未成年被告人,亦可能涉及未成年被害人及未成年证人,文字中隐约可见双向保护原则的痕迹。

### 二、未成年人刑事检察的管辖与职权范围

《指引》第 2 条规定,“人民检察院未检部门办理未成年人刑事案件和不宜分案办理的未成年人与成年人共同犯罪案件、侵害未成年人人身权利案件及开展相关诉讼监督、帮教救助、犯罪预防等”。《指引》第 3 条作了补充的弹性规定,明确“对于实施犯罪时未满十八周岁,但诉讼过程中已满十八周岁,实际由未检部门受理的,根据案件具体情况,可以参照本指引办理”。《指引》第 2 条与第 3 条所界定的适用范围及参照适用范围,共同构成了未成年人刑事检察案件范围。

专司未成年人案件的检察官拥有较广泛的职权,包括审查批捕、审查起诉、提起公诉及建议法院对某类涉罪未成年人作出特殊处理等。《指引》从第 2 章开始,分 5 个章节分别详述了特殊检察、讯问未成年犯罪嫌疑人、讯问未成年被害人及证人、未成年人刑事案件审查逮捕和未成年人刑事案件审查起诉等重要制度,围绕刑事司法重点环节,着重明确和细化了若干具体制度、流程和注意事项,为一线基层未成年人检察业务部门办案和有效有序拓展检察职能提供了具体标准和操作流程,有助于确保未成年人刑事检察工作的质量与效果。

1990 年联合国预防犯罪和罪犯待遇大会发布的《关于检察官角色的准则》(Guidelines on the Role of Prosecutors)第 19 条规定,“在检察官拥有决定应否对少年起诉酌处职能的国家,应对犯罪的性质和严重程度、保护社会和少年的品格和出身经历给予特别考虑。在作这种决定时,检察官应根据有关少年司

法审判法和程序特别考虑可行的起诉之外的办法。检察官应尽量在十分必要时才对少年采取起诉行动”。未成年人犯罪防治及于此之中的未成年人权益保障并不局限于未成年人起诉酌处。然未成年人刑事检察职能应体现出维护公平正义的检察核心价值,但其在未成年人刑事检察案件审查起诉中又因涉罪未成年人未成年性,亦体现出许多不同于成人刑事案件之处。《指引》在第6章特别规定了“未成年人刑事案件审查起诉”,包括不起诉、附条件不起诉、提起公诉和出席法庭等相关重要内容。为贯彻“少捕慎诉”导向,《指引》于第167条规定,“人民检察院审查起诉未成年人刑事案件,应当全面审查起诉意见书、案卷证据及社会调查报告等资料,根据其涉嫌犯罪的性质、情节、主观恶性及其年龄、身心发展状况、成长经历、犯罪原因、有无监护或者社会帮教条件等,综合衡量起诉的必要性,尽可能做出不起诉或者附条件不起诉的决定。对确有起诉必要的,应当起诉并依法提出量刑建议;对可以不判处监禁刑的,应当依法提出适用非监禁刑的建议”。该条为适用于第6章的基本要求,明确审查起诉未成年人刑事案件时应当贯彻全面审查、综合衡量原则,要求尽可能作出不起诉或者附条件不起诉的决定。

各法域未成年人检察无不重视对涉罪未成年人的挽救,大多以起诉作为处理未成年人案件的最后手段。《指引》在第6章第2节对绝对不起诉、存疑不起诉、相对不起诉均作了条分缕析的细化规定,进一步增强了这几种可能适用于未成年人不起诉分类间的辨识度和可操作性。经过30余年建设,未成年人刑事司法制度特别是未成年人刑事检察的架构与运作取得了较大成果,积累了相当的实践经验,附条件不起诉为其中较具代表性的制度,在《刑事诉讼法》未成年人刑事特别程序相关条文中亦是比较重要的内容。《指引》在第6章第3节以25个条文较为详细且具体规定了适用条件、征求意见、异议处理、听取意见、不公开聆讯、决定程序、送达宣布、复议复核、被害人申诉、强制措施、考验期确定、监督考察、回访帮教等内容,便于办案时逐项遵守。

### 三、未成年人刑事检察的社会化与跟踪帮教

《北京规则》第1.3条要求各会员方“应充分注意采取积极措施,这些措施涉及充分调动所有可能的资源,包括家庭、志愿人员及其他社区团体以及学校和其他社区机构,以便促进少年的幸福,减少根据法律进行干预的必要,并在他们触犯法律时对他们加以有效、公平及合乎人道的处理”。《东亚及太平洋地区2001—2010年为儿童承诺北京宣言》第32条亦特别约定:“欢迎社区、当

地政府、社会、文化、宗教、商界、媒体、群众组织、儿童组织、民间社会分担责任,以保证儿童的福祉。在这一范围内,支持向其他组织赋予权力,使其为儿童的最大利益发挥更大作用。”这些国际条约皆鼓励通过全社会共同参与的方式来应对未成年人犯罪问题,体现出浓郁的社会支持体系建设与跟踪帮教理念。

与其他司法业务部门相比,未成年人刑事司法中未成年人检察及未成年人审判更需要未成年人社会支持体系的搭建,横向到边,纵向到底。越来越多的基层未成年人检察部门在不断提升专业业务水平的同时,亦将拓展社会支持体系建设作为未成年人检察业务可持续发展的重点并不断突破:既有对固有“教育为主、惩罚为辅”未成年人刑事政策的坚守,更有对社会支持体制建设不断加强的与时俱进。[1]《指引》第 22 条重申,“人民检察院应当加强与有关单位、组织的联系与配合,充分发挥社会力量的作用,采取经济、行政、刑事等各种手段,综合解决未成年人违法犯罪、权益保护等问题”,亦是对未成年人刑事检察社会化作了原则性规定。《指引》在前后章节中亦围绕未成年人检察工作的具体制度反复强调了社会化与社会支持体系的重要性,如在第 9 条强调加强内部联动机制的同时,第 11 条与第 12 条分别从外部联动机制和借助专业力量两个层面特别说明了实现未成年人刑事检察社会化的途径。又如针对未达刑事责任年龄未成年人的处理,《指引》第 6 条规定:“人民检察院对于犯罪时未达刑事责任年龄的未成年人,应当加强与公安机关、学校、社会保护组织等单位及未成年人家庭的协调、配合,通过责令加以管教、政府收容教养、实施社会观护等措施,预防其再犯罪。”

《指引》在其后章节,亦不断重申未成年人刑事检察社会化的具体实现途径。比如,《指引》第 5 章第 144 条规定,“对于依法批准逮捕未成年人的,应当认真做好跟踪帮教考察工作,进行羁押必要性审查”。于该章第 163 条规定了不捕帮教,“对于做出不批准逮捕决定的未成年犯罪嫌疑人,人民检察院应当进行帮教。必要时可以会同家庭、学校、公安机关或社会组织等组成帮教小组,指定帮教计划,共同开展帮教”。又如第 6 章第 203 条述及对经过附条件不起诉考察后作出不起诉决定的未成年人时强调,“可以与被不起诉的未成年人及其监护人、学校、单位等建立定期联系,在不起诉决定宣布后的六个月内,随时掌握未成年人的思想状态和行为表现,共同巩固帮教成果,并做好相关记录”。

---

〔1〕 参见张鸿巍:《迎接未成年人刑事司法发展的“新常态”》,载《检察日报》2015 年 7 月 14 日,第 3 版。

## 四、未成年人刑事检察权配置的再思考

当前,最高人民检察院依据中央司法体制和工作机制改革的总体部署,正积极推进未成年人刑事司法制度的改革和完善,这其中不可避免涉及对检察权于其中配置和运行的再审视与再梳理。正如检察学者石少侠所指出的,检察权问题一直是司法改革研讨过程中理论分歧最大、实务中又最令人困惑的重大问题。[1] 检察权和检察机关在整个法域权力和司法架构中的地位与角色如何伴随社会变化而与时俱进,是个不断衍化的争议问题。检察权的合理配置及应用这一难题非大陆法系所独有,各法域皆然。即便是在检察制度相对稳定的我国台湾地区,近期对检察权定位亦频起波澜。通常意义上说,检察权权属关系系指检察机关在国家权力体系中的地位与角色及在权力划分中的归属。[2] 检察权性质与检察机关的性质一脉相承,关乎检察职能、管辖范围及运作等具体特征。随着各异的历史发展阶段与国情,域内外对检察权的认识大体上包括"行政权说"、"司法权说"、"司法行政双重属性说"与"法律监督权说"等不同主张。

《宪法》第 134 条规定,"中华人民共和国人民检察院是国家的法律监督机关"。而《检察院组织法》第 2 条对此予以重申,"中华人民共和国人民检察院是国家的法律监督机关"。这些重要法律对检察机关的宪法性定位作了原则性界定,即检察机关是国家的法律监督机关,继而检察机关行使的检察权常被视为法律监督权。学界围绕"法律监督"内核及外延一直有不同理解和主张。从法律监督的内在需要出发,检察学者张智辉认为检察机关应当具有调查权、追诉权、建议权及法律话语权四个方面的具体权能。在他看来,这四个方面的具体权能构成检察权的基本要素。[3]

20 世纪六七十年代以来,一些发达国家开始对包括未成年人检察制度在内的未成年人司法制度进行改革,其中不乏可供借鉴的经验与教训。考察域外未成年人刑事检察的定位与开展,未成年人刑事检察在职权、范围等方面应该是最为宽泛的,这既对科学性、规范性和专业性开展相关工作提出了更高的要求,同时,未成年人刑事检察的开展亦为检察权合理定位与配置提供了一些鲜活的实证样本。检察学者邓思清主张,"检察权内部配置与检察机关内设机

---

〔1〕 参见石少侠:《检察权要论》,中国检察出版社 2006 年版,前言第 1 页。

〔2〕 参见刘方:《检察制度史纲要》,法律出版社 2007 年版,第 3 页。

〔3〕 参见张智辉:《论检察权的构造》,载《国家检察官学院学报》2007 年第 4 期。

构改革是检察改革的重要内容，也是优化检察权配置的必然要求"，并据此提出检察机关内设机构改革应首先保证检察权全面公正高效行使。在他看来，"全面"就是检察机关设置的内设机构要能够保证法律赋予检察机关的各项职权都得到行使。[1] 于大陆法系法域中，通常来说，每位检察官均是"独立之官署"。[2] 总结未成年人检察工作30余年来的经验，《指引》第7条于"工作模式"中明确规定，"人民检察院未检部门实行捕、诉、监、防一体化工作模式，同一个检察官或者检察官办案组负责同一刑事案件的审查逮捕、审查起诉、诉讼监督和犯罪预防等工作"。这种"同一个检察官或者检察官办案组负责同一刑事案件的审查逮捕、审查起诉、诉讼监督和犯罪预防等工作"反映出：既通过每位未检检察官全方位职责介入凸显出其所在检察机关办理未成年人案件的制度与程序，亦敦请每位未检检察官身体力行延伸着检察权在未成年人刑事司法中的理念与价值。

作为未完成的机构，各法域检察机关之内设机构与相应职权配置并非一成不变。除传统公诉职能外，尚有不同检察职权，比如，审查批捕、诉讼监督、控告申诉及刑罚执行监督等。从某种意义上来说，每个未成年人检察部门相当于去自侦权后的迷你检察院。鉴于审查逮捕不但刑事检察较为独特的制度，且对未成年人刑事案件审查逮捕涉及多方面考量因素，《指引》第5章以3节共23个条文规定了未成年人刑事案件审查逮捕的相关内容。比如，第146条规定，"公安机关对不在案的未成年犯罪嫌疑人提起批准逮捕的，可以要求公安机关在未成年犯罪嫌疑人归案后再行提请批准逮捕"，这体现出检察机关对公安机关在办理未成年人刑事案件时的诉讼监督职能。

如何形成完备的未成年人刑事检察制度以引导未成年人健康成长，阻止和预防未成年人犯罪，并督促涉罪未成年人复归社区，已逐渐成为亟待解决的热点法学问题。经过30余年建设，未成年人刑事检察取得了成就，积累了大量实践经验。《指引》的适时出台，将为构建有中国特色未成年人刑事检察制度提供详细的具体标准和操作程序，而检察实务将会为检察权在未成年人刑事司法配置与运行中的凸显与发展提供一些坚实的实践样本，继而推动检察权

---

〔1〕 邓思清：《检察权内部配置与检察机关内设机构改革》，载《国家检察官学院学报》2013年第2期。

〔2〕 刘邦绣：《检察官职权行使之实务与理论》，台北，五南图书出版股份有限公司2008年版，第9页。

的进一步探讨和定位。

## 第三节 “少年+家事”检察

### 一、父母亲权:家庭结构的分化及功能

作为抚养及照护儿童之基本社会组织,家庭从组织权力结构上常为母权家庭、父权家庭、夫妻平权家庭等不同类型。而对儿童抚养及照护之义务通常自动归属于生物父母,而不考虑资格或适当性,但亦存在一些其他群体共同抚养子女的例外。[1] 从儿童福利角度来看,家庭结构及功能的健全有助于实现儿童福利之全面保障。而从父母或监护人角度来看,家庭旨在抚养及照护儿童并促其社会化。

父母或监护人对未成年子女抚养及照护方式既有趋同性,亦有歧异性,即随家庭结构差异而呈现差异化之亲权。虽然确切含义随不同法域而略有差异,但亲权通常系指父母或监护人抚养子女及照护子女财产之权利及义务,包括父母或监护人对于抚养子女所拥有之权利,及为抚养子女及照护子女行为与财产所承担之义务。回顾历史,未成年人曾长期被视为父母之私有“财产”,[2]其人身及财产皆可由后者处置。父母或监护人之亲权仍是建构家事主要权利及义务关系之重要理论基石。比如,英国《1989 年儿童法》(Children Act 1989)第 3 条规定,“父母依法对儿童及其财产享有权利(rights)、义务(duties)、权力(powers)、责任(responsibilities)和权威(authority)”。[3] 对儿童享有亲权之父母或监护人有权且有义务对其子女进行抚养及照护,故而亲权之创立、变更和终止皆须遵循相对严格的法律程序。

“完整家庭”(intact family)这一重要概念于 1936 年横出问世,用以表征父母双方皆与其子女共同生活的家庭形式。[4] 《儿童权利公约》亦在序言部分强调,“深信家庭作为社会的基本单元,作为家庭所有成员,特别是儿童的成长和

---

〔1〕 See Ian F. G. Baxter, *Family Law*, Accessed on November 27, 2018, https://www.britannica.com/topic/family-law.

〔2〕 Anthony Walsh & Craig Hemmens, *Law, Justice, and Society: A Sociolegal Introduction*, New York, NY: Oxford University Press, 2011, p. 201.

〔3〕 Children Act 1989, § 3(1).

〔4〕 See Bryan A. Garner, *Black's Law Dictionary* (*10th edition for iPhone and iPad*), Thomson Reuters, 1.4 Version, 2014.

幸福的自然环境，应获得必要的保护和协助，以充分负起它在社会上的责任”，“确认为了充分而和谐地发展其个性，应让儿童在家庭环境里，在幸福、亲爱和谅解的气氛中成长”。[1] 在其后正本中，《儿童权利公约》不厌其烦地于54条条中反复强调家庭于儿童成长过程中不可或缺之独特作用，计8条11处言及监护人，9条13处言及家庭，16条38处言及父母，以上诸条已然触及家庭功能结构及核心内容。

因家庭结构及功能不断细化，法律逐渐成为规制家庭生活特别是维护及调整家庭关系、抚养及照护儿童、保护妇女老人等弱势群体合法权利之各项规范中最为重要的社会控制手段，尤以家事法为重。[2] 家事法（family law）旧译为家庭法，亦称家庭关系法（law of domestic relations），系规制家庭事务和家庭关系之法律总称。具体来说，家事法涉及婚姻、民事结合及家事伴侣关系；配偶及家庭关系；终止法律承认之家庭关系和附属事项，包括离婚、无效婚姻、财产安置、赡养费、子女监护和探视、子女抚养费；收养；代孕；儿童保护程序：干预虐待儿童和照管不良儿童案件可能导致之法庭诉讼程序；未成年人法：与未成年人有关之事项，包括身份过错、儿童偏差；建立及解除亲子关系程序，及亲子鉴定。[3] 因家事法是调整家庭关系和儿童抚养及照护事宜之法律规范，其不仅涉及家庭生活，更涉及家庭成员的情感生活，因此，被视为最具情感的法律领域。[4]

时下，我国《宪法》、《婚姻法》（已失效）、《妇女权益保障法》、《老年人权益保障法》、《未成年人保护法》、《预防未成年人犯罪法》、《反家庭暴力法》等不同法律以专章或专条的形式规定了家庭结构及功能、亲权及由此而来之权利与义务。但总体来说，基于解读家庭结构及功能而来之“家事法”，目前在我国尚是较新的领域，亟待整合并继而拓展、落实及完善上述法律之相关规定，为解决未成年人及家庭关系提供国家亲权介入之整体框架与顶层设计。

## 二、国家亲权：国家干预的兴起及彰示

在家庭权威和国家干预的此消彼长中，“国家亲权”法则作用日益明显。

---

〔1〕《儿童权利公约》序言。

〔2〕参见张鸿巍：《深圳虐童事件直接把孩子带离父母是下策》，载《新京报》2018年12月25日，第10版。

〔3〕See Larson, A, *What's Family Law*, Accessed November 27, 2018, https://www.expertlaw.com/library/family_law/family_law.html.

〔4〕See Abrams, K, *Barriers and Boundaries: Exploring Emotion in the Law of the Family*, Virginia Journal of Social Policy & the Law 16, 2008, p. 319.

最初,"国家亲权"法则这一术语被用于保护未成年人及无法律行为能力者之财产权利。[1] 因未成年人司法之目的在于对未成年人适用保护及治疗程序而非惩教程序,故其程序之民事属性浓重。[2] 比如,在美国得克萨斯州,该州未成年人司法制度之法律基础为《得克萨斯州家事法典》,第三篇即为《得克萨斯州未成年人司法法典》。该州刑事(成人)司法法律基础乃《得克萨斯州刑法典》(Texas Penal Code)及《得克萨斯州刑事诉讼法典》(Texas Code of Criminal Procedure),但《得克萨斯州刑法典》及《得克萨斯州刑事诉讼法典》系相互独立之法典,共同构成完整之得克萨斯州刑事法律规则。然《得克萨斯州未成年人司法法典》却未对未成年人案件处理之法律规则作完整规定,每个未成年人案件皆须与其他法律衔接,以完成处理该案件之一套法律规则。这些案件原则上适用《得克萨斯州民事诉讼规则》(Texas Rules of Civil Procedure),但亦可适用刑事诉讼规则。[3]

未成年人司法与儿童福利交互发展所涉及之未成年人概念可大体分为偏差儿童与受抚养儿童(dependent child)。相应地,以未成年人在偏差案件中之地位是犯罪人抑或被害人为分类标准,未成年人案件亦可分为偏差案件与保护案件两大类。这两种分类相互之间并非绝对割裂,而可能会于个案中相互重合与叠加。这种重叠效果体现出未成年人司法之两元化趋向,即未成年人刑事司法与未成年人民事司法既独立又统一,而后者则是以强化家庭环境及父母或监护人义务为导向。[4] 时代变迁,检察环节所办理之未成年人案件不再局限于传统意义上的未成年人刑事案件,以"儿童最佳利益"原则及"国家亲权"法则为导向,围绕检察职能,适当延伸至未成年人保护案件,当然这种延伸并非无的放矢。而未成年人保护案件主要包括未成年人被害案件及涉少家事检察案件,两者交叉之处亦甚多,尤应夯实"家庭"及"家庭功能"以凸显之。[5]

家事法本身亦在持续变迁及衍化之中,已然不再局限与婚姻、继承及收养相关的法律等传统范畴,而逐渐成为向家庭成员提供抚养、照护与维系和睦关

---

[1] See Chris Cunneen & Rob White, *Juvenile Justice: Youth and Crime in Australia* (*3rd edition*), Sydney, Australia: Oxford University Press, 2007, p. 13.

[2] See Richard Lawrence & Mario Hesse, *Juvenile Justice: The Essentials*, Thousand Oaks, CA: SAGE Publication, 2010, p. 17.

[3] See Dawson, R, *Texas Juvenile Law* (*9th Edition*), Austin, TX: Texas Juvenile Justice Department, 2018, p. 64.

[4] 参见张鸿巍:《"未检"须适应少年司法二元化趋向》,载《检察日报》2018 年 9 月 25 日,第 3 版。

[5] 参见张鸿巍:《"未检"须适应少年司法二元化趋向》,载《检察日报》2018 年 9 月 25 日,第 3 版。

系之多元化法律规范。秉承“儿童最佳利益”原则及“家庭和睦”原则,少年法与家事法共存共荣,互为依托,[1]如前文述及之美国《得克萨斯州未成年人司法法典》为《得克萨斯州家事法典》子法即是例证。从家事法视角重新审视未成年人保护,或可将传统未成年人法中较难落地之亲职教育及父母惩教等难题逐一化解。

家事法飞速发展,对亲权之干预亦已跨越了国境,如欧洲人权法院于2014年1月21日“周某诉意大利”(*Zhou v. Italy*)案件之判决。该案件起端于2004年10月,当事人系中国公民,与其3个月大的儿子一起被安置在意大利一家福利机构内。在与当地社会服务机构达成协议后,其子在白天被转安置在寄养家庭。然3个月后,该家庭准备不再寄养孩子了。当事人遂决定在上班时将孩子委托给邻近夫妇照护。然社会服务机构并不接受她所选择之照护者,而径直向当地检察官通报当事人情况。2007年年底,因认定该母亲无法有效照护其幼子,检察官要求儿童法院就该儿童启动收养程序。该案件辗转上诉至欧洲人权法院。欧洲人权法院认为,意大利司法当局之前的相关判决违反了《欧洲人权公约》(European Convention on Human Rights)第8条有关尊重私人及家庭生活权利之条款;主张意大利司法当局切断家庭关系之前没有正确履行其义务,并未做出适当或充分努力以确保尊重当事人与子女一起生活之权利;最重要的是,意大利司法当局并未适当考虑尽可能使处于弱势地位之当事人与其子之间的家庭关系得以维系。欧洲人权法院继而认为,意大利司法当局只是评估了当事人之照护困难,但这些困难是可以通过社会福利服务之有针对性支持来予以克服的;当事人缺乏机会与其子重新建立关系。意大利司法当局亦没有提供令人信服之解释,可以证明当事人与其子之家庭关系被切断是正当的。[2] 此案之判决,彰显了“国家亲权”法则介入亦受到国际法制约,但归根究底仍是为了敦促亲权之有效实现。

### 三、家事审判:少年审判的衔接及借鉴

从宏观层面来看,我国未成年人刑事案件量整体呈现逐年下降态势。一些地方少年法庭受案量入不敷出,未成年人案件业务量已远不足以维系业务

---

〔1〕 参见张鸿巍:《深圳虐童事件直接把孩子带离父母是下策》,载《新京报》2018年12月25日,第10版。

〔2〕 See European Court of Human Rights, *Parental Rights*, Accessed January 6, 2019, https://www.echr.coe.int/Documents/FS_Parental_ENG.pdf.

庭之正常运转,故包括未成年人保护案件在内的家事案件开始逐步被纳入受案范围之中,以此拓宽少年法庭的生存与发展空间。

少年审判庭与家事审判庭合并,目前面临如此艰难抉择的并非只有我国。从域外看,“少年法庭”(juvenile court)只是个笼统名称,不同法域在不同历史时期皆使用过不同名称,如未成年人及家庭关系法庭(juvenile and family relation court)、未成年人及家事法庭(juvenile and family court)、未成年人司法法庭(youth justice court)及家事法庭(family court)等。因非刑事属性,美国少年法庭性质即属于为不良少年设立之家事法庭。[1]

言及少年法庭破茧而出及其衍变路径,家事法庭亦是乘少年法庭运动而异军突起,在法庭结构、受案范围等方面与少年法庭发展互有交叉。家事法庭之前身是儿童法庭或少年法庭。[2] 基于“儿童最佳利益”原则考量,许多不幸遭遇家庭虐待、遗弃和照管不良之未成年人亦为许多法域家事审判对象。以美国纽约州为例,家事法庭亦审理未成年人案件。如据《纽约州家事法庭法》(New York's Family Court Act)第302.1条第1项,“家事法庭对确定未成年人是否系偏差少年享有专属初始管辖权”。[3]

早在世纪之交,美国首个少年法庭于芝加哥市建立后不久,新泽西州及俄亥俄州两个州议会即开始考虑将少年法庭从对儿童法律问题之管辖权扩充至家庭及其子女。1912年新泽西州议会颁布新法律,授权郡级少年法庭有权审理和确定所有家庭关系纠纷。[4] 两年后,俄亥俄州在家庭关系方面进行了法庭合并,于汉密尔顿郡普通诉讼法院设立了家庭关系法庭,管辖离婚、赡养费事项、犯罪、抚养、被照管不良和残疾儿童、抚养等案件,被认为是全美首个家事法庭。该庭首任法官查尔斯·W.霍夫曼(Charles W. Hoffman)在1918年主持了全美缓刑协会家事关系法庭专业委员会研讨,该专业委员会发布报告并讨论了少年法庭是否需要成为家事法庭之组成部分。[5] 相关探讨以为法官提

---

〔1〕 参见[美]劳伦斯·弗雷德曼:《二十世纪美国法律史》,周大伟等译,北京大学出版社2016年版,第109页。

〔2〕 See Belou, E, *History of Family Court*, Accessed January 6, 2019, http://www.parentsinaction.net/english/Family_Court/History%20of%20Family%20Court.htm.

〔3〕 New York's Family Court Act, § 301.1.

〔4〕 See Halemba, G., Hunter Hurst IV & Gable, R, *Ohio Family Court Feasibility Study*, Pittsburgh, PA: National Center for Juvenile Justice, 1997, p. 1.

〔5〕 See Halemba, G., Hunter Hurst IV & Gable, R, *Ohio Family Court Feasibility Study*, Pittsburgh, PA: National Center for Juvenile Justice, 1997, p. 1-2.

供了广泛的自由裁量权来塑造家事法及家事法庭。[1]

与少年法庭发展一路的跌跌撞撞相比,家事法庭势如破竹。截至1996年,23个州已采取措施,将全部或部分涉及不同家庭成员参与不同法律诉讼程序之司法管辖予以合并,相关案件即作为家事法庭受理之案源。[2] 1999年,全美少年与家事法庭法官理事会主席刘易斯法官逐一列举了百年来美国少年法庭7方面的演变,其中包括少年法庭向家事法庭的逐步衍变;少年法庭法官们较其前辈精通相关法律,且依业务需要更对儿童发展、酒精与药物滥用、心理健康与学习障碍、虐童、家庭暴力及矫正等方面议题了解颇多。[3]

因少年法庭具备家事法庭的属性,美国少年法庭司法管辖权涵盖了各类未成年人保护案件。比如,田纳西州少年法庭在以下领域具有管辖权:判决儿童为受抚养和被照管不良、受虐待、身份过错/不守规矩或偏差儿童;亲权终止、指令对患有发育障碍或精神病之儿童进行治疗、评估和(或)监禁;将儿童交由儿童事务厅监护;建构亲子关系;指令未婚父母为其子女支付和执行子女抚养费;为非监护父母提供探视;强制执行义务教育法;取消未成年人申请结婚证之年龄限制;若法律要求,颁发对未成年人雇用或武装部队征募给予司法允可;当父母或监护人无力时,实施儿童医疗之司法允可;未经父母应允堕胎之司法授权;裁决18岁以下人员涉嫌交通违法行为;将严重未成年人偏差案件移交刑事法庭审理。[4]

在未成年人案件与家事案件之固有边界被逐步模糊进程中,儿童监护、财产继承、家庭暴力等领域均可透视出两者间的交叉。一如大力推动我国家事审判改革的最高人民法院前审判委员会专职委员杜万华所指出的,“伴随着离婚和离婚纠纷数量的不断增长,家庭破裂和家庭危机导致大量社会问题产生,如未成年人的教育与抚养、妇女权益维护、老年人赡养等社会问题频发。这必然对社会的经济、政治、文化、社会管理等方面皆会带来程度不同的影响和冲

---

〔1〕 See Belou, E, *History of Family Court*, Accessed January 6, 2019, http://www.parentsinaction.net/english/Family_Court/History%20of%20Family%20Court.htm.

〔2〕 See Halemba, G., Hunter Hurst IV & Gable, R, *Ohio Family Court Feasibility Study*, Pittsburgh, PA: National Center for Juvenile Justice, 1997, p. 3.

〔3〕 See J. Dean Lewis, *An Evolving Juvenile Court: On the Front Lines with Judge Dean Lewis*, Juvenile Justice, 6(2), 1999, p. 3-12.

〔4〕 See Administrative Office of the Courts, *About Juvenile & Family Court*, Accessed May 12, 2018, https://www.tncourts.gov/courts/juvenile-family-courts/about.

击”。[1] 以儿童监护权为例,其一直是最受争议的家事法及家事审判领域。根据“儿童最佳利益”原则决定子女监护权时,法庭判决依据通常包括父亲或母亲与子女的亲子关系更为密切、父母是否能够维系稳定之家庭关系及父母双方是否有重大犯罪记录或药物滥用问题。[2]

以自20世纪后期以来受到广泛关注的家庭暴力为例,家事法与某些社会问题有共同的利益纠葛,时常延展至刑法、刑事诉讼法、民事诉讼法等其他法律领域。例如,家庭暴力问题可表现为父母或监护人等成年家庭成员对儿童之肢体暴力、精神暴力、性暴力及经济暴力等。情况严重时,唯一真正有效的解决办法可能是终止共同居住或将受虐儿童从家庭监护转移到某种形式的公共或寄养监护中。[3] 在家庭结构及功能的维护与调整中,儿童亦有权得到父母或监护人之扶助。比如,支付离婚后子女抚养费之主要目的,是为生活在不同家庭之子女可以获得与父母或监护人生活在一起时大体相当之经济扶助。美国各州皆有子女抚养费的相关计算公式,大多数公式会考虑父母收入、税收和其他费用扣除、儿童健康保险费用及是否有托儿需求;一些州亦会考虑父母与儿童一起度过之时间,但并非所有州皆将育儿时间考虑在内。[4]

## 四、“少年+家事”检察:概念的逻辑及展开

### (一)“少年+家事”检察的概念提出

域内外许多学者认为,检察机关是个尚未完成之机关,其内设机构及相关职权仍在衍变之中。[5] 我国检察机关是如此,未成年人检察机构及其职权更是如此。2018年12月4日,中央正式印发了《最高人民检察院职能配置和内设机构设置》。在2015年年底未成年人检察工作办公室基础上,2019年1月正式设立了第九检察厅,专门负责未成年人检察工作。这实现了“未成年人保护案件”检察与“未成年人偏差案件”检察的职能整合,亦为未来家事检察之成长提供了机构平台。未成年人检察已整体上完成了从传统之批捕、起诉的单

---

〔1〕 杜万华:《大力推进家事审判方式和工作机制改革试点》,载《人民法院报》2017年5月3日,第5版。

〔2〕 See Ian F. G. Baxter, *Family Law*, Accessed November 27, 2018, https://www.britannica.com/topic/family-law.

〔3〕 See Ian F. G. Baxter, *Family Law*, Accessed November 27, 2018, https://www.britannica.com/topic/family-law.

〔4〕 See Legal Career Path, *What is Family Law*? Accessed November 27, 2018, http://legalcareerpath.com/what-is-family-law/.

〔5〕 参见万毅:《两岸检察官法律地位之比较》,载《东方法学》2011年第2期。

一刑事检察向实行“捕诉监防”一体化工作模式的复合刑事检察之转轨，目前正积极探索向行政检察、民事检察及公益诉讼挺进。

当前，我国“少年+家事”司法整体上仍是法院审判业务之重组或整合，尚未实质性切入家事检察业务之顶层设计。以维护婚姻家庭和谐稳定、依法保障未成年人、妇女和老年人合法权益为导向，最高人民法院自2016年6月1日起在全国范围内选择部分法院开展家事审判方式和工作机制改革试点工作。时隔两年，最高人民法院又于2018年7月下发《关于进一步深化家事审判方式和工作机制改革的意见(试行)》，分别就家事调解、家事调查、心理疏导及审理规程等提出了具体意见。截至2018年6月底，118家中级、基层法院参与最高人民法院确立之家事审判改革试点工作，超过400家中级、基层法院参与各高级法院确立之家事审判改革工作。[1] 2016年，全国各级法院审结家事案件175.2万件，离婚案件139.7万件，[2]其中相当一部分为涉少家事审判案件。2018年7月19日，最高人民法院召开家事审判方式和工作机制改革联席会议首次全体会议，明确提出“将案件审判由侧重财产权益保护转变为全面关注当事人身份利益、人格利益、情感利益和财产权益”，[3]这进一步拓展了家事审判之范围，亦强化了家庭环境中未成年人保护之力度。

近年来，涉少家事检察案件数量之迅速增长，使未成年人司法所涵盖之案件范围也随之急剧扩展。回归本位，包括涉少家事检察及涉少家事审判在内的涉少家事司法，已不可避免地成为未成年人司法之可持续增长点，这是各法域未成年人司法之发展趋势，亦是未成年人司法有序拓展司法管辖的应有之义。[4] 以未成年人审判改革为前车之鉴，在欢呼未成年人检察跨越式发展的同时，或可在大部制和员额制持续推进的现实语境之下，围绕检察职能积极探求未成年人检察工作可持续之业务新增长点。

检察业务依“国家亲权”法则及“儿童最佳利益”原则强力介入家事案件并非天外来物。以光绪三十二年(1906年)颁行之《大理院审判编制法》为标志，近代检察制度始得创设。1907年，清廷继而颁行《各级审判厅试办章程》，并于

---

〔1〕 参见孙航：《为社会建设奠基，为幸福生活护航——人民法院家事审判方式和工作机制改革综述》，载中国法院网2018年7月20日，https://www.chinacourt.org/article/detail/2018/07/id/3398212.shtml。

〔2〕 参见杜万华：《大力推进家事审判方式和工作机制改革试点》，载《人民法院报》2017年5月3日，第5版。

〔3〕 参见周强：《深化家事审判方式和工作机制改革》，载《法制日报》2018年7月20日。

〔4〕 参见张鸿巍：《少年司法的火候》，载《检察日报》2016年10月18日，第3版。

章程第97条规定检察厅应收受诉状,而“诉状”并不局限于刑事诉状。随后不久,一些地方对诉状之界定做出了适当性的扩展。比如,《上海地方检察厅收状处规则》确定了收受七类民事诉状,包括亲族承继及分产案件、婚姻案件等,这或可视为我国家事检察之鼻祖,与未成年人保护有相当紧密的关联。民国时期颁行之《民法》及《民事诉讼法》对此有所继承和扩张,亦规定了检察官可参与处理婚姻、亲子、禁治产等家事案件。

域外相关规定亦显示了时下检察官介入民事案件之不同路径。譬如,据我国台湾地区“法院组织法”第60条规定,检察官除享有实施侦查、提起公诉、实施公诉、协助自诉、担当自诉及指挥刑事裁判执行之职能外,亦可据其他法令进行职务履行。而依我国台湾地区“民法”第14条规定,检察官可为自然人监护宣告事件之申请人;又据我国台湾地区“家庭暴力防治法”第10条规定,检察官可向法院申请人身安全保护令。

多维视角下的“未成年人保护案件”检察工作,或可适当参酌域外未成年人检察特别是儿童虐待检察及家庭暴力检察之有益经验。经过百余年发展,除据受案范围分设未成年人检察处及未成年人虐待检察处以外,美国亦有一些地方检察院专设家事检察处,其受案范围亦涵盖部分未成年人保护案件。以得克萨斯州哈里斯郡地区检察院为例,其家庭处是个专业化的机构职能优化协同团队,共同致力于提升被害人安全及违法者责任,通过教育和赋权家庭来结束包括儿童虐待、遗弃及照管不良在内的各类家庭暴力循环,具体办理家庭暴力刑事案件、违反人身安全保护令案件、重婚和干涉儿童监护案件。[1]

即便撇开历史及域外经验,现时检察机关介入涉少家事检察案件亦有相应法律依据。于《未成年人保护法》第7章“司法保护”这一章节中,第100~129条分别规定了公安、法院、检察院及司法行政部门在未成年人保护中的相关职责,其中有11条明文规定检察院职责,分别为第100~106、111、112、114条及第115条。而第106~109条则规定了未成年人合法权益受到侵害案件、继承案件、离婚案件及父母或者其他监护人不履行监护职责或者侵害被监护未成年人合法权益之案件等未成年人民事或民刑交叉案件,其分别与《民法总则》(已失效)、《婚姻法》(已失效)、《继承法》(已失效)、《反家庭暴力法》等诸多法律遥相呼应。涉少家事检察监督与现有民事检察监督相结合亦有法可循,如《民事诉讼法》第14条规定,“人民检察机关有权对民事诉讼实行法律监

[1] See Office of District Attorney, Harris County, *Family Law Division*, Accessed December 31, 2018, https://app.dao.hctx.net/victim-services/family-criminal-law-division.

督”,由此可见检察机关对涉少家事案件之诉讼进行法律监督亦是民事行政检察在未成年人犯罪防控及未成年人权利保障业务开展的应有之义。

通过家事法与刑法、刑事诉讼法等法律之互联互通,目前未成年人保护碎片化之困境,如强制亲职教育及惩教,再如针对涉罪未成年人监护人如何规制,诸如此类问题在司法实务中均面临无法落地的困境,将诸上问题置于家事检察这个更大范围或可有将其落地的可能性。[1] 相应地,围绕检察职能,未成年人检察案件范围之适当扩充及延展或已提上势在必行的日程。本书认为,家事检察系指检察机关为维护婚姻家庭和谐稳定,依法保障未成年人、妇女、老年人等家庭弱势群体之合法权益,对审判机关涉及未成年人抚养权、监护权、探视权、家庭暴力人身安全保护令等家事生效裁判及执行依法开展监督,推动儿童福利和家庭稳定之检察业务工作。在检察机关的现有职能中,家事检察和现在的检察职能存有相当之关联度,并以家事司法对儿童利益最大化之角度拓展进去。故而“少年 + 家事”检察之发展是下一步未成年人检察与民事检察协同发展的重要方向,所涉及内容会给时下未成年人检察发展提供可持续的发展空间。[2]

(二)“少年 + 家事”检察的案件受理范围

1. 少年(未成年人)检察案件

除办理未成年人刑事案件外,我国检察院亦肩负着对儿童虐待、性侵、照管不良等被害案件予及时有效司法干预之职责。在许多基层检察院的未成年人检察工作中,未成年人被害案件已被归属为受案范围,但这部分案件目前整体而言仍是以刑事案件为主。比如,《刑法》第 260 条界定了针对共同生活家庭成员之虐待罪。据虐待行为之严重程度,可将其划分为一般虐待罪与“致人重伤或死亡”之严重虐待罪。前者在一般情形下为亲告罪,原则上告诉才处理,被害人可直接向人民法院提起自诉;后者则属于公诉案件。该条第 3 款还规定,针对一般虐待罪,“被害人没有能力告诉,或者因受到强制、吓阻无法告诉的除外”。此即若未成年被害人没有能力告诉,或者因受到强制、吓阻而无法告诉的,未成年人检察部门依然可以提起诉讼。

美国最新实证研究显示,每年向警方报告之儿童性虐待案件超过 80,000 起,其中 1/4 女童和 1/6 男童在 18 岁之前遭受性虐待;每年有超过 5.5 万名儿

[1] 参见张鸿巍:《“未检”须适应少年司法二元化趋向》,载《检察日报》2018 年 9 月 25 日,第 3 版。
[2] 参见张鸿巍:《“未检”须适应少年司法二元化趋向》,载《检察日报》2018 年 9 月 25 日,第 3 版。

童在家遭遇肢体虐待,八成儿童死亡肇自父母之虐待或照管不良。[1] 近年来,美国检察机关在应对未成年人犯罪之余,亦相继开展了对未成年人被虐待、遗弃、照管不良案件之处理工作。以得克萨斯州达拉斯郡地区检察院为例,该院设有未成年人检察处(juvenile division)及儿童虐待检察处(child abuse division),前者负责处理年龄介于10~17岁的未成年人乙类轻罪至重罪案件,如店铺行窃直至死刑案件等;该部门亦处理影响亲子关系之案件。[2] 而儿童虐待检察处则致力于确保儿童于社区中安全成长,亦与相关机构及父母一起关注儿童长远发展,建构有意义之干预计划。该处年均办理近700件由警方提交之儿童虐待案件,这些案件包括14岁以下儿童被性侵案件及因家庭、信任或权威关系而来之儿童性侵案件、8岁以下儿童肢体虐待案件等。[3] 类似的案件处理范围,亦为我国探索未成年被害人案件检察提供了一些思路。

2. 家事检察案件

家事案件系指涉及家庭内部成员之间矛盾纠纷之案件,包括婚姻家庭、赡养抚养、收养寄养、遗产继承和分家析产等案件。推及检察,家事检察或可涵盖家事案件特别是家庭暴力之检察介入、对家事审判诉讼活动进行检察监督。前者涉及检察机关应职权性要求启动起诉、支持起诉等司法活动,如参与撤销监护人资格诉讼;后者主要是检察机关依法对审判机关家事审判活动进行全面监督。

在各类家事案件中,家庭暴力案件层出不穷,其严重影响家庭和睦和亲子互动。为了预防和制止家庭暴力,保护家庭成员之合法权益,维护平等和睦文明之家庭关系,促进家庭和谐、社会稳定,我国于2015年出台了《反家庭暴力法》。其第5条规定,"未成年人、老年人、残疾人、孕期和哺乳期的妇女、重病患者遭受家庭暴力的,应当给予特殊保护"。尽管该法并未直接明文规定检察机关在反家庭暴力案件中的法定职责,但部分条款仍有迹可循。比如,第13条规定,"家庭暴力受害人及其法定代理人、近亲属可以向加害人或者受害人所在单位、居民委员会、村民委员会、妇女联合会等单位投诉、反映或者求助。有关单位接到家庭暴力投诉、反映或者求助后,应当给予帮助、处理"。作为被害人权利最终司法保障者之一,检察机关或可在维护包括儿童虐待在内各类家

---

〔1〕 See Dallas County District Attorney's Office, *Juvenile Division*, Accessed December 31, 2018, https://www.dallascounty.org/department/da/juvenile_division.php.

〔2〕 See Dallas County District Attorney's Office, *Juvenile Division*, Accessed December 31, 2018, https://www.dallascounty.org/department/da/juvenile_division.php.

〔3〕 See Dallas County District Attorney's Office, *Child Abuse Division*, Accessed December 31, 2018, https://www.dallascounty.org/department/da/child_abuse.php.

庭暴力案件中肩负起重大责任和使命。在被害人没有能力投诉、反映或者求助,或者因受到强制、吓阻而无法投诉、反映或者求助的情形下,检察机关或可介入,提供包括协助申请人身安全保护令在内的紧急司法救济。仍以美国得克萨斯州达拉斯郡地区检察院为例,该院设有家庭暴力处(family violence division),负责起诉前任或现任亲密伴侣之暴力重罪。该家庭暴力处不仅致力于为被虐待者伸张正义,且同时致力于促进家庭安全。该处负责人在所有刑事法庭诉讼程序中复杂代表被害人参与辩诉协商。被害人代言者尽可能在临近危机时与被害人联系,其任务是提供有关当地庇护所、咨询、住房和协助被害人之信息分发,并制订相应安全计划。[1]

除依法介入家事案件处理外,我国检察机关亦可据法律监督机关这一宪法特殊定位和属性,对法院相关判决、裁定确有错误之家事案件,可采取抗诉或检察建议等措施,督促法院依法改判。我国《宪法》第 134 条规定,"中华人民共和国人民检察院是国家的法律监督机关"。据《民事诉讼法》第 208 条,检察机关对确有错误的或者可能认为确有错误的民事案件、执行案件,可采取抗诉的措施。但长久以来,检察机关在开展民事检察监督,特别是家事案件检察监督存在一定程度的专业储备不足。张卫平指出,"民事司法改革的过程亦是民事诉讼规则或规范进一步细化和创新的过程"。[2] 当前家事审判的迅猛发展,为开展民事检察特别是家事检察监督提供了可借鉴与参考的路径,亦为家事审判程序、诉讼规则等民事司法改革的进一步完善提供了较为充足的现实案源。

近年来,最高人民法院、最高人民检察院等部门亦不断加强对家事案件处理的司法协同。2017 年 7 月,最高人民法院联合最高人民检察院等 15 家部门联合发布了《关于建立家事审判方式和工作机制改革联席会议制度的意见》。在该意见中,明确了最高人民检察院在推动家事审判方式和工作机制改革工作中的职责任务分工,"指导全国检察机关充分履行检察职能,强化对公安、法院及其他相关部门开展妇女儿童老年人权益保护工作的法律监督。依法惩处各类侵害家庭成员的犯罪,依法追究侵害人的法律责任。对监护人因侵害行为被提起公诉的案件,应当书面告知被监护人及其近亲属或者书面建议民政部门依法申请撤销监护人资格"。2017 年年底,最高人民检察院发布了《关于开展涉及未成年人刑事执行检察、民事行政检察业务统一集中办理试点工作的通知》

[1] See Dallas County District Attorney's Office, *Family Violence Division*, Accessed December 31, 2018, https://www.dallascounty.org/department/da/family_violence.php.

[2] 张卫平:《改革开放四十年民事司法改革的变迁》,载《中国法律评论》2018 年第 5 期。

(以下简称《通知》)。据《通知》,未成年人民事检察涵盖7项工作,包括对未成年人监护侵害和缺失的监督;在刑事案件之外发现的,因监护侵害和监护缺失严重侵害未成年人权益,或者导致未成年人处于危险状态的监督,明确提出“开展涉及未成年人的家事审判监督,未成年人检察部门与民事行政检察部门进一步研究具体案件的受案范围,加强对此类案件审判活动和生效判决裁定的监督”。由《通知》可见,未成年人家事审判监督既是未成年人民事行政检察的重要组成部分,亦为构建涉少家事检察乃至家事检察展示了实现路径。

自此,有关未成年人民事行政检察工作试点已然驶入快车道,上海市长宁区、广东省佛山市南海区、浙江省舟山市定海区、福建省宁德市、江苏省睢宁县、四川省通江县等地基层检察院针对当地少年家事审判业务的蓬勃发展,通过积极参与法院家事案件调解、审判及执行阶段跟进监督等方式,陆续开展涉少监护侵害与缺失监督、侵害众多未成年人合法权益监督及未成年人家事审判监督等试点内容。比如,浙江省舟山市定海区法院与区检察院于2018年5月出台了《关于健全家事审判监督工作协作机制的意见》,明确对涉及未成年人抚养权、监护权、校园侵权等案件的线索及该类案件的裁判结果、执行情况建立互联互通机制;区检察院定期参与区法院涉少成年人家事案件审判活动及调解工作,对区法院的生效裁判及执行活动情况进行审查与跟踪;定期对涉少成年人家事案件进行回访,了解案件处理后社会效果。[1] 这些涉少家事法律监督之践行经验,为更大范围地涵盖妇女、儿童、老年人权益保护工作之家事审判监督提供了可参考性的路径和思路,推动了家事审判监督科学考评体系的逐步建立与健全。

以上“少年+家事”检察案件受理范围并非“少年/未成年人检察”与“家事检察”的简单并列。“少年/未成年人检察”与“家事检察”因理念相近,既相互结合,亦相对独立。如虐待、性侵、照管不良未成年人等未成年人被害案件数量众多,且案情相对冗杂,若发生在家庭环境中,则兼具“少年/未成年人检察”与“家事检察”双重属性。此时,检察机关不宜置身事外,或可执持“儿童最佳利益”原则、“国家亲权”法则及“家庭和睦”原则,通过督促起诉、提出检察建议或提起公益诉讼等形式行使检察权,旨在寻达每个案件最终以相对均衡与公正之方式处理。

---

〔1〕 参见周遥琦:《区法院与区检察院、区妇联建立家事审判协作机制》,载定海人大2018年5月9日,http://www.zsdhrd.gov.cn/art/2018/5/9/art_10280_450172.html。

# 第九章　审判：未成年人审判

## 第一节　少年法庭概说

### 一、少年法庭目的与任务

大多数法域都设有少年法庭来处理少年问题，少年法庭在整个司法中的地位与作用日渐突出。《刑事司法系统中儿童问题行动指南》要求各法域"应设立主要对犯有刑事行为的少年行使司法权的少年法庭，并应制订旨在顾及儿童特定需要的特别程序"。即便不能单独设立少年法庭，该行动指南亦要求"普通法院应酌情纳入这种程序"。于后者中，行动指南督促各法域必要时应考虑制定国家立法和采取其他措施，当有儿童被送交少年法庭以外的其他法庭时，据《儿童权利公约》第3条、第37条和第40条规定，使其享有作为儿童的所有权利并受到保护。据加拿大《未成年人刑事司法法》第13条第1款的规定，每个省及领地都有设立未成年人司法法院的责任。[1]

"少年法庭"只是笼统的名称，尽管有些法域明文规定处理未成年人问题的法院统一被称作为少年法庭，不同法域在不同的历史时期都使用过不同的名称。比如，家事法庭(family court)、少年与家庭关系法院(juvenile and family relation court)、少年与家事法庭(juvenile and family court)及未成年人司法法院(youth justice court)等。即便是"少年法庭"，英文中也有不同术语与之对应，包括"juvenile court""youth court""youth justice court"等，其中以"juvenile court"最为常见。英文"court"因其不同含义，在翻译为汉语时既可以"法院"亦可以"法庭"代之。故此，"juvenile court"及其相近词大体上有"少年法院"及"少年法庭"之意。[2] "tribunal"更具有汉语下"法庭"之意，然"juvenile tribunal"表述目前仍尚不多见。

---

〔1〕 See Youth Criminal Justice Act, § 13.1.

〔2〕 近年来，主张建立独立建制少年法庭的呼声此起彼伏，但中国幅员之广阔、国情之复杂决定了不一定"一刀切"，究竟构建、完善新的少年法庭抑或维持、改革现有少年法庭，大可因地制宜。

在现行司法体系中尚无“少年法庭”建制,而以“少年法庭”代之。但这并不代表其运作理念与规则有较大出入。少年法庭强调个案处理,即对偏差少年作个别的观察和适当的处分。每个少年偏差案件的判决应该是揭示偏差少年的独特情况,而不是简单地对偏差进行定罪量刑。少年法庭的目的在于调查导致少年误入歧途的原因,然后有的放矢地制定一系列制裁和帮助措施使他们改邪归正。少年法庭的任务在于将受理偏差少年案件、调查案情、裁判案件及监督裁判结果的执行等。具体到少年法庭,其任务在于以“教育、感化、挽救”为方针,遵循“教育为主、惩罚为辅”的原则,积极做好“寓教于审、注重感化”工作。

近年来,各法域未成年人司法政策动作频频,但总体看来大体在刑罚与矫正两个极端摇摆不定。作为未成年人司法体系核心的少年法庭如何发展尚存诸多不确定因素,但有一点是可以肯定的:无论是惩罚为主还是矫正为主,少年法庭应当在维护社会正义和未成年人权利的前提下,依据偏差少年的具体生理、心理因素和其所处的社会环境来矫正偏差少年,以便可以正常返回社会。

尚未设立独立建制的少年法庭,而建有“少年法庭”。少年法庭主要有三种模式:设在刑事庭内的少年案件合议庭、独立建制的未成年人刑事案件审判庭、未成年人刑事案件审判庭集中指定管辖庭及少年案件综合审判庭。〔1〕截至2008年年底,全国已建立2219个少年法庭,已有7000余名专任法官。〔2〕

1984年10月,上海市长宁区人民法院创立了首个专门审理未成年人刑事案件的少年法庭,时称“少年犯合议庭”。1988年5月,最高人民法院在上海召开“全国法院审理未成年人刑事案件经验交流会”,以“少年法庭”或“少年庭”代之,将少年法庭工作由局部试点向全国推广。〔3〕此后,少年法庭的经验、做法迅速在全国推广。这些少年法庭受理案件的范围从未成年人刑事案件,扩大到涉及未成年人保护的民事、行政案件。1991年8月,江苏省常州市天宁区人民法院设立了全国首个少年案件综合审判庭。

---

〔1〕 最高人民法院1991年1月26日印发的《关于办理少年刑事案件的若干规定(试行)》第3条曾规定,“人民法院应当在刑事审判庭内设立少年法庭(少年刑事案件合议庭),有条件的亦可以建立与其他审判庭同等建制的少年刑事审判庭。最高人民法院和高级人民法院应当设立少年法庭指导小组,指导少年法庭的工作,总结和推广少年刑事审判工作的经验”。该规定将“少年法庭”与“少年刑事案件合议庭”两者混为一谈,大大缩小了前者的管辖范围,不利于未成年人保护。这也反映了司法实务界对少年法庭认识上的不断衍变。

〔2〕 参见王斗斗:《25年全国少年法庭逾2200个,陈至立、王胜俊向纪念大会致贺信》,载《法制日报》2009年11月3日,第1版。

〔3〕 参见杨崇刚:《少年法庭名称》,载《法学杂志》1994年第6期。

最高人民法院相当重视少年法庭的各项工作,于1994年成立少年法庭指导小组,把对全国法院的少年法庭工作的指导列为重要的专项工作,同时启动了未成年人刑事审判方式改革试点工作。《人民法院第二个五年改革纲要(2004—2008)》提出完善审理未成年人刑事案件和涉及未成年人权益保护的民事、行政案件的组织机构,在具备条件的大城市开展设立少年法庭的试点工作,以适应未成年人司法工作的特殊需要,推动建立和完善中国特色未成年人司法制度。2006年年底,最高人民法院确定18个为"独立建制的未成年人案件(综合)审判庭试点单位",这些试点单位改变以往只审理未成年人刑事案件模式,增加对涉及未成年人权益的民事、行政案件进行"三审合一"的审判的模式。试点法院的未成年人案件综合审判庭,除受理未成年人刑事案件外,亦受理当事人一方或双方为未成年人的民事案件,及婚姻家庭、继承纠纷案件中涉及未成年人权益的案件;当事人为未成年人的行政诉讼案件;未成年罪犯的减刑、假释案件,并审理一审和二审上述类型案件。[1]

## 二、少年法庭与刑事(成人)法庭的联系与区别

### (一)少年法庭与刑事(成人)法庭的联系

作为连接侦查与矫正之间的重要关节点,少年法庭与刑事(成人)法庭在各自司法体系中都占据重要位置,两者在当事人获得律师协助、较高证据规则、正当程序保障等方面具有一定的相似性。卡门等将少年法庭与刑事(成人)法庭间的类似点,尤其是在审判阶段共同点总结为六个方面,即当事人均有权获得正当程序保护、当事人有权获得律师帮助、当事人有免于自证其罪权、当事人有被告知权、当事人有当面质证与交叉询问证人权及警方非法获得证据不得用于庭审的权利。[2] 其中,前五项权利在美国被视为联邦宪法性权利。

### (二)少年法庭与刑事(成人)法庭之区别

尽管有这样或那样的相同点,少年法庭与刑事(成人)法庭区别泾渭分明,两者诸多差别可以从二者使用术语的不同窥见一斑。刑事(成人)法庭使用的术语表明了过错、谴责、罪恶和惩罚的意味;少年法庭则体现了展示问题、需要、关切、救助和关爱的深切含义。犯罪学家彼得·格林伍德(Peter

---

〔1〕 参见袁定波:《最高院披露中级法院少年法庭详情》,载《法制日报》2007年3月19日,第8版。

〔2〕 See Rolando del Carmen & Chad Trulson, *Juvenile Justice: The System, Process and Law*, Belmont, CA: Wadsworth/Thomson Learning, 2006, p. 246 - 247.

Greenwood)认为,少年法庭不同于刑事(成人)法庭的区别表现为缺乏法定有罪判决(absence of legal guilt)、治疗/处分而非惩罚(treatment rather than punishment)、非正式私诉(informal, private court proceedings)、与成年犯隔离(separateness from adult offenders)、侧重少年的背景和社会历史(focus on a juvenile's background and social history)、较短的监督和监禁期限(shorter terms of supervision and incarceration)与特色术语(distinctive terminology)六个方面。[1] 我国台湾地区少年法学者陈慈幸等认为,少年法庭与一般(刑事)法院区别在于前者兼具司法、教育及保护性质、保护优先及教育优先精神、法官专业久任制度、少年调查官全程参与、协商式审理措施、个别化与多样化处遇方式及温暖与人性化审判环境。[2]

除个别情形外,少年法庭在文字表述上亦凸显出与刑事(成人)法庭不同的地方。研习刑事诉讼法时,或可常常注意到这样有趣的现象,即检察官在提起控诉的时候通常是以其所代表的政府进行的。若是联邦检察官,他对被告人塞缪尔·胡佛(Samuel Hoover)之指控就可称为"合众国诉胡佛"(*U. S. v. Hoover*)或者"人民诉胡佛"(*People v. Hoover*);若是州检察官,比如说得克萨斯州检察官,他对胡佛之指控可称"得克萨斯诉胡佛"(*Texas v. Hoover*)。理由很简单,作为刑事案件原告的检察官是政府在法庭的代言人,代表政府和刑事被害人追究犯罪人的刑事责任。在当事人主义的对抗制诉讼模式下,这种诉讼上的习惯用语也体现了政府与被告人之间在罪与非罪、罪轻与罪重上的较量。

在美国,少年法庭通常较少以"合众国"(U. S.)、"人民"(people)或具体州(state)诉某未成年人,而以"*In re* A"代替之,其中A即为涉案未成年人。其中"*In re*"源于拉丁文,意为"in the matter [of]",即"涉及某某人"。前文中反复提及的"戈尔特案"(*In re Gault*)即为此例,表明该州起诉戈尔特。若得克萨斯州一所初中的老师发现14岁胡佛经常逃学,其家长又常常吸毒,在这种情况下,该校向当地少年法庭提交呈请状,要求少年法庭适时介入。一旦少年法庭决定受理此案,则本案将被称作"*In re Hoover*"。本案中并不存在传统刑事案件的控、辩双方。既然缺乏适格的控方和辩护方,且少年法庭运作的目的是尽

---

〔1〕 Richard Lawrence, *School Crime and Juvenile Justice*, New York, NY: Oxford University Press, 1998, p. 172 – 173.

〔2〕 参见陈慈幸、蔡孟凌:《少年事件处理法学理与实务》,台北,元照出版有限公司2009年版,第43~51页。

快审结案件,这样,在刑事(成人)法庭审理过程中常见的程序保障在少年法庭里便有所缺失了。

考察域内外少年法庭运作机制,本书认为,少年法庭与刑事(成人)法庭的主要区别包括审理范围、诉讼程序、法官作用、被告人权利、证明标准与判决结果等方面的不同。

1. 审理范围不同

《国内法与国际法原则下的未成年人刑事责任决议》强调,对未成年人的刑事责任只能由专门的司法部门来确定,且要通过比较严格的程序来保障准确确定刑事责任。美国少年法庭推崇以民事或准民事程序来专门处理未成年人案件,而刑事(成人)法庭则是对那些被控有犯行的成年人进行审理与裁判。很明显,两者的最明显区别在于审理范围不同,正是少年法庭采用完全不同于刑事(成人)法庭的民事程序直接决定了少年法庭审理的非刑事性。[1] 因为少年法庭设立的主要目的在于保护和预防少年偏差的发生,少年法庭有较大的司法自由裁量权来约束那些尚不属于刑法意义上的少年偏差行为。刑事(成人)法庭只受理那些被指控犯罪的刑事案件,被告人仅为涉嫌犯罪的自然人与单位。少年法庭除受理偏差少年外,亦对那些需要照管、抚养的少年进行管辖,这些还可能会涉及监护、抚养权等议题。

2. 诉讼程序不同

少年法庭在案件处理时注重程序的非正式化,而刑事(成人)法庭中所有诉讼参与人都中规中矩,对程序要求远较少年法庭为严。受"国家亲权"法则影响,少年法庭法官们更适应直来直往,对未成年人案件力求迅速而及时。《公民权利和政治权利国际公约》第 14 条第 4 款特别约定,对少年的案件,在程序上应考虑到其年龄和帮助他们重新做人的需要。《北京规则》第 14.2 条规定,"诉讼程序应按照最有利于少年的方式和在谅解的气氛下进行,应允许少年参与诉讼程序,并且自由地表达自己的意见"。

除涉及危害国家安全罪或隐私权等个别情形外,绝大部分刑事程序公开审理,而几乎所有的未成年人案件皆为非公开的。成年犯较未成年犯具有更高的社会危害性,为实现公正,刑事程序需要有较多的对抗性特征,以期在控辩双方激烈对峙中发现事实,"披云雾而睹青天"。[2] 少年案件在处理上则具

---

〔1〕 See Gary Rabe & Dean J. Champion, *Criminal Courts: Structure, Process, and Issues*, Upper Saddle River, NJ: Pearson Prentice Hall, 2002, p. 341.

〔2〕《晋书·乐广传》。

有较大的灵活性,以反映不同未成年人的特点。少年法庭在审理程序上通常适用简易程序,刑事诉讼之中强调对未成年犯罪嫌疑人特别保护,包括不公开审理(包括16岁以下未成年人案件绝对不公开审理及16~18岁未成年人案件相对不公开审理两种具体情形)。

刑事审判的程序源于犯罪嫌疑人被提起指控。这种起诉书是正式的书面控诉,作用在于提醒法院注意所指控之人犯有某些罪名而需要得到公正审判。在少年法庭,程序则是由“呈请”触发的。呈请状只是要求得到某种利益的书面请求,例如,在校学生可以向老师提出呈请状以组织某种社团活动等。少年法庭中使用的呈请状是一份提交给法院的书面请求,就某个具体未成年人的实际状况,请求法院予以管辖。呈请状中提及的未成年人并没有被指控犯有任何罪行,相反地,呈请状中的文字表达了对该未成年人亟须帮助和关爱的关切。

刑事审判的首个阶段便是传讯,也就是宣读具体指控的罪名。少年法庭的首个阶段则是收案听审。“收案”只是表明有一个案件需要处理。若法院发现呈请状中所言大体正确,将会对呈请状中的孩子行使管辖权。即便如此,这个孩子也并非被告人。呈请状中可以声称该未成年人所犯行为若由成人来实施则可能构成犯罪;也可以声称这个少年出于其他原因处于潜在困窘或者犯罪人之困难境地。在刑事(成人)法庭的传讯阶段,被告人会被问及他们认罪与否。这里“有罪”,是说被告人在主客观上都符合犯罪的构成要件。在少年法庭的收案听审阶段,未成年人则会被问及他对呈请状中所言情况是否认可。未成年人只会被问及“行为”(actus rea)本身,不涉及犯罪意图。

在刑事(成人)法庭,那些拒不认罪的被告人将接受庭审。庭审的本意便是解决两者间的纠纷和争斗。所以在刑事(成人)法庭,检察官与被告人将你来我往,针锋相对。在少年法庭,若少年并不认可呈请状中的内容,那么他就要面对裁判(adjudication)[1]听审。少年法庭法官同样需要甄别事实真相以发现呈请状中的内容是否真实可信。但与刑事(成人)法庭不同,少年法庭在这个阶段对抗性相对较弱。

刑事(成人)法庭最后阶段就是判决(conviction),也就是被告人有罪与否的判决。在少年法庭,因为采取的是以裁判的方式审理案件,一旦法官发

---

〔1〕 很多学者将“adjudication”一词翻译为“审判”,可能也不尽准确。应该说,在普通刑事法庭中“adjudication”的含义与“trial”无异;但在少年法庭中则区别甚大。因为实际上可以把审判分为审理和裁判,而审理则往往需要引入正当程序。很显然,少年法庭在审理上缺乏像刑事法庭那样密集而系统的程序保障。近年来,随着少年法庭刑事化趋向,“trial”在未成年人审理中亦不罕见。

现呈请状中的内容与事实相符,那么少年法庭就行使对该未成年人的管辖权,这就意味着法院将全面衡量以便作出最有利于“儿童最佳利益”原则的裁决。一旦成年被告人在刑事(成人)法庭获罪,缓刑官就会对其进行“刑前调查”(presentence investigation,PSI)以便向法官提出适当刑期的建议。在少年法庭,缓刑官则准备该少年的社会报告以便向法官提出适当安置的建议。

在美国,目前,未成年人案件或遵循民事程序或遵循刑事程序,以前者为常见。准民事的法律授权赋予了少年法庭广泛的自由裁量权,法官能自由地对偏差少年作出个人的、有时是独创性的处理。少年法庭审理的非正式性和灵活性使法官可以自由介入少年的生活。若少年状况显示出犯罪征兆,则法院有权采取行动。即使仅有少量证据证明该偏差少年可能会犯某种罪,法官亦可以要求把好斗或精神有问题的少年送进庇护所或收容所。虽然法官这样便宜从事与“国家亲权”法则并无矛盾之处,这亦是少年法庭积极的一面。但凡事均有其两面性,少年法庭制度本身也是“双刃剑”,将不可避免地展现其消极一面,即法官自由裁量权可能会被滥用,其个人观点有时会强加在相对无罪的少年身上。

3. 法官作用不同

在刑事(成人)法庭中,法官居间裁判,不偏不倚,作用相当于“中立人”(neutral person),采取不告不理原则。在少年法庭中,法官则扮演着“睿智父母”的角色,经常主动调查并干预司法进程。少年法庭法官凭其自由心证作出判决,而这种自由裁量权的程度是刑事(成人)法庭从未享有过的。

具体到我国少年法庭,法官大都以女性为主,陪审员则来自地方妇联、共青团、工会及学校等部门。

4. 被告人权利不同

在刑事审判中,被告人通常有陪审团审判权、律师辩护权、获得正当程序保护权、禁止自证其罪权、禁止双重危境权、同证人对质权、以强制程序获得证人权、获得迅速和公开审判权、获得公平公正审判权及有罪证明须达到排除合理怀疑程度的权利等权利。[1] 在未成年人案件审理中,上述权利中有许多权利并未明文规定,特别是陪审团审判权。已有近1/4的州立法赋予未成年人陪

〔1〕 参见[美]罗纳尔多·V.戴尔卡门:《美国刑事诉讼:法律和实践》,张鸿巍等译,武汉大学出版社2006年版,第501页。

审团审判的选择权。[1]

通过“布瑞德诉琼斯案”,少年法庭对偏差少年的判决亦遵循“禁止双重危境”的原则,[2]避免了偏差少年在少年法庭获罪后又被移转到刑事(成人)法庭再次受审的可能。需要指出的是,尽管美国联邦法院通过一系列判例来增加少年在未成年人司法中的权利,然这些权利主要都集中在庭审中,未涉及侦查和拘捕程序。

在我国,现阶段因未成年人案件多为刑事案件,加之尚无相对独立的未成年人司法制度,少年审判程序与成人审判并无大的差异,只是某些环节上有所区别而已。《刑事诉讼法》涉及未成年人保护的直接条款仅有 3 条。如第 285 条规定,“审判的时候被告人不满十八周岁的案件,不公开审理。但是,经未成年被告人及其法定代理人同意,未成年被告人所在学校和未成年人保护组织可以派代表到场”。第 281 条规定,“对于未成年人刑事案件,在讯问和审判的时候,应当通知未成年犯罪嫌疑人、被告人的法定代理人到场”。第 278 条规定,“未成年犯罪嫌疑人、被告人没有委托辩护人的,人民法院、人民检察院、公安机关应当通知法律援助机构指派律师为其提供辩护”。

5. 证明标准不同

在美国,因审讯常被视为准民事性质的,少年法庭不必过于拘泥刑事审理之宪法性限制。在刑事(成人)法庭中欲判处被告人有罪须满足“超越合理怀疑”的证据证明标准,而这较少年法庭要求定案标准为高。但少年法庭则采取与民事法庭相同的“充分证据”或“优势证据”标准,只有对涉及未成年人自由的案件才采取“超越合理怀疑”这一刑事标准。在我国,未成年人案件证明标准与刑事(成人)案件并无区别,这亦是未来未成年人司法构建中亟须着重考虑的领域。

6. 判决结果不同

就刑事(成人)法庭而言,法官可在较大幅度内对获罪被告人判处各类刑罚,从社区服务直至死刑。相比而言,少年法庭法官在量刑方面有很大区别,但归结而言,都以矫正、教化、挽救为主要目的。如我国少年法庭,即坚持对未成年被告人量刑时尽可能贯彻“能免不判、能缓不实、能轻不重”原则,对偏差少年适用刑罚时,立足教育和挽救,依法多判处非监禁刑。

---

〔1〕 参见宋冰编:《读本:美国与德国的司法制度及司法程序》,中国政法大学出版社 1998 年版,第 334 页。

〔2〕 *Breed v. Jones*,421 U. S. 517 (1975).

## 三、少年法庭的收案范围

随着社会发展、未成年人身心成熟及民众对偏差认识和主张的演变,少年法庭自创设伊始就不断调整、充实其管辖范围。《国内法与国际法原则下的未成年人刑事责任决议》第7条建议,“未成年人的刑事责任及由这种责任所产生的后果须由专门的司法部门确定,该司法部门有不同于成人司法的独立的司法权”,继而又建议,“该司法管辖权最好能扩展到与未成年人有关的所有问题”。少年法庭的管辖范围包括两大类:由未成年人实施的偏差行为;由未成年人以外,通常为未成年人监护人所实施的涉及未成年人利益的行为。

各法域对各自少年法庭的管辖范围不尽相同,且方式各异。有的直接采取列举方式将收案范围一一加以明示,这样的好处是一目了然,避免相互搪塞。但其弊端亦是显而易见的,未成年人偏差表现形式更为多样,且变换较快,很难穷尽。针对这种情形,亦有一些法域采取模糊处理,即不明确少年法庭的具体管辖范围,而是根据实际情况具体处理。这样固然可以规避管辖范围不能穷尽的问题,但亦会出现少年法庭大包大揽或者置之不理两个极端。

### (一)少年法庭对人管辖权

少年法庭以“少年”作为最主要审判对象,一般是不会将成年人作为审理对象的,除非涉及监护、收养及遗弃或无力抚养未成年子女。除个别例外,各法域少年法庭一般受理18岁以下未成年人案件。如美国《模范刑法典》第4.10条规定,16岁以下未成年人应由少年法庭管辖;除非少年法庭弃权,否则介于16或17岁之未成年人亦应受少年法庭管辖。[1]

但少年法庭也不可能受理所有年龄段的未成年人案件,比如,5岁未成年人偷窃邻家苹果。少年法庭一般是不会受理这样的案件的,除标的过小外,可能年龄过幼亦是主要因素。囿于人力、物力和可调配的其他司法资源,少年法庭不可能事无巨细地加以管辖。少年法庭亦需要为其收案范围中的未成年当事人设定年龄上限与下限。《关于办理少年刑事案件的若干规定(试行)》第6条规定了少年法庭受理案件的范围,“被告人犯罪时不满18岁的;共同犯罪案件中,犯罪集团的首要分子或者主犯犯罪时不满18岁的;共同犯罪案件中,1/2以上的被告人犯罪时不满18岁的。其他涉及少年的刑事案件是否由少年法庭

---

〔1〕 See Model Penal Code, § 4.10.

受理,由法院院长或者审判庭庭长决定”。

与其他国家相比,美国少年法庭在偏差少年的年龄界定上更为复杂。1899年《伊利诺伊州少年法庭法》通过伊始便将16岁作为少年法庭收案的最高年限,即该州少年法庭对任何15岁或以下的违反州法律或市法令的未成年人行使管辖权。随着其他州开始建立少年法庭,少年法庭管辖范围的上限普遍增加到16岁或17岁。目前,1/5的州将各自少年法庭的年龄管辖范围上限定为15岁或16岁,其他绝大多数州都是界定18岁为少年法庭管辖的未成年人犯罪年龄上限,在这些州内一旦少年年满18岁少年法庭丧失对其的管辖权。在此年龄之上,则是刑事(成人)法庭管辖范围。截至2004年,仅有康涅狄格州、纽约州、北卡罗来纳州三个州将少年法庭管辖权局限于15岁以下未成年人。比如,马克17岁时暴力抢劫路人财物。若按照纽约法律,他应在刑事(成人)法庭受审;倘若在得克萨斯州则由少年法庭审理。

这些最低或最高年龄限定亦不固定,而是随着社会对未成年人偏差的容忍程度、未成年人偏差的本质与社会危害而不断作出适当调整。尽管美国法律尤为重视法律的相对稳定性,但不少州针对少年法庭管辖权的禁锢已开始慢慢松动。从1975年开始,至少已有四个州在这方面进行了调整:1976年,亚拉巴马州将15岁这一最高年龄限度升为16岁,紧接着又于1977年进一步升为17岁;1992年,怀俄明州将最高年龄限度从原先的18岁减至17岁;而在1996年时,新罕布什尔州与威斯康星州双双将各自管辖未成年人偏差的年限从17岁减至16岁。[1] 然对于某些特定未成年人的偏差行为,特别是身份过错,美国有些州的少年法庭仍可对20岁以下行使管辖权。

如当事人偏差时未成年,但因种种原因,一直到其成年时或成年后方被发现其劣迹而须绳之以法,在这种情况下,案件一般仍由少年法庭审理。比如,以18岁为成年与未成年的分水岭,若某甲13岁时受电视中古惑仔影响而刻意模仿,铤而走险,劫杀邻居。案发后不久便被警方拘留,此案即可由少年法庭审理。倘若一直到18岁或者30岁才案发,则仍旧由少年法庭予以管辖。在上述两种情况下,少年法庭均可按照一定条件放弃管辖权而将案件移转至刑事(成人)法庭。但少年法庭管辖权的放弃须是明示的,且须经过聆讯,不能以当事人受审时已成年为由直接交刑事(成人)法庭审理。

---

〔1〕 See Office of Juvenile Justice and Delinquency Prevention, *Upper Age of Original Juvenile Court Jurisdiction*, Accessed February 13, 2007, http://www.ojjdp.ncjrs.gov/ojstatbb/structure_process/qa04101.asp? qaDate = 2004.

(二)具体案件受理范围

各法域少年法庭对案件的管辖范围随国情不同而有一定差异,但一般包括未成年人偏差、身份过错及未成年人保护。但近年来,少年法庭管辖范围有逐步扩大趋势,以美国为例,有些州甚至制定“全方位法律”(catch-all statute)将少年所有的不当行为纳入少年法庭的管辖范围。例如,2002 年加利福尼亚州通过一项法律,严明该州的所有 18 岁以下未成年人,当其实施了任何联邦、加利福尼亚州和地方法律规定为犯罪的某一行为时,他须接受少年法庭的管辖。[1] 在纽约、芝加哥、休斯敦等大都市里,少年法庭亦要负责管理收容那些被遗弃或者受抚养的少年。

1. 未成年人犯罪案件

首先,就未成年人犯罪而言,这些行为基本上无异与相应的成年人犯罪。我国香港特别行政区《少年犯条例》规定,“少年法庭具有司法管辖权聆讯及裁定针对儿童或少年人的任何罪行的检控,但杀人罪行除外”。最高人民法院有关数据表明,目前“基本上做到所有未成年人刑事案件均由少年法庭审判”。[2] 我国大陆少年法庭将未成年人犯罪纳入其中,我国台湾地区少年法庭亦将“少年非行”列入其管辖范围之内。最高人民法院《关于审理未成年人刑事案件具体应用法律若干问题的解释》第 1 条规定,“未成年人刑事案件,系指被告人实施被指控的犯罪时已满十四周岁不满十八周岁的案件”。这些案件来源通常较为稳定,但若社会思潮、未成年人犯罪率与总量及刑事司法政策变化都可能导致案源有所变化。近年来,美国许多州通过立法将未成年人帮派案件从少年法庭移转刑事(成人)法庭审理即为其中一例。[3]

2. 身份过错案件

身份过错,如“不道德行为”“陋习难改”“行为猥亵”“懒散虚晃”等,这些罪名内涵及界定标准含糊不清,给法官提供了较大的自由裁量空间。

## 案例三十四

2004 年 6 月美国堪萨斯州 KMBC 电视台报道了一则令人难以置信的消息,当地中学生思想开放,年龄仅有十几岁便开始发生性行为,一对分别为 15

---

〔1〕 See California Welfare and Institutions Code, § 602 (West 2002).

〔2〕 田雨:《所有未成年人刑事案件基本上均由少年法庭审判》,载新华网 2007 年 5 月 31 日,http://news.xinhuanet.com/legal/2007-05/31/content_6181536.htm。

〔3〕 See Martin Gardner, Understanding Juvenile Law, Newark, NJ: LexisNexis Press, 2003, p. 199.

岁和 17 岁的中学生情侣甚至将地点选择在电影院内。这对少年情侣以民众场合肆意挑情且举止下流被少年法庭审讯,并被禁止进入电影院。

因“零容忍”(zero tolerance)对学校之影响,越来越多的公立学校将那些逃学少年和不服管教的少年送至少年法庭安置,可以预见在未来的一段时间里少年法庭对身份过错案件的受理量将继续增加。

3. 未成年人保护案件

遭受父母虐待等案件包罗万象,涉及收养、父母权利终止及监护等案件。收养、父母权利终止案件包括父母故意遗弃或虐待子女,及无力抚养子女等情形。监护案件则涉及因病、贫、入狱等而不能实际照顾其子女等情形,具体包括子女监护权及探视、变更抚养关系、探视权纠纷、塑造亲子关系、寄养、收养、父母权利终止、民事保护令等。我国台湾地区规定,少年法庭可受理“受忽略或受虐待儿童及少年儿童及少年严重受到家长或现在保护之人的忽略或虐待者”“依赖型儿童及少年儿童或少年缺乏法定代理人(如父母)或现在保护之人所能提供适当的照护者”等案件。2004 年 3 月,有人向洛杉矶郡少年法庭提出呈请,要求法院剥夺面临猥亵少年指控的已故美国流行歌王迈克尔·杰克逊(Michael Jackson)对其 3 个子女的监护权,以确保这些未成年人的安全。

## 四、完善少年法庭收案范围的建议

近年来,法院积极探索少年法庭的收案范围,不少地方进行了“未成年人案件综合审判庭”的试点,实践证明是行之有效的。除传统的刑事案件外,民事案件与行政案件被纳入其中是明显的变化。

结合国际惯例与现行有关法律,考虑历史与现状的具体国情,本书对未来少年法庭管辖范围有如下简单设想:除传统的未成年人犯罪案件外,应当将未成年人治安及身份过错案件列为少年法庭未来业务范围,且为主要案源。为保护未成年人合法权益,少年法庭亦应将未成年人监护等案件置于其管辖之下。

## 第二节　少年法庭结构论

### 一、少年法庭组织建构

#### (一)未成年人司法组织架构

除极个别例外,少年法庭依法令成立并运作。我国香港特别行政区《少年犯条例》第3A条规定,“少年法庭按照该条例组成,并为聆讯任何针对儿童或少年人的检控而开庭,或为行使由本条例或其他条例或依据本条例或其他条例所授予少年法庭的任何其他司法管辖权而开庭”。少年法庭通常有三种组织形式:独立建制、附设于下级法院(如市法院或地区法院)及附设于上级法院(如巡回法院或高级法院)。据犯罪学家泰德·罗宾(Ted Rubin)分析,少年法庭包括普通管辖法院(general jurisdiction trial court)、特殊管辖法院(special jurisdiction trial court)与有限普通管辖(limited jurisdiction trial court)等类型。[1] 以美国华盛顿州克拉克郡少年法庭为例,尽管该院创设于20世纪初,但时至今日仍作为“克拉克郡高等法院”(Clark County Superior Court)之一部门(division)。[2]

作为联邦国家,美国共有52套法院体系(一套联邦法院系统、50个州法院系统及哥伦比亚特区法院系统)。各个不同的法院系统互不隶属,在各自职权范围和管辖范围内各司其职。比较特别的是,美国并没有联邦的少年法庭系统,但有51个州一级的少年法庭系统。虽然没有专门设立少年法庭,但联邦法院仍要处理不同性质的未成年人偏差问题,因为触犯联邦法律的未成年人案件总是层出不穷。面对这种情况,联邦法院系统并非束手无策。一旦联邦法院认定偏差少年有罪,后者则将面对来自联邦的一系列惩处,包括入监。[3] 此类案件通常可交付联邦地方法院处理,但被判定有责的偏差少年仍将在州或地方少年机构里服刑。[4]

---

〔1〕 Ted Rubin, *The Nature of the Court Today*, The Future of Children, Winter 1996, 6(3), p. 42.

〔2〕 See Escamilla, Pat, *A Message From Our Juvenile Court Administrator*, Accessed August 31, 2010, http://www.co.clark.wa.us/juvenile/index.html.

〔3〕 See Harvey Wallace, *Victimology: Legal, Psychological and Social Perspectives*, Needham Heights, MA: Allyn & Bacon, 1998, p. 41.

〔4〕 See Gary Rabe & Dean J. Champion, *Criminal Courts: Structure, Process, and Issues*, Upper Saddle River, NJ: Pearson Prentice Hall, 2002, p. 334.

自创设伊始,以少年法庭为核心的美国未成年人司法制度先后发展出一系列法治理念与法律制度。1899 年,芝加哥少年法庭尚不是独立建制法院,仅是州巡回法院的组成部分。在得克萨斯州,通常地区法院(district court)为该州少年法庭的实际审判机构。在个别情况下,郡法院(county court)或家庭关系法院(domestic relations court)亦可充作少年法庭。但这并不是说在处理未成年人案件上这些法院会采用刑事法或程序,仍须严格遵循少年法庭审理的一般性规则,区别仅在于法庭人员组成上远不如独立建制的少年法庭充足。

德国有三种类型不同的少年法庭:第一类是由一名法官独立审理轻微案件;第二类是由一名法官与两名陪审员组成的合议庭对较重的案件进行审理;第三类法院则负责严重刑事案件与上诉案件,同样由一名法官与两名组成合议庭。在澳大利亚,处理家事法律事务的法院有三种,分别是家事法庭(family court)、联邦治安法院(federal magistrates court)及地方法院(local court)。受英国普通法影响,我国香港特别行政区法院体系比较复杂,包括终审法院(court of final appeal)、高等法院上诉法庭(court of appeal)、高等法院原讼法庭(court of first instance)、区域法院(district court)、裁判法院(magistracy)及土地审裁处(lands tribunal)、劳资审裁处(employment tribunal)、小额钱债审裁处(small claims tribunal)等审裁机构。我国香港特别行政区目前设有 7 所裁判法院,裁判法院里的少年法庭负责审理被告人为儿童和 16 岁以下的少年人的案件,但不包括杀人罪。少年法庭亦有权对 18 岁或以下青少年发出看管及保护令。此外区域法院中的家事法庭处理离婚及其他家事纠纷,包括子女监护权。少年法庭据我国香港特别行政区法例第 226 章《少年犯条例》组成,由终审法院首席法官委任的常任裁判官审理案件。1997 年我国香港地区回归以前,少年法庭被称为儿童法庭。目前,我国香港特别行政区在东区、南九龙、观塘、荃湾、沙田及屯门六个地区均设有少年法庭,对犯罪嫌疑人系 16 岁以下刑事案件(凶杀案件除外)、18 岁或以下少年看管及保护案件进行管辖。

(二)少年法庭审判组织与审级设定

各法域具体司法实践中对于审判组织的构成通常有独任制、参审制与混合制三种形式,具体来说:

其一,美国模式下的独任制,由独立的法官充任审判员,其他人等不得主持审判过程,具有明显的排他性,这亦是各法域较为通行的做法。依据美国法律,未成年人在少年法庭受审时并不一定享有由陪审团审理的权利,尽管这一权利早已为联邦宪法修正案所认可而成为美国基本民权之一。我国台湾地区亦采用法官独任制,其“少年事件处理法”第 20 条规定,“少年法庭审理少年保护事件，得以法官一人独任行之”。采用这种模式的亦有我国香港特别行政区，其《少年犯条例》规定，“少年法庭由终审法院首席法官所委任的一名常任裁判官组成”。

其二，德国模式下的参审制，除有专业法官之外，针对未成年人案件的复杂性可选取陪审员会同法官一起共同担当起审理未成年人案件的责任。这些背景不同的陪审员，可结合各自所长，为案件的及时解决提供专业意见与咨询，以弥补法官在未成年人保护专业知识上的欠缺。

其三，姑且称之为混合制。上述这两种模式并非截然对立，而是越来越呈现出“你中有我，我中有你”的特点，相互借鉴趋势日见明显。以我国现行刑事诉讼规则为例，对于轻微刑事案件，可采用法官独任制审理模式；对于较复杂案件，则采取合议庭制，由专业法官担任审判长，由专业法官或 1 ~ 2 名人民陪审员组成合议庭。

少年法庭审级设定涉及未成年人案件的上诉权问题。若审级设计过多，且初审法院级别过低，徒增司法成本，不利于及时对偏差少年进行矫正及对被害少年救助。而若审级过少，或者初审法院级别过高，无形之中减少了未成年人寻求司法保护的力度，在一定程度上亦削弱了未成年人司法的立法本意。据现行《刑事诉讼法》与《刑法》有关规定，未成年人案件主要由县级基层法院（含派出法庭）与中级法院两级法院审理。

（三）少年法庭内在构造与陈设安置

除结构与组织建设外，少年法庭内在构造也是影响未成年人案件审理与偏差少年矫正的重要因素。少年法庭内在构造乃系指少年法庭或少年法庭作为审判机构在空间面积、内部陈设、坐席安排等方面配置。它集中反映了少年法庭处理未成年人案件的具体态度与方式。不同于刑事（成人）法庭，各法域少年法庭均力倡“教育为主、惩罚为辅”的法庭环境，以营造出相对宽松的氛围。

## 二、专门少年法庭

除原有少年法庭外，为适应纷繁复杂的未成年人案件，各法域亦与时俱进先后成立若干专门少年法庭，包括毒品法庭（drug court）、枪支法庭（gun court）及朋辈法庭（youth and teen court）等。这类少年法庭特点在于案负较少、聆讯频繁、处罚及时、家庭参与及治疗处分明显等。[1]

---

〔1〕 See David Sheppard & Patricia Kelly, *Juvenile Gun Courts: Promoting Accountability and Providing Treatment*, Washington, DC: Office of Justice Programs, U. S. Department of Justice, 2002.

(一)少年毒品法庭

在打击未成年人涉毒案件方面,各法域政府都不遗余力。以美国为例,1999年全美仅普通少年法庭共受理19万余起未成年人涉毒案件,较10年前翻了一番。[1] 面对日渐严重的未成年人吸毒及其所带来的卖淫、犯罪、艾滋病等社会危害,《利雅得准则》提请各法域政府拨付足够资金及其他资源,以有效地提供服务、设施和配备人员,进行适当医疗、精神保健、营养、住房及其他有关服务,包括吸毒酗酒的预防和治疗。该准则第59条提请各法域"应颁布立法,保护儿童和青少年免受吸毒和贩毒之害,并予以严格执行"。为应对少年毒品案件,美国出现了"治疗性法理学"(therapeutic jurisprudence)理念,其中心思想便是法律乃主要的治疗媒介,正面的治疗结果亦是司法所备加期待的,法院的设计与运作对治疗结果至关重要。[2] 少年毒品法庭正是为处理未成年人毒品问题的新型专门法庭,目的在于帮助那些未成年瘾君子远离毒品与酒精等麻醉品的危害。在普通少年法庭,传统方法处理如罚金、严格缓刑或强制监禁并不能从根本上解决戒毒问题。因而经过长期测试与反复斟酌,少年毒品法庭逐步成为美国解决毒品滥用的长期方案。

按照管辖对象不同,毒品法庭通常包括成人毒品法庭(adult drug court)、被抚养人毒品法庭(dependency drug court)及少年毒品法庭(juvenile drug court)三类。[3] 成人毒品法庭与少年毒品法庭分别以成年瘾君子和未成年人为审理对象。被抚养人毒品法庭是针对那些涉嫌遭家长虐待或遗弃的未成年人,其家长的毒品滥用极可能是造成其子女或被监护人虐待或遗弃的原因所在。因而,此类法院将重心放置于对父母行为的矫正与监督上,以期亲子关系恢复如初。

法院依据不同未成年人具体情况,作为缓刑的替代,这些未成年人可以自愿接受药物滥用治疗。法官对具体治疗方案有"一揽子"计划,从判定该未成年人是否需要接受药物滥用治疗到确定治疗计划成功与否,注重改变其不合理的思维模式而代之以理性思维方式。作为必要补充,家庭支持亦是关系计划成败关键之一。除进行药物测试外,未成年人亦定期接受法院中期审查。

---

〔1〕 See Anne L. Stahl, *Drug Offense Cases in Juvenile Courts*, 1990 - 1999, Washington, DC: Office of Juvenile Justice and Delinquency Prevention, U. S. Department of Justice, 2003, p. 1.

〔2〕 Bruce J. Winick, *Therapeutic Jurisprudence and Problem Solving Courts*, Fordham Urban Law Review, 2003, 30(3), p. 1055 - 1104.

〔3〕 See Paul Cromwell, Rolando del Carmen & Leanne Alarid, *Community-based Corrections (5th edition)*, Belmont, CA: Wadsworth/Thomson Learning, 2002, p. 308.

一旦法院认定该未成年人治疗计划成功,那么法院就可以驳回指控。通过这些计划的实施,未成年人可提高学业成绩、养成“三思而后行”[1]习惯,提升工作技能及积极社区参与等方面。

少年毒品法庭与普通少年法庭的区别亦相当明显,主要体现在监督水平(level of supervision)、累犯缩减(reductions in recidivism)及注重长期康复(emphasis on long term recovery)三个方面。[2] 在监督水平方面,除非违反缓刑,否则传统少年法庭一般不会干涉未成年人生活;在戒毒期间,未成年人会被要求定期接受药物治疗并定期出庭及接受随机尿液检查。在累犯缩减方面,据美国司法部数据,经传统少年法庭处理过的携毒未成年人近半数(45%)会在之后数年内再犯,他们亦更会从事其他偏差活动。而在毒品法庭,这一比例则显著下降至5% ~28%。在长期康复方面,传统少年法庭尽管亦会提供部分毒品矫正方案,但只不过是诸多方案中的一部分而已,也不一定会有后续跟进计划。而毒品法庭则完全围绕戒毒这一目的综合设计并监督其具体实施,以求实效。这种专门法庭针对性强,效果比较突出。与传统少年法庭相比,少年毒品专业化程度较高,可将医疗、司法及社会资源集中在具有毒品滥用痕迹的未成年人群中。以得克萨斯州特润特郡少年毒品法庭为例,2002 年共计有 205 名未成年人参与有关项目,其中成功率高达八成三(83%);而在成功人群中,九成八(98%)的未成年人并没有再触犯少年法。[3] 自 1995 年以来,全美共建有 140 余所少年毒品法庭,另有 125 所正在筹建之中。[4]

然毒品法庭并非免费午餐。以犹他州为例,该州通过有关公式计算出不同未成年人须支付的具体费用,其中 87% 会被用于治疗,而其余 13% 则被用来补偿法院运作支出。按照这一比例,参加人每周最多只需支付 40 美元。法院及监督官员亦会适时赠发一些小礼物,如餐券、电影券及礼品券等,以褒奖与鼓励未成年人的戒毒效果。[5]

---

〔1〕《论语·公冶长》。

〔2〕 See Utah State Courts, *Utah Drug Courts*, Accessed April 10, 2004, http://www.utcourts.gov/drugcourts/.

〔3〕 See Tarrant County Juvenile Services, *Immediate Juvenile Drug Court Program*, Accessed July 22, 2007, http://www.tarrantcounty.com/ejuvenile/cwp/view.asp? A = 737&Q = 427682.

〔4〕 See Caroline Cooper, *Juvenile Drug Court Programs*, Juvenile Accountability Incentive Block Grants Program Bulletin, Washington, DC: Office of Juvenile Justice and Delinquency Prevention, U. S. Department of Justice, 2001, p. 1.

〔5〕 See Utah State Courts, *Utah Drug Courts*, Accessed September 30, 2006, http://www.utcourts.gov/drugcourts/.

组建毒品法庭至少需法官、检察官、辩护律师与医护人员各一名,与来自校方、当地警局和缓刑处代表共同合作,以满足未成年人及其家庭所需。一旦未成年人进入未成年人司法系统,毒品法庭即可启动干预程序,通常以一周为周期监督有关项目与治疗计划进展情况,并随时听取未成年人与其父母心声。

少年毒品法庭将那些自认吸毒或酗酒的未成年人纳入其管辖范围之列,未成年人这一认罪过程被称作“暂停答辩”(plea in abeyance)。具体来说,未成年人须完成下述三个步骤:首先,未成年人须与其父母或监护人讨论通过毒品法庭戒毒的可能性,及后者是否将全力以赴给予支持;其次,在征得父母或监护人首肯后,未成年人尚需与其律师讨论此动议的可行性;最后,未成年人须与毒品法庭取得联系,后者会向其详细介绍法院运作特点,并对未成年人作进一步评估。[1]

法院会预先设定明确的矫正规则及对未成年人预期表现及目标。未成年人一旦完成治疗计划,有罪指控便可被撤销;若中途懈怠或心存侥幸,仍不免牢狱之灾。比如,倘若未成年人未按规定定期出庭,达到一定次数后,该未成年人将面临重新由传统少年法庭审理的命运。

就持续时间而言,则会因人而异。对于涉嫌重罪的未成年人,整个过程通常经历干涉(intervention)、早期康复(early recovery)、预防复吸(relapse prevention)及持续康复(ongoing recovery)四个阶段,每阶段通常需 12 周,共计 48 ~ 52 周方可完结。在前两个阶段中,在法院严格监督下,未成年人获得治疗、教育及矫正。从第三阶段起,未成年人被要求自身对其戒毒担负责任。这些过程具体包括解毒(participation in detoxification)、住院与门诊治疗(inpatient and outpatient treatments)、药物滥用团队(substance abuse groups)、毒品教育课程(drug education classes)、尿检(urine testing)、出庭(court attendance)及若干小时的社区服务(completion of community service hours)。[2]

佛罗里达州橙郡未成年人药物滥用处分法院(Orange County Juvenile Substance Abuse Treatment Court)在设计与运作上代表了美国类似未成年人毒品法庭的共性。对象是那些一而再、再而三接触毒品且未有暴力案底的未成年人。此类未成年人或自愿受审,或因法庭令而来此受审。其中大部分未成

---

〔1〕 See Baltimore County, *Juvenile Drug Court Program*, Accessed September 28, 2006, http://www.baltimorecountyonline.com/Agencies/circuit/family/juvdrugcourt/index.html.

〔2〕 See Utah State Courts, *Utah Drug Courts*, Accessed September 30, 2006, http://www.utcourts.gov/drugcourts/.

年人受到门诊治疗(outpatient treatment),而部分受到入院治疗(inpatient services)。视乎个人感悟与治疗效果,门诊治疗通常需要5个半月至2年疗程。病员需要定时参加各类辅导课程与活动,定期与案件管理员沟通,且亦需要应召出庭。[1]

(二)少年枪支法庭

美国联邦宪法《权利法案》第2条规定,“纪律严明的民兵是保障自由州的安全所必需的,人民持有和携带武器的权利不可侵犯”。据美国司法部估计,美国人现在拥有2.35亿支枪,几乎人手一支。[2] 枪支在美国社会中扮演着特殊角色:在提高民众安全感的同时,也不可避免地造成犯罪隐忧。1990年,美国疾病控制与预防中心(Centers for Disease Control and Prevention)所作调查发现,在9~12年级[3]中学生中有20%承认在调查前一个月中曾携带利器,这其中又有20%为枪支。[4] 枪支泛滥导致枪杀案件频繁发生,枪支犯罪被害人每年达3万多人。[5] 校园枪击案屡屡发生,校园安全频频敲响警钟。传统少年法庭在处理未成年人携枪案件上常被批评为束手无策。

1994年9月,全美首所枪支法庭于罗得岛州普若维等斯高等法院正式成立。创设之初,主要当事人为成年人,后逐步推广至未成年人。其目的在于对那些虽被控携枪犯罪但尚未造成严重肢体伤害的未成年人提供早期干预和枪支安全教育。一旦未成年人携枪案件后果严重,则不属于枪支法庭管辖范围。大多数少年枪支法庭放弃采用一般少年法庭程序,而采取简易程序。少年枪支法庭目的在于提供早期干预、提高对携枪未成年人的可责性、帮助未成年人认识到使用枪支行为的危害性。其基本组成元素包括早期干预计划;短期密集计划;宣讲携枪危险性及其危害的课程及法官、警方、缓刑官、检察官、辩护律师及社区成员在内的专门委员会。[6]

在未成年人被拘捕后,若确定其不法携枪行为且后果尚不严重,可被移交

---

〔1〕 Brandon K. Applegate & Shannoa A. Santana, *Intervening with Youthful Substance Abusers: A Preminінary Analysis of Juvenile Drug Court*, *The Justice System Journal*, 21(3), 2000, p. 281-300.

〔2〕 参见刘文宗:《美国人权状况及其对国际人权公约的抵制》,载中国人权网2004年12月23日,http://www.humanrights-china.org/china/rqzt2004/rqzz/lwz_02.htm。

〔3〕 美国9~12年级大体相当于我国的初三到高三阶段。

〔4〕 Centers for Disease Control and Prevention, *Weapon Carrying among High School Students: United States, 1990*, *Morbidity and Mortality Weekly Report*, 40(40), 1991, p. 681-684.

〔5〕 参见国务院新闻办公室:《2002年美国的人权记录》,2003年4月3日。

〔6〕 See The Office of Juvenile Justice and Delinquency Prevention's Model Programs Guide, *Gun Court*, Accessed September 18, 2007, http://www.dsgonline.com/mpg2.5/gun_court.htm.

至枪支法庭。早期干预计划讲求一个“早”字,即尽快对未成年人开展各种短期密集项目,以消除携枪对其所造成的各类负面影响,因而时机显得格外重要;何时采取干预计划取决于法院的进展。若法院程序拖沓冗长,此类干预则最好在“收案聆讯”(intake hearing)后迅速展开。若这一程序较快,那么大可在缓刑适用中作为辅助措施。配合默契、行事有效的枪支法庭团队对于项目成功与否至关重要。法官在整个计划中居于领导核心地位,不但是司法者,更是教育者,负责统筹规划且亲自参与早期干预的实施。作为专业人员的警察、缓刑官、检察官与辩护律师的参与可以提高枪支法庭的整合性,减小未成年人对法院的不信任感。而社区成员,包括被害人及其近亲属、前携枪未成年人和有关社工都可志愿参与进来,结合社区现状,提供具体矫正方案。其参与可以确保未成年人不与其所居住的社区割裂,有利于其重返社区,不显落魄、孤独。

(三)朋辈法庭

传统意义上的少年法庭,是成人世界设立的、以成人视野来处理未成年人案件的特殊法院,收案范围多为身份过错。作为未成年人分流处分的重要组成部分,朋辈法庭主要工作人员均系未成年人,以未成年人角度和思考来检视未成年人行为。在英文中,朋辈法庭是“十龄人法院”(teen courts)、“学生法院”(student courts)与“朋辈法庭”(peer courts)等法院的统称,系指适用于年龄介于10~15岁涉嫌轻微违法初犯的专门少年法庭。1983年,美国得克萨斯州奥德赛市开办了首所朋辈法庭。经过20多年的发展,全美49个州和哥伦比亚特区已设有1139所此类法院。[1] 每年约11万至12.5万未成年人进入朋辈法庭受审,几占同期未成年人受审案件量的一成(9%)。[2]

针对未成年人渴望朋辈认可,并对来自朋辈观点与意见反应敏锐的特点,朋辈法庭比传统少年法庭应对偏差少年处分上更有效。与其他少年法庭不同的是,这些少年法庭的工作人员与当事人年龄相仿,亦为未成年人。将审判未成年人偏差的裁决与惩处权力交由相似年龄的未成年人来执行,体现了少年法庭改革的少年参与导向。联合国在有关报告中指出,“同侪对同侪,作为共享信息和知识的方法已证明非常有效;年轻人较能听从与他们相似的人”。[3]

---

〔1〕 See The Federal Youth Court Program, *Youth Court List by State*, Lexington, KY: National Youth Court Center, 2007.

〔2〕 See Pearson, Sarah and Sonia Jurich, *Youth Court: A Community Solution for Embracing At-Risk Youth—A National Update*, Washington, DC: *American Youth Policy Forum*, 2005, p. 5.

〔3〕 联合国毒品和犯罪问题办事处:《采用同侪对同侪战略预防滥用药物》,纽约,联合国毒品和犯罪问题办事处2001年,第10页。

较多实证表明,未成年人从其朋辈那里得知自己行为不当时,远较从成人处更容易中止不良行为。朋辈法庭有双重目的:不但对偏差少年进行审理和教育,且还可增强作为法院组成人员的未成年人多种技能培训。朋辈法庭具有下述四个主要优点:可责性、适时性(timeliness)、成本节省性(cost savings)及社区凝聚性(community cohesion)。[1]

朋辈法庭有两种审理模式,分别是朋辈陪审团模式(peer jury model)与审理模式(trial model)。判决内容一般都包括社区服务、担任陪审员、致歉函、强制上学及限制与被害人接触或与其他共犯接触。在朋辈陪审团模式下法官与控辩双方律师均不得为未成年人,但陪审团可由未成年义工和刑期已执行完毕的未成年人共同组成。在审理模式下,朋辈法庭以未成年义工扮演控辩双方律师。审理结果并非为了判定被告人有罪与否,而是通过双方激烈交锋来争论案件事实及可供量刑时加重或减轻的情节。法庭工作人员一般包括控方律师、辩护律师和陪审团,还包括未成年人书记员与法警。这具体又有三类变种,即成人法官模式、未成年人法官模式及无朋辈陪审团模式。

1. 成人法官模式

成人法官式模式最为常见。法庭工作人员包括由未成年人充任的控辩双方律师和陪审团,但由成人担任法官一职。成人法官负责维护法庭秩序和明晰有关法律术语。此类模式在美国数量最多,约占朋辈法庭的半数。

2. 未成年人法官模式

与成人法官模式有所不同的是,未成年人法官模式中法官仍由未成年人充任。其任职资格通常需要达到一定年龄要求,且曾在朋辈法庭中担任过律师角色。按照法官数量的多少,这种模式又可细分为三位未成年人法官式(tribunal mode)与未成年独任法官式(youth judge model)。前者系指未成年人检察官需向由三位未成年人组成的法官提交未成年人案件,由后者决定如何安置。

3. 无朋辈陪审团式

在无朋辈陪审团下,虽然法官、控辩律师均为未成年人,但并无陪审团。在诸多的朋辈法庭中,内布拉斯加州奥马哈市“中部美利坚理事会朋辈法庭”(Mid-America Council Teen Court)别具一格,尽管名字烦冗,但与未成年人分流密切相关。作为该州四所朋辈法庭之一,进出的不外乎涉嫌逃学、离家出走、持枪、吸毒、盗窃及其他非暴力犯罪的13~17岁偏差少年,而这些少年通常

---

[1] See Jeffrey Butts & Janeen Buck, *Teen Courts: A Focus on Research*, Washington, DC: Office of Juvenile Justice and Delinquency Prevention, U. S. Department of Justice, 2000, p. 2-3.

都被视为“中度危险犯”(moderate risk)。道格拉斯郡未成年人评估中心(Douglas County Juvenile Assessment Center)将上述未成年人转介至当地朋辈法庭,以期有效吓阻其再行偏差。如同全美其他类似法院,该少年法庭的成功之处亦在于由朋辈来审理未成年人案件。尽管该院由成年人设定运作章程并进行法庭日常维护,但仍由未成年人充任辩护律师、法警与法官。法庭每月开庭两次,每次审理4个案件。偏差少年通常被判处60~90日不等刑期,及10~40小时的社区服务。一旦偏差少年顺利完成既定任务,检察官遂撤销对其指控,警察局亦不会立档存底。具体量刑选择还包括:向被害人、父母或商店经理提交道歉函,撰写命题作文,参观拘留所,遵守宵禁规定,准时上学,提高学业成绩与寻找兼职工作等。法官们将根据案情与偏差少年背景综合考虑何种处分对于预防该偏差少年再度涉案最为有效。该厅由6位未成年人坐堂审案,所有被告人都须至少担任法官一次。偏差少年父母作用与法官同等重要,父母至少一方须出庭。若父母对造成未成年人犯罪或偏差有负面影响,则判决通常会要求父母须积极参与未成年人惩教中。[1]

## 第三节　少年法庭运行论

### 一、少年法庭运行机制

#### (一)少年法庭运作模式

因审理多被视为具准民事或准行政性质,少年法庭不必遵守适用于刑事(成人)诉讼的宪法性限制。同时,与刑事(成人)法庭反复强调刑罚对犯罪人的作用有很大不同,少年法庭从未将刑罚作为其主要目的。在“国家亲权”法则指导下的未成年人司法目的在于向那些误入歧途的未成年人提供司法救助。这种模式与其说是福利模式,不如说是医疗模式,或者至少是医疗模式与福利模式的混合品。严格区分医疗模式抑或是福利模式可能对于成年犯有现实意义,毕竟这是采取刑罚或者戒治及保安处分的界限之一;但对于未成年人司法制度而言则意义甚微,二者都是以善意态度来挽救未成年人,“以身试祸;岂不痛哉!若迷而知返;尚可以免”。[2] 当然,二者在具体理念、概念及运作细

[1] See Boy Scouts of America, *Juvenile Diversion Programs: Local Council Implementation Through Scoutreach*, Irving, TX: Boy Scouts of America, 2006, p. 4.

[2] (西晋)陈寿:《三国志·魏书·袁术传》。

节上有细微差别。以下分述之。

1. 医疗模式

所谓医疗模式,是借助医学上的医疗术语来表明未成年人司法对未成年人的处理理念。在这一医学模式下,医护人员以绝对爱心对患者进行个别化诊治,对症下药,并辅以康复器械、运动等恢复其健康肌体。在未成年人司法体系中,未成年人同样被视为不幸深受疾病之苦的病患,这疾病便是各种偏差,从逃学旷课到恶性犯罪。法官如同医生,而缓刑官、社会工作者、学校老师等人则各司其职,分工协作。特别是某些专门法庭,如毒品法庭的设立更为医疗模式推广注入了强心剂。

2. 福利模式

据传统成年人司法理论,一般都视少年法庭的权力来自民法。就像政府有对精神病人进行强制住院治疗的权力,少年法庭的类似民事管辖权使其能监管那些被控犯有刑事行为和非刑事行为,从流浪到偷窃和实行暴力行为的偏差少年,此模式体现了司法权力介入的宗旨是解决问题而非惩罚犯罪。对此,麦克法官解释道:"法院的目的不是询问这个偏差少年是否犯了某个罪行,而是为了揭示:他有没有做错什么?他是如何变成现在这种情形的?从他和国家的利益出发,为了把他从深渊拉上来最好应该做些什么?"[1]

3. 刑事审理模式

除上述两种通常模式外,一些法域尚存有未成年人刑事审理模式。在该模式之下,偏差少年享有有限的专属权利,但其余诉讼权利与成年人无异。法庭诉讼、辩论等程序均参照刑事(成人)法庭运作。

我国目前即采用这种模式,但对审判人员的专业素质、审判经验及背景报告等有一定要求。在审判程序上,对于偏差少年适用普通程序还是简易程序尚无定论,法条与司法解释亦语焉不详。然在司法实践中,多采用简易程序以适应大多数未成年人案件情节轻微这一客观事实。为应对《北京规则》等国际公约的要求,近年来,各地在处理未成年人刑事案件上逐步向国际惯例靠拢。

(二)未成年人审判规则

因价值理念、收案范围、诉讼程序等差异,少年法庭在审理未成年人案件时通常需要遵循一些与刑事审理不同的规则。《北京规则》第17.1条提出未成年人审判的四项基本原则,包括:采取的反应不仅应当与犯罪的情况和严重性相称,且应当与少年情况和需要及社会的需要相称;只有经过认真考虑后才

---

[1] Julian Mack, *The Juvenile Court*, Harvard Law Review, 23, 1909, p. 120.

能对少年的人身自由加以限制并应尽可能把限制保持在最低限度;除非判决少年犯有涉及对他人行使暴力的严重行为,或屡犯其他严重罪行,并且不能对其采取其他合适的对策,否则不得剥夺其人身自由;在考虑少年的案件时,应把其福祉看作为主导因素。此外,少年犯任何罪行不得判以死刑,亦不得对少年施行体罚。

《北京规则》提出"主管当局有权随时撤销诉讼"。这亦是未成年人司法与刑事司法显著不同的地方。在意大利少年审判过程中,若诉讼程序可能给教育未成年犯罪嫌疑人所产生的负面影响相比,对于不太严重的案件,检察官可要求在初步庭审及庭审阶段撤销案件。[1]

1. 审理不公开原则

通常情况下,对案件公开审理是案件得到及时、公正审理的重要保证。但某些特定情形之下,鉴于当事人特殊的生理、心理特征,据案件需要而允许法官自由裁量公开审理与否。《公民权利和政治权利国际公约》第 14 条规定,"因民主社会中的道德的、公共秩序的或国家安全的理由,或当诉讼当事人的私生活的利益有此需要时,或在特殊情况下法庭认为公开审判会损害司法利益因而严格需要的限度下,可不使记者和民众出席全部或部分审判"。审理不公开原则系大多数法域审理未成年人犯罪案件所共同遵循的原则。这一原则包括对民众不公开、对新闻媒体不公开、宣判不公开及犯罪档案保密。[2] 少年法庭一直致力于把用于未成年违法者的程序与普通刑事诉讼程序分离开来,以避免给这些少年贴上犯罪人的标签,达到教育保护少年偏差人的目的。

《刑事诉讼法》第 152 条第 2 款规定,"审判的时候被告人不满十八周岁的案件,不公开审理"。据《关于办理少年刑事案件的若干规定(试行)》,"须公开审理的,须经过人民法院院长批准或者刑事审判庭庭长批准,并且要在一定范围内公开审理,对参加旁听的公民应当有一定的限制"。

2. 及时审理原则

鉴于未成年人特殊的生理与心理特征,国际公约及惯例均要求对未成年人及时审理,以尽可能减少未成年人司法或刑事司法对其负面影响。《联邦宪

---

〔1〕 参见[荷] 皮特·J. P. 泰克编著:《欧盟成员国检察机关的任务和权力》,吕清、马鹏飞译,中国检察出版社 2007 年版,第 173 页。

〔2〕 参见温小洁:《我国未成年人刑事案件诉讼程序研究》,中国人民公安大学出版社 2003 年版,第 110~115 页。

法第六修正案》的及时审判的条款已经被认定适用于少年。各州比较通行的做法是,在拘捕或立案起诉的15日内对未成年人进行审理;在特殊情形下,可延长至30日内对其审理。

3.陪审团(员)审理原则

在美国,与刑事(成人)法庭的庭审程序不同的是,裁判聆讯中并不要求陪审团参与,尽管美国某些州已有此先例。陪审团审理尚未被美国联邦最高法院认定为未成年人于未成年人司法中的核心权利;与此鲜明对比的是,成人却毫无悬念地享有此项权利之庇护。

尽管美国联邦尚未赋予少年以陪审团审理的权利,但这并不妨碍各州酌情添加。据全美未成年人司法中心(National Center for Juvenile Justice)调查,就是否给予陪审团审理及使用条件宽严程度而言,各州大致有这样五种做法:在任何情形之下均不向偏差少年提供陪审团审理、在任何情形之下均向偏差少年提供陪审团审理、除非特殊情形否则不向偏差少年提供陪审团审理、在一定情形下向偏差少年提供陪审团审理及以州法律形式允许偏差少年放弃陪审团审理权。[1] 以得克萨斯州为例,该州属于第三类情形,其拘留聆讯、移送刑事(成人)法庭聆讯(hearing to consider transfer of child for criminal proceedings)及考虑放弃管辖权聆讯(hearing to consider waiver of jurisdiction)、无定期刑之虞的安置聆讯、无定期刑之虞的安置改判聆讯都无须陪审团。

我国并未规定陪审团审理制度[2],但有陪审员制度。尽管陪审员参审制并非刑事诉讼的必需制度,本书建议对未成年人案件应普及陪审员参审制。2018年4月27日公布并实施的《人民陪审员法》规定了担任人民陪审员的基本条件:拥护宪法;年满28周岁;遵纪守法、品行良好、公道正派;具有正常履行职责的身体条件(第5条)。该条同时规定,“担任人民陪审员,一般应当具有高中以上文化程度”。不同于成年人案件,未成年人案件在审理中除考虑法律因素外,还要参酌相关社会因子。这样,非法律背景的人民陪审员在审理未成年人案件时,可以提供一些客观性分析,有利于案件处理。

---

〔1〕 See Dean J. Champion, *The Juvenile Justice System: Delinquency, Processing, and Law* (*5th edition*), Upper Saddle River, NJ: Pearson Prentice Hall, 2007, p. 212-214.

〔2〕 在2009年试点基础上,河南省高级人民法院于2010年在该省法院系统推广“人民陪审团”制度,即邀请人民群众代表组成“人民陪审团”,参与刑事审判,对案件裁判发表意见,供合议庭参考,这一做法在学界引起较大争议。

## 二、少年法庭法庭程序

(一)一般程序

未成年人案件程序通常为无陪审团的封闭式法官审(closed bench trial)。少年法庭法庭程序包括裁判聆讯、安置聆讯及弃权聆讯,以前两者为主。历史上,曾将裁判聆讯与安置聆讯合二为一并称为法庭聆讯,但现在通常都是将两者分开进行。因收案程序通常为少年法庭所能左右,故本书亦将其纳入少年法庭程序之中,尽管其本质上属于审前程序。

(二)收案程序

不同于刑事(成人)法庭中由检察官发动诉讼程序,少年法庭一般由法官自行决定受理案件与否。[1] 在一般情况下,少年法庭受理未成年人案件的途径不外乎直接控告及举报、警检或其他有关有权机构移送及其他法院的移送几种形式。例如,在我国台湾地区,对未成年人案件的审理启动便是发现者报告、相关机关移送与监督人请求。在警方移送未成年人案件或其他人报案后,收案聆讯随机展开。

尽管收案为未成年人司法程序中必不可少的重要组成部分,其含义及适用因各法域司法实践不同而有所不同。所谓收案,日本又称受案分类,系指由法庭工作人员或者缓刑官对移交到少年法庭的案件所进行的筛选程序(screening procedure)。收案被认为是整个未成年人司法程序中最为重要的环节。[2] 为慎重起见,有些地方还专门进行由警方、未成年人父母、邻居及被害人共同参加的收案聆讯。法庭工作人员或缓刑官皆由法院任命,负责收悉针对未成年人的诉讼请求,同时对案件作出早期评估和建议。但即便收到立案申请,少年法庭也并非随便就予以立案处理的,案件审查与决定须遵守既定标准,并考虑案件轻重缓急。

在美国,少年法庭的收案职能通常由未成年人缓刑处履行;而在某些州,检察官亦会参与其中。这一过程将决定是否受理及是否以非正式方式处理案件。为此,收案官或检察官事先通览案情,视乎证据充足与否分门别类。若证据不足,则案件不予受理;若证据充足,收案官仍需进一步判断提交法院审理

---

〔1〕 See Shay Bilchik, *Juvenile Justice*: *A Century of Change*, Washington, DC: Office of Juvenile Justice and Delinquency Prevention, U. S. Department of Justice, 1999, p. 2.

〔2〕 See Paul Cromwell, Rolando del Carmen & Leanne Alarid, *Community-based Corrections* (*5th edition*), Belmont, CA: Wadsworth/Thomson Learning, 2002, p. 312.

是否适当。许多州均设有不同形式的少年收案中心。1995 年,堪萨斯州最高法院的一纸行政命令使少年收案与评估中心(Juvenile Intake and Assessment Centers,JIAC)的成立成为可能。这些中心遍及堪萨斯州,每周 7 日、每天 24 小时全天候开放,通常情况下只接受来自警方与地区检察官的转介。以该州塞吉维克郡少年收案与评估中心(Sedgwick County Juvenile Intake and Assessment Center)为例,当偏差少年被转介到中心后,首先需要填写一份问卷调查。这份问卷内容覆盖面较广,涉及家庭、学业表现、朋辈关系、药物滥用及精神和身体健康等。依问卷结果,在与偏差少年父母和当地警局咨询后,收案与评估中心即可对其进行评估。在此基础上,中心将提出进一步的建议。[1] 在其他州,收案会以收案面谈(intake interview)等形式出现。在面谈中,未成年人会被告知具体指控罪名与其宪法性权利。未成年人及其父母或监护人亦并非一定要参加此会,他们可选择出庭。无论是非正式收案会,还是正式庭审,若未成年人积极认罪,案件便可迎刃而解。收案还可能包括拘留筛选(detention screening)、刑前调查(presentence investigation)与危机干预(crisis intervention)等程序。

影响少年收案的因素固然很多,但地方司法政策的变化与资源配备的优化是最为重要的因素。在社区警务运作良好的州,若警方目睹少年正触犯轻微罪行,会辅导涉案少年,将其带回并交父母严加管教而非正式逮捕。而在那些少年暴力犯罪盛行的区域,有限的司法资源有可能造成少年法庭对轻微未成年人案件置之不理。

通过收案程序,少年法庭将对下列议题进行评估:该院对本案是否有司法管辖权、不利未成年人的证据是否确实充分、案情是否严重到需少年法庭介入、未成年人及其父母或监护人是否已赔偿被害人损失及本案是否应移送至刑事(成人)法庭等方面。[2] 因人而异,收案通常可能会出现下述法律后果:一是对案件不予受理;二是责令未成年人父母对其严加管教,倘若管教不力,则该未成年人可能将交付有关未成年人机构进一步处理;三是将未成年人交付"纠纷替代解决";四是若查明未成年人涉嫌严重犯罪,可考虑将其交检察官处理。

---

〔1〕 See Sedgwick County Juvenile Intake and Assessment Center, *Juvenile Intake and Assessment Center (JIAC)*, Accessed March 17, 2007, http://www.sedgwickcounty.org/corrections/_private/old_site/jiac.htm.

〔2〕 See Robert Regoli & John Hewitt, *Delinquency in Society* (*5th edition*), New York, NY: McGraw-Hill Higher Education, 2003, p. 360 - 362.

并非所有移送至少年法庭的案件皆由法官作出正式判决,相反,近半数案件通过收案程序以非正式措施(informal adjustment)解决。多数案件被撤销,未成年人通常予以口头训诫、责令赔礼道歉、赔付损失及分流处理等。其实这亦符合犯罪漏斗原理,即涉嫌犯罪的行为在刑事司法或未成年人司法程序进程中因为各种各样的原因而逐步被筛选,数量呈递减趋势,最后真正走完全部程序的案件不过是冰山一角。

一旦少年法庭正式受理案件,收案官可呈交两种不同的呈请状:未成年人犯罪或偏差起诉书或提请将偏差少年移交刑事(成人)法庭审理。前者呈请状,系指由有关利益方提交的指控未成年人犯有违法之事、身份过错或亟须成人管教的法律文书。其目的在于请求少年法庭判明所控事实,并确定对该未成年人的具体安置措施,而后者则提请少年法庭举行移交聆讯。这两类司法文书都应涵盖涉案少年姓名、联系方式与所控罪行的证据资料,被害人姓名及其联系方式及涉案少年父母或监护人姓名和联系方式。如南卡罗来纳州,"呈请状"需包括这样三项内容:指控未成年人偏差的证据资料、未成年人的姓名年龄与地址及未成年人父母或监护人的姓名与地址。[1]

## 案例三十五

在"韦恩案"(*In re Wayne H.*)中,16岁的韦恩因涉嫌抢劫加油站而被警方注意。在追捕过程中,韦恩将手枪扔出车外。被逮捕时,其着装打扮与目击证人描述所差无几,警方从其车中发现现金总数及币值分布亦与失窃财物相符。随即韦恩被带至少年拘留所,会见缓刑官以决定是否拘留或移送刑事(成人)法庭。在聆听"米兰达规则"后,韦恩否认涉嫌加油站抢劫。而在随后的收案聆讯中,在听到缓刑官拟建议少年法庭法官对其予以拘留并移送刑事(成人)法庭后,韦恩承认了上述犯罪事实。然在移送聆讯中,韦恩又推翻供述。法院仍裁定韦恩偏差行为成立。韦恩不服,遂提起上诉。本案的焦点在于,缓刑官在收案聆讯获取的有罪供述能否在其后的裁判调整或刑事审理中援用?加利福尼亚州最高法院最后判定,在偏差少年与缓刑官间的收案会见目的不在于收集有罪证据,而是尽可能收集与案件安置有关的信息以协助法官评估拘留及移送与否。[2]

因而,将偏差少年向缓刑官提交的有罪供述视为证据并不妥当。以罗得

[1] See S.C. Code Ann. § 20-7-7415.

[2] *In re Wayne H.*, 596 P.2d I (Cal. 1979).

岛州为例，当警方将涉案的 7 ~ 17 岁未成年人移交至家事法庭后，附有案情说明的起诉书亦即可呈交至家事法庭少年书记员办公室处。收案主任会同其他收案官对每份移交仔细思量以确定家事法庭是否确有必要对偏差少年行使管辖权。仅有那些被视为犯有严重过失或者屡教不改的偏差少年才可能被移交至家事法庭，而这些将由法官通过“提审聆讯少年日历”(juvenile calendar for arraignment hearing)进行评估。一旦发现偏差少年并不属此类范畴，偏差少年与其父母或监护人将被书面通知何时、何地其将被通知出席“收案会议”(intake conference)。[1]

(三)法庭聆讯程序

尽管诉讼程序远较刑事诉讼为简，随着美国联邦最高法院有关判例及各州严打刑事政策的出台，美国未成年人司法近年来吸收了较多刑事司法程序保护的内容，其中尤以聆讯为甚。尽管未成年人权利保障在过去数十年里突飞猛进，但未成年人仍不能享有与成人完全相同的诉讼权利。

1. 裁判聆讯

偏差少年到庭接受聆讯，首要程序便是裁决聆讯，大体相当于刑事(成人)法庭中的审理过程，以判断未成年人是否犯有过失、身份过错及遭遇遗弃或虐待。裁判聆讯亦被称为“事实发现聆讯”，系指初审法院评判对未成年人的指控是否有充足的证据支持的法庭程序。接到通知或传票，未成年人及其父母或监护人应准时到庭。如无正当理由不到者，少年法庭可强制未成年人到庭。卡门等将美国少年裁判聆讯程序又细分为提审(arraignment)、答辩(plea)、挑选陪审员(selection of jurors)、控方出示证据(presentation of the case for the prosecution)、辩方出示证据(presentation of the case for the defense)、结案陈词(closing argument)、法官对陪审团的指示(judge's instructions to the jury)、陪审团评议(jury deliberation)及判决(verdict)。[2] 这些程序会因各州司法环境不同而有所差异，且具体程序究竟划分在裁判聆讯还是安置聆讯皆有些微不同。

应诉人(respondent)可就指控内容作出肯定或否定应对。因缺乏类似于刑事(成人)法庭犯罪嫌疑人的保护措施，该应诉程序常常显得较流于形式。但随着正当程序理念在未成年人司法体系中的逐步推广，即便是未成年人矢口

---

〔1〕 参见美国罗得岛州家事法庭网站有关简介，载 http://www.courts.state.ri.us/family/intake.htm，2019 年 6 月 6 日访问。

〔2〕 See Rolando del Carmen & Chad Trulson, *Juvenile Justice: The System, Process and Law*, Belmont, CA: Wadsworth/Thomson Learning, 2006, p. 247 - 251.

否认对其不利指控时,法官亦不得滥用职权,恣意裁判。以美国为例,法官须依据未成年人涉案的具体情况作出不同判别:对于未成年人犯罪,证明标准基本等同于刑事(成人)法庭对成人的定罪标准,即"超越合理怀疑"原则;身份过错则适用"优势证据"原则,而这通常适用于民事程序。一旦法官认为该项指控成立,则进行第二次聆讯,即安置聆讯。法庭工作人员将与偏差少年及其家长会面以确定在第二次聆讯时向法官提供被称为"社会研究报告"(social study)的书面报告。这份为《北京规则》及各法域所极力倡导的报告通常被称为"安置前报告"(predisposition report)〔1〕、"社会调查报告"或"刑前报告"等。

在正式宣判前对未成年人背景进行细致分析已成为各法域未成年人司法的惯例。据《北京规则》第16.1条约定,"所有案件除涉及轻微违法行为的案件外,在主管当局作出判决前的最后处理之前,应对少年生活的背景和环境或犯罪的条件进行适当的调查,以便主管当局对案件作出明智的判决"。该报告主要由缓刑官准备,用以说明影响未成年人不法行为的社会文化与精神状态,为法官正确安置涉案少年提供较为客观、全面的背景分析与安置建议。《国内法与国际法原则下的未成年人刑事责任决议》第8条建议,"只有经过多方面的预先调查,并经当事人的质证,才能作出司法决定"。在美国,该报告内容洋洋洒洒,通常包括该未成年人偏差事实及原因,及家庭背景、社会环境和未成年人身心状况、教育程度及其他必要事项。这份报告对于法官作出相应判决十分重要,故调查官竭尽所能,对该未成年人生活环境、家庭状况、学业成绩、社会交往等资料逐一收集,以期作出较全面的评判,并附上具体处分建议,供法官参考。在一般情况下,安置前报告大都包括下述具体内容,即法庭纪律复审、学校记录复审、警方记录复审、访谈应诉人、访谈教师与校方、访谈与本案有关联的人员、访谈原告(complainant)、访谈警员与证人、进行心理与精神测试及据此所提交的具体处分建议。〔2〕在收集相关资料、访谈及作出相应建议时,缓刑官之观点务必要有事实证据佐证,且不得带有个人主观判断。日本新《少年法》同样要求家庭裁判所实行"调查先行主义",即对受理的未成年人案件在审理之前须进行调查。该法第9条要求,这种调查须"依据医学、心理学、教育学及其他专业知识,特别应重视少年鉴别所的鉴定结果,针对少年、监护

〔1〕 依我国澳门特别行政区《违法青少年教育监管制度》第14条第2款的规定,终局裁判依据的社会报告称为"判前社会报告"。

〔2〕 Howard Abadinsky, *Probation and Parole: Theory and Practice* (*9th edition*), Upper Saddle River, NJ: Pearson Prentice Hall, 2006, p. 36.

人或有关人员的品行、经历、素质与环境等进行”。

《关于进一步建立和完善办理未成年人刑事案件配套工作体系的若干意见》要求，“公安机关、人民检察院、人民法院、司法行政机关在办理未成年人刑事案件和执行刑罚时，应当综合考虑案件事实和社会调查报告的内容”。澳门地区，《违法青少年教育监管制度》第14条第1款规定，“社会报告由社会重返部门或儿童感化院撰写，用作辅助司法机关了解青少年的人格、行为，及了解其社会、家庭的背景及经济、教育的状况”。

就聆讯期限而言，以美国宾夕法尼亚州少年法为例，若偏差少年被拘留或者处于保护所照管之下，法院最迟应在控诉之日起10日内举行聆讯，除非在为保全证据等特定情况下以法庭令的形式延长10日。若在此期限内非因未成年人律师所造成的延误而不能进行裁判聆讯，则须释放未成年人，除非这种延误迫不得已。[1]

裁判聆讯系以美国通常司法惯例为例。尽管各法域在少年法庭具体运作程序上千差万别，但基本上仍遵循上述原则。据日本新《少年法》第18、19条有关规定，在相当于美国裁判聆讯的调查阶段，家庭裁判所可作出这样几种决定：一是审判开始与否、移送儿童咨询所与否及移送检察官与否。日本新《少年法》第17条规定，若认为确有必要，家庭裁判所还可作出缓刑[2]决定，将少年移送少年鉴别所。一旦法官认为有必要审理少年案件，则将依职权主义由法官直接审理。[3]

就我国而言，虽然个别地方开始社会调查员及背景报告的摸索与试点，但受限于现有刑事诉讼框架，对未成年人特殊保护仍显不足。尽管我国目前由缓刑官提交未成年人报告这一制度仍在探索、完善中，但在立法与司法实践中均无一例外强调对未成年人量刑时需综合考虑其成长经历。《关于进一步建立和完善办理未成年人刑事案件配套工作体系的若干意见》规定，“社会调查由未成年犯罪嫌疑人、被告人户籍所在地或居住地的司法行政机关社区矫正工作部门负责”“社会调查机关应当对未成年犯罪嫌疑人的性格特点、家庭情况、社会交往、成长经历、是否具备有效监护条件或者社会帮教措施，及涉嫌犯罪前后表现等情况进行调查，并作出书面报告”。

---

〔1〕 See Pennsylvania Juvenile Court Judges' Commission, *Pennsylvania Juvenile Delinquency Benchbook*, Harrisburg, PA: Pennsylvania Juvenile Court Judges' Commission, 2006, p. 86.

〔2〕 日本将“缓刑”称为“观护”。

〔3〕 参见[日]濑川晃：《少年犯罪的现状与对策》，载[日]西原春夫主编：《日本刑事法的重要问题》(第2卷)，金光旭、冯军、张凌等译，法律出版社与成文堂2000年版，第192～193页。

2. 安置聆讯

安置聆讯大体相当于刑事审理中的量刑阶段,系指法院决定何种安置方式对未成年人惩教与发展最为有效的法庭程序,是整个少年法庭程序中最为重要的环节。在美国,除非法院认为未成年人案件需要进一步研究,安置聆讯一般于裁判聆讯确认少年偏差成立后20日内举行。正是安置聆讯,使"国家亲权"法则在未成年人司法中的作用与意义得以最淋漓畅快地体现。因为数量众多的未成年人在此之前大多以分流处分方式避开正式未成年人司法程序,真正受到安置处分的未成年人并不多。

安置聆讯同样需要遵循一定的法庭程序与规则。以美国密西西比州为例,安置聆讯伊始,法官即应通告各方举行聆讯之目的所在。除非所有诉讼参与人同意,否则证词须经宣誓方为有效。法院仅考虑有根有据且与案情密切相关的证词,包括传闻证据(hearsay)与意见证据(opinion evidence)。在各自展示证据后,法院得允许其口头质证。[1] 进行安置聆讯时,法官需翻阅社会调查报告及缓刑官安置建议书等文书资料,之后法官将依据不同偏差少年个体差别作出适当安置处分决定。但这一报告也并不是必需的,尽管专任调查官因兼修多门学科而对偏差少年调查更具有专业优势,有时法官亦会越俎代庖,自行调查。当然,法官并不总是怀疑调查官报告的真实性与实用性。但有时法官仍会事必躬亲,这往往是出于经济考虑,这点在人口稀少且预算有限的地区比较常见。

决断时,法院通常皆考虑如下因素,诸如该偏差少年的既往违法史,对判处家庭照管、学校调整及其他特殊举措所能利用的社会资源。首先,法官须判定偏差少年系初犯还是累犯。在通常情形下,法官对初犯较为怜悯,处罚力度较轻;对于那些经常出入少年法庭、屡教不改的偏差少年,法官不会手下留情,处罚力度较重。其次,法官还须通盘考虑案件的具体情况,特别是有关减轻情节与加重情节等因素,努力做到客观、公正与高效。

然即便是那些犯有恶劣罪行的偏差少年,法官亦时常网开一面,这并非因为法官徇私枉法,而是基于未成年人司法矫正目的所决定的。法官所享有的司法自由裁量权相当大,可自行安置。尽管是犯罪情节大体相当的偏差少年,法官所作出的安置决定却可能南辕北辙,相差甚远。法官裁判的基础并不仅仅在于案情,更多考虑的是偏差少年健康成长所需。安置基于戒治,而非司法与正义。依据个人不同需要,偏差少年所获得安置决策的不同也就见怪不怪

〔1〕 See Missipi Code of 1972.

了。在这一阶段,传闻证据与邻里评价都可被引作判断对未成年人具体处理措施的依据。法官可判令未成年人交由其父母或监护人甚至缓刑官予以监督。若法官认为缓刑对未成年人惩教更为有效时,未成年人即可交付缓刑处处理。当然,法院亦可直接对未成年人进行监督。

在安置程序中,一些法域还会依据未成年人的身心特点,对其开展针对性的法庭教育。如上海市人民检察院《关于未成年人刑事案件审查起(免)诉工作细则(试行)》第16条规定,"在法庭辩论之后,或合议庭公开宣判时,公诉人可在审判长的主持下,根据案件的审理情况,对未成年被告人进行教育。内容包括:通过剖析其犯行给社会造成的危害,阐明应予处罚的必要性;通过分析其犯罪的主、客观原因,用未成年犯感受最深的事例,启发其良知,阐明应当吸取的教训;通过具体讲解法律、政策的有关规定,帮助其树立接受改造、悔过自新、重做新人的决心"。

以上系少年法庭传统安置程序,但近年来因各法域刑事司法与未成年人司法逐渐趋向保守,少年法庭程序亦不免陷入"司法模式"与"社会服务模式"(social service model)的路线之争。1977年,美国华盛顿州率先废止"国家亲权"法则,取而代之的是司法模式的新思维:确认未成年人须就其犯行承担责任及根据年龄、犯罪情形与犯罪史"罪、责、刑相一致"。随后,该州继而颁布《未成年人安置量刑标准》(Juvenile Disposition Sentencing Standards),以指导法官如何依据案情而非未成年人个体特征相应量刑。这种做法无疑体现了对古典犯罪学的回归,也就说减少缓刑官在少年法庭中的作用。[1] 除华盛顿州外,美国尚有科罗拉多州、爱达荷州与纽约州先后出台最低量刑要求,而这被视为对少年法庭基本原则之松动。

1995年名为"混合刑"(blended sentences)或"扩大管辖范围"(extended jurisdiction)的新型少年裁判模式于明尼苏达州产生,适用对象为恶性未成年人犯罪。据该州法律,少年法庭审理这些未成年人时应向其提供与刑事(成人)法庭完全相同的诉讼权利保障。[2] 亦即,此类犯罪人被当作未成年人审理,仍可获得在通常情况下仅为成人犯所享有的正当程序保障。一旦获罪,他们将被同时作为成人与未成年人量刑,所受到的处罚"混合"了刑事(成人)处

---

〔1〕 See Howard Abadinsky, *Probation and Parole: Theory and Practice* (*9th edition*), Upper Saddle River, NJ: Pearson Prentice Hall, 2006, p. 49.

〔2〕 See Martin Gardner, *Understanding Juvenile Law*, Newark, NJ: LexisNexis Press, 2003, p. 309 - 310.

罚与少年法庭处罚。在通常情形下,偏差少年会先在未成年人惩教机构待上一段时间,然后被送达成人机构继续服刑。一旦有充分证据显示该少年在未成年人惩教机构得到较好矫正,那么原判处的刑罚就有可能被减刑或取消。截至2003年,全美已有23个州试行这一新刑罚措施。[1] "混合刑"被认为将刑事(成人)司法与未成年人司法有机结合起来,模糊了两者之间的界限。然法官适用这种混合刑时仍表现出相当的谨慎,当且仅当偏差少年在安置聆讯中行为失范时方可为之。

3. 弃权聆讯

除裁判聆讯与安置聆讯外,法庭聆讯有时还可包括弃权聆讯(waiver hearing)。因其适用于未成年人成人式审理,稍后内容中详细阐述之。

(四)其他程序

除上述程序外,各法域还因地制宜创设了若干行之有效的程序。比如,我国某些地区试行的"亲情会见"制度对于督促少年迷途知返作用不可谓不显著。河口区人民法院《〈关于建立依法办理未成年人犯罪案件互相配套工作体系〉实施意见》第10条要求,"开庭前,少年法庭一般安排法定代理人或者其他成年近亲属、教师等人员与未成年被告人会见,对未成年被告人进行法制教育""会见时审判人员应当在场"。

《北京规则》要求,"诉讼程序应按照最有利于少年的方式和在谅解的气氛下进行,应允许少年参与诉讼程序,并且自由地表达自己的意见"。该规则同时督促各法域,处理少年罪犯的程序在任何时候均应遵守在称为"正当法律程序"的程序下几乎普遍适用于任何刑事被告人的最低限度标准。

## 三、上诉程序

如同成年人,未成年人可就安置结果提起上诉。在美国,尽管《美国联邦宪法》并未赋予未成年人上诉权(right to appeal),但所有的州宪法均赋予成年人与未成年人上诉权。有些州,当事人可自动获得上诉权。例如,在某些保留死刑的州,死刑案件会自动呈送上一级法院或该州最高法院调阅,这些案件亦适用于少年死刑案件。[2] 然自动上诉权的获取直到目前仍仅局限于死刑案

---

[1] See Rolando del Carmen & Chad Trulson, *Juvenile Justice: The System, Process and Law*, Belmont, CA: Wadsworth/Thomson Learning, 2006, p. 286.

[2] See Rolando del Carmen & Chad Trulson, *Juvenile Justice: The System, Process and Law*, Belmont, CA: Wadsworth/Thomson Learning, 2006, p. 296.

件,当事人对非死刑案件须自行提起上诉。随着美国于2005年废除针对未成年人的死刑,少年上诉权的自动获得不复存在。尽管从理论上来说,当事人可对任何有罪判决通过州与联邦两套法院系统分别提起上诉,但实务中能够一直上诉至联邦最高法院且被其受理的案件则少之又少。[1] 日本新《少年法》第32条规定,"对于保护处分决定,只有存在违反影响决定的法令、重大事实的误认或处分显著不当这三种理由时,少年及其法定代理人或辅佐人可在两周内提起上诉,但辅佐人违背作为选任者的保护人的意见时,不得进行上诉"。

针对未成年人上诉,我国《刑事诉讼法》第227条规定,"被告人、自诉人和他们的法定代理人,不服地方各级人民法院第一审的判决、裁定,有权用书状或者口头向上一级人民法院上诉。被告人的辩护人和近亲属,经被告人同意,可以提出上诉"。第228条规定,"地方各级人民检察院认为本级人民法院第一审的判决、裁定确有错误的时候,应当向上一级人民法院提出抗诉"。

## 四、少年法庭对偏差少年之处分原则与处理方式

### (一)少年法庭对偏差少年之处分原则

因未成年人具有较大的可塑性,少年审判应以"矫正"而非"惩教"为主要目的,这是与刑事(成年)审判制度最不同的地方。对于未成年人犯罪,少年审判重在实现量刑衡平、刑罚个别化、轻刑化和非监禁化原则。除对明显无过失的未成年人当庭释放外,少年法庭还对其判以缓刑、监禁、赔偿或罚款及社区服务等。各法域均赋予少年法庭法官相当大的裁量权,允许其弹性、非正式方式处理少年偏差案件。以美国为例,1993年在审结的未成年人案件中,五成六(56%)的偏差少年被判处缓刑,两成八(28%)的偏差少年接受机构处分,一成二(12%)的偏差少年被要求支付罚款、赔偿金或充当一些社区服务者,另有4%被释放。[2] 少年法庭亦可据未成年人具体家境责任考虑认为继续在原有环境下则不利于其健康成长,可令其暂别父母或监护人,或寄养其他家庭,或接受职业训练、药物治疗等。缓刑或拘禁期限一般皆到少年21岁生日那天停止。但对少年实行刑事(成人)审判则不在此列,这些未成年人有时会受到远比少年法庭审判更为严厉的处分。

---

〔1〕 See Rolando del Carmen & Chad Trulson, *Juvenile Justice: The System, Process and Law*, Belmont, CA: Wadsworth/Thomson Learning, 2006, p. 296.

〔2〕 See Patricia Torbet, *Juvenile Probation: The Workhorse of the Juvenile Justice System*, Washington, DC: Office of Juvenile Justice and Delinquency Prevention, U. S. Department of Justice, 1996, p. 1.

但这并不意味着法官对未成年人的具体处分可随心所欲,所有处分措施都须围绕未成年人保护这个核心展开。不少法域少年法明文规定对偏差少年处分的原则。例如,我国香港特别行政区《少年犯条例》规定这样三项原则,即任何儿童不得被判处监禁或因欠缴罚款、损害赔偿或讼费而交付监狱;任何少年人如可用任何其他方法予以适当处理,则不得被判处监禁;被判处监禁的少年人,不得被容许与成年囚犯交往。

英文"drastic alternatives"可被译为"逼上梁山",而作为安置聆讯最基本原则的"less drastic alternatives"表示"最不激烈手段"原则。

## 案例三十六

1980 年,一名 15 岁墨西哥非法移民被美国警方控非法驾驶机动车辆。早前,该少年已有车辆盗窃案底,并移送移民局遣返墨西哥。在安置聆讯中,缓刑官建议将其送至加利福尼亚州少年管教局(California Youth Authority, CYA),而该局是全美少年管束最为严厉的机构。在缓刑官看来,连续两起汽车盗窃案足以表明该少年从加利福尼亚州盗车,而在墨西哥销赃,以此谋生。初审法院认可缓刑官的主张,同样认为少年两次浪迹美墨边境,伺机作案,已无可救药。该墨西哥少年对将其判入少年管教局的安置决定不服,遂提起上诉。上诉法院推翻一审法院判决,认为后者滥用职权,未能充分考虑"最不激烈手段"原则。上诉法院指出,少年安置旨在教化、感化,而非刑罚,而加利福尼亚州少年管教局关押的皆为屡教不改的未成年暴力犯。尽管加利福尼亚州议会已通过有关法律,按照罪行恶劣程度,罗列出法官可判处的安置种类,包括少年管教局。但上诉法院注意到,当且仅当其他所有措施均无法矫正未成年人时方可适用少年管教局,据此,上诉法院认定尚无充分理由证明该少年不能被教化从善。最后,上诉法院将案件发回一审重审,要求尽可能采取"最不激烈手段"安置措施。[1]

美国其他州亦陆续有类似判例,这些案件集合在一起,昭示少年安置的最基本原则——"最不激烈手段"原则。简言之,即要求法官除非万不得已,否则尽可能不要对偏差少年进行机构矫正,尤其是在那些管束处分极为严厉的机构矫正。这项原则已在许多州以立法形式得到确定。

### (二)少年法庭对偏差少年之具体处理方式

《北京规则》第 18.1 条约定,"应使主管当局可以采用各种各样的处理措

---

〔1〕 *In re Jose P.*, 161 Cal. Rptr. 400 (Cal. Ct. App. 1980).

施,使其具有灵活性,从而最大限度地避免监禁。有些可以结合起来使用的这类措施包括:照管、监护和监督的裁决;缓刑;社区服务的裁决;罚款、补偿和赔偿;中间待遇和其他待遇的裁决;参加集体辅导和类似活动的裁决;有关寄养、生活区或其他教育设施的裁决及其他有关裁决"。结合域内外有关论述,本书按照未成年人在其偏差中的责任大小就少年法庭处分结果作如下简单分类。

1. 责任显著轻微

各法域对责任较轻微的未成年人案件,大都处以训诫、免予刑事处罚等处分。法官从调查官社会报告及自身审判经验中认为未成年人在实施所指控偏差情节显著轻微,且有悔改表示时,法官都可秉着"惩前毖后、治病救人"而将其当庭释放。特别对情节轻微者,法官可依据不同少年个人经历与案件实际情形,对其当庭叱责或批评,即所谓"象征性安置"(nominal disposition)。《刑法》第37条规定,"对于犯罪情节轻微不需要判处刑罚的,可以免予刑事处罚,但可以根据案件的不同情况,予以训诫或者责令具结悔过、赔礼道歉、赔偿损失,或者由主管部门予以行政处罚或者行政处分"。

1979年《刑法》与1997年《刑法》就未成年人刑事责任的规定均为:14～18岁的未成年人犯罪,应当从轻或者减轻处罚。然1991年颁布的《未成年人保护法》未涉及未成年人的刑事责任问题。较1997年《刑法》,《未成年人保护法》在原有的"从轻""减轻"处罚基础上,新增加了"免除"处罚的规定。根据"新法优于旧法"原则,自2007年6月1日《未成年人保护法》生效后,对未成年人刑事责任的认定应以该法第54条第2款为准。而在如何认定未成年人刑事责任问题上,《关于审理未成年人刑事案件具体应用法律若干问题的解释》第6条规定,"已满十四周岁不满十六岁的人偶尔与幼女发生性行为,情节轻微、未造成严重后果的,不认为是犯罪"。第7条规定,"已满十四周岁不满十六岁的人使用轻微暴力或者威胁,强行索要其他未成年人随身携带的生活、学习用品或者钱财数量不大,且未造成被害人轻微伤以上或者不敢正常到校学习、生活等危害后果的,不认为是犯罪","已满十六岁不满十八周岁的人具有前款规定情形的,一般也不认为是犯罪"。而第9条规定,"已满十六岁不满十八周岁的人实施盗窃行为未超过三次,盗窃数额虽已达到'数额较大'标准,但案发后能如实供述全部盗窃事实并积极退赃,且具有下列情形之一的,可以认定为'情节显著轻微危害不大',不认为是犯罪:(一)又聋又哑的人或者盲人;(二)在共同盗窃中起次要或者辅助作用,或者被胁迫;(三)具有其他轻微情节的。已满十六岁不满十八周岁的人盗窃未遂或者中止的,可不认为是犯罪。已满十六岁不满十八周岁的人盗窃自己家庭或者近亲属财物,或者盗窃其他亲属财物但其他亲属要求不予追究的,也可不按犯罪处理”。该司法解释第 17 条又规定,“未成年罪犯根据其所犯罪行,可能被判处拘役、三年以下有期徒刑,如果悔罪表现好,并具有下列情形之一的,应当依照刑法第三十七条的规定免予刑事处罚:(一)系又聋又哑的人或者盲人;(二)防卫过当或者避险过当;(三)犯罪预备、中止或者未遂;(四)共同犯罪中从犯、胁从犯;(五)犯罪后有自首或者有立功表现;(六)其他犯罪情节轻微不需要判处刑罚的”。

因未成年人叛逆和易于模仿的特点,酗酒是这一年龄段的难以解决之顽疾。对于成人酗酒造成严重后果的,即便是“瘾君子”,各法域刑法大都要求对其追究刑事责任,我国亦然。而就未成年人而言,有些国家规定,有酗酒习惯的未成年人应被收留戒酒,这属保安处分的范畴。患有各类精神疾病且身体有缺陷而进行有关偏差的未成年人,应根据其违反犯行的实际后果及其案发时精神状态的具体情况作出相应判决。如确有身体特别是脑力残疾严重影响其认知能力的,可责令其监护人或儿童福利机构严加管教,或将其交送适当场所进行治疗与矫正。

2. 责任特别重大

若未成年人触犯刑法,主观恶性较大且情节特别严重者,各法域通常有两种做法:一是由少年法庭直接行使刑事(成人)法庭职权,以刑事司法模式处分犯罪少年;二是少年法庭可依一定程序放弃管辖权,而将其移交刑事(成人)法庭审理。而后者是目前域外未成年人司法中争议较大的焦点,将在其后的章节中展开对这一问题的探讨。

我国目前采取第一种模式,在审判程序、判决结果上大体与成人审判无异,在此不再赘述。除《刑法》所明文规定的定罪量刑外,有关司法解释还对未成年人犯罪处理有具体规定。如《关于审理未成年人刑事案件具体应用法律若干问题的解释》第 8 条规定,“已满十六周岁不满十八周岁的人出于以大欺小、以强凌弱或者寻求精神刺激,随意殴打其他未成年人、多次对其他未成年人强拿硬要或者任意损毁公私财物,扰乱学校及其他公共场所秩序,情节严重的,以寻衅滋事罪定罪处罚”。第 10 条规定,“已满十四周岁不满十六周岁的人盗窃、诈骗、抢夺他人财物,为窝藏赃物、抗拒抓捕或者毁灭罪证,当场使用暴力,故意伤害致人重伤或者死亡,或者故意杀人的,应当分别以故意伤害罪或者故意杀人罪定罪处罚。已满十六周岁不满十八周岁的人犯盗窃、诈骗、抢夺罪,为窝藏赃物、抗拒抓捕或者毁灭罪证而当场使用暴力或者以暴力相威胁的,应当依照刑法第二百六十九条的规定定罪处罚;情节轻微的,可不以抢劫罪定罪处罚”。

3. 责任介于前二者之间

若行为的社会危害性和主观恶性介于二者之间,即未成年人行为尚不构成成人式犯罪,又有一定主观恶性与社会危害性,则法官可依据案情与未成年人个人背景作出相应前端或终端处分。前端(front end)处分系指对初犯且社会危害性较小的偏差少年所实施的处理方式,一般采取社区处分(community based correction)与分流等措施,特别优先适用缓刑。而终端(back end)处分则是对社会危害性较大的偏差少年所科处的处理方式,多采用机构处分(institution based correction)。

## 第四节 偏差少年之刑事(成人)审判

### 一、偏差少年之刑事(成人)审判

20 世纪 70 年代末起,在未成年人犯罪飙升及矫正刑效果不彰的严峻形势下,新保守主义日渐抬头,逐步影响至刑事司法与未成年人司法,以期有效减少和降低未成年人犯罪对社会稳定与经济发展的负面效应。

未成年人犯罪应对策略的研究、设计、运作、评估与改进方兴未艾,其中包括立法、行政、司法、犯罪矫正及来自社会的全方位、立体交叉式的方案与政策。就司法层面而言,尽管形式依然多样,但究其内涵不外乎两种,即降低刑事(成人)法庭管辖门槛与调整少年法庭管辖范围。其中,前者主要是通过降低未成年人的刑事责任年龄确立起来的;原先因年幼尚不足以被追究刑事责任的未成年人,如今可能因刑法修正而需面对刑事(成人)法庭的审判。相对于前者,后者的灵活性更大。因刑事责任年龄的任何变更通常需要一国最高立法机关或最高司法机关以较高票数通过方得以实现,程序烦琐冗长不说,且受社会舆论制约。调整少年法庭管辖范围尽管也不容易做到,但难度小于降低刑事责任年龄。

在英国,通常情况下偏差少年会先在少年法庭接受提讯。但若出现下述情形之一者,亦可能会被移送至治安法院或刑事(成人)法庭受审:被控杀人罪,包括谋杀、误杀及杀婴;被控触犯严重罪行;与一名成人一同被起诉;被控一项罪行,而同时有成年人被控为该罪行的协助者及教唆者;被控为一项罪行的协助者及教唆者,而同时有成年人被控触犯该罪行;被控一项罪行,而引致被控罪行发生的情况与引致一名成年人被检控的情况相同。[1] 而在加拿大,若偏差少年年满 14 岁且所控罪行恶劣,则可能接受刑事(成人)审判。

日本新《少年法》第 20 条规定,“家庭裁判所对犯有相当于死刑、徒刑或者监禁罪行的案件,依据调查结果,参照其罪行性质及状况,认为符合刑事处分要求时,须通过决定,将案件移送与管辖区的地方法院相对应的检察厅检察官”。在我国台湾地区,少年刑事案件由检察官提起公诉后,由少年法庭依刑事诉讼法规定审判。刑诉程序与一般刑事案件大体相同,但有下列差异:审判不得公开;不适用自诉规定;不能宣告褫夺公权;有期徒刑执行 1/3 之刑期,行为良好,可以假释;缓刑及假释中,须由少年法庭少年保护官执行保护管束;非有不得已之情形,不得羁押。

从严格意义上说,我国当前的未成年人审判模式亦从属于刑事(成人)审判,所依法律仍主要是刑法与刑事诉讼法,在法庭结构、组织形式、庭审过程等方面与传统成人审判并无大的区别,未成年人只是可享有不同于成人的有限权利。我国已建立独立少年审判模式的论断尚言之过早,毕竟后者所倚仗的“国家亲权”法则、法官与缓刑官角色重塑及诉讼过程等重要少年审判的内容并未成熟。

### 二、偏差少年之刑事(成人)审判演进

近年来,未成年人司法体系面临种种指责和压力,特别是对未成年人惩教效果不显及不断攀升的未成年人偏差。所有州都规定了少年法庭原始管辖权年龄上限(15 岁、16 岁或 17 岁,具体取决于州)。但各州也有各种法律允许少年法庭管辖权年龄以下的未成年人作为成年人受审。美国法律允许将偏差少年在特定情况下移送刑事(成人)法庭审理,若少年在刑事(成人)法庭审理,法院可作出成人式判决。早在 1903 年,亦是建立少年法庭的第 4 个年头,芝加哥少年法庭便将 14 名少年移交给当地刑事(成人)法庭审理。[2] 仅在 1992 ~ 1998 年,至少 40 个州都或多或少地进行了少年法庭的改革,使起诉未成年人像起诉成年人一样容易,以增加将偏差少年移交刑事(成人)法庭审判的频率及增加成人刑的适用范围。[3] 而所有的州及哥伦比亚特区都允许在一定条件

---

〔1〕 参见余肇中:《选定海外地区少年法庭的运作》,(中国香港特别行政区)立法会秘书处数据研究及图书馆服务部,2003 年 5 月 20 日,第 5 ~ 6 页。

〔2〕 See Martin Gardner, *Understanding Juvenile Law*, Newark, NJ: LexisNexis Press, 2003, p. 174.

〔3〕 See Human Rights Watch, *No Minor Matter: Children in Maryland's Jails*, New York, NY: Human Rights Watch, 1999, p. 16.

下将未成年人交刑事（成人）法庭审理。2018 年，全美少年法庭供审理了 744,500 宗未成年人偏差案件。一半以上（57%）案件提出了呈请状（petition），要求进行裁决或管辖权弃权聆讯。而在这些案件中，仅约有 1% 被少年法庭弃权，即 3600 宗未成年人偏差案件被移送刑事法庭受审。[1]

美国民众对少年偏差的关注使联邦政府和各州立法机构修订了相应法律从而更易于把偏差少年从少年法庭移送、提交或送回到刑事（成人）法庭进行审判和量刑。从理论上来说，将偏差少年移送至刑事（成人）法庭应该达到这样的目标，即移送可将未成年人司法无法矫正的偏差少年交由刑事司法安置；有效威慑未成年人将来再行触法之事。[2] 少年移送法律通过防止少年触犯严重罪行和在刑事（成人）法庭对其进行审判、量刑，从而确保给予偏差少年足够的监禁期限来实现其防卫社区的目的。这些移送法律亦体现了这样观点：实施了严重犯罪的偏差少年完全应当受到谴责并应受到成人式的刑罚。

## 案例三十七

曼尼（Manny）从小成长于加利福尼亚州圣何塞最差的居民区，年龄稍大一点，便加入了当地的西班牙裔黑帮。在他看来，这种打打杀杀不无意义，且是其赢得朋辈尊重的必经之路。时间转眼到了 1999 年秋，曼尼不过 17 岁，这一年注定亦是多事之秋：他与另外两个帮派分子合力攻击了邻居。在被害人中，有一位已有 6 个月身孕，但仍被犯罪人多次以棒球棒殴击其腹部；而另有 4 名男子遇到袭击，其中 2 名被戳伤。曼尼被逮捕并被控犯有 4 项“谋杀未遂”（attempted murder）。而这次袭击则是曼尼第二宗暴力重罪。之前，他便有犯罪前科：14 岁时因涉嫌强奸而在少年法庭受审，并通过辩诉交易认罪。因其案底，地区检察官要求应将其作为成人审理。而一旦在刑事（成人）法庭获罪，曼尼最高可能会被判处 20 年以上的监禁。

据加利福尼亚州法律，在作出是否应将未成年人移送刑事（成人）法庭前，少年法庭通常需要考虑这样 5 项标准：犯罪人的犯行复杂程度（criminal sophistication）；考虑该未成年人的既往犯罪史、先前教化的成果及罪行的恶性，犯罪人是否可以在少年法庭限定的时日内得以教化；既往犯罪偏差史；既

[1] See Sarah Hockenberry, *Juvenile Justice Statistcis: Delinquency Cases Waived to Criminal Court*, 2018, Washington, DC: U. S. Department of Justice, Office of Justice Programs, 2021, p. 1.

[2] See Benjamin Steiner & Emily Wright, *Assessing the Relative Effects of State Direct File Waiver Laws on Violent Juvenile Crime: Deterrence or Irrelevance*? Journal of Criminal Law & Criminology, 96(4), 2006, p. 1454.

往矫正成功率;犯行的严重与恶劣程度。据此,圣塔克拉拉郡缓刑官向法院提交了曼尼背景报告,主张仅就前4项标准而言,曼尼这次应在刑事(成人)法庭受审。在他看来,前次强奸案发生后,曼尼在所谓“少年牧场”(juvenile ranch)未得到有效感化,且仅待了短短56日就因“行为端正”而被释放回家了。但同时,缓刑官并不认为曼尼犯行符合第5项要件。尽管袭击孕妇的凶手另有其人,法官认为曼尼罪行极其恶劣、手段残暴,故第5项要件成立。法官遂认定此案不再适宜由少年法庭管辖,应移送至刑事(成人)法庭。而在刑事(成人)法庭判决结果出来之前,曼尼仍可被拘留在未成年人拘留所内。2001年1月22日,曼尼被刑事(成人)法庭判处在州监狱服刑9年。[1]

## 案例三十八

在“斯坦福案”(*In re Stanford*)中,当凯文·斯坦福(Kevin Stanford)在肯塔基州逞凶时尚不过17岁。在举行聆讯后,当地少年法庭依该州律将其移送至刑事(成人)法庭。按照有关法律,倘若疑犯或触犯一级重罪或死刑罪,或年满16岁而触犯重罪交付刑事(成人)法庭审理。在一审中,斯坦福被判有罪,并罪至极刑。斯坦福不服,认为身为少年应可享有受审于未成年人司法的宪法性权利。肯塔基州最高法院则在随后的上诉审中支持一审判决,判定斯坦福就其年龄与教化概率而言,陪审团所作决定并无不当之处。而美国联邦最高法院终审判决中维持原判。大法官安东尼·G.斯格利亚(Antonin G. Scalia)在判词中指出,对犯罪时年龄介于16~17岁的未成年人施以死刑并不违反《美国联邦宪法第八修正案》中有关禁止残忍与不寻常刑罚的规定。在他看来,判定某一特定刑罚是否违反《美国联邦宪法第八修正案》或取决于该刑罚在《权利法案》制定伊始是否涵盖任一该刑罚诸多构成要件,或取决于其是否与成熟社会所认定“演化中的合宜行为基准”(evolving standard of decency)相悖。[2]

**而就“演化中的合宜行为基准”,似乎较难认定。那么如何判定某一刑罚是否与上述标准背道而驰呢?美国联邦最高法院认为,不能以主观想象代替客观现实,最为主要和可靠的证据标准便是“全国共识”(national consensus)。若被告人未能提交国民反对处死16~17岁未成年人的有关证词,则可断定不**

---

〔1〕 WGBH Educational Foundation, *Juvenile Justice*: *Manny*, Accessed March 23, 2006, http://www.pbs.org/wgbh/pages/frontline/shows/juvenile/four/manny.html.

〔2〕 *In re Stanford*, 537 U.S. 968 (2002).

存有这样的全国共识。即便庭审时在全美 37 个允许死刑的州中有近半数(15 个州)对这一年龄段的偏差少年网开一面,但大法官们不为所动,坚称尚未达到全国共识的标准,故相关刑罚并不构成残忍与不寻常的刑罚。

### 三、未成年人移送程序与标准

#### (一)移送标准

1966 年,美国联邦最高法院在"肯特诉合众国案"中,列举了少年法庭需遵循的司法管辖权弃权原则:就弃权与否应当举行聆讯,该聆讯在绝大多数州被称作弃权聆讯;未成年人与其父母在聆讯中得聘用律师;该律师得在聆讯日至少前一天获得由法院工作人员收集并保管的绝大多数资料;尽管少年法庭作出弃权决定而将未成年人移送刑事(成人)法庭,法官仍需出具书面解释函。[1]

在我国台湾地区,原则上未成年人犯罪是依少年保护案件程序来处理的,有以下情形时则依少年刑事案件程序处理:所犯之罪最少应判 5 年以上有期徒刑及涉案人年龄已满 18 岁。若犯罪情节重大,参酌少年的品行、性格、经历等情状,以受刑事处分为适当时,经少年法庭法官裁定移送检察官。

#### (二)未成年人移送模式

1. 未成年人案件移送概述

在一定情形下,美国法律允许将偏差少年由少年法庭移送至刑事(成人)法庭受审。从理论上来说,将偏差少年移送至刑事(成人)法庭应该达到这样的目标:将未成年人司法无法矫正的偏差少年移送刑事(成人)司法,由后者安置;有效威慑未成年人将来再行触法之事。[2] 少年移送法律通过防止少年触犯严重罪行和在刑事(成人)法庭对其进行审判、量刑,从而确保给予偏差少年足够的监禁期限来实现防卫社区的目的。

早在 1903 年,也就是建立少年法庭的第 4 年,芝加哥少年法庭便将 14 名少年移交给当地刑事(成人)法庭审理。[3] 到了 20 世纪 80 年代,更是移送适用的黄金时代,全美涉及未成年人移送的案件数翻了两番。[4] 在 1992 ~ 1998

---

〔1〕 *Kent v. United States*, 383 U. S. 541(1966).

〔2〕 See Benjamin Steiner, and Emily Wright, *Assessing the Relative Effects of State Direct File Waiver Laws on Violent Juvenile Crime: Deterrence or Irrelevance*? Journal of Criminal Law & Criminology, 96(4), 2006, p. 1454.

〔3〕 See Martin Gardner, *Understanding Juvenile Law*, Newark, NJ: LexisNexis Press, 2003, p. 174.

〔4〕 See Benjamin Steiner, Craig Hemmens & Valerie Bell, *Legislative Waiver Reconsidered: General Deterrent Effects of Statutory Exclusion Laws Enacted Post* – 1979, Justice Quarterly, 23(1), 2006, p. 36.

年,至少40个州都或多或少地进行了少年法庭的改革,使检察官起诉未成年人像起诉成年人一样容易,以增加将偏差少年移交刑事(成人)法庭审判的频率及增加偏差少年适用成人刑的范围。[1] 所有的州及哥伦比亚特区都允许在一定条件将未成年人交刑事(成人)法庭审理。

检察官有权自由裁量未成年人偏差案件是否需要移送刑事(成人)法庭审理,但需要综合考量所控罪行之严重性、未成年人被告人之先前偏差案底及少年法庭可提供之安置措施。美国《检察标准》(第3版)第4-11.5条对此要求,检察官在自由裁量未成年人偏差案件是否需要移送刑事(成人)法庭时,应综合考量当前所控罪行之严重性、未成年被告之前犯罪案底及其他因素,是否能表明少年法庭可提供之处分服务及安置替代措施适合防卫社区之安全及福利,且适合处理未成年人偏差。[2]

待未成年人被移送到刑事(成人)法庭后,检察官、法官、律师与陪审团各就各位,按照刑事诉讼一般程序进行。

2. 未成年人案件移送模式

在美国,至1979年,所有的州都授权少年法庭法官就某些恶性案件有放弃管辖权的权利。20世纪80年代,更是移送适用的黄金时代,全美涉及未成年人移送的案件数翻了两番。[3] 但各州将未成年人从少年法庭移送至刑事(成人)法庭的具体程序不尽相同,主要计有司法弃权、直接控诉、法定排斥三种模式。[4] 此外,还有并行司法管辖权模式。只采取其中一种模式的为数不多,而大多数州都是采取两种或以上组合方式。

司法弃权(judicial waiver)系指少年法庭有权决定是将某些偏差少年从其管辖权中移除,以便在刑事(成人)法庭审理。若少年法庭法官不同意移送,则任何人均无权在刑事(成人)法庭对未成年人实施刑事(成人)审判。加利福尼亚州、得克萨斯州、夏威夷州等16个州采取此类单一模式。截至2021年,几乎

---

〔1〕 See Human Rights Watch, *No Minor Matter: Children in Maryland's Jails*, New York, NY: Human Rights Watch, 1999, p. 16.

〔2〕 See National Prosecution Standards (3rd edition), § 4 - 11.5.

〔3〕 See Benjamin Steiner, Craig Hemmens & Valerie Bell, *Legislative Waiver Reconsidered: General Deterrent Effects of Statutory Exclusion Laws Enacted Post* - 1979, *Justice Quarterly*. 23(1), 2006, p. 36.

〔4〕 See Patrick Griffin, Patricia Torbet & Linda Szymanski, *Trying Juveniles as Adults in Criminal Court: An Analysis of State Transfer Provisions*, Washington, DC: Office of Juvenile Justice and Delinquency Prevention, U. S. Department of Justice, 1998, p. 1 - 17; Benjamin Steiner & Emily Wright, *Assessing the Relative Effects of State Direct File Waiver Laws on Violent Juvenile Crime: Deterrence or Irrelevance?* Journal of Criminal Law & Criminology, 96(4), 2006, p. 1451 - 1477.

所有州(46 个)都有酌情裁定的司法豁免条款,其中少年法庭法官拥有裁定放弃对个别少年的管辖权并将其案件移交刑事法庭的酌处权。这些法律授权但不要求在满足豁免门槛要求的情况下移送。[1] 司法弃权通常需要进行聆讯,以确定未成年人司法是否对拟议中的偏差少年矫正确实无能为力。而按照法官具体权限大小,弃权在各州又有"全面弃权"(discretionary waiver)、"推定弃权"(presumption waiver)及"强制弃权"(mandatory waiver)三类形式,其中"全面弃权"使用最为宽泛。因各州州情不同,全面弃权在各州说法不尽相同,例如,"认证"(certification)、"签保"(bindover)、"发回"(remand)、"移送"(transfer)、"拒绝"(decline)。在此类弃权中,法官须就最低年龄、具体触犯罪行及性质、既往犯罪史等情况综合考虑。在强制聆讯中,检察官通常需负举证责任,而在某些州被控少年则可能承担这一责任。绝大多数州要求证据标准至少应达到"优势证据"标准。一些州还规定,一旦刑事(成人)法庭获准对特定未成年人行使管辖权,则其不但可对该未成年人直接予以成人式审理,且还可将连带的轻微罪行一并审理。[2]

将某些案件的统一管辖权归属少年法庭或成年法院,由检察官选择不同法院进行便宜起诉,检察官拥有几乎无可争议的权限以决定是否将未成年人送至刑事(成人)法庭受审。这种做法被称为"直接控诉"(direct file),又称"起诉裁量"(prosecutorial discretion)。不同于我国,美国司法界与学术界基本上将检察权(prosecutorial power)界定为行政权,而起诉裁量权是检察官最为重要的权力,不受任何机关左右。截至目前,全美尚仅内布拉斯加州一家单纯采取这种模式处分未成年偏差。而若加上混合使用的,则计有 14 个州与哥伦比亚特区采用直接控诉模式。

美国一些州采取"法定排斥"(statutory exclusion)进行少年移送。法定排斥又称"立法弃权"(legislative waiver),系指法律明文规定刑事(成人)法庭对涉及未成年人的案件享有原始管辖权,即将某些犯罪指控自动从少年法庭管辖范围内予以剥离。不考虑少年被指控罪行的严重性,少年法庭均无管辖权可言,涉嫌特定罪名的偏差少年将被移交至刑事(成人)法庭。有学者亦认为,法定排斥与直接控诉差别不大,检察官均可自由裁量起诉未成年人与否,故可

---

[1] See Sarah Hockenberry, *Juvenile Justice Statistcis: Delinquency Cases Waived to Criminal Court, 2018*, Washington, DC: U. S. Department of Justice, Office of Justice Programs, 2021, p. 1.

[2] See Patrick Griffin, Patricia Torbet & Linda Szymanski, *Trying Juveniles as Adults in Criminal Court: An Analysis of State Transfer Provisions*, Washington, DC: Office of Juvenile Justice and Delinquency Prevention, U. S. Department of Justice, 1998, p. 3.

被视为直接控诉的变种形式。[1]

## 案例三十九

1978年3月,威利·波斯科特(Willie Bosket)杀害了两名地铁乘客,引发纽约州未成年人司法体系之危机。波斯科特长期浪迹纽约市地铁,伺机抢劫醉酒或酣睡乘客。在其从未成年人惩教机构释放后,他勾结其表兄赫尔曼·斯佩特(Herman Spate)夜晚时常在离其住所较近的地铁线上恶习不改,重操旧业。案发时,一乘客在觉察波斯特克翻查口袋时从睡梦中惊醒,被后者直接以0.22mm口径手枪直接枪击其额头而殒命。仅8日后,波斯科特故伎重演,将另一面无辜乘客杀害。在纽约市,各位地铁命案早已不是什么轰动新闻,但波斯科特案所触发的思考被媒体敏锐捕捉并引发社会广泛讨论,其中与众不同点在于波斯科特之所以以身试法乃系窃取所鼓动,且被害人均与其同居于曼哈顿中心之外的贫民区。案发后,纽约居民特别是依赖地铁等公共交通民众极大恐慌,并鼓动对这类犯罪分子决不姑息。[2]

截至2003年,全美混合采用法定排斥的州共有31个,外加哥伦比亚特区。在这些州,这类案件会直接起诉到刑事(成人)法庭。显然与前两者决定权由少年法庭法官和检察官分别掌控不同,此类送审方式由立法机关事先确定,法官与检察官则较难有作为。

此外,尚有一种被称为“并行司法管辖权”(concurrent jurisdiction)模式,系指因过错性质与年龄大小均符合刑事(成人)法庭与少年法庭立案标准,而法律允许检察官自行决定是否将案件提交少年法庭或刑事法庭的模式。检察官并不需要通过正当程序来实现这种模式。这与“直接控诉”颇有几分相似,都强调发挥检察官在未成年人偏差中的能动作用。

尽管上述方式在操作上各具特点,但至少有一点是相同的,即将特定未成年人交刑事(成人)法庭审理应仅为少年法庭审理的补充,且对象仅囿于从事恶性犯罪而矫正无望的未成年人。以马里兰州为例,一旦未成年人被发现涉嫌蓄意谋杀、强奸、持械抢劫等恶性犯罪,根据年龄不同,他们中的很多人将会

---

〔1〕 See Benjamin Steiner & Emily Wright, *Assessing the Relative Effects of State Direct File Waiver Laws on Violent Juvenile Crime: Deterrence or Irrelevance?* Journal of Criminal Law & Criminology, 96(4), 2006, p. 1455.

〔2〕 Simon I Singer, *Recriminializating Delinquency: Violent Juvenile Crime and Juvenile Justice Reform*, New York, NY: Cambridge University Press, 1996, p. 5 – 8.

被自动作为成人在刑事法庭受审。因为少年法庭一旦放弃了对偏差少年进行审理的管辖权,偏差少年将失去了获得保护和得到矫正的可能性。在一些州,刑事(成人)法庭在审理偏差少年案件时可以对偏差少年处以成人的或偏差少年的刑罚。被刑事法庭判处重罪的偏差少年丧失了很多权利和特权,并可能被处以成人式的制裁。

(三)反弃权

到目前为止,所探讨的都是有关将某些触犯严重罪行的未成年人移送至刑事(成人)法庭的问题。不免要提出这样的问题:既然刑事(成人)法庭对于犯特定罪名的未成年人可以行使管辖权,但毕竟出庭受审的未成年人尚为犯罪嫌疑人,检察官起诉的案件亦不一定十分严重,那么有没有可能出现将未成年人的偏差行为定性过高,特别是在某些有自动移送条款的地方更是如此。理论上这种猜测和不安是存在的,所幸的是许多州都正视这一弊端而采取一定的补救措施,反弃权便是其中一例。

反弃权(reverse)系指刑事(成人)法庭应未成年犯罪嫌疑人申请,对其所犯罪行进行评估,以判定将其移送至少年法庭是否更符合该未成年人和社会的利益的司法程序。在这一过程中,刑事(成人)法庭的法官需要全面衡量未成年人的个人背景,包括年龄、心理与身体健康状况、未来可被矫正成功的可能性、所被指控罪行的性质及公共安全等方面。

## 四、未成年人刑事(成人)审判评价

对未成年人移送评价褒贬不一,毁誉参半。而对未成年人进行刑事(成人)审判实际效果如何,亦尚有待证实。《刑事司法系统中儿童问题行动指南》第 14 条特别规定,“凡尚未达到法定刑事责任年龄的儿童均不得受到刑事指控”。虽然不能确定少年移送法律能否从长远上制止少年偏差,但就刑事(成人)法庭对偏差少年进行审判,并把他们关押在成人监狱这一点而言,将对偏差少年几乎没有任何好处,反而带来了许多潜在的不利后果。随着时间的推移,刑事审判和成人监禁似乎不是促进而是妨碍了对社区的防卫,也并非增加而是减少了偏差少年应负的责任,并抑制了其能力的发展。

域外就未成年人移送法律结果的实证研究稀缺,没有充分证据证明其达到了预期目的。犯罪学家西蒙·辛格(Simon Singer)与大卫·麦克多维尔(David McDowell)对纽约州《未成年犯罪人法》(Juvenile Offender Law)效果进行了评估。该法案于 1978 年获得通过,将刑事(成人)法庭的门槛降低至谋杀罪为 13 岁,强奸、抢劫、伤害等则为 14 岁。两人就纽约在该法案通过前 4 年与通过后6年内的未成年人逮捕率进行比较研究,结果发现,成人式刑罚对遏制未成年人犯罪并无明显效果。[1] 稍后,埃里克·延森(Eric Jensen)与林达·麦兹格(Linda Metsger)就爱达荷州1981年通过的移送法前后5年的实际效果也进行了跟踪调查。他们研究亦得出了类似的结果,即移送法律对未成年人犯罪效果不彰。[2] 仅有少数少年被送往刑事(成人)法庭,大部分案件并非暴力犯罪;移送会造成案件复杂化和审理迟延。很多人认为移送的做法是在法庭作出裁决前采取有罪认定,故对当事人极不公平。

---

〔1〕 See Simon Singer & David McDowell, *Criminalizing Delinquency: The Deterrent Effects of the New York Juvenile Offender Law*, Law and Society Review, 22, 1988, p. 35.

〔2〕 See Eric Jensen & Linda Metsger, *A Test of the Deterrent Effect of Legislative Waiver on Violent Juvenile Crime*, Crime and Delinquency, 40, 1994, p. 96 – 104.

# 第十章　惩教：未成年人矫治

## 第一节　未成年人惩教

### 一、未成年人惩教

（一）刑罚与未成年人惩教

作为社会控制手段，刑罚是国家公权力对抗严重不法行为最严厉的谴责与制裁，承担着社会防卫最后一道门槛。在礼法并重的中国传统社会里，“阳为德，阴为刑”“阳德出于礼，礼出于刑”。[1] 在李斯特看来，刑罚乃系“刑事法官根据现行法律就犯罪人的犯行而给予犯罪人的惩罚，以表达社会对行为及行为人的否定评价”。[2] 刑罚本质在于报应（retribution）、吓阻（deterrence）、隔离（incapacitation）、矫正（rehabilitation）、重修（reintegration）与修复（restoration）。[3] 传统犯罪经济学家认为，刑罚之所以能预防犯罪在于其减少效用，如罚金可减少财富，而自由刑则会减少赚取财富并将其用来消费嗜好的机会。[4]

据史载，犯罪矫正可以追溯至公元前3000年的古希腊罗马时代及我国夏商时代。据刑法史学者蔡枢衡考证，早在三皇五帝时代，通常以放逐与扑抶等方式作为违反公序良俗的刑罚。所谓扑抶，《说文解字》解释为“抶，笞击也”，[5] 即以竹具敲打不乏者，使其蒙羞而不敢再犯。在蔡枢衡看来，扑抶的作用在于教育而非惩罚。推而广之，“原始社会的制裁是教导，而不是惩罚”。[6] 早在西周时期便在商王之下设有“司寇”一职，“使帅其属而掌邦禁，以佐王刑

---

〔1〕（汉）戴德：《大戴礼·四代》。

〔2〕［德］弗兰茨·冯·李斯特：《德国刑法教科书》，徐久生译，法律出版社2000年版，第401页。

〔3〕参见黄征男：《从刑罚本质探讨我国台湾地区犯罪矫正发展趋势》，载《司法新趋势》2003年第5期。

〔4〕参见［美］埃里克·A.波斯纳：《法律与社会规范》，沈明译，中国政法大学出版社2004年版，第133页。

〔5〕（东汉）许慎：《说文解字》。

〔6〕蔡枢衡：《中国刑法史》，中国法制出版社2005年版，第49页。

邦国”,作为国家最高司法官。以“司寇”为题专章规定矫正,足见当时统治者对教化的重视与企盼。而郑玄注曰“圜土”公用在于“困苦以教之为善也”,而这也是“毋庸杀之,姑惟教之”等礼治理念于刑罚运作中的具体表现。《尚书》载曰“罚惩非死,人极于病”,明确指出刑罚目的不在于惩教犯罪人,而在于使人远离犯罪。[1] 蔡枢衡认为,其时周穆王的刑事政策在于一般吓阻,即吓阻一般人等不致犯罪。[2]

犯罪矫正(correction)原义系指纠正、改正,后延伸至犯罪学与行刑学领域。关于犯罪矫正的确切定义,可谓众说纷纭。有学者认为,矫正系指在刑罚执行的过程中,通过监管、教育、生产劳动等手段,使犯罪人转换思想、矫正恶习、增长知识、掌握劳动技能,成为守法公民和自食其力劳动者所进行的活动。[3] 据《中国劳改学大辞典》的解释,犯罪矫正主要指通过监禁隔离、教育感化心理治疗和技术培训等措施,使罪犯逐步适应社会生活而进行的活动。[4]

清末法学家沈家本指出,“化民之道,固在政教,不在刑威也”,[5]对未成年人偏差更是如此。本书认为,未成年人惩教系指以偏差少年自身所需为根本出发点与落脚点,采取专业化与个别化处分措施,通过机构化和社会化纠正其不良心理倾向与习惯的矫正措施的总称。未成年人惩教包括需防卫社会与保护被指控的未成年人及应向偏差少年提供适当医疗、心理、教育服务等方面。而传统的咨询、机构化及分流对吓阻未成年人犯罪偏差作用不甚明显。许多未成年人惩教机构都十分强调通过未成年人内化而实现其改悔自新及戒治。

在犯罪学家强平希看来,未成年人惩教主要包括五个主要目标:吓阻(deterrence)、戒治与复归(rehabilitation and reintegration)、预防(prevention)、刑罚与报应(punishment and retribution)、隔离与控制(isolation and control)。[6] 这里,吓阻包括严苛纪律处分、正式处罚。监禁与世相对隔绝,可有效预防偏差少年再行偏差。因严打的犯罪政策,越来越多的未成年人被移送刑事(成人)法庭受审,体现刑罚与报应的目的。对那些屡教不改的偏差少年,也许最适合的地方便是高墙大院。美国爱达荷州《未成年人矫正法》(Juvenile

---

〔1〕 参见《尚书·吕刑》。

〔2〕 参见蔡枢衡:《中国刑法史》,中国法制出版社2005年版,第74页。

〔3〕 参见夏宗素:《罪犯矫正与康复》,中国人民公安大学出版社2005年版,第11页。

〔4〕 参见中国劳改学会编:《中国劳改学大辞典》,社会科学文献出版社1993年版,第621页。

〔5〕 沈家本撰:《历代刑法考》(第1卷),邓经元、骈宇骞点校,中华书局1985年版,第2025页。

〔6〕 See Dean J. Champion, *The Juvenile Justice System: Delinquency, Processing, and Law* (*5th edition*), NJ: Upper Saddle River, Prentice Hall, 2007, p. 560 – 564.

Corrections Act)指出未成年人惩教的原则:可责制、社区保护(community protection)与能力发展(competency development)。在20世纪70年代针对未成年人司法制度改革的各项呼声中,美国司法管理学院(Institute of Judicial Administration,IJA)及美国律师协会(American Bar Association,ABA)认为造成当时美国未成年人司法困境的原因甚多,但"未成年人司法系统中最大的不足在于其安置及矫正阶段"。[1] 由此可见未成年人惩教之重要性。

《北京规则》要求,"把少年投入监禁机关始终应是万不得已的处理办法,其期限应是尽可能最短的必要时间"。该项规定从两个方面对少年监禁加以限制:一是从数量上,即"万不得已的办法";二是从时间上,即"最短的必要时间"。这一规则反映出第六届联合国大会第4号决议的基本指导原则之一:除非在别无任何其他适当办法,否则不得把少年罪犯投入监狱。《囚犯待遇最低限度标准规则》第5条第2款约定,"青少年囚犯这一类别最少应当包括属少年法庭管辖的所有青少年。对这些青少年不应判处监禁"。《利雅得准则》第46条明文要求,"剥夺少年的自由应作为最后的处置手段,时间应尽可能短,并只限于特殊情况"。[2] 该规则将"剥夺少年的自由"定义为,"剥夺自由系指对一个人采取任何形式的拘留或监禁,或将其安置于另一公私拘禁处所,因任何司法、行政或其他公共当局的命令而不准自行离去"。

若以拘束之宽松程度为划分标准,可将未成年人惩教分为机构处分、社区处分与中间制裁三大类型。李自强认为,"机构处分是以矫正、教化及隔离监禁为手段,以达成吓阻与矫正目的",而社区处分则"以少年观护、更生保护为主,是以去机构化及非监禁式的个别化处分计划为手段,除吓阻消极目的外,更重要的是藉辅导与治疗达成复健的积极目的"。[3] 中间制裁措施,则系指介于机构处分与社区处分之间的制度,其目的在缓和机构处分中隔离与监禁的严厉性,使服刑人易于复归社区。近年来,中间制裁措施逐渐引起各法域重视。

### (二)未成年人矫正模式

犯罪矫正模式依各法域国情不同而又有所差异,分类繁多。比如,克莱门

---

〔1〕 Christopher P. Manfredi, *The Supreme Court and Juvenile Justice*, Lawrence, Kanasa: University Press of Kanasa, 1998, p. 160.

〔2〕 在本条中,中译本翻译恐有误:原文中的"institutionalization"意为"机构处分",而中译本臆断为"安置教养",虽然意思没有特别明显的差异,但翻译似应直译为主,除非明显歧义。

〔3〕 李自强:《触法少年安置辅导处遇之现况与检讨》,载 http://www.pbaroc.org.tw/html/link8-6-1.htm,2007年4月3日访问。

斯·巴特勒斯(Clemens Bartollas)将犯罪矫正模式分为戒治模式、司法模式[1]与惩罚模式三种模式。[2] 在考察各主要法域未成年人惩教体系后,杰夫里·菲洛(Jeffrey Ferro)认为未成年人惩教模式基本上可划分为四类,即治疗模式(treatment model)、司法模式、犯罪控制模式及平衡与恢复性司法模式(balanced and restorative justice model)。[3] 这几种模式各具特点,都是从审视未成年人偏差及其成因角度而产生的。参照上述分类,可将未成年人惩教模式简单分为治疗模式与司法刑罚模式,各法域未成年人惩教莫不是辗转于两者之间摇摆。

1. 治疗模式

治疗模式又称为医疗模式,系指以医患关系重新审视矫正工作人员与偏差少年之间的关系,将后者视为迫切需要医治的患者而对其施行个别化治疗的未成年人惩教模式。这种模式在19世纪末为美国"未成年人拯救者"所倡导,他们要求组建少年法庭,并以此为基础建立起独立的未成年人司法体系;要求业界将重心从未成年人的犯罪性移转至导致其不法的心理与社会因子。在他们看来,所有这些都如同医生检查诊断出问题所在,继而对症下药,有的放矢。在该模式看来,刑罚对未成年人惩教毫无益处,且会破坏其改悔向上的主观意愿。

2. 司法刑罚模式

司法刑罚模式,系指以定期刑、废止假释及使用监狱等举措来惩罚犯罪人的未成年人惩教模式。司法模式最早由大卫·福格尔(David Fogel)提出,根基于报复(retribution)。与治疗模式针锋相对,司法模式在很大程度上颠覆了"国家亲权"法则,将"正当程序"[4]逐步引入未成年人司法体系,意在赋予未成年人更多的宪法性保护。支持司法模式的人认为,一如成年人,未成年人亦需据罪刑相适应原则为其过错承担相应责任。在该模式下,少年法庭应以定

---

[1] 鉴于英文"justice"可分表"司法"或"正义"之义,汉语圈的刑法学者和犯罪学者根据不同语境和理解加以翻译与援用。此处"justice model"似译为"司法模式"为妥。

[2] 参见林茂荣、杨士隆:《监狱学——犯罪矫正原理与实务》(第2版),台北,五南图书出版股份有限公司1999年版,第10页。

[3] See Jeffrey Ferro, *Juvenile Crime*, New York, NY: Facts on File, 2003, p. 83.

[4] "正当程序"于少年司法之适用已摆脱昔日未成年人刑事司法之束缚,而逐步延伸至教育等儿童福利。如在"格斯诉洛佩斯案"(*Goss v. Lopez*)中,美国联邦最高法院认为面临临时停课处分之公立学校学生,有财产及自由利益并据此享有正当程序权;法院继而主张,在这样的案件中,正当程序至少要满足三个条件:口头或书面之停课通知、相关证据之说明及学生之陈述机会[*Goss v. Lopez*, 419 U. S. 565 (1975)]。

期刑及矫正与工作并列的项目为主。他们进一步要求对身份过错进行除罪化处理,且偏差少年应尽所能向被害人赔偿以弥补其损失。《北京规则》明文规定处理未成年人偏差时须遵守"正当程序",且贯穿始终,更视其为最低限度标准。依据"正当程序",任何"公平而合理的审判"应包括无罪推定、证人出庭和接受质询、公共的法律辩护、沉默权、在审讯时最后发言的权利及上诉权等基本权利保障。

(三)偏差少年之刑罚方式

据科处刑罚受刑人被剥夺法益,可将刑罚分为生命刑、身体刑、自由刑、名誉刑及财产刑。〔1〕刑事(成人)法庭法官对偏差少年的刑罚处理方式计有:死刑、无期徒刑、有期徒刑、罚金。一些法域明确对未成年人限制适用死刑或监禁刑,如我国香港特别行政区《刑事诉讼程序条例》(第221章)第109A条,限制法院向年龄介乎16~21岁的少年判处监禁刑罚。

1. 死刑或极刑

"杀人偿命,欠债还钱",〔2〕《圣经》也说,"灭人性命者必被处死",〔3〕可见中外对凶杀案死刑适用之推崇。但《公民权利和政治权利国际公约》、《美洲人权协议》(The American Convention on Human Rights)、《儿童权利公约》及其他国际条约明文确定各法域不得对未成年人科处死刑。如《公民权利和政治权利国际公约》第6条第5款禁止对儿童判处死刑;《儿童权利公约》第37条要求各缔约国对未满18岁的人所犯罪行不得判以死刑或无释放可能的无期徒刑;《国内法与国际法下的未成年人刑事责任决议》第10条指出,"死刑本身产生了与人权有关的某种严重问题,对犯罪时未成年的人不得判处死刑"。

日本新《少年法》第51条第1款规定,"对于犯罪时不满18岁的少年,应当判处死刑时以无期徒刑代替"。《刑法》第49条明文规定,对18岁以下未成年人不得适用死刑。截至2005年,全世界尚有美国、伊朗、沙特阿拉伯、巴基斯坦、也门和尼日利亚等六国仍对未成年人执行死刑。除美国之外,其余均为伊斯兰国家。据统计,2005~2015年,计有73名伊朗未成年犯被执行死刑,罪名涉及谋杀、强奸、毒品及"对上帝怀有敌意"(enmity against God)。〔4〕

是否废止死刑困扰着美国社会,而是否将死刑延用至未成年人更是最激

---

〔1〕 参见马克昌:《比较刑法原理:外国刑法学总论》,武汉大学出版社2002年版,第762页。

〔2〕 (元)马致远:《任风子》。

〔3〕 《圣经·利未记》。

〔4〕 The Lancet, *Ending the death penalty for juveniles*, The Lancet, 387, 2016, p. 506.

烈的争论之一。1972 年,美国联邦最高法院在“弗曼诉佐治亚州案”(*Furman v. Georgia*)中,以 5∶4 微弱多数裁决认为死刑为《美国联邦宪法第八修正案》所“不得科处残酷及异常之刑罚”(cruel and unusual punishment)。[1] 六百余名死囚因此意外获得免死金牌。而 4 年后,在审理“格雷格诉佐治亚州案”(*Gregg v. Georgia*)时,联邦最高法院又作出截然相反的判决,以 7∶2 悬殊裁决重新认定死刑合宪。[2]

自 1973 年恢复适用死刑以来,全美计有 228 名未成年人被判处死刑,其中 22 名已被执行,占同期死刑执行总人数的 2.3%;而目前仍有 74 名服刑人在为他们未满 18 岁时所犯的罪行等待被执行死刑。[3] 对偏差少年执行死刑仍不多见。时至 2005 年,仍有 38 个州明文规定可以对偏差少年施以死刑,23 个州更明示可以处决未满 18 岁的偏差少年。[4] 有的州甚至有判决将 17 岁、16 岁的偏差少年处以死刑。1988 年,美国联邦最高法院通过“汤普森诉俄克拉何马州案”(*Thompson v. Oklahoma*)判决联邦宪法禁止对犯罪时仅 15 岁的人处以死刑。[5] 而一年后,联邦最高法院又通过“斯坦福诉肯塔基州案”(*Stanford v. Kentucky*)判决对 16 岁及以上未成年人处以死刑合宪。[6] 对未成年人判处死刑使美国为国际社会诟病,尤其是在其自诩为“人权斗士”“挥舞人权大棒”指责他国未成年人保护状况时更落下话柄。

## 案例四十

在“洛普尔诉西蒙斯案”中,当事人克里斯多夫·西蒙斯(Christopher Simmons)年仅 17 岁。他与另两位狐朋狗友共谋杀害,策划趁夜黑月高时分,潜入被害人雪莉·克鲁克(Shirley Crook)家里,将其捆绑后投入附近河中,致其溺水身亡。他一再向同伙打气,妄称未成年不需要承担责任。虽一人借故离去,西蒙斯与另一人仍坚持己见,恣意妄为。其后案件发展亦按原计划实施

---

〔1〕 *Furman v. Georgia*, 408 U. S. 238 (1972).

〔2〕 *Gregg v. Georgia*, 428 U. S. 153 (1976).

〔3〕 See Victor Streib, *The Juvenile Death Penalty Today: Death Sentences and Executions for Juvenile Crimes, January* 1, 1973 – *December* 31, 2004, Ada, OH: Ohio Northern University Claude W. Pettit, College of Law, 2005, p. 3.

〔4〕 See Lynn Cothern, *Juveniles and the Death Penalty*, *Coordinating Council on Juvenile Justice and Delinquency Prevention*, Washington, DC: Office of Juvenile Justice and Delinquency Prevention, U. S. Department of Justice, 2000, p. 1.

〔5〕 *Thompson v. Oklahoma*, 487 U. S. 815 (1988).

〔6〕 *Stanford v. Kentucky*, 492 U. S. 361 (1989).

完毕。因案情骇人听闻,本案被移交当地刑事(成人)法庭审理。初审时,证据确凿,西蒙斯亦供认不讳。即便考虑减轻情节,如无犯罪既往史、家庭因素及尚未成年等情形,陪审团仍作出有罪判决,并建议适用死刑。初审法官其后亦认可此建议。西蒙斯不服,主张辩护律师未尽全力,且其年龄尚幼,应减轻刑罚。为迎合要求废止对未成年人处以死刑的民意,密苏里州最高法院改判西蒙斯终身监禁,且不得假释。密苏里州检察官不服,上诉至美国联邦最高法院。2005 年 3 月 1 日,美国联邦最高法院以 5:4 微弱多数判定对 18 岁以下未成年人适用死刑违宪。[1]

在判词中,安东尼·肯尼迪大法官(Anthony Kennedy)如是说:即便偏差少年罪行滔天,国家可收缴其某些最基本自由,但仍不得熄灭其生命及获得成熟理解自己人性的机会。美国联邦最高法院进一步指出,处决 18 岁以下偏差少年违反几项国际条约,包括《儿童权利公约》和《公民权利和政治权利国际公约》,并表示国际舆论反对未成年人死刑亦坚定其废止决心。本案为美国未成年人刑罚发展的最大分水岭,后续发酵作用尚需观察。

2. 无期徒刑或终身监禁

除死刑外,对未成年人适用无期徒刑亦招致抨击和指责。《国内法与国际法原则下的未成年人刑事责任决议》第 11 条建议,“禁止任何形式的终身监禁、肉刑、酷刑或者任何不人道的待遇”。无期徒刑与终身监禁(life imprisonment)有一定区别,后者并不一定会强制服刑人参加劳动并接受教育和改造。

在美国,按照是否适用假释,可将终身监禁划分为无假释终身监禁(life imprisonment without parole,LWOP)与有假释终身监禁(life imprisonment with parole,LWP)。对于前者,未成年人有可能坐穿牢底。在被判处无假释终身监禁的未成年人中,有半数被羁押在宾夕法尼亚、加利福尼亚、密歇根及路易斯安那等 4 个州。尽管阿拉斯加、科罗拉多、堪萨斯、新墨西哥及俄勒冈 4 个州禁止对未成年人适用无假释终身监禁,但多达 29 个州允许至少就一种罪名(大多数为凶杀罪)对未成年人适用无假释终身监禁。截至 2009 年,美国有 6800 名犯罪人因其未成年时所犯之罪被判处该类无期徒刑,其中有 1/4 将在监狱度过漫长余生;最年轻的无假释终身监禁服刑人只有 13 岁。[2]

---

〔1〕 *Roper v. Simmons*,543 U.S. 551 (2005).

〔2〕 Frank Butler, *Extinguishing All Hope: Life-Without-Parole for Juveniles*, Journal of Offender Rehabilitation,49,2010,p. 274.

## 案例四十一

在“沙利文诉佛罗里达州案”(*Sullivan v. Florida*)中,乔·沙利文(Joe Sullivan)13岁时因涉嫌性暴力(sexual battery)而被佛罗里达州法院判处无假释终身监禁。在提交佛罗里达上诉法院之上诉状中,沙利文认为这一刑罚是其无法承受之重,违反了《美国联邦第八修正案》及《美国联邦第十四宪法修正案》而过于残忍及非同寻常。但佛罗里达上诉法院确认一审判决,联邦最高法院亦驳回调案复审令(writ of certiorari)。[1]

日本新《少年法》第51条第2款规定,对犯罪时不满18岁的少年,应当判处无期徒刑时,可处以有期徒刑或者监禁,刑期为10~15年范围内。不同于该条第1款就少年死刑“应当判处死刑时以无期徒刑代替”,这里使用“可处以有期徒刑或者监禁”,即对未成年人适用无期徒刑时,能否处以有期徒刑或者监禁并非必然的,而出于法官的综合评判。

在我国,无期徒刑系指剥夺犯罪人终身自由,强制其参加劳动并接受教育和改造的刑罚方式。[2]《关于审理未成年人刑事案件具体应用法律若干问题的解释》第13条规定,“未成年人犯罪只有罪行极其严重的,才可以适用无期徒刑”“对已满十四周岁不满十六岁的人犯罪一般不判处无期徒刑”。此即无期徒刑的适用对象分为14~16岁一般不适用、16~18岁选择适用两种。

3. 有期徒刑或监禁

在我国,有期徒刑系指剥夺犯罪人一定期限的人身自由,并强迫其劳动和接受教育改造的刑罚方式。[3] 在域外,有期徒刑还包括“监狱作业”(prison industry或labor system)这种形式。遵循个别化司法理念,不少法域对不定期刑推崇备至。尽管大陆法系法域少年法庭的建立大都受到了美国的巨大影响,但绝大多数都没有不定期刑,[4]这亦是美国与大陆法系法域在未成年人刑罚上的不同点。

《纽约州刑法典》第70.05条明文规定,对触犯重罪未成年犯之监禁应适用不定期刑。法条同时明确,对未成年犯之不定期刑应不少于3年,其上限应

---

〔1〕 *Sullivan v. Florida*, 560 U. S. 181(2010).

〔2〕 参见马克昌主编:《刑法学》,高等教育出版社2003年版,第237页。

〔3〕 参见马克昌主编:《刑法学》,高等教育出版社2003年版,第235页。

〔4〕 See Josine Junger-Tas, *The Juvenile Justice System: Past and Present Trends in Western Society*, In Weijers Ido and Antony Duff, Punishing Juveniles—Principal and Critique (edited), OR: Portland, Hart Publishing, 2002, p. 24.

分门别类:对于犯有乙级谋杀罪之一等重罪(class A felony of murder in the second degree),该刑期上限可至终身监禁;对于一级纵火之一等重罪(class A felony of arson in the first degree)或一级绑架之一等重罪(class A felony of kidnapping in the first degree)等重罪,刑期上限应由法庭确定之,介于12~15年;对于二等重罪(class B felony),刑期上限应由法庭确定之,不得超过10年;对于三等重罪(class C felony),刑期上限应由法庭确定之,不得超过7年;对于四等重罪(class D felony),刑期上限应由法庭确定之,不得超过4年。未成年犯之不定期刑下限亦随不同犯罪分类而有所差异:对于犯有乙级谋杀罪之一等重罪,最低刑期应由法庭确定之,应介于5~9年;对于一级纵火之一等重罪或一级绑架之一等重罪,刑期应由法庭确定之,介于4~6年;对于二等、三等或四等重罪,最低刑期应由法庭确定之,为所判处最大刑期之1/3。[1]

《国内法与国际法下的未成年人刑事责任决议》第13条建议,"徒刑作为例外的制裁措施,只可能对严重的罪行宣判,并且只能适用于已对品行作出仔细评估的未成年人"。而就期限而言,该决议指出,"须严格限制徒刑的判处和徒刑的期限"。第11条又建议,"监禁最长不超过15年"。

4. 罚金与赔偿

罚金系指由少年法庭判定而由未成年人或其父母以现金支付的处罚方式,很少独立使用,而多与缓刑并用。罚金被用来支付法庭开支、毒品或酒精测试及被害人补偿等用途。根据我国《刑法》,罚金属附加刑,亦可独立适用。不同于成年人,绝大多数未成年人没有独立个人资产,对其施以罚金,不但达不到刑罚效果,且现实执行起来亦困难重重。《关于审理未成年人刑事案件具体应用法律若干问题的解释》第15条规定,"对未成年罪犯实施刑法规定的'并处'没收财产或者罚金的犯罪,应当依法判处相应的财产刑;对未成年罪犯实施刑法规定的'可以并处'没收财产或者罚金的犯罪,一般不判处财产刑""对未成年罪犯判处罚金刑时,应当依法从轻或者减轻判处,并根据犯罪情节,综合考虑其缴纳罚金的能力,确定罚金数额。但罚金的最低数额不得少于五百元人民币"。

赔偿则系指未成年人须据其给被害人所造成的损失而向其提供补偿的处罚方式。美国有32个州允许赔偿,有17个州允许罚款作为法院的安置方式。赔偿系法院要求犯罪人对被害人或社区付钱或提供服务,具体金额由法官判定。我国《刑法》第36条规定,因犯行而使被害人遭受经济损失的,对犯罪分

---

[1] See New York State Penal Law, § 70.05.

子除依法给予刑事处罚外,并应根据情况判处赔偿经济损失。承担民事赔偿责任的犯罪分子,同时被处罚金,其财产不足以全部支付的,或者被判处没收财产的,应当先承担对被害人的民事赔偿责任。《民法典》中有父母或监护人替未成年人承担经济赔偿责任的规定。《关于审理未成年人刑事案件具体应用法律若干问题的解释》第 19 条规定,“刑事附带民事案件的未成年被告人有个人财产的,应当由本人承担民事赔偿责任,不足部分由监护人予以赔偿,但单位担任监护人的除外”,“被告人对被害人物质损失的赔偿情况,可以作为量刑情节予以考虑”。

5. 剥夺政治权利与褫夺公权

大多数法域对剥夺偏差少年政治权利问题上比较审慎。剥夺政治权利又称褫夺公权,在我国为《刑法》规定的附加刑,系指法院剥夺犯罪人作为国家公民享有参与国家管理和从事政治活动的权利。我国《刑法》第 54 条规定,剥夺政治权利是剥夺下列权利:选举权和被选举权;言论、出版、集会、结社、游行、示威自由的权利;担任国家机关职务的权利;及担任国有公司、企业、事业单位和人民团体领导职务的权利。《宪法》第 34 条规定,年满 18 周岁的公民,不分民族、种族、性别、职业、家庭出身、宗教信仰、教育程度、财产状况、居住期限,都有选举权和被选举权。换言之,未满 18 周岁的未成年人并不享有选举权与被选举权。担任国家机关职务及担任国有公司、企业、事业单位和人民团体领导职务的权利,现实生活中几乎没有可能。由此观之,《刑法》所能剥夺的未成年人政治权利仅局限于言论、出版、集会、结社、游行、示威自由的权利,且实践中范围可能更小。

鉴于《刑法》剥夺未成年人政治权利范围的有限性,《关于审理未成年人刑事案件具体应用法律若干问题的解释》第 14 条规定,除《刑法》规定“应当”附加剥夺政治权利外,对未成年罪犯一般不判处附加剥夺政治权利;如果对未成年罪犯判处附加剥夺政治权利的,应当依法从轻判处;对实施被指控犯罪时未成年、审判时已成年的罪犯判处附加剥夺政治权利,适用前款的规定。

(四)未成年人保安处分与专门学校

1. 未成年人保安处分

保安处分(rehabilitative measure,德文 sicherungsmassnahme)与刑事处罚、行政处分互为补充,系指以对特定犯罪为前提,为防止将来犯罪的危险性发生,由法院来宣告,施以与刑罚不同的隔离、监禁、劳动、教化的处分措施。保安处分最早见于 1893 年瑞士刑法学者卡尔·司托斯(Carl Stooss)起草的《瑞士刑法草案》，大陆法系法域多数国家刑法中均有保安处分的规定。1936 年，国民政府颁布的新刑法中增加了“保安处分”一章，明确规定“对于特殊儿童之犯罪者，施以感化教育”。

保安处分一般包括感化教育、监护、强制戒毒、强制工作、保护管束及驱逐出境。韩国《少年法》第 4 条第 1 款第 2、3 项及第 32 条规定，对于实施抵触刑罚法令行为的 12 岁以上未满 14 岁少年，及将来有实施抵触刑罚法令忧虑的 12 岁以上的少年[1]可以处以保安处分。[2] 这些保安措施主要包括对未成年人的禁戒措施、对未成年人的偏差适用的专门矫治教育及强制戒毒等专门性处分措施。因保安处分的非刑罚性，使其对有犯罪嫌疑及对社会有潜在危险的人均可适用。因而有学者称 19 世纪为刑法发达年代，而 20 世纪则是保安处分时代。[3] 鉴于保安处分的独特作用，有学者认为英美法系法域缓刑制度大体相当于大陆法系法域的保安处分。[4]

目前，我国《刑法》条文中虽无保安处分之名，但多数学者大都视收容教养、强制医疗、治疗监护、强制禁戒、监督考察、驱逐出境等为其表现形式。其中，收容教养是备受争议的未成年人保安处分措施，对特定人群不予刑事处罚，以行政措施而非法院宣告实现教育、感化、挽救与保护目的之行政强制措施。针对未成年人的收容教养主要限于处罚时不满 16 岁、由政府收容教养的偏差少年。2020 年 12 月 26 日通过的《刑法修正案（十一）》已将“收容教养”修改为“专门矫治教育”。

2. 专门矫治教育方针

早在 1951 年 12 月 5 日，中共中央法制委员会在《关于未成年人被匪特利用是否处罚的批复》中指出，“未满 12 岁者的行为不予处罚。未满 14 岁者犯一般情节轻微的罪，可不予处罚，但应交其亲属、监护人或者所属机关团体，予以管理教育”。稍后原政务院通过《劳动改造条例》，指出“对少年犯应当设置少年犯管教所进行教育改造”。1955 年 5 月 10 日，最高人民法院在《关于少年犯罪应如何处理的批复》中，认为“屡犯放火烧山及盗窃的 14 周岁以上而未满十八周岁的少年犯是应负刑事责任的，但可按其犯罪情节及年龄从轻或减轻处

---

〔1〕 依韩国《少年法》，“少年”系指 20 岁以下青少年。

〔2〕 参见［韩］李在详：《韩国刑法总论》，［韩］韩相敦译，中国人民大学出版社 2005 年版，第 269 页。

〔3〕 参见李岑思：《保安处分执行法》，台北，新保成出版事业有限公司 2007 年版，第 3 页。

〔4〕 参见徐锦锋：《观护制度之现状检讨与展望》，载杨士隆、林健阳主编：《犯罪矫正问题与对策》（增订 4 版），台北，五南图书出版股份有限公司 2005 年版，第 388～389 页。

罚。其中亦有很轻微的偷窃案件可不予处罚而交其家长或教育机构管教”。这些通常被认为我国未成年人收容教养制度之首开。1956 年 2 月 27 日,最高人民检察院、最高人民法院、内务部、司法部与公安部联合颁布《对少年犯收押界限、逮捕手续和清理等问题的联合通知》指出,“刑期已满的少年犯,应当按时履行释放手续,对无家无业又未满十八周岁的应介绍到社会救济机关予以收容教养”。这里提到的无论是“所属机关团体”还是“社会救济机构”无疑均系民政机关或社会福利机构,而不是司法机关。

自 1957 年起,依据中共北京市委的指示,北京市公安局对少年儿童违法犯罪的人不予逮捕判刑,而采取收容教养予以改造。之后,天津市、湖北省等地也先后进行试点。因效果显著,这些做法被最高人民法院、最高人民检察院与公安部认可。在 1957 年 8 月 3 日公布的《国务院关于劳动教养问题的决定》指出,劳动教养的目的在于“把游手好闲、违反法纪、不务正业的有劳动力的人,改造成为自食其力的新人”。最高人民法院、最高人民检察院与公安部于 1960 年 4 月 12 日发布《关于对少年儿童一般犯罪不予逮捕判刑的联合通知》,要求在全国推广。该通知要求“今后少年儿童除犯罪情节严重的反革命犯、凶杀、放火犯和重大的惯窃犯及有些年龄较大,犯有强奸幼女罪,情节严重,民愤很大的应予判刑外,对一般少年儿童违法犯罪的人,不予逮捕判刑,采取收容教养的办法进行改造。教养改造的期限,一般不作规定,但应当根据他们在改造过程中的好坏表现,确定解除教养或继续进行教养”。1960 年 4 月,《第五次全国劳改工作会议纪要》又进一步提出“对少年犯一般不判刑,采用劳动教养的办法,改造好了就放,不定期限”。

但“收容教养”这一用语一直到 1979 年《刑法》出台时方才正式出现。法律对此并无明确定义。该法规定,因不满 16 岁不处罚的,责令其家长或者监护人加以管教;在必要时,亦可由政府收容教养。1981 年 6 月,《京、津、沪、穗、汉五大城市治安座谈会纪要》要求,“对于有轻微犯行、屡教不改,家庭、社会管不了,而又不够逮捕判刑的少数青少年,年龄小的送工读学校,年龄大的送劳动教养”。

3. 未成年人惩教学校

专门学校最早源于苏联卫国战争期间,教育家安东·马卡连柯(Anton Makarenko)组建的带有收容性质的“高尔基工学团”成为收容战争孤儿的场所。我国专门学校诞生于 20 世纪 50 年代,是专门针对一些有偏差、年龄在 12 ~ 17周岁未成年人开设的学校。自 1955 年首家专门学校成立于北京市海淀区以来,其先后经历了两个发展阶段。首个阶段是通过半工半读形式将有轻微偏差的未成年人收录其中,使其成为“自食其力的社会主义劳动者”。目前则演变为义务教育的补充部分,在实施义务教育的基础上,对厌学和行为偏差的“问题学生”进行思想教育、劳动技能和职业技能教育特别是加强法制教育,有针对性地开展矫正。

专门学校所针对的收容对象均为存在一定社会危险性的未成年人,带有较强的保安处分色彩。《预防未成年人犯罪法》第 45 条规定,“未成年人实施刑法规定的行为、因不满法定刑事责任年龄不予刑事处罚的,经专门教育指导委员会评估同意,教育行政部门会同公安机关可以决定对其进行专门矫治教育”。

## 二、未成年人机构矫正概说

### (一)未成年人机构处分概述

#### 1. 未成年人机构处分概念与目标

未成年人机构处分的具体含义有广义与狭义之分,从狭义来说仅指对被法院依法判决需羁押少年予以收监关押的处分措施,既包括带有刑事惩罚意义的机构处分,亦包括非刑事处罚的机构处分(如对未成年精神病人的保安处分)。而从广义上来说,未成年人机构处分还包括对偏差少年的审前羁押和预防性拘留。在域外未成年人司法著作中,机构处分多采广义之说。以美国为例,1880 年全美共有 1 万余名未成年人被羁押于各类监所,平均年龄为 13 岁;而到了 1997 年,这一数字飙升至 10. 7 万人,其中尚有 1. 5 万人被羁押于成人监所之中。[1]

#### 2. 未成年人机构处分分类

未成年人机构矫正又称拘禁化安置(custodial disposition),可分为设防机构矫正(secure custody)与非设防机构矫正(non-secure custody)。前者主要包括未成年犯管教所与监狱(prison),而后者则包括工艺劳作学校(industrial school)、习艺所(training school)、新兵训练营(boot camp)、保护中心等儿童福利或教养机构。未成年人机构处分按照时间长短又可分为短期机构处分及长期机构处分,前者包括拘留中心、诊断中心(reception and diagnostic center)、庇护所(shelter)及看守所(jail);后者则涵盖牧场(ranch)、林务营(forestry camp)

---

〔1〕 See Robert Regoli & John Hewitt, *Delinquency in Society* (5*th edition*), New York, NY: McGraw-Hill Higher Education, 2003, p. 405.

及农场(farm)。[1]

(二)未成年人机构矫正覆盖范围

《利雅得准则》第46条规定了适用机构处分的若干情形,包括未成年人受到父母或监护人的伤害;未成年人受到了父母或监护人的性侵犯或身体上、精神上的虐待;未成年人受到了父母或监护人照管不良和剥削;未成年人因父母或监护人的行为而遭到身体或道德方面的危险;未成年人的行为表现对其有严重的身心危险,如不采取机构化办法,其父母、监护人或孩子本身,或任何社区服务,均无法应付此种危险。[2]

未成年人惩教机构(juvenile correctional institution)涵盖范围较为宽广,从小规模、短期非设防监所(non-secure facility)到长期设防监所(secure facility)。在美国,寄养家庭为前者一例,警方会将已被拘捕但无家可归的偏差少年暂时安置于寄养家庭之中。法院亦可在裁判聆讯前后裁定将偏差少年暂时寄养于这些家庭。除寄养家庭外,保护中心、集体之家(group home)或中途之家也属于非设防监所的范畴。保护中心主要是安置身份过错犯,其目的并不在于处分或刑罚少年。相比寄养家庭,集体之家规模较大,设置在社区之内,通常安置10~17岁的少年。大一些的集体之家可容纳8~12名少年,而小一些的集体之家仅可容纳4~8名少年。居住在集体之家的少年仍可定时入学上课或者工作,也可参加娱乐活动。集体之家目的在于为偏差少年创造与社区重新紧密联系的纽带,帮助其尽早重返社区。

拘留所(detention center)与习艺所则属于设防监所(secure facility),特别后者是对偏差少年进行机构处分的主要场所与机构。在美国,拘留所系指主要由郡县级运作的短期羁押少年的设防机构。拘留所通常可在四类情形下对有关少年实施羁押:首先,等候安置聆讯的少年可被羁押,此时拘留所被视为审前拘留所;其次,特定场合下,拘留所亦可在少年被安置后等待移转至州一级监所期间充作后安置移送机构(post-adjudication facility);再次,少年拘留所最近常被用作青少年安置(adjudicated youth)的设防后安置移送机构(secure post-adjudication facility);最后,少年拘留所还可被用来作为对那些违反假释规

---

〔1〕 Roy Lotz, *Youth Crime in America: A Modern Synthesis*, Upper Saddle River, NJ: Pearson Prentice Hall, 2005, p. 306.

〔2〕 Roy Lotz, *Youth Crime in America: A Modern Synthesis*, Upper Saddle River, NJ: Pearson Prentice Hall, 2005, p. 306. 本条第4款中"机构化处分"亦被中译本误译为"安置教养"。中译本中"孩子"实为原英本书"child or young person",即"儿童与年轻人",考虑该准则专为预防未成年人(juvenile)所立,实则指代"未成年人",为避免歧义,故应译为后者为宜。

定或在假释期间重新犯罪的假释少年的临时羁押场所。[1]

除马萨诸塞州,美国各州均设有规模迥异的习艺所,以安置不同少年。习艺所被认为是未成年人惩教体系中最后一块乐土,[2]安置那些有重度危险、前科累累或者已穷尽其他安置措施的偏差少年。从性质上说,未成年人司法中出现的习艺所类似于成人监狱,主要拘禁那些法官认为不适宜缓刑或其他轻微处罚安置的偏差少年。从外表来看,许多少年习艺所与成人监狱并无二异:都是高墙耸立、监室上锁及自给自足。[3] 有些习艺所远离都市尘嚣,居所破落不堪,各方面基础设施远不完备。

一些国家还用民营化教育感化机构来羁押偏差少年与身份过错犯。近年来,民营化机构不仅占据了未成年人处分机构的较大份额,且是持续增长的新兴产业。民营化机构有这样几种运作模式,即"矫正产业模式"(correctional industries model)、"雇主模式"(employer model)、"客户模式"(customer model)与"灵活模式"(flexible model)。其中,"矫正产业模式"即民营公司在监狱内建立生产车间,政府按照向其提供服刑人的数量、劳动强度等收取费用的民营化模式。"雇主模式"则是公立监狱提供场所,但私营公司对相关所属产业拥有产权和经营权的民营化模式。"客户模式"系指民营公司与公立监狱达成价格协议,向后者提供成品服务的民营化模式。而"灵活模式"系指诸如"美利坚矫正公司"(Corrections Corporation of America,CCA)等民营公司提供新兵训练营等非监禁成品化服务。在实际羁押未成年人的1510个拘留安置场所(residential placement facilities)中,2018年有一半以上是公共运营的;羁押了73%的未成年犯。[4]

如同官方拘留所,这些民营化拘留所形式多样,从较大拘留所到集体之家,甚至还包括新兵训练营。许多私人拘留所最早由教会所创设,但逐渐演变成营利性机构,每年各州政府须为每一位偏差少年的入住支付数千美元费用。[5] 这方

---

[1] See Rolando del Carmen & Chad Trulson, *Juvenile Justice: The System, Process and Law*, Belmont, CA: Wadsworth/Thomson Learning, 2006, p. 346.

[2] See Joel Samaha, *Criminal Justice (5th edition)*, Belmont, CA: Wadsworth/Thomson Learning, 1999, p. 504.

[3] See John Whitehead, Joycelyn Pollock & Michael Brawell, *Corrections: Exploring Corrections in America*, Cincinnati, OH: Anderson Publishing, 2003, p. 354.

[4] See Sarah Hockenberry & Anthony Sladky, *Juvenile Residential Facility Census* 2018: *Selected Findings*, Washington, DC: Juvenile Justice Statistics: National Report Series Bulletin, 2020, p. 1.

[5] See John Whitehead, Joycelyn Pollock & Michael Brawell, *Corrections: Exploring Corrections in America*, Cincinnati, OH: Anderson Publishing, 2003, p. 358.

面的争议从来没有止息过。持赞同观点的人主张民营化可有效减少运转经费;反对者则认为民营化并不能解决未成年人惩教问题。对此,日本刑法学家冈田朝太郎20世纪初在京师法律学堂评述“有志者之私立”儿童感化院时认为,公立感化院“经费多而成绩少,因公立办事之官吏不如志士之热心也。费不足,国家资补,尤妙”。[1]

(三)监狱化处分与少年监狱

1. 监狱化处分

现代意义上的监狱,其功能包括惩罚与教育两个主要方面。依照我国《刑法》和《刑事诉讼法》的规定,被判处死刑缓期2年执行、无期徒刑、有期徒刑的犯罪人,在监狱内执行刑罚。无论监狱还是未成年犯管教所均系监禁性机构化处分。

2. 少年监狱之特征

偏差少年进入各种类型的矫正机构后,即面对身临其中的各方面影响。[2]他们不但需要尽快适应与高墙外明显不同的生活,还要努力适应监所副文化。因年龄尚轻,无论生理、心理还是社会经验,偏差少年都无法与成年人相提并论,其承受的冲击与压力可想而知。而监所中经年累月形成的副文化、价值观及习惯都可能与偏差少年原先在自由世界里的格格不入。然偏差少年别无选择,他们或被迅速同化,或对既定监所文化提出挑战并加以修改。偏差少年几乎很难按照自己秉性随心所欲,而只能尽可能改变原有思维及行为方式,这就是通常所称的机构化(institutionization)。林茂荣与杨士隆总结出偏差少年机构矫正可能出现的监狱化症状:行为上趋于依赖、被动;思想陷于停滞;人际关系缺乏信任感;对监狱内各项事务漠不关心;较高之暗示性;势利取向及不信

[1] [日]冈田朝太郎、松冈义正、小河兹太郎、志田钾太郎口授,郑言笔述,蒋士宜编纂:《检察制度》,中国政法大学出版社2003年版,第28页。

[2] 《北京规则》提出了机构处分的六项目标。一是被监禁少年的培训和待遇的目标是提供照管、保护、教育和职业技能,以便帮助他们在社会上起到建设性和生产性的作用。二是被监禁少年应获得因其年龄、性别和个性并且为其健康成长所需要的社会、教育、职业、心理、医疗和身体的照顾、保护和一切必要的援助。三是应将被监禁的少年与成年人分开,应将他们关押在分别的一个监所或关押在成年人的监所的一个单独部分。四是对被监禁的少女罪犯个人的需要和问题,应加以特别的关心。她们应得到的照管、保护、援助、待遇和培训绝不低于少男罪犯。应确保她们获得公正的待遇。五是为了被监禁少年犯的利益和福祉,父母或监护人应有权探望他们。六是应鼓励各部会和部门之间的合作,给被监禁的少年提供适当的知识或在适当时提供职业培训,以便确保他们离开监禁机关时不致成为没有知识的人。《北京规则》还特别要求,任何设施均应是教养或感化性的,而不是监禁性的。

任管教人员主张。[1]

3. 未成年人机构矫正发展简史

北美未成年人机构矫正始于18世纪中叶。卡门等人将美国未成年人机构矫正的历史大致分为四个阶段：早期少年机构救济；贫院和孤儿院（early seeds of juvenile institutions: almshouses and orphanages）；第一家少年机构：庇护所（first juvenile institutions: houses of refuge）；感化院、习艺所和平房（reformatories, training schools, and cottage system）与未成年人惩教机构（juvenile correctional facilities）。[2] 其中，第一阶段起始时间为17世纪至19世纪20年代，第二阶段为1825年至19世纪50年代，第三阶段为1846年至20世纪80年代，而第四阶段自20世纪80年代至今。1824年纽约首家庇护所的成立标志着美国未成年人机构矫正的开端。有关美国早期未成年人惩教的发展概况已在第一章论述，这里不再赘述。

宾夕法尼亚制（Pennsylvania System）与奥本制（Auburn System）对美国犯罪矫正现代化起了不可替代的重要作用。宾夕法尼亚制，系指通过单独监禁以鼓励犯罪人忏悔、促成其悔改的刑罚方法。其所依据的原则是单独监禁（solitary confinement）、促进忏悔（fosters penitence）及鼓励改造（encourages reformation）。奥本制又称“纽约制”（New York System），系指规定服刑人白天劳动，晚上单独监禁的处刑方法。与宾夕法尼亚制相比，奥本制亦为犯罪人提供单独监禁的牢房，但仅作为晚上休息之用，而不是像前者那样24小时监禁犯罪人。1876年，清人李圭在参观费城“宾州监狱”及纽约“艾尔米拉感化院”后，对宾夕法尼亚制与奥本制不无感慨道，“第一务取洁净；第二饮食调匀；第三作息有序；第四可习技艺；第五则其总管、司事，一切体贴人情，处若父兄之于子弟。故凡游览其中者，非特不觉其为监狱，即犯人监禁日久，亦忘其身在监狱也”。[3]

在我国，历史上最早的监狱出现于夏朝。据《周礼》记载，“以圜土聚教罢民，凡害人者，寘之圜土而施职事焉，以明刑耻之，其能改者，反于中国，不齿三

[1] 参见林茂荣、杨士隆：《少年犯罪矫正之挑战与未来发展趋势》，载杨士隆、林健阳主编：《犯罪矫正问题与对策》，台北，五南图书出版股份有限公司2005年版，第369页。

[2] See Rolando del Carmen & Chad Trulson, *Juvenile Justice: The System, Process and Law*, Belmont, CA: Wadsworth/Thomson Learning, 2006, p. 335－342.

[3] 郭明：《中国监狱史纲》，中国方正出版社2005年版，第67页。

年。其不能改而出圜土者杀”。[1] 据郑玄注,“圜土,狱城也”,为监狱的雏形。对确有弃恶从善的囚犯,可具结释放,并参照“上罪三年而舍,中罪二年而舍,下罪一年而舍”[2]的原则设定一年至三年考察期,以观后效,其间不得享有“平民”权。若在“圜土”中不思悔改且又擅自逃离的,则可绞杀。这便是我国最早的机构处分,即监狱。

东汉许慎在其所著《说文解字》中将“狱”注解为:“狱之言,确也,取其坚牢之意;狱字从二犬,取守备之意;从言,言者讼也。”[3] 1910 年,在法律馆狱务顾问小河滋次郎主持操办下,清政府出台《大清监狱律草案》。这部几乎全文抄袭自 1908 年日本《监狱法》的草案,因辛亥革命、清帝逊位而未能颁行。在监狱改良方面,北洋政府颁行《监狱规则》明令设立幼年监。而 1924 年京师感化学校的设立及通令各省监幼年犯需送京受感化教育,被视为我国感化教育实施之始。[4]

4. 未成年犯管教所

未成年犯管教所原称“少年犯管教所”,是对已满 14 岁未满 18 岁的偏差少年进行教育、挽救、改造的场所。未成年犯管教所从性质上说是刑罚执行机关,为监狱的特殊存在形式。1965 年公安部、教育部《关于加强少年管教所的意见》指出,“少管所是对犯罪少年实现强制教育改造的场所”。只是收押人员系偏差少年,监所程序与成人监狱有所不同。与普通监狱不同的是,未成年犯管教所在经费、管教人员配备上具有不同特点。《未成年犯管教所管理规定》第 7 条规定,“未成年犯管教所所需经费由国家保障,未成年犯的教育改造费、生活费应高于成年犯”。第 10 条规定,“未成年犯管教所和管区的人民警察配备比例应当分别高于成年犯监狱和监区”。

就收押对象而言,最高人民检察院、最高人民法院、原内务部、司法部与公安部于 1956 年 2 月 27 日联合颁布《对少年犯收押界限、逮捕手续和清理等问

---

〔1〕《周礼·秋官·司寇》。“圜土”一词得名于形象,据《广韵》彭氏注云,“皋陶作狱,其制为圜,象斗,墙曰圜墙,扉曰圜扉,名曰圜土”,亦即于地下挖掘圆形土牢,或于地上围起圆形土墙,以泥土形成圆形禁锢以监禁犯罪人,防止其逃跑。就是说,用“圜土”这种类似监狱的监禁场所对“罢民”进行“聚教”,而“罢民”则系指未达到处以五刑程度的相对较轻的犯罪人。对“害人者”等作奸犯科者,“大司寇”可将其囚入“圜土”之中“施职事”。所谓“施职事”,郑玄注“施职事,以所能使役者”,即罚其所能,据“害人者”技能罚其苦役。而“明刑”,据郑玄注曰“书罪其恶于大方版,着其背”,即犯罪人背负书有其罪行的木板,公布于众。对于其中确有悔意并有悔改表现的,可酌情“反于中国”,即“谓舍之还于故乡里也”,将其释放回家,但“不齿三年”,即“不得以年次列于平民”。

〔2〕《司圜职》。

〔3〕(东汉)许慎:《说文解字》。

〔4〕参见鲁兰:《中日矫正理念与实务比较研究》,北京大学出版社 2005 年版,第 20 ~ 21 页。

题的联合通知》。该通知指出,少年犯管教所收押的少年犯年龄介于 13 ~ 18 岁。依该通知,“凡没有判决书的,若根据上述前中央法制委员会批复中南军政委员会的精神,其犯罪程度应负刑事责任的,则应当提请法院作出判决,以便执行。如其犯罪程度尚不够负刑事责任的,则应对有家庭监护的应即释放,交其家庭管理教育,对无家可归的,则应由民政部门负责收容教养。有的过去虽有判决,但判为长期改造或教育改造,没有固定刑期,这样亦不妥当,应当依据原来犯的罪行和在少年犯管教所的表现,改判为有期徒刑”。按照公安部 1982 年颁布的《关于少年犯管教所收押、收容的范围的通知》,少年犯管教所收押和收容两种人:一是由人民法院依法判处有期徒刑、无期徒刑和判处死刑缓期 2 年执行的 14 ~ 18 岁未成年人;二是 1979 年《刑法》第 17 条规定的由政府收押的犯罪少年。据我国 1997 年《刑法》第 14 条的规定,“由政府收容教养的犯罪少年可送未成年犯管教所予以关押”。偏差少年已满 18 岁、余刑在 2 年以上的,应转送监狱、劳改队关押改造。司法部发布《关于将政府收容教养的犯罪少年移至劳动教养场所收容教养的通知》,明确将政府收容教养的犯罪少年移至劳动教养场所收容教养。

作为规范劳动改造的法律文件,1954 年《劳动改造条例》即规定有“对少年犯应当设置少年犯管教所进行教育改造”的内容。该条例第 21 条规定,少年犯管教所管教 13 ~ 18 岁少年犯。第 22 条规定,“少年犯管教所,应当对少年犯着重进行政治教育、新道德教育和基本的文化与生产技术教育,并且在照顾他们生理发育的情况下,使他们从事轻微劳动”。依据偏差少年的特点,“在照顾他们生长发育的情况下,让他们从事轻微的劳动,采取诱导、关怀、鼓励、感化的方法,进行适合偏差少年心理和生理特点的德、智、美、体的全面教育,以促进思想转化,为其将来升学、就业创造条件,早日改造成为有利于社会的新人”。1994 年 12 月 29 日,我国颁行了《监狱法》。其中第 39 条规定:“监狱对成年男犯、女犯和未成年犯实行分开关押和管理,对未成年犯和女犯的改造,应当照顾其生理、心理特点。”第 74 条规定:“对未成年犯应当在未成年犯管教所执行刑罚。”第 75 条明文规定:“对未成年犯执行刑罚应当以教育改造为主。未成年犯的劳动,应当符合未成年人的特点,以学习文化和生产技能为主。监狱应当配合国家、社会、学校等教育机构,为未成年犯接受义务教育提供必要的条件。”

(四)未成年人机构矫正面临之挑战

林茂荣与杨士隆通过研究发现,未成年人犯罪矫正因监禁存有诸多先天不足而面临许多挑战,包括机构化烙印标签不易剔除、监狱化负面影响、不良友伴恶习传染影响及少年犯人格、价值观与行为不易改变等。[1] 这些问题也不同程度地存在于未成年犯管教所之中。林健阳提出机构性犯罪矫正的五大趋势,即选择性监禁有其必要性、假释有继续存在必要、机构性(监狱)各项矫治处分工作逐渐采取自愿参与方式、矫治处分技术多元化及实施分区性管理制度,提高矫治处分效果。[2] 这些问题不同程度存在于各法域未成年人惩教。

### 三、未成年人社区矫正概说

#### (一)未成年人机构矫正之弊端

对未成年人实行机构矫正而带来的负面标签效应,促使各法域检讨未成年人司法与刑事司法政策之利弊得失。如同犯罪饱和理论,机构矫正实际亦存在"监所饱和":一定数量的监所总是与相对固定的服刑人数量基本相同。若比例过高,则人满为患,不但矫正效果极其有限,还可能诱发新犯罪。而若比例过低,则监所设施利用率偏低,监管人员可能人浮于事。从目前各法域监狱矫正实际来看,第二种情形仍显罕见,而第一种情形,即监狱床位与服刑人数之间的矛盾比较突出。据介绍,目前我国每监禁一名服刑人的年平均费用可能要超过1万元人民币,而这不过是监狱运作的费用,如把建造监狱的资金也算在内,这个数字要超过1.4万元人民币。政府用于监狱的经费亦逐年大幅度增加,2002年全国监狱执法经费支出达144亿元。[3] 除经费紧张外,拘禁还可能出现家庭破裂、小孩失学失教、老人失养等社会问题,而标签化也会导致刑满释放人员难以重新融入社会,继而再犯率高。

《东京规则》第2.7条要求,"采用非拘禁措施应成为向非刑罚化和非刑罪化方向努力的一部分,而不得干预或延误为此目的进行的努力"。《刑事司法系统中儿童问题行动指南》第14条要求,"为防止进一步过分依靠刑事司法措施来解决儿童行为问题,应努力建立和实行旨在加强社会援助的方案,这将可以酌情使儿童接受教改而避开司法系统,及更好地实行非拘禁措施和重返社会方案"。而为建立和实行这类方案,需要促进未成年人司法部门、不同执法机构、社会福利和教育部门之间的密切合作。《北京规则》第19.1条约定,"把少年投入监禁机关始终应是万不得已的处理办法,其期限应是尽可能最短的

---

〔1〕 参见林茂荣、杨士隆:《少年犯罪矫正之挑战与未来发展趋势》,载杨士隆、林健阳主编:《犯罪矫正问题与对策》(增订4版),台北,五南图书出版股份有限公司2005年版,第368~370页。

〔2〕 参见林健阳:《机构性犯罪矫正的趋势》,载杨士隆、林健阳主编:《犯罪矫正问题与对策》(增订4版),台北,五南图书出版股份有限公司2005年版,第323~327页。

〔3〕 参见吴晓丽:《社区矫正:犯罪矫正的未来走向》,载《法制早报》2005年10月3日。

必要时间”，这是从两个方面对监禁加以限制：从程度上（“万不得已的办法”）和从时间上（“最短的必要时间”）。《利雅得准则》第 6 条亦指出，“在防止未成年人犯罪活动中，应发展以社区为基础的服务和方案特别是在还没有设立任何机构的地方。正规的社会管制机构只应作为最后的手段来利用”。《联合国保护被剥夺自由少年规则》要求“监禁办法只应作为最后手段加以采用”，即监禁只能是万不得已的下下之策，主要是针对犯有恶性犯罪或屡教不改的偏差少年。

（二）未成年人社区矫正

社区处分由来已久，受 19 世纪末兴起的犯罪实证学派所倡导的医疗与矫正模式影响，犯罪矫正实务界逐渐主张对不同犯罪人实行个别处分，以不定期刑和假释来敦促其努力戒治、弃恶从善。而肖与马凯在其芝加哥同心圆研究及后来芝加哥区域计划中提出社区对于未成年人犯罪有不可忽视的作用，因而通过社区干预可有效减少未成年人偏差。这些社区计划包括减贫、家庭重组、戒毒等项目。

就其理论基础而言，标签理论、差别接触理论及紧张犯罪等理论观点对社区处分的发展提供了强而有力的理论支持。在综合犯罪学家的有关观点后，李自强总结道：“标签效应的负面影响促使未成年人犯罪处分尽量减少司法体系的介入，而积极且大量的改采具开放性质且蕴含社会福利特征的社区处分方式来处理；因为考虑到少年成长背景的殊异性，开始重视个别化的处分策略，并据此针对少年的不同特性施以不同的处分内容；除犯行严重或累犯者外，司法系统对犯罪青少年改采保护优先原则，以避免他们因为身心发展未臻成熟，又经过机构处分而学习到更严重的偏差行为；面对处于劣势地位青少年，紧张理论认为除应宽容正视外，并应借教育与各种训练等多样的机会之供给，以彻底改变青少年认知观念与提升其社会地位；未成年人犯罪处分朝向社区处分途径的转变，促成司法体系与社会福利体系等跨系统间的紧密合作。”〔1〕

犯罪矫正由机构处分转化为社区处分，是刑罚思想演变的结果，已渐成为各法域所采行的有效的犯罪处分方式。〔2〕其对少年处罚不实行任何形式的禁闭，而仅将他们放在社区内正常的生活环境下。偏差少年被处以社区服务劳动的同时，可以“照常与同学们快活地学习、生活，而没有那种被关在监狱里的

〔1〕 李自强：《触法少年安置辅导处遇之现况与检讨》，载 http://www.pbaroc.org.tw/html/link8-6-3.htm，2008 年 10 月 29 日访问。

〔2〕 参见邓湟发：《社区处分之探讨》，载《警学业刊》1999 年第 3 期。

自卑感,同时培养了社会责任感,从而使他们恢复正常人格,回归社会";社区处分具有"利用所有当事方参与寻找促进补救、和解和令人感到放心的解决办法",[1]可以实现确保少年"负起责任、推动受害者恢复和使刑事司法系统和整个社区均能受益的多重目标的潜能"。在司法资源相对有限、机构矫正效果不彰的情况下,减少司法体系介入,而积极且大量地改采具开放性质且蕴含社会福利特征的社区处分,使偏差少年免受囹圄之苦。域外诸多研究已表明,社区矫正具有良好理论基础,对于减少再犯及在满足服刑人需求上有卓越贡献;较为低廉的成本可减少机构性处分监狱化的负面效果,并可能在疏减在押犯拥挤上裨益多多。[2]

2003 年 7 月 10 日,最高人民法院、最高人民检察院、公安部、司法部在《关于开展社区矫正试点工作的通知》指出,社区矫正是"积极利用各种社会资源、整合社会各方面力量,对罪行较轻、主观恶性较小、社会危害性不大的罪犯或者经过监管改造、确有悔改表现、不致再危害社会的犯罪人在社区中进行有针对性管理、教育和改造的工作"。2004 年 5 月 9 日,司法部印发《司法行政机关社区矫正工作暂行办法》,该暂行办法第 2 条将社区矫正定义为,"社区矫正系指将符合社区矫正条件的罪犯置于社区内,由专门的国家机关在相关社会团体和民间组织及社会义工的协助下,矫正其犯罪心理和行为恶习,促进其顺利回归社会的非监禁刑罚执行活动"。而在 2004 年 4 月 20 日颁行的《浙江省社区矫正试点工作意见》中,基本上采纳上述定义,并从我国现行劳动与思想改造的实际出发,增加了"通过思想改造和劳动改造"的字样。2005 年 1 月 20 日,最高人民法院、最高人民检察院、公安部、司法部发布《关于扩大社区矫正试点范围的通知》,又进一步将社区矫正定义为"将罪犯放在社区内,遵循社会管理规律,运用社会工作方法,整合社会资源和力量对罪犯进行教育改造,使其尽快融入社会,从而降低重新犯罪率,促进社会长期稳定与和谐发展的非监禁刑罚执行活动"。本书认为,社区处分(community-based treatment)又称社区矫正(community corrections),系指任何能够降低使用机构矫正以减少机构监禁时间、缩短服刑人与正常社会距离的矫正措施的总称。社区处分提供住宿、就业辅导、学业辅导、职业训练、休闲活动、生涯规划、心理辅导等,故社区矫正又常被形象地称为"回家服刑"。

---

[1] 参见联合国预防犯罪和刑事司法委员会:《刑事司法制度的改革:实现效能和公正》。

[2] 参见林茂荣、杨士隆:《监狱学——犯罪矫正原理与实务》(第 2 版),台北,五南图书出版股份有限公司 1999 年版,第 223 页。

尽管"社区矫正"这一术语被正式介绍到学界还是最近若干年的事情,但我国司法实务中已不乏相关实践。除《刑法》所规定的缓刑外,管制与假释亦属于社区矫正范畴。管制作为我国独创的刑罚制度,它对经由法院判决的犯罪人不予关押,但限制其一定自由,在公安机关管束和人民群众监督下进行劳动改造,也可以说是社区矫正的实践。[1] 社区矫正还包括符合《监狱法》规定的保外就医及其他监外执行手段。[2]

除上述传统社区矫正外,近年来,随着矫正思想的不断传入,不少省市尝试社区矫正本土化的构建。2003 年 7 月,我国首先确定北京、天津、上海、江苏、浙江和山东等省(市)为进行社区矫正的试点省(市)。2009 年起,我国全面试行社区矫正并逐步探索检察院对社区矫正的法律监督,57% 的乡镇(街道)已开展社区矫正,北京等 11 个省区市已经实现辖区全覆盖。截至 2010 年年底,全国已累计接受社区服刑人 55.9 万人,现有社区服刑人 26.4 万人,社区服刑人矫正期间再犯罪率为 0.21%。[3] 2010 年 12 月 9 日,司法部社区矫正管理局正式成立,是我国社区矫正发展的重要标志。

美国有学者认为,未来犯罪矫正措施将向电子监控(electronic surveillance)、社会生物学(sociobiology)及私有化(privatization)发展。[4] 蔡德辉、邓煌发将社区矫正未来发展趋势总结为五点,即在避免并减少行政特权滥用、确保更人道化处分及兼顾案主基本权利、尊严及无辜第三者隐私等三项原则考虑下,明确指定社区处分操作准则;运用社区资源协助案主策略应予充分发展,对案主特殊需求,应以科学、实证方法加以认定、查证;社区处分应实现"地方化",使其具"社区导向",并以督促社区与犯罪矫正方案充分配合;为促使社区矫正处分的责任分担,政府对于执行矫正处分的民营机构应适当且适

---

[1] 作为刑法典所规定的刑罚措施,管制在司法实践之适用远不如有期徒刑更为常见,加之监管中存在的问题,其实际作用往往打了很大折扣,名存实亡。2011 年 2 月 25 日通过的《刑法修正案(八)》明确"对判处管制的犯罪分子,依法实行社区矫正",且规定"判处管制,可以根据犯罪情况,同时禁止犯罪分子在执行期间从事特定活动,进入特定区域、场所,接触特定的人"。这些为进一步提高管制的实用性和可操作性提供了一定的保障。

[2] 参见司法部社区矫正制度研究课题组:《改革和完善我国社区矫正制度之研究(上)》,载《中国司法》2003 年第 5 期。

[3] 参见崔清新:《我国社区服刑人员矫正期间再犯罪率为 0.21%》,载网易网 2010 年 12 月 21 日,http://news.163.com/10/1221/00/6OCUQM5U00014JB5.html。

[4] 参见蔡德辉、邓煌发:《社区犯罪矫正处遇之发展与未来趋势》,载杨士隆、林健阳主编:《犯罪矫正问题与对策》(增订 4 版),台北,五南图书出版股份有限公司 2005 年版,第 355 页。

时地介入或监督;应充分发展犯罪人鉴定量表,以避免其负面社会网络扩展。[1]

(三)未成年人社区矫正适用

按社区处分措施涉及未成年人惩教直接力度的大小区分,可将未成年人社区处分划为宏观社区处分与微观社区处分。前者包括前文提到的减贫、邻里守望相助(neighborhood watch)及社区警务等举措;后者则包括电子监控、每日罚款(day fine program)、中途之家(halfway house)、监外作业(work release)、返家探视(prison furlough)、宵禁、调解与恢复性司法等传统意义上的社区矫正。针对偏差少年所实施的社区处分各主要类型中,依是否提供住宿可分为非居住式(nonresidential)及居住式(residential)两大类。依社区处分决定是否在刑罚执行前后,社区处分分为"刑罚执行前的社区处分"与"刑罚执行后的社区处分"两种。

依对服刑人控制严松程度,社区矫正可分为由传统缓刑部门执掌的监督方案(supervision program)、替代监禁并具有处分取向的居留方案(residential program)与由传统矫正部门所督导指挥以协助服刑人早日重返社会的释放方案(release program)。[2] 其中,监督方案主要包括社区服务、罚金与震撼缓刑(shock probation),释放方案则包括监外就业、返家探视、中途之家及与眷同住等。

在我国香港特别行政区,社区处分相对比较简单,主要是采用社会服务令(community service order)形式。依 1984 年 11 月 23 日通过的《社会服务令条例》,凡 14 岁或以上的人被裁定犯了可判罚监禁的罪行,就该罪行判处该人的法庭可作出命令,规定该人在命令有效期内进行无薪工作,工作时长在命令中指明,但不超过 240 小时。近些年,我国在借鉴与吸收海外社区处分的基础上,先后在河北、广东、新疆等省区建立社区服务令制度。广东省广州市在社会服务令方面走得更远,他们将签发对象进一步细化为三类:被处以暂缓判决、处于考察期的未成年被告人;被判处缓刑的少年犯;定罪免刑的未成年被告人。我国香港特区在社会福利署专设有社会服务令办事处,我国内地在机构设置与人员配置上还存在不少问题。

---

〔1〕 参见蔡德辉、邓煌发:《社区犯罪矫正处遇之发展与未来趋势》,载杨士隆、林健阳主编:《犯罪矫正问题与对策》(增订 4 版),台北,五南图书出版股份有限公司 2005 年版,第 355 ~ 356 页。

〔2〕 参见林茂荣、杨士隆:《监狱学——犯罪矫正原理与实务》(第 2 版),台北,五南图书出版股份有限公司 1999 年版,第 225 页。

## 第二节　未成年人缓刑

### 一、未成年人缓刑概说

#### (一)渊源及概念

“缓刑”在汉语中古即有之，早在《周礼》中即有[1][2]记载，这里“缓刑”为旨在灾荒之年“聚万民”的荒政措施，取宽缓刑罚之意，与后世含义大相径庭。

作为舶来品，汉语“缓刑”一词显系“新药旧瓶”，赋予该词更多的现代意义的语境源于对英文“probation”的翻译。“probation”一词来自拉丁语 *probatio*，本意系指有待证明、验证(proof)，后引申为考验期。最初系指罗马天主教用来对请求入教信徒所设立的考验期，也被基督徒用作对候任神职人员的考验期，现在仍被用来表示新录用人员的试用期之意。[3] 该词又常被译为“感化”，日本称为“保护观察”，我国台湾地区学者则译为“观护”或“保护管束”，有观察与保护之意。

关于缓刑概念，域内外学者原则性分歧并不大。缓刑系指依犯罪情节、社会危害程度与犯罪人悔改表现，由法院确定一定考验期，将犯罪人附条件释放，予以社会监督，暂缓刑罚执行，以求戒治的非监禁性处分措施。若考验期内犯罪人恪守缓刑条件，原判刑罚便不再执行。若犯罪人违反附带条件，法院则撤销缓刑处分而将其置于监狱继续执行剩余刑期。缓刑旨在补救短期自由刑之弊端，以达到防卫社会的目的。

#### (二)未成年人缓刑概念、特征与作用

按照适用对象年龄的不同，缓刑可简单区分为未成年人缓刑及成年缓刑。《北京规则》要求，“应当尽可能通过缓期判刑、有条件的判刑、委员会裁决和其他处置办法实行缓刑”。关于未成年人缓刑具体含义，中外法制及学者看法略有差异，这主要视其为量刑(sentence)、身份(status/class)、组织(organization)还是程序(procedure)等而有不同注脚与理解。如在《布莱克法律辞典》中，将“缓刑”解释为“由法院强加、将犯罪人附带条件予以释放到社会而非拘禁于监

---

〔1〕《周礼·秋官司寇》：“若邦凶荒，则以荒辩之法治之，令移民通财，纠守缓刑。”

〔2〕《周礼·地官司徒》：“一曰散利，二曰薄征，三曰缓刑，四曰弛力，五曰舍禁，六曰去几，七曰眚礼，八曰杀哀，九曰蕃乐，十曰多昏，十有一曰索鬼神，十有二曰除盗贼。”

〔3〕参见徐锦锋：《少年观护制度的现状检讨及其展望》，载杨士隆、林健阳：《犯罪矫正：问题与对策》(第2版)，台北，五南图书出版股份有限公司1999年版，第355页。

狱之刑事量刑”。[1] 显然,其是将缓刑视为“量刑”。而据德国《少年法庭法》,被科处1年以下不定期少年刑罚,如可期望判决已对其起到警示效果,“由缓刑期间的教育功能即可实行法律规定之品行而无需执行刑罚的,法官应当宣告缓刑”,[2]即视缓刑为判决。在罗伯逊看来,未成年人缓刑集合刑罚、身份及组织等多重含义。具体来说,首先,缓刑通常系指在少年法庭监督下给予偏差少年之刑罚;其次,缓刑还可指少年被判处身份或族群,正是因这种身份或族群使得偏差少年须遵守一定规则以避免因违反而导致机构化处分;最后,缓刑亦可指代执行具体部门,如遍及全美的缓刑机构。[3] 这个定义将缓刑视为判决、组织或过程。犯罪学者刘强将美国未成年人司法体系中的缓刑概念总结为四种方式,即少年法庭将此作为替代少年习艺学校的措施、被宣判少年的身份、未成年人司法制度中的子体系及以少年法庭、罪犯和社区在这个子系统的事务为特征的活动、功能和服务的总称。[4] 这个定义更为宽泛,将缓刑视为措施、身份、子体系及活动、功能和服务。

本书认为,未成年人缓刑又称少年缓刑,兼具量刑、身份、组织及程序等特征,系指法院依据犯罪情节、社会危险性与悔改表现,通过一系列专业机构、人员和社会团体,以非敌视性态度规定考验期,将未成年犯附条件释放,暂缓刑罚执行,在社会予以监督,以求戒治的非监禁性处分措施。

就未成年人功能,帕特里夏·杜伯特(Patricia Torbet)将其称为“未成年人司法系统之驮马”(Juvenile Probation: the Workhorse of the Juvenile Justice System)[5],形象地描绘了未成年人缓刑在未成年人司法中之突出地位及重要作用。邓煌发将缓刑优点概括为:较监狱提供更趋个别化处分或咨询辅导、较监狱经济、允许犯罪人有更多处理其问题的机会、避免犯罪人受监狱副文化影响及避免影响受刑人名誉与家庭生活等。[6] 依我国台湾地区“少年观护所条例”第2条,未成年人缓刑目的“在协助调查收容少年之品行、经历、身心状况、教育程度、家庭情形、社会环境等事项,供少年法庭处理之参考,并辅导收容少

---

[1] Bryan A. Garner, *Black's Law Dictionary* (*10th edition for iPhone and iPad*), Thomson Reuters, 1.4 Version, 2014.

[2] 许久生:《德语国家的犯罪学研究》,中国法制出版社1999年版,第218页。

[3] See Cliff Roberson, *Exploring Juvenile Justice* (*2nd edition*), Belmont, CA: Wadsworth/Thomson Learning, 2000, p. 238.

[4] 刘强:《美国犯罪未成年人的矫正制度概要》,中国人民公安大学出版社2005年版,第24页。

[5] See Patricia Torbet, *Juvenile Probation: The Workhorse of the Juvenile Justice System*, Washington, DC: Office of Juvenile Justice and Delinquency Prevention, U.S. Department of Justice, 1996, p. 1.

[6] 参见邓煌发:《社区处遇之探讨》,载《警学丛刊》1999年第3期。

年,使其改悔向上适应社会正常生活”。

未成年人缓刑具有五方面的积极意义:贯彻法院令状及监管,帮助偏差少年重返社会;促进司法目的之实现,防卫社会免受来自偏差少年之进一步侵害;监测缓刑条件并提供相应服务,以期帮助偏差少年达到目的;滞留偏差少年于社区之中,与其家庭及学校接触,以期避免重返社会之困境;避免财政支出及因监禁随之而来的污名化影响。[1] 尽管在其发展过程中,未成年人缓刑并非未遇到苛责与质疑,但其在敦促偏差少年积极自省、改造及复归社会等方面日益扮演着无以替代的重要作用。

(三)未成年人缓刑沿革

缓刑是作为对初犯与偏差少年的人道主义举措登上历史舞台的,最初源于中世纪的英国,植根于“僧侣特典”(benefit of clergy)这一概念,而这又可溯源自“避难权”(right of sanctuary)。“避难权”又称教会庇护权、圣所保护权,系指犯罪嫌疑人逃入教堂,非经教会当局许可不得逮捕的特权,《旧约》即有相关记载。[2] “避难权”始于罗马君士坦丁时代,其时许多教会提供庇护,而躲避世俗法律。[3] 这一制度于17世纪在英国逐步消亡,而以“僧侣特典”取而代之。

僧侣特典(benefit of clergy),系指古代天主教僧侣犯罪被捕不受普通法庭审讯的特惠。12世纪之前,因教会力量的强大,英国社会共存有世俗法院(secular courts)与教会法院(ecclesiastical court)两套体系,尤以后者为重。而到了英王亨利二世(Henry Ⅱ)时期,这种唯教会法院马首是瞻的做法遭遇严重挑战。自登基伊始,亨利二世这位法国人后裔力推动英国法律的世俗化,而这又不可避免冲击教会法院的既得利益,引起罗马天主教会的强烈不满与抵触。1166年,亨利二世在克拉伦登皇家狩猎房召开的大臣会议中提出一系列法令,力推以王室法院作为工具来扩张王权。这些法令后被统称为《克拉伦登诏令》(Assize of Clarendon)。因该诏令重新构建的法院体系最初完全以维护王室威严为出发点与归宿,毫无悬念地引发了英王与坎特伯雷大主教(Archbishop of

---

〔1〕 See Richard Lawrence & Mario Hesse, *Juvenile Justice: The Essentials*, Thousand Oaks, CA: Sage Publications, 2010, p. 227.

〔2〕 耶和华对摩西说,“你要吩咐以色列人说:‘你们过约旦河,进到迦南地的时候,就要选择几座城,给你们作避难城,让误杀人的,就是无心杀死人的,可以逃到那里。它们可以做你们逃避报仇者的避难城,使误杀人的不至于死,直到他站在会众面前受审判’,为了躲避被害人家族的同态复仇,无心杀人的凶手可逃至特定城市安顿下来”。

〔3〕 See Harry Allen & Clifford Simonsen, *Corrections in America: An Introduction* (9th edition), Upper Saddle River, NJ: Pearson Prentice Hall, 2001, p. 183.

Canterbury)间激烈的权力之争。后者坚称世俗法院对僧侣没有任何管辖权,双方争执不下。4 年后,出于内忧外困之下的英王被迫作出的“阿夫朗什妥协”(Compromise of Avranches):原则上,王座法院不得对僧侣定罪量刑,除非其被控叛国、拦路抢劫及纵火。但对僧侣特权亦有较大修正。按照新的规定,僧侣们即便先接受教会法院审理,其仍需前往世俗的王座法院接受刑罚。[1] 这一妥协最终造就了“僧侣特典”的诞生。在“僧侣特典”理念支撑下,任何被指控触犯世俗刑法的僧侣们可游离于世俗法院之外,故而只接受教会法(canon law)约束。[2] 相比世俗法院,教会法院对僧侣们的处罚较轻,这样的直接结果便是其对教会法院趋之若鹜。

最初僧侣祈求宽恕的程序十分简单,仅身披僧服出庭而已。随着时间推移,这种过于简化了的形式被识字测试所代替,犯罪人可通过阅读《圣经》部分章节以证明其教士身份。[3] 1353 年英王爱德华三世(Edward Ⅲ)颁发正式诏令,受惠人群从神职人员扩大到所有能够阅读的人。这样,即使目不识丁的人,亦可通过熟记圣经而得享同等待遇。因为世俗法院刑罚严苛,很多轻微犯罪都可能被科以死刑,而教会法院无论是审理还是裁判都远较前者宽松。1575 年,伊丽莎白一世(Elizabeth Ⅰ)又继续大刀阔斧地改革,对“僧侣特典”进行彻底改弦更张。在新体制下,僧侣们只能在定罪后、量刑前提出宽恕请求。这样做虽然不会对原定罪决定有翻盘之嫌,但可对初犯量刑酌情减轻,尽管入监最长也不过一年而已。而到 1706 年,最后一道曾屏蔽世俗与僧侣世界的阅读测试最终得以取消。自此,“僧侣特典”从仅受益教士而成功过渡至任何普通初犯均可能享受的优惠机制,亦标志着这一制度从此花落民间,惠及大众。

除“僧侣特典”之外,“暂缓执行”(judicial reprieve)、“具结悔过”(recognizance)或“签保”(binding over)历史上都曾在缓刑制度早期发展中起到了承上启下的作用。与“僧侣特典”相比,“暂缓执行”在形式及效果上更类似现代缓刑。它同样起源于英国,系对已发生法律效力的判决在一定期限内暂缓执行。因英王对适用“暂缓执行”具有最终决定权,这一刑罚暂缓制度在

---

〔1〕 参见卢鹏:《论结论性推定与拟制的区别》,载《同济大学学报(社会科学版)》2003 年第 1 期。

〔2〕 See Larry Mays & Thomas Windree Jr, *Contemporary Corrections*, Belmont, CA: Wadsworth/Thomson Learning, 2002, p. 208.

〔3〕 通常宣读的文字也是教士们耳濡目染、了然于心的,而《诗篇 51》(Psalm 51)更是必不可少的内容——“神啊!求你按着你的慈爱恩待我,照着你丰盛的怜悯涂抹我的过犯”“求你彻底洗净我的罪孽,洁除我的罪”等。这不但帮助僧侣逃脱王座法院的羁绊,且还大开世俗方便之门,使这一做法逐步演变成对犯行轻微初犯的怜悯机制。《诗篇 51》因而又被称为“颈部扭转”(neck verse),形象地说犯罪人的脖子得以扭向他处,意在说明可以挽救。

英国得到很快发展,从最初仅适用于死刑案件逐步扩展到一般刑事案件。[1]“具结悔过”在其历史发展过程中出现过多种形式,最为常见的是“保释”(bail)与“释放”(release)。

以适用范围较广且延续时间较长的暂缓执行为例,英国的法官可宣布暂缓执行某一刑罚,以便被告人向王座法院提请赦免。暂缓执行包括对死刑案件的暂时停止及实行大赦等不同情形。包括美国在内的诸多法域仍不时沿用“暂缓执行”以缓解可能存在的司法不公现象。2002 年 4 月 29 日,关押在陕西延安宝塔区看守所的死刑犯董某,在行刑前四分钟突然戏剧性地接到暂缓执行死刑的命令,[2]这可被视为暂缓执行的具体表现形式。这些基本上都可视为“暂缓量刑”(suspended sentence),尽管与缓刑存在许多相通的地方,甚至某些术语可互换使用,然与缓刑还有不少差别。其中,最为明显之处便在于其缺乏监督,且对犯罪人并未设定特定矫正目的。[3] 在美国,“暂缓量刑”最早可追溯到 1830 年的波士顿,并迅速蔓延全美。直到 19 世纪中叶,许多法院仍援用“暂缓执行”来实现“暂缓量刑”,但这无形之中赋予法官过多自由裁量权。[4]获得释放通常为违法未成年人,其受到父母或其他人之监管。[5]

现代意义上的缓刑制度则缘起 1870 年北美波士顿颁行缓刑法。这有一段颇有意思的小插曲。约翰·奥古斯都(John Augustus)是波士顿的鞋匠,被后世尊称为“缓刑之父”(Father of Probation)。他是热心肠人,不忍经常看到醉汉因无力支付罚金而被拘禁的窘境。1841 年,时年 57 岁的奥古斯都向波士顿违警法院(Boston Police Court)提出他将醉汉短时期内予以教化。在朋友一再要求之下,奥古斯都于 1852 年出版《约翰·奥古斯都劳动报告》(*Report of the Labors of John Augustus*)。在这本仅 104 页的小册子中,他回顾道,“有天清晨,我在法院目睹一醉汉被控酗酒。他告诉我若能不被投入感化院,从此将滴酒不沾。于是乎,我向法院请求将其保释”。在法院勒令该犯罪人须于 3 周后出庭受审时,奥古斯都陪同其左右;法庭四座无不为醉汉面目一新的言谈举止所

---

〔1〕 See Larry Mays & Thomas Windree Jr, *Contemporary Corrections*, Belmont, CA: Wadsworth/Thomson Learning, 2001, p. 208.

〔2〕 参见张帆、江雪:《死刑在执行前四分钟停止》,载《南方周末》2002 年 7 月 18 日。

〔3〕 See Leonard Territo, James Halsted & Max Bromley, *Crime and Justice in America: A Human Perspective*, Upper Saddle River, NJ: Pearson Prentice Hall, 2003, p. 519.

〔4〕 See Howard Abadinsky, *probation and Parole: Theory and Practice* (*9th edition*), Upper Saddle River, NJ: Pearson Prentice Hall, 2006, p. 96.

〔5〕 参见[美] Peter Kratsoski & Lucille Dunn Kratcosk:《青少年犯行分析与矫正》(第 5 版),叶希善等译,中国轻工业出版社 2009 年版,第 279 页。

震惊。仅第一年,奥古斯都即成功协助 10 名醉汉免受科监刑罚。此后 18 年间,他不间断地帮助近 2000 名成年人与未成年人改过自新,据说仅有 10 件案件功亏一篑。[1] 他对未成年人尤为关注,对大多数当事人进行系统背景调查,对其姓名、出生日期、地址、案卷号及保释金数额都了如指掌,并将谨慎筛选的未成年人带回其家中。他还首创"probation"来代指这一自新过程。尽管其不懈努力得到社会大众与法官的广泛认可,奥古斯都的工作并非无懈可击,且还招致检察官与警察、法院书记员的刁难。在检察官看来,奥古斯都的做法固然有可圈可点之处,但这无疑加重了法庭的诉累,以致某些案件久拖不决。而就警察与法院书记员而言,将犯罪人放虎归山而非科监入狱无异于自绝财路,因为每遣送一名犯罪人至监狱,皆可获得不菲收入。

继波士顿后,芝加哥与纽约先后建立起缓刑制度。缓刑这一新制度的构建揭示司法机关已逐步摒弃以往刑罚之吓阻、报复及压制观念,转而重视犯罪防治与矫正。缓刑建立之初大多仰仗义工,专业化建设方面问题颇多,影响并制约着缓刑制度的进一步发展。1878 年,马萨诸塞州通过世界上首部缓刑法,并据此成立首所公办缓刑处,招募职业缓刑官处理棘手矫正问题。这部法律通过后,缓刑在其他各州相继得以施行。而 1899 年芝加哥少年法庭的创立亦为缓刑的进一步发展起到了推波助澜的作用,因为少年法庭与未成年人缓刑在促进未成年人福利及矫正偏差少年方面有异曲同工之妙。[2] 从此,缓刑被更多地用来替代带有刑罚性质的监禁刑。

受各法域少年法庭运动推动,未成年人缓刑发展节奏明显快于成人缓刑。1925 年,在"全美缓刑协会"(National Probation Association)等非政府组织积极推动下,美国国会通过《1925 年国家缓刑法》(National Probation Act of 1925)。该法明文规定,法官可以暂缓刑罚执行,而代以缓刑。

20 世纪 20 年代至 50 年代,美国缓刑的侧重点逐步从培养缓刑犯的道德过渡到治疗模式(therapeutic counseling)。这种变化有三方面的意义:其一,缓刑官不再将塑造缓刑犯某些道德标准作为主要诉求;其二,缓刑官将注意力更多放在以社会工作者的角色来解决缓刑犯的心理等问题症结所在;其三,缓刑犯本人亦较以往更积极、主动投入自我矫正之中。到了 20 世纪 60 年代,社区

---

〔1〕 See Howard Abadinsky, *Probation and Parole: Theory and Practice* (*9th edition*), Upper Saddle River, NJ: Pearson Prentice Hall, 2006, p. 96.

〔2〕 See Rolando del Carmen & Chad Trulson, *Juvenile Justice: The System, Process and Law*, Belmont, CA: Wadsworth/Thomson Learning, 2006, p. 304.

矫正的浪潮在美国风云骤起,引发缓刑向纵深行进。缓刑官肩上承受的压力远较以前更甚,常常为诸如就业、住房、理财和教育等琐碎问题四处奔波。这也反映了当时激进社会变革主张以最终解决贫困来消灭犯罪等现象的呼声,即"减贫攻坚战"(War on Poverty)。在这种社会压力之下,更新重建与重返社会很自然便成为这一时期衡量缓刑成败与否中最为重要的指标。1959 年,全美所有的州和关岛及美属萨摩亚等海外领地均建立了缓刑制度。

20 世纪七八十年代初,缓刑的方向又一次发生重大转型,受学科交叉与融合大环境与原有矫正效果不畅的影响,风险管理(risk management)的概念深入人心。风险管理系指采取有效措施减少缓刑犯再犯概率的举措,其目的不仅在于在相当程度上重新引入惩罚刑的理念以监督缓刑的实际效果,且还可据相对标准化的依据较准确地评判缓刑犯有关行为是否与法律和相关要求相悖。[1] 不像成人缓刑,并非每个州皆设立未成年人缓刑。截至 2002 年,美国尚有内华达州、华盛顿州、西弗吉尼亚州及威斯康星州四个州未设未成年人缓刑,而在其余各州少年法庭几乎对每一种犯罪都可考虑适用缓刑。[2]

19 世纪 90 年代起,欧洲大陆逐步建立起现代缓刑制度,如比利时与法国先后于 1888 年和 1891 年颁行缓刑法。十月革命胜利后,俄国也建立起缓刑制度。全俄中央执行委员会在 1918 年 3 月 7 日颁布的《关于法院的第二号法令》第 29 条规定,"人民陪审员所要解决的,不仅是犯罪的事实问题,且有量刑的问题。同时他们有权根据自己的信念减轻法律所规定的刑罚,直到对被告人缓刑或完全免除被告人的一切刑罚"。[3] 1923 年,随着《少年法庭法》的出台,德国亦正式确立了缓刑制度。[4]

从 1910 年清政府颁布《大清新刑律》中始有缓刑规定至今,我国引入现代缓刑制度已有百年历史。《大清新刑律》第 63 条规定:"具有下列要件,而受四等以下有期徒刑或拘役之宣告者,自审判确定之日起,得宣告缓刑五年以下,三年以上……"1928 年、1935 年国民政府在制(修)订刑法典时亦明确将缓刑纳入其中。中华人民共和国成立后,中央人民政府司法部于 1950 年颁行《关于减刑、假释、褫夺公民权等问题的解释》,确认缓刑在刑罚执行中的作用。经过

---

〔1〕 See Wikipedia, *Probation*, Accessed March 21, 2007, http://en.wikipedia.org/wiki/Probation.

〔2〕 See Mays, Larry & Thomas Windree Jr., *Contemporary Corrections*, Belmont, CA: Wadsworth/Thomson Learning, 2002, p. 236.

〔3〕 冯全:《历史与现实:俄罗斯刑法中的缓刑制度》,载《内蒙古民族大学学报(社会科学版)》2009 年第 3 期。

〔4〕 参见刘守芬、丁鹏:《现代缓刑类型与中国的选择》,载《现代法学》2005 年第 6 期。

近30年的探索,现行缓刑制度分别在1979年、1997年两部刑法中得以确认和完善。然上述几部法律并未明确未成年人缓刑制度。

## 二、未成年人缓刑功能组成及适用条件

### (一)未成年人缓刑功能组成

未成年人组成部分直接关系其作用的发挥和功能的实现。在罗伯特·雷戈利(Robert Regoli)、约翰·休伊特(John Hewitt)及马特·德利斯(Matt Delisi)看来,欲使未成年人缓刑充分发挥其应有之功效,其应包含对经由少年法庭或家事法庭转介收案筛选(intake screening)、对涉案少年之刑前社会调查(predispositions or social history investigations)及应法庭之令对偏差少年进行监管(court-ordered supervisions)等三个基本内容。[1] 美国国家刑事司法标准与目标顾问委员会认为未成年人缓刑由四部分组成,即法定安置(legal disposition)、监禁替代(alternative to incarceration)、未成年人司法之次系统(subsystem)与法院服务机构(court service agency)。具体来说,法定安置系指少年处于少年法庭监督之下须服从一定条件和规则才有可能获释;监禁替代系指作为非惩罚性安置措施,未成年人缓刑强调矫正治疗与偏差少年复归社区;而法院服务机构则系指缓刑官作为未成年人缓刑具体执行人肩负向法院提交调查报告、监督被缓刑少年及向少年及其父母和所在社区提供专业建议的责任。[2]

我国台湾地区缓刑学者刘作揖主张未成年人缓刑应包括以下主要内容,非行少年的个案调查、被收容少年的身心鉴别、被责付少年的辅导、不付审理而转介儿童或少年福利或教养机构的辅导、宜否付保护处分少年的观察、受训诫少年的假日生活辅导、保护管束的执行、违反保护管束应遵守事项的试探观察、拒绝接受转介辅导少年的观察、拒绝接受训诫、假日辅导或安置辅导少年的观察、停止感化教育执行的保护管束、禁戒治疗与保护管束的合并执行、缓刑期间的保护管束及假释初校的保护管束。[3]

综合域内外学者之论述并考察近年相关司法之实践,本书主张未成年人缓刑涵盖广泛,包括收案筛选、个案调查、法定安置、监禁替代、保护管束、社会

---

〔1〕 See Robert M. Regoli, John D. Hewitt & Matt Delisi, *Delinquency in Society—Youth Crime in the 21st Century* (*7th edition*), New York, NY: McGraw-Hill, 2008, p. 495.

〔2〕 See Richard Lawrence & Mario Hesse, *Juvenile Justice: The Essentials*, Thousand Oaks, CA: Sage Publications, 2010, p. 194 - 195.

〔3〕 参见刘作揖编著:《少年观护工作》,台北,五南图书出版股份有限公司1999年版,第20~23页。

帮教与矫正治疗等内容。

(二)未成年人缓刑类型及适用条件

1. 未成年人缓刑类型

未成年人缓刑的来源不外乎两类:一类是经少年法庭审结并判处的;另一类则出自未成年人的自愿。在通常情况下,未成年人自愿接受缓刑安置,一旦其完成缓刑,则原先少年法庭程序随即终结。以美国 2002 年为例,在 385,400 起被判处缓刑的未成年人案件中,其中 65% 为少年法庭安置结果,其余为自愿缓刑或非正式缓刑;而考察 1985 ~ 2002 年这两类缓刑的此消彼长后,研究人员发现法院安置的未成年人缓刑增长了 103%,而自愿缓刑不过 3% 而已。[1] 这反映出未成年人案件愈发呈现正式程序态势,也折射出刑事司法与未成年人司法领域的新保守主义趋势。

除安置缓刑与自愿缓刑这种分类外,在可供法官备选的未成年人安置选择中,标准缓刑是最为常见的安置方式。标准缓刑(standard probation),包括附条件缓刑(conditional probation)与无条件缓刑(unconditional probation)两种形式。未成年人缓刑营(juvenile probation camp)、祈祷判断(prayer for judgment)、震撼缓刑(shock probation)及学校缓刑(school-based probation)也是近些年常见的缓刑类型。

未成年人缓刑营(juvenile probation camp)是域外兴起的新型未成年人缓刑形式。这种缓刑营最早出现于 20 世纪 80 年代初,多由地方政府具体运作,内容包括文体活动、社区联络及学业训练。作为监禁刑的替代方式,未成年人缓刑营对象主要是首次触犯法律的非暴力未成年人,乃居住式矫正形式。精心挑选的未成年人被分成不同小组,在指导人员的辅导下反思。祈祷判断(prayer for judgment),又称推迟起诉(deferred prosecution)、司法缓期(judicial reprieve),系指即使犯罪人有罪但若其在规定时间内(通常为 1 ~ 3 年)行为良好就撤销犯罪记录,即所谓"缓期执行,以观后效"。但倘若发现该犯罪人在规定时间内仍不知悔改,法官仍有权撤销上述判决。

震撼缓刑(shock probation)或称休克缓刑,又称分裂量刑(split sentence),即犯罪人在拘留所服刑一段时间后,可自行向法官申请缓刑,法官自主决定缓刑与否。1965 年,俄亥俄州通过法律允许法官可判处犯罪人入狱 90 ~ 130 天,之后将其释放至社区执行缓刑。立法者认为,先入狱一较短时间再实施缓刑,

---

[1] See Sarah Livsey, *Juvenile Delinquency Probation Caseload*, 1985 – 2002, Washington, DC: Office of Juvenile Justice and Delinquency Prevention, U. S. Department of Justice, 2006, p. 1.

可"震撼"犯罪人使其能够悔改。[1]

学校缓刑与传统未成年人缓刑较为类似,不同之处在于对偏差少年的监督场所移转至中小学内,未成年人缓刑官们的办公场所也相应移至中小学。这种新型缓刑的特点在于更多接触(more contact)、更好教导(better monitoring)及专注校园成功实例(focus on school success)。[2] 据美国宾夕法尼亚州少年法庭法官委员会(Pennsylvania Juvenile Court Judges' Commission)提出的学校缓刑相关标准,具体适用学校缓刑时,少年法庭/缓刑官与参与学区(school district)之间应当签订正式书面协议,明确双方权利义务。具体说来,这些权利与义务可能包括学校缓刑的理念、目标与具体目的;校园环境下缓刑官所扮演的具体角色;起支持作用的校方管理人员所扮演的具体角色;涉及缓刑官职责所在的详细清单;缓刑官携带武器入校的程序与储藏方式;学区的责任清单,包括建立沟通热线及向缓刑官提供私密性的办公场所;缓刑官查阅学生档案的手续,这些档案包括出勤、纪律处分、成绩及进步情况及缓刑官与校方定期会晤以讨论有关案例进展的条款等。[3]

2. 未成年人缓刑适用条件

对未成年人适用缓刑须满足一定条件。缓刑可通过下述三类途径实现:其一,有关法律可允许初审法官暂缓刑罚执行,而以附条件缓刑取而代之;其二,法条亦可要求施以刑罚,但亦可施以缓刑;其三,法官得有自由裁量权裁定科处缓刑与否。[4] 从某种意义上说,缓刑与不定期刑有异曲同工之妙,两者对矫正期限原则上均上不封顶,而取决于矫治效果。在德国,依《少年法庭法》,被判处 1 年以下有期徒刑的少年须宣告缓刑;有期徒刑 1 年以上 2 年以下的少年,则可被裁量宣告缓刑。[5]

我国《人民检察院办理未成年人刑事案件的规定》第 59 条规定,对具有下列情形之一,依法可能判处拘役、3 年以下有期徒刑,悔罪态度较好,具备有效

---

〔1〕 See Harry Allen & Clifford Simonsen, *Corrections in America: An Introduction* (*9th edition*), Upper Saddle River, NJ: Pearson Prentice Hall, 2001, p. 225 – 226.

〔2〕 See Rolando del Carmen & Chad Trulson, *Juvenile Justice: The System, Process and Law*, Belmont, CA: Wadsworth/Thomson Learning, 2006, p. 316.

〔3〕 See Pennsylvania Juvenile Court Judges' Commission, *Standards Governing School-based Probation Services*, Accessed March 21, 2010, http://www.psp.state.pa.us/portal/server.pt/gateway/PTARGS_0_2_404283_0_0_18/stds1x.htm.

〔4〕 See Leonard Territo, James Halsted & Max Bromley, *Crime and Justice in America: A Human Perspective*, Upper Saddle River, NJ: Prentice Hall, 2003, p. 519.

〔5〕 参见沈银河:《中德少年刑法比较研究》,台北,五南图书出版股份有限公司 1988 年版,第 185 页。

监护条件或者社会帮教措施、适用缓刑确实不致再危害社会的未成年被告人,检察院可以建议法院适用缓刑,“犯罪情节较轻,未造成严重后果的;主观恶性不大的初犯或者胁从犯、从犯;被害人同意和解或者被害人有明显过错的及其他可以适用缓刑的情节”。根据《关于审理未成年人刑事案件具体应用法律若干问题的解释》第16条的规定,若偏差少年具有“初次犯罪、积极退赃或赔偿被害人经济损失、具备监护帮教条件等情形之一,对其适用缓刑确实不致再危害社会的,应当宣告缓刑”。

### 三、未成年人缓刑适用

#### (一)未成年人缓刑适用对象

未成年人缓刑所针对的对象基本上都是情节显著轻微且主观恶性较小、社会危险性不大的未成年初犯、胁从犯或从犯。对未成年人缓刑处分除与涉案少年个人背景、具体案情息息相关外,还与其性别有一定联系。以1993年为例,美国少年法庭判决缓刑的占所有需安置女性的60%,而男性这一比例为55%。[1]

#### (二)未成年人缓刑考察标准与依据

1. 未成年人缓刑考察标准

按照缓刑考察是否附加一定条件,缓刑可分为附条件缓刑与无条件缓刑。其中,附条件缓刑系指附加条件的缓刑,这是缓刑的主要表现形式。之所以设定这样或那样的缓刑考察条件,其目的在于实现对犯罪人的控制与戒治。未成年人缓刑基本上被视为少年法庭与偏差少年间订立之合同或协议(agreement),[2]尽管这种合同可能看起来更像是前者订立之格式合同。意在规范后者行为,警戒偏差少年一旦违反相应条款或条件构成合同实现之违反。

缓刑条件通常可分为标准条件(standard condition)与特殊条件(special condition)及主动条件(active condition)与被动条件(passive condition)等。标准条件系指无须考虑案情而适用于所有案件的缓刑条件,这些条件或由有关法律加以明示,或由少年法庭或缓刑官罗列。缓刑标准条件包括不得犯新罪、提交毒品测试、定期向缓刑官报到以接受指导、不经缓刑官许可不得擅离所在

---

〔1〕 See Eileen Poe-Yamagata & Jeffrey Butts, *Female Offenders in the Juvenile Justice System*, Washington, DC: Office of Juvenile Justice and Delinquency Prevention, U. S. Department of Justice, 1996, p. 12.

〔2〕 See Richard Lawrence & Mario Hesse, *Juvenile Justice: The Essentials*, Thousand Oaks, CA: Sage Publications, 2010, p. 227.

司法辖区、同意缓刑官得在任何时间访问缓刑人、不得与有刑事案底之人接触。〔1〕为加强对未成年人缓刑犯的监管力度,缓刑犯需要事无巨细向缓刑官提交详尽报告。以纽约为例,缓刑人须每月向缓刑官呈交一份报告,内容包括姓名、住址、座机与手机号码;工作地点、雇主姓名、工作小时数;汽车牌照号、驾照号;工资收入、额外收入、月总收入;银行存款、支票账户;吸毒与否、犯罪与否、是否与有犯罪前科者交往及是否未得到许可便擅自离开指定区域。〔2〕这些规定同样适用于未成年人缓刑。除这些与成人大同小异的缓刑条件外,美国有些法域还要求这些未成年人须正常上学、定期拜访缓刑官、居留社区之中及入夜后须准时回家。〔3〕

我国《刑法》第75条规定,被宣告缓刑的犯罪分子,应当遵守下列规定:"遵守法律、行政法规,服从监督;按照考察机关的规定报告自己的活动情况;遵守考察机关关于会客的规定及离开所居住的市、县或者迁居,应当报经考察机关批准。"我国台湾地区"少年及儿童保护事件执行办法"第13条规定,在保护管束期间,少年应遵守下列事项:"保持善良品性,不得与素行不良之人交往;服从少年法庭及执行保护管束者命令;不得对被害人、告诉人或告发人寻衅;将身体健康、生活情况及工作环境等情形报告执行保护管束者;非经执行保护管束者许可,不得离开受保护管束地七日以上;经谕知劳动服务者,应遵照执行保护管束者之命令,从事劳动服务及其他经少年保护官指定须遵守的事项。"

缓刑特殊条件针对性更强,仅限于单独缓刑人,为缓刑官结合未成年犯自身所需及教化需要而量身打造。缓刑特殊条件目的在于实现缓刑个别化,以提高感化成功率。在缓刑官建议之下,法官就未成年犯所需进行评估,继而制定有关特殊条件。这些特殊条件可能包括参与若干小时的社区公共服务、向被害人支付赔偿、缴付罚金及参加各类文体与治疗活动。不同于通常由成文法规定的标准条件,特殊条件附加则主要来自少年法庭(经未成年人缓刑官建议)之具体判决,其中社区服务令最为常见。〔4〕

---

〔1〕 See Rolando del Carmen & Chad Trulson, *Juvenile Justice: The System, Process and Law*, Belmont, CA: Wadsworth/Thomson Learning, 2006, p. 308.

〔2〕 参见[美]毕汝谐:《美国联邦监狱探秘》,当代世界出版社2004年版,第150页。

〔3〕 See Robert Regoli, John Hewitt & Matt Delisi, *Delinquency in Society—Youth Crime in the 21st Century (7th edition)*, New York, NY: McGraw-Hill, 2008, p. 495.

〔4〕 See Rolando del Carmen & Chad Trulson, *Juvenile Justice: The System, Process and Law*, Belmont, CA: Wadsworth/Thomson Learning, 2008, p. 308 – 309.

未成年人缓刑条件还可分为主动条件与被动条件。主动条件系指未成年人缓刑犯须完成的缓刑条件,例如,获得高中毕业文凭或完成一定量的社区服务等。被动条件则是明令禁止未成年人缓刑犯不得触犯新罪也不得有任何技术性违反事项的缓刑条件。在主动条件与被动条件之间,现代缓刑更重视前者,原因在于主动条件可有效激发缓刑犯自主矫正意识而不是像被动条件那样不得不为之,而这样做也起到了更好的矫正效果。〔1〕

2. 未成年人缓刑考验期

就未成年人缓刑考验期期限长短,各法域规定不尽相同。在美国,未成年人缓刑考验期通常不定期限,但一般不超过 2 年。〔2〕 在对未成年人缓刑时间研究后,"全美未成年人惩教评估中心"(National Assessment of Juvenile Corrections)发现未成年人缓刑考验期实际平均时间为 11.5 个月。〔3〕 在德国,缓刑期间为 2 年以上 3 年以下,从判决之日起算。此期间内,可酌情缩短为 1 年或延长至 4 年。〔4〕

依拘役、有期徒刑不同,我国缓刑考验期长短不同。《刑法》第 73 条规定,"拘役的缓刑考验期限为原判刑期以上一年以下,但不能少于二个月。有期徒刑的缓刑考验期限为原判刑期以上五年以下,但不能少于一年。缓刑考验期限,从判决确定之日起计算",但缺乏相关缓刑考察期延长或缩短之规定,且考察期间最低 2 个月过短,不利于真实、完整反映未成年人缓刑犯之改造状况。〔5〕

3. 未成年人缓刑违反与撤销

一旦偏差少年违反缓刑,可能导致撤销。未成年人缓刑违反(probation revocation)通常有三种形式:第一种是缓刑考验期限内犯新罪,为与初始犯罪(original offense)相区分,这常被称为"即刻犯罪"(instant offense)。而第二种是技术性违反(technical revocation),如漏报行程或宵禁违反等。这些本身往往并不构成犯罪,一般不会导致拘捕。但严重的技术性违反,如逃跑、暴力倾

---

〔1〕 See Rolando del Carmen & Chad Trulson, *Juvenile Justice: The System, Process and Law*, Belmont, CA: Wadsworth/Thomson Learning, 2008, p. 306.

〔2〕 See Richard Lawrence & Mario Hesse, *Juvenile Justice: The Essentials*, Thousand Oaks, CA: Sage Publications, 2010, p. 228.

〔3〕 参见[美] Peter Kratsoski & Lucille Dunn Kratcosk:《青少年犯行分析与矫正》(第 5 版),叶希善等译,中国轻工业出版社 2009 年版,第 280 页。

〔4〕 参见沈银河:《中德少年刑法比较研究》,台北,五南图书出版股份有限公司 1988 年版,第 186 页。

〔5〕 参见杨兴培、吕洁:《中国内地与香港地区刑法中缓刑制度的比较研究》,载《中国刑事法杂志》2009 年第 3 期。

向可导致缓刑撤销和重新锒铛入狱。更多的缓刑违反行为则可介于二者之间,责罚方式包括口头训诫、责令悔过、修改或增加缓刑条件。发现判决宣告以前还有其他罪没有判决的,亦可撤销缓刑。如我国《刑法》第77条规定:"被宣告缓刑的犯罪分子,在缓刑考验期限内犯新罪或者发现判决宣告以前还有其他罪没有判决的,应当撤销缓刑,对新犯的罪或者新发现的罪作出判决,把前罪和后罪所判处的刑罚,决定执行的刑罚。被宣告缓刑的犯罪分子,在缓刑考验期限内,违反法律、行政法规或者国务院公安部门有关缓刑的监督管理规定,情节严重的,应当撤销缓刑,执行原判刑罚。"

各法域对未成年人缓刑撤销均有严格的程序性要求。在"盖加侬诉史加彼利案"(*Gagnon v. Scarpelli*)中,美国联邦最高法院认定除非历经"初步撤销聆讯"(preliminary revocation hearing)及"终局撤销聆讯"(final revocation hearing),否则缓刑不得撤销。其中,"初步撤销聆讯"出现在当缓刑犯涉嫌缓刑违反而被拘禁之时,决定是否继续拘禁或释放;而"终局撤销聆讯"出现于法官在缓刑违反事实确定后之量刑。[1] 具体到未成年人缓刑,依《美国法典》第5042条,在缓刑被撤销之前,涉案少年应被告知,并应进行有律师在场之聆讯。[2]

4. 未成年人缓刑帮教

经费与人员的严重不足,常使没有足够缓刑官来实现监督缓刑条件的具体落实。即便是在缓刑制度开展得较为成功的美国,单个缓刑官所需要监督的偏差少年数量往往超出工作量极限,为其能力所不及。截至1996年,全美每位缓刑官案负从2~200起不等,平均为41起,而认为较合适的数字应为30起左右。[3]

随着对缓刑功能特别是其效果的反思,欧美各法域在未成年人缓刑执行方式、主体及条件上都出现了一些新的动向。1996年,得克萨斯州议会授权人口超过12.5万的郡未成年人缓刑委员会运作"未成年人司法替代教育项目"(Juvenile Justice Alternative Education Programs, JJAEPs)。该项目旨在向那些因严重违法而被公立学校开除的缓刑少年提供辅导服务。在通常情形下,"未成年人司法替代教育项目"向这些少年提供为期一年的学业、行为、治疗及支

---

〔1〕 *Gagnon v. Scarpelli*, 411 U.S. 778 (1973).

〔2〕 See U.S.C, § 5042.

〔3〕 See Patricia Torbet, *Juvenile Probation: The Workhorse of the Juvenile Justice System*, Washington, DC: Office of Juvenile Justice and Delinquency Prevention, U.S. Department of Justice, 1996, p. 1.

持服务。该计划还在沟通技巧(communication skills)、问题解决(problem solving)和冲突调解(conflict resolution)及日常生活技能(daily living skills)等方面向家庭提供培训和支持,以帮助少年在教育领域取得更大的成功。在家庭帮教中,法院常指定其监护人为帮教人,将缓刑人员应遵守的行为规范和撤销缓刑的法定情形告知帮教人,并且制定有针对性的帮教计划,还要明确帮教人违反法定义务所要承担的法律责任。[1]

在未成年人缓刑帮教上,以专门性缓刑机构为主体、有关机构参与的原有模式有了突破,尤其是"警察—缓刑伙伴关系"(police-probation partnership)之构建与运作为传统未成年人缓刑注入了新鲜血液,增强了对未成年人的监管力度,弥补了未成年人缓刑部门监管不力的现实窘境。[2]

(三)未成年人缓刑专业化

1. 未成年人缓刑组织结构

就缓刑监督机构而言,因肩负监督未成年人缓刑的重任,各法域一般均设立专门机构。《北京规则》第23.2条第2款要求,"处理少年案件比处理成年人案件更易于对罪犯的一生产生长期影响,因此重要的是主管当局或原来处理案件的具备主管当局同样条件的独立机关(假释委员会、缓刑办公室、保护少年福利机构或其他机构)应监督对处理决定的执行"。在全美23个州和哥伦比亚特区,未成年人缓刑由地方少年法庭或所在州"法院行政办公室"(administrative office of courts)管理;14个州则将二者有机结合:都市郡由少年法庭管理,而在小郡通常由州级缓刑部门直接管理;10个州则通过行政部门对缓刑进行管理;而在另3个州,缓刑是由郡行政机关执行的。[3]

我国大陆尚未建立相对独立的未成年人缓刑机构,而我国香港特别行政区、澳门特别行政区及台湾地区在这方面的做法颇可供大陆借鉴。如我国香港特别行政区缓刑执行机构为惩教署和社会福利署,"青少年罪犯评估专案小组"为惩教署下设"更生事务组"之重要组成部分,由惩教署及社会福利署专业人员组成,就14~25岁男犯及14~21岁女犯个案,向法官提供关于判刑的综

---

[1] See Tarrant County Juvenile Services, *Intermediate Juvenile Justice Alternative Education Program*, Accessed May 18, 2006, http://www.tarrantcounty.com/ejuvenile/cwp/view.asp? A = 737&Q = 427773.

[2] See Robert M. Regoli, John D. Hewitt & Matt Delisi, *Delinquency in Society—Youth Crime in the 21st Century (7th edition)*, New York, NY: McGraw-Hill, 2008, p. 495.

[3] See Patricia Torbet, *Juvenile Probation: The Workhorse of the Juvenile Justice System*, Washington, DC: Office of Juvenile Justice and Delinquency Prevention, U. S. Department of Justice, 1996, p. 2.

合专业意见,以协助定罪量刑,并帮助缓刑犯的改造,使其重新融入社会。[1] 在我国台湾地区,"少年观护所设置及实施通则"第 2 条规定,"少年观护所隶属于高等法院检察署,其设置地点及管辖,由高等法院检察署报请'法务部'核定之"。第 5 条又规定,"少年观护所分设鉴别、教导及总务三组;容额在三百人以上者,并设医务组"。

2. 未成年人缓刑官组成与职责

缓刑官责任兹事体大,在犯罪学家霍华德·阿伯丁斯基(Howard Abadinsky)看来,缓刑官在少年法庭运作过程中居于核心地位。[2] 鉴于此,《北京规则》第 22.2 条第 2 款指出,"对于社会工作者和缓刑监督人员来说,要求把职业专门化作为承担处理少年罪犯任务的前提条件可能是行不通的。因此,受过在职专业教育应为最低条件"。一般认为,未成年人缓刑官需要掌握这样一些专业知识:掌握相关法律;具有良好口头与书面交流能力;具备筹划与实施调查或监督的能力;能够客观、准确分析出社会学、心理学及犯罪学方面信息;能够以犯罪学、心理学及经济学理论来理解行为;拥有能有效与建设性运用权威的能力。[3] 在美国,基本上缓刑官为接受过本科教育、30~39 岁并有 5~10 年相关工作经验的男性。[4] 约有半数的机构需要心理测试。一旦被录取后,通常需参加 6 周职前训练和在职培训。以得克萨斯州为例,得克萨斯未成年人缓刑委员会要求缓刑官须具备学士学位,具备 1 年研究生课程学习或 1 年社会工作经验,并完成 40 小时的培训认证。

缓刑官工作业绩和缓刑效果与成败休戚相关。缓刑官负责三个方面的工作:其一,对提至少年法庭或家事法庭的未成年人案件进行收案筛选;其二,对未成年人安置结果提交建议报告;其三,对已判决的偏差少年进行缓刑监督。具体来说,缓刑官通常需承担四类职责,即调查(investigation)、收案(intake)、诊断(diagnosis)与处分监督(treatment supervision)。其中,调查系指在安置聆讯前收集涉案少年信息向法官提供适当安置建议;收案则是缓刑官就案情会见涉案少年以确定法院是否应正式受理;诊断乃指缓刑官分析涉案少年人格

---

[1] 参见杨兴培、吕洁:《中国内地与香港地区刑法中缓刑制度的比较研究》,载《中国刑事法杂志》2009 年第 3 期。

[2] See Howard Abadinsky, *Probation and Parole: Theory and Practice* (*9th edition*), Upper Saddle River, NJ: Pearson Prentice Hall, 2006, p. 20.

[3] See Rolando del Carmen & Chad Trulson, *Juvenile Justice: The System, Process and Law*, Belmont, CA: Wadsworth/Thomson Learning, 2006, p. 311.

[4] See Patricia Torbet, *Juvenile Probation: The Workhorse of the Juvenile Justice System*, Washington, DC: Office of Juvenile Justice and Delinquency Prevention, U. S. Department of Justice, 1996, p. 1.

及确定何种处分措施对其矫正最为有效;处分监督则系指在偏差少年被裁定执行缓刑后,缓刑官需评估处分措施的有效性。[1] 为了应对突发事件,有些法域的未成年人缓刑官在一定条件下还拥有逮捕权,但一般不会携带枪支。

## 第三节　未成年人假释

### 一、未成年人假释概说

#### (一)未成年人假释概念

视乎地域与司法结构不同,假释定义有所差异。"假释"(parole)一词源于法文"parole d' honneur",意为"以名誉担保",日语称为"假出场",现在该词多指对犯罪人附加条件将其提前释放的刑事司法制度。在我国,保外就医是以监外医疗救助为目的的假释执行方式。关于假释的性质,黄征男主张系不定期刑,亦是犯罪学实证学派所主张"戒治"哲学(rehabilitation philosophy)与医疗模式(medical model)下的产物,其目的是希望对于在监服刑之受刑人于一定期间后,表现良好,具有后悔向上实据,乃附条件予以提早释放的制度,以激励受刑人改过自新、重新做人的更生意愿。[2]《北京规则》第28.2条特别说明,"如果情况允许,应采取假释,不一定要服满刑期。当表明有改过自新、进步良好的证据时,甚至在监禁时曾经被认为危险的罪犯,可行时也可予以假释"。该规则第28.1条敦请,"有关当局应尽最大可能并尽早采用从监禁机关假释的办法"。

而善后辅导(aftercare)又称释放安置、后社区处分、续顾服务、保护观察,系指透过与社区合作和安排,帮助释放回家的未成年人重返社区的再融合措施。该词原指病后护理,相当于成人司法中的假释。但对刑满释放的未成年人所进行的辅导并非仅仅从其释放回家那一刻才开始,而始自量刑并贯穿监禁与释放等不同阶段。善后辅导需要构建一系列无缝且跨越正式与非正式社会控制网络,此外,连续而不间断旨在避免未成年人反社会倾向的社区监督机

---

[1] See Cliff Roberson, *Exploring Juvenile Justice* (*2nd edition*), Belmont, CA: Wadsworth/Thomson Learning, 2000, p. 247 – 248.

[2] 参见黄征男:《从刑事政策演进探讨"我国"假释制度现况与发展》,载 http://www.tcd.moj.gov.tw/public/Attachment/5111717483428.doc,2007年11月2日访问。

制不可或缺。[1] 本书对这一术语的引介意在说明其与成人假释在法律文字与概念上都存在差异。

善后辅导既提供监督,又向未成年人提供若干服务。假释少年在其监禁期间接受严格监督,且在其受社区处分情景下仍需接受严格监督。其目的在于帮助未成年人重返社区的同时,亦确保民众安全不受负面影响。随着未成年人司法成人化趋势的加深,即便是在美国,官方也越来越趋向于适用"未成年人假释"或"少年假释"这一术语而非善后辅导。

(二)未成年人假释沿革

作为不定期刑的重要组成部分,假释出现有其深刻历史根源。现代假释概念是从有条件赦免、依照契约学徒、流放、释放证制度和19世纪美国监狱改革等结合演变而来的。[2] 假释肇始于澳大利亚,1790年埃瑞斯·菲利浦(Arithur Philip)对行状善良、作业成绩良好的犯罪人赦免其刑期,为附条件释放。[3] 然缓刑概念的出现常被认为是苏格兰人亚历山大·麦克诺奇(Alexander Maconochie)与爱尔兰人沃尔特·克鲁夫敦(Walter Crofton)的功劳,并以前者为甚。

麦克诺奇与假释间的传奇可最早追溯到1811年。当时麦克诺奇因海难而身陷囹圄两年之久,这一段特殊经历亦造就了他对监狱生活及自由的切身感受,这为其后来所进行的一系列试点提供了难得的体验与素材。1840年前后,麦克诺奇被委以重任,执掌英国位于澳大利亚新南威尔士的诺福克岛殖民地。在他看来,对犯罪人实现个别化处分至关重要,犯罪人已经为过去罪行受到惩罚,但其"将来"可通过培训来实现自新。他规定以劳动刑取代时间刑,适用"计点记分制"(marks system)作为测定劳动的方法。在该体制之下,犯罪人经严格监禁到附条件释放到最后完全自由三个阶段,其晋升全凭所得点数而定,分数累积到一定数量便可获释。而这些点数的获得可通过劳务、学习与品行端正来实现。其中的第三个阶段也就是所谓"附条件的释放票"(conditional liberty with a"ticket of leave"),即为今天之假释。只要犯罪人遵守"释放票"附着的释放条件,他们就可以居留在高墙之外。然若是有犯罪人敢以身试法、违

---

〔1〕 See Steve Gies, *Aftercare Services*, Washington, DC: Office of Juvenile Justice and Delinquency Prevention, U. S. Department of Justice, 2003, p. 1.

〔2〕 参见[加]西莉亚·布朗奇菲尔德:《两百年刑罚史体味文明演进:刑罚的故事》,郭建安译,法律出版社2006年版。

〔3〕 参见林茂荣、杨士隆:《监狱学——犯罪矫正原理与实务》(第2版),台北,五南图书出版股份有限公司1999年版,第125页。

反释放条件,会即刻被捉拿归案,其原先所累积的分数全部归零,要想再次获得假释还得重新来过。[1] 正因其创设的“计点记分制”为假释不可或缺的内容,麦克诺奇被誉为“假释父”(father of parole)。1853 年,英国议会通过《刑罚劳役法》(Penal Servitude Act),明确引入“释放票”制度,并由警方监管,逐步废止了流放刑(banishment)。

曾出任“爱尔兰徒刑监狱”(Irish Convict Prison)监狱长的克鲁夫敦是另外一位假释制度的早期先行者与实践者。在参考上述麦克诺奇“点数制”与“累进制”的理念与试点后,克鲁夫敦于 1855 年在爱尔兰施行“释放票”制度。依据这一制度,假释分为四个阶段。在首个阶段中,犯罪人获得 9 个月的“单独监禁”(solitary confinement)处分。在前 3 个月中,犯罪人可以整天无所事事,因为克鲁夫敦认为在这百无聊赖的 3 个月后,即便是最懒惰的犯罪人也想找点事情打发时光。在之后 6 个月,狱方将向犯罪人提供全方位指导,包括技能培训与宗教感化。进入第二阶段后,犯罪人将进入特殊监所中与其他狱友朝夕相伴,他可以利用这段时间累积分数以便进阶。到了第三个阶段,犯罪人将被转移到“公开监所”(open institution),在那里他可能获得“释放票”。最后获得假释的犯罪人须即刻到当地警长处报到,此后尚须每月前往报告,而这将一直持续到其刑期届满。[2] 同样,“释放票”详细罗列了诸如不可虚度人生、不得与行为不检者勾勾搭搭及缺乏可见的支持手段等假释条件。一旦犯罪人违反,则将被立即送回监狱。克劳夫顿的努力为当代假释制度之滥觞。

而对少年实行假释可追溯到 19 世纪早期庇护所实行的“契约系统”(system of indenture)。通过学徒工式的劳作,庇护所认为偏差少年最终可以被矫正。庇护所与偏差少年的监护人达成协议,约定男性 21 岁、女性 18 岁以前由前者裁定是否应当予以释放。[3] 早期假释与缓刑的区别在于前者出于经济考虑,而后者更多从人道主义考虑。[4] 假释在美国发展比较缓慢,1846 年马萨诸塞州成为首个运用假释制度的州,到 1880 年仅有 3 个州建立此制度。然在

---

[1] See Joel Samaha, *Criminal Justice* (*5th edition*), Belmont, CA: Wadsworth/Thomson Learning, 1999, p. 465.

[2] See Territo Leonard, James Halsted & Max Bromley, *Crime and Justice in America*: *A Human Perspective*, Upper Saddle River, NJ: Pearson Prentice Hall, 2004, p. 527 – 528.

[3] See Territo Leonard, James Halsted & Max Bromley, *Crime and Justice in America*: *A Human Perspective*, Upper Saddle River, NJ: Pearson Prentice Hall, 2004, p. 560.

[4] See Cliff Roberson, *Exploring Juvenile Justice*, Belmont, CA: Wadsworth/Thomson Learning, 2000, p. 257.

此后,假释的建立速度明显加快,到 20 世纪初大部分州均设有假释。[1] 在联邦监狱方面,1910 年每个联邦监狱都有自己的假释委员会(Board of Parole)[2] 审查假释,并于 1930 年由国会创设联邦假释委员会(U. S. Board of Parole)来取代各联邦监狱的假释委员会。1913 年 2 月 25 日,民国时期颁布《假释管理规则》。该规则第 1 条规定,“假释者须受居住地警察监督”。第 13 条规定,“警察监督假释者行状良否、职业生涯种类及勤惰亲族关系”。

假释在其发展过程中亦遭到不少质疑,特别是来自对假释人要求过于苛刻的担心。现在假释适用条件更趋严格,且难度亦逐渐加大;美国许多州走得更远:在这些地方,假释已被废除,即使有所保留,也是名存实亡,名至而实不至了。1976 年,缅因州成为美国首家废除假释的州。加利福尼亚州、伊利诺伊州、印第安纳州、康涅狄格等州已经废除或减少使用假释。1984 年,美国国会通过《统合犯罪控制法》(Comprehensive Crime Control Act),该法案规定联邦监狱受刑人的假释于 1992 年 12 月前须废止,而以前已假释出狱人的保护管束业务交由联邦政府负责。然有意思的是,有些业已废止假释的州又先后恢复使用假释。例如,科罗拉多州于 1985 年废止假释,但又于 1993 年重新恢复使用。而在佛罗里达州,则给予假释监督机构另外名字——缓释局(controlled release authority)。

(三)未成年人假释条件

像缓刑一样,假释亦是附条件的,如犯罪人“行为良好”,参加社区教改方案、重返社会训练所居住等。我国《刑法》第 84 条规定,被宣告假释的犯罪分子,应当遵守下列规定:“遵守法律、行政法规,服从监督;按照监督机关的规定报告自己的活动情况;遵守监督机关关于会客的规定;离开所居住的市、县或者迁居,应当报经监督机关批准。”

萨马哈认为,假释包括附条件释放(conditional release)、监督(supervision)与违反(revocation)三个组成部分。其中,“附条件释放”系指在刑期届满之前将犯罪人在附加条件下予以释放,“监督”系指国家对获释的犯罪人所进行的持续到刑期届满的监督与管理,而“违反”则系指对有条件释放的附加条件的违反。[3] 与大赦和减刑不同,假释人仍被视为正在服刑的犯罪人,只不过是将

---

[1] See Joel Samaha, *Criminal Justice* (*5th edition*), Belmont, CA: Wadsworth/Thomson Learning, 1999, p. 466 – 467.

[2] 该委员会通常由各监狱长、医疗人员及各州司法部的监督人员组成。

[3] See Joel Samaha, *Criminal Justice* (*5th edition*), Belmont, CA: Wadsworth/Thomson Learning, 1999, p. 466.

服刑地点与服刑条件进行若干变化而已。假释系传统监禁刑的替代,一旦服刑人违反假释条件,无论是违反访客规定、宵禁、未经批准擅自离开常住地等技术性违反,还是触犯新罪,其结果都可能导致假释违反,而被判重新入监,甚至引发新一轮的刑事诉讼。

## 二、未成年人假释运作程序与机构

### (一)假释申请与未成年人假释决定之作出

在犯罪学家史蒂夫·吉斯(Steve Gies)看来,行之有效的善后辅导需要包含这样一些内容:针对高危犯罪人;关注包括认知、态度教育、朋辈联系、药物滥用、权威、工作行为和人际关系等因素;机构处分与社区处分的无缝衔接;严守既定计划设计;密集和长期(9 个月至 2 年或更长)辅导;采用认知与技能培训为导向;以系统化的合作建立全面的支持网络等。[1] 以科罗拉多州未成年人假释委员会(juvenile parole board)为例,绝大多数聆讯会由两人聆讯小组完成。每个月,9 名委员轮流参加 2 ~ 4 次聆讯,平均每年聆讯 114 次。从 2000 年起,该委员会开始通过视频会议形式举行聆讯会。到目前为止,此类聆讯已占到委员会所有聆讯的六成左右。[2]

在对偏差少年适用假释的规定上,1991 年 10 月 8 日最高人民法院通过的《关于办理减刑、假释案件具体应用法律若干问题的规定》在第 1 条假释条件中明确,同时具备以下四个方面情形的,应当认为是确有悔改表现:“认罪服法;一贯遵守罪犯改造行为规范;积极参加政治、文化、技术学习;积极参加劳动,爱护公物,完成劳动任务。”第 9 条规定,“为了贯彻对未成年犯教育、感化、挽救的方针,对未成年犯的减刑、假释在掌握标准上可比照成年犯依法适度放宽。未成年犯能认罪服法,遵守罪犯改造行为规范,积极参加学习,完成一定劳动任务的……有悔改表现而又不致再危害社会的,可以假释”。《监狱法》第 32 条规定,“被判处无期徒刑、有期徒刑的罪犯,符合法律规定的假释条件的,由监狱根据考核结果向人民法院提出假释建议,人民法院应当自收到假释建议书之日起一个月内予以审核裁定;案情复杂或者情况特殊的,可以延长一个月”。司法部于 1999 年 12 月 18 日发布实施的《未成年犯管教所管理规定》第

---

〔1〕 参见黄征男:《从刑事政策演进探讨“我国”假释制度现况与发展》,载 http://www.tcd.moj.gov.tw/public/Attachment/5111717483428.doc,2007 年 11 月 2 日访问。

〔2〕 See Juvenile Parole Board, *Juvenile Parole Board Welcome*, Accessed November 26, 2005, http://www.cdhs.state.co.us/jpb.

57 条规定,对偏差少年的减刑、假释,可以比照成年犯依法适度放宽。

就未成年人假释决定的作出,以美国科罗拉多州为例,该州未成年人缓刑委员会对裁定假释与否需将“儿童最佳利益”原则与公共利益结合起来。按照其议事规则,缓刑委员会通常需要考虑以下 9 点内容,即所犯之罪的数量与严重性及既往犯罪史、少年机构性调整(institutional adjustment)、存有可行的假释安置和充分的社区配套措施、少年对“周末通行证”(weekend passes)及其他社区施放的调整、未成年人惩教效果评估、少年是否尚有未判指控及未来再犯同样罪行、少年与假释监督的合作意愿、少年对法院对其科处的假释资格限制的完成情况及未成年人惩教机构的风险评估分数等。[1]

(二)未成年人假释机构及人员组成

在美国,针对善后辅导和未成年人假释的机构主要是各州未成年人假释委员会。在黄征男看来,假释委员会主要功能包括:“评估呈报假释受刑人数据并决定核准或驳回其假释、决定假释出狱受刑人是否应该被撤销假释、对于收容的少年犯进行评估以决定是否给予释放、当减轻刑度或新的申辩理由被提出时,认可受刑人的免刑或转换刑期、提供成年假释出狱人的辅导监督、在各州司法管辖权范围内提供调查及监督服务、允许死刑之暂缓及死刑减刑、回复假释出狱人的行政及政治上权利、检视各种不同的判刑并提供州长适当的减轻其刑决定及检视州长所作免刑或减轻刑期决定。”[2]

仍以科罗拉多州未成年人假释委员会为例,该委员会是负责核定签发、否决、修改、暂停或撤销及附条件假释少年的部门。由 9 名成员组成,其中 5 名公民代表及来自相关机构的 4 位代表。所有委员均须州长提名并由该州参议员任命方可走马上任。其中,4 名州机构代表来自教育厅、劳动与就业厅、公共安全厅及人力服务厅。而上述 5 名代表,1 名须来自西科罗拉多,1 名须是地方民选官员,而其他 3 名可来自民众。未成年人假释委员会每月碰头一次,以检讨委员会的政策和前 1 个月的聆讯会,听取就假释决定上诉及委员们意见分歧的案件,并参加培训。只有委员会全体会议方有权作出少年暴力犯的假释裁定。[3]

---

〔1〕 See Juvenile Parole Board, *Juvenile Parole Board Parole Decision Criteria*, Denver, CO: Colorado Department of Human Services, 2004.

〔2〕 黄征男:《从刑事政策演进探讨“我国”假释制度现况与发展》,载 http://www.tcd.moj.gov.tw/public/Attachment/5111717483428.doc,2007 年 11 月 2 日访问。

〔3〕 See Juvenile Parole Board, *Juvenile Parole Board Parole Decision Criteria*, Denver, CO: Colorado Department of Human Services, 2004.

除假释委员会外,善后辅导员(aftercare counselors)需要逐案进行家庭评估(home assessment),对释放设定一定条件,制订服务计划,保持与未成年人联系及与相关机构密切协作。以纽约市为例,1999 年 9 月时该市善后辅导员的工作量为 12.2～26 案例/人。[1]

### 三、未成年人假释违反

对于假释撤销(parole revocation),美国法在假释人权利保障上有比较详细的规定。在"莫里斯诉布儒尔案"(*Morrissey v. Brewer*)中,美国联邦最高法院指出,虽然假释撤销不需要赋予假释人全盘权利,但其自由又与《美国联邦宪法第十四修正案》中的正当程序条款相关,因而需要非正式撤销聆讯。联邦最高法院要求假释聆讯应符合这样一些最低要求,包括书面通知假释违反、向假释犯披露对其不利的证据、有机会亲自聆听和提交证据、除非特殊例外否则可对质和交叉盘问证人证言、由中立而超脱的机构如传统假释委员会来聆讯及可提交书面声明。[2]

我国《刑法》第 86 条规定,被假释的犯罪分子,在假释考验期限内犯新罪,应当撤销假释,实行数罪并罚。在假释考验期限内,发现被假释的犯罪分子在判决宣告以前还有其他罪没有判决的,应当撤销假释,实行数罪并罚。被假释的犯罪分子,在假释考验期限内,有违反法律、行政法规或者国务院公安部门有关假释的监督管理规定的行为,尚未构成新的犯罪的,应当依照法定程序撤销假释,收监执行未执行完毕的刑罚。

## 第四节　中间制裁(惩处)

### 一、未成年人中间制裁(惩处)措施概说

#### (一)中间制裁(惩处)渊源与发展

20 世纪五六十年代曾盛行一时的,以矫正为目的的中途之家、宵禁等传统社区处分模式虽有一定效果,但在解决累犯率等问题上仍是弊端不断。1976 年,美国总统法律执行与司法行政委员会指出:"受刑人愈浸淫于犯罪矫正过

---

[1] See Citizens' Committee for Children, *Returning Home: A Look at Aftercare Services Provided to Delinquent Youth*, New York, NY: Citizens' Committee for Children, 2000, p. 2.

[2] *Morrissey v. Brewer*, 408 U.S. 471 (1972).

程,其愈受矫正机构惩处气氛之箝制,而复归社会将更加困难,矫正过程应致力于清除受刑人回归社会之障碍。”[1]而传统监禁刑则要求大量资金与人员运作,其结果是人满为患,远不能容纳日益增多的犯罪人,监狱运作亦举步维艰,险象环生。各州都积极探寻“替代监禁”(alternatives to imprisonment)措施来弥补机构矫正与社区处分的诟病。这样,名为“中间制裁(惩处)”(intermediate sanctions/treatment)的措施便呼之欲出,并迅速得到发展。

(二)中间制裁(惩处)概念与特征

以社区为主要依托的中间制裁(惩处)措施,又称创造性量刑(creative sentencing)或中庸制裁措施,起初是介于标准缓刑与传统监禁刑之间的折中刑罚,包括从密集缓刑监督(intensive probation supervision,IPS)到不设防监禁措施(non-secure custodial program)。认知行为干预(cognitive-behavior intervention)与参与解决问题的活动(participatory problem-solving activities)相辅相成,为减少累犯率具有较大作用。

中间制裁(惩处)措施兼具监禁刑与缓刑的优点,避免了两者的缺陷。与监禁刑相比,中间制裁(惩处)措施花费较少且多一些自主权;而与缓刑相比,因控制力度大而累犯率较低。中间制裁(惩处)措施亦体现了“宽严相济”的刑事政策,亦可为我国司法界借鉴适用。

## 二、未成年人中间制裁(惩处)的类型

中间制裁(惩处)形式多样,包括集约缓刑(intensive probation)、自家监禁(home confinement)、电子监控(electronic monitoring)、新兵训练营(boot camps)、当天汇报中心(day-reporting centers)与每日罚款(day fines)等。[2]《北京规则》第29.1条敦请各法域“应努力提供帮助少年重获社会新生的半监禁式办法,如重返社会训练所、感化院、日间训练中心及其他这类适当的安排办法”,这里的“半监禁式办法”类似中间制裁(惩处)。

(一)新兵训练营

新兵训练营(boot camp)被认为是对未成年初犯替代监禁或缓刑的有效措施,其又称工作训练营(work camps)、挑战营(challenge camps)、震撼监禁(shock incarceration)与动机营(motivational camps),系指借用军队模式下严格

---

〔1〕 邓煌发:《社区处遇之探讨》,载《警学丛刊》1999年第3期。

〔2〕 就中间制裁(惩处)之性质,美国学者对此仍有一定争议,除主张其介于机构处分与社区处分之间的折中刑罚外,亦有学者认为其大体仍可视为社区处分。

纪律的环境,限制犯罪人的活动自由,让其参与工作与社会服务,并提供适当教育及辅导的短期刑罚方式。新兵训练营源于军队,原指为适应全新军事生活而对新兵所采取的一系列休克式转换,其注重大运动量与体能训练,强调无条件服从的军队招募训练。在成功完成训练后,新兵应从头至尾、里里外外成为全新的人。未成年人司法语境下的新兵训练营主要针对未成年初犯以替代监禁和缓刑,特定情形下年轻成年犯亦可成为其营员。新兵训练营根源于震撼监禁,能有效地中止犯罪人的一些不良习惯。截至 1995 年,全美共有 120 余所新兵训练营,其中,75 所州成人训练营,30 所少年训练营,另有 18 所郡级训练营。[1]

就严厉程度而言,新兵训练营介于监禁与缓刑之间,较监狱限制小,但比缓刑严厉。新兵训练营通常需要未成年人服刑 3 ~ 6 个月不等,而这最高可被冲抵入狱 10 年。然服刑时间与在营时间的具体换算办法因各州而异。若未成年人未能服完刑期,仍需在监狱执行原定刑罚剩余年限。营员需要按照要求参加军事化操练与队列训练及野地露营等活动。新兵训练营既可白天开营,也可全天候开营;既可由政府开办,也可由私人机构开办。而作出是否将偏差少年送付新兵训练营的有权机关因州而异,一般法官、监狱长及假释委员会为不二人选。除原有的军事化操练这些既定科目外,近年来新兵训练营逐步加大了对教育、辅导、职业训练、瘾君子矫治等方面的投入,效果比较明显。

为实现"快速修复"(quick-fix solutions),新兵训练营还以训练环境苛刻著称。某些训练营在招募广告中宣称"直接吓阻孩子"(scare kids straight)或"帮助偏差少年矫正不良习性"(help deviant adolescents improve their behavior),并夸下海口"97% 父母赞不绝口"(97% parent satisfaction)。[2] 因为要在相对有限的时间内实现对偏差少年的矫正甚至是革新,所以新兵训练营在具体处理偏差少年的方式上就显得比较功利而急于求成,态度粗暴、手段严厉也就成为屡禁不止的现象。自创设以来全美已有至少 30 人死于新兵训练营,一些州也对新兵训练营开始有所反思。[3]

---

〔1〕 See Dale Parent, *Correctional Boot Camps*: *Lessons From a Decade of Research*, Washington, DC: Office of Justice Programs, U. S. Department of Justice, 2003, p. 2.

〔2〕 See Wikipedia, *Boot Camp* (*Correctional*), Accessed September 5, 2007, http://en.wikipedia.org/wiki/Boot_camp_(correctional).

〔3〕 See Jim Avila & Sarah Koch, *Boot Camp Death – Caught on Tape*, Accessed March 13, 2008, http://www.abcnews.go.com/2020/story? id = 2751785&page = 1.

新兵训练营直接目的在于减少累犯率,特别是尽量减少未成年初犯再犯率,但实际效果不尽如人意。依据2003年美国国家司法研究院(National Institute of Justice)一项对10年期新兵训练营研究汇总发现,虽然对矫正未成年人心态与行为方式有一定效果,但除极个别例外,尚未发现新兵训练营能够有效减少未成年人的累犯率。[1] 新兵训练营在其他国家移植成功的案例也不多,大多是因国情不同,且新兵训练营常为人权团体所诟病。首所加拿大新兵训练营于1997年在安大略开营,目前,加拿大新兵训练营具有其自身特点,仅对17岁以下男性未成年人开放。不同于美国可以进入新兵训练营来抵冲或削减刑期的做法,加拿大并不限定驻营时限。因受限于《加拿大权利和自由宪章》关于反酷刑的规定,营员进入新兵训练营须完全出于自愿。

(二)自家监禁

自家监禁(home confinement)又称家庭逮捕(home arrest)、居家拘留(home detention)、软禁或家居隔离,系指将原本应当收容于监所的犯罪人,强制拘禁于其自家宅中,并限制其深夜游荡及周末进出自由的处分措施。自家监禁并非刑罚,而是缓刑、假释、监督释放(supervised release)和预审释放(pretrial release)的附带条件。被监禁人并非与世隔绝,而是在与社会近似的环境下生活、学习和改造,仍可以工作、上学、看病、礼拜或进行其他经批准的社会活动,但受到严格监控。为加强监控能力,自家监禁往往配合利用电子监控。

自家监禁与刑罚的历史一样久远,据圣经记载圣保罗被判在罗马自家监禁达2年之久。在美国,自家监禁历史上曾被用来实施政治控制与法西斯压制。[2] 1984年,佛罗里达州首次将自家监禁正式引入刑事司法系统。自家监禁对"瘾君子"效果明显,但对未成年人适用尚不多见,主要原因在于缓刑在未成年人司法中的广泛运用。2002年,仅经联邦缓刑与预审局(U. S. Probation & Pretrial Service)监管的自家监禁犯罪人数便高达18,000人。[3]

家居隔离通常包括宵禁、家居拘留及家居监禁三种形式。其中宵禁要求参与者须每天特定时间在家;居家拘留要求除预先核准的活动如务工、礼拜、看病、出庭外,参与者应随时在家;家居监禁(home incarceration)更为严厉,要

[1] See Dale Parent, *Correctional Boot Camps: Lessons From a Decade of Research*, Washington, DC: Office of Justice Programs, U. S. Department of Justice, 2003, p. II.

[2] See Harry Allen & Clifford Simonsen, *Corrections in America: An Introduction* (*9th edition*), Upper Saddle River, NJ: Pearson Prentice Hall, 2001, p. 221.

[3] See Office of Probation and Pretrial Services Administrative Office of the U. S. Courts, *Home Confinement*, Washington, DC: U. S. Probation & Pretrial Service, 2003, p. 1.

求被隔离人除非看病、出庭或者其他法院核准的事项外，24 小时均不得外出。家居隔离之目的取决于其在不同刑事司法阶段的运用。在通常情况下，家居隔离旨在限制被监禁人的活动，以保护民众免受其扰。在预审案件中，家居隔离是用来保证被告人出庭的替代羁押方式。家居隔离比经常性监督严格，但比监所监禁宽松。而在审后，法院亦可将其作为对违反监督的制裁。

与传统监所监禁相比，对低危险性未成年人实施自家监禁可以省却政府大量花销，相当于拘留的 1/4，[1]且有利于未成年人父母及其家人就近、随时对其进行辅导。同时未成年人仍可照常上学。然自家监禁亦招致不少批评，因为政府的手已触及"家"这个社会基本细胞，尤其是在西方信奉"个人家即为个人城堡"及"风能进，雨能进，国王军队不能进"法谚的状况下更是如此。[2]

（三）电子监控

电子监控又称"标注"（tagging），系指采用远距离监控仪器与技术，以确定犯罪人是否在预先核准的时间、地点出现的中间处分措施。作为标准缓刑的替代措施，电子监控可适用于未成年初犯、轻罪犯罪人、"瘾君子"、保外就医及性犯罪人等。一旦仪器显示未成年人擅自篡改程序与硬件，或者未在指定时间与地点出现，即可报告监控部门。

电子监控最早由美国心理学家罗伯特·斯科维兹格贝尔（Robert Schweitzgebel）于 20 世纪 60 年代提出，当时称为"电子缓刑"（electronic parole）。他设计出的便携式无线电遥测器，将信号传送至类似导弹追踪仪的装置以确定携带者具体行踪。电子监控直到 20 多年后才开始被援用至犯罪矫正之中，其问世颇有戏剧性：新墨西哥州法官杰克·拉弗（Jack Love）受卡通书《蜘蛛侠》（*Spiderman*）启发，认为有可能使用电子设备来监控服刑人。他说服有关专家于 1983 年发明了监控器。随后不久，他便判处对一自家监禁的犯罪人加施电子监控。20 世纪 90 年代初全美共有近 400 个电子监控项目，而事隔近 10 年后的 1998 年，这一数字已飙升至 1500 个。[3] 电子监控现已在美国、英国、澳大利亚、新西兰、新加坡、南非、日本及加拿大等法域广泛使用。

---

〔1〕 See Office of Probation and Pretrial Services Administrative Office of the U. S. Courts, *Home Confinement*, Washington, DC: U. S. Probation & Pretrial Service, 2003, p. 1.

〔2〕 1763 年，查塔姆伯爵在英国下议院曾做著名演讲，"最贫贱之夫可寓其寒舍而傲视王军。寒舍或许单薄—顶可摇颤—风可穿堂—风暴可侵—雨水可进—但英王不能入内；英王全军不得跨越那残舍之门坎"。

〔3〕 See National Law Enforcement Corrections Technology, *Keeping Track of Electronic Monitoring*, National Law Enforcement Corrections Technology Bulletin, Washington, DC: National Institute of Justice, 1999, p. 1.

依2005年通过的《性侵害犯罪付保护管束加害人科技设备监控实施办法》,我国台湾地区用“电子监控”监控犯罪情节严重的性犯罪人。鉴于电子监控在社区矫正中的作用,我国大陆司法实务界在消化吸收的基础上先后开发出社区矫正移动信息管理系统等系统,类似西方电子监控的社区矫正模式在我国江苏省南京、苏州及浙江省温州等地悄然兴起。如通过“温州市社区矫正工作管理系统”系统,可有效监管矫正对象的活动状态和所在位置,具有实时监控的功能,能进行矫正对象的实时定位和身份识别。为防止矫正对象人机分离或“金蝉脱壳”,这一系统还采用了声纹验证技术。[1]

在美国爱荷华、佛罗里达、俄克拉何马、密执安、缅因、宾夕法尼亚、堪萨斯,电子监控适用零星运用在侦查或审判阶段的附条件释放被告、无家可归的违法者、传染病或艾滋病假释犯、怀孕而不适于收监的女犯、戒瘾中的青少年犯及有就业、就学需求的违法者身上。[2] 电子监控可用于刑事司法与未成年人司法始终,包括预审、量刑与狱后三个主要阶段。在预审阶段,电子监控可用于已交付保释金的犯罪嫌疑人身上,以确保其再犯新罪及保障其按时出庭受审。这种电子监控形式最早出现于1989年的英国,其时对50名犯罪嫌疑人实施了电子监控。[3] 而在量刑中,法官可结合案情与犯罪人个人情况,适当剥夺其人身自由,其表现形式便是缓刑中电子监控的适用。狱后程序则主要是针对提前释放人员而言的,以监督其有效重返社区。查证偏差少年是否在规定场所现身的方法很多,主要包括直接拨打其居所电话、利用其手腕或脚踝发射器信号或回复寻呼机呼叫以确定行踪。为防止偏差少年弄虚作假,部分监控系统还加装有语言分析装置,以分辨其声音。

“电子监控”监控犯罪人的行踪,其最大优点便在于将有再犯危险的犯罪人实时监控,使其无处躲藏而预防其再犯。与传统监禁相比,电子监控费用低廉,且犯罪人感觉有机会与家人保持密切联系,并仍可上班交税以及可按要求支付监管费,从而大大降低了运作成本。虽然初次安装成本相当高,但一旦系统到位,其运作成本颇低。据全美执法矫正技术中心估计,电子监控每日花费

---

〔1〕 参见周泽西:《温州社区矫正设“电子围墙” 可实时定位与身份识别》,载网易新闻2009年7月31日,http://news.163.com/09/0619/11/5C5RU7LA000120GR.html。

〔2〕 参见林顺昌:《破除“电子监控”之迷思——论回归实益性之犯罪者处遇政策》,载《亚洲家庭暴力与性侵害期刊》2009年第2期。

〔3〕 See Black Matt & Russell G. Smith, *Electronic Monitoring in the Criminal Justice System*, Canberra, Australia: Australian Institute of Criminology, 2003, p. 2.

不过5～25美元，而监所关押犯罪人费用则高达50美元甚至更高。[1] 截至2008年，据对约4万名戴电子脚镣在监外服完刑期的瑞典服刑人所进行的调查发现，再犯罪比例仅占15%；与此相对应的是，在监狱里服完刑期的人中，这一比例要高出一倍。若将这些人被关在监狱服刑，要多开支8亿多瑞典克朗（约合1.3亿美元）。[2]

在发达国家，电子监控因其对隐私权的侵犯而招致批评。无论是连续信号器还是程控联络器皆可时刻监督未成年人举动，可谓无孔不入，而一旦未成年人未出现在预定场所或者出现在预定场所外，都可能直接导致违反监控条例而被捕。

（四）"中途之家"

"中途之家"（halfway house）又称"集体之家"（group home），在英国称为"保释招待所"（bail hostel），系指设置于社区，向生活困顿的犯罪人提供临时住所和基本生活需要如食品、住房的非监禁居住措施。其特点在于以社区为基础，筹措多方社会资源协助偏差少年与社区重建联系，使其逐渐适应新生活。通常情形下，刑期1年以上的轻微案件犯罪人，若遵守监规且无新罪，可申请转赴中途之家服完余下的1～6个月刑期。犯罪人可利用这一难得机会外出寻找工作，但每日外出均须请示获批方可。

被收容至"中途之家"的多为无家可归者或出狱后无处可去的犯罪人，主要包括性犯罪人与吸毒者。"中途之家"可分为"中途淘汰"（halfway-out）与"中途加入"（halfway-in），而前者远较后者常见。支持"中途之家"的认为其运作体现了双赢（win-win），即犯罪人无须入监，而民众亦可从前者工作与社会技能提升中获益，这样可以减少处分成本，还可能会降低累犯率。[3]

"中途之家"为规模较大的非监禁性居留中心，可安置12～20人入住，入住者的年龄介于14～18岁。[4] 以纽约市布鲁克林区"中途之家"为例，其设施条件、外表与汽车旅馆并无多大差异，内部空间有限，每3人共处一室，单人床、

[1] See National Law Enforcement Corrections Technology, *Keeping Track of Electronic Monitoring*, National Law Enforcement Corrections Technology Bulletin, Washington, DC: National Institute of Justice, 1999, p. 1.

[2] 参见欧阳晨雨：《戴着电子脚镣"起舞"》，载民主与法制网2008年10月30日，http://www.mzyfz.com/news/mag/i/20081030/095422_3.shtml。

[3] See Larry Mays & Thomas Windree Jr., *Contemporary Corrections*, Belmont, CA: Wadsworth/Thomson Learning, 2002, p. 255.

[4] See Joel Samaha, *Criminal Justice* (*5th edition*), Belmont, CA: Wadsworth/Thomson Learning, 1999, p. 503.

橱柜、公用浴厕一应俱全。[1] 大多数州已逐步缩小中途之家的规模，现全美居住在中途之家的不过15,000余人。我国台湾地区现设有三家类似中途之家的"少年之家"，分别于1983年、1984年与1986年成立桃园少年辅育院、彰化少年辅育院和桃园辅育院；1992年更名为"儿童学苑"。"儿童学苑"收容对象包括12岁以下受感化教育宣告者、家庭遭受重大变故者或因其他重大事由无法生活者三类未成年人。这些少年白天到附近学校就读，放学后回到"儿童学苑"由教养人员予以照顾。[2]

北京、上海、西安等地亦先后开始探索"中途之家"的试点工作。2008年7月，北京市朝阳区在我国率先建立"阳光中途之家"，针对部分社区服刑人和"三无"(无业可就、无家可归、无生活来源)刑释解教人员建设过渡性住宿式安置基地，向其提供最长3个月的临时安置、教育矫正、技能培训、就业指导、心理咨询。截至2010年8月，该"中途之家"累计开展人际交往训练659人次，49人获得了中级职业资格证书；更引人注目的是，在此接受过教育帮扶的757人无一重新犯罪。[3] 不同于美国，我国目前的试点还是将"中途之家"视为社区矫正而非中间制裁处分措施。

(五)监外作业

监外作业，又称单日通行(day pass)、单日假释(day parole)、暂时释放(temporary release)、工作或教育休假(work or education furlough)与监外就业，系指犯罪人在其关押期间得以维系目前就业与就学现状的中间制裁措施。1906年，佛蒙特州率先允许犯罪人白天返回社区工作。夫妻探视亦属监外作业，最早在密西西比州试行，并在20世纪七八十年代一度达到顶峰。

以华盛顿州斯挪合米许郡监外作业为例，在法院确定监外作业具体条件后，该郡矫正局社区矫正科负责监督这些规则的落实。这些条件包括法院允许犯罪人工作；依据犯罪人支付能力，犯罪人尚需支付2倍于其计时工资的费用(除非法院判定每日具体金额，否则每日支付少则10美元，多则50美元)；犯罪人需首付相当于10日的项目费用；犯罪人须保持其当前就业或就学身份；建档之日，犯罪人须向矫正官员提供其尿液与酒精测试样本；在项目进展中，犯罪人需随时应要求提供其尿液与酒精测试样本；该项目持续时间至少为10日；

---

〔1〕 参见[美]毕汝谐：《美国联邦监狱探秘》，当代世界出版社2004年版，第144页。

〔2〕 参见林山田、林东茂、林灿章：《犯罪学》(增订3版)，台北，三民书局2002年版，第314页。

〔3〕 参见《北京"中途之家"成为社区矫正模式的有益探索》，载网易新闻2010年8月6日，http://news.163.com/10/0809/09/6DKRTFAE000146BC.html。

法院与辅导员设定的其他遵守条件。[1]

监外就业既可以在监狱亦可以在看守所进行，但"中途之家"以其宽松环境成为监外作业的不二之选。服刑人通常可在白天外出工作、晚上返回中途之家接受处分或职业培训，或者只是简单地食宿。除从中途之家获取各种帮助与支持外，最为重要的是服刑人可感受到自由。[2] 大部分中途之家还要求服刑人就其工作所得支付一部分费用。

（六）当天汇报中心

当天汇报中心（day reporting center），又称"社区居留中心"（community residential center）或"社区矫正中心"（community correctional center），在澳大利亚又被称为"出席中心"（attendance center），系指犯罪人白天需要定期向居留中心汇报当日行程的中间制裁措施。除核实犯罪人所述外，中心亦提供诸如就业辅导、社区服务及犯罪人与被害人和解等服务。作为中间制裁（处罚）措施，"当天汇报中心"通常与缓刑结合适用，但还可接纳假释人、假释违反人、返家探视人及审前释放与看守所提前释放者。[3]

---

〔1〕 See Snohomish County Online Government Information & Services, *Snohomish County Community Corrections Work/Education Release*, Accessed September 15, 2007, http://www1.co.snohomish.wa.us/Departments/Corrections/Services/CommunityCorrections/WorkRelease.htm.

〔2〕 See Larry Mays & Thomas Windree Jr, *Contemporary Corrections*, Belmont, CA: Wadsworth/Thomson Learning, 2002, p. 255.

〔3〕 See Harry Allen & Clifford Simonsen, *Corrections in America: An Introduction* (*9th edition*), Upper Saddle River, NJ: Pearson Prentice Hall, 2001, p. 224.

# 第 四 编

# 未成年人被害防治

# 第十一章　干预：儿童虐待与国家介入

## 第一节　儿童被害与家庭暴力概说

### 一、被害人概述

“被害人”(victim),词源于拉丁文*victima*,又被称为受害人、受害者,在日本和我国常被称为“被害者”。1985年《犯罪被害人及权力滥用被害人司法基本原则宣言》(Declaration of Basic Principles of Justice for Victims of Crime and Abuse of Power)专章规定了“被害人”的概念。该公约规定,被害人“系指个别或集体因违反会员国现行刑法或禁止滥用职权犯罪之法律之作为或不作为而受生理上或心理、情绪上之伤害或经济之损失或基本权利上之重大损害之人”。作为被害人群中弱势的群体之一,儿童被害人一般指任何因非法活动遭受了伤害或损失的未成年人,这种损失可能是肢体、心理或者经济上的。

2005年7月,联合国经济及社会理事会通过《关于在涉及罪行的儿童被害人和证人的事项上取得公理的准则》(Guidelines on Justice in Matters Involving Child Victims and Witnesses of Crime),强调“铭记犯罪和伤害行为对儿童被害人和证人的身心和情感所造成的严重后果,特别是在涉及性剥削的情况下”。在种类繁多的儿童虐待与照管不良中,家庭暴力所带给儿童的创伤最为直接,其负面影响也最为深远。家庭暴力(family violence、domestic violence、intimtate partner violence)简称家暴,泛指发生于家庭成员间的严重暴力行为,包括肢体暴力、精神暴力及经济暴力。肢体暴力,系指以拳脚等肢体或借助棍棒等外力或外物对家庭成员施以伤害并造成其身体创伤的家庭暴力;而精神暴力则系指以暴力威胁、精神虐待等方式对家庭成员实施较长时间的精神摧残;“经济暴力”则是近年来新出现的术语,是家庭暴力表现的新形式,大体上系指处于经济主导地位的家庭成员对其他相对经济较弱势的家庭成员实施经济封锁,使后者入不敷出、窘困不堪,甚至出现无以维系的结果。就涉及儿童的家庭暴力而言,大体包括儿童虐待(child maltreat)及家庭暴力暴露(domestic violence exposure)。[1] 以纽约为例,据该州法庭档案,近1/6(16%)的儿童虐待及照管不良案件涉及家庭暴力,而该州所有儿童福利案件中有1/3到1/2的案件涉及女性虐待。[2]

犯罪形态中包括重复被害(repeat victimization 或者 revictimization)、犯罪热地点(hot spot)、重复犯罪人(repeat offender)及连环犯罪(crime series)等几种比较重要的形态。其中,重复被害系指犯罪行为比较集中在某个人、家庭或机构的被害现象。相同类型的犯罪行为在一定时空内针对同一被害人反复出现。被害人学诸多理论均强调个人人口特征(如性别、年龄、教育程度、收入等)会影响其生活方式,因而被害人的人口特征分布在很大程度上是非随机的,亦即某些特征人口有较高的犯罪被害率。域外诸多研究发现,如同犯罪分布的不均衡性,被害出现的概率分布亦呈不均衡性:并非所有的社会成员对任何犯罪情形都具有同样的被害概率。重复被害在家庭暴力中比较常出现,我国台湾地区犯罪学者郑瑞隆研究发现,家庭暴力被害经验可以预测未成年人犯罪与偏差行为的31.5%。[3]

## 二、遗弃

在欧洲,从罗马时期直到18世纪,未成年人遭其父母照管不良司空见惯。[4] 即便卢梭亦未能走出这个怪圈,他先后遗弃5名子女,成为其难以消除的人生污点。在《日内瓦儿童权利宣言》即呼吁给予儿童特殊照料,其后该原则又在《儿童权利宣言》得到再次确认。《儿童权利宣言》原则九规定:"儿童应被保护,不受一切形式的忽视、虐待和剥削。"《儿童权利公约》第10条中更明确要求,"应采取一切适当的立法、行政、社会和教育措施,保护儿童在受父母、法定监护人或其他任何负责照管儿童的人的照料时,不致受到任何形式的身心摧残、伤害或凌辱,忽视或照料不周,虐待或剥削,包括性侵犯"。继而该公约指出此类保护性措施"应酌情包括采取有效程序以建立社会方案,向儿童和

---

〔1〕 See Carolyn A. Smith & Timothy O. Ireland, *Family Violence and Delinquency*, In Marvin D. Krohn, Alan J. Lizotte, and Gina Penly Hall ed., Handbook onCrime and Deviance, New York: Spring, 2009, p. 493.

〔2〕 See Child Welfare Watch. (2003). Child Welfare Watch, 9, p. 2.

〔3〕 参见郑瑞隆:《青少年暴力犯罪之成因:家庭因素》,载蔡德辉、杨士隆主编:《青少年暴力行为:原因、类型与对策》,台北,五南图书出版股份有限公司2002年版,第93页。

〔4〕 See Howard Abadinsky, *Probation and Parole: Theory and Practice* (*9th edition*), Upper Saddle River, NJ: Pearson Prentice Hall, 2006, p. 20.

负责照管儿童的人提供必要的支助,采取其他预防形式,查明、报告、查询、调查、处理和追究前述的虐待儿童案件,及在适当时进行司法干预”。

不但父母或监护人可能涉嫌虐待与照管不良,一些社会福利组织也可能被牵涉其中。

## 案例四十二

2005 年 4 月的一则《江苏南通市儿童福利院将两名智障少女送进南通市城东医院做了子宫切除手术》帖子惊现网络,且更引诸多媒体快速跟进。4 月 14 日,看似平常的一天,许多人的命运因该日逆转。而祸起原因便是儿童福利院的 2 名智障女童进行阑尾切除手术,但实际切除的部位是其子宫。[1] 作为智障少女的法定监护人,福利院有义务维护其财产和人身权益。在本案中,福利院未能尽到善意监护人责任,且显然亦触犯刑法,应受到严厉的刑罚对待。

英美及大陆法系法域对“遗弃罪”(crime of abandonment)处罚甚重。如《纽约州刑法典》(New York Penal Law)第 260. 00 条规定,14 岁以下未成年人父母、监护人或其他依法承担关爱及抚养义务之任一人,意欲于任一地点全然遗弃该未成年人,即可构成遗弃罪。[2]

又如日本刑法,其对遗弃罪有专章规定,且将其细分为单纯遗弃罪、保护责任人遗弃罪及遗弃致人死伤罪等三种。日本《刑法》第 217 条规定,“遗弃因年老、年幼、身体有缺陷或者有疾病而需要帮助的人的,处 1 年以下有期徒刑”;第 218 条规定,“对年老、年幼、身体有缺陷或者有疾病的人具有保护责任而将上述人员遗弃,或者不为其生存所必要的保护的,处 3 个月以上 5 年以下的有期徒刑”;第 219 条又规定,“犯前两条罪,因而致人死伤的,与伤害罪比较,依照刑罚较重的犯罪处理”。其中,第 217 条所规定的单纯遗弃罪乃系遗弃罪基本类型,犯罪主体为一般人,处理也明显较其他两罪为轻。第 218 条所规定的保护责任人遗弃罪的犯罪主体则局限于对年老、年幼、身体有缺陷或者有疾病的人具有保护责任的特殊主体,包括因法律规定、合同、亲属抚养义务等建立起特定保护责任的关系人,如父母或其他监护人及承担监护责任的社会团体与机构等。若因单纯遗弃罪或保护责任人遗弃罪入罪,且造成有关人等死伤,日本刑法要求与伤害罪相比较以确定刑罚孰重孰轻,则从重处断。这亦

---

〔1〕 康正、刘俊锋、杨华云:《福利院切除两智障少女子宫　医生称类似手术常见》,载《东方早报》2005 年 4 月 21 日。

〔2〕 See New York State Penal Law, § 260. 00.

体现出日本刑法对遗弃罪的特殊处理。[1]

时下未婚同居等情况时有发生,囿于经济能力,许多人将新生儿遗弃。而对于某些有重男轻女落后观念的人来说,遗弃女婴并非罕见。在对此类父母给予强烈道德谴责及刑事责任追究的同时,社会可以对未成年人遗弃作出更多的援助。进入2000年后,德国成为首个"吃螃蟹"的国家,率先于汉堡设立"弃婴摇篮",以收留那些惨遭父母遗弃的婴幼儿。随后,这又在奥地利、瑞士、日本等法域被沿用。

我国《民法典》第1042条规定,"禁止家庭成员间的虐待和遗弃"。《刑法》第260条规定,"虐待家庭成员,情节恶劣的,处二年以下有期徒刑、拘役或者管制。犯前款罪,致使被害人重伤、死亡的,处二年以上七年以下有期徒刑"。第261条继而规定,"对于年老、年幼、患病或者其他没有独立生活能力的人,负有扶养义务而拒绝扶养,情节恶劣的,处五年以下有期徒刑、拘役或者管制"。

近年来,司法实务中曾多次出现出卖亲子的案件,而对于这类案件的定性上分歧较大,大致有无罪、遗弃罪与拐卖妇女儿童罪几种不同主张。

## 案例四十三

2001年6月,重庆市合川市妇女陈某因与福建省邵武市江某非法同居而怀孕。2002年1月,江某听林某说有人要买男婴时,当即表示陈某若生男孩就卖给他人。之后,江某将自己的想法告诉陈某,陈某表示同意。同年3月,在陈某产下一男婴后,男婴被卖给两名外地妇女,陈某与江某二人得款15,000元。[2]

司法实践中,对此类出卖亲子案无论以遗弃罪还是拐卖妇女儿童罪处理都比较牵强。我国《刑法》第240条规定,拐卖儿童罪系指以出卖为目的,拐骗、绑架、收买、贩卖、接送、中转儿童的行为;而第261条规定,遗弃罪系指对于年老、年幼、患病或者其他没有独立生活能力的人,负有扶养义务而拒绝扶养,情节恶劣的行为。若以遗弃罪定性,《全国法院维护农村稳定刑事审判工作座谈会纪要》曾指出,"对于买卖至亲的案件,要区别对待:对那些迫于生活困难、受重男轻女思想影响而出卖亲生子女或收养子女的,可不作为犯罪处理;对于出卖子女确属情节恶劣的,可按遗弃罪处罚"。但《公安部关于打击拐卖妇女

---

〔1〕 参见黎宏:《日本刑法精义》,中国检察出版社2004年版,第307~309页。

〔2〕 潘兆荣:《出卖亲生婴儿如何定性》,载中国法院网,http://www.chinacourt.org/html/article/200408/30/129543.shtml。

儿童犯罪适用法律和政策有关问题的意见》指出:“出卖亲生子女的,由公安机关依法没收非法所得,并处以罚款;以营利为目的,出卖不满十四周岁子女,情节恶劣的,以拐卖儿童罪立案侦查”;最高人民法院、最高人民检察院、公安部、民政部、司法部、全国妇联《关于打击拐卖妇女儿童犯罪有关问题的通知》第4条规定,“出卖亲生子女的,由公安机关依法没收非法所得,并处以罚款;以营利为目的,出卖不满十四周岁子女,情节恶劣的,借收养名义拐卖儿童的,及出卖捡拾的儿童的,均应以拐卖儿童罪追究刑事责任”。上述文件特别是同样源自最高人民法院的《全国法院维护农村稳定刑事审判工作座谈会纪要》,与《关于打击拐卖妇女儿童犯罪有关问题的通知》有自相矛盾之处。从法律效力上来说,很难判定《全国法院维护农村稳定刑事审判工作座谈会纪要》属司法解释。这样《关于打击拐卖妇女儿童犯罪有关问题的通知》可作为司法解释,本案陈某与江某应定性为拐卖儿童罪。但依《刑法》第240条之规定,拐卖儿童除出卖为目的外,尚需拐骗、绑架、收买、贩卖、接送、中转儿童六种行为之一,陈某与江某显然未实施上述任一行为。上述有关法律法规与刑法的冲突是未来立法与司法机关需要引起重视的。

我国台湾地区规定了出卖亲子的量刑幅度,“对于无自救力之人,依法令或契约应扶助、养育或保护而遗弃之,或不为其生存所必要之扶助、养育或保护者,处六个月以上、五年以下有期徒刑”,“对于直系血亲尊亲属犯前条之罪者,加重其刑至二分之一”。由此观之,陈某与江某出卖亲子一案在我国台湾地区应可判处遗弃罪。而在《儿童权利公约关于买卖儿童、儿童卖淫和儿童色情制品问题的任择议定》中,买卖儿童系指任何人或群体将儿童转予另一人或群体以换取报酬或其他补偿的行为或交易。若采此种定义,则前案应以定拐卖儿童罪为妥。随着我国积极履行有关国际公约及修改立法的加快,上述规定的冲突在所难免,需要立法者以更睿智的方法予以解决。

针对儿童各种形式的虐待层出不穷,诸多儿童不幸成为暴力的直接被害人,而更多的儿童亦通过目睹而暴露于这些暴力而成为间接被害人。然将这两种行为区别并非易事,很多时候儿童在间接被害人与直接被害人之间瞬息互转。除这些肉眼可见的肢体暴力外,儿童遭受冷冻挨饿、缺衣少粮等亦不鲜见。[1]

儿童虐待通常被视为行为模式(pattern of behavior)而非单一行为,其影响

---

〔1〕 See Neil J. Salkind (ed.), *Child Development*, New York: Macmillan Reference USA, 2002, p. 76.

在于累积性,即虐待时间越长,后果越严重。[1] 在各种有关儿童虐待与照管不良的定义中,大多数主张虐待系一种状态,在该状态之下,负有看护责任的监护人,出于蓄意或者极度照管不良,放任儿童遭遇本可避免的伤痛,或未能提供通常被认为对儿童体能、智力及心理健全至关重要的营养。[2]

英文中涉及儿童虐待语境的术语包括"child abuse"、"child maltreat"、"neglect"及"abandonment"等,不同学者及法律对此认识及划分略有不同。美国被害人学家哈维·华莱士(Harvey Wallace)将儿童虐待(child abuse)分为性虐待(sexual abuse)、身体虐待(physical abuse)、情感虐待(emotion abuse)和照管不良(neglect)四大类。[3] 狄尼托分为儿童虐待及儿童照管不良两种形式,前者出现于儿童遭遇诸如骨折或灼伤等严重创伤时,亦涵盖精神及性;而照管不良则出现于当父母或监护人未能向儿童提供诸如适当学校教育等必要生存资源或导致诸如孤立等精神剥夺感(psychological deprivation)。[4] 而据美国《儿童虐待防治与处遇法》,儿童虐待系指"影响18岁以下未成年人,且涉及父母或监护人近期因作为或不作为而导致未成年人死亡、严重肢体伤害、情感伤害、性虐待或剥削,或因作为或不作为而造成未成年人面临迫在眉睫的严重伤害的行为"。[5]

## 案例四十四

2012年2月29日,美国亚利桑那州某法院判决时年45岁的克利斯朵夫·卡尔森(Christopher Carlson)犯有3项虐童罪名,他可能面临最高终身监禁。本案中,卡尔森强迫其3个分别为8岁、9岁及12岁外孙于2011年8月15~18日于大峡谷徒步跋涉。据外孙在法庭所做的证言,虽然他们能从外公处获得一些饮用水,但总是不够解渴;吃的不过是芹菜和一些零食,且还被拳打脚踢。检察官在起诉书中认定,卡尔森对其外孙的行径很可能造成后者死亡或严重身体伤害。卡尔森辩解道,这几个孩子体重超重,大峡谷徒步穿行可以帮助他

---

[1] See Larry J. Siegel & Barandon C. Welsh, *Juvenile Delinquency: The Core* (*4th edition*), Belmont: Cengage Learning, 2011, p. 181 - 182.

[2] See Norman Polansky, Mary Chalmers, Elizabeth Buttenwieser & David Williams, *Damaged Parents: An Anatomy of Child Neglect*, Chicago: University of Chicago Press, 1983, p. 1.

[3] See Harvey Wallace, *Victimology: Legal, Psychological and Social Perspectives*, Needham Heights: Allyn & Bacon, 1998, p. 170.

[4] See Diana M. DiNitto, *Social Welfare: Politics and Public Policy* (*6th edition*), Boston: Pearson Education, 2007, p. 413.

[5] CAPTA, 42 U.S.C.A. 5106 g.

们重塑体型。卡尔森的辩护律师将45岁的卡尔森描绘成崇尚积极健康的怪人(active health nut),其不过想通过大峡谷穿行让其外孙感知世界罢了。如同其他长途跋涉后的行者,这些孩子倍感疲倦与饥渴,但卡尔森只允许他们食用诸如豆腐、鹰嘴豆沙及蔬菜汉堡包等健康食品。在开庭陈述中,辩护律师声称"若你是干酪汉堡包、炸土豆片及比萨饼粉丝,那么这三个孩子看起来是受到了虐待。问题是,卡尔森只是希望孩子们远离电视、游戏及快餐"。

一个外孙抱怨,当卡尔森发觉他们藏起了花椰菜、芦笋和鱼后,不顾这些食品上沾满了毛发和其他秽物,仍强迫他们吃下去。亦有外孙作证称,尽管呕吐几次,但卡尔森自酌自饮却丝毫不分一些给他。还有外孙说卡尔森极易动怒,一旦发现其步履迟缓便会心存怨气,甚至还将其头撞击石头,导致嘴唇出血。[1]

儿童虐待可分为四大类:性虐待、身体虐待、情感虐待和照管不良(neglect)。"虐待"与"照管不良"在表述未成年人遭遇不适当处分时,有时可以互换使用。"照管不良"较被动,如不提供食物、居所、怜爱等;而虐待则比较主动,多采取殴打等手段对付未成年人。

过去几十年来,美国儿童法应对民众及社会重大事件上变化较大。仅就虐待法(law of abuse-neglect-dependency)而言,便已在下述两个方面有所变化:首先,一些州及郡县通过修法改变了对家庭团聚(family reunification)及亲子间权利对比的态度;一些州现已明确家庭团聚须是每个虐待案件处置的终极目标;其他一些州立法机关则认为,倘若父母虐待子女或严重照管不良,郡有关机构及法院不必在家庭团聚上再费周章。其次,为应对造成儿童死亡的虐待案件,许多法院及郡有关机构已然更改了既定做法:法院缩小了允许参与未成年人案件处理的专业人员名录、缩短了案件诉诸庭审的时限、要求进行更多的调查取证工作;还有些郡降低了社工的案件量,并加强了对寄养家庭招募、筛选机构培训的力度。[2]

之后20世纪六七十年代,美国对儿童虐待问题的研究不断增多,许多州通过立法要求对儿童虐待及照管不良实行强制报告制度(mandatory reporting)。[3]

---

〔1〕 Anonymous, *Grandpa Christopher Alan Carlson Guilty Of Forcing Grueling Grand Canyon Hikes On Grandkids*, Accessed March 2, 2012, http://www.huffingtonpost.com/2012/02/29/grandpa-christopher-alan-carlson_n_1311820.html.

〔2〕 See Toni Marsh, *Juvenile Law*, Clifton Park: Thomson Delmar Learning, 2010, p. xx.

〔3〕 See Richard Lawrence & Mario Hesse, *Juvenile Justice: The Essentials*, Thousand Oaks: Sage Publications, 2009, p. 73.

现在美国所有的州都通过立法要求涉嫌虐待或照管不良的嫌疑人须记录在案。一些州还明确将未能报告儿童虐待视为刑事罪。尽管这些法律很少实践,但教师与医务人员若未能报告此类虐待或照管不良案件而被刑事检控的案件并不少见。[1] 在1976年"兰德罗斯诉福勒德案"(*Landeros v. Flood*)中,法院判定医生有法定义务就诊治的疑似受虐儿童综合征的案例向有关机构举报,否则违法。

## 案例四十五

自1970年5月14日出生后,吉塔·兰德罗丝(Gita Landeros)即不间断惨遭生母及继父虐待。1971年4月26日,11个月大的兰德罗丝被其生母紧急送往圣何塞医院急诊,接诊医生为A. J. 福勒德医生(A. J. Flood)。尽管兰德罗斯全身淤青、多处骨折,但福勒德医生未能诊断出兰德罗斯患有"儿童虐待综合征",故而亦未向适当的政府机构报告这项涉嫌违反加利福尼亚州法律的虐待案件。稍后,兰德罗斯被送回生母及继父处,继续受到更加严厉的伤害。1971年7月1日,兰德罗斯再次因伤重送往另一所医院急诊。后者立即诊断出儿童虐待综合征,并向当地警察局及未成年人缓刑部门举报。接到报案后,兰德罗斯生母及继父迅速逃离加利福尼亚州,但仍被缉拿归案,并被判处犯有儿童虐待罪(criminal child abuse)。兰德罗斯被警方置于保护性监护(protective custody)之下,在入院接受治疗后被人收养。

不久,兰德罗斯在圣克拉拉郡高等法院向福勒德医生提起侵权赔偿之诉。初审法院驳回起诉,该案上诉至加利福尼亚州最高法院。在案件若干法律争议中,医生是否有责任识别儿童虐待综合征并向适当机构予以举报及是否存在确认儿童虐待之医疗标准是双方争议的主要焦点。1976年,加利福尼亚州最高法院作出了有利于兰德罗斯的判决。该院认为,当医生在急诊室或诊所对疑似儿童虐待病人病情检查及诊断时,其负有关爱标准(standard of care)[2];加利福尼亚州法律要求医生有义务就疑似儿童虐待向适当机构举报,违反该项义务即构成违法。[3]

---

〔1〕 See Larry J. Siegel & Barandon C. Welsh, *Juvenile Delinquency*: *The Core* (4*th edition*), Belmont: Cengage Learning, 2011, p. 187.

〔2〕 在美国侵权法中,关爱标准(standard of care)通常系指负有谨慎义务之特定人所具备的谨慎及小心的程度。

〔3〕 *Landeros v. Flood*, 17 Cal. 3d 399, 551 P. 2d 389 (1976).

## 三、儿童性虐待防治研究范式的突围

### (一)儿童性虐待防治研究范式的现状

人性之善恶,夹裹着人性之复杂。我们总是期望给予儿童更多保护、最多珍爱,亦为此付出诸多努力。然而,现实并不总是以我们所期待的那样完美释出。在儿童被害的各类案件中,儿童性虐待是最为令人痛心不已且激发民众极度愤慨的社会话题。儿童性虐待对儿童生理、心理健康皆造成了负面影响,而这一影响既可能是短期的、可修复的,但亦可能是长期的、不可逆的。

中文文献多以"儿童性侵"这一术语概化强奸、猥亵等针对儿童所实施的不法性侵行径。而在英文文献中,多以"儿童性虐待"(child sexual abuse)等词来表述"儿童性侵",其范围可能较后者更为宽泛,包括涉及性接触和非接触行为,例如,性暴露狂、向儿童展示性活动或色情制品、诱使儿童卖淫等。这些皆是各法域依法严惩的恶性违法或犯罪行为,被视为儿童性虐待行为而需予以严厉打击和重点防治。

《世界人权宣言》郑重宣告:儿童有权享受特别照料和协助。而作为迄今获得最广泛批准的国际人权类公约,《儿童权利公约》在既往人权公约的基础上进一步明确要求,各缔约方皆须保护儿童不受他人性剥削和性侵害,包括不得强迫儿童出卖身体或制作儿童色情图片或影片。作为《儿童权利公约》之成员方,我国历来重视儿童各项权利之落实,坚决打击各类侵犯儿童性自主权的违法犯罪,儿童性虐待防治便是其中的重要内容。

在应对儿童性虐待案件中,追求司法公正之重要性自然无论怎样强调皆不为过。然案件背后存续着一些不为人知的细节,如范围界定、发生率、被害救助等。倘若这些细节若明若暗、含含糊糊,则不仅迷惑民众及刑事司法机关的眼睛,亦可能致儿童性虐待防治研究之视野及由此而来的对策研究陷入一定困境。

### (二)儿童性虐待防治研究范式的突围

在法律法规推陈出新并不断强化对儿童性权利保护的时下,儿童性虐待防治研究范式已远不止于传统的事后法律应对深究,而应更多置于事前预防的探求,故而寻求突围之法如箭在弦上不得不发。与域外不断激增且愈加丰富的研究特别是循证研究相比,我国儿童性虐待防治研究亟须迎头赶上,特别是在学科交叉及数据驱动等路径上。

首先,概念界定及类型分类亟须跨学科地厘清和阐释。目前,儿童性虐待在定义上具体应涵盖哪些内容仍存在许多分歧。不同学科的差异定义,更是增加了度量、评估和防治之难度。一般认为,儿童性虐待是个严肃且沉重的法律议题,然事实又不局限于此,其亦是严重的公共卫生话题。研究范围不应局限于刑法与刑事诉讼法学领域,而应将侵权责任法、亲权法等民事法亦纳入,亦有必要以更加宽广的视野策回应之,如公共卫生学、社会福利学等。

其次,基于实证犯罪学而来的量化统计分析,对深入了解儿童性虐待亦不可或缺。比如,儿童性虐待发生率常为回顾性报告,且可能因定义、类型、范围和数据质量等差异而存在估算值偏离真实值之情形。抽样方式、调查方法及提问方式等亦影响着最终发生率的估算值。然相对精确的儿童性虐待数据,将决定司法资源分配比例、社会支持体系建设方向及法律打击力度与精准度。

最后,以数据驱动研究为导向,实现儿童性虐待防治之社会支持体系与循证研究的健全和完善。鉴于儿童性虐待之普遍性及儿童性虐待经历对未成年被害人影响的持续性,防治重点所涉及的内容不能只是纸上谈兵式的高谈阔论,而应实实在在地基于数据驱动研究之成果,通过计划创新和方案更新来动态整合可利用资源,如提供针对潜在被害人的教育普及计划,以期更好地为众多遭受性虐待之儿童提供针对性服务。在具体操作上,防治重点应侧重家庭、学校及社区等场域,有针对性地进行儿童性虐待的防治教育,如知识科普、救助措施、司法干预、心理咨询和社会支持等。

## 第二节　儿童照管不良干预程序

### 一、儿童照管不良界定

未成年人教养的根本责任仍主要在父母或其监护人身上,非异人任,由国家亲权而来的国家代位监护很多时候不过是应时性的强制之选。美国未成年人司法及儿童福利涉及儿童虐待语境的术语主要包括“child abuse”(儿童虐待)、“child maltreatment”(儿童粗暴对待)、“child neglect”(儿童照管不良)及“child abandonment”(遗弃儿童)等。近年来,相关现象引发社会多方关注,尤以照管不良为甚。当然,并非所有的州都使用“照管不良”这一术语来指代对儿童缺乏足够照管之不法行为,有些州使用“儿童危害”(child endangerment)、“对未成年人残忍行径”(cruelty to juveniles)、“儿童遗弃”(child desertion)、“遗弃儿童”(abandonment of a child)及“危害儿童福利”(endangering welfare of children)等不同表述。而更多的州则将其与“儿童虐待”(child abuse)互用,而于法律文本中以不同程度表明两者间的显微区别。

以往在人们印象之中，针对儿童的照管不良无论是频率还是后果都似乎较肢体及性虐待为少，然事实并非如此。据联邦卫生及公共服务部（Department of Health and Human Services）2010年统计数字，超过200万名美国儿童遭遇不同形式虐待。78.3%的儿童遭遇照管不良，这比遭遇肢体虐待及性虐待比例明显为高。照管不良所引发的后果不见得比其他虐待为轻：超过三成的儿童虐待致死源自照管不良，因肢体虐待及性虐待致死的比例则分别为22.9%及40.8%。[1]

各法域法律对此认识及划分略有不同。在词意衍化过程中，"照管不良"最初系指对儿童缺乏足够照管之父母不作为。[2] 就大体含义而言，据《布莱克法律词典》，"照管不良"有两层含义。一是对人或事物缺乏适当注意，而不论是否出于无意、故意或疏忽；或，对行为或状况的熟视无睹。二是未能给予适当关注、监管及必需品以至于达到或可能达到的损害程度，尤其是对儿童更是如此。[3] 被害人学家哈维·华莱士（Harvey Wallace）认为，儿童照管不良系指在特定情形之下因父母或其他看护人（caretaker）对儿童施加或威胁施加的、影响其健康或福利的不适当对待。[4] 而狄安娜·M. 狄尼托（Diana M. DiNitto）主张，照管不良出现在父母或监护人未能向儿童提供诸如适当学校教育等必要生存资源或导致诸如孤立等精神剥夺感（psychological deprivation）之时。[5] 尽管华莱士及狄尼托等两位学者都试图将"虐待"与"照管不良"区分开来，然"虐待"及"照管不良"在表述儿童遭遇不适当处遇时，有时仍可互换使用。

儿童虐待及照管不良通常由法律予以规定。在美国联邦层面，涉及儿童照管不良的最重要法律为《儿童虐待防治及处遇法》（Child Abuse Prevention and Treatment Act，CAPTA），但这部法律没有明确照管不良之定义。在州这一级层面，照管不良通常可以通过民事法律或（及）刑事法律约定。各州类似法律大同小异，如在康涅狄格州，除因贫困外，任何儿童或青少年有以下情形之

---

〔1〕 Child Welfare Information Gateway(2012). Child Maltreatment 2010: Summary of Key Findings. Washington, DC: Department of Health and Human Services, Children's Bureau. Gail Hornor, Child Neglect: Assessment & Intervention, *Journal of Pediatric Health Care*, 28(2), 2014, p. 186.

〔2〕 See Susan J. Rose & William Meezan, *Defining Child Neglect: Evolution, Influences, and Issues*, Social Service Review, 67(2), 1993, p. 280.

〔3〕 See Bryan A. Garner, *Black's Law Dictionary* (*10th edition for iPhone and iPad*), Thomson Reuters, 1.4 Version, 2014.

〔4〕 See Harvey Wallace, *Victimology: Legal, Psychological and Social Perspectives*, Needham Heights, MA: Allyn & Bacon, 1998, p. 170.

〔5〕 See Diana M. DiNitto, *Social Welfare: Politics and Public Policy* (*6th edition*), Boston, MA: Pearson Education, 2007, p. 413.

一者均可被视为“照管不良”:一是被遗弃;二是被剥夺了于教育、情感或道德中获取的适当照顾和注意;三是被置于对儿童或青少年福祉造成伤害的境况之中。[1] 而《得克萨斯州未成年人司法法典》对“照管不良”界定得相对比较全面。据该法第261.001条,以下六种作为或不作为情形之一者均可视为照管不良:一是置儿童处于或未能使儿童脱离某一处境,以致其肢体伤害或产生直接伤害到儿童的重大风险;对该处境凡任何理性之人(reasonable person)都能意识到,需超出孩子的成熟程度(level of maturity)、身体状况或心智能力的判断力或行为能力才能应对等情形。二是因未能寻求、获得医疗帮助或谨遵医嘱,以致儿童救助面临高度的死亡、畸形或肢体伤害风险,或对儿童的成长、发展或机体功能造成显见而重大的损伤情形。三是未能为儿童提供维持其生命或健康的食物、衣物、住所等必需品;因经济困难不在此列,但不包括救济服务已经提供帮助被拒绝等情形。四是置儿童处于或未能使儿童脱离可能遭受较大风险之性侵行为的处境。五是置儿童处于或未能使儿童脱离可能遭遇性虐待的作为或不作为等情形。六是对儿童照管、监护、福利等负有责任的人,在儿童被另行安置或离家出走等缘由而不在家时,没有安排必要照看条件却允许其回家等情形。[2] 照管不良常指因父母或其他负有监护责任的人未能向儿童提供其生长所需之必要衣食住行、医疗卫生及教育监管,以致后者健康、安全及福祉受到显见损害或威胁的作为或不作为。

依照管不良手段与后果不同,儿童照管不良大体分为肢体照管不良(physical neglect)、教育照管不良(educational neglect)、情感照管不良(emotional neglect)及医疗照管不良(medical neglect)等几类。[3] 约有24个州、哥伦比亚特区、美属萨摩亚、波多黎各和美属维尔京群岛等法域将“未能提供教育”这种教育照管不良形式纳入法定照管不良范围之内。此外,7个州将医疗照管不良界定为未能向儿童提供任何特殊医疗或精神卫生保健,4个州亦将这一范围扩展至“扣留残障婴儿之医疗或营养,以致危及生命”等情形。[4]

---

〔1〕 See Connecticut General Statutes. § 46b-120(6) (2012 Supplement).

〔2〕 See Texas Family Code, § 261.001.

〔3〕 See National Exchange Club Foundation, *About Child Negligent*, Retrieved on July 29, 2014, http://preventchildabuse.com/neglect.htm.

〔4〕 See Child Welfare Information Gateway, *Definitions of Child Abuse and Neglect*, Washington, DC: U.S. Department of Health and Human Services, Children's Bureau, 2011, p. 3.

## 二、法律干预程序变迁

自从北美殖民地时期以来,家庭被视为是构建良序社会之必要基石,肩负着对社会成员的品德养成、教育、纪律、宗教培训及经济福祉等重任。[1] 北美早期,虽然不乏社区介入儿童虐待的案例,但这种干预受制于父母权威而稀少;即便有所干预,其主要目标在于保全社会秩序,而非保护儿童。而在后者为数不多的干预中,大多数干预系由父母照管不良事例而触发。之所以有这样的情形,盖源于时人认为照管不良对社会结构已然造就了更大危险。[2]

进入工业化时代,工业化给家庭结构所带来前所未有的冲击,家庭作用也随之日渐式微。从19世纪后叶始,社会对儿童虐待及照管不良的关注日盛。至1874年,出现首个因儿童虐待而被刑事检控的案件,即"玛丽·艾伦案"(*Mary Ellen*)。此后,法院逐步扩大了对儿童虐待的司法管辖及惩处,其所依据的法理仍为"国家亲权"法则,后者使州作为主权者得以介入保护那些无法关爱自身的儿童。[3] 然直至20世纪30年代大萧条时期,在新政推动下美国才出现有组织的社会福利系统。1930年,《社会安全法》(Social Security Act)才确定通过提供资金向被照管不良儿童提供干预。

20世纪50年代末以来,一些州通过修法改变了对家庭团聚及亲子间权利对比的态度。一部分州已明确家庭团聚须是虐待子女或照管不良案件处置的终极目标;而另一部分州则认为,若父母虐待子女或严重照管不良,有关机构及法院不必在家庭团聚上再费周章。[4] 受益于放射性诊断技术的提升,一些医疗术语及诊疗方案陆续进入儿童福利领域。1962年,亨利·肯普(Henry Kempe)通过对医院及警方调查后发现,儿童受虐率远比原先想象的更为严重。他创设出"受虐儿童综合征"(battered child syndrome)这一术语,用来表明由父母或监护人实施的非意外身体伤害。[5] 肯普及其同事亦推荐使用儿童虐待及

---

[1] See Shoshanna Ehrlich, *Family Law for Paralegals* (*5th edition*), New York, NY: Aspen Publishers, 2011, p. 564.

[2] See Shoshanna Ehrlich, *Family Law for Paralegals* (*5th edition*), New York, NY: Aspen Publishers, 2011, p. 564 – 565.

[3] See Shoshanna Ehrlich, *Family Law for Paralegals* (*5th edition*), New York, NY: Aspen Publishers, 2011, p. 566.

[4] See Marsh, Toni, *Juvenile Law*, Clifton Park, CA: Thomson Delmar Learning, 2010, p. xx.

[5] See Larry J. Siegel & Barandon C. Welsh, *Juvenile Delinquency: The Core* (*4th edition*), Belmont, CA: Cengage Learning, 2011, p. 181.

照管不良指代肢体虐待及未能向儿童发展及情感福祉提供适当关爱的行为。[1]

之后到了20世纪70年代,美国对儿童虐待及照管不良问题的研究不断增多,许多州纷纷通过"虐待报告法"(abuse reporting law)要求对儿童虐待及照管不良实行强制报告制度(mandatory reporting)。[2] 现在,所有的州都通过立法要求涉嫌虐待或照管不良的嫌疑人须被记录在案。而在1976年"兰德罗斯诉福勒德案"(*Landeros v. Flood*)中,加利福尼亚州法院判定医生有法定义务须就其所诊治疑似受虐儿童综合征的案例向有关机构举报,否则违法。[3] 一些州亦明确将未能报告儿童虐待的行为视为刑事犯罪,教师及医务人员因怠此报告而被刑事检控的案件并不少见。[4]

美国国会在1974年通过《儿童虐待防治及处遇法》,要求各州应防止、辨认及解决儿童虐待及照管不良。1993年、1997年、2000年及2003年,国会先后通过《家庭及医疗准假法》(Family and Medical Leave Act,FMLA)、《收养及安全家事法》(Adoption and Safe Families Act,ASFA)、《儿童虐待防治及实施法》(Child Abuse Prevention and Enforcement Act,CAPEA)及《维系儿童及家庭安全法》(Keeping Children and Families Safe Act,KCFSA),以作为《儿童虐待防治及处遇法》之补充。2010年4月,奥巴马总统宣布该月为"全美儿童虐待防治月"(National Child Abuse Prevention Month),进一步凸显了对包括照管不良在内儿童虐待防治的持续性关注。

2010年8月,美国律师协会通过《儿童虐待及照管不良程序之司法卓越性》(Judicial Excellence in Child Abuse and Neglect Proceedings)之决议。而在此之前的1995年,全美少年法庭及家事法庭法官理事会出台了《资源指导:提升儿童虐待及照管不良法庭实践》(Resource Guidelines:Improving Court Practice in Child Abuse and Neglect Cases),后者亦为律师协会及首席大法官会议(Conference of Chief Justices,CCJ)所认可。《儿童虐待及照管不良程序之司法卓越性》可被视为《资源指导:提升儿童虐待及照管不良法庭实践》之

---

[1] See Richard Lawrence & Mario Hesse, *Juvenile Justice: The Essentials*, Thousand Oaks, CA: Sage Publications, 2009, p. 73.

[2] See Richard Lawrence & Mario Hesse, *Juvenile Justice: The Essentials*, Thousand Oaks, CA: Sage Publications, 2009, p. 73; Ehrlich, Shoshanna, *Family Law for Paralegals* (*5th edition*), New York, NY: Aspen Publishers, 2011, p. 567.

[3] See *Landeros v. Flood*, 17 Cal. 3d 399, 1976.

[4] See Larry J. Siegel & Barandon C. Welsh, *Juvenile Delinquency: The Core* (*4th edition*), Belmont, CA: Cengage Learning, 2011, p. 187.

坚守及延续，体现出司法实务界对儿童虐待及照管不良的重视。这两份意见虽然不具有直接的司法效力，但因研拟及出台机构在美国司法界的广泛影响力而被实务界所倚重，对处理儿童虐待及照管不良具有现实意义和指导价值。

以《儿童虐待及照管不良程序之司法卓越性》为例，其具体约定了办理此类案件所需的法庭组织（court organization）、司法选择及分配（judicial selection and assignment）、司法行政（judicial administration）及司法教育（judicial education）等重要内容。其中最为突出的是，其明确了办理儿童虐待及照管不良案件的五项基本原则。一是确认处理儿童虐待及照管不良案件所涉及之司法程序是独特的，故需要特别司法技能。二是确认只有那些有高度责任感且受过特殊专门训练的法官才能聆讯儿童虐待及照管不良案件；司法政策及程序应旨在鼓励和支持这些法官们来主持相关诉讼；虑及乡村法院之独特性，法官及法庭管理者应尽可能将本标准落到实处。三是鉴于儿童虐待及照管不良案件程序的专门性及独特性，聆讯法官应当参加继续教育以扩充知识面。四是鉴于法院及外部团体组织间相互依存的独特性，法院应当与其他有意参与的机构及组织积极合作。五是法院领导者应就儿童虐待及照管不良案件聆讯时所面临的问题来教育立法者，向其提供法庭性能数据及相关信息，以确保立法机构提供必要资源来改善相关标准。

### 三、刑事法庭干预机制

父母依其价值及信仰养育子女之亲权，被视为宪法性隐私利益的扩展。基于对该隐私的高度重视，对涉及家庭私密的干涉通常被认为“不受欢迎之侵入”（unwelcome intrusion）。[1] 然亲权并非绝对的。当未成年人最佳利益受到威胁时，州被授权介入“受保护的家庭庇护所”（protected sanctuary of the family），以保护前者之最佳利益。[2]

据儿童照管不良案件的性质及种类，各州对儿童照管不良的司法干预大体上涵盖刑事法庭干预及少年（家事）法庭干预等两类，以后者较为常见。鉴于绝大多数儿童照管不良案件之侵害人为儿童父母或监护人，因而无论是刑

---

〔1〕 See Diana M. DiNitto, *Social Welfare: Politics and Public Policy* (6*th edition*), Boston, MA: Pearson Education, 2007, p. 410.

〔2〕 See Ellen S. Podgor & John F. Cooper, *Overview of U. S. Law*, San Francisco, CA: Matthew Bender & Company, 2009, p. 352.

事法庭还是少年(家事)法庭都须通盘考量法庭惩教不法侵害人与亲子关系间的平衡问题。作出相应裁量时,法官大体上会有这样一些考量因素:一是该儿童是否处于明确且急迫的危境之中?二是若法院不予干预,该儿童之家庭是否可以维系儿童安全?父母是否有能力(如入监或身患疾病时)照管儿童亦常常为考量因素。[1] 当案情较为严重时,针对父母的民事及刑事检控有时同步进行。[2]

涉及儿童虐待与照管不良的案件并不一定皆为民事案件。若对案件解决目标在于使家庭在某种监管之下可以破镜重圆,那么法院与儿童保护机构亲密无间的合作显然相比刑事检控更为佳。然司法实践远比臆想的复杂,有时很难确认此种做法是否符合"儿童最佳利益"原则。[3] 若照管不良性质严重,便有可能升级为刑事案件。这些案件由检察官在与涉案儿童之个案工作者讨论后,自由裁量是否提起检控。不同于少年(家事)法庭对儿童照管不良案件的民事证据标准,刑事法庭所采纳的证据标准为"超越合理怀疑"(beyond reasonable doubt),较前者显著更严格。

一些州在处理儿童照管不良案件时,亦已将相关刑事责任明确于有关刑事及非刑事法律条款之中,增强了对不法行为的可责性与刑罚性。如依《得克萨斯州刑法典》(Texas Penal Code)第22.10条,若行为人有意或明知而将儿童留在机动车辆内超过5分钟,而该儿童不满7岁且没有年满14岁及以上之人陪护,其置儿童于机动车辆内的行为可构成三级轻罪。[4] 而据《马里兰州家事法典》(Maryland Family Code)第5-801条,任何人不得将8岁以下儿童单独反锁或紧闭于住宅、房舍及其附属物或机动车中而远离其人视线,除非该行为人提供年满13岁可靠之人陪护儿童左右。该条第2款继而规定,行为人违反上述规定即可构成轻罪而面临单处不超过500美元罚金或不超过30天监禁,或并处罚金及监禁等惩教。[5]

近年来,各州对儿童照管不良的惩教也日趋严苛。特别是对于那些因

---

[1] See Child Welfare Information Gateway, *Working With the Courts in Child Protection*, Retrieved on March 24, 2014, https://www.childwelfare.gov/pubs/usermanuals/courts_92/courtsc.cfm.

[2] See Douglas Barics, *Child Neglect and Abuse: An Outline in Understanding Child Protective Proceedings in Family Court*, Retrieved on August 19, 2014, http://www.jdbar.com/Articles/child-neglect.html.

[3] See Clifford K. Dorne, *Child Maltreatment: A Primer in History, Public Policy, and Research (2nd edition)*, Albany, NY: Harrow and Heston, p. 102.

[4] See Texa Penal Code § 22.10, § 22.10.

[5] See Maryland Family Code Ann. § 5-801.

特殊信任关系而来的行为人,如保姆或教师等。一些州亦明文规定了父母怠于监护职责以致子女作奸犯科的刑事责任。一旦儿童照管不良罪名成立,父母可能面临缓刑或监禁刑。如《阿肯色州法典》(Arkansas Code)第5－27－222条对那些被判有罪未成年人父母或“代理父母”(loco parentis),若被发现其因怠于父母职责致对子女严重照管不良而导致后者违法犯罪或未能予以矫正,应当处以不超过250美元罚金。[1] 而据《加利福尼亚州刑法典》(California Penal Code)第270条,若未成年人父母无合法抗辩事由,却故意忽视向其子女提供必要衣物、食物、居所及医疗护理或其他补救性关爱,可因此而被判处不超过2000美元罚金,或不超过1年监禁,或并处罚金及监禁。[2]

### 四、少年法庭干预机制

从1899年起,各州陆续建构起少年法庭以解决层出不穷的儿童问题。尽管其核心业务主要是未成年人偏差与犯罪案件,但这些法院仍会处理诸如儿童虐待、照管不良及少年失依案件。由“国家亲权”法则而来,少年(家事)法庭基本上依据民事法来裁决儿童照管不良案件,其证据标准为民事法之“优势证据”(preponderance of evidence)。

尽管每个州对儿童照管不良的干预不尽相同,但大都遵循着类似的法律程序。在这些案件中,是否将案件诉诸少年(家事)法庭通常取决于儿童保护署(child protective service,CPS;或child protection agency,CPA)等当地儿童保护机构或者法院之意见。这其中儿童保护署因职责所在而肩负对此类案件的调查,以确定下一步应采取的适当举措。以纽约州为例,任何人皆可拨打免费电话1－800－342－3720至“全州中央登记库”(Statewide Central Register,SCR)举报儿童照管不良。而教师、医生及社会工作者等承担教养儿童职责的特殊群体,依法律要求遇见此类案件须上报。接到儿童照管不良报案后,当地儿童保护署便会介入调查。若对儿童并无迫在眉睫之危境,该儿童仍可与父母生活在一起,案件将会被进一步予以评估以得出如下结论之一:一是案件会被标示为“无事实依据”;二是案件会被标示为“有些事实依据”而可能会被诉至法院。然倘若儿童正处于迫在眉睫之危境中,其将被儿童保护署立即带离;

[1] See Arkansas Code, § 5－27－222.

[2] See California Penal Code, § 270.

父母可申请紧急聆讯以期孩子可留在家中。[1]

少部分照管不良案件被诉至法院后，首要程序大多为建议聆讯(advisement hearing)。依据不同州，建议聆讯又被称为“预备聆讯”(preliminary hearing)或“紧急监护聆讯”(emergency custody hearing)，通常系指法院审查案件事实以确定移送儿童是否合法并通知父母或监护人被控之偏差行为的聆讯。若父母或监护人承认指控，法院会签发核准令(consent decree)，案件便直接进入安置阶段。近一半包括照管不良在内的儿童虐待案件，于这一聆讯阶段终结。然倘若父母或监护人矢口否认指控，法院便会为儿童指定律师，案件进入“审前会议”(pretrial conference)阶段。在这一阶段，儿童保护机构律师会展示案件及证据的大体情形，诸如照片及书面报告等，同时证据资料可采性将被予以确认。一旦案件进入司法程序，联邦《儿童虐待防治及处遇法》要求各州须在各自法律有关条款中明确指定法定监护人(guardian ad litem，GAL)来代理涉案少年之最佳利益。该法定监护人可以由受到专业训练之律师充任，亦可由法庭指定律师(court-appointed special advocate，CASA)，抑或两者兼任。法定监护人需要在所有司法程序中代理未成年人，并承担相应责任：获取第一手资料以了解案情及儿童所需；围绕儿童最佳利益，向法庭提出相应建议。[2] 如在哥伦比亚特区，法律明确规定，在任一照管不良案件进入司法程序后，高等法院应当指定一名律师作为法定监护人以代理未成年人。[3]

虽然进入审前会议的案件会有近3/4将以核准令形式结案，但仍有少部分案件会继续进入裁判聆讯及安置聆讯阶段。裁判聆讯为州干预儿童及其家庭提供了司法基础。从程序顺序来说，裁判聆讯为安置聆讯之必经阶段。没有裁判聆讯，安置聆讯将无从谈起，法官亦无权对照管不良案件进行相应处置。在裁判聆讯阶段，儿童保护机构须通过律师向法庭提供充分证据，以说服法官儿童照管不良已然现实发生。一旦法官认为并无证据证实所控照管不良，他可以驳回起诉。儿童保护机构于司法体系内已无可凭借之物反制不法侵害

〔1〕 See Barics, Douglas, *Child Neglect and Abuse: An Outline in Understanding Child Protective Proceedings in Family Court*, Retrieved on August 19, 2014, http://www.jdbar.com/Articles/child-neglect.html.

〔2〕 See Child Welfare Information Gateway, *Representation of Children in Child Abuse and Neglect Proceedings*, Washington, DC: U. S. Department of Health and Human Services, Children's Bureau, 2011, p. 1-2.

〔3〕 See Annotated Code, § 16-2304.

人。然若是家长自愿配合，仍有推动相关案例计划的可能性。[1]

而若法官认为照管不良已然发生，庭审则进入安置聆讯阶段。法官将决定由谁肩负监护及控管儿童的责任，他可据儿童保护机构提交之“安置前报告”（pre-dispositional report，PDR）自行做出相应判决。当法官要求儿童保护机构准备“安置前报告”时，他会向后者提供相应建议及指南，及要求后者说明就其建议所依据的充分理由何在。[2] 供法官参酌之判决选项包括防护监督、替代照管安置、反制侵害人之保护令、父母探视及亲权终止等。如据西弗吉尼亚州《儿童虐待及照管不良程序规则》（Rules of Procedure for Child Abuse and Neglect Proceedings），法官的安置判决包括规定内容及自愿内容：

一是儿童安置及法定监护权；

二是法院参与的变化；

三是向儿童及其家庭提供的服务；

四是家庭案件计划的条款及条件，除非终结亲权或置儿童于法定监护或永久寄养之下；

五是多学科治疗团队会议及永久安置审查会议，包括首日及每次会议安排时间；

六是对任何可能阻扰安置令实施之人颁行遏制令；

七是若将儿童安置于家庭之外，安置亦须解决这些议题，如处置类型、探视及其他家长参与，包括向家庭提供孩子的有关信息等；

八是当事人希望涵盖于法庭令中的其他内容；

九是除法律明文规定的改善期外，不可判决临时户外安置。[3]

在大多数州，法官亦可要求家长参加相应治疗或辅导，以配合个案工作者维系家庭的完整性。

少年（家事）法庭之所以作出上述不同判决，乃是反复衡量父母及监护人、儿童及国家等多方利益之需。很多时候，这三者利益并不总是一致的，需反复斟酌父母对其子女与生俱来的控制权及儿童免受危害而健康成长的权利。[4]

---

〔1〕 See Child Welfare Information Gateway, *Overview of the Civil Child Protective Court Process*, Retrieved on March 25,2014, https://www.childwelfare.gov/pubs/usermanuals/courts_92/courtsd.cfm.

〔2〕 See Child Welfare Information Gateway, *Overview of the Civil Child Protective Court Process*, Retrieved on July 29,2014, https://www.childwelfare.gov/pubs/usermanuals/courts_92/courtsd.cfm.

〔3〕 Rules of Procedure for Child Abuse and Neglect Proceedings, § 33.

〔4〕 See Larry J. Siegel & Barandon C. Welsh, *Juvenile Delinquency: The Core* (4th edition), Belmont, CA: Cengage Learning, 2011, p. 190.

处理虐待及照管不良案件,少年(家事)法庭越来越处于价值冲突之中,而非只受"国家亲权"法则影响和制约。因而,许多少年法庭及家事法庭关系紧密,而其中一些少年法庭更已然成为家事法庭之一部分。一些规模较大的家事法庭会任命若干法官专司未成年偏差案件,而另一些法官办理儿童虐待及照管不良案件。[1] 比如,在纽约州,儿童照管不良程序将依《纽约州家事法庭法》(New York Family Court Act)第10条规定,且仅在家事法庭聆讯。[2]

当法院认可照管不良指控成立,涉案儿童便被视受"法庭监护"(ward of the court)而处于"保护性监护"(protective custody)之中。考虑具体案情,法院对不同儿童可能判处临时监护,或者终止父母之亲权,而将儿童移送至近亲属或当地儿童保护机构。若儿童被移送,大多数州法律要求应当不迟延或立即告知法院时间安排;在阿拉斯加、北卡罗来纳及宾夕法尼亚等州,明确要求该程序应于12小时内完成。[3] 在作出判决后,法院并非就此放手而不管不问。这不过是另一轮司法干预的开始,法官通常需要在判后一定时间内进行系列聆讯以监管未成年人状况是否据此得以改善。以伊利诺伊州为例,法官会在儿童被移转出家一年内进行首次"永久聆讯"(permanency hearing),其后至少每6个月再进行后续聆讯直至该儿童回家或有其他永久性安置为止。在这些聆讯中,由法院指定的成年人(通常为律师)将作为法定监护人来代理儿童之最佳利益。[4]

在办理此类案件时,不可避免会触及涉案儿童的隐私及保密性等敏感问题。美国法律通常都要求将遭遇照管不良之儿童予以匿名保护。因证据开示所系,照管不良案件的当事人于庭审之前大都会被允可接触到有关机构相关记录。在特定情形下,一些诸如精神评估或治疗进展等敏感材料,若与儿童照管不良没有直接关联,则可能予以保密而无法获取。[5] 而安置前报告亦可能会涵盖一些隐私性内容而不便公之于众。然当这些信息如奉法庭令评估而来

---

〔1〕 See John T. Whitehead & Steven P. Lab, *Juvenile Justice: An Introduction* (7th edition), Waltham, MA: Anderson Publishing, 2012, p. 360.

〔2〕 See New York Family Court Act, § 1013.

〔3〕 See Larry J. Siegel & Barandon C. Welsh, *Juvenile Delinquency: The Core* (4th edition), Belmont, CA: Cengage Learning, 2011, p. 187.

〔4〕 See Illinois State Bar Association, *Child Neglect or Abuse Court Proceedings*, Retrieved on August 19, 2014, http://www.illinoislawyerfinder.com/articles/you-and-the-law/family/children/child-neglect-child-abuse-court-proceedings-illinois.

〔5〕 See Child Welfare Information Gateway, *Overview of the Civil Child Protective Court Process*, Retrieved on March 25, 2014, https://www.childwelfare.gov/pubs/usermanuals/courts_92/courtsd.cfm.

时,通常不会过多拘泥于保密之限。然若是这些信息由当事人一方提供,一些隐私性信息可能不一定可以作为法庭证据使用。

## 第三节 性虐待的强制报告义务

### 一、儿童性虐待及预警

儿童性虐待(child sexual abuse,CSA)已被广泛视为儿童虐待的形式,涵盖对儿童的多种性侵行为,包括抚摸、猥亵、强奸、乱伦及性剥削等。比如,世界卫生组织将"儿童性虐待"界定为儿童参与但无法完全理解之性活动;于其中,儿童无法给予知情同意,或儿童因发育未完全而不能给予同意,或该性行为违反法律或社会禁忌。[1] 因其表现形式复杂、案件数量增多、防治效果不彰等现实而为民众所不安与忧虑。据 2006 年联合国秘书长"暴力侵害儿童行为研究"专项组发布之《关于对儿童暴力行为的世界报告》(World Report on Violence against Children)估计,全球约有 1.5 亿名女童和 7300 万名男童遭遇不同形式的儿童性虐待。[2] 仅美国即约有 1/4 的女性和 1/13 的男性在其童年期经历过儿童性虐待。[3] 而在我国,仅据《2019 年性侵儿童案例统计及儿童防性侵教育调查报告》,该年有记录可查之儿童被性侵案件即多达 301 起;被害人数为 807 人,其中年龄最小的仅 4 岁。[4]

儿童性虐待皆对未成年人身心造成巨大伤害,研究表明被性虐待儿童之行为或身体可能会表现出异常症状。行为异常症状包括学习、睡眠或进食方式的突然变化;不适宜年龄的性行为;退缩、孤立或自我毁灭的行为;经常缺课;寻找留在学校而不回家的理由;不愿穿衣服等。身体异常症状则包括生殖器部位瘀伤、疼痛或瘙痒;尿路反复感染;性传播感染;或持续性头痛。[5] 性虐

---

〔1〕 See WHO Consultation on Child Abuse Prevention (1999), *Child sexual abuse*, Retrieved on July 23, 2020, https://www.who.int/violence_injury_prevention/resources/publications/en/guidelines_chap7.pdf.

〔2〕 See Pinheiro, P. S., *World Report on Violence Against Children*, New York: United Nations Secretary-General's Study on Violence against Children, 2006.

〔3〕 See U.S. Centers for Disease Control and Prevention, *Preventing Child Sexual Abuse*, Retrieved on July 23, 2020, https://www.cdc.gov/violenceprevention/childabuseandneglect/childsexualabuse.html.

〔4〕 参见中国少年儿童文化艺术基金会女童保护基金:《2019 年性侵儿童案例统计及儿童防性侵教育调查报告》,载 http://www.yjrgyjg.cn/index.php/Home/Index/yzxw? aid = 5826。

〔5〕 See Juliette DG Goldman & Peter Grimbeek, *How University Student-teachers for Primary School Learn about Department of Education Policy on Child Sexual Abuse, and Mandatory Reporting: The Sources of Their Professional Information*, Higher education, 58(2), 2009, p. 221 – 239.

待儿童的负面后果不仅限于被害儿童,且亦会影响其所在家庭与社区。

因性虐待之行为性质、儿童脆弱性、施暴者影响及社会氛围等多种因素,大多数儿童性虐待案件并未被及时披露,即儿童性虐待之高隐蔽性意味着该儿童容易受到进一步的虐待和伤害。儿童性虐待已被国际社会广泛视为影响人类社会长远发展的重大公共卫生及集体健康问题,而不只是犯罪毒瘤,因此,及时预警及严厉惩治儿童性虐待行为将极大地有助于社会公义之实现。[1] 因施暴者和被虐儿童信息可能皆无法公开,因此社会面临着重大挑战,即如何尽早查明案件、停止继续虐待,使受虐儿童康复并为儿童家庭提供支持及协助发现施暴者。[2] 近期接连曝光的儿童性虐待案件,不断敲响进一步加强儿童性虐待防治的警钟。从儿童性虐待防治角度看,建立及时预警和举报机制与打击儿童性虐待行为同样重要,以共同护卫儿童性权利及健康。

## 二、强制报告义务

### (一)强制报告义务

为加强包括性虐待在内的儿童虐待识别与防治,越来越多的法域颁布了强制举报法,即强制报告法(mandatory reporting law)或强制报告义务法。强制报告法旨在查明虐待或照管不良儿童的案件,并为这些案件中的儿童提供帮助。该制度最初是针对儿童身体虐待和大部分隐性照管不良案件而创设的,目的是使案件引起警方及儿童福利机构的注意。该报告义务侧重于举报儿童虐待行为,强调及时发现儿童虐待行为并向有关机构发出警报,即要求特定专业人员(通常是警方、教师、医生和护士)向警方或政府性儿童福利机构举报涉嫌虐待或照管不良儿童的可疑案件。

对虐待或照管不良儿童行为实行强制报告之做法源于美国。作为医学界首位发现与识别虐待儿童的先驱者,儿科医生亨利·肯佩(Henry Kempe)于1962年发表之《受虐儿童综合征》(The Battered Child Syndrome),首次引起民众对虐待儿童的广泛关注。[3] 20世纪60年代初,首次起草了旨在引入这一制度的法律范本。每个州和哥伦比亚特区皆在1963~1967年通过了不同形式的

---

〔1〕 参见张鸿巍:《构筑儿童性虐待三级预防体系》,载《中国教育报》2020年4月17日,第2版。

〔2〕 See Ben Mathews, Xing Ju Lee & Rosana E. Norman, *Impact of a New Mandatory Reporting Law on Reporting and Identification of Child Sexual Abuse: A Seven Year Time Trend Analysis*, Child Abuse & Neglect, 56, 2016, p. 62 – 79.

〔3〕 See Steven J. Singley, *Failure to Report Suspected Child Abuse: Civil Liability of Mandated Reporters*, Journal of Juvenile Law, 19, 1998, p. 236.

虐待儿童举报法。[1] 这些强制举报法或报告法实施之最直接目的,即在于"促进对儿童保护,而非惩罚虐待儿童的人"。[2]

自20世纪70年代初以来,立法逐步扩大报告所要求的专业范围及报告决定的标准。有关虐待或照管不良儿童的定义范围亦随之扩大,包括性虐待、情感和精神虐待、照管不良及对未来伤害之威胁等。随着法律得以顺利实施,美国各州接到报告的虐待儿童案件数也有所增加。1974年,理查德·M.尼克松(Richard M. Nixon)总统签署了《防止虐待儿童及处遇法》,通过向各州提供联邦资金来要求后者依据该法律实施儿童保护计划。尽管该法律尚未要求各州建构机制(通过刑事处罚或民事责任)以惩罚那些未遵守该法律的人,但每州之相关报告法皆提出了类似要求,包括强制报告义务之践行。[3]

为了进一步鼓励各州获取联邦资助资格,全美儿童虐待与照管不良中心(National Center on Child Abuse and Neglect)拟定了《儿童保护示范法》(Model Child Protection Act)。《儿童保护示范法》为协助各州升级其法律和程序以便后者有资格获得联邦资金而提供了相应立法建议,并代表了迄今为止处理儿童虐待和照管不良问题的最全面对策。然并非所有州皆亦步亦趋遵循《儿童保护示范法》;每个州皆制定了自己的法律。尽管未能实现统一,但各州法律组成部分亦有共通之处,包括立法目的、定义、需要报告之专业人员范围清单、报告者须达到之确定性标准、对未报告之处罚、豁免权之诚信报告、取消某些通信特权及报告程序等。[4] 其后,澳大利亚等法域纷纷引入强制报告制度,提高了各自民众对虐待和照管不良儿童的认知,亦导致了报告数量大量增加,大为提升了儿童性虐待防治的实效。

儿童性虐待防治需要家庭、学校及社会各方力量的广泛支持,在进一步强化家长监护、学校看护和社会帮护的同时,切实落实强制报告义务之重要性便越发显得急迫。但在《未成年人保护法》《反家庭暴力法》等法律条文中,对学校、医院等机构及其工作人员在接到儿童家庭虐待个案的紧急救济措施中,尚未直接明文规定强制报告义务。比如,《反家庭暴力法》第7条规定,"县级以

---

〔1〕 See Frank Ainsworth, *Mandatory Reporting of Child Abuse and Neglect: Does it Really Make a Difference?* Child & Family Social Work, 7(1), 2002, p. 57-63.

〔2〕 Steven J. Singley, *Failure to Report Suspected Child Abuse: Civil Liability of Mandated Reporters*, Journal of Juvenile Law, 19, 1998, p. 236.

〔3〕 See Steven J. Singley, *Failure to Report Suspected Child Abuse: Civil Liability of Mandated Reporters*, Journal of Juvenile Law, 19, 1998, p. 236.

〔4〕 See Steven J. Singley, *Failure to Report Suspected Child Abuse: Civil Liability of Mandated Reporters*, Journal of Juvenile Law, 19, 1998, p. 236.

上人民政府有关部门、司法机关、妇女联合会应当将预防和制止家庭暴力纳入业务培训和统计工作。医疗机构应当做好家庭暴力被害人的诊疗记录”,只是规定了反家庭暴力防治培训及统计及接诊记录,但对案发后的积极介入、分流程序特别是强制报告则只字未提。[1] 可见,强制报告义务在彼时虽有萌芽,但仍无具体实施程序予以支持。

2014 年 12 月,最高人民法院、最高人民检察院等中央部门联合出台了《关于依法处理监护人侵害未成年人权益行为若干问题的意见》,即通过 9 个条文规定了报告和处置程序。不无遗憾的是,该意见对强制报告的适用范围仅局限于监护侵害案件,而对数量可能更多、情节更恶劣的非监护侵害仍未涉及。2018 年 4 月,浙江省杭州市萧山区人民检察院联合有关部门率先建立了侵害未成年人犯罪案件强制报告制度,要求有关部门和人员发现未成年人遭受侵害时,应当立即报案。2019 年,湖北省人民检察院联合教育、公安等部门制定省级层面的侵害未成年人案件强制报告制度。[2] 广东、江苏、江西等省亦先后进行了相关探索。

在上述探索基础上,最高人民检察院与国家监察委员会、公安部等 9 家中央部门于 2020 年 5 月会签下发了《关于建立侵害未成年人案件强制报告制度的意见(试行)》(以下简称《试行意见》)。该意见通过 23 个条文展现了强制报告在侵害未成年人案件处置中的顶层设计,处处彰显了“儿童最佳利益”原则。《试行意见》在既往法律规定和一线实务探索基础上,将强制报告的义务主体、侵害范围、报告事项、报告备案、初步核实、附随义务、信息共享等内容逐项落实,并适度拓展。特别是强制报告义务主体范围及公安机关和检察机关及时介入、有效干预和法律监督等附随义务,较以往规定更为务实。《试行意见》对报告义务主体、应当报告情形及追责机制的细化规定,颇具现实针对性,也给及时、有效预警、介入和干预儿童性虐待案件带来了更多希望。[3] 比如,根据《试行意见》第 2 条的规定,侵害未成年人案件强制报告系指“国家机关、法律法规授权行使公权力的各类组织及法律规定的公职人员,密切接触未成年人行业的各类组织及其从业人员,在工作中发现未成年人

---

〔1〕 参见张鸿巍:《4 岁女童被虐案:强制报告不能一直缺“强制性”》,载《新京报》2020 年 5 月 1 日。

〔2〕 参见史卫忠:《制定印发〈关于建立侵害未成年人案件强制报告制度的意见(试行)〉有关情况的通报》,载《检察日报》2020 年 5 月 20 日,第 3 版。

〔3〕 参见张鸿巍:《让强制报告不再缺“强制性”,是对孩子安全负责》,载《新京报》2020 年 5 月 29 日。

遭受或者疑似遭受不法侵害及面临不法侵害危险的,应当立即向公安机关报案或举报"的未成年人保护制度。此前,强制报告虽在一些规范性法律文件中有所提及,但始终面临法律依据缺失或不足的现实窘况,《试行意见》则明确强制报告适用于性侵、虐待、欺凌、拐卖等9类侵害未成年人情形,不再以监护侵害为限。《试行意见》既是对既往实践的有益总结,亦是对该制度以后发展的积极尝试。

(二)教师的强制报告义务

教育育人及保护在校学生合法权益,皆是各法域法定义务与道德使命。我国《教师法》第8条原则性规定了教师应当承担的八项义务,包括关心、爱护全体学生,尊重学生人格,促进学生在品德、智力、体质等方面全面发展;制止有害于学生的行为或者其他侵犯学生合法权益的行为,批评和抵制有害于学生健康成长的现象。而《教育法》与《义务教育法》亦分别在其第4章以4个与6个条文规定了教师的权利义务和保障,但未对《教师法》第8条予以适当具体化。《未成年人保护法》则在第3章"学校保护"中提出应当"关心、爱护未成年学生",继而在第30条明确规定"应当根据未成年学生身心发展的特点,进行社会生活指导、心理健康辅导、青春期教育和生命教育",大体可视为学校及教师针对青春期学生保护的应尽义务。又如,《未成年人保护法》第37条规定,"未成年人在校内、园内或者本校、本园组织的校外、园外活动中发生人身伤害事故的,学校、幼儿园应当立即救护,妥善处理,及时通知未成年人的父母或者其他监护人,并向有关部门报告"。尽管上述规定可以从一定程度理解为学校对学生在其组织之学生活动中的人身伤害事故负有强制报告义务,但对未成年学生在家遭遇包括性虐待在内的家庭暴力,则没有直接规定学校应承担强制报告义务。

值得关注的是,《试行意见》将强制报告义务主体进一步扩大为"国家机关、法律法规授权行使公权力的各类组织及法律规定的公职人员,密切接触未成年人行业的各类组织及其从业人员"。在解读"密切接触未成年人行业的各类组织"时,《试行意见》明确将依法对未成年人负有教育职责的中小学校、幼儿园、校外培训机构、未成年人校外活动场所等教育机构及校车服务提供者及托儿所等托育服务机构的从业人员纳入视野,统称为"教师"。基于与未成年学生的长期互动,教师对后者最为知悉,将其纳入儿童性虐待防治机制对及时发现可疑案件并向公安机关报告有积极作用。从域外实行强制报告义务的实践来看,教师可以首先且最经常怀疑、找到儿童性虐待和其他形式的虐待证据,从而及时向警方、政府性儿童福利机构等有关机构报告或存在可疑的儿童性虐待案件。故,许多法域的法律或职业道德规范明确要求教师和学校专业人员应向有关机构报告此类案件。域外研究亦显示,除警方外,教师对虐待的报告要多于其他授权报告的专业团体或人员。[1] 教师负有立即向有关机构报告任何性虐待迹象的法定义务。

### 三、性虐待强制报告义务面临的挑战

#### (一)教师对强制报告义务履行的认知误区

因教师职前教育及培训很少或没有提供关于儿童保护特别是与性虐待强制报告义务的必修课程,故而直至《试行意见》出台,许多教育机构及教师方才真正开始担当起儿童性虐待法定强制报告者的角色,可能尚未为这种敏感干预措施之落地与践行做好充分准备。域外研究表明,强制报告职责的复杂性可能导致教师困惑;即使是经过专业培训,许多教师仍不确定其报告义务具体内容。[2] 且在实践中,教师可能会疲于应付强制报告,这给已经不堪重负的教师带来了更加沉重的负担,令其所承担的角色远不止于传统教育者。[3] 比如,2000~2001 年,连续数起案件的不当处理暴露出澳大利亚教师在强制报告义务履行中所面临的压力:有学生曾于2000 年胜诉了维多利亚州教育部门,原因是其曾就读之公立学校校长与副校长未能向有关机构报告所发现的儿童性虐待。[4]

#### (二)强制报告的专业性

在实施强制报告义务的法域,其教育部门多规定教师为儿童性虐待的法定强制报告者。但许多教师在其大学教育期间未获得有关儿童保护及相关政策法律的学习课程,而强制报告义务之履行又需要一些较为专业的调查取证经验。域外数十年强制报告实施的探索,已逐步将儿童福利从侧重于向儿童

---

〔1〕 See Meredith Falkiner, Danold Thomson, Belinda Guadagno & Andrew Day, *Heads You Win, Tails I Lose: The Dilemma Mandatory Reporting Poses for Teachers*, Australian Journal of Teacher Education, 42(9), 2017, p. 6.

〔2〕 See Meredith Falkiner, Danold Thomson, Belinda Guadagno & Andrew Day, *Heads You Win, Tails I Lose: The Dilemma Mandatory Reporting Poses for Teachers*, Australian Journal of Teacher Education, 42(9), 2017, p. 6.

〔3〕 See Meredith Falkiner, Danold Thomson, Belinda Guadagno & Andrew Day, *Heads You Win, Tails I Lose: The Dilemma Mandatory Reporting Poses for Teachers*, Australian Journal of Teacher Education, 42(9), 2017, p. 6.

〔4〕 See Ben Mathews & Kerrryann Walsh, *Issues in Mandatory Reporting of Child Sexual Abuse by Australian Teachers*, Australia & New Zealand Journal of Law and Education, 9(2), 2004, p. 3 – 17.

与家庭提供服务的系统转变为以法医和调查活动为优先的系统。[1] 比如，询问儿童以获取有关事件(如虐待)的详细和可靠信息是项复杂的任务，需要专门的面谈技巧。若对未成年学生进行不当的询问，可能会造成不利的后果。又如，较不详尽的陈述可能导致报告事实较少，从而影响教师对正在发生的性虐形成合理信息。引导或暗示性的提问方式可能会影响未成年学生对被虐记忆。[2]

(三)强制报告证据效力的复杂性

强制报告证据之证明标准及证明力一直是个法律难点，稍有不慎皆可面临举报不实从而给相关当事人带来危境。在美国、澳大利亚等法域，若教师对在校学生遭遇性虐待引起怀疑并形成合理信念(reasonable belief)、合理理由(a belief on reasonable grounds 或 reasonable cause)这样的证明标准，则应予举报儿童虐待行为。[3]《试行意见》亦充分回应了实践中侵害未成年人案件多发类型及常见特征，规定了性侵、虐待、欺凌、拐卖等九类应当报告情形，其中第 4 条明确了 3 类存在或疑似存在儿童性虐待情形：未成年人的生殖器官或隐私部位遭受或疑似遭受非正常损伤的；不满 14 周岁的女性未成年人遭受或疑似遭受性侵害、怀孕、流产的；14 周岁以上女性未成年人遭受或疑似遭受性侵害所致怀孕、流产的。需要特别提请注意的是，《试行意见》规定发现"疑似"儿童性虐待情形的亦要报告。为了敦促教师履行其强制性的报告义务，其须根据合理理由支持其为举报儿童性虐待而存有的怀疑。教师需要意识到并能够识别出可能的迹象和影响，从而为可疑的儿童性虐待提供证据。但如何结合《试行意见》来判定三类存在或疑似存在儿童性虐待情形，对教师来说是个较为困难的问题。这些较为复杂的证据标准，对非法律专业出身的教师来说可能更是其切实履行强制报告义务的"拦路虎"。[4]

(四)强制报告的不足或不实报告

包括教师在内的法定报告人未能举报应报案件与举报不当案件，前者涉

---

〔1〕 See Frank Ainsworth, *Mandatory Reporting of Child Abuse and Neglect: Does it Really Make a Difference?* Child & Family Social Work, 7(1), 2002, p. 57－63.

〔2〕 See Meredith Falkiner, Danold Thomson, Belinda Guadagno & Andrew Day, *Heads You Win, Tails I Lose: The Dilemma Mandatory Reporting Poses for Teachers*, Australian Journal of Teacher Education, 42(9), 2017, p. 6.

〔3〕 See Meredith Falkiner, Danold Thomson, Belinda Guadagno & Andrew Day, *Heads You Win, Tails I Lose: The Dilemma Mandatory Reporting Poses for Teachers*, Australian Journal of Teacher Education, 42(9), 2017, p. 6.

〔4〕 See Oakwood School, *Mandatory Reporting*, Retrieved on July 29, 2020, http://www.oakwoodschool.vic.edu.au/images/campus/policy/Mandatory-Reporting-Policy.pdf.

及报告不足,后者则牵扯报告不实,皆已然成为各法域强制报告实施所面临的艰巨挑战。许多反对强制报告的人认为,强制报告之实施夸大了儿童性虐待的实际发生数量,且浪费或挪用了大量社会资源,而这亦可能伤害了那些被不公正地指控的人,并继而影响了被害儿童。[1] 各法域强制报告法多规定,被告人对据规定报告侵害未成年人案件而引发之纠纷不承担法律责任。2001 年,澳大利亚高等法院审理了“沙利文诉穆迪案”(*Sullivan v. Moody*)及“汤普森诉康农案”(*Thompson v. Connon*)这两起儿童性虐待不实举报。法院坚持这一原则,即负有法定义务举报合理怀疑儿童遭受性虐待且在履行该义务时作出不实举报的人,不对可能被错误地怀疑是虐待来源之人承担侵权责任。[2] 这在《试行意见》亦有体现,如第 15 条规定,“依法保障相关单位及其工作人员履行强制报告责任,对根据规定报告侵害未成年人案件而引发的纠纷,报告人不予承担相应法律责任”。在沙利文和汤普森案件中,进一步凸显了强制报告法这一难点。比如,在医生和社工在沙利文案中,对被报告之未成年学生是否被性虐待、该生父亲是否为施暴者皆有怀疑。后来亦证实强制报告并不实,由此对父亲之刑事指控遂被撤销,但后者由此遭受了婚姻破裂的严重后果。[3] 类似这种不足或不实报告,加之报告人不必承担法律责任,在司法实践中极有可能被利用而造成冤假错案。

## 四、性虐待强制报告义务的完善

### (一)教师履行强制报告的基本原则

维护“儿童最佳利益”与及时原则,应是教师履行强制报告最重要的考虑因素。教师在每天与未成年学生接触过程中可以对儿童的发育进行了解、观察和发现虐待儿童的警告信号,其在保护儿童免受性虐待方面发挥着至关重要的作用。教师可能是不多的被未成年学生认为是值得信赖之成年人,可以向其讲述事实并寻求帮助。[4] 根据《未成年人保护法》的规定,教师皆须在看

---

〔1〕 See Ben Mathews & Kerrryann Walsh, *Issues in Mandatory Reporting of Child Sexual Abuse by Australian Teachers*, Australia & New Zealand Journal of Law and Education, 9(2), 2004, p. 3 – 17.

〔2〕 See Ben Mathews & Kerrryann Walsh, *Issues in Mandatory Reporting of Child Sexual Abuse by Australian Teachers*, Australia & New Zealand Journal of Law and Education, 9(2), 2004, p. 3 – 17.

〔3〕 See Ben Mathews & Kerrryann Walsh, *Issues in Mandatory Reporting of Child Sexual Abuse by Australian Teachers*, Australia & New Zealand Journal of Law and Education, 9(2), 2004, p. 3 – 17.

〔4〕 See Meredith Falkiner, Danold Thomson, Belinda Guadagno & Andrew Day, *Heads You Win, Tails I Lose: The Dilemma Mandatory Reporting Poses for Teachers*, Australian Journal of Teacher Education, 42(9), 2017, p. 6.

到或怀疑已发生虐待行为时立即报告，包括学生在校期间与非在校期间所受或疑似性虐待行为，这是夯实“儿童最佳利益”原则的重要体现。

以教师履行性虐待强制报告为例，面对被曝光或隐性的儿童性虐待案件，若是能更早发现、更及时应对，部分案件本可避免或被制止，而报告越早，未成年学生可以摆脱危险状况的可能性就越高。根据《未成年人保护法》第 11 条的规定，教师在日常教学管理工作中发现在校学生遭受或者疑似遭受性虐待及面临性虐待危险的，“应当立即向公安、民政、教育等有关部门报告”，这亦是践行“及时原则”或不延迟原则的重要体现。

（二）教师履行强制报告的身份保障

对履行强制报告义务的教师，学校、教育行政部门及其他机构应提供相应的身份保障，这对加强学校中儿童保护特别是性虐待防治至关重要。《试行意见》第 13 条规定，“公安机关、人民检察院和司法行政机关及教育、民政、卫生健康等主管行政机关应当对报案人的信息予以保密。违法窃取、泄露报告事项、报告受理情况及报告人信息的，依法依规予以严惩”。第 15 条继而规定，“依法保障相关单位及其工作人员履行强制报告责任，对根据规定报告侵害未成年人案件而引发的纠纷，报告人不予承担相应法律责任；对于干扰、阻碍报告的组织或个人，依法追究法律责任”。又如，我国台湾地区“性侵害犯罪防治法”第 8 条规定，“通报人之姓名、住居所及其他足资识别其身份之资讯，除法律另有规定外，应予保密”。

以教师履行性虐待强制报告为例，进行在校学生性虐待全面收集和固定证据，已超出《试行意见》对教师强制报告义务的强制范畴，而这是公安机关责任之所在。根据《试行意见》第 9 条的规定，公安机关侦查儿童性虐待案件时，“应当依照法定程序，及时、全面收集固定证据”。因而，建议不宜扩大教师履行强制报告的义务范围，否则不利于落实教师的身份保障。

（三）履行强制报告的程序步骤

根据联合国《儿童权利公约》第 19 条的规定，为防止儿童遭遇性虐待，缔约国应当查明、报告、查询、调查、处理和追究前述的虐待儿童事件，及在适当时进行司法干预。作为《儿童权利公约》缔约方，我国在研拟《试行意见》时考虑到履行强制报告的程序步骤，比如，第 8、9、10、12、13 条规定了公安机关的职责，第 11、12、18 条等相继规定了检察机关的职责。结合《试行意见》第 5 条，教师向公安机关报案或举报的，应按照教育行政机关要求报告备案。而据《试行意见》第 6 条，若具备先期核实条件，教师可在学校指导下对儿童疑似遭受性虐待情况进行初步核实，并在报案或举报时将相关材料一并提交公安机关。

以教师履行性虐待强制报告为例,教师在目睹事件、收到披露或有合理相信未成年学生遭受性虐待或有遭受性虐待的危险时,建议应当尽可能在提交报告之前予以初步核实。域外多采用"性虐待迹象"(Indicators of Sexual Abuse)来推断和验证在校学生是否被性虐待。然单个迹象可能并不总是提供确凿的证据,故应认真对待多个迹象的组合,包括儿童病史、发育阶段、能力和特征性行为或态度保持一致等。比如,澳大利亚西澳大利亚州要求教师了解下述与年龄和发育水平不相匹配的性行为,并将其发现用于佐证儿童是否被性虐待:直接或通过绘画、戏剧或文字间接披露受虐行为;肛门或生殖器区域疼痛或出血、发红或肿胀;害怕与特定的人独处;儿童暗示其须保守秘密;存在性传播感染;突然无法解释的恐惧;床被弄湿和弄脏。[1]

(四)履行强制报告的教育培训

为报告者提供专业职前或在职培训,是各法域落实教师作为强制义务报告主体的必要内容及完善路径。比如,在澳大利亚维多利亚州,州政府面向学校及教师专门建立了培训网站,内容涵盖法律政策、程序步骤等细枝末节,并强制教师每年学习对应模块。部分学校亦量身定制了适合本校儿童性虐待强制报告预案及实施细则。[2]《试行意见》第 20 条亦规定,"注重加强指导和培训,切实提高相关单位和人员的未成年人保护意识和能力水平"。又如我国台湾地区于 2015 年修订之"性侵害犯罪防治法"第 7 条规定,"各级中小学每学年应至少有 4 小时以上之性侵害防治教育课程"。这些性侵害防治教育课程包括两性性器官构造与功能、安全性行为与自我保护性知识、性别平等之教育、正确性心理之建立、对他人性自由之尊重、性侵害犯罪之认识、性侵害危机之处理、性侵害防范之技巧、其他与性侵害有关之教育。

以教师履行性虐待强制报告为例,培训内容建议包括:一是使教师了解性虐待强制报告法律义务及基于此而来的岗位职责,特别是了解法律、教育行政主管部门政策,及这些法律政策在其所工作学校的可操作性;二是使教师接受多学科的专业性职前与在职培训,确保教师报告儿童性虐待的行为及这些报

---

〔1〕 See The Anglican Schools Commission, *Mandatory Reporting of Child Sexual Abuse Policy and Procedures Western Australia*, Retrieved on July 29, 2020, https://www.childabuseroyalcommission.gov.au/sites/default/files/ANG.0379.002.0027.pdf.

〔2〕 See Victoria Department of Education, *Protecting Children-Mandatory Reporting eLearning modules*, Retrieved on July 31, 2020, https://www.vit.vic.edu.au/news/news/2018/protecting-children-mandatory-reporting-elearning-module.

告的准确性，特别是教师在察觉、询问及报告层面的专业应对；三是使教师知悉有关性虐待迹象及儿童性虐待举报的程序要求，并要求教师熟悉相关内容，以确保知悉如何制作包含公安机关所需细节的报告。

# 第五编

# 支持与评估

# 第十二章　衔接：儿童福利与未成年人司法社会支持

## 第一节　儿童福利与未成年人司法

### 一、儿童福利概述

《礼记》生动描述了“老有所终，壮有所用，幼有所长，矜寡孤独废疾者，皆有所养”的“大道之行”，这其中蕴含了现代社会福利的初步理念，以“幼有所长”为特色的儿童福利更是其中重中之重。

诺贝尔经济学奖获得者詹姆斯·赫克曼(James Heckman)指出，良好的福利制度应是既能有效地刺激生产力发展，又能给居民一定的保障和安全感。[1] 虽然其论述出发点为经济学视角，目的在于推动社会经济可持续增长，但对社会保障的精辟阐述尤其是强调安全感这一论断对于准确理解儿童福利之重要性不言而喻。马克思主义理论没有关于国家福利方面的专门论述，但不能否认马克思经济学说中存在社会福利观成分。[2] 社会学家雷洁琼曾强调，“儿童的福利得保护否，影响国家前途甚大，所以儿童的教养从前是个人的或家庭的任务，现代儿童的教养却是社会和国家的责任”。[3]

儿童福利又称少年福利或未成年人福利，既可以被理解为社会理念，亦可以被理解为社会机制与社会政策。徐月宾主张，儿童福利的概念应包括广义和狭义两种。在她看来，广义的儿童福利系指“政府或社会针对全体儿童的普遍需求，为促进儿童生理、心理及社会潜能的最佳发展而提供的各种服务”，狭义的儿童福利系指“政府和社会为有特殊需要的儿童及其家庭提供的各种支持、保护和补偿性服务”。[4]

---

〔1〕 参见郑晓舟：《什么样的福利制度才算好——专访诺贝尔经济学奖获得者、美国芝加哥大学教授赫克曼》，载《上海证券报》2007 年 1 月 29 日，第 B5 版。

〔2〕 参见戴卫东：《马克思的社会福利观探析》，载《安徽师范大学学报(人文社会科学版)》2009 年第 1 期。

〔3〕 雷洁琼：《雷洁琼文集》，开明出版社 1994 年版，第 16 页。

〔4〕 徐月宾：《儿童福利服务的概念与实践》，载《民政论坛》2001 年第 4 期。

国际社会对儿童福利关注较多,先后成立国际儿童福利联盟(International Union for Child Welfare, IUCW)与国际救助儿童联盟。总部设于瑞士日内瓦的国际儿童福利联盟创立于 1920 年,1946 年与国际儿童福利促进协会(International Association for the Promotion of Child Welfare)合并。1921 年,贝沙·里昂斯(Bertha Lyons)创设未成年人福利协会(Juvenile Welfare Association),旨在向孤儿或无家可归者提供诸如音乐、舞蹈、戏剧、演讲等方面的课程学习,而不是向其提供物质上的援助。这些儿童福利组织在推动未成年人福利方面不遗余力,做出了突出贡献。

战后受欧美福利理念影响,日本力推包括儿童福利在内的国民福利。特别是从 1990 年 6 月起,日本开始修订福利关系八法,包括老人福利法;身体障碍者福利法;精神薄弱者福利法;儿童福利法;母子、寡妇福利法;社会福利事业法;老人保健法;社会福利及医疗事业团法。其中,部分内容涉及儿童福利及支持儿童福利的家庭福利制度。

我国初步建立了包括住房、医疗、入托上学在内的社会保障体系,为国民经济发展和社会稳定起到了很好的作用。《未成年人保护法》第 113 条规定,对违法犯罪的未成年人,实行教育、感化、挽救的方针,坚持教育为主、惩罚为辅的原则。《预防未成年人犯罪法》第 2 条规定,预防未成年人犯罪,立足于教育和保护未成年人相结合,坚持预防为主、提前干预,对未成年人的不良行为和严重不良行为及时进行分级预防、干预和矫治。这亦体现出一定程度的儿童福利模式色彩。

### 二、儿童福利与未成年人司法的关系

或许出于对不断攀升的未成年人偏差的畏惧心理,人们自然或不自然地将未成年人问题与未成年人犯罪混为一谈。即便是在学术界,对未成年人犯罪的探讨远较未成年人保护为多。而《利雅得准则》第 4 条指出,青少年从其幼年开始的福利应是任何预防方案所关注的重心。未成年人司法管辖范围相当广泛,尤其在英美法系法域国家,不仅涵盖"偏差少年"(delinquent juvenile),且凡属"需要监督的人"(persons in need of supervision, PINS)、"需监督的儿童"(children in need of supervision, CHINS)及"需要监督的未成年人"(minors in need of supervision, MINS)等人群亦属其管辖对象,显示出浓郁的福利色彩。

**案例四十六**

2010 年 8 月 4 日,14 岁荷兰少女劳拉·德克(Laura Dekker)启航挑战最年

轻环球航海世界纪录。此前，她于2009年8月曾向媒体透露这一想法，随即引起荷兰政府及儿童保护机构关注。同月，荷兰法院"以活动可能危及德克安全为由，禁止她挑战，同时指责父母监管不力，裁定儿童保护机构代为监管德克"。2010年7月27日，荷兰法院在确认德克为挑战做了充足准备后，允许其在得到父母同意后可开始环球航行。[1]

对偏差少年简单施以吓阻或报应刑，并不能从根本上有效降低其犯罪与偏差率。以儿童福利为导向的未成年人司法体系便是为应对这些棘手问题应时而生的，矫正偏差少年言行举止，以促其健康重返社会。与成年人相比，未成年人需要获得更多机会以改造自新。未成年人司法创设及维系的根基在于视儿童及少年为国家未来主人翁，而须积聚正面力量督促其积极向上；即便是对犯有过错以至犯罪的少年，因国家亲权所系，亦不轻言放弃而竭尽敦促戒治，以期早日成为社会栋梁，[2]体现出浓郁的儿童福利理念。

域外儿童福利思想伴随国家亲权、父母监护及儿童权利三者间错综复杂的互动关系而得以衍化，从"最少介入"到"国家干预"，再到逐步回归的"家长责任"，这一切的嬗变无不显示着儿童福利政策演进过程的博弈、挣扎与奋争。17～18世纪，英国社会变迁与司法改革吹响了对儿童权认知的号角，为后世未成年人司法制度的发展，特别是对与英国法律传统一脉相承的美国法产生了深远影响。这一时期《济贫法》(Poor Law Act)的出台及学徒训练制度的实行，促使法官在处理儿童案件时一改往日拖沓慵懒的作风，且对照管不良儿童与受抚养儿童处理上更具实操性，为其指定法定监护人，以便进行实质上的教化与保育。[3]

未成年人司法创设及其运作，为"国家有权利和职责来确保儿童的健康、安全及福利"理念的认识与践行。[4] 依"国家亲权"法则及"儿童最佳利益"原则，国家尤其要以未成年人保护人身份出现的少年法庭或家事法庭，对偏差少年采取各种较为直截了当的救助措施，其目的在于对这一群体进行矫正与治疗，以增强其时效性与针对性。未成年人司法也在努力适应变化的社会现实，英美法系法域国家从早先占主导地位的"儿童福利模式"(child-welfare model)到目前的"司法模式"(justice model)或"犯罪控制模式"(crime control

---

〔1〕参见新华社：《荷兰14岁少女启航挑战纪录》，载《南方都市报》2010年8月22日。

〔2〕参见张鸿巍：《少年司法与刑事司法的桥接互动》，载《法制日报》2013年11月22日，第10版。

〔3〕参见张鸿巍：《西方儿童福利的百年架构》，载《检察风云》2013年第13期。

〔4〕Cliff Roberson, *Exploring Juvenile Justice*, Belmont, CA: Wadsworth/Thomson Learning, 2000, p. 8.

model),后者更强调惩罚性(punitive)及律法性(legalistic)。[1]

我国未成年人司法与域外未成年人司法很大的不同点在于后者有相对完善的政府配套资源与社会福利为依托,一些原本在域外儿童福利与未成年人司法构建及改革中不是问题的问题,在引介过程中因水土不服而面临难以推广的现实困境。吾人习惯于将福利等同于救济、慈善或民政,而忽视了福利,特别是儿童福利在构建未成年人司法、促进儿童为国家未来主人翁中的更大作用。未成年人司法不单是作为防御未成年人违法犯罪而出现的;更重要的是,它亦是社会福利的重要组成部分。未成年人司法与儿童福利逐步形成了共存共荣的体系框架,未成年人司法创设目的是儿童福利,也可以说它是为实现儿童利益最大化而步入历史舞台的。因而,对儿童的保护在未成年人司法创设伊始作用非常,在后来百年发展中亦长盛不衰。即便是在面对"国家亲权"法则及对未成年人正当程序保障质疑的今天,这项基本原则从来也没有被推翻过。[2]

在新保守主义与新古典主义影响下,作为未成年人司法与儿童福利理论根基的"国家亲权"法则在各法域受到较大冲击。自亲属法确认亲权以来,刑法及刑事诉讼法亦以不同形式保障了亲子关系。无论是从血浓于水的亲权维系出发,还是从略显功利主义的及时矫正着手,真正能首要承担儿童教养重任的仍是再亲不过的父母或监护人。未成年人涉嫌犯罪后,最重要的权利不在于获得律师协助,而是尽可能获得父母或其监护人的嘘寒问暖及犹解倒悬。比如,比推动"合适成年人到场"更迫切的,是依法强制负有教养责任的父母或其他监护人到场,敦其向子女提供力所能及的帮助、抚慰与训诫,亦要据此接受来自刑事司法机关及社会民众对其教子无方的指摘与非难;更要知难而行,起持续教养责任。[3]

从狭义上说,未成年人司法是集未成年人民事司法、未成年人行政司法及未成年人刑事司法于一体的制度体系,侧重点在于对未成年人偏差进行有效预防与矫正。但若认为未成年人违法与犯罪的预防与矫正便是未成年人司法的全部,这不免有些以偏概全。作为保护未成年人的全方位、立体交叉的法律体系与福利制度,未成年人司法覆盖面远非打击、预防与矫正未成年人犯罪那

[1] See Russell Smandych, *Canada: Repenalization and Young Offenders' Rights*, In John Muncie and Barry Goldson, Comparative Youth Justice (edited), London, UK: Sage Publications, 2006, p. 19.

[2] 参见张鸿巍:《西方儿童福利的百年架构》,载《检察风云》2013 年第 13 期。

[3] 参见张鸿巍:《子女教养重任,父母责无旁贷》,载《法制日报》2013 年 8 月 7 日,第 10 版。

样简单。考察各法域未成年人司法实例，宏观之未成年人司法除上述狭义上的理解外，亦包括儿童福利制度体系。本书认为，儿童福利乃对未成年人进行社会救助、教育与感化的制度和体系，包括教育、医疗、就业、收养与寄养及反家庭暴力等内容，特别包括对遭遇虐待、遗弃与照管不良之未成年人的救助。

## 第二节　服务集成与社会支持

### 一、社会支持建构的逻辑起点

作为人生之关键期，青春期是处理和调节未成年人偏差及压力事件的持续阶段。任何偏差行为及压力事件皆可能影响其不成熟的认知，继而导致身体机能障碍，而有适应障碍的未成年人则较易受朋辈及周边负面影响，继而深陷违法犯罪。[1] 鉴于此，《东亚及太平洋地区 2001—2010 年为儿童的承诺》（以下简称《北京宣言》）第 24 条即要求，促进和保护所有儿童的最佳利益，重点放在儿童成长中的关键阶段，使干预对儿童具有最大和最长久的影响。为达到这个目标，宣言敦促各缔约方"具有充分发展个人能力、参与并为社会做贡献的机会，特别在青春期"。于此中，深入理解"青春期"（adolescence）对未成年人成长及违法犯罪防控之重要性可见一斑。

青春期源自拉丁文"*adolescentia*"，原意是未成年人身心各方面皆逐渐成熟的成长阶段。在此阶段，未成年人经历生理、心理与社会的极速转变而逐步成年，较多性格与习惯皆同步养成。青春期之关键功能在于发展出综合的自我意识，包括个性化、与父母分离和个人身份，其特征是尝试及冒险精神的叠加，轻视长期后果，而对朋辈及其他社会影响之敏感性增强。[2] 在 2013 年发布之报告《未成年人司法改革：发展路径》（Reforming Juvenile Justice：A Developmental Approach）中，美国国家科学研究委员会（National Research Council）将青春期与儿童期及成年期不同之处界定为三种行为方式上：首先，相较于成年期，未成年人于青春期之自我调节能力较弱，特别是在充满情感之环境中；其次，相较于儿童期及成年期，青春期中的未成年人对朋辈压力、网络

---

〔1〕 See M. Mariani, Asnarulkhadi Abu Samah, & Z. A Filzah Nashua, *Social Support and Psychological Well-being among Delinquents in Rehabilitation Centers in Malaysia*, International Journal of Academic Research in Business and Social Sciences, 7(8), 2017, p. 693 – 694.

〔2〕 See National Research Council, *Reforming Juvenile Justice: A Developmental Approach*, Washington, DC: The National Academies Press, 2013, p. 1.

暴力等外部影响之敏感性更高;最后,相较于成年期,青春期中的未成年人判断与决策能力要弱于成年期。该委员会主张,这三种认知模式之结合正说明青春期是倾向于从事高风险行为的特殊时期,这些行为具有立即获得回报之较高概率,但亦招致有害后果。[1]

近年来,各法域围绕未成年人发展之实证研究成果愈加丰硕,皆反复重申并强调成年人与未成年人间存在重要的行为差异,而这直接关系司法系统的设计和运作。[2] 未成年人司法制度之目的在于促进归责性,防止未成年人再次犯罪并公平地对待未成年人,而这皆须通过戒治指导来实现。[3] 尽管未成年人因受青春期影响及制约而视其违法犯罪为常态,但大多数未成年人仍得以戒治并逐步退出违法犯罪之列。无论不良行为、严重不良行为及犯罪如何定义,皆有大量证据表明犯有上述偏差行为之未成年人仅占全部违法犯罪人口中的很小一部分。[4] 虽影响未成年人于青春期从事上述偏差行为的原因甚多,但其中最为核心及关键的莫过于社会支持体系特别社会保护、政府统筹、家庭参与及司法介入之完善与否。比如,犯罪学家特拉维斯·赫希(Travis Hirschi)即认为,在未成年人与成年人之间建构牢固的"亲社会纽带"(prosocial bonds)对青春期之未成年人犯罪防控至关重要。在他看来,一旦未成年人与积极向上且有生产力之成年人有着牢固依恋,其会取得更好的成绩,包括教育及职业成就,而这有助于较为有效防控未成年人违法犯罪。[5]

作为儿童福利及未成年人司法衔接的重要理念基础,各法域儿童保护概念及其相关领域皆具有复杂性和争议性。[6] 历史上,儿童福利政策受到以成人为中心之发展范式的影响,并通过干预措施强化了该种范式。直到1875年,世界首家致力于儿童保护的组织得以成立,即纽约防止虐待儿童协会(New York Society for the Prevention of Cruelty to Children)。在此之前,尽管儿童完

---

〔1〕 See National Research Council, *Reforming Juvenile Justice: A Developmental Approach*, Washington, DC: The National Academies Press, 2013, p. 2.

〔2〕 See National Research Council, *Reforming Juvenile Justice: A Developmental Approach*, Washington, DC: The National Academies Press, 2013, p. 1.

〔3〕 See Tim Decker, *A Roadmap to the Ideal Juvenile Justice System*, McCourt School of Public Policy Georgetown University, 2019, p. 10.

〔4〕 See National Research Council, *Reforming Juvenile Justice: A Developmental Approach*, Washington, DC: The National Academies Press, 2013, p. 2-3.

〔5〕 See Travis C. Pratt, Jacinta M. Gau & Travis W. Franklin, *Key Ideas in Criminology and Criminal Justice*, Tousand Oaks, CA: SAGE Publciations, 2011, p. 55-69.

〔6〕 See Ann Farrel, *Child Protection Policy Perspectives and Reform of Australian Legislation*, Child Abuse Review, 13, 2004, p. 241.

全失去社会支持之窘况并不多见,但诸多儿童并没有得到全面保护。[1] 直到1899年少年法庭创设,其与不断发展的儿童福利紧密结合,社会支持体系之正向作用亦愈加凸显。诸多域内外实证研究清晰表明,完整、充实的社会支持体系可以比较有效地提升未成年人社会交往,继而增强其社会融入;反之,则可能导致未成年人焦虑、抑郁等负面情绪,诸多国际公约及各法域法律对建构未成年人司法社会支持体系皆有规定,如《北京规则》第1.3条即明确,"应充分注意采取积极措施,这些措施涉及充分调动所有可能的资源,包括家庭、志愿人员及其他社区团体及学校和其他社区机构,以便促进少年的幸福,减少根据法律进行干预的必要,并在他们触犯法律时对他们加以有效、公平及合乎人道的处理"。

同一术语在不同学科间的借用与交叉已是社会科学研究常态,"社会支持"(social support)亦是如此。该词本系心理学术语,其与人格发展、身心健康及社会适应关系的研究是心理学研究和应用发展较为迅猛的领域之一。然"社会支持"概念及体系建构一直是进行时,不同学者从不同角度的解读亦有一些差异。比如,西德尼·科布(Sidney Cobb)将"社会支持"定义为使人们相信其被关爱、被尊敬和被重视且是相互义务网络成员之信息(information)。在他看来,人与人之间支持性互动,可以防止生活压力对健康的影响。科布接着从病理学角度出发,主张社会支持可以保护处于危机中的人们免受各种病理状态的影响。社会支持可以减少所需药物的用量,加快康复速度,并促进医疗方案之完善。[2] 本杰明·H. 戈特利布(Benjamin H. Gottlieb)与安妮·E. 卑尔根(Anne E. Bergen)则主张,在自然环境中,社会支持源于人际关系的开展,而这种关系为行为提供了支持意义。在他们看来,社会支持不是停留在供应者中并传递给接收者的商品,而是社会双方之间相互关系和情感特征的表达。[3] 对"社会支持"之理解略有差异,如重心在于信息层面上的沟通,抑或情感层面上的满足,抑或物质层面上的建构。但仍可从上述学者的论述与司法实践的总结中发现一些共同之处,比如,"社会支持"更多被视为复合概念,即将精神与物质等层面的各种资源整合、协调、集成,以便为社会弱势群体提供

---

〔1〕 See John E. B. Myers, *A Short History of Child Protection in America*, Family Law Quarterly, 42(3), 2008, p. 449.

〔2〕 See Sidney Cobb, *Social Support as a Moderator of Life Stress*, Psychosomatic Medicine, 38(5), 1976, p. 300 – 314.

〔3〕 See Benjamin H. Gottlieb & Anne E. Bergen, *Social Support Concepts and Measures*, Journal of Psychosomatic Research, 69, 2010, p. 511.

及时、有效服务,加快和提升人际交互,持续改善其生活境况。

"社会支持"概念进入中国语境是比较晚近的,但其应用迅速,已不局限于心理学、护理学及病理性等传统领域。就未成年人司法体系而言,其又扩充至少年法庭、未成年人检察、未成年人矫正等不同业务板块。早在1979年6月10日,中共中央转发中央宣传部、教育部、文化部、公安部、国家劳动总局、全国总工会、共青团中央、全国妇联等八部委《关于提请全党重视解决未成年人违法犯罪问题的报告》,确立以综合治理的手段解决未成年人违法犯罪问题的基本方针,隐约可见建构社会支持体系的呼声。而《预防未成年人犯罪法》规定了预防未成年人犯罪的基本原则,即教育与保护原则、及时防治原则、综合治理原则及科学性原则,这些原则亦进一步为建构未成年人司法的社会支持体系提出了政策指引。而在最高人民检察院、团中央2018年2月共同签署的《关于构建未成年人检察工作社会支持体系合作框架协议》中,已明确提出"未成年人检察工作社会支持体系",但未对社会支持体系作出直接界定,实可见社会支持体系仍有待进一步的探索,至少在未成年人司法体系中是如此。尽管这样,但从框架协议中大致依稀可见,目前未成年人检察工作社会支持体系主要是检察机关依托社会组织及爱心企业,开展社会调查、提供心理援助、建立观护基地等工作机制,对涉案未成年人提供行为矫治、文化学习、技能培训等方面的支持。[1]

基于对域内外相关文献的综述及对我国未成年人司法社会支持实务的理解,未成年人司法社会支持体系大体系指为了实现未成年人案件专业化办理与未成年人社会化综合保护配合衔接而形成的社会网络,其目的在于帮助涉案未成年人戒治、顺利复归社区。具体来说,社会支持涵盖社会支持主体(家庭、学校、政府、司法及社会组织)、社会支持对象(未成年犯罪人、未成年被害人)及社会支持内容(心理谘商、行为矫治、文化学习、技能培训等)等主要组成部分。然即便对建构社会支持体系重要性的理解日趋加深,但对社会支持体系内容及其在未成年人司法体系与流程中的具体地位、角色及作用的认识仍有待加强。

向偏差少年及被害少年提供可持续的社会支持,已成为各法域未成年人司法建构的主要主题,亦是儿童福利领域所持续关注的部分议题。然就在儿童福利领域与未成年人司法系统中各自徘徊的未成年人或双重参与的未成年

[1] 参见甄贞:《未成年人司法保护合力少不了社会支持》,载《人民政协报》2019年4月18日,第3版。

人而言,当从未成年人司法系统转移到儿童福利系统,或者从儿童福利系统转至未成年人司法体系时,其有时可能得不到足够的服务作为社会支持。对此,珍妮特·K. 维格(Janet K. Wiig)与约翰·A. 图尔(John A. Tuell)警告,历史上儿童福利政策和未成年人司法制度是分开运作的,这是由不同法定任务、经费拨款、任务说明和服务计划所决定的。但儿童福利与未成年人司法间的断链,在很大程度上影响了未成年人司法预期效果的发挥。[1] 为解决这一难题,域外不断探索并试图破解儿童福利与未成年人司法衔接不畅的问题。比如,美国联邦立法通过在儿童福利和未成年人司法系统中嵌入法律要求和资金激励措施,要求各州建立相应政策以解决这两个系统之间的链接不畅问题。[2] 这些衔接亦构成了未成年人司法自身有效运行所需的社会支持体系。

### 二、未成年人司法社会支持体系的回顾及反思

自创设伊始,各法域未成年人司法既要应对老问题的滋扰,也要面对新问题的挑战,然更多的是新老问题的交织,如校园欺凌、监护人性侵、网络成瘾、虐待儿童等。未成年人司法社会支持体系的完善之路,艰辛而漫长;而这莫不与一国政治、经济、文化发展水平相吻合的,体现一国的法治文明程度。[3]

在 20 世纪之前,各法域社会支持部门相对较少,但进入 20 世纪特别是未成年人司法逐步建立、健全后,各法域纷纷建立并加强了儿童福利机构的有效运作。比如,1912 年美国联邦儿童局的成立打破了专门性政府儿童福利部门缺失的窘况。而到 20 世纪 70 年代末,美国亦率先建立了由政府资助的全国性儿童保护制度。[4] 这些皆是儿童福利发展历程中的重要标志性事件,为未成年人司法发展提供了更多社会支持与福利保障。

一如未成年人司法的曲折发展,我国社会支持体系的发展之路亦是一波三折。中外未成年人司法的不同之处,除体现基本国情特别是对未成年人犯

---

〔1〕 See Janet K. Wiig & John A. Tuell, *Guidebook for Juvenile Justice & Child Welfare System Coordination and Integration: A Framework for Improved Outcomes* (*3rd Edition*), Robert F. Kennedy Children's Action Corps, 2013, p. xii.

〔2〕 See Janet K. Wiig & John A. Tuell, *Guidebook for Juvenile Justice & Child Welfare System Coordination and Integration: A Framework for Improved Outcomes* (*3rd Edition*), Robert F. Kennedy Children's Action Corps, 2013, p. xii.

〔3〕 参见张鸿巍:《为未成年人保护提供坚实法治保障》,载《中国教育报》2019 年 10 月 25 日,第 2 版。

〔4〕 See John E. B. Myers, *A Short History of Child Protection in America*, Family Law Quarterly, 42 (3), 2008, p. 460.

罪总体状况把握及对国家亲权法则反思外,亦体现了社会支持体系建构及不同服务供应者具体作用发挥的巨大差异,特别是政府统筹的具体责任。[1] 比如,《预防未成年人犯罪法》第4条要求,预防未成年人犯罪,在各级政府组织领导下,实行综合治理。该法同时要求"国家机关、人民团体、社会组织、企业事业单位、居民委员会、村民委员会、学校、家庭等各负其责、相互配合,共同做好预防未成年人犯罪工作,及时消除滋生未成年人违法犯罪行为的各种消极因素,为未成年人身心健康发展创造良好的社会环境"。第5条明确了各级政府在预防未成年人犯罪方面的职责,"制定预防未成年人犯罪工作的规划;组织公安、教育、民政、文化和旅游、市场监督管理、网信、卫生健康、新闻出版、电影、广播电视、司法行政等政府有关部门开展预防未成年人犯罪工作;为预防未成年人犯罪工作提供政策支持和经费保障;对本法的实施情况和工作规划的执行情况进行检查;组织开展预防未成年人犯罪宣传教育及其他预防未成年人犯罪工作职责"。

在各省市随后制定的实施办法中,有些省市对具体部门作了明确规定,但有些省市仍语焉不详,特别是政府职责含混不清,未有效承担起政府于未成年人司法社会支持体系建构中的主导责任。比如,甄贞指出,政府作为社会资源调配的主责单位,参与未成年人司法社会支持体系建设的职责不明,财政预算未予专门列支,经费保障力度不够。[2]

回顾我国未成年人司法社会支持体系的建构历程,始自1984年。在少年法庭及其后未成年人检察的创设期,社会支持体系开始探索并予以破冰,但彼时未成年人司法社会支持体系建设大致上是各自为政,亮点和具体举措乏善可陈,缺乏延续性、专业性及体系化。直至2015年12月,以最高人民检察院成立未成年人检察办公室为标志,未成年人司法社会支持体系建设进入快速发展的新时期。

我国司法机关,特别是检察机关介入未成年人司法社会支持体系尚未形成统一模式,但大体有如下两种基本路径:司法部门主导与司法部门推动,尤以后者最为常见。未成年人检察工作社会支持体系近年来起到了挑大梁的重要作用。2015年5月,最高人民检察院发布的《检察机关加强未成年人司法保

---

〔1〕 参见张鸿巍:《迎接未成年人刑事司法发展的"新常态"》,载《检察日报》2015年7月14日,第3版。

〔2〕 参见甄贞:《未成年人司法保护合力少不了社会支持》,载《人民政协报》2019年4月18日,第3版。

护八项措施》提出,在检察机关内部建立保护未成年人联动机制的同时,推动完善政法机关衔接配合及与政府部门、未成年人保护组织等跨部门合作机制,为建构检察特色支持体系大体指明了前进方向。2018 年 2 月,最高人民检察院与团中央共同签署《关于构建未成年人检察工作社会支持体系的合作框架协议》,进一步明确了检察机关与群团合作开展社会支持体系建设的顶层设计意见。在各地未成年人检察工作中,不断推动专业化办案与社会化保护的配合衔接,与妇联、共青团等群团组织合作,共同建构未成年人司法工作社会支持体系已是常态。以四川省成都市锦江区人民检察院为例,该院坚持党委领导、因地制宜,通过明确体系结构、健全工作机制、完善配套保障措施,实现多层次未成年人检察社会支持体系的有效运行和可持续发展。[1] 又如,江苏省江阴市检察院经过长期的探索和实践形成了"一体两翼三平台"的未检工作新模式:"一体"即"捕诉监防维"一体化办案机制;"两翼"即专业化和社会化;"三平台"即观护帮教工作站、雏鹰爱心港、未成年人法制教育基地等三大社会化平台。[2]

尽管我国未成年人司法发展已过半个甲子,基于办案而来的上述社会支持试点亦有一些有益探索,但整体上仍存在主体分散、服务缺失或重复、资金短缺、责任不清及集成不足等问题。尤其是司法专业性弱化与社会支持职业化不足,已成为制约当前未成年人司法个别化处分的突出问题。[3] 而理论研究滞后,亦是制约因素。[4] 即便未成年人检察工作社会支持体系已然取得较长足进展,但其法律依据、资源整合、配套机制等仍有待健全,如规范性文件效力层级较低、社会支持预期性与持续性缺乏保障、各地经济社会发展水平失衡、建设力度有待进一步加强等。[5]

## 三、服务集成理念的引入

在我国未成年人司法体系中建构社会支持体系,这既是未成年人司法完

[1] 参见成都市锦江区人民检察院课题组:《多层次未成年人检察社会支持体系的构建》,载《法制与社会》2018 年第 16 期。

[2] 参见赵衡:《构建社会支持体系全方位保护未成年人》,载《检察日报》2015 年 6 月 27 日,第 3 版。

[3] 参见徐庆天、潘志峰、高冰:《多层次未成年人检察社会支持体系的构建——以未成年人检察体制改革发展为视角》,载《〈上海法学研究〉集刊(2019 年第 20 卷)——上海市青浦区检察院文集》。

[4] 参见成都市锦江区人民检察院课题组:《多层次未成年人检察社会支持体系的构建》,载《法制与社会》2018 年第 16 期。

[5] 参见甄贞:《未成年人司法保护合力少不了社会支持》,载《人民政协报》2019 年 4 月 18 日,第 3 版。

善的重要保障,更是对国际公约及条约相应条款义务承担的回应。比如,《北京规则》第1.3条要求各会员方“应充分注意采取积极措施,这些措施涉及充分调动所有可能的资源,包括家庭、志愿人员及其他社区团体及学校和其他社区机构,以便促进少年的幸福,减少根据法律进行干预的必要,并在他们触犯法律时对他们加以有效、公平及合乎人道的处理”。又如,《北京宣言》第32条亦约定,“欢迎社区、当地政府、社会、文化、宗教、商界、媒体、群众组织、儿童组织、民间社会分担责任,以保证儿童的福祉。在这一范围内,支持向其他组织赋予权力,使其为儿童的最佳利益发挥更大作用”。这些条款皆不约而同提出,应通过全社会共同参与的方式来应对未成年人青春期问题和未成年人犯罪防控,体现出浓郁的服务集成理念。

受社会科学蓬勃发展的鼓舞,各法域未成年人司法亦愈加受数据驱动及问题解决导向的深刻影响。比如,确定未成年人再犯风险水平和具体需求,可以使司法部门及社会支持机构将有限资源分配给最有可能再次犯罪的未成年人,使服务和支持与未成年人及其家庭需求保持一致,确保提供适当的干预水平,并最大限度地为相关机构提供可用资源,以加强公共安全及未成年人顺利复归社区。[1] 由此,服务集成(service integration)这一概念,或可对建构我国未成年人司法社会支持体系有所裨益。服务集成又称统筹(collaboration)、协调(coordination)及人力服务集成(human services integration)等,目前较多出现在IT产业,系指管理多个业务及信息技术服务供应者并将其集成以提供面向业务的组织方法,旨在将各种内部和外部服务供应者相互依赖的服务无缝集成到点对点服务中,以满足业务需求。[2] 可见,在服务集成模式下的服务效能较高,以满足用户(user)及供应者(providers)不同需求为导向。

但“服务集成”一词实则最早出自卫生健康领域,且仍被该领域广泛适用,包括对未成年人保护。世界卫生组织(World Health Organization,WHO)强调,集成是达到目的之手段,而非目的本身。他们主张从不同角度或层次来审视集成之界定。比如,视乎集成之用户及供应者,“集成”概念有所差异:就用户而言,集成意味着无缝、顺畅且易于浏览的医疗保健。当用户需要协调服务时,该服务可以将预约的阶段数和对医疗机构的单独访问次数均减至最少。

---

〔1〕 See Tim Decker, *A Roadmap to the Ideal Juvenile Justice System*, McCourt School of Public Policy Georgetown University, 2019, p. 11.

〔2〕 See Marius Goldberg, Axel Kieninger, Gerhard Satzger & Hansjörg Fromm, *Transition and Delivery Challenges of Retained Organizations in IT Outsourcing. International Conference on Exploring Services Science*, Springer, Cham, 2014, p. 56 – 71.

通过该解读,世界卫生组织希望医务工作者从整体上了解用户健康,而不仅是临床方面,并且希望系统中不同级别的医务工作者之间进行良好的沟通。而对供应者来说,集成则意味着可以一起或以紧密协调的方式提供管理、资助和评估单独的技术服务及其管理支持系统。[1] 类似地,美国公共健康卫生专家丹尼斯·L. 科德纳(Dennis L. Kodner)与科·斯普林堡(Cor Spreeuwenberg)亦主张,集成是在资金、行政、组织、服务提供临床上之整套且连贯的方法和模型,旨在于治疗和护理领域内部和之间建立联系,以加强协调和协作。这些方法和模型建构之目标是为跨越多个服务、供应者和患者提高护理质量、生活质量、消费者满意度和系统效率。与之伴随而来的"集成关爱"(integrated care)概念,亦被用以说明服务集成在卫生健康等领域的作用。为这些特殊患者群体之利益而进行的多种努力及促进融合的结果,被称为"集成关爱"。[2]

## 四、未成年人司法社会支持体系的服务集成

各法域未成年人司法之成功经验表明,社会支持体系应当尽可能涵盖多元化的司法处分导向,不但要顾及对未成年犯罪人的及时矫正及除标签化,亦要将复归社区的终极目标纳入现实考虑。而后者之实现,实有赖于服务集成型社会支持体系对未成年犯罪人之戒治,可谓层层相连,环环相扣。[3] 《未成年人保护法》具有鲜明的时代性、本土性和国际性,进一步确立了未成年人司法特色制度与框架结构,有效协调了学校保护、社会保护、司法保护、政府保护及网络保护之间的关系,使各部分形成了相互印证与支撑的完整体系,代表了目前我国未成年人司法理论研究与实务实践的较高水平。[4] 比如,其修订草案第 6 条规定,"保护未成年人,是国家机关、武装力量、政党、社会团体、企业事业组织、城乡基层群众性自治组织、未成年人的监护人和其他成年人的共同责任",可被视为将服务集成概念纳入其中的表现,以管理和协调不同服务供应者提供的服务整合。

首先,在未成年人司法系统中,不同服务用户及供应者之间对社会支持服

---

[1] See World Health Organization, *Integrated Health Services-What and Why? Technical Brief No.* 1. Geneva: World Health Organization, 2008, p. 5.

[2] See Dennis L. Kodner & Cor Spreeuwenberg, *Integrated Care: Meaning, Logic, Applications, and Implications-a Discussion Paper*, International Journal of Integrated Care, 2002, p. 1.

[3] 参见张鸿巍:《迎接未成年人刑事司法发展的"新常态"》,载《检察日报》2015 年 7 月 14 日,第 3 版。

[4] 参见张鸿巍:《为未成年人保护提供坚实法治保障》,载《中国教育报》2019 年 10 月 25 日,第 2 版。

务集成的动机、期望和作用却大不相同。从《未成年人保护法》的内容看,这些不同类型的保护并非等量齐观,亦非各自为战,而是紧密结合,互为倚重,即集成为社会支持体系之部分。基于对服务集成的理解,本书认为,未来或逐步建构以社会保护为框架、政府统筹为主导、家庭参与为基础、司法介入为保障的未成年人司法社会支持体系。这一社会支持体系建设的重点不仅在于有效实现对未成年人违法犯罪之防控,更在于通过社会化的层层衔接,推动未成年人切实认知并勇敢肩负起自身对所犯之责任及抓住戒治机会,实现顺利复归社区的终极目标。[1] 构建以社会保护为框架的社会支持体系,将为未成年人司法之健全应有之义。

其次,各法域未成年人司法的成功经验及失败教训,皆揭示了这样的朴素道理:全面、深入而有效的未成年人司法体系实有赖于政府主导之儿童福利体系的建构与完善,而这其中并非毕其功于一役。政府主导在某种程度上的缺位,已然对未成年人司法建构和完善造成了一些影响。《未成年人保护法》第9条规定,"县级以上人民政府应当建立未成年人保护工作协调机制,统筹、协调、督促和指导有关部门在各自职责范围内做好未成年人保护工作。协调机制具体工作由县级以上人民政府民政部门承担,省级人民政府也可以根据本地实际情况确定由其他有关部门承担"。在其后"政府保护"专章中,草案先后有19条之多,比较详细地规定了政府及其相关组成部门在未成年人保护中的具体责任,涵盖机建构设、经费保障、业务指导、服务监督等不同领域。从曾经的立法缺位到如今的专章设立,"政府保护"将政府相关职能部门的职责进一步明晰化,特别明确了政府应当设立未成年人保护工作委员会,这为建构未成年人司法工作协调机制及落实政府主导责任提供了制度框架。[2] 构建以政府统筹为主导的社会支持体系,将为未成年人司法之健全夯实基础。

再次,鉴于"国家亲权"法则可赋权国家作为"替代父母"而接受父母未及提供适当照护的儿童,家庭在参与未成年人戒治中的作用发挥有时被忽略了。但美国的研究表明,对1000多名未成年犯之家庭成员进行的调查显示,有91%的家庭认为法院应更多地让家庭参与对被判定有罪孩子之决策中,而

---

〔1〕 参见张鸿巍:《迎接未成年人刑事司法发展的"新常态"》,载《检察日报》2015年7月14日,第3版。

〔2〕 参见张鸿巍:《为未成年人保护提供坚实法治保障》,载《中国教育报》2019年10月25日,第2版。

86%的家庭表示有更多兴趣参与其子女之矫正。[1] 上述数据或显示,家庭参与对未成年人司法运作作用独特而重要。目前我国家庭介入和参与未成年人司法还是处于探索性的,但司法机关在引导亲职教育方面已开始破冰。于其中,检察介入已迈出重要一步,对强制亲职教育的探索逐渐由涉罪未成年人案件拓展到一些其他案件,包括儿童性侵案件等。尽管家庭参与的重要性对未成年人司法建构意义不言而喻,但对具体实现路径仍存在一些争议,而积极引入第三方社会组织的干预,可避免未成年人检察工作的过度司法化。[2] 比如,为满足强制亲职教育社会化需求,锦江区人民检察院与当地社会组织合作,通过微信课堂和网络教育平台等形式,对监护人开设系统性强制亲职教育课程,以帮助其与孩子增强沟通,引导参与未成年人司法流程。[3] 构建以家庭参与为基础的社会支持体系,将为未成年人司法之健全固本强基。

最后,当前的"社会支持体系建设"在很大程度上或可被视为对过去若干年基于检察及审判业务职能必要延伸的定格化。然起源与变革未成年人司法特别是未成年人检察的经验,未成年人司法不单单需与传统司法左冲右突,更需在司法之外的社会支持体系建设中寻求破局。[4] 以检察介入为例,近年来国际社会不断加强检察院及检察官在推进和促成未成年人司法社会支持体系中的作用。《关于检察官作用的准则》第20条规定,"为了确保起诉公平而有效,检察官应尽力与警察局、法院、法律界、公共辩护人和政府其他机构进行合作"。为实现未成年人犯罪防治及未成年被害人保护,检察机关实有必要围绕检察职能,不断加强与执法、法院、社会组织联系,共同建构社会支持体系。以美国米德尔塞克斯地区检察院为例,其专门成立了由检察官、儿童面谈专家、儿童性侵犯护士检查员、检察官助理和辅助人员等组成的儿童保护科,在性虐待、身体虐待和性剥削等案件中具有专业知识。该部门与当地儿童保护部门合作,减少了对被害人的调查面谈次数和出庭次数,并协调了被害人和非犯罪

---

〔1〕 Vera Institute of Justice, *Family Engagement in the Juvenile Justice Systew*, Juvenile Justice Factsheet 5, New York, NY: Vera Institute of Justice. Development Services Group, *Family Engagement in Juvenile Justice: Literature Review*, Washington, D. C.: Office of Juvenile Justice and Delinquency Prevention, Accessed December 22, 2019, https://www. ojjdp. gov/mpg/litreviews/Family-Engagement-in-Juvenile-Justice. pdf.

〔2〕 参见张鸿巍:《强制亲职教育的范围与立法》,载《人民检察》2017年第22期。

〔3〕 参见刘传稿:《构建未成年人检察社会支持体系》,载《检察日报》2017年11月21日,第3版。

〔4〕 参见张鸿巍:《迎接未成年人刑事司法发展的"新常态"》,载《检察日报》2015年7月14日,第3版。

家庭成员的服务,而其起诉决定以儿童最佳利益为指导。[1] 我国多地检察机关借助社会力量尤其是未成年人社会工作机构,开展了较为有效心理干预、人格甄别及行为矫正等工作,亦取得一些实效,比如,2009 年以来上海市 99.4% 涉罪未成年人没有脱保或者重新犯罪,这些工作有力促进了未成年人司法与社会支持体系的良性互动。[2] 构建以司法介入为保障的社会支持体系,将为未成年人司法之健全保驾护航。

---

〔1〕 See Middlesex District Attorney's Office, *Child Protection Unit*, Accessed December 22, 2019, https://www.middlesexda.com/child-protection-unit.

〔2〕 参见林中明:《办案专业化与帮教社会化良性互动——上海:良性互动让 99.4% 涉罪未成年人顺利回归社会》,载《检察日报》2019 年 11 月 10 日,第 1 版。

# 第十三章　评估：风险/需求评估适用

## 第一节　再犯罪预防中的风险/需求评估

### 一、未成年人再犯罪预防

近年来，未成年人犯罪特别是再犯罪问题，愈加引起社会各界的广泛关注。最高人民法院的报告显示了未成年人犯罪的整体情况，如 2009～2017 年全国未成年人犯罪数量呈下降趋势，其中 2016 年降幅达 18.47%，[1]但未对未成年人再犯罪情况予以描述。尽管未成年人犯罪数在总体层面上呈下降趋势，但一些司法数据显示未成年人再犯罪在某些地区处于上升态势，比如，2015～2018年浙江省金华市检察机关受理审查起诉的未成年人再犯罪案件 83 件 83 人，呈逐年上升趋势。[2] 放眼域外，未成年人实际被捕率在过去十余年虽有所下降，但再犯罪率维持在高位。[3] 比如，美国一些州的未成年犯罪人在获释一年内的平均被捕率为 55%，再监禁率约为 24%。[4] 这些数字或从一定程度上表明，未成年人偏差之严重性远不止犯罪绝对人数之多与寡，亦不全然在于犯罪率之高与低，而在于其犯罪特质所出现的新变化。这些变化既体现在未成年人帮派犯罪及高智商犯罪的加剧，亦体现在未成年人再犯罪预防及矫正干预难度的提升。

从严格意义上来说，“再犯罪”尚非严谨之法律术语，其何时进入汉语语境已较难考证。最高人民法院、最高人民检察院、公安部、司法部等中央政法部

---

〔1〕 参见中国司法大数据研究院：《从司法数据看我国未成年人权益司法保护和未成年人犯罪特点及其预防》，载最高人民法院官网 2018 年 6 月 1 日，http://courtapp.chinacourt.org/fabu-xiangqing-99402.html。

〔2〕 参见傅跃建、傅俊梅：《未成年人社区矫正的若干思考——以 J 市检察机关办理的未成年人再犯罪案为样本》，载《〈上海法学研究〉集刊（2019 年第 18 卷）》，第 33 页。

〔3〕 See Kristin C. Thompson & Richard J. Morris, *Predicting Recidivism Among Juvenile Delinquents: Comparison of Risk Factors for Male and Female Offenders*, Journal of Juvenile Justice, 3(1), 2013, p. 36.

〔4〕 See Development Services Group, Inc, *Juvenile Reentry: Literature review*, Washington, D. C.: Office of Juvenile Justice and Delinquency Prevention, Ministry of Justice, 2017, p. 1.

门从不同角度出发,皆出台过有关再犯罪或重新犯罪的指导性文件,但未对再犯罪或重新犯罪概念进行明晰界定,导致在司法实务中对此认定和处理上出现一定混乱。[1] 通常意义上的"再犯罪",取有犯罪前科而再次犯罪之意。具体到未成年人再犯罪的相关指导性文件,最高人民检察院近年发力相对较多,尤其在2017年3月颁行之《未成年人刑事检察工作指引(试行)》(以下简称《未检指引》)全文5处提及"再犯罪"。比如,其第114条在规定讯问未成年犯罪嫌疑人主观方面内容时,要求检察机关应当注意"有犯罪前科的,要问明再犯罪的原因,及犯罪后的主观悔罪认识",第115条继而要求,"讯问过程中,应当以预防再犯罪为目标,深入探究未成年人走上犯罪道路的主客观原因及回归社会的不利因素和有利条件"。2020年12月26日修订通过的《预防未成年人犯罪法》以7章68个条文较为详细规定了预防未成年人犯罪的基本方针与路径选择,其中第5章有11个条文规定了"对重新犯罪的预防"。类似规定充分表明,未成年人司法以预防未成年人再犯罪为重要导向。

随着未成年人再犯罪及其预防形势的变化,未成年人司法核心原则亦与时俱进,特别是推进以未成年人司法改革为导向的循证方法适用;促进基本公平正义;明晰未成年人与成年人发展之间的差异、未成年人个体优势及其需求、戒治潜力;敦促未成年人责任承担及防卫社区安全。[2] 基于未成年人再犯罪预防的成功经验,未成年人司法逐渐将关注点聚焦于预测未成年人再犯罪的风险与个别化处遇。对此,《北京规则》第30.2条亦强调,"应做出努力定期地审查和评价少年不法行为和犯罪的趋势、问题和原因及被拘禁的少年的各种特殊需要"。而若可精确量化与预测未成年人再犯罪风险与明确其实际需求并着力解决这些棘手问题,或可降低其再犯罪可能性。正如我国台湾地区犯罪学学者陈玉书与简惠霨所指出的,"首要工作即在透过严谨的实证研究,深入探求再犯成因,进行再犯预测,并拟定预防、辅导策略以降低再犯率"。因此,实有必要筛选及确定再犯罪风险较高之未成年人,并据此分配未成年人司法及社会支持资源以实现再犯罪风险的动态管理与再犯罪预防。

域外未成年人司法早已遵此导向与目标,并陆续研发了一些评估未成年人再犯罪风险之评估量表。大体上,这些由未成年人群体与个体层面信息所

---

〔1〕 参见江华锋:《我国重新犯罪概念的再界定》,载《学海》2017年第3期。

〔2〕 See Gina M. Vincent, Laura S. Guy & Thomas Grisso, *How to Get Most Out of Risk Assessment in Juvenile Justice. Risk Assessment in Juvenile Justice: A Guidebook for Implementation*, Chicago, IL: John D. and Catherine T. MacArthur Foundation, 2012, p. 18.

建构之精算数据首先被用于拟合预测模型，以评估其再犯罪之概率；继而，使用拟合模型进行个别化风险评分，这些评分将最终被用来研判再犯罪风险之高低并作出相应决策。[1] 既往大量循证研究已深刻表明，相较于主观或非结构化方法，由结构化风险/需求评估方法产生之结果在量化及预测未成年人再犯罪风险方面更为准确及一致。为了解决司法系统决策失实、不公平及效率低下等诸多问题，法官及犯罪矫正官可更多地使用结构化的风险/需求评估量表来辅助作出保释、量刑及假释裁决。[2]

近年来，各法域未成年人司法机构已越来越多地依赖风险/需求评估量表来评估未成年人再犯罪之可能性。[3] 在未成年人司法学者吉娜·M. 文森特（Gina M. Vincent）、劳拉·S. 盖伊（Laura S. Guy）及托马斯·格里索（Thomas Grisso）看来，未成年人司法实务者通常须确定未成年人是否需要借助某些干预措施以降低其对他人造成伤害之风险。而风险/需求评估则可辅助未成年人司法机构做出妥适决策，原因如下：首先，风险/需求评估将评估在未采取任何干预措施时未成年人再犯罪之可能性，受过专业训练之评估人员可使用量表来评估未成年人再犯罪的风险程度。其次，风险/需求评估可指导个别化干预项目，研拟哪些领域可以作为干预的最佳方向，以减少未成年人再犯罪之可能性。最后，风险/需求评估为未成年人司法机构提供了重要数据收集之标准化方法，而这可预测未成年人戒治的需求内容，由此确定投入司法资源之类型与其分配比率；若运用得当，风险/需求评估可衡量未成年人于未成年人司法机构所受惩教矫正的总体境况。[4]

针对未成年人再犯罪的探讨一直皆是我国法学理论界与司法实务界探讨的热点问题，而对其适用刑事政策的态度差异亦造就立法者、研究者、实务者与民众在诸多意见上的分歧与对立。2019 年 10 月在审议《未成年人保护法》及《预防未成年人犯罪法》修订时，全国人大常委会委员较多地认为，“要及早发现有不良行为，特别是有严重不良行为的未成年人，及早采取措施，加强教

---

〔1〕 See Sharad Goel, Justin M. Rao & Ravi Shroff, *Personalized Risk Assessments in the Criminal Justice System*, American Economic Review: Papers & Proceedings, 106(5), 2016, p. 119.

〔2〕 See Sharad Goel, Justin M. Rao & Ravi Shroff, *Personalized Risk Assessments in the Criminal Justice System*, American Economic Review: Papers & Proceedings, 106(5), 2016, p. 119.

〔3〕 See Sarah L. Desmarais et al., *Risk Assessment Instruments Validated and Implemented in Correctional Settings in the United States*, 2013, Lexington, KY: Council of State Governments.

〔4〕 See Gina M. Vincent, Laura S. Guy & Thomas Grisso, *How to Get Most Out of Risk Assessment in Juvenile Justice*, Risk Assessment in Juvenile Justice: A Guidebook for Implementation, Chicago, IL: John D. and Catherine T. MacArthur Foundation, 2012, p. 5.

育、矫治和约束”。同时,未成年人严重犯罪和再犯罪问题亦引起了部分常委会委员的高度重视。比如,李钺锋委员认为,“对于未成年人严重犯罪和重复犯罪的,不应该再减轻处罚,可以考虑作身心健康和行为能力鉴定”。[1] 这些意见皆对时下未成年人再犯罪预防的专业性评估提出了更高要求,值得审慎应对。

## 二、未成年人风险/需求评估适用的探索与挑战

### (一)探索:风险/需求评估的缘起

再犯罪风险及风险评估概念,由来已久。早在2400多年前,古雅典人即在决策作出前对决策风险进行评估。[2] 南北战争结束后不久,美国即开始在刑事司法中探索风险评估之适用。至19世纪末,刑事司法处遇开始从死刑及肉刑转向戒治,强调根据犯罪人个体特点而不仅依据其罪行来确定处罚严重程度,进而敦促其顺利复归社会。[3] 继纽约州及马萨诸塞州分别于1876年、1878年通过假释法与缓刑法后,各州越发强调将戒治作为最终目标,并给予犯罪人个别化判决及处遇,特别是那些被认为不太可能再犯罪之人。[4] 受此趋势影响,对犯罪人进行风险评估很快成为刑罚制度之核心内容,如加利福尼亚州于1917年引入不定期刑,同时给予服刑人最低刑期与最高刑期;而一旦被评估为符合可接受之低再犯罪风险标准时,服刑人可被释放。[5]

风险/需求评估之发展并非一蹴而就,早期以临床经验为内容的风险评估亦被迭代更新。从基本概念界定出发,风险评估手段不断衍变并发展出更复杂、更准确的研判方法来校准犯罪人再犯罪风险等级。然风险评估发展道路难免有些许曲折,包括刑事司法及未成年人司法系统在内的公共社会服务机构作出有关决策时曾过度依赖其主观临床之经验判断。这种决策方法通常导致资源分配不良、个案间处遇不一致、个人偏见左右决策等负面情况,同时,亦

---

〔1〕 樊大彧:《实事求是地处理未成年人严重犯罪问题》,载《北京青年报》2019年10月28日。

〔2〕 See Terje Aven, “*Risk Assessment and Risk Management: Review of Recent Advances on Their Foundation*”, European Journal of Operational Research, 253, 2016, p. 1.

〔3〕 See Danielle Kehl, Priscilla Guo & Samuel Kessler, *Algorithms in the Criminal Justice System: Assessing the Use of Risk Assessments in Sentencing*, Cambridge, MA: Berkman Klein Center for Internet & Society, Harvard Law School, 2017, p. 6.

〔4〕 See John Monahan & Jennifer L, *Skeem. Risk Assessment in Criminal Sentencing*, Annual Review of Clinical Psychology, 12, 2016, p. 490.

〔5〕 See John Monahan & Jennifer L, *Skeem. Risk Assessment in Criminal Sentencing*, Annual Review of Clinical Psychology, 12, 2016, p. 490.

豁免了未成年人司法实务者对其作出之决策应承担的责任。[1]

(二)实践：风险/需求评估精算化

鉴于由专业评估而来的个别化戒治方案及再犯罪预测越发重要的事实，自1928年以来，精算化风险评估逐步进入公共社会服务机构。[2] 及至1930年，美国伊利诺伊州曾应用犯罪史、人口因子与再逮捕间关系之统计模型来研判该州假释状况。[3] 然"风险评估"术语之正式现身则晚至1957年。而自1970年以来，未成年人司法不断探索使用精算化风险评估量表来预测未成年人再犯罪的可能性。随时间推移，未成年人风险/需求评估愈加专业化与科学化，已被广泛适用于未成年人司法系统中的不同决策节点。相关评估基本是通过问卷及调查来实现的，尽管在问题设计、量表长度及面项设置上各不相同，但几乎皆围绕性别、年龄、族裔、学业、亲职及犯罪史等因子展开，而这些皆被认为是评估未成年人再犯罪的重要预测因子。在认识到风险/需求评估对未成年人司法的独到作用后，美国联邦、州及地方未成年人司法机构不断推进其专业化建设，联邦司法部对此更是不遗余力。1993年，联邦司法部未成年人司法及偏差预防署发布《应对未成年严重、暴力及惯犯综合战略》(Comprehensive Strategy for Serious, Violent, and Chronic Juvenile Offenders)，明确要求在更广泛的未成年人司法改革中努力推进有效、可靠和公平的风险评估。两年后，该署不仅启动了全国性未成年人风险/需求评估培训和技术援助计划，亦发布了《应对未成年严重、暴力及惯犯综合战略实施指南》(Guide for Implementing the Comprehensive Strategy for Serious, Violent, and Chronic Juvenile Offenders)。这些努力皆为未成年人风险/需求评估的精算化发展提供了诸多联邦资源与支持。

通过梳理已有风险/需求评估相关研究成果发现，我国学者大约于20世纪80年代后期始涉足犯罪人重新犯罪之预测。以"心理诊断"为切入点，犯罪心理学者罗大华主张对罪犯刑满释放后是否可能再犯罪进行预测，建议采取罪

---

〔1〕 See Carrie Maloney & Joel Miller, *The Impact of a Risk Assessment Instrument on Juvenile Detention Decision-making: A Check on "Perceptual Shorthand" and "Going Rates"?* Justice Quarterly, 32(5), 2015, p. 901.

〔2〕 See Chris Baird, Theresa Healy, Kristen Johnson, Andrea Bogie, Erin Wicke Dankert & Chris Scharenbroch, *A Comparison of Risk Assessment Instruments in Juvenile Justice*, Oakland, CA: National Council on Crime and Delinquency, 2013, p. i.

〔3〕 See Sarah Picard-Fritsche, Michael Rempel, Jennifer A. Tallon, Julian Adler & Natalie Reyes, *Demystifying Risk Assessment Key Principles and Controversies*, New York, NY: Center for Court Innovation, 2017, p. 4.

犯自我诊断、罪犯集体诊断和管教干部诊断三结合规则开展预测及预防再犯罪的工作。[1]

(三)成熟:风险/需求评估精算化

进入2000年,各法域未成年人司法机构越发积极采用风险/需求评估量表来预防未成年人再犯罪,风险/需求评估开始朝着精算化方向不断成熟。特别是2002年修订之美国联邦《未成年人司法及未成年人偏差预防法》敦促协助各州"设计及利用风险评估机制,以辅助未成年人司法实务者确定对未成年人适当制裁"。[2] 该法亦特别指出,应通过高质量之预防项目来解决未成年人偏差问题,降低未成年人再犯罪的风险,进而降低暴力犯罪发生率。因几种行之有效的风险/需求评估量表是专门为未成年人司法设计的,未成年人司法机构愈加倚重风险/需求评估的应用。[3] 精算化风险/需求评估所呈现的前所未有的增长态势受到许多因素推动,包括无处不在的互联网、因智能设备使用而产生的海量数据及对数据驱动型决策的不断强调。[4] 美国联邦最高法院在2005年"罗珀诉西蒙斯案"[5]与2011年"格雷厄姆诉佛罗里达州案"(*Graham v. Florida*)[6]等案相关判决中使用了上述相关研究成果,再次确认了"未成年人不同于成年人"这一未成年人司法处遇之核心理念。[7] 未成年人司法专业化提升的关键促成因素乃不断强调循证实践,进一步完善和推进行之有效的风险/需求评估方法,全美适用未成年人风险/需求评估之法域亦因此不断增多,从33%增至86%。[8] 2015年,美国国会通过《2015年量刑及矫正法》(Sentencing Reform and Corrections Act of 2015)。该法第203条要求,联邦司法部须制定供联邦监狱管理局使用的"量刑后风险/需求评估系统"(Post-

---

〔1〕 参见罗大华:《论对罪犯刑满释放后重新犯罪的预测和预防》,载《政法论坛》1987年第1期。

〔2〕 See Juvenile Justice and Delinquency Prevention Act, § 102(3).

〔3〕 See Gina M. Vincent, Laura S. Guy & Thomas Grisso, *How to Get Most Out of Risk Assessment in Juvenile Justice. Risk Assessment in Juvenile Justice: A Guidebook for Implementation*, Chicago, IL: John D. and Catherine T. MacArthur Foundation, 2012, p. 17.

〔4〕 See Danielle Kehl, Priscilla Guo & Samuel Kessler, *Algorithms in the Criminal Justice System: Assessing the Use of Risk Assessments in Sentencing*, Cambridge, MA: Berkman Klein Center for Internet & Society, Harvard Law School, 2017, p. 3.

〔5〕 *Roper v. Simmons*, 543 US 551 (2005).

〔6〕 *Graham v. Florida*, 130 S. Ct. 2011, 176 L. Ed. 2d 825 (2010).

〔7〕 See Gina M. Vincent, Laura S. Guy & Thomas Grisso, *How to Get Most Out of Risk Assessment in Juvenile Justice. Risk Assessment in Juvenile Justice: A Guidebook for Implementation*, Chicago, IL: John D. and Catherine T. MacArthur Foundation, 2012, p. 18.

〔8〕 See Craig S. Schwalbe, *A Meta-Analysis of Juvenile Justice Risk Assessment Instruments: Predictive Validity by Gender*, Criminal Justice and Behavior, 35(11), 2008, p. 1367.

Sentencing Risk and Needs Assessment System),以评估服刑人再犯罪及暴力风险并确保适当的床位、分组及任务,这亦为未成年人司法中风险/需求评估的更新换代提供了借鉴思路。[1] 至 2016 年,全美地区检察官协会出台了《未成年人检察政策立场及指南》(Juvenile Prosecution Policy Positions and Guidelines)。在这一重要行业规范中,检察官协会敦请检察官应使用经验证之筛选及评估量表,以此评估未成年人再犯罪风险、未成年人具体矫正需求、未成年人转介优势和(或)行为健康问题。[2] 域外风险/需求评估的研究和实践已经从非结构化的临床判断转向更加基于循证而来的结构化方法。然该方法亦存有自身局限性,如评估耗时较长且可能出现量表结果与真实情况存在误差等问题。

2000 年前后,精算式再犯罪风险评估逐步走进我国犯罪矫正机关及学者的研究视野,并取得了一些进展,主要包括域外介评及一些初步循证研究。[3] 比如,2003 年 11 月 ~2004 年 4 月,黄兴瑞、曾赟、孔一等学者对浙江省 500 名在押未成年服刑人和 500 名在校中学生进行了比较调查。研究发现,在社会因子方面,14 项家庭环境因素、6 项学校纪录、18 项早年行为模式、4 项社会交往因子与未成年初犯存在关联;而在心理因素方面,亦检选出病态人格因子。[4] 这是较早开展未成年人再犯罪评估的循证研究。而在借鉴、消化和吸收域外经验的基础上,我国学者及司法行政部门亦陆续研发了一些风险评估量表。这些评估量表比较重视心理状况评估,同时关注家庭居住因子。如 2014 年,犯罪心理学者崔海英借助美国"青少年服务等级与个案管理量表"(YLS/CMI),以 105 名北京及河南两省市未成年犯管教机构未成年犯样本进行未成年人风险评估研究。尽管"青少年服务等级与个案管理量表"有可取之处,但在 42 项风险因子中,药物滥用中偶尔吸毒、是否被判过缓刑、是否被拘留羁押过、当前有罪判决是否在 3 项或以上、家庭环境/父母教养方式等个别因子不太符合国情,需要修订以增强评估效度。[5] 一些学者亦对域外未成年人再犯罪风险评

---

[1] See Sentencing Reform and Corrections Act of 2015, § 203.

[2] See National District Attorneys Association, *Juvenile Prosecution Policy Positions and Guidelines*, Alexandria, VA: National District Attorneys Association, 2016, p. 10.

[3] 参见崔海英:《未成年人犯罪危险评估考察:源起与现状》,载《广西警官高等专科学校学报》2015 年第 6 期。

[4] 参见黄兴瑞、曾赟、孔一:《少年初犯预测研究——对浙江省少年初犯可能性的实证研究》,载《中国刑事法杂志》2004 年第 6 期。

[5] 参见崔海英:《以 YLS/CMI 为工具的未成年人危险评估实证研究》,载《中国刑事法杂志》2016 年第 3 期。

估量表之本土化提出了一些完善建议,但专门针对未成年人再犯罪风险评估的量表及因子仍亦亟须开发研究。[1] 整体来说,相关风险评估研究现状大致停留在西方第一、二代量表水平上,差距仍比较明显。[2]

受域内外犯罪人戒治及再犯罪预防循证研究成果丰富的鼓舞,我国行政司法部门近年来愈加重视再犯罪风险评估的循证研究及量表研发。2016 年 4 月,司法部监狱管理局制定了《关于开展罪犯危险性评估工作的意见(试行)》,在北京等 11 个省、自治区、直辖市开展罪犯危险性评估试点工作。2019 年 1 月,司法部印发《全面深化司法行政改革纲要(2018—2022 年)》,明确提出将建设“重新犯罪大数据监测分析平台”。2019 年 5 月,司法部召开重新犯罪问题调查领导小组第二次会议,强调把重新犯罪问题调查放在推进全面依法治国、防范化解重大风险的大局中来谋划。“重新犯罪大数据监测分析平台”建设及重新犯罪问题调查,首次汇聚法院、检察、公安、司法行政机关的重新犯罪相关数据。[3] 这些有益探索,皆对进一步为建立和健全我国未成年人再犯罪风险/需求评估体系提供了政策性依据。

### 三、未成年人风险/需求评估的适用

#### (一)未成年人风险/需求评估的界定

作为舶来品的风险/需求评估(risk/needs assessment),通常又称刑事司法算法(criminal justice algorithms),由风险评估(risk assessment)及需求评估(needs assessment)两部分组成。其中,“评估”(assessments)通常系指按遵循既定标准来评价与估量已有或将有之效果的过程。其一般为综合性评估,包括风险评估、需求评估、心理健康评估及未成年人认知或智力能力评估。[4]

“风险评估”涉及对“风险”(risk)一词之理解与适用,后者通常体现为不确定性。“风险”系指持续不良后果发生之可能性或者个体遭受伤害之概率,

---

〔1〕 参见骆晓一、王超:《数据挖掘模式下的再犯风险评估研究》,载《山东警察学院学报》2016 年第 6 期。

〔2〕 参见刘卫丹、杨畅、黄峰:《基于 RNR 原则的罪犯风险评估理论与实践》,载《犯罪与改造研究》2016 年第 6 期。

〔3〕 参见司法部:《司法部召开重新犯罪问题调查领导小组第二次会议》,载司法部网 2019 年 5 月 21 日,http://www. moj. gov. cn/news/content/2019 - 05/21/bnyw_235821. html。

〔4〕 See Administrative Office of the Courts, *Screening and Assessment in Juvenile Justice Systems: Evaluating Risks and Needs of Youth in the Juvenile Justice System*, San Francisco, CA: Judicial Council of California, 2011, p. 1.

其中不良后果涵盖死亡、辍学、经济损失及未来实施犯罪等诸多内容,[1]尤其是再犯罪。未成年人司法实务者肩负着确定上述相关行为或活动在未来是否可能发生之任务,及这些潜在“风险”是否严重到需要某种形式的积极干预。比如,在文森特、盖伊及格里索看来,未成年人司法实务者确定再犯罪风险之高低通常需要考量两个因素。一是未成年人负面行为造成后果之危害程度。他们继而示例,相较于入店行窃等轻微犯罪及偏差行为,殴打或抢劫等行为通常被认为具有“更大风险”。二是若不采取任何干预措施,则可能发生二次负面行为。这两种风险考量因素皆与未成年人司法实务者的具体工作相关,由后者决定如何应对已实施偏差及犯罪行为并且可能再犯罪之未成年人。由此,他们主张两者中应侧重于第二个考量因素,即未来发生负面行为的可能性。[2]

在我国未成年人司法规范性法律文件中,《未检指引》是为数不多的明确提出“风险评估”概念的规范性法律文件,其对“风险评估”之定义主要是围绕引导社会舆论及有效防范执法办案风险展开的,如第 23 条规定,“人民检察院办理未成年人刑事案件,应当加强办案风险评估预警工作,主动采取适当措施,积极回应和引导社会舆论,有效防范执法办案风险”。言及对触犯严重不良行为之未成年人的专门教育与专门矫治教育时,新修订之《预防未成年人犯罪法》也多处规定了专门评估。未成年人司法实务中,亦有采用“人格甄别”“再犯评估”等术语对应之。

依等级不同,“风险”通常分为低风险、中风险及高风险。风险等级越低则再犯罪风险就越低,然这在个体上的评估结论并非绝对的。低风险意味着未成年人不太可能再犯罪,即未成年人已被确定具有那些通常未被再次羁押的未成年人特征。但这里所言之“低风险”并不意味着绝对零风险。被确定具有那些被再次羁押之未成年人的典型性特征的未成年人,则被归类为高风险之未成年人。值得注意的是,当依风险程度高低决定作出何种干预措施时,仍应保有审慎态度。已有相当多的循证研究警告,即便未接受过任何干预,处于低风险的未成年人再犯罪之可能性亦较低;亦有一些相关研究表明,向其提供干

---

〔1〕 See Sarah Picard-Fritsche, Michael Rempel, Jennifer A. Tallon, Julian Adler & Natalie Reyes, *Demystifying Risk Assessment Key Principles and Controversies*, New York, NY: Center for Court Innovation, 2017, p. 4.

〔2〕 See Gina M. Vincent, Laura S. Guy & Thomas Grisso, *How to Get Most Out of Risk Assessment in Juvenile Justice. Risk Assessment in Juvenile Justice: A Guidebook for Implementation*, Chicago, IL: John D. and Catherine T. MacArthur Foundation, 2012, p. 29.

预可能事与愿违,即可能增加其再犯罪风险。相较之下,高风险则意味着若未成年人未得到适当干预及监督,其未来较有可能再犯罪。而介于低风险与高风险间的是中风险,此类未成年人再犯罪率接近于未成年人平均水平,[1]亦因据未成年人实际需求而给予个别化、针对性干预。

至于"需求评估",即为确认及推动对未成年人个别化、针对性干预措施的风险因子而出现的。风险因子即再犯罪预兆,相关惩教、矫正及干预措施应针对未成年人个体之风险因子或犯因性需求,而这些需求亦被界定为与再犯罪相关之动态需求。与监禁等惩罚性制裁相比,针对犯因性需求的矫正措施在预防未成年人再犯罪上较为便宜且更为有效。易言之,需求评估可通过个别化矫正或干预来改变影响未成年人再犯罪之相关因子,进而降低未成年人再犯罪的可能性。[2] 因此,某种特定干预对两名具有相同或类似犯因性需求的未成年人而言并非皆适合。[3] 非针对性服务通常不太可能对未成年人再犯罪产生影响,亦可能阻碍其戒治,尤其是就低再犯罪风险之未成年人而言更是如此。[4]

(二)未成年人风险/需求评估的因子

研究表明,造成未成年人再犯罪之风险因子主要来自个体方面与家庭方面。其中,前者包括出生并发症、多动障碍、寻求刺激、性情不稳等,后者包括父母之反社会行为、药物滥用、养育不良等。[5] 随着未成年人不断成长并逐步融入社会,来自朋辈、学校与社区之其他风险因子的影响亦与日俱增。美国联邦司法部曾召集39 名问题未成年人专家组成了"非常年轻犯罪人研究组"(Study Group on Very Young Offenders),该研究组认为影响未成年人偏差之风险因子

---

〔1〕 See Gina M. Vincent, Laura S. Guy & Thomas Grisso, *How to Get Most Out of Risk Assessment in Juvenile Justice. Risk Assessment in Juvenile Justice: A Guidebook for Implementation*, Chicago, IL: John D. and Catherine T. MacArthur Foundation, 2012, p. 29 – 30.

〔2〕 See Office of Juvenile Justice and Delinquency Prevention, *Risk/Needs Assessments for Youths*, Accessed February 11, 2020, https://www.ojjdp.gov/mpg/litreviews/RiskandNeeds.pdf.

〔3〕 See Gina M. Vincent, Laura S. Guy & Thomas Grisso, *How to Get Most Out of Risk Assessment in Juvenile Justice. Risk Assessment in Juvenile Justice: A Guidebook for Implementation*, Chicago, IL: John D. and Catherine T. MacArthur Foundation, 2012, p. 33.

〔4〕 See Sarah Picard-Fritsche, Michael Rempel, Jennifer A. Tallon, Julian Adler & Natalie Reyes, *Demystifying Risk Assessment Key Principles and Controversies*, New York, NY: Center for Court Innovation, 2017, p. 7.

〔5〕 See Gail Wasserman, Kate Keenan, Richard Tremblay, John Coie, Todd Herrenkohl, Rolf Loeber & David Petechuk, *Risk and Protective Factors of Child Delinquency*, Washington, DC: Office of Juvenile Justice and Delinquency Prevention, U. S. Department of Justice, 2003, p. 2.

来自个体、家庭、朋辈、学校与社区等5个方面;比如,在家庭方面,教养方式、虐待、家庭暴力、父母离异、家长心理病态、家族性反社会行为、未成年生子、家庭结构及家庭规模皆是影响未成年人偏差之风险因子。[1] 一旦未成年人司法实务者了解哪些风险因子与特定未成年人最为相关,则可管理该风险并就预防其再犯罪提出较具体的相应干预建议。

按照自身变化特点,与再犯罪有因果关系的风险因子可分为静态风险因子(static risk factors)和动态风险因子(dynamic risk factors)/犯因性需求(criminogenic needs),这些因子为未成年人实施偏差之催化剂。[2] 静态风险因子并不随时间推移而改变,包括既往滥用药物或酗酒情况、之前精神健康状况、与警方接触次数、既往违反假释或缓刑等监督条款之历史行为情况。[3] 静态风险因子又可分为历史因子与人口因子。其中,历史因子包括罪名、初犯年龄及被捕次数等因子;人口因子则包括性别、年龄、族裔等人口学特征。

动态风险因子或犯因性需求是与未成年人再犯罪风险最相关之风险因子,既可自行改变,亦可通过干预改变,包括当前年龄、教育程度、婚姻状况、就业情况及稳定住所等。[4] 与静态风险因子相比,动态风险因子对未成年人的再犯罪预防来说更具有实操性:控制动态风险因子可大大降低未成年人再行偏差之可能性。[5] 仅包含静态风险因子之风险/需求评估量表对于降低再犯罪风险作用些微,只有包含动态风险因子之风险/需求评估量表,亦即全面风险/需求评估量表,方能有效评估未成年人再犯罪风险。[6] 当评估未成年人再犯罪风险时,未成年人司法实务者需同时考量静态风险因子与动态风险因子。两者结合,其预测效度较佳。

---

〔1〕 See Gail Wasserman, Kate Keenan, Richard Tremblay, John Coie, Todd Herrenkohl, Rolf Loeber & David Petechuk, *Risk and Protective Factors of Child Delinquency*, Washington, DC: Office of Juvenile Justice and Delinquency Prevention, U. S. Department of Justice, 2003, p. 3.

〔2〕 See Gina M. Vincent, Laura S. Guy & Thomas Grisso, *How to Get Most Out of Risk Assessment in Juvenile Justice. Risk Assessment in Juvenile Justice: A Guidebook for Implementation*, Chicago, IL: John D. and Catherine T. MacArthur Foundation, 2012, p. 18.

〔3〕 See Nathan James, *Risk and Needs Assessment in the Criminal Justice System*, Washington, DC: Congressional Research Service, 2018, p. 3.

〔4〕 See Nathan James, *Risk and Needs Assessment in the Criminal Justice System*, Washington, DC: Congressional Research Service, 2018, p. 3.

〔5〕 See Gail Wasserman, Kate Keenan, Richard Tremblay, John Coie, Todd Herrenkohl, Rolf Loeber & David Petechuk, *Risk and Protective Factors of Child Delinquency*, Washington, DC: Office of Juvenile Justice and Delinquency Prevention, U. S. Department of Justice, 2003, p. 2.

〔6〕 See Sarah L. Desmarais & Jay P. Singh, *Risk Assessment Instruments Validated and Implemented in Correctional Settings in the United States*, 2013, p. 6.

未成年人再犯罪除受社会外界因子制约外,亦受未成年人生理、心理等内在因子之影响。单一风险因子并不必然导致未成年人偏差触法,但风险因子数量越多,未成年人再犯罪概率便越高。在各法域未成年人风险/需求评估实务中,年龄、性别、居所位置、家庭背景及就业状况等风险因子间的不同复合,皆可不同程度地影响再犯罪发生的频率、方式及后果。虑及未成年人再犯罪风险因子是由不同面项决定的,亦可从多方面按照轻重缓急着手重点破解,然并非所有有助于降低未成年人再犯罪风险之干预措施皆能实现,如家庭可能无力负担移居到其他社区的经济成本。[1]

## 四、未成年人风险/需求评估于我国之建构建议

综观域外风险/需求评估模式,未成年人风险/需求评估纳入更多客观因子,并据后者戒治之需求来研发及实施个别化干预措施。目前,基于在再犯罪风险评估循证研究方面取得了一些发展,许多学者及实务工作者陆续提出了犯罪人改造质量评估、再犯可能性评估、重新犯罪预测等不同概念,[2]并开展了若干实证探索。尽管如此,但在未成年人风险/需求评估上亦有相当不足:我国尚无统一权威的未成年人再犯风险及需求评估体系,量表研拟、流程规范、技术标准等皆存在较大待补空间。本书建议整合既往域内外评估研究成果,以比较及循证视野,从指标体系、精算量表、流程管理及社会支持等四个方面逐步建立健全符合本土实况之未成年人风险/需求评估体系,从而实现未成年人再犯罪预防个别化及社会化。

### (一)建立未成年人风险/需求评估指标体系,确保评估公平度

高质量的风险/需求评估可更准确地评估未成年人再犯罪之风险。然因风险/需求评估具有官方性及专有性,未成年人较难质疑评估结果之准确性,而这可能违反正当程序原则,进而侵害其诉讼权益。[3] 对未成年人再次被捕之风险评估结果可能与其现实人身风险性并不一致。受轻罪指控之未成年人或被评估为具有较高再犯罪风险之人;反之亦然,即被控犯有严重罪行之未成年人亦可能被评估为低风险再犯罪者。虽然上述两种可能性皆存在,但前者

---

〔1〕 See Gina M. Vincent, Laura S. Guy & Thomas Grisso, *How to Get Most Out of Risk Assessment in Juvenile Justice. Risk Assessment in Juvenile Justice: A Guidebook for Implementation*, Chicago, IL: John D. and Catherine T. MacArthur Foundation, 2012, p. 30.

〔2〕 参见张庆斌、彭元春:《论再犯风险评估体系的重构》,载《犯罪与改造研究》2020 年第 6 期。

〔3〕 See Electronic Privacy Information Center, *Algorithms in the Criminal Justice System*, Accessed May 13, 2018, https://epic.org/algorithmic-transparency/crim-justice/.

可能会给未成年人司法系统带来更大的适用困境。[1] 譬如，因药物滥用、失学失业、居所不定等潜在问题的存在，部分未成年人可能被评估为高风险再犯罪者。动态风险需求评估量表虽有助于确定需求，但可能无助于作出与当前罪行相称的量刑决定或处遇建议；而源于帮派行为的风险分类或并不适用于建立在未成年人权利及个别化公正概念基础上的司法体系。[2]

鉴于此，我国未成年人再犯罪之风险/需求评估体系的建构，可透过探讨域外再犯罪风险/需求评估的法律规定与实务操作，以建立未成年人风险/需求评估指标体系，确保评估公平度。

首先，梳理现有预防未成年人再犯罪之规定，特别是2020年新修订之《预防未成年人犯罪法》第5章条文，结合域外相关法律条文予以比较并研讨适用可参采部分，总结相关法律标准及文字表述，以作为制定未成年人风险/需求评估之法律条文依据。

其次，推动科学化、标准化及配套化评估，将风险/需求评估理论及概念转换成可量化指标，探索既符合一般性要求亦要区别于成年人且具有未成年人针对性的专属风险/需求评估指标体系。这些研判指标体系可包括与预防未成年人再犯罪相关的若干个一级指标、二级指标及三级指标，明确风险因子及保护因子、静态因子与动态因子之间的联系和区别，并合理确定各级指标权重。将风险/需求评估指标体系逐项予以计量化，未成年人司法实务者可据未成年人基本信息对量表面项逐项计分。随后累加得出总分，继而将分数转换为相应的风险等级，用以辨识、分析、研判与处理这些因内外部因子变化对未成年人再犯罪之影响。

最后，结合域内外循证经验，积极探索和提升未成年人风险/需求评估指标体系之信度及效度，不断修正符合本土司法实务特征的法律规定。在具体适用时，可深入结合司法机关未成年人案件办理规范并予以细化。比如，《未检指引》第17条规定，“人民检察院办理未成年人刑事案件，应当区别于成年人，充分考虑未成年人的身心特点、认知水平，在事实认定、证据采信、罪与非罪、此罪与彼罪、情节把握等方面，提出有针对性的意见”。如何在具体未成年

---

〔1〕 See Sarah Picard-Fritsche, Michael Rempel, Jennifer A. Tallon, Julian Adler & Natalie Reyes, *Demystifying Risk Assessment Key Principles and Controversies*, New York, NY: Center for Court Innovation, 2017, p. 14.

〔2〕 See Sarah Picard-Fritsche, Michael Rempel, Jennifer A. Tallon, Julian Adler & Natalie Reyes, *Demystifying Risk Assessment Key Principles and Controversies*, New York, NY: Center for Court Innovation, 2017, p. 15.

人刑事案件办理过程中体现未成年人“区别于成年人”之处理路径,特别是身心特点、认知水平、事实认定、证据采信、罪与非罪、此罪与彼罪、情节把握,均已涉及再犯罪风险评估中的预测因子。及时通过个别化干预措施来改变这些因子,或可减少未成年人再犯罪之可能性。

(二)研发未成年人风险/需求评估精算量表,提升评估精确度

在未成年人司法风险/需求评估中通常缺乏概念上的精确性,许多未成年人司法实务者仅是直观了解犯罪史在预测再犯罪方面的重要性。用具有类似特征的大多数群体之信息建立的量表来对个别未成年人再犯罪风险进行评估,其结论是确定“可能性”而非“必然性”。比如,与该领域的长期假设相反,精神疾病诊断可能并非预测再犯罪的重要因子。[1] 没有任何量表可百分之百准确预测未成年人的再犯罪可能性,一些评估在早期适用时曾导致误判及误报,如一些研究曾错误地将54%至99%的参与个体确定为“风险”个体。[2] 部分风险/需求评估量表最初并非专门针对未成年人研发的,而是后来针对未成年人进行了相应的修改与调整。一些研究仍受到诸如样本量小、外部效度低等问题的限制,进而评估量表可能在不同法域呈现不同效度。[3] 样本选择、项目筛选、试测环境、统计分析等皆须符合标准化之要求。[4]

鉴于此,我国未成年人再犯罪之风险/需求评估体系的建构,可透过探讨围绕降低犯因性需求,以研发适用未成年人风险/需求评估精算量表,提升评估精确度。

首先,译介、汇总和梳理域内外相关量表特别是已经充分验证之现有未成年人风险/需求评估量表,逐步建立本土化的未成年人风险/需求评估精算量表。目前,我国未成年人风险/需求量表主要译自域外,但域外量表并不一定完全适合中国国情。选择与借鉴时,精算量表研发者须基于本土实况去伪存真,通过循证反复探求。

其次,设计成年人风险/需求评估相关指标的过程即为量表研发重要内

〔1〕 See Sarah Picard-Fritsche, Michael Rempel, Jennifer A. Tallon, Julian Adler & Natalie Reyes, *Demystifying Risk Assessment Key Principles and Controversies*, New York, NY: Center for Court Innovation, 2017, p. 8.

〔2〕 See Danielle Kehl, Priscilla Guo & Samuel Kessler, *Algorithms in the Criminal Justice System: Assessing the Use of Risk Assessments in Sentencing*, *Cambridge*, MA: Berkman Klein Center for Internet & Society, Harvard Law School, 2017, p. 4.

〔3〕 See Development Services Group, *Risk and Needs Assessment for Youths*, Washington, D. C.: Office of Juvenile Justice and Delinquency Prevention, 2015, p. 2.

〔4〕 参见张庆斌、彭元春:《论再犯风险评估体系的重构》,载《犯罪与改造研究》2020年第6期。

容，将抽象概念逐一具体化，使得内隐指标显性化。未成年人司法系统中的不同决策点对未成年人再犯罪评估有不同的目的与需求，因此需要不同类型的评估量表。针对未成年人性犯罪、暴力犯罪、帮派犯罪等不同类别应对的差异性，亦须审慎采取多面项的惩教干预，以引导、督促和协助其戒治，直至其再犯风险等级显著降低为止。

最后，定期或不定期进行量表使用的强化培训，以累积相关专业知识与技能。未来可逐步建立未成年人风险/需求评估专业课程与量表实施培训，并持续修订精算式评估量表之使用及指引。相关未成年人风险/需求量表培训内容应包括知悉个别化需求的差异性及实现可能性、把握对未成年人评估的适用频率、如何减少对未成年人及其家庭的过度评估、风险等级如何具体用于指导未成年人个别化戒治等。

（三）顺畅未成年人风险/需求评估流程管理，夯实评估透明度

虽然未成年人司法就未成年人再犯罪风险的主要驱动因子已达成共识，但对这些因子的具体适用及相应权重可能因量表不同而相差甚巨。风险/需求评估量表研发者对其所使用量表之评估权重、评估面项及算法透明度有待提升。[1] 评估缺乏透明度可能招致一些质疑，如非透明量表更有可能引发未成年人及辩护律师对正当程序之关注。[2] 因为未成年人风险/需求评估量表是专有的，其使用何种信息及如何计算分数亦缺乏透明度。[3]

鉴于此，我国未成年人再犯罪之风险/需求评估体系的建构，可透过有效的个案管理和监督来评估风险等级，以顺畅未成年人风险/需求评估的流程管理，夯实评估透明度。

首先，制定具有实操性之政策文本、基本规则和实施细则，细化未成年人案件处理流程，将风险/需求评估常规地整合到未成年人司法各个主要决策阶段中。以风险/需求评估量表为基础，参酌既往司法文书、前科纪录、成长背景、就业就学、心理评估等相关资料，可在未成年人司法不同阶段有效识别、掌握及排序可能引发未成年人再犯罪之风险因子。

---

〔1〕 See Sarah Picard-Fritsche, Michael Rempel, Jennifer A. Tallon, Julian Adler & Natalie Reyes, *Demystifying Risk Assessment Key Principles and Controversies*, New York, NY: Center for Court Innovation, 2017, p. 15.

〔2〕 See Sarah Picard-Fritsche, Michael Rempel, Jennifer A. Tallon, Julian Adler & Natalie Reyes, *Demystifying Risk Assessment Key Principles and Controversies*, *New York*, NY: Center for Court Innovation, 2017, p. 15.

〔3〕 See Debbie Mayer, *Using Risk Assessments Responsibly In Justice Systems*, Accessed May 13, 2018, https://resourcedevelopment.net/using-risk-assessments-responsibly-in-justice-systems/.

其次,周密和结构化地实施风险/需求评估,运用“风险需求响应”(Risk-Needs-Responsivity,RNR)原理来管理风险,鼓励使用标准且易于理解的计量方法,确保评估中不存在测量误差,并总结和交流认知标准、实施流程及实务经验。

最后,关注未成年人在青春期发展的生理及心理特征,对其进行持续性评估,如此可随时了解未成年人的再犯风险等级动态变化情况并及时掌握其戒治需求。

(四)健全未成年人风险/需求评估社会支持,增强评估相关度

风险/需求评估并不总是聚焦在未成年人司法实务者最为关心的评估结果。这可能导致对重新评估的不同预测,然其取决于未成年人族裔、性别、年龄或其他人口特征。[1] 始于人口统计学、社会经济背景及家庭特征之风险/需求评估因子可能无法达到减少监禁的预期目标。[2]

鉴于此,我国未成年人再犯罪之风险/需求评估体系的建构,可透过改善过去资源分配不当及使用浪费问题,以健全未成年人风险/需求评估社会支持,增强评估相关度。

首先,加强跨域协调整合功能,强化资源统筹运用,对未成年人风险/需求评估社会支持进行科学分类与合理匹配。风险/需求评估社会支持的来源、形式、多寡及强弱等内容,应与未成年人再犯罪之风险等级和犯因性需求大体匹配。

其次,及时组建未成年人风险/需求评估协调及技术支持机构,强化团队角色功能与定位。《预防未成年人犯罪法》第 60 条规定,“人民检察院通过依法行使检察权,对未成年人重新犯罪预防工作等进行监督”。该条规定,进一步明确了检察机关在预防未成年人重新犯罪中的法律监督职责。依托现有四级检察机关皆设有未成年人检察专门工作机构之利好现实,结合法律监督机关之宪法性定位,可考虑由其统筹建立未成年人风险/需求评估指导委员会,其职责涵盖遴选风险/需求评估专家、选择合适风险/需求评估量表、提供风险/需求评估技术支持等,以避免缺乏协调机构及技术不足的弊端。

最后,注重未成年人风险/需求评估个案指导、协调及总结,兼具心理谘商、亲职辅导、职业规划等。风险/需求评估之目的在于指导个案规划,可据服

---

〔1〕 See Development Services Group, *Risk and Needs Assessment for Youths*, Washington, D. C.: Office of Juvenile Justice and Delinquency Prevention, 2015, p. 2.

〔2〕 See Electronic Privacy Information Center, *Algorithms in the Criminal Justice System*, Accessed May 13, 2018, https://epic.org/algorithmic-transparency/crim-justice/.

务所针对的未成年人风险等级及犯因性需求给予个别化社会支持，以实现有效的适时介入与干预。

## 第二节　风险因子和未成年人偏差关系

### 一、风险因子与保护因子

未成年人犯罪成因复杂而多样，其防控手段与措施更是千头万绪，需厘清脉络、究根刨源，发现其中现实可行的解决方案。影响未成年人成长与发育的因素很多，既包括负面的消极因素，亦包括正面的积极因素。通常将前者称为风险因子，而将后者称为保护因子。

"风险因子"（risk factors）这一概念，最早由心脏病学家汤姆斯·杜波（Thomas Dawber）于1961年提出。就未成年人司法而言，风险因子又称危险因子、前置因素，系指可能导致未成年人偏差风险的重要影响变量。与此相对应，"保护因子"（protective factors）则系指缓解与预防未成年人偏差危险出现的内外在变量。风险因子与保护因子，二者相辅相成，成对出现。有什么样的风险因子，就可能会有什么样的保护因子与之相对应。

未成年人偏差除社会外界不良环境所带来的负面影响外，固有的生理、心理不成熟更是其从事不法行为的重要因素。没有任何单一风险因子必然导致未成年人触法，一般来说，风险因子的数量越多，未成年人出现偏差的概率就越高。[1] 风险因子对每位偏差少年的影响大体上仍因人而异。域外研究表明，可能造成未成年人早期偏差的风险因子主要来自个人方面与家庭方面。其中前者包括分娩并发症（birth complications）、多动症（hyperactivity）与感觉需求（sensation seeking）[2]、喜怒无常（temperamental difficulties），而后者包括父母的反社会行为、犯罪或药物滥用行为与抚养不利（poor child-rearing practices）。[3] 随着未年成人不断成长并融入社会之中，来自朋辈影响、学校与

---

〔1〕 See Rolf Loeber, David P. Farrington & David Petechuk, *Child Delinquency: Early Intervention and Prevention*, Washington, DC: Office of Juvenile Justice and Delinquency Prevention, U. S. Department of Justice, 2003, p. 6.

〔2〕 "sensation seeking"又可译为"玩的就是心跳"。

〔3〕 See Gail Wasserman, Kate Keenan, Richard Tremblay, John Coie, Todd Herrenkohl, Rolf Loeber & David Petechuk, *Risk and Protective Factors of Child Delinquency*, Washington, DC: Office of Juvenile Justice and Delinquency Prevention, U. S. Department of Justice, 2003, p. 2.

社区的风险因子将会与日俱增。

当论及未成年人社会化时,《利雅得准则》第10条提出应将未成年人偏差的预防政策重点放在"促使所有儿童和青少年尤其是通过家庭、社区、朋辈、学校、职业培训和工作环境及通过各种自愿组织成功地走向社会化和达到融合"。综合考虑未成年人偏差起因、预防与控制,不外乎生理、心理、家庭、学校、社区及社会等多方面因素。风险因子与预防因素在这几方面的此消彼长,可有效实现对未成年人偏差的预防目的。"河冰结合,非一日之寒;积土成山,非斯须之作",[1]造成未成年人偏差的原因并非一天之内形成的。倘若方法得当,针对风险因子提出反治策略,围绕保护因子构建行之有效的解决方案,假以时日,必能减少未成年人偏差。

按照自身运动特点,风险因子可分为静止因素与动态因素。前者系不可变因素,包括历史因素与人口因素。其中,历史因素包括首犯时年龄及逮捕次数等,而人口因素则包括性别、年龄、民族与种族等。动态因素则包括获得致命性武器的途径、精神恍惚及交友范围等可变因素。与静止因素相比,动态因素对于未成年人犯罪防治策略来说更具有实操性:控制这些动态因素,可大大减少偏差的现实发生率。[2]

按照风险因子与危险结果间的联系程度,风险因子又可分为持久性风险因子与短期性风险因子。亦有学者将风险因子分为犯罪学意义上的风险因子与临床风险因子。前者包括童年苦难经历、犯罪性等变量;而后者则指精神异常等变量。按照是否源自未成年人自身,风险因子又可分为内在心理因素与社会环境因素,后者包括家庭因素、学校因素、朋辈因素等。林山田、林东茂与林灿璋亦指出,"未成年人犯罪须有赖于家庭结构与功能的健全、学校教育的正常发展及社会环境的无污染才能得到有效预防"。[3] 这是比较常见的分类,本书亦采用之。

## 二、社会因子与未成年人偏差预防关系

### (一)社会预防风险因子

未成年人触法是受到社区解组与疏离感、不良书刊影片、不良场所、失业、

[1] (东汉)王充:《论衡·壮留》。

[2] See Gail Wasserman, Kate Keenan, Richard Tremblay, John Coie, Todd Herrenkohl, Rolf Loeber & David Petechuk, *Risk and Protective Factors of Child Delinquency*, Washington, DC: Office of Juvenile Justice and Delinquency Prevention, U. S. Department of Justice, 2003, p. 2.

[3] 参见林山田、林东茂、林灿璋:《犯罪学》(增订3版),台北,三民书局2002年版,第309页。

不良社会风气等因素影响。社会经济地位也常被认为是未成年人偏差的另一重要因素。经济的不景气,加上居高不下的失业率和有限的经济机会,都可能使未成年人偏差的预防雪上加霜。在英国英格兰与威尔士未成年人司法委员会(Youth Justice Board for England and Wales)2005年提交的《危险与保护因子》(Risk and Protective Factors)中,将社区方面的风险因子总结为生活于弱势邻里之中(living in a disadvantaged neighborhood),社会解体与照管不良(disorganization and neglect),毒品之可得性(availability of drugs),人口高变动及缺乏邻里依附(high population turnover, and lack of neighborhood attachment),枪支之可得性(availability of firearms),有利于使用毒品、枪支及犯罪之社区法律与准则(community laws and norms favoring drug use, firearms and crime)与媒体描绘的暴力行为(media portrayals of violence)。[1]

(二)社会预防保护因子

对于社会预防,德国刑法学家弗兰茨·冯·李斯特(Franz Von Liszt)有句脍炙人口的断论,“最好的刑事政策就是社会政策”。各法域刑事政策与未成年人保护实务反映出未成年人低犯罪率与社会包容及管制之间存在强烈的相辅相成关系。王牧等认为,犯罪社会预防应遵循法制原则、人道主义原则、调动民众参与原则、具体化原则、统筹协调原则、科学化原则及动态原则。[2] 未成年人偏差的预防,如同预防成年人犯罪一样需依赖社会大环境的改善。比如,通过提高升学率,降低学杂费以减少辍学、失学率,提供免费职业培训与工作介绍等。

《北京宣言》第26条要求,“在权力下放的体制内,加强国家和地方各级实施国家综合行动计划的能力”。《利雅得准则》第9条要求,各法域政府应制定全面性的未成年人犯罪防治方案。具体说来,这些方案应涵盖如下内容:一是深入地分析问题,查明现有的方案、服务、设施和可取得的资源;二是明确划定参与预防工作的合格机关、机构和人员的责任;三是制定具体办法,适当协调各政府机构和非政府机构间的预防工作;四是根据有预见性的研究制定政策、方案和战略,以便不断进行监测,并在执行过程中认真作出评估;五是制定有效减少发生不端行为机会的方法;六是促进社区通过各种服务和方案进行参与;七是国家、州省和地方政府之间开展密切的跨学科合作,吸收私营部门、所针对社区的公民代表,劳工、儿童保育、卫生教育、社会、执法、司法机关等部门

---

〔1〕 See Youth Justice Board, *Risk and Protective Factors*, London, UK: Youth Justice Board for England and Wales, 2005, p. 3－4.

〔2〕 参见王牧主编:《新犯罪学》,高等教育出版社2005年版,第344～346页。

参加,采取协调一致共同行动防止未成年人违法和犯行;八是让青少年参与制定防止不端行为的政策和程序,包括借助社区资源、青少年自助、被害人赔偿和援助方案等;九是各级专业人员。[1]

在未成年人保护与犯罪预防的专业机构建设方面,各法域大多构建形式多样的未成年人机构来贯彻、执行与监督相关事业的发展。除政府层面的直接推动外,社区作为现代社会基本组成单元在未成年人犯罪预防方面的重要性也不容小觑。根据社会连结理论,需增强未成年人与社会的四种社会连结联系。可在社区中开展形式多样的文体活动,吸引未成年人广泛参与。具体来说,一是净化未成年人安全活动空间,对网吧、KTV 等重点防控地段与场所定期检查,以有效减少未成年人涉足其中的概率;二是在有条件的地区建立由当地共青团、妇联、学校、社区及青年义工与社工共同参与的未成年人辅导委员会,向偏差少年及时提供专业咨询意见,培养其正确的人生观;三是开展形式多样的文体活动,鼓励未成年人及其父母参与。

### 三、心理因素与未成年人偏差预防关系

#### (一)个人心理风险因子

心理方面的风险因子主要存在于人格系统(personality system)、知觉环境系统(perceived environment)及行为系统(behavior system)中。[2] 因心理疾病、问题而造成的未成年人问题不胜枚举,茶余饭后的只言片语都可能诱发未成年人犯罪或偏差。域外学者将与犯罪有关的心理特征分为三类,即与性格

---

[1] 在社区防控方面,《利雅得准则》要求如下:一是社区应制定或加强现有的符合青少年特殊需要、适应他们的问题、兴趣和忧虑的各种社区性服务和方案,及向青少年及其家庭提供的辅导和指导。二是社区应提供或加强现有的各种社区性支助青少年的措施,其中包括设立社区发展中心、文娱活动设施和服务,以解决面临社会风险的儿童的特殊问题。提供这些协助措施时,应确保尊重个人的权利。三是对已无法再在家里生活或无家可归的青少年,应建立专门设施,向他们提供适当的收容住所。四是应提供各种服务和帮助措施,解决青少年步入成年期所经历的种种困难。这种服务应包括对吸毒青少年的特别方案,其中应强调关怀、辅导、协助和着重治疗的干预。五是向青少年提供服务的自愿组织,应由各法域政府及其他有关机构提供财政及其他支助。六是应建立或加强地方一级的青少年组织,并给予管理社区事务的充分参加资格。这些组织应鼓励青少年举办集体性和自愿性的项目,尤其是帮助那些需要协助的青少年的项目。七是政府机构应负责起特别责任,向无家可归的流浪街头儿童提供必要的服务;应随时向青少年提供当地设施、住所、就业及其他帮助形式和来源的信息。八是应建立各种适合青少年的特别兴趣的文娱设施和服务,并方便他们使用。

[2] 参见林文瑛、王震武、黄富源:《青少年犯罪形成历程的学校因素探讨》,我国台湾地区社会问题研究学术讨论会会议论文,1999 年 12 月 29 ~ 30 日。

有关者、与情绪有关者及与因应能力有关者。[1] 英格兰与威尔士未成年人司法委员会将个人方面风险因子总结为:多动和冲动(hyperactivity and impulsivity)、低智商和认知功能障碍(low intelligence and cognitive impairment)、疏离感和缺乏社会承诺(alienation and lack of social commitment)、纵容违法犯罪和滥用毒品的态度(attitudes that condone offending and drug misuse)、早期参与犯罪和滥用毒品(early involvement in crime and drug misuse)、与朋辈参与犯罪和滥用毒品结下的友谊(friendships with peers involved in crime and drug misuse)。[2] 美国联邦司法部"非常年轻犯罪人研究小组"认为,早期反社会行为诸如高行为激发(high behavioral activation)和低行为抑制(low behavioral inhibition)的情感因素、认知发展有限(poor cognitive development)及多动症都是影响未成年人偏差的个人方面风险因子。[3] 这些个人因素大多与心理因素密不可分。

## 案例四十七

2007年年初娱乐界最大的噱头可能莫过于"父亲卖肾助女追星""女粉丝苦追刘德华　父亲投海自杀"[4]"追星女子杨某某称父亲之死跟自己没关系"[5]等新闻,其女主角都无一例外指向杨某某——一位13年痴迷追星,散尽家财且老父为此投海的兰州女。综合上述媒体信息杨某某也曾学习努力、刻苦,亦被评为优秀学生干部。然曾几何时,她陷入疯狂的追星迷梦而不可自拔,初二起辍学在家。为多次赴京、港一睹心中偶像风采,更为实现萦绕心中的姻缘迷梦,在杨某某要求之下,其父变卖家产,甚至思量卖肾,以致负债累累。2007年3月26日,杨父因不满刘德华在歌迷"庆生会"上对其女多有怠慢,"女儿跟刘德华没好好聊天",投海身亡。而更令人不可思议的是,杨某某辩称"她父亲是被刘德华害死的,要讨回公道""父亲之死跟自己没关系"。通过铺天盖地的追

---

〔1〕 参见林秀怡、马传镇、陈玉书:《心理特质、紧张对少年偏差及犯行影响之研究》,载《玄奘社会科学学报》2003年第1期。

〔2〕 See Youth Justice Board, *Risk and Protective Factors*, London, UK: Youth Justice Board for England and Wales, 2005, p. 4.

〔3〕 Gail Wasserman, Kate Keenan, Richard Tremblay, John Coie, Todd Herrenkohl, Rolf Loeber & David Petechuk, R*isk and Protective Factors of Child Delinquency*, Washington, DC: Office of Juvenile Justice and Delinquency Prevention, U. S. Department of Justice, 2003, p. 3.

〔4〕 《女粉丝苦追刘德华　父亲投海自杀》,载新浪网2007年4月2日,http://ent.sina.com.cn/f/nfsbsfq/index.shtml。

〔5〕 刘哲:《追星女子杨丽娟称父亲之死跟自己没关系》,载网易网2007年3月29日,http://news.163.com/07/0329/07/3AO2UCFG00011229.html。

踪报道与“独家新闻”,可追寻杨某某心理脉迹。2006 年在接受中央电视台采访时,杨某某如是说,“我觉得我和一般的歌迷不同,像我这样完全放弃生活的,全国找不出第二个人来。若这次见不着,我干脆死在香港特别行政区算了”。而在写给刘德华的请愿函中,其父称杨某某“每天几乎都梦见你,每天都望着你的画像默默地与你说话”“十分自信地认为她和你一定有缘见面”,更让人瞠目结舌的是,除心中偶像,“她已经感受不到父母的爱和其他美丽的东西”。[1] 其心理的扭曲从其邻里称其“对父母特别凶”“没有谈过恋爱,连正常朋友都没有”[2]等只言片语中可见一斑。

杨某某一家的悲剧看似不过是个案,但亦从侧面折射出当前部分未成年人在其成长中因缺乏足够心理辅导与咨询而出现人格扭曲的现实,也反映出心理辅导的缺位与尴尬。“河冰结合,非一日之寒;积土成山,非斯须之作。”[3] 杨某某自 14 岁辍学,因缺乏充足、有效的早期干预机制,迷惘无助,她在心理自闭、妄想症的路上越走越远。有研究曾对 300 例青少年心理障碍求诊者的临床资料进行整理,发现主要临床表现为情绪低落、不听话、焦虑、注意力不集中及缺乏兴趣等,且心理障碍发生率随年龄增大而增高。[4] 针对未成年人心理尚不健全这一客观现实,实现早期干预,对其心理成熟不无裨益。

许多未成年人在情绪波折应对方面缺乏技巧,过于匆忙、草率,在问题认知上可能存有曲解,易愤世嫉俗。应对这些风险因子最好的办法便是培养保护因子,如养成处理困难局面的个人能力、乐观与积极向上的心态、与人为善的协调能力及妥协能力等。以未成年人自杀为例,不少未成年人动辄以轻生来处理问题及困难,不禁让人扼腕叹息。近年来,未成年人自杀事件有逐年增多的趋势,而“跟风式自杀”与“相约式自杀”比例更是攀升,连创新高。仅 1981 ~ 1998 年,全美共计有 20,775 名 7 ~ 17 岁未成年人走上自杀的不归路,而这一数字与同一时期的凶杀罪案被害人与癌症被害人数几可相当。[5] 美国

---

〔1〕《兰州父欲卖肾助女见偶像刘德华　华仔斥“不孝”》,载搜狐网 2006 年 3 月 25 日,http://news.sohu.com/20060325/n242470088.shtml。

〔2〕付军:《访谈实录:杨丽娟从未恋爱,也无朋友》,载网易网 2007 年 3 月 28 日,http://ent.163.com/07/0328/03/3AL2R1HL00031H2L.html。

〔3〕(东汉)王充:《论衡·状留篇》。

〔4〕参见韦志岩、孙建中等:《青少年心理障碍的风险因子分析》,载《临床心身疾病杂志》2005 年第 1 期。

〔5〕See Howard N. Snyder & Monica H. Swahn, *Juvenile Suicides*, 1981 - 1998, Youth Violence Research Bulletin, *March* 2004, Washington, DC: Office of Juvenile Justice and Delinquency, U.S. Department of Justice, 2004, p. 1.

“儿童与青少年精神病学会”(American Academy of Child and Adolescent Psychiatry)估计自杀是15~20岁青少年死亡的第三大死因,是5~14岁儿童死亡的第六大死因。[1] 近年来,日本每年有近100名在校学生因为受欺负而自杀,这已成为严重的社会问题。2007年1月8日“成人节”之前,日本一婚姻信息服务公司对上一年里度过自己20岁生日新成人的调查显示,49%的新成人有过受欺负的经历,其中有近三成(29%)想到过自杀。[2] 2005年,中国疾病预防控制中心对9015名中小学生(主要年龄为10~14岁)进行了一次调查,发现超过一成七(17.4%)的孩子“认真想过自杀”,8.2%的孩子甚至“做过自杀计划”。[3]

基于“风险—需求—响应”应对机制,在校中小学生之自杀风险或可通过静态风险与动态风险因子评估作出提前预警、干预和防治。在“需求”与“响应”部分,可通过有效响应有自杀倾向之未成年人的具体需求来降低其自杀风险。

影响在校中小学生自杀的风险因子众多,包括但不限于饮食失调;酗酒或吸毒;品行障碍;来自朋辈的欺凌、骚扰或伤害;早期创伤或受虐经历;精神障碍(躁郁症、重度抑郁症、双相情感障碍等);既往自杀企图;家族自杀史、家庭压力源转变;身体状况(持续性病痛、残障等);社交孤立;不良人际关系;偏见及歧视等。中小学生自杀,最常发生在风险因子汇聚而造成绝望之时;且风险因子越多、存续时间越久,发生中小学生自杀的可能性就越高。与此对应,预防在校中小学生自杀的保护因子,则包括接受有效的心理健康护理;提升自尊和人生目标;提高解决问题、适应变化的技能和能力;增强家庭关系亲密性;扩大朋辈正向交流等。

当担心在校中小学生可能有自杀倾向时,家长和教职员工需及时留意其行为的改变或全新行为的出现。而若较为准确和及时识别相关风险因子和保护因子,特别是不断增强保护因子的适用频率和效度,可降低在校中小学生的自杀风险。

(二)心理预防保护因子

孔子曰:“人之过也,各于其党。观过,斯知仁矣。”[4] 言之人们所犯的过错

---

[1] See American Academy of Child and Adolescent Psychiatry, *Teen Suicide*, Accessed December 26, 2006, http://aacap.org/page.ww? name = Teen + Suicide&section = Facts + for + Families.

[2] 参见江冶等:《百问日本:社会篇“下流社会”与“援助交际”》,载新华网2007年4月11日,http://news.xinhuanet.com/world/2007-04/11/content_5962290.htm。

[3] 参见董城:《未成年人心理健康问题令人担忧》,载《光明日报》2006年12月18日,第5版。

[4] 《论语·里仁篇》。

各由其自身性格使然;故观察其过错,便可获知他的人生正途何在。我国《未成年人保护法》第 19 条规定,“未成年人的父母或者其他监护人应当根据未成年人的年龄和智力发展状况,在作出与未成年人权益有关的决定前,听取未成年人的意见,充分考虑其真实意愿”。

仍以未成年人自杀为例,美国“儿童与青少年精神病学会”告诫父母对其子女下述自杀征兆需格外小心:改变饮食和睡眠习惯;对参与亲朋好友日常活动不置可否;出现暴力行动、叛逆行为或离家出走;酗酒、吸毒;不修边幅;人格突变;寡言少语,注意力不集中、学业成绩下降;经常诉说身体不适,尤其是当这些症状与心理问题有关时,如胃痛、头痛及易疲劳等;对有意思的文体活动兴趣索然;对表扬或称许漠不关心。[1] 自杀的风险因子包括个人、家庭、学校与社会因子。其中,个人因素主要包括情感因素与心理因素,而心理问题尤其是情绪失常、反社会情绪及药物滥用等都与未成年人自杀有密切联系。多数未成年人自杀未遂者有抑郁症,这些可以通过认知疗法与人际关系疗法治疗,因此,对精神失常的未成年人应及时收诊进行有效治疗。对于有自杀家族史的未成年人需要特别予以关注。

## 四、家庭方面的风险因子与未成年人偏差预防关系

### (一)家庭预防风险因子

我国台湾地区圣严法师曾指出,“家庭的功能在于成员之间伦理关系的互敬、互助、各守其责、各守其分、共存共荣、同甘共苦、共同成长”,[2] 上述杨某某事件亦反映出其父母在追星问题上的错误观念。家庭在未成年人成长中扮演着无可替代的作用,《经济、社会、文化权利国际公约》第 10 条第 1 款指出,家庭乃是“社会之自然基本团体单位”。作为未成年人人生的首位导师,父母的一言一行对其健康成长无疑至关重要。美国社会学家大卫·缪斯克(David Musick)更认为,如同社会性赞许活动,未成年人偏差同样植根于家庭之中;而亲子关系(parent-child relationships)好坏则是形成模范品德与不良品行之根基。[3] 老子云:“合抱之木,生于毫末”,[4] 参天大树长成非一朝一夕使然,而

---

〔1〕 See American Academy of Child and Adolescent Psychiatry, *Teen Suicide*, Accessed December 26, 2006, http://aacap.org/page.ww? name = Teen + Suicide&section = Facts + for + Families.

〔2〕 圣严法师:《放下的幸福》,长江文艺出版社 2009 年版,第 152 页。

〔3〕 See David Musick, *An Introduction to the Sociology of Juvenile Justice*, Albany, NY: State University of New York Press, 1995, p. 6.

〔4〕 《老子》。

是根植于毫末之间,更历经层层考验与风霜。父母作为子女漫漫人生路上首任教师,其责任不可谓不重。亲子关系有广义与狭义之分,我国台湾地区学者廖荣利认为,广义上的亲子关系系指父母对子女教养态度与亲子之间的心理交互反应;而狭义上的亲子关系则系指特殊性格倾向的父母对子女性格或心理健康状态的影响。[1] 通常意义上讨论的是广义亲子关系。

## 案例四十八

2007 年 10 月 10 日,美国俄亥俄州克利夫兰市"成功技术学校"(Success Tech Academy)发生校园枪击案。该校一名 14 岁男生阿萨·库恩(Asa Coon)持双枪闯入校园,在打伤 4 人后开枪自尽。据调查,该未成年人 2006 年曾长期困扰于家庭暴力之中,父母间的争斗不息严重扭曲了其对人生的正确看法,继而形成其畸形的犯罪人格以致大开杀戒。[2]

## 案例四十九

福建少年洪某 1 岁时被父母抛弃,被收养后遭养父母虐待,养父母"对其经常责骂、殴打,甚至在寒冷的冬天,被强迫脱光衣服用井水浇淋全身"。小学五年级还未读完,他就辍学前往广东打工。2010 年 2 月 18 日,尚不满 16 岁的洪某手持一把长约 8 厘米的弹簧刀抢劫朋友奶奶,致后者受轻微伤。[3]

我国台湾地区犯罪学者郑瑞隆 2001 年的研究表明,家庭暴力被害经验可以预测未成年人偏差的 31.5%。[4] 在我国大陆,因家庭问题造成未成年人偏差的案例亦比比皆是。2002 年,有学者选取河南省某未成年犯管教所 250 名 14~19 岁汉族男性进行犯罪青少年个性与父母养育方式的相关研究,并与 250 名同性别、同年龄区间、同民族的在校中学生比对。结果发现,这些青少年犯父母对子女缺乏情感关爱与理解,而更多采用体罚、溺爱等极端举措。[5] 在对安徽省合肥城区儿童少年行为问题的现状进行分析后,研究人员发现影响未成年人行为的家庭风险因子主要包括单亲抚养、家庭中其他孩子偏差行为、学

---

[1] 参见林山田、林东茂、林灿章:《犯罪学》(增订 3 版),台北,三民书局 2002 年版,第 299 页。

[2] 《美 14 岁少年双枪射伤师生 4 人自尽》,载《南方都市报》2007 年 10 月 12 日。

[3] 卫学军、谢涛、宋云花:《被父母抛弃被养父母虐待,16 岁男孩抢劫获轻罚》,载《南方都市报》2010 年 8 月 16 日。

[4] 参见郑瑞隆:《青少年暴力犯罪之成因:家庭因素》,载蔡德辉、杨士隆主编:《青少年暴力行为:原因、类型与对策》,台北,五南图书出版股份有限公司 2002 年版,第 93 页。

[5] 李慧民:《犯罪青少年个性与父母养育方式的相关研究》,载《中国学校卫生》2003 年第 4 期。

业问题、父母心理问题、家庭氛围差及家长对孩子学业不满意等。[1] 2001～2002 年,关颖等人对 10 个省市 3000 名未成年犯的抽样调查发现,与家庭风险因子有关的有两点,即对孩子思想品德和心理状况的忽视是未成年犯家庭教育的最大失误及父母的不良教育方式和教育能力的缺陷催化了未成年人不良行为的产生和发展。[2] 2006 年 5 月,浙江省未成年犯管教所发放问卷 1326 份,对在押未成年犯进行问卷调查,从中获取到这样一些涉及其家庭背景的数据:父母文化主流是小学层次、超过三成的父母有不良品行、父母教育内容中法制含量较低、有四成父母感情欠佳、有 1/4 的父母管教失责、两成未成年犯和父母有过较大冲突、独子身份总数过半、失足方知父母养育之恩。该未成年犯管教所得出结论,家庭功能弱化与未成年人违法犯罪存在较大关联。[3]

美国心理史学权威劳埃德·狄莫斯(Lloyd deMause)有句脍炙人口的论断,“教养幼儿的方式为改变历史的中心力量”。在其所著《儿童史》(*The History of Childhood*)中将人类历史上先后依次出现的亲子抚养关系分为六类,即弑婴模式(infanticidal mode)、遗弃模式(abandonment mode)、好恶相克模式(ambivalent mode)、入侵模式(intrusive mode)、社会化模式(socialization mode)与帮助模式(helping mode)。[4] 直到 4 世纪,弑婴模式在欧洲都不稀奇。若新生儿肢体有缺陷或过于羸弱,其父母便可能弑婴,这对存活的其他未成年子女也有相当的震撼。我国历史上弑婴主要是溺婴,且通常以溺女婴为主。其原因不外乎婚姻论财造成的妆奁昂贵、贫穷、重男轻女及控制家庭人口规模等。[5] 南宋绍兴八年五月庚子(1138 年 6 月 24 日)高宗颁布诏令:“禁贫民不举子,其不能育者,给钱养之。”其意是禁止贫民不养育子女,如其实在无力养育,则官府可“给钱养之”。折射出当时弑婴成风,连南渡建康的赵构也忙里偷闲下诏予以戒止。明朝宪宗成化年间亦制定有《禁约嫁娶奢侈淹死女子例》。即便时至今日,溺婴行为仍时有耳闻。

在不同历史与文化背景下,上述单一或数种模式并存并不罕见,父母的任

---

〔1〕 参见高茗、陶芳标等:《少年儿童行为问题与家庭、学校因素关系》,载《中国公共卫生》2005 年第 9 期。

〔2〕 参见关颖、鞠青主编:《全国未成年犯抽样调查分析报告》,群众出版社 2005 年版,第 8 页。

〔3〕 参见周荣瑾:《家庭功能弱化与未成年人违法犯罪之探讨》,载《青少年犯罪问题》2007 年第 3 期。

〔4〕 See deMause Lloyd, *The History of Childhood* (*ed.*), New York, NY: The Psychohistory Press, 1974, p. 51－54.

〔5〕 参见常建华:《明代溺婴问题初探》,载张国刚主编:《中国社会历史评论》(第 4 卷),商务印书馆 2002 年版。

何过激行为皆给亲子关系蒙上阴影,也会给未成年人偏差带来诸多隐患。相较而言,社会化模式下的未成年人子女远较其他除帮助模式以外模式行为“端正”,但倘若父母个别言行具有好恶相克模式取向,对子女短期越轨拳脚相加,则可能欲速不达、适得其反。孔子曰:“夫君者舟也,人者水也。水可载舟,亦可覆舟”,[1]若运用妥当,即便某些旧有模式也可对未成年人偏差有积极作用。以遗弃模式为例,父母若发现未成年子女行为诡秘却又束手无措时,可向未成年人司法机构求援,以分流或审判等方式将其暂时交付国家予以妥善管教。《利雅得准则》将实现亲子间的良性互动视为未成年人犯罪预防的重要手段,“促进亲子之间的关系,使父母能敏锐地发现孩子的种种问题”。

在层出不穷的网络热议事件中,“父母皆祸害”(anti-parents)无疑是近期最吸引读者眼球的噱头,完全颠覆了国人对亲子关系的传统认知与恪守。2005年,英国作家尼克·霍恩比(Nick Hornby)在其畅销长篇小说《自杀俱乐部》(*A Long Way Down*)首次提出该概念。尽管被冠以“惊悚”“大逆不道”“令人发指”,“父母皆祸害”网络讨论小组成立于 2008 年 1 月,吸引众多网民加入其中,自揭家庭亲子之纠结。在 2010 年 7 月初,这个小组成员还不到 7000 人,到该月底已迅速飙升超万人。[2]

美国司法部“非常年轻犯罪人研究小组”认为,教养方式(parenting)、虐待(maltreatment)、家庭暴力(family violence)、离异(divorce)、家长的心理病态(parental psychopathology)、家族性的反社会行为(familial antisocial behaviors)、未成年生子(teenage parenthood)、家庭结构(family structure)及大家庭规模(large family size)是未成年人偏差家庭方面的风险因子。[3] 英格兰与威尔士未成年人司法委员会将家庭方面的风险因子总结为父母监管与处分不善(poor parental supervision and discipline)、冲突(conflict)、犯罪史(history of criminal activity)、父母宽恕反社会行为与犯行的态度(parental attitudes that condone anti-social and criminal behavior)、低收入(low income)与简陋住房(poor housing)。[4] 未成年人司法委员会同时认为,这些风险因子可于产前和

---

〔1〕《后汉书·皇甫规传》注引《孔子家语》。

〔2〕参见《父母皆祸害?》,载 http://msn. ynet. com/eventl. jsp? eid = 67960019,2010 年 7 月 29 日访问。

〔3〕See Gail Wasserman, Kate Keenan, Richard Tremblay, John Coie, Todd Herrenkohl, Rolf Loeber & David Petechuk, *Risk and Protective Factors of Child Delinquency*, Washington, DC: Office of Juvenile Justice and Delinquency Prevention, U. S. Department of Justice, 2003, p. 3.

〔4〕See Youth Justice Board, *Risk and Protective Factors*, London, UK: Youth Justice Board for England and Wales, 2005, p. 3.

围产期[1]阶段查明,并影响整个童年和青春期始终。联合国《2005年世界青年报告》第80条指出,“贫穷、破碎家庭、药物滥用和家庭成员死亡等,是导致未成年人犯罪的风险因子”。工作节奏越来越快,压力加大,城市中双职工即所谓“双薪父母”大量出现;农村中因父母外出务工而造成的“留守儿童”日益增多。以后者为例,据2005年全国1%人口抽样调查抽样数据,17岁以下留守儿童在全体儿童中所占比例为21.72%;农村留守儿童约5800万人,约为28.29%,其中14岁以下农村留守儿童约4000多万人。[2] 这些都迫使未成年人与家庭关系出现与先前大不一样的变化。虽然未成年人身心发展程度早已非比往昔,但仍赶不上社会日新月异的变化速度。因家庭功能失调、解组或缺位所造成的各类风险因子的负面作用日益突出。诸如出生于不完整家庭、目睹婚姻暴力、亲子关系疏离或冲突、家庭互动不良、模仿父母、父母监管不当、暴力家庭、父权家庭及受虐家庭等因素均可为未成年人偏差埋下隐患。

家庭残缺包括父母分居或离婚、单亲家庭因父亲或母亲角色缺位导致家庭功能缺失。此外,现代工作压力使父母忙于工作,自顾不暇,以未成年子女作为宣泄怨气的出气筒亦时而出现,以致家庭互动偏少、凝聚力偏低,而这又会导致未成年人缺乏安全感。若父母涉毒、赌、嫖,酗酒、患有精神病,有犯罪前科,其行为对于其未成年子女影响不言而喻。这些风险因子均可造成亲子关系疏远、僵持甚至冲突,这会深刻影响未成年人与父母正常关系的建立与发展,且其青春期惯有的逆反心理作祟。若不及时调节,不利于未成年人道德与社会责任感的健全,还可能抑制内心自我控制的正确形成。域外实证研究显示,父母监督及亲子认同关系均为形成未成年人犯罪的重要影响因素。[3] 父母监管不力包含两个极端,即父母疏于管教或父母管教过于严苛、专制。前者诸如推卸责任、漠不关心等;后者则包括体罚、斥责等。而过度溺爱则游离于二者之间,也可造成未成年人飞扬跋扈,自视过高,缺乏延宕满足的自制能力。

(二)家庭预防保护因子

婴儿自出生起便对其父母有依恋感,虽然这种依恋感在3~4岁达到顶点后会有所降低,但仍会持续终身。一般认为,依恋感包括安全型、不安全躲避

---

[1] “围产期”又称“围生期”,系指孕产妇产前、产时和产后一段时间。在我国,“围产期”具体指怀孕满28周至产后1周的这段时期。

[2] 参见全国妇联:《全国农村留守儿童状况研究报告》,载教育部网2008年10月3日,http://www.moe.edu.cn/edoas/website18/66/info1255073822617166.htm。

[3] 参见许春金、谢文彦:《家庭内杀人事件:案例研究》,我国台湾地区社会问题研究学术讨论会会议论文,1999年12月29~30日。

型、不安全冲突型和不安全紊乱型四种。[1] 对家庭在未成年人偏差中的作用，《儿童权利宣言》、《利雅得准则》及《北京宣言》等国际公约均提出了相应要求。如《儿童权利宣言》原则六规定，“儿童为了全面而协调地发展其个性，需要得到慈爱和了解，应当尽可能地在其父母的照料和负责下，无论如何要在慈爱和精神上与物质上有保障的气氛下成长”。该宣言原则七又规定，“儿童的最大利益应成为对儿童的教育和指导负有责任的人的指导原则；儿童的父母首先负有责任”。《北京宣言》第30条要求，“承认并且支持父母和家庭作为儿童的主要抚育者，加强他们为儿童提供最佳照料、哺育和保护的能力”。[2]

我国《预防未成年人犯罪法》第61条规定，“公安机关、人民检察院、人民法院在办理案件过程中发现实施严重不良行为的未成年人的父母或者其他监护人不依法履行监护职责的，应当予以训诫，并可以责令其接受家庭教育指导”。[3]《未成年人保护法》第16条规定：“未成年人的父母或者其他监护人应当履行下列监护职责：（一）为未成年人提供生活、健康、安全等方面的保障；（二）关注未成年人的生理、心理状况和情感需求；（三）教育和引导未成年人遵纪守法、勤俭节约，养成良好的思想品德和行为习惯；（四）对未成年人进行安全教育，提高未成年人的自我保护意识和能力；（五）尊重未成年人受教育的权利，保障适龄未成年人依法接受并完成义务教育；（六）保障未成年人休息、娱乐和体育

---

〔1〕 参见金星明：《儿童青少年发育研究的进展》，载《中国实用儿科杂志》2005年第8期。

〔2〕 对家庭在未成年人偏差中的作用，《利雅得准则》提出9条原则：一是每个社会均应将家庭及其所有成员的需要和福利置于高度优先地位。二是因家庭是促使儿童初步社会化的中心环节，政府和社会应竭力维护家庭、包括大家庭的完整，社会有责任帮助家庭提供照料和保护，确保儿童的身心福祉。应提供适当安排，包括托儿服务。三是各法域政府应制定政策以利儿童在稳定和安定的家庭环境中成长。凡在解决不稳定状况或冲突状况中需要帮助的家庭，均应获得必要的服务。四是如缺乏稳定和安定的家庭环境，而社区在这方面向父母提供帮助的努力又归于失败，同时不能依靠大家庭其他成员发挥这种作用的情况下，则应考虑采取其他的安置办法，包括寄养和收养。这种安置应尽最大可能仿造成一种稳定和安定的家庭环境，与此同时，还应为孩子建立永久感，以避免引起因连续转移寄养而连带产生的问题。五是对受到经济、社会和文化上迅速而不平衡变化影响的家庭的儿童，尤其是土著、移民和难民家庭的儿童，应给予特别的关注。因这类变化可能破坏家庭的社会能力，而往往因角色和文化冲突的结果，无法按照传统方式抚养培育孩子时，则须采用创新性的、有利于社会的方式来保证儿童的社会化过程。六是应采取措施和制定方案，为家庭提供机会，学习在孩子发展和照顾方面父母的角色和义务，同时促进亲子之间的关系，使父母能敏锐地发现孩子的种种问题，并鼓励参与家庭和社区范围的活动。七是各法域政府应采取措施，促进家庭的和睦团结，并劝阻使孩子与父母分开的做法，除非出现特殊情况，影响孩子的幸福和前途，而没有别的可行办法。八是强调家庭和大家庭的社会化功能十分重要；认识到青少年在社会上的未来作用、责任、参加与合作精神也同样十分重要。九是为确保儿童适当社会化的权利，各法域政府及其他机构应依靠现有的社会和法律机构，但当传统的制度和习俗不起作用时，还应提供和允许创新措施。

〔3〕 目前，我国上海、云南等地在办理未成年人刑事犯罪案件中，探索未成年人法定代理人无法或不宜到场时通知负有未成年人保护责任的单位或个人（所谓“合适成年人”）帮助行使有关诉讼权利。这是仿效英国少年司法的本土化尝试，其实用性、适用性及推广性有待进一步观察。

锻炼的时间,引导未成年人进行有益身心健康的活动;(七)妥善管理和保护未成年人的财产;(八)依法代理未成年人实施民事法律行为;(九)预防和制止未成年人的不良行为和违法犯罪行为,并进行合理管教;(十)其他应当履行的监护职责。"我国台湾地区"儿童及少年福利法"第3条规定,"父母或监护人对儿童及少年应负保护、教育之责任"。

针对预防未成年人偏差的家庭保护因子,我国台湾地区犯罪学者郑瑞隆提出五项建议,即全面实施家庭教育、两性教育、亲子教育与婚姻咨询,广泛建立公私立家庭冲突的调解与处理机制,使用专业的家族治疗模式来改善"家庭互动语功能";加强对中低社会经济水准的民众提供职业教育、就业教育、生活津贴与生涯辅导,确立正确的职业伦理观念与劳动价值;鼓励与奖励父母亲自养育孩子,减少"个贷教养的弊病";针对许多父母废弛亲子责任,建议对其严惩;倡导父母身正,为青少年树立良好模仿榜样。[1]

### 五、学校方面的风险因子与未成年人偏差预防关系

#### (一)学校预防风险因子

学校教育特别是针对未成年人的中小学教育,除进行文化知识与思想道德方面教育外,是否已将未成年人身心健康与发育的重要性放在重要议事日程之上? 在教学相长的互动中,教师是否对传统灌输式、强迫式教学理念与方式有所改进? 学校在正常文化教学活动外,是否设有专门机构、人员及图书、仪器对未成年学生随时存在的心理障碍及时疏导? 学校与家长在未成年人教育与成长过程中职责分配究竟如何? 这些看似简单、实则相当棘手的问题将不可避免地大量出现,成为各类中小学管理人员及教师亟待解决的难题。

中国青少年研究中心进行的一项调查显示,相当多的未成年人因考试或学业压力而心情不好(76.2%)、郁闷(55.4%)和烦躁(54.2%),部分未成年人因此睡不着(38.2%)、不想学习(25.1%)、自卑(24.5%),还有少数未成年人甚至对生活绝望(9.1%)。[2]

---

〔1〕 参见郑瑞隆:《青少年暴力犯罪之成因:家庭因素》,载蔡德辉、杨士隆主编:《青少年暴力行为:原因、类型与对策》,台北,五南图书出版股份有限公司2002年版,第113~114页。

〔2〕 参见王庆环:《"童年恐慌"愈演愈烈 小学生自杀帮父母省10万》,载《光明日报》2009年1月7日。

## 案例五十

2007年4月25日,因在英语口语考试中讲话而被老师罚抄单词,14岁初一男生何某颖投河自杀,留下一封不到200字遗书。就其自杀原因,校方与何父各执一词,但何某颖因受罚而寻短见已是无可挽回的事实。该案在案发地——广东省广州市增城区如投石入河,激起千层波澜。何某颖父母、老师及同学都不约而同认为其"成绩优异""性格开朗""很乐观",这与未成年人自杀者动辄"差生""孤独症"等传统现象相差甚远。[1]

韩愈在《师说》说:"师者,所以传道授业解惑也。"[2]教师在人生启迪、知识启蒙等方面扮演着重要作用,"落红不是无情物,化作春泥更护花。"[3]然现实生活中过于强调升学率,在很大程度上扭曲了师生间的正常关系。这种体制之下,教师为完成既定工作目标疲于奔命。"罗森塔尔效应"(Rosenthal Effect)[4]说明学业成绩不仅取决于学生自身能力,还与教师期待密切关联。近年来,因不堪老师课堂内外的羞辱而走上自杀不归路的案件时有发生。

学校系介于家庭与社会之间的重要社会媒介,由学生、教师和管理人员等人的因素及场地、设施及课程规划等物的因素构成。师生关系不佳、学校成绩表现、学校适应、学习成就等都可能影响未成年人在校表现,继而影响其行为模式。英格兰与威尔士未成年人司法委员会,将学校方面的风险因子总结为小学学业不佳(low achievement beginning in primary school)、攻击性行为(aggressive behavior)、缺乏承诺(lack of commitment)与学校解体(school disorganization)。[5] 在合肥城区儿童少年行为问题现状分析中,涉及学校的主要风险因子包括不喜欢上学、与同学关系不融洽、与成人相处有问题、孩子完成作业有困难等。[6]

许多教师倾向于用二分法对"优等生"与"差生"实行差别性待遇,例如,对后

---

〔1〕 陈永进、江文玉:《增城:因受老师批评 初一男生留遗书"很辛苦"跳河自尽》,载《南方都市报》2007年4月29日。

〔2〕 (唐)韩愈:《师说》。

〔3〕 (清)龚自珍:《已亥杂诗》。

〔4〕 1966年,美国心理学家罗伯特·罗森塔尔(Robert Rosenthal)在一所小学进行"未来发展趋势测验",并据此提交了一份"最有发展前途者"的学生名单给校长,煞有介事地叮嘱务必保密。时隔数月,罗森塔尔又来到该校,发现这些上榜学生学业成绩及各方面表现均佳。这份名单上的学生是随机选出的,即随意从每班抽3名学生共18名。罗森塔尔效应就是期望心理中的共鸣现象。

〔5〕 See Youth Justice Board, *Risk and Protective Factors*, London, UK: Youth Justice Board for England and Wales, 2005, p. 3.

〔6〕 参见高茗、陶芳标、张金霞、王敏、江涛、吴汉荣:《少年儿童行为问题与家庭、学校因素关系》,载《中国公共卫生》2005年第9期。

者叱责“从来没有见过像你这么笨的学生”“你怎么不开窍”“这么笨”等“冷暴力”讥讽。这不但会强化其自我认知,使好学生越好,差学生越差;且未成年人自尊心日强,这种标签化处理显然不合时宜。域内外的实证研究表明,对这些后进学生若不加正面干预,可能将其推向偏差之路上。据澳大利亚新南威尔士州未成年人司法部的调查发现,82% 少年犯在进入未成年人司法系统前与学校脱钩。[1]

(二)学校预防保护因子

除学业和职业培训活动外,《利雅得准则》还告诫应特别注意基本价值观念的教育,培养对传统文化特性和模式、社会价值观念,对与其他文明、对人权和基本自由的尊重。[2] 我国《预防未成年人犯罪法》第 17 条规定:“教育行政部门、学校应当将预防犯罪教育纳入学校教学计划,指导教职员工结合未成年人的特点,采取多种方式对未成年学生进行有针对性的预防犯罪教育。”而就预防犯罪教育的目的,《预防未成年人犯罪法》第 15 条指出,“增强未成年人的法治观念,使未成年人树立遵纪守法和防范违法犯罪的意识,提高自我管控能力”。

《未成年人保护法》第 27 条规定,“学校、幼儿园的教职员工应当尊重未成

---

〔1〕 参见[澳] 瓦尔达·鲁斯思:《澳大利亚新南威尔士州少年司法部在少年司法系统中的角色》,载《青少年犯罪问题》2009 年第 4 期。

〔2〕 在学校教育方面,《利雅得准则》提出下述基本原则:一是各法域政府有义务使所有青少年都能享受公共教育。二是教育系统除其学术和职业培训活动外,还应特别注意以下方面:进行基本价值观念的教育,培养对孩子自身的文化特性和模式、对孩子所居住国家的社会价值观念,对与孩子自身不同的文明、对人权和基本自由的尊重;促使青少年的个性、才能、身心方面的能力得到最充分的发展;青少年应作为教育过程的积极而有效的参加者,不仅是作为教育的对象;举办一些活动,培养学生对学校和社区的认同感和从属感;鼓励青少年理解和尊重各种不同的观点和意见及文化上和其他的差异;提供职业培训、就业机会及职业发展方面的信息和指导;对青少年提供正面的情绪支助并避免精神方面的不适待遇;避免粗暴的处分方式,特别是体罚。三是教育系统应设法与家长、社区组织和关注青少年活动的机构共同合作。四是应让青少年及其家庭认识法律,知道他们的法定权利和责任及普遍的价值体系,包括联合国的各项文书。五是教育系统应对面临社会风险的青少年给予特别的关怀和注意。应编制专门的预防方案、教材、课程、方法和工具,并予以充分利用。六是应特别重视制订防止青少年酗酒吸毒及滥用其他药物的全面政策和战略。教师和其他专业人员应充分准备并得到培训来防止和对付这些问题,应向全体学生提供关于包括酒精在内的药物使用和滥用情况资料。七是各学校应成为向青少年提供医疗、辅导及其他服务的中心和介绍中心,特别是应向那些受到虐待、忽视及受到伤害和剥削利用而有特殊需要的青少年提供上述服务。八是应通过各种教育方案使教师及其他成年人及全体学生能敏锐地注意到青少年的问题、需要和见解,尤其是贫困阶层、处境不利阶层、少数族裔或其他少数人及低收入阶层的青少年。九是学校系统应致力于要求在课程、教学方法及聘请和培训合格教师方面达到并推动最高的专业水平和教育水平,应确保由合适的专业组织和政府对成绩进行定期监测并作出评估。十是学校系统应与社区团体合作,规划、制定和实施青少年感兴趣的课外活动。十一是对难以办到遵守出勤规定的学生和对中途退学者,应给予特别的帮助。十二是各学校应推动定出公平合理的政策和规定;在制定学校政策包括纪律政策及决策的委员会上应有学生代表参与出席。

年人人格尊严，不得对未成年人实施体罚、变相体罚或者其他侮辱人格尊严的行为”。《义务教育法》第16条明确规定，“禁止侮辱、殴打教师，禁止体罚学生”。针对检察院不起诉、法院免于刑事处罚或者宣告缓刑，及被解除收容教养或者服刑期满释放的未成年人。《预防未成年人犯罪法》第31条规定，“学校对有不良行为的未成年学生，应当加强管理教育，不得歧视”。第62条又规定，“教职员工教唆、胁迫、引诱未成年人实施不良行为或者严重不良行为，以及品行不良、影响恶劣的，教育行政部门、学校应当依法予以解聘或者辞退”。《预防未成年人犯罪法》第22条规定，“学校应当将预防犯罪教育计划告知未成年学生的父母或者其他监护人。未成年学生的父母或者其他监护人应当配合学校对未成年学生进行有针对性的预防犯罪教育”。

教师若发现学生有偏差行为苗头时应给予适当关怀或勉励，将犯罪危险性消弭于无形。在我国台湾地区，教师若以体罚或其他方式处罚学生，以致伤害其身体、健康、生命或财产者，有可能构成伤害罪、过失伤害罪、过失致人死亡罪、杀人罪、毁损罪等犯罪。

# 第 六 编

# 希冀与展望

# 第十四章　展望：未成年人司法未来方向

## 一、胡适之问：现代文明观下的未成年人司法

何为“文明”，众说纷纭。有学者主张文明系指“人群在特定历史时期的生存方式及社会的主流价值观”，认为本质系人类社会对人与自然关系之看法和对待，或者认识与行为。[1] 现学术界通常多认为，“文明是从整体上对文化的描述与规定”，与野蛮相对立。[2] 中文中“文明”二字的出现，或可追溯至先秦时期，曰“见龙在田，天下文明”。[3] 发展至今，近代“文明”概念由西方传入；[4] 而现代“文明”一词，据考或源于18世纪之法国。

衡量乃至评价“文明”之标尺甚多，胡适先生曾有句脍炙人口的标准，“你看一个国家的文明，只需考察三件事：第一看他们怎样待小孩子；第二看他们怎样待女人；第三看他们怎样利用闲暇的时间”。[5] 这句话常被反复转引，以提醒和警示国人对未成年人态度和处置方式应尽可能体现国家与社会文明的发展程度。正如儒家倡导的父子之亲、君臣之义、华夷之别等理念，传统文化中关涉应对未成年人偏差及保护的文明观在本质上仍多适用宗法社会相关解释。在传统中国宗法社会中，尽管不乏《礼记》所云“壮有所用，幼有所长”，[6] 以强调国家对未成年人的保育期待，但整体而言儿童或未成年人基本上处于被处置的相对无权地位。进入转型时代后，“现代文明观”则将更多人本思想带入文明之考量，包括对弱势群体的特殊关注与关爱。法史学者何勤华即主张，“科学、富裕、教养、自由、民主、平等、法治、正义、和平和安宁价值，则构成了现代文明的核心价值”。[7] 因此，文明常体现在一国以怎样的文明观来对待社会弱势群体，特别是未成年人。

---

〔1〕 参见叶文虎：《论人类文明的演变与演替》，载《全球史评论》2013年辑刊，第201页。

〔2〕 参见吴根友：《王夫之“文明史观”探论》，载《中国哲学史》2020年第1期。

〔3〕 《易经》。

〔4〕 参见何勤华：《“文明”考》，载《政法论坛》2019年第1期。

〔5〕 许道宝：《胡适看一个现代文明观的“三件事”》，载《江淮时报》2014年7月15日。

〔6〕 《礼记·礼运篇·大同章》。

〔7〕 何勤华：《“文明”考》，载《政法论坛》2019年第1期。

各法域皆倾向于以建构符合未成年人心智特征及成长需求的程序和处遇,参酌其品格、经历及犯行等,以挽救和保护未成年人为出发点和归结点来设计、运作和评估未成年人司法。而近年来,全球化对未成年人司法的影响越来越多地以新自由主义治理(neo-liberal governance)和"新惩罚"理念(new punitiveness)为导向,例如,"儿童友好型司法"(child friendly justice)在欧洲正蔚然成风。[1] 与此相对应地,亦有学者主张在美国蓬勃发展的"控制文化"(culture of control)触发下,导致世界范围内偏差少年人口正在增长。[2] 在如此错综复杂的现代"文明观"指引下,我国未成年人司法理论与实务经验亦受西学东渐之风影响。对犯罪事项采取一定程度非刑事化,或是重要趋势,《布莱克法律辞典》将"civilization"解释为:通过法律或判决而将犯罪事项(criminal matter)予以民事化(civil one)之转换般合理。[3] 民众较为普遍的重刑思想及对某些未成年人恶性案件处理的质疑或提醒,实有必要参酌我国已加入之国际公约相关条文及域外较为成熟的经验做法,重新审视我国未成年人司法的发展方向。比如,《利雅得准则》第 20 条敦请各会员方"培养对孩子自身的文化特性和模式、对孩子所居住国家的社会价值观念、对与孩子自身不同的文明、对人权和基本自由的尊重",这体现出未成年人司法所凸显之现代文明观既有共通性,亦有差异性。然探求"未成年人司法"真意时,既不宜脱离该制度源自欧美且不断衍进之背景,亦不能回避满足中国国情发展之要求:前者提供不同文明观比较与法律移植视野,而后者则提供制度存续与发展中之法律土壤及文明标尺。

法治是现代文明重要标志,自 1899 年在美国伊利诺伊州成立首家少年法庭以来,未成年人司法多由单独的量刑指南、法庭结构、未成年人设防与非设防拘留设施、未成年人缓刑及那些定义与未成年人年龄相关的偏差行为法律所组成。[4] 各法域亦逐渐认识到偏差少年与成年人大不相同;前者显然需要更多机会以惩教自新。世界上大多数法治先进法域多以两套司法体系来应对未成年人偏差与被害人保护:一是应对未成年人偏差与轻微犯罪、未成年人被

---

〔1〕 See Barry Goldson & John Muncie, *Towards a Global "Child Friendly" Juvenile Justice?*, International Journal of Law, Crime and Justice, 40(1), 2012, p. 47 – 64.

〔2〕 See John Muncie & Barry Goldson (Eds.), *Comparative youth justice*, Sage, 2006.

〔3〕 See Bryan A. Garner, *Black's Law Dictionary (10th edition for iPhone and iPad)*, Thomson Reuters, 1.4 Version, 2014.

〔4〕 See George. T Patterson, *Introduction to Evidence-Based Practices and Principles in the Criminal Justice System*, Clinical Interventions in Criminal Justice Settings: Evidence-Based Practice, 2018, p. 1.

害之狭义未成年人司法，注重矫正、教育、复归，但不排斥惩教；二是针对未成年人较严重犯罪之刑事司法体系，强调抑制、打击、惩罚。[1] 面对未成年人司法建构之相对缺失，2020 年修订后的《未成年人保护法》《预防未成年人犯罪法》或应成为重新建构我国未成年人司法运作体系的立法基石。时下，应当迫切解决顶层设计问题，避免因缺顶层设计使两法修订有形无实，即看似回应当前存在的困境，实则可能较难落地实施。如何进行顶层设计，则需回应现代"文明观"下未成年人司法的诸多争议。

## 二、现状：一元化未成年人刑事司法

### （一）"儿童最佳利益"原则与"社会最佳利益"原则

#### 1. 理念间的博弈与磨合

传统刑事司法强调罪责相当，但对偏差少年简单施以刑罚，较难从根本上解决未成年人偏差及犯罪问题。非刑事化的未成年人司法即着眼于该问题的解决，视未成年人为国家未来财产，对偏差乃至犯罪的未成年人，因"国家亲权"法则所系，不断增进未成年人福祉，注重个别处遇措施，矫正偏差少年言行举止，回避单纯性惩罚措施，[2] 进而敦促、监督未成年人早日成为社会栋梁。

未成年人司法秉承"儿童最佳利益"原则（best interest of child，或译为"儿童利益最大化原则"），该原则源自联合国《儿童权利公约》第 3 条，即其指出，"在涉及儿童的所有行动中，无论是由公共还是私营社会福利机构进行的，法院、行政当局或立法机构，应以儿童的最大利益为首要考虑"。"儿童最佳利益"原则之评估是全面的、动态的、双向的，而非局部的、静态的、单向的。在"儿童最佳利益"原则下对未成年人偏差的评估，直接关系未成年人司法建构的初始理念，宜将偏差少年、被害人、民众等不同主体对司法公正之认知和践行进行整体性框架考量，而非仅只关注偏差少年的特殊境遇，否则被害人及民众有可能较难感同身受并认同仅对或主要对偏差少年做出的特殊化处遇。[3]

秉承"儿童最佳利益"原则之未成年人司法，亦不得不回应"社会最佳利益"原则之现实拷问。在追求犯罪打击目的的刑事司法理念下，对偏差少年实施教育、感化与挽救为主的刑事司法政策，自然契合"儿童最佳利益"原则。然

---

〔1〕 参见张鸿巍：《对未成年人犯罪，该有中国版"少年司法"了》，载《新京报》2019 年 10 月 29 日。

〔2〕 参见张鸿巍：《少年司法的顶层设计与架构——以桥接、互动的双轨制为基点》，载《预防青少年犯罪研究》2014 年第 2 期。

〔3〕 参见李煦：《张鸿巍：少年司法政策应该改变了》，载《长江日报》2019 年 2 月 19 日。

部分犯罪偏差少年屡屡触及社区防卫底线,损害社会最佳利益,引发民众诸多不满。正如在以暴制暴的报应刑主张中,要求降低刑事责任年龄的主张一直未曾消失。此时,社会与刑事司法皆面临抉择的两难境况:其一,是否可以将偏差少年依法予以惩教,及时还被害人及其家人以公道;其二,对偏差少年之处理是否应同时秉承与兼顾"儿童最佳利益"原则与"社会最佳利益"原则,给予其更多戒治的机会。[1] 而后者之理念冲突,或为当前一元化未成年人刑事司法不可回避、不得不解决的难题。

2. 被害人保护的片面忽视

遵循"儿童最佳利益"原则之全面性要求,一线司法实务既要关注偏差少年,亦要保护包括未成年被害人在内的最广大被害人的合法权益。无须讳言,我国未成年人司法实务仍不时出现一些片面强调对偏差少年保护而忽视对被害人保护的情形,此边缘化被害人的处理方式在很大程度上可能影响了司法公正的实现,更不利于唤起被害人及民众对"教育为主、惩罚为辅"未成年人刑事政策的认可。未成年人刑事司法对未成年犯罪嫌疑人或被告人的持续性片面关注,在很大程度上是以牺牲或漠视处于弱势一方之被害人权益为代价的。[2] 司法之光若只是选择性投射,而未及时有效回应被害人及社会对司法之公正性的认同,继而引发焦虑甚至质疑,则可能不一定符合司法比例分配及实现原则,亦可能会影响未成年人司法的长远建构和有效运作。[3] 如此,与对未成年人提供全面综合司法保护的未成年人司法建构目标相去甚远。

"真诚悔过"或是恢复性司法对犯罪人最基本的要求,亦应是未成年人司法对偏差少年须坚守的司法底线。域内外未成年人司法实务中,许多偏差少年对被害人及其家人缺乏悔罪感,一些原本设计用以倡导和实现恢复性未成年人司法的举措常常流于形式。这里有则著名判例,隐约可见即便是少年法庭法官,亦对此类未成年人不屑一顾被害人及其家人感情之行径大为光火:2007 年,在 17 岁未成年人对交通杀人罪表示认罪后,华盛顿州一位少年法庭法官判其 126 周监禁。该判决比量刑标准范围多了 70 周,亦比检察官之求刑建议多出 23 周。做出远超出量刑标准范围的判决时,法官考虑了死者父亲所做之"被害人影响陈述"(victim impact statement)、审阅了被害人家人及朋友来

---

〔1〕 参见张鸿巍:《熊孩子的救赎之道》,载《南方日报》2019 年 1 月 8 日。

〔2〕 参见张鸿巍:《少年司法的顶层设计与架构——以桥接、互动的双轨制为基点》,载《预防青少年犯罪研究》2014 年第 2 期。

〔3〕 参见张鸿巍:《对未成年人犯罪,该有中国版"少年司法"了》,载《新京报》2019 年 10 月 29 日。

信，亦听取了未成年人的道歉，并检视了来自被告人所在高中和缓刑官所提交的责任减轻证据。法官指出，他对该未成年人“感到失望”，因为后者“在道歉时未以某种方式直视”被害人家人。法官这样告诫未成年人：“我认为你至少应直视他们……我感到失望的是，你在道歉时选择不愿意或无法撇下自身痛苦来尊重被害人家人……我对你所言并未留下深刻印象……”由此，法官认定，若对该未成年人判以较轻处遇，则无法回应民众对未成年人司法之信心与期待。[1] 该案从另侧面反映出，少年法庭法官对偏差少年真诚悔过有越来越高的期待，以善尽把关责任。

未成年人刑事案件中的被害人之人权保障亦不宜因偏差人或犯罪人未达成年年龄而有明显不同，否则“正义”天平瞬间将倾斜。强调“儿童最佳利益”原则的同时，基于社区防卫而来的“社会最佳利益”原则亦同样重要。20 世纪 80 年代至今，域外未成年人司法越发关注社区安全和未成年人问责，并将其重点转移到偏差少年之惩教上。而风起云涌的被害人权利运动所要求之报应刑要素与这些针对未成年人偏差之新的防治举措相契合，并纳入未成年人司法法和程序中。[2] 无论是非刑事化的未成年人司法，还是传统刑事司法，对未成年人偏差的处遇皆应当涵盖这样一些基本价值：社区防卫、追究其对被害人及社会应承担的责任、培养其戒治及重返社会的能力。[3] 这抑或现代“文明观”对未成年人司法的应有态度。

（二）一元化未成年人刑事司法

我国未成年人司法因涵盖范围狭窄而大体可视为未成年人刑事司法，这不同于域外多数基于民事法而来的未成年人司法。在刑事司法体系及程序中，对未成年犯罪嫌疑人或被告人施以“教育、感化和挽救为主”为基本刑事政策，贯穿侦查、批捕、起诉、审判及矫正等各环节。然欲实现未成年人司法与刑事司法的衔接与互动，非单一未成年人刑事司法可勉力为之的。[4]《未成年人保护法》《预防未成年人犯罪法》作为未成年人刑事司法的重要补充，不仅旨在补充解决一元化未成年人刑事司法无法满足现实之需的问题，亦在很大程度

---

〔1〕 Kristin Henning, *What's Wrong with Victims' Rights in Juvenile Court? Retributive Versus Rehabilitative Systems of Justice*, California Law Review, 97(4), 2009, p. 1107 – 1170.

〔2〕 See Kristin Henning, *What's Wrong with Victims' Rights in Juvenile Court? Retributive Versus Rehabilitative Systems of Justice*, California Law Review, 97(4), 2009, p. 1107 – 1170.

〔3〕 参见张鸿巍：《少年司法与刑事司法的桥接互动》，载《法制日报》2013 年 11 月 22 日，第 10 版。

〔4〕 参见张鸿巍：《少年司法与刑事司法的桥接互动》，载《法制日报》2013 年 11 月 22 日，第 10 版。

上可被视为未来建构相对独立的未成年人司法的框架性法律。[1] 因此,一元化未成年人刑事司法在对接“国家亲权”法则、儿童福利、儿童最佳利益原则等方面存在一定的适用障碍。

现阶段缺少相对独立运作的未成年人司法,在传统刑事司法中以一元化处理未成年人刑事犯罪,导致部分不达刑事责任年龄的偏差少年游走于刑事司法体系之外。未成年人司法亦尚未完整建构起来,对那些未达刑事责任年龄的偏差少年,司法实务因缺乏明确上位法依据,无法及时、有效通过司法化予以处理。偏差少年的教育与矫正,应建构相对独立于传统刑事司法的未成年人司法,将需要强制教育与矫正的偏差少年及亟须救助与救济的未成年被害人纳入其中。在未成年人司法的建构和运作中,也需回应民众对基本司法公正的诉求。比如,偏差少年权利保障的边界、被害人保护的实现、社区防卫的进行等。[2]

### 三、探寻:未成年人归责与惩教

当下,我国未成年人司法理念亟待与时俱进,或宜从“教育为主,惩罚为辅”逐步过渡到“归责与惩教并重”。对“教育为主,惩罚为辅”未成年人刑事政策的适当反思,并非力主不教而诛。从立法、执法与司法理念出发,对未成年人司法进行解构与架构确有几个理念亟须厘清,这对及时总结40年理论与实务经验并展望未来若干年发展趋势或有裨益:未成年人司法与刑事司法价值取向的冲突与磨合、儿童福利理念的引入与变迁、被害人保护与社区防卫理念的纠结与反复、涉案未成年人隐私保护的辗转与松动。这些理念问题看似简单,却为未成年人司法及防治未成年人偏差中颇具迷惑性的核心问题。[3] 只有全面和系统认识这些理念间的错综复杂关系,才可能结合相关法理进行磨合,从顶层设计的宏观高度探索衔接、互动的未成年人司法二元化。[4] 故而,对未成年人处遇可从“归责”与“惩教”两个维度探寻之。

#### (一)归责

若未成年人司法政策未以必要且充实的归责为导向,则对偏差少年的有效感化与教育或为水中月。“归责”(accountability 或 responsibility)系指对行

---

〔1〕 参见张鸿巍:《对未成年人犯罪,该有中国版“少年司法”了》,载《新京报》2019年10月29日。

〔2〕 参见张鸿巍:《对未成年人犯罪,该有中国版“少年司法”了》,载《新京报》2019年10月29日。

〔3〕 参见张鸿巍:《少年司法的顶层设计与架构——以桥接、互动的双轨制为基点》,载《预防青少年犯罪研究》2014年第2期。

〔4〕 参见李煦:《张鸿巍:少年司法政策应该改变了》,载《长江日报》2019年2月19日。

为人施加与其偏差行为严重性相适应的后果，从而使其对行为负责之法律行为。归责措施包括赔礼道歉、赔偿损失、社区服务、刑事和解、强化监督、拘留羁押等。从域外经验看，过去半个多世纪以来，"归责"运动已改变域外特别是美国未成年人司法。然未成年人司法中"归责"的含义，尤其是要追究谁的责任和对谁负责的含义则随着时间流逝而变化，这使其适用范围尚不完全清晰。[1]美国联邦未成年人司法与预防犯罪署自1998年以来通过以下方式帮助各州实施了基于归责的计划，亦即"未成年人归责整体赠款"（Juvenile Accountability Block Grants，JABG）计划。该计划向50个州、哥伦比亚特区及5个海外领地（波多黎各、美属维尔京群岛、关岛、美属萨摩亚和北马里亚纳群岛）拨款。该署亦提供培训和技术援助，以帮助各州发展、运营和衡量其归责计划的有效性，目的是通过针对偏差少年和未成年人司法之基于归责的计划来减少未成年人偏差。[2]

不仅美国出现了未成年人司法的重大变化，英国、加拿大、澳大利亚等普通法系法域近年来亦有一定变化。例如，2017年5月，澳大利亚维多利亚州开始对其未成年人司法进行重大改革，以确保"严重未成年犯罪人应对其行为负责并对其罪行承担刑事责任"。这些改革主要是颁行新的未成年人法、引入青少年控制令、促进实行宵禁、限制偏差少年使用社交媒体、将某些偏差行为的最高刑罚从3年提高到4年、确保犯有严重罪行的偏差少年在刑事（成人）法庭而非少年法庭出庭受审、在某些情况下向民众披露与偏差少年身份有关的信息。[3]

未成年人刑事政策中的归责受"衡平及恢复性司法"（balanced and restorative justice）等理念影响，强调偏差少年须为其不法或犯罪行为承担责任，尽管该责任并不必然是刑事责任，但基于归责而来的责任承担或有助于偏差少年认识到责任所在并促进戒治、被害人及民众亦可能更多认可未成年人司法之惩教理念。"衡平及恢复性司法"理念并不否定惩罚性司法，强调被害人权利维护及被害人需求为核心内容；及未成年人偏差导致其责任之承担，继

---

〔1〕 See Geoff Ward & Aaron Kupchik, *Accountable to What? Professional Orientations Towards Accountability-based Juvenile Justice*, Punishment & Society, 11(1), 2009, p. 85 – 109.

〔2〕 See Office of Juvenile Justice and Delinquency Prevention, *Juvenile Accountability Block Grants Program*, Office of Juvenile Justice and Delinquency Prevention, Office of Justice Programs, U. S. Department of Justice, 2009, p. 1.

〔3〕 See Natalia Antolak-saper, *Mini Me: The Adultification of the Victorian Juvenile Justice System*, Retrieved on July 27, 2020, http://anzsocconference.com.au/1766.

而期许、敦促和要求犯罪人有责任修复因其犯罪给被害人及社区造成之损伤或损失,以问题解决为导向,最终实现各方合理需求之平衡。近年来,美国各州和地方陆续制定了新的未成年人司法政策,其中有许多旨在使未成年人司法更加"硬化"(tougher),但其他政策则改善了防治,增加了"惩教"并增强了未成年人司法的平衡及恢复性。[1] 从未来发展来看,我国一元化未成年人刑事司法的破局亦宜以"归责"为依托,偏差少年、未成年被害人与社区及有关政府机构等各方在有关司法机关或社会机构参与、调处情形下,对一些未成年人偏差及轻微犯罪案件,或以偏差人真诚悔过为契机,责令其以各种不同方式向被害人赔礼道歉、赔偿损失来尽可能恢复遭其破坏的社会关系。[2] 未成年人司法之建构,需要通过制度推动未成年人自新,亦使个案中的当事人、参与方皆合乎比例地感受正义的现实存在。因而,可将传统个别化惩教与被害人参与机制有机结合起来,有助于实现社区安全、个人对被害人和社区之责任及发展技能以帮助偏差少年过上守法和富有作为之生活。[3]

(二)惩教

"惩教"实则源于"教育为主、惩罚为辅"之未成年人刑事政策。"教育为主、惩罚为辅"的未成年人刑事政策出台时间并不久远,1979年《刑法》制定时提出的"惩办与宽大相结合"常被视为该政策之雏形。1991年出台的《未成年人保护法》首次确认该政策,并于1999年制定的《预防未成年人犯罪法》及2012年修订的《刑事诉讼法》中得以明确。英文中,与"惩教"一词最为接近的单词当属"correction"及"rehabilitation"。在《布莱克法律辞典》中,"correction"含义有三点:一是将错误之处予以纠正的行为或事例;二是商业活动之变化或市场价格之此消彼长;三是通过监禁、假释或缓刑而对犯罪人实以之惩罚和处遇。[4] 由此可见,"correction"一词即有"惩罚"之意,亦可译作"惩教"。[5] 而就"rehabilitation",《布莱克法律辞典》如此解释:一是(刑法意义上)提升犯罪人之品格及外表以期适应社会而不再犯罪的过程;二是(证据法意义上)在证

〔1〕 See Jeffrey A. Butts & Daniel P. Mears, *Reviving Juvenile Justice in a Get-tough Era*, Youth & Society, 33(2), 2001, p. 169 - 198.

〔2〕 参见张鸿巍:《对未成年人刑事政策的反思》,载《法制日报》2014年5月14日。

〔3〕 参见张鸿巍:《熊孩子的救赎之道》,载《南方日报》2019年1月8日。

〔4〕 See Bryan A. Garner, *Black's Law Dictionary* (*10th edition for iPhone and iPad*), Thomson Reuters, 1.4 Version, 2014.

〔5〕 我国香港特别行政区惩教署之官方英译为"Hong Kong Correctional Services",用的即是"惩教"(correction)之形容词形式(correctional)。

人被质疑后其可信度之恢复；三是（破产法意义上）债务人财务事项之重组。[1] 惩教只要合乎比例且依法定程序而行，那或是对未成年人最有效的保护。在未成年人司法中，惩教不应当被过于提倡，但也不应被排斥，而应与以循证为导向的教育及惩教相辅相成。[2]

"惩罚"与"惩教"在表达上的差异显示了"教育为主、惩罚为辅"刑事政策在具体个案中仍是以相互竞争的姿态角逐适用。近年来，我国未成年人偏差呈现出的低龄化、暴力化、团伙化特征，引发了更多关注未曾充分关注的"惩"，继而"惩罚"呼声高涨。无"惩"而"教"，并非"教育为主、惩罚为辅"之真意。尽管听起来有些残酷，但这一刑事政策应符合个案最佳处理这一规律，需要综合考量案情，在多个价值之间寻求平衡。一些未成年人将本应自己经受的责任轻描淡写，致其未曾用心去感触因自身犯罪而给被害人所带来的苦楚。在未成年人身心成熟度持续提升的现实情形下，正面的引导与教育，对于偏差少年清醒而全面地认知到自己所犯之罪、真诚悔过及认真接受惩教并尽快融入社区皆兹事体大。[3]

2015 年，联合国人权事务高级专员办事处会同联合国毒品及犯罪问题办公室秘书长、儿童暴力行为特别代表共同发表了题为《预防和应对未成年人司法内针对儿童的暴力行为》（Prevention of and Responses to Violence against Children within the Juvenile Justice System）的报告，表达了对"许多政策和立法者都赞成采取不成比例惩罚性措施"之部分担忧，并敦促各会员国减少拘留与羁押，并将其仅用于被认为对他人构成真正危险的偏差少年。[4] 以美国为例，尽管学界有不少反对声音，但几乎所有州都已全面改革了未成年人司法法，允许更多的未成年人在刑事（成人）法庭受审，并取消长期保护措施，以惩教偏差少年并防治未来犯罪。对于某些恶性刑事案件的偏差少年，一方面，仍须给予其较多惩教机会，以便于其未来复归社会；另一方面，惩教应关注偏差少年人身危险性的降低，即依风险评估和需求评估对个案进行审查，评估其未来实施偏差行为之可能性，以确定具体犯罪人的惩教需求。在现行法律和刑事政策范围内对极少数未成年人恶性案件予以依法严惩，并不意味着不可以对其进

---

〔1〕 See Bryan A. Garner, *Black's Law Dictionary* ( *10th edition for iPhone and iPad* ), Thomson Reuters, 1. 4 Version, 2014.

〔2〕 参见张鸿巍：《对未成年人犯罪，该有中国版"少年司法"了》，载《新京报》2019 年 10 月 29 日。

〔3〕 参见张鸿巍：《未成年人的法戒及罚界》，载《民主与法制时报》2016 年 2 月 25 日，第 8 版。

〔4〕 See United Nations, *Prevention of and Responses to Violence against Children within the Juvenile Justice System*, New York: United Nations, 2015.

行有效惩教,只是惩教成本会相对其他案件陡然上升、惩教实效亦可能稍有差异。

无论“教”与“惩”关系如何,皆宜以个案为中心,其具体措施应符合未成年人司法个别化处遇的原则,以利未成年人复归社会。正如在一线司法实务中,屡屡出现偏差少年以其无刑事责任能力或者减轻刑事责任能力而涉嫌犯罪的案例。过往生活法则和体验一再提醒,对未成年人刑事犯罪既不能过于严苛,亦不能宽缓地漫无边际的毫无底线。[1] 《未成年人保护法》《预防未成年人犯罪法》修订更多地关注教育、矫正偏差少年议题时,有限度地、不排斥地对一部分恶性较重的具有反社会行为的未成年人施以惩教,可能更符合未成年人司法本意。[2] 需要说明的是,未成年人司法中的“惩教”,与传统刑事司法中的惩教,性质和作用不是完全一样的。未成年人司法中的惩教是辅助性的、最低限度的、非刑事化的,通过公安、检察、法院、矫正等部门实现不同阶段的司法化处遇,行使和发挥类似父母对子女的惩教职权及作用,带有浓郁“国家亲权”法则色彩。[3] 而刑事司法中的惩教,则是刑罚权具体体现,是刑事处遇之外化。

## 四、破局:未成年人司法的二元建构

在日益强调“归责”与“惩教”的今天,宜解构一元化未成年人刑事司法,建构二元化未成年人司法。具体而言,为应对或是解决未成年人偏差的防治问题,未来可逐步建构非刑事化的狭义未成年人司法,以涵盖偏差未成年人司法与未成年被害人司法。在此基础上,进一步完善未成年人刑事司法,以建构广义之未成年人二元化司法体系,互为补充。

### (一)非刑事化的未成年人司法:偏差人司法与被害人司法二元化

与刑事司法相比,非刑事化的未成年人司法各个主要组成部分之设定由未成年人年龄而定,并据此来区分行为能力、法律效果及应担负之法律责任。随着儿童福利与未成年人司法的交互发展,未成年人司法所涉及之未成年人可大体分为偏差少年与未成年受抚养人:前者为实施偏差及轻微犯罪之未成年人;而后者则主要是被虐待、遗弃或照管不良之未成年人。而以未成年人是偏差人或被害人,未成年人案件亦可相应划分为未成年人偏差案件和未成年人保护案件,宜以未成年人司法二元化对应之。基于“国家亲权”法则及“儿童

---

〔1〕 参见张鸿巍:《应综合考量未成年人犯罪治标与治本》,载《检察日报》2016 年 7 月 4 日。

〔2〕 参见张鸿巍:《对未成年人犯罪,该有中国版“少年司法”了》,载《新京报》2019 年 10 月 29 日。

〔3〕 参见张鸿巍:《对未成年人犯罪,该有中国版“少年司法”了》,载《新京报》2019 年 10 月 29 日。

最佳利益"原则,对《预防未成年人犯罪法》《治安管理处罚法》《禁毒法》等规定的偏差少年,特别是犯有"不良行为"及"严重不良行为" 之未成年人进行归责及惩教,可对偏差少年适用偏差未成年人司法,以此彰显由"国家亲权"法则而来的教育与感化。[1] 而对未成年人遭遇虐待、遗弃及照管不良等未成年人被害案件,亦须及时和妥善处置,推进未成年被害人司法建构。但这两种分类相互之间并非绝对割裂,其于个案中相互重合与叠加。

1. 偏差未成年人司法:未成年人偏差案件

偏差未成年人司法主要是要解决未成年人偏差及轻微犯罪行为,特别是我国《预防未成年人犯罪法》所界定之未成年人"不良行为"及"严重不良行为"。实施偏差行为的大多数未成年人主观恶性不深,其行为的社会危害性亦不大。因而,对偏差少年原则上首先应适用非刑罚性的未成年人司法,以"国家亲权"法则来审视、甄别和处置。参照国际惯例及我国现行立法特别是《未成年人保护法》《预防未成年人犯罪法》《治安管理处罚法》《禁毒法》等,未成年人偏差大体可涵盖离家出走、夜不归宿、逃学旷课、打架斗殴、酗酒吸毒、参加帮派等行为。对这些偏差少年之处遇,可采取口头训诫、转介民政/福利部门处遇、强制戒毒、强制入学的措施。必要时,因"国家亲权"法则而起,亦可追究未成年人父母或监护人的监护责任。

在具体建构层面,偏差未成年人司法未来或可对实施以下行为的偏差少年进行个别化处遇:一是不良行为及严重不良行为;二是轻微犯罪行为;三是较严重犯罪行为,但行为人尚未达刑事责任年龄。

2. 未成年被害人司法:未成年人保护案件

未成年人司法不仅要关注未成年人偏差并敦促其自新,亦应关注未成年被害人的权利救济。在美国,2018 年针对少年的暴力犯罪率是每 1000 人中有 33.8 人受害,这比 1995 年(每 1000 人中 172.6 人受害)下降了 80%。[2] 2017 ~ 2019 年,我国检察机关起诉侵害未成年人犯罪分别为 4.76 万人、5.07 万人、6.29 万人,后两年同比分别增长 6.8%、24.2%。[3] 未成年被害人数量之大,可见一斑,故建构更加有效的未成年被害人司法日趋重要。在未成年人司法

---

[1] 参见张鸿巍:《少年司法与刑事司法的桥接互动》,载《法制日报》2013 年 11 月 22 日,第 10 版。

[2] Keith Hullenaar & R. Barry Ruback, *Juvenile Justice Bulletin: Juvenile Violent Victimization*, 1995 – 2018, Washington. DC: U.S. Department of Justice, Office of Justice Programs, Office of Juvenile Justice and Delinquency Prevention, 2020, p. 2.

[3] 参见史卫忠:《制定印发〈关于建立侵害未成年人案件强制报告制度的意见(试行)〉有关情况的通报》,载《检察日报》2020 年 5 月 20 日,第 3 版。

诞生地的美国,未成年被害人司法(juvenile victim justice system)之发展亦非水到渠成,其之所以未得到广泛认可,部分原因是其为分散系统,并没有像偏差未成年人司法那样被整体概念化而为共同法律规则所采用;许多处理未成年被害人的机构是其他系统的一部分,其设计之初并非主要考虑未成年被害人。[1]

进入未成年被害人司法的未成年被害人,既包括作为犯罪对象的直接被害人,亦包括因犯罪而来的间接被害人。后者又涵盖目睹犯罪的未成年被害人,及那些因父母或监护人犯罪而被动卷入的未成年被害人,如服刑人员之未成年子女。[2] 未成年人作为被害人特别是家庭暴力被害人的例子亦不胜枚举。未成年人虐待、遗弃及照管不良案件应成为将来未成年被害人司法亟待干预的重要领域。[3] 未成年被害人的范围甚广,从直接被害人延伸至间接被害人。作为社会福利的重要组成部分,未来儿童福利宜将更多咨商辅导、亲职教育、医疗康复、教育培训、心理矫治、戒毒戒烟等社会资源融入未成年被害人司法。

(二)刑事司法中的未成年人刑事司法:互动与衔接

各法域未成年人司法与刑事司法已非昔日那样白黑分明,将未成年人司法与刑事司法完全分开是不现实的,二者之间存在千丝万缕的联系。在基于本土建构的地域化探索上,我国未成年人司法的现代化、法治化、科学化进程亦要更多地体现在其顶层设计上,以探索未成年人司法与刑事司法唇齿相依的互动机制。刑事司法以刑事责任年龄准入作为管辖的主要依据。于此中,对未成年犯罪人保护的力度、广度与深度,包括对隐私权保护的合理期待(reasonable expectation of privacy),皆需进行一定程度的反思与调整,以防矫枉过正。[4] 该行为人于其中所享有的特殊保护将比其于未成年人司法的待遇显著减少,以此突出和彰显刑事司法对被害人的保护及社区防卫的关切。然这并非意味着未成年人刑事司法根本理念发生动摇,而是适应了变化着的社会要求及标准,使未成年人刑事司法更加理性、务实。

---

〔1〕 See David Finkelhor, Theodore P. Cross & Elise N. Cantor, *How the Justice System Responds to Juvenile Victims: A Comprehensive Model*, Trauma, Violence, & Abuse, 6(2), 2005, p. 83 - 102.

〔2〕 参见张鸿巍:《少年司法的顶层设计与架构——以桥接、互动的双轨制为基点》,载《预防青少年犯罪研究》2014 年第 1 期。

〔3〕 参见张鸿巍:《〈预防未成年人犯罪法〉修订中应注意的几个问题——以"双轨"少年司法顶层设计为导向》,载中国法学会《未成年人法治内刊》2014 年第 1 期。

〔4〕 参见张鸿巍:《未成年人刑事检察的价值取向》,载《法制日报》2013 年 7 月 24 日,第 10 版。

未成年人刑事司法与非刑事的未成年人司法皆非封闭运行的,而是存在着衔接与互动。广义上的二元化未成年人司法,其互动与衔接着重体现在据未成年人偏差的社会危害性、惯犯累犯、被害人谅解、再犯风险、教育矫正条件等个案因素,实现偏差少年在未成年人司法与刑事司法间的“移送”与“逆送”。在特定情形下,未成年人刑事司法亦可接受从未成年人司法移送而来的未成年惯犯、累犯,以刑事司法处置之,以凸显对其惩教和刑罚。

(三)我国未成年人司法建构之路径选择

《公民权利和政治权利国际公约》第 14 条第 1 款约定,“确保刑事诉讼中犯罪儿童的权利与任何其他被告人相同”。虽然最高人民法院、最高人民检察院等相继制定了《关于办理少年刑事案件的若干规定(试行)》及《关于办理少年刑事案件建立相互配套工作体系的通知》等司法解释,仍不能满足目前未成年人司法的实际需要。因处于同一刑事(成人)司法体系之中,未能充分考虑未成年人的特殊需要,这仍造成对未成年人的不公正对待,而这一点在我国现行刑事司法体系下表现得尤为突出,问题层出不穷。以诉讼方式为例,尽管对偏差少年采取了一些与成年犯不同的司法程序,但基本上采取刑事审判的模式与程序。对未成年人的审理为特殊与专业性工作,与刑事(成人)案件性质迥异。现行刑法基本属于成人刑法,其罪名与刑罚的规定,缺乏儿童福利为导向,并不完全适用于处分未成年人犯罪。

在尊重国际惯例、正视基本国情的前提下,本书认为,我国未成年人司法之建构减少传统刑事(成人)司法理念对未成年人司法特别是儿童福利理念的主导地位,将“国家亲权”法则及“儿童最佳利益”原则贯穿始终,逐步建立、健全相对独立的未成年人司法与儿童福利体系。未成年人司法在理念上、制度上、程序上、人员配置上及社会配套上采用不同于以往刑事司法对未成年人传统做法,包括坚持、巩固和创新未成年人福利制度。这一制度并不完全排斥刑事司法理念,“保护为主、刑罚为辅”也体现着未成年人司法体系中刑事司法身影随处可见。[1]

---

〔1〕“国家亲权”法则与“儿童最佳利益”原则在具体适用时应注意一定的灵活性,不同司法机关及社会福利部门在不同处理阶段侧重点应有所不同。如检察院在切实关注未成年犯罪嫌疑人及被告人特殊利益及需求的同时,亦应重视保护社会安全及被害人合法权益。

# 第三版后记

本书系暨南大学本科教材建设重点资助项目之结题成果。

未成年人因生理、心理等不同于成年人的特征，身心未臻成熟，决定了对其有效保护与挽救均需因势利导，以法治健全为保障，集合社会各方面力量，实现立体防治。千禧年负笈北美起，笔者逐步对未成年人偏差及未成年人司法兴趣盎然，深感其对该国未成年人保护与犯罪偏差防治之显著功效。“绳之以法，断之以刑，然后寇止奸禁。故射者因势，治者因法。”[1]域外未成年人司法百余年来的发展历程，即昭示少年法及未成年人司法的完备程度直接攸关未成年人保护事业发展的成败。

相比之下，当前我国尚未建立、健全此司法制度，且相关基础研究停滞不前。有感于此，始萌生未成年人司法专著写作初衷，既是自己在这个问题上的阶段性研究心得，亦希望该书能对国内如火如荼的未成年人司法立法与实务工作尽一份心，倾一份力。2004 年回国服务后，每每有机会与业内同人聊及此方面内容，颇受启发，感悟渐深，以为构建既符合国际潮流与一般标准、更反映本土现实的未成年人司法制度迫在眉睫。

“苟日新，日日新，又日新。”[2]《少年司法通论》第 1 版、第 2 版自 2008 年、2011 年付梓以来，惠蒙域内外学界先进之指导，既有鼓励亦有鞭策。随着对未成年人司法研究的逐步深入，笔者日益感受到了自身对其中某些问题理解之不畅及狭隘。特别是先后受聘为国家中长期青年发展规划专家委员会委员、国务院妇女儿童工作委员会办公室儿童发展智库专家、最高人民检察院未成年人检察工作顾问等及指导、参与办理未成年人案件等，这些相关实务经历使笔者对未成年人司法视野下的比较法研究与基于本土化的司法改革有了更深的理解与反思，修订中感触良多。数易文稿，写作远比想象的艰辛而漫长，其间更因对某些关键问题理解不畅常感到力不从心。

---

〔1〕（汉）桓宽：《盐铁论 · 大论》。

〔2〕《礼记 · 大学》。

古人倡导为学之道在于“博学之,审问之,慎思之,明辨之,笃行之”,[1]是次修订吐故纳新,篇幅增删较多,力图以域内外最新研究资料及个人研究心得更新全书。在维持原书体例前提下,对原书中一些内容及表述加以更新、修订,主要包括:一是加深对中美及其他法域相关立法及司法判例之研判,并对原版所涉及数据、法规及案例适时更新;二是对犯罪原因论部分内容予以进一步充实;三是随着自己对相关问题理解的深入,是次适时修订了原版中部分论述及主张。对《北京规则》等国际公约部分疑似失真条款亦结合英文版及中文原译重译,以供读者参详。[2] 限于篇幅,未成年人检察及恢复性司法等内容之探讨将在后续研究中进一步展开。“文章千古事,得失寸心知”,[3]修订中亦字斟句酌、再三推敲,以求行文之清晰、准确。

时光荏苒,本书第3版修订最终付梓离不开诸先进之督导、教诲与帮助。一路走来,正是在这些可爱、可亲、可敬之同路人指导和帮助下,笔者对本土化之未成年人司法与儿童福利改革有进一步的理解和把握。最后也是最重要的,笔者须感谢内子。自珞珈相知相识到携手负笈北美,学海共舟之中,她是爱人与至亲,更是学友兼同修。20多年来,她始终给予我关心、鼓励与照顾,并忍受了许多生活及工作上的不便。没有她背后默默的支持,本书之修订实难想象。家有小女初长成,研究与写作过程中,小女承欢膝下,亦是我坚持未成年人保护及未成年人司法研究的源动力。鲁迅先生曾言明:“只要思想未遭锢蔽的人,谁也喜欢子女比自己更强,更健康,更聪明高尚,更幸福;就是超越了自己,超越了过去。”[4]普天下的父母莫不如此,与子女血脉相连,休戚与共。笔者与内子坚信亲子之爱是可以传递的,感谢双亲之体谅与包容,正是他(她)们之言传身教使我们对为人父母有更深的体会与感悟。为人父的幸福与辛苦交织一起,亦使我对健康亲子关系塑造与发展及未成年人保护有切身之感,研究与写作中体会良多。

本书第3版得以出版,受益于法律出版社之应允。出版社诸位工作人员的辛勤工作,令人钦佩。于天姿、侯棋、梁耀聪等博硕士研究生协助校稿工作,提出了许多文字上的修改意见。“吾生也有涯,而知也无涯”,[5]限于研究水平及

---

[1] 《礼记·中庸》。

[2] 因篇幅所限,是次修订未能将重新校译之有关少年司法公约全文作为附件单列,部分条款重译散见于本书有关章节。

[3] (唐)杜甫:《偶题》。

[4] 鲁迅:《我们现在怎样做父亲》,载《新青年》1919年第六号。

[5] 《庄子·养生主》。

时间,虽百般求证,然根孤伎薄未尽如心愿,尚祈贤达不吝教正,以便第 4 版时修订。

张鸿巍　谨识

庚子年大暑三版修订于横琴天沐河畔